KB220198

평생 요한계시록을 연구하고 가르친 저자의 전문 지식을 토대로 꼼꼼하고 치밀하게 구성된 이 책이 출판되지 않았다면 한국 신약학계는 큰 손실을 입었을 것이다. 저자는 강단에서도 많은 신학생과 목회자들에게 약자를 대변하는 살아 있는 현장의 신학을 설파해왔는데, 이제 은퇴하신 이후에도 이런 작업을 통해 한국 신약학계에 크나큰 기여를 하셨다. 많은 독자가 이 책을 통해 주님을 알아가는 지식이 더 깊어지고 넓어지며, 이를 통한 기쁨이 풍성하게 넘치길 바란다. "우리는 매일 매 순간을 카이로스로 의식하면서 지금 우리를 향해서 오고 있는 천상의 예수를 적극적으로 기다리며 정의, 자유, 평등, 그리고 평화를 위해서 행동해야 한다"라는 저자의 말처럼 종말의 신앙으로 승리하는 "매일 그리고 매 순간"이 되길 희망하는 독자들에게 이 책을 추천한다.

배재욱 영남신학대학교 신약학 교수

이 책은 단순한 요한계시록 연구서가 아니다. 저자가 평생 각고의 노력을 기울여 연구해온 결실의 산물이다. 이 결과물은 찬란하게 빛을 내는 보석처럼 신학적 메시지를 밝히 드러낼 뿐 아니라 내용도 방대하다. 신학계에서 요한계시록과 관련해 이만한 연구를 찾아보기가 쉽지 않다. 저자는 그리스-로마 문화에서 무참하게 억눌리며 살았던 요한계시록의 독자들에게 주는 요한의 메시지를 철저하게 고증한다. 이렇게 고증된 메시지는 여전히 고난 속에 억눌려 있는 이 시대의 약자들에게 아주 큰 의미를 던져준다. 그뿐만 아니라 약자들의 곁에서 함께 사는 이 시대의 많은 그리스도인에게도 강한 울림을 준다. 이 책이, 요한계시록이 전하고자 하는 신학적 메시지를 넘어서 결론에 도달하는 과정은 아주 흥미롭다. 다양한 학자들의 학문적 입장을 저자의 거대한 용광로 같은 통찰력을 통하여 새롭게 빚어내는 과정은 가히 학문의 진수를 보여주는 총체적 예술과도 같다.

그동안 요한계시록 해석과 관련한 많은 이단 종파들이 있었다. 이 책은 독자들에게 이단들이 어떻게 잘못된 해석을 하는지에 대한 궁금증을 풀어주는 시금석이 될 것이다. 또한 요한계시록에 대한 가장 올바른 해석과 기준이 무엇인지 알고자 하는 독자들에게도 이 책은 명확한 해설을 제공하며, 학문적 가치를 넘어서 새로운 지평을 열어줄 것이다. 학자들뿐만 아니라 목회자와 신학생, 더 나아가서 지성인을 자처하는 모든 이에게 일독을 권한다.

소기천 장로회신학대학교 신약학 교수

저자는 유대 묵시 문학과 역사적 특징을 근간으로 성서의 마지막 책을 주석한다. 이 책은 7년 대환란과 휴거 같은 신비한 종말론적 교훈을 얻으려는 한국교회의 잘못된 종말론 사상을 비판하고 요한계시록이 말하려는 본래의 메시지를 정확하게 제시한다. 요한계시록은 인류의 종말적 대참사와 파국을 보도하는 종말론적 시나리오를 제공하는 책이 아니다. 오히려 하나님의 정의에 역행하는 로마 제국 같은 거대한 통치 시스템에 저항하도록 돕는 문서다. 이 책이 제시하는 "저항 신학"의 관점을 따른다면, 독자들은 우리 시대의 불의한 지배 구조를 새롭게 해석할 수 있는 신앙적 안목을 가질 수 있을 것이다.

신동욱 협성대학교 신학대학 학장

한국교회는 요한계시록이 기록되던 당시의 상황을 무시하고 요한계시록을 세대주의적·풍유적으로 해석하여 미래적인 묵시로만 이해했다. 그 결과, 그동안 요한계시록은 많은 오해와 불신을 받아왔다. 그러나 이 책은 당시 사회적·경제적·정치적 삶의 자리를 충실히 반영하고 요한계시록의 독자들이 그런 환경을 극복해낸 종말론적인 신앙의 승리에 대한 비전을 명쾌하게 해설하는 책이다. 이렇게 요한계시록이 던지는 삶의 자리를 잘 이해하는 것은 결국 요한계시록이 말했던 신앙의 진리를 위한 투쟁과 저항이 어떻게 우리들의 삶의 자리로 연결될 수 있는

지에 대한 분명한 입장을 갖게 한다. 나는 저자의 수고와 노력으로 얻어진 이 귀한 결실을 토대로 많은 독자가 요한계시록에 대한 잘못된 이해를 걷어내고 요한계시록이 말하고자 했던 신앙의 궁극적인 승리, 그리고 이 땅에서 실현되리라 기대하던 하나님 나라의 승리를 전망할 것이라 확신한다. 이 책은 요한계시록을 통해 오늘 우리의 신앙을 반성하고 새롭게 하라는 도전을 준다. 요한계시록에 대한 올바른 이해가 세워질 것을 확신하며 이 책을 즐거운 마음으로 적극 추천한다.

임진수 감리교신학대학교 신약학 교수

요한계시록

약자를 위한 예배와 저항의 책

요한계시록

약자를 위한 예배와 저항의 책

이병학 지음

Holy
WavePlus

차례

이 책을 나의 조모님 최용희(崔龍嬉) 권사님과

부모님 이도상(李道相) 님과 김순행(金順杏) 권사님에게

존경과 감사의 마음으로 바칩니다.

성서의 맨 마지막에 있는 요한계시록은 이해하기 어려운 환상과 상징으로 표현되어 있기 때문에 현대인들이 매우 낯설게 느낄 수 있다. 흔히 요한계시록을 무서운 심판을 예언하는 미래 중심적인 책으로 생각하기 쉽지만, 사실 요한계시록은 현재 중심적인 책이다. 그 책에는 하나님의 심판과 어린 양의 진노를 통해 폭력으로 점철된 역사가 종식되고, 대안적 세계가 시작한다는 꿈과 희망이 가득하다. 요한계시록은 그런 꿈과 희망에 기뻐하며, 그것을 노래하는 매우 아름다운 예배의 책이다. 또한 요한계시록은 로마의 제국주의와 우상 숭배에 대한 비폭력적 항거와 투쟁을 고무하는 저항의 책이다. 그것은 로마 제국의 유혹과 압제 아래서 고난당하는 약자들이 서로 회람하면서 읽었던 지하 문학이며, 로마의 제국주의를 가장 치열하게 비판한 저항 문학이다. 한마디로 요한계시록은 약자들의 해방과 구원을 위한 예배와 저항의 책이다.

　오늘날의 세계는 요한계시록이 기록되고 회람되던 기원후 1세기 말엽의 로마 제국 시대보다 훨씬 더 위험하고 폭력적이다. 핵무기의 생산과 배치가 지구를 파괴하고 인류의 멸절을 불러오는 재앙을 예고하고 있으며, 경제의 세계화가 세계 도처에 살고 있는 약자들과 가난한 자들을 합법적으로 억압하고 착취하며 환경을 오염시키고 있기 때문이다. 로마 제국의 군사주의와 독점무역 체제에 대한 요한계시록의 반제국적 비판은 오늘날의 전쟁 체제와 신자유주의적 경제 세계화의 현실을 숙고하라고 요청한다. 요한계시록은 로마의 우상 숭배적인 체제에 동화된 소아시아의 교회를 비판하는데, 우리는 이런 비판을 권력과 자본의 힘에 항복하는 오늘날의 교회를 향한 비판과 개혁의 요구로 이해할 수 있다. 요한계시록은 현재의 시간이 카이로스라는 것과 천상의 예수가 이 카이로스에 오고 있다는 것, 그리고 이 카이로스에 요구되는 그리스도인의 증언과 저항에 대해서 말한다.

하지만 요한계시록의 진정한 음성은 오랫동안 들리지 않도록 억압되었다. 일제강점기인 1942년에 일본 제국은 한국인들이 요한계시록을 읽지 못하도록 금지했다. 요한계시록이 한국인들에게 신사참배와 일본 제국주의 체제에 대한 저항을 고무하고 독립에 대한 꿈과 희망을 강화시켜주는 책이기 때문이다. 그 결과 해방 이후 우후죽순처럼 생겨난 여러 소종파 집단은 지금까지도 요한계시록을 왜곡해서 자기들의 교리를 정당화하고 있다. 한편 근본주의적 기독교인들은 세계의 종말이라는 종착역을 향해서 달리는 열차의 시간표를 찾기 위해 요한계시록을 읽고 있으며, 지금이 바로 마지막 종착역에 거의 도착한 때라고 주장한다. 그들은 구원받은 "참된 성도들"인 자신들만이 곧 발생할 대참사와 파국에서 구출되어 하늘로 휴거할 것이라고 주장한다. 그러나 그들의 교리와 주장은 요한계시록에 대한 근본적인 오해이며 지독한 교만이다. 그들은 자신들만이 요한계시록을 올바르게 해석할 수 있고, 이전 세대의 사람들은 모두 요한계시록을 전혀 이해하지 못했다고 주장하며, 심지어 요한계시록의 첫 독자인 소아시아 일곱 교회의 성도들마저도 그 책을 제대로 이해하지 못했다고 해석하는 잘못을 범하고 있다. 성서 해석에는 논리적으로 가능한 해석과 불가능한 해석이 있는데, 소종파 집단들과 근본주의자들의 성서 해석에는 논리적으로 불가능한 해석들이 많이 있다.

이러한 상황에도 불구하고 요한계시록은 주류 교회의 강단에서 거의 선포되지 않고 있다. 목회자들은 물론이고 심지어 신학자들조차도 요한계시록의 환상과 상징을 잘못 해석하면 이단으로 몰릴 수 있는 위험이 있기 때문에 요한계시록에 대해서 말하기를 주저한다. 그로 인해 교회에서도 요한계시록의 진정한 목소리는 억압되고 있다.

이 책은 요한계시록을 약자의 시선으로 읽고 해석한 하나의 주석이다. 성서 해석의 목적은 주석 작업 자체에 있는 것이 아니라, 성서를 통해서 오늘날 우리의 삶과 세계의 현실을 해석하는 데 있다. 나에게 요한계시록 해석은 영혼들의 구원을 위한 선교의 장일 뿐만 아니라, 민주, 정의, 해방, 인권, 비폭력, 평화, 반전, 반제, 평등, 환경, 그리고 통일을 위한 투쟁의 장이다. 국내의 여러 신학대학과 해외의 신학대학들은 교파를 초월해 나에게 요한계시록을 강의하는 특권을 주었고, 나는 그러한 기회를 통해서 요한계시록을 아시아와 한국의 역사와 연결시켜서 해석하는 능력을 키울 수 있었다. 또한 여러 교회에 초대되어 요한계시록을 강의하면서 요한계시록이 성도들에게 활력을 주는 매우 중요하고 매혹적인 책이라는 것을 확인할 수 있었다.

이 책은 먼저 요한계시록을 이해하는 데 필요한 열쇠들을 소개하고 이어서 본문을 열 개의 장으로 나누어서 해석한다. 나는 로마 제국의 현실에 대한 요한계시록 저자의 인식과 그의 신학적 주장을 분명하게 부각시키는 데 중점을 두었다. 그리고 환상과 상징을 해석하는 데 있어서 기존의 천편일률적인 해석을 답습하지 않고 구약과 유대 묵시 문학의 조명 아래서 새로운 의미를 규명하고자 노력했다. 각 장 끝에 실려 있는 "살아 있는 메시지"는 요한계시록의 메시지를 더 쉽게 이해하고 삶의 현장에서 실천할 수 있도록 돕기 위한 삽화와 같은 글이다. 이 글은 고대와 현대의 충성스러운 남녀 증인들의 저항과 투쟁의 이야기를 담고 있다.

이 책은 여러 사람의 격려와 기도로 산출되었다. 먼저 이 책의 토대는 미국과 독일에서 유학하던 시절로 소급된다. 나는 1985년에 미국 프린스턴 신학교(Princeton Theological Seminary)에서 요한계시록과 유대 묵시 문학을 연구하여 석사학위를 받았다. 이후에는 독일 보훔 루어 대학교(Ruhr Universität Bochum) 개신교 신학과에서 대표적인 유대 묵시 문학 작품인 에티오피아어 에녹서를 해방신학적 관점과 여성주의적 관점에서 새롭게 해석한 논문으로 1998년 5월에 신학 박사학위를 받았다. 박사학위 논문의 제목은 「에티오피아어 에녹서에서의 죽음의 공포지배로부터의 해방경험: 신약의 전경」(Befreiungserfahrungen von der Schreckensherrschaft des Todes im ätiopischen Henochbuch: Der Vordergrund des Neuen Testaments)이다. 박사 학위논문을 완성할 수 있도록 친절하게 지도해주었던 클라우스 벵스트(Klaus Wengst) 교수에게 감사를 전한다. 그는 신약성서를 사회사적 관점에서 해석하는 저명한 학자다.

사랑과 우정으로 신학적 탐구를 격려해준 미국의 이디스 브라운(Edith Petrie Brown), 독일 베를린의 김금자, 괴팅엔의 토마스 호프만(Thomas Hoffman), 앙겔라와 라인하르트 티스(Angela und Reinhard Thies)에게도 감사를 전한다.

이 책을 쓰는 동안 기도로 성원해준 사랑하는 가족에게 고마운 마음을 전한다. 또한 이 책이 출간되기까지 애써주신 새물결플러스의 김요한 대표님과 편집부 식구들에게 진심으로 감사를 드린다

마지막으로 나는 한국교회의 성도와 목회자와 신학생들이 이 책을 통해서 요한계시록의 음성을 더욱 명료하게 듣고 죽음의 문화가 지배하는 우리 시대의 바빌론에서 탈출하여 생명의 꽃들이 피는 새 예루살렘을 지

향하는 영적인 삶을 영위할 수 있기를 희망한다.

2016년 4월 서울에서

이병학

서설

요한계시록은 로마 제국의 유혹과 압제 아래서 고난받는 약자들이 하나님을 예배하고 불의에 저항하도록 돕는 책이다. 이 책에는 놀라운 환상과 비유가 수많은 상징어로 기록되어 있다. 요한계시록의 저자가 일반적인 언어로 표현할 수 없는 현실의 부분을 상징 언어로 표현한 것이다. 1세기 말엽 소아시아의 그리스도인들은 상징 언어에 익숙했기에 이 책을 해석하는 데 무리가 없었지만 오늘날의 현대인들은 이해하기 어려울 수 있다. 요한계시록은 상징 언어로 서술된 유대 묵시 문학 작품의 문학 양식과 신학 사상을 계승한 기독교 묵시 문학이다. 여기서 유대 묵시 문학은 이스라엘 격변기에 고난받는 약자들에게 희망과 용기를 주기 위해서 저술된 저항 문학을 말한다. 따라서 요한계시록을 바르게 해석하기 위해서는 먼저 유대 묵시 문학의 역사와 신학, 유대 묵시 문학과 초기 기독교와의 관계, 그리고 요한계시록의 세계관을 이해하는 것이 필수적이다. 또한 요한계시록의 저자와 저작 연대, 저작 장소, 그리고 문학 구조를 이해하는 것도 요한계시록 해석에 꼭 필요한 열쇠다.

유대 묵시 문학의 역사와 신학

요한계시록의 역사적 위치와 의미를 이해하기 위해서는 유대 묵시 문학과 요한계시록의 역사를 간략하게 재구성하는 것이 필요하다. 이스라엘 역사에서 나타난 뚜렷한 변화 중 하나는 예언 문학이 사라지고 묵시 문학이 등장한 것이다. 예언 문학은 이스라엘 역사의 격변기를 겪으면서 호소력을 상실하고 사라졌다. 그 대신에 묵시 문학이 새롭게 등장했다. 예언 문학의 지평은 기존의 세계이고, 예언자들은 이 기존의 세계에서 하나님의 계획을 선포했다. 이와 반대로 묵시 문학의 지평은 묵시 문학가들이 선포한 새로운 대안적 세계다. 묵시 문학가들은 기존의 세계가 곧 끝나고 새로운 세계가 시작될 것을 선포했다. 묵시 문학은 역사의 주인이 하나님이 아니라 막강한 제국들의 통치자들인 것처럼 보이는 현실과, 하나님의 자녀들이 이방의 압제자들과 그들에게 협력하는 토착 귀족들의 횡포 아래서 고난을 당하는 절망적인 상황에서 등장했다.

유대 묵시 문학은 무엇보다도 구약성서의 예언 전통과 지혜 전통을 유산으로 물려받았다. 그것은 기원전 250년부터 기원후 100년까지 전성기를 누렸다. 이스라엘 민족이 여러 제국에게 억압받으면서도 자신들의 오랜 신앙 전통을 지키고자 제국의 통치자들과 충돌하며 그들에게 저항했을 때, 그들이 흘린 눈물과 피가 섞인 잉크로 자신들이 살던 실존의 무대(arena) 위에 기록한 문학이 유대 묵시 문학이다. 그것은 여러 환상을 통해서 하나님이 그분의 백성을 그분이 계획하신 목적지로 인도하시는 역사의 주인이심을 보여준다. 하나님은 그분의 메시아적인 대리자와 함께, 악인들을 심판하시고 이 세계의 모든 불의를 소멸하셔서 폭력의 역사를 끝내시고 새로운 대안적 세계를 건설하실 것이다. 하나님의 심판은 땅을 파괴하는 것이 아니라, 억압과 폭력과 죄로 오염된 땅을 씻어내서 회복시키는 것이며, 의인들이 회복된 땅 위에서 식물을 재배하고 의롭게 살면서 하나님께 예배하게 하는 것이다. 유대 묵시 문학가들은 가난한 자와 억눌린 자들의 편에 서 있고, 따라서 그들의 작품에는 고난당하는 약자들의 고통, 눈물, 희망, 저항, 투쟁이 배어 있다.

유대 묵시 문학가들은 에녹, 바룩, 에스라, 아브라함, 모세 같은 과거 이스라엘의 위대한 인물의 이름을 차용해서 자신들의 책을 저술했다. 그들은 자신들을 과거로 소급시켜서 위대한 인물들의 역사적 위치에서부터 자신들의 시대까지 이미 발생하여 사실로 증명된 사건들을 미리 예언된 것으로 기록했다. 또한 그들은 장차 이 세계에 대한 심판과 대전환이 하나님과 그분의 메시아적 대리자의 오심을 통해 일어날 것이라고 예언했다. 이러한 문학적 기법은 고난당하는 동시대인들에게 희망과 용기를 주는 데 목적이 있으며, 미래에 발생하리라고 예언한 사건들도 반드시 일어난다는 점을 그들에게 확신시킨다. 에녹서의 저자들은 자신들을 노아 홍수 이전에 살았던 인물로 설정했으며, 사람들로 하여금 장차 하나님이 마지막 심판을 통해서 이 폭력의 역사를 반드시 끝내시고 정의와 권리를 회복시켜주실 것이라는 사실을 믿게 했다.

유대 묵시 문학의 대표적인 작품은 에티오피아어 에녹서, 슬라브어 에녹서, 제4에스라, 제2바룩서, 시빌의 신탁, 아브라함의 묵시, 아담의 묵시, 열두 족장의 유언, 모세의 유언, 욥의 유언, 솔로몬의 유언, 솔로몬의 송시 등이다. 에녹서는 원래 히브리어로 작성되었는데, 지금은 전체가 아닌 파편으로만 현존한다. 반면에 에티오피아 교회가 에티오피아어로 번역해서 지금까지 보존해오고 있는 에녹서는 전체가 다 그대로 현존한다. 따라서 에녹서는 에티오피아어 에녹서 혹은 제1에녹서로 불린다.

유대 묵시 문학을 이해하기 위해서는 이스라엘 역사를 간략하게 살펴볼 필요가 있다. 기원전 587년에 예루살렘은 바빌론 군대에 의해서 완전히 함락되었다. 바빌론의 왕 느부갓네살이 기원전 598년에 처음으로 예루살렘을 침략하여 왕궁의 모든 보물을 탈취했고, 솔로몬이 세운 신성한 성전의 금 그릇을 전부 파괴하고 성전을 더럽혔다. 그는 유다 왕 여호야긴과 왕족, 지도층 인사와 백성들을 포로로 잡아서 바빌론으로 데려갔다(왕하 24:1-17). 그리고 21살인 시드기야를 유다의 왕으로 세우고 유다를 바빌론의 봉신 국가로 만들었다. 하지만 나중에는 다시 예루살렘을 정복하고 유다를 멸망시켰다. 바빌론의 침략자들은 유다 왕 시드기야의 면전에서 그의 아들들을 죽이고, 그의 두 눈을 도려낸 후 쇠사슬로 그를 묶어 바빌론으로 끌고 갔고, 성전과 왕궁을 불살라서 완전히 파괴했다(왕하 25:7-9).

이스라엘 백성은 기원전 538년 바빌론에서 귀환하여 성전을 재건축하고 이스라엘을 재건했지만, 그 이후에도 외세로부터 거듭 침략을 당했다. 기원전 333년에는 알렉산드로스 대제가 이스라엘 땅을 정복했다. 안티오코스 4세는 기원전 175년부터 164년까지 이스라엘 땅을 지배하면서 거룩한 예루살렘 성전을 훼손했고, 헬레니즘 문화를 정착시키기 위해서 유대인들의 고유한 종교 의식을 금지했으며, 자신의 통치에 저항하는 이들을 학살했다. 이 시대에 마카비 저항 운동을 일으킨 모디인의 마타티야후(Mattathia)는 이스라엘 민족이 겪었던 비참한 현실을 다음과 같이 한탄했다.

아! 슬프다.
나는 왜 태어나서 내 민족과 이 거룩한 도성이
망하는 것을 보아야 하는가?
나는 왜 여기 살다가 이 도성이 적의 손에 넘어가고,
성소가 이국인의 손아귀에 넘어가는 것을 보아야 하는가?

예루살렘의 영광이던 기물들이 약탈당하고

예루살렘의 어린이들이 거리에서 학살당하고

젊은이들이 원수의 칼에 맞아 쓰러져가는구나.

이 왕국을 나누어 먹지 않은 민족이 어디 있었으며

이 나라의 재물을 약탈하지 않은 민족이 어디 있었던가?

이 왕국은 그 모든 장식을 빼앗기고

자유의 몸이 노예가 되었구나.

아름답고 찬란하던 우리의 성소는 이제 폐허가 되었고

이방인의 손에 더럽혀졌다.

이제 더 살아 무엇하겠는가?(마카베오상 2:7-13)

이렇게 이스라엘이 외세로부터 억압을 받는 상황에서 유대 묵시 문학이 산출되었다. 다니엘서(기원전 167-164년)는 안티오코스 4세의 정치적 억압의 절정기에 산출되었고, 구약에서 유일하게 유대 묵시 문학 범주에 속하는 문서다. 다니엘 7장에는 세계를 무력과 전쟁으로 지배했던 고대의 네 제국이 네 마리의 무서운 짐승으로 묘사되어 있다. 그 네 짐승은 이스라엘 민족을 차례로 지배했던 네 개의 제국, 곧 바빌론, 메데, 페르시아, 그리스를 상징한다. 이 네 제국은 기원전 586년 예루살렘이 함락된 시기부터 로마가 지배하기 시작한 기원전 63년까지 이스라엘 땅을 지배했던 외세들이다.

묵시 문학가인 다니엘서의 저자는 안티오코스 4세의 통치를 받던 자신의 시대를 바빌론 왕 느부갓네살의 시대와 동일시했다. 느부갓네살은 30m 높이의 큰 금 신상을 만들고 바빌론 제국에 예속된 여러 나라와 민족들에게 그 신상 앞에서 절하게 하는 우상 숭배를 강요했다(단 3:4-6). 바빌론 제국에서 정치와 종교의 관계는 분리될 수 없을 정도로 밀접했다.

이 신상에게 절하는 것은 이 신의 지상 대리인인 느부갓네살에 대한 충성을 증명했다. 따라서 바빌론 제국의 고위층들은 물론이고 모든 민족이 이 신상 앞에 나와서 절을 해야만 했다. 그것을 거부하는 것은 곧 죽음을 뜻했다. 그렇지만 지혜로운 자들(*maskilim*)은 극심한 환란과 억압에도 불구하고 헬레니즘 문화에 적응하는 것을 거부하고 비폭력적으로 저항했다.

> 군대는 그(안티오코스)의 편에 서서 성소 곧 견고한 곳을 더럽히며 매일 드리는 제사를 폐하며 멸망하게 하는 가증한 것을 세울 것이며 그가 또 언약을 배반하고 악행하는 자를 속임수로 타락시킬 것이나 오직 자기의 하나님을 아는 백성은 강하여 용맹을 떨치리라. 백성 중에 지혜로운 자들(*maskilim*)이 많은 사람을 가르칠 것이나 그들이 칼날과 불꽃과 사로잡힘과 약탈을 당하여 여러 날 동안 몰락하리라. 그들이 몰락할 때에 도움을 조금 얻을 것이나 많은 사람들이 속임수로 그들과 결합할 것이며(단 11:31-34).

네 짐승이 하나님의 권세에 의해서 파괴된 후에 "인자 같은 이"가 하나님의 메시아적 대리자로서 구름을 타고 내려오는 환상은 억눌린 자들에게 구원과 해방의 메시지다(단 7:13-14). 고난당하는 의인들은 제국의 폭력에 의해서 억울하게 죽임 당한 희생자들이 마지막 때에 부활할 것이라는 약속을 통해서 위안과 희망을 얻는다. "땅의 티끌 가운데에서 자는 자 중에서 많은 사람이 깨어나 영생을 받는 자도 있겠고"(단 12:2).

다니엘서 외에도 구약에서 묵시 문학적 환상은 부분적으로 에스겔, 제2이사야(40-55장), 제3이사야(56-66장), 제2스가랴(9-14장)에서도 나타난다.

에티오피아어 에녹서는 유대 묵시 문학 중에서도 가장 대표적인 작품이다. 이 책은 한 명의 저자가 아니라 다른 시대를 살았던 여러 저자가 모두 에녹의 이름으로 저술했고, "파수꾼들의 책", "비유들의 책", "천체 운행의 책", "꿈의 환상들의 책", "에녹의 서신"이라는 총 다섯 권의 책으로 구성되어 있다.[1] "파수꾼들의 책"(The Book of the Watchers)이라고 불리는 1-36장은 기원전 250-175년 사이에 쓰였다. "파수꾼들의 책"의 저자는 대표적인 묵시 문학가다. 그는 죄의 기원을 아담과 하와의 이야기에서 찾지 않고, 창세기 6:1-4을 확장한 타락한 천사들의 이야기에서 찾는다. 그리고 타락한 천사들의 이야기를 통해서 구조적인 죄가 이 세계를 오염시키고 사람들을 억압하고 죽이는 세력임을 나타낸다.

인간의 자녀들이 번성했던 그날들에 어여쁘고 아름다운 딸들이 태어났다. 그리고 하늘의 자녀인 천사들이 그 여자들을 보고 그들에게서 욕정을 느꼈다. 그들은 서로 말했다. "가자, 우리가 인간의 딸 중에서 우리 자신을 위한 아내를 선택해서 아이들을 낳게 하자." 그들의 지도자인 세미아즈가 그들에게 말했다. "혹시 너희가 이 행위를 하는 데 동의하지 않고 나 혼자서 이 큰 죄를 책임져야 할까 봐 두렵다." 그러나 그들은 모두 그에게 대답했다. "우리 모두 맹세를 서약하자. 그리고 이 제안을 버리지 말고 그 행위를 실행하지 않는 자는 저주받는 것으로 우리 모두를 구속하자." 그들은 모두 함께 맹세했고 서로 저주로 자신들을 구속했다. 그들은 모두 200명이었다. 그 후 그들은 헤르몬 산의 정상인 아르몬에서 내려왔고 그 산을 아르몬이라고 불렀다. 왜냐하면 그들이 거기서 맹세했고 서로 저주로 자신들을 구속했기 때문이다(에녹1서 6:1-6).

---

1 — 에티오피아어 에녹서에 대한 연구를 위해서는 Byung Hak Lee, *Befreiungserfahrungen von der Schreckensherrschaft des Todes im ätiopischen Henochbuch: Der Vordergrund des Neuen Testaments* (Waltrop: Hartmut Spenner, 2005)를 참조하라.

사령관인 세미아즈의 지휘로 타락한 천사 200명이 하늘에서 땅으로 내려와 200명의 여자를 취한 것은 로맨틱한 사랑이나 결혼 이야기가 아니라 집단적인 강간 이야기다. 여자들의 의사는 무시되었고, 그들은 무방비 상태에서 일방적으로 강간을 당할 수밖에 없었다. 200명의 천사가 저지른 이러한 악행은 군사 작전처럼 지휘관을 포함하여 20명의 십부장이 조직적으로 계획하고 실행한 것이다. 타락한 천사들과 강간당한 여자들 사이에서는 거인들이 태어났다.

> 여자들은 온 땅이 피와 억압으로 가득찰 정도로 폭력을 행사하는 거인들을 낳았다. 그리고 이제 보라, 거룩한 자(하나님)가 외칠 것이고, 죽은 자들은 하늘의 문에 고소할 것이다. 그들의 신음은 하늘에 닿았지만, 그들은 땅 위에서 행해지고 있는 억압 앞에서 벗어날 수 없었다(에녹1서 9:10-11).[2]

타락한 천사들의 또 다른 지휘관인 아자젤과 그의 추종자들은 하늘에서 금지된 지식을 알려주어 죄를 짓도록 사람들을 미혹했다. 그들은 사람들에게 전쟁무기의 생산기술, 연금술, 목각기술, 화장술을 가르쳐주었다(에녹1서 8:1-4).

하나님은 마지막 심판의 날에 이러한 타락한 천사들을 불 속에 던져 영벌을 받도록 하기 위해서 천사 라파엘로 하여금 홍수 심판 전에 사막에 무저갱을 파고 그들을 거기에 가두고 돌로 막아두도록 하셨다(에녹1서 10:1-6). 또한 그분은 그들이 낳은 거인들로 하여금 서로 싸워서 모두 죽게 하셨다. 그러나 죽은 거인들의 몸에서 나온 악령들은 홍수 심판 이후

---

2 — 이 주석에서 인용된 에녹1서를 비롯한 다른 유대 묵시 문학 작품에 대해서는 James H. Charlesworth, (ed.) *The Old Testament Pseudepigrapha* Vol. 1. (New York: Doubleday & Company, 1983)을 참조하라.

에도 세상에서 활동하고 있으며(에녹1서 15:8-16:2), 그 악령들은 마지막 심판의 날에 타락한 천사들이 무저갱에서 끌려 나와서 심판당할 때에 함께 파멸을 당할 것이다. 대홍수 전에 타락한 천사들이 무저갱에 갇혔다는 것은 마지막 심판이 있음을 증명하는 복선 역할을 한다. 따라서 홍수 심판은 마지막 심판의 서곡이다.

땅은 압제자들을 고발하고(에녹1서 7:6), 폭력의 희생자들은 하늘을 향해 통곡하면서 탄원한다(에녹1서 8:4). 따라서 하나님은 죽은 자들의 울부짖음을 듣고 슬퍼하신다. 약자와 희생자 편에 서 계시는 그분은 슬퍼서 소리 내어 우시는 하나님이시다.

> 이제 보라, 거룩한 자(하나님)가 올 것이고, 죽은 자들이 그들의 탄원을 하늘 문까지 가져올 것이다. 그들의 신음이 하늘 안으로 올라왔고, 그들은 땅 위에서 행해진 억압의 현장에서 빠져나올 수 없었다(에녹1서 9:10).

그러나 하나님의 심판은 땅을 파괴하는 것이 아니라 오염된 땅을 깨끗하게 정화시키고 치유하는 것이다. 하나님은 새로워진 땅에서 모든 민족이 하나님을 예배할 것을 기대하신다. 그분이 천사장 미가엘에게 내리신 심판의 명령은 다음과 같다.

> 땅 위에서 행해진 모든 불의, 모든 오염, 모든 억압,
> 그리고 모든 죄로부터 땅을 씻어내라.
> 그리고 땅 위에서 행해진 모든 나쁜 것과 불결한 것들을
> 땅에서 제거하라.
> 모든 사람들의 자녀는 의로워질 것이고,
> 모든 민족이 나를 예배하고 찬미할 것이다.

그리고 그들은 나에게 부복할 것이다.

또한 땅은 모든 오염과 모든 죄와 모든 재앙과

모든 고난으로부터 세척될 것이다.

내가 이러한 것들을 땅에 보내는 것은 세대를 넘어서 영원하도록

다시 일어나지 않을 것이다(에녹1서 10:20-22).

에녹의 서신(The Epistle of Enoch)은 91-108장을 가리키는데, 기원전 167년 이전에 저작되었다. 묵시 문학가인 에녹의 서신 저자는 압제자와 착취자들의 악행을 다음과 같이 신랄하게 비판한다.

나는 이제 너희에게 말한다. "너희는 먹고 마시고 훔치고 죄를 짓고 사람들에게 사기 치고 재물을 빼앗고, 그리고 좋은 날들을 보면서 너희의 삶을 즐겼다"(에녹1서 102:9).

그렇지만 에녹의 서신의 저자는 약자와 가난한 자들에게는 한없이 부드럽고 동정적이다. 힘없는 약자들이 악인들에게 억울한 일을 당해 너무 고통스러워서 눈물을 흘릴 때 그는 그들과 같이 슬퍼하고 하염없이 눈물을 흘리면서 다음과 같이 말한다.

누가 내 눈을 물구름처럼 흘리게 했는가?

내 눈물을 물구름처럼 너희에게 쏟으면서

나는 내 마음의 슬픔으로부터 쉼이 있도록 운다.

누가 너희를 악한 싸움에 참여하게 했는가?

죄인들아, 심판이 너희에게 임할 것이다!

너희 의로운 자들아, 죄인들을 두려워 마라!

너희가 원하는 대로 그들에게 할 수 있도록,

하나님이 그들을 너희 손에 다시 넘겨주실 것이다(에녹1서 95:1-3).

그는 약자들의 희생으로 부를 축적한 악인들을 비판하고 고난당하는 의인들을 위로한다.

그러나 너희는 고통을 경험했다. 두려워 마라.

왜냐하면 너희를 위한 치료약이 있기 때문이다.

한 밝은 빛이 너희를 비출 것이고,

너희는 하늘로부터 한 안식의 목소리를 들을 것이다.

너희 죄인들아, 너희에게 화가 있을 것이다.

왜냐하면 너희의 돈이 너희를 의인처럼 보이게 하지만,

너희의 마음은 너희를 진짜 죄인처럼 질책하기 때문이다.

이러한 것이 바로 너희 악행의 기록으로 너희에 대한 증인이 될 것이다.

가장 좋은 빵을 먹고,

포도주를 큰 그릇으로 마시고,

약한 사람들을 너희의 무력으로 짓밟는 너희에게 화가 있을 것이다.

언제든지 물을 구할 수 있는 너희에게 화가 있을 것이다.

왜냐하면 너희가 생명의 원천을 버렸기 때문에

너희가 곧 고갈되어 시들어 죽을 것이기 때문이다.

억압, 사기, 그리고 신성모독을 행하는 너희에게 화가 있을 것이다.

너희가 저지른 악행이 기록될 것이다.

오, 힘 있는 사람들이여, 너희에게 화가 있을 것이다.

너희는 권세로 의인들을 강압했다.

너희의 멸망의 날이 오고 있다.

그날들에 너희의 정죄의 시간에,

많은 좋은 날들이 의인들을 위해서 올 것이다(에녹1서 96:3-8).

에녹의 서신의 저자는 자녀들에게 약자들의 인권이 짓밟히고 생명이 파괴되는 억압과 폭력의 시대에 정의와 생명의 길을 선택하고 평화를 위해서 일하는 사람이 되라고 다음과 같이 당부한다.

나의 자녀들아, 이제 내가 너희에게 말한다. "정의를 사랑하고 정의 안에서 걸어라. 정의의 길들은 지킬 가치가 있지만, 악의 길들은 곧 파멸하고 사라질 것이다. 어떤 이들은 태어나자마자 불의와 죽음의 길들이 그들에게 나타날 것이지만, 그들은 그러한 길들로부터 자신을 멀리하고 그 길들을 따르지 않을 것이다." 이제 너희 의로운 자들에게 말한다. "악한 길이나 죽음의 길에서 걷지 마라. 너희가 파멸되지 않도록 그러한 길들에 가까이 가지 마라. 너희 자신을 위해서 정의와 올바른 생명을 찾고 선택하라. 너희가 생명을 가지게 되고 가치 있는 사람들이 되도록 평화의 길을 걸어가라. 내 말을 너희 마음의 생각 속에 확고하게 붙들어라, 그리고 내 말이 너희 마음에서 지워지지 않도록 하라. 왜냐하면 나는 죄인들이 사람들에게 악한 술책을 행하도록 조언하는 것을 알기 때문이다. 모든 장소가 그것을 환영할 것이고, 죄인들의 모든 조언이 줄어들지 않을 것이다"(에녹1서 94:1-5).

에티오피아어 에녹서 중에서 37-71장은 "비유들의 책"(The Book of Parables)이라고 불리며, 저작 연대는 예수가 탄생하기 직전의 시대다. "비유들의 책"의 저자는 약자들을 억압하는 자들로 땅의 왕과 지배자, 고위 관리, 부자, 대지주들을 호명하고 그들을 비판한다(참조. 에녹1서 62:3). "비유들의 책"에 기술된 의인, 택한 자, 인자, 그리고 메시아는 동일한 하나님의 메시아적 대리자를 가리키며, 그들은 동일하게 종말의 날에 구원자, 심판자, 해방자, 투사로서 약자들의 권리와 정의 회복을 위한 메시아의 역할을 한다.[3] 의인은 하나님의 메시아적 대리자로서 항상 의인들과 택한 자들의 편에 서 있다.

> 만약 의인들의 공동체가 나타난다면, 죄인들이 그들의 죄 때문에 심판을 받게 될 것이며, 그들은 땅의 표면 위에서 추방될 것이다. 그리고 그 **의인**이 의인들, 즉 택한 자들의 면전에 나타날 때, 영혼들의 주님(하나님)은 그들의 행동의 무게를 측정하신다. 그 의인은 의인들과 택한 자들에게 빛을 비출 것이다. 그러면 어디가 죄인들의 처소가 될 것이며, 그리고 어디가 영혼들의 주님의 이름을 부인한 자들의 처소가 될 것인가? 그들은 태어나지 않는 것이 더 나았을 것이다. 그 의인의 비밀들이 계시될 때 그는 죄인들을 심판할 것이다. 악인들은 의인들과 택한 자들의 면전으로부터 추방될 것이며, 그 시간부터 땅을 장악한 사람들이 지배자들이나 왕자들이 되지 못할 것이다. 그들은 성인들의 얼굴을 바라볼 수 없을 것이다. 왜냐하면 영혼들의 주님이 성인들, 의인들 그리고 택한 자들의 얼굴에 빛을 비추셨기 때문이다. 그 순간에 왕들과 지배자들은 파멸할 것이며, 그들은 의인들과 성인들의 손에 넘겨질 것이다. 그리고 거기서부터는 그 어느 누구도 자비를 베풀도록 영혼들의 주님과 의인과 성인들에게 간청하지 못할 것이다. 왜냐하면 왕들과 지배자들의 생명이 파멸되었기 때문이다(에녹1서 38:1-6).

택한 자는 의인과 동일시된다. 택한 자는 홀로 있는 것이 아니라 많은

---

3 — 이병학, 「유대묵시 문학과 신약성서: 에녹과 예수」, 『신약논단』(2012 여름), 353-394; Byung Hak Lee, *Befreiungserfahrungen von der Schreckensherrschaft des Todes im ätiopischen Henochbuch*, 241-277.

의인과 택한 자들과 항상 함께 있다.

그날들에 돌풍이 나(에녹)를 땅으로부터 휘감아갔으며, 하늘의 맨 끝에 나를 옮겨놓았다. 거기서 나는 성인들의 다른 처소와 휴식처들을 보았다. 그래서 내 눈은 거룩한 천사들과 함께하는 그들의 처소와 성인들과 함께하는 그들의 휴식처를 보았다. 그리고 그들은 사람들의 자녀들을 위해서 중보하고 간구하고 기도했다. 정의가 그들 앞에서 물처럼 흘렀고 자비가 이슬처럼 땅 위에 내리고 그들 가운데 영원히 있다. 그리고 그날들에 내 눈은 정의와 신앙의 **택한 자**를 보았다. 정의가 그의 날들을 지배할 것이고 의인들과 택한 자들은 그이 앞에 영원하도록 수없이 많아질 것이다. 그리고 나는 영혼들의 주님의 날개 아래에 있는 한 처소를 보았다. 그리고 그이 앞에 있는 모든 의인과 택한 자들이 불빛처럼 빛날 것이다. 그들의 입은 축복으로 충만할 것이다. 그리고 그들의 입술은 영혼들의 주님의 이름을 찬양할 것이다. 그리고 정의는 영혼들의 주님 앞에서 결코 끝나지 않을 것이다. 올바름은 그이 앞에서 그치지 않을 것이다. 나는 그의 날개 아래서 살고 싶었다. 그리고 내 영은 그 처소를 갈망했다. 이미 나의 몫이 거기에 있다. 왜냐하면 그것이 영혼들의 주님 앞에서 나를 위해 예약되어 있기 때문이다(에녹1서 39:3-8).

택한 자는 "정의와 신앙의 택한 자"라고 불린다. 그의 주위에는 많은 의인과 택한 자들이 있다. 그들은 아직 땅 위에서 살고 있는 자녀와 형제자매들을 위해 중보기도를 하고 있다. 이것은 땅 위에서 고난을 당하고 있는 약자들에게 큰 위로와 희망을 준다. 하늘에 살아 있는 의인과 택한 자들이 하늘의 처소에서 일상적으로 하는 일은 하나님을 찬양하면서 예배하고 땅 위에 거주하는 자들을 위해서 중보기도하는 것이다. 에녹은 하늘의 처소가 그를 위해서 예약되어 있다고 말한다. 그러나 그가 그곳에서 살도록 하나님이 미리 예정한 것이 아니라, 그가 땅 위에서 불의에 저항하고 하나님의 말씀을 증언하고 약자들을 섬기면서 살았기 때문에 하나님이 그의 몫을 정한 것이다.

택한 자도 하나님의 메시아적 대리자로서 약자들을 억압하는 사회적 권력층을 재판하는 심판자 역할을 한다. 악인들은 자기들이 무시했던 약자가 심판자로 보좌 위에 앉아 있는 것을 보고 소스라치게 놀란다.

> 그러므로 주님은 왕과 통치자와 고관과 지주들에게 이렇게 말씀하시면서 명령하셨다. "혹시 그 **택한 자**를 알아볼 수 있는지 너희의 눈을 뜨고 눈썹을 올려라!" 영혼들의 주님은 영광의 보좌 위에 앉으셨고, 정의의 영이 그분에게 부어졌다. 그분의 입에서 나온 말씀은 죄인들을 훈계하고 모든 억압자는 그분의 면전에서 소멸될 것이다. 심판의 날에 모든 왕과 통치자와 고관과 지주들이 그분을 볼 것이고 어떻게 그분이 영광의 보좌 위에 앉아 있는지를 알 것이다. 그리고 정의가 그이 앞에서 판단되고, 어떤 임기응변적인 말도 그의 임재 앞에서 흘러나오지 못할 것이다. 그때에 해산의 진통을 겪는 여자에게서처럼, 즉 여자가 자궁에서 아이를 낳을 때 그리고 그녀가 산고로부터 진통을 겪을 때처럼 고통이 그들에게 올 것이다. 그들 중 절반의 사람이 다른 절반의 사람을 쳐다볼 것이다. 그들은 무서워하고 낙담하게 될 것이다. **인자**가 영광의 보좌 위에 앉아 있는 것을 볼 때 고통이 그들에게 엄습할 것이다(에녹1서 62:1-5).

택한 자는 약자들과 억눌린 자들 가운데 숨겨져 있다. 그렇지만 왕과 통치자와 고관과 지주들은 그를 만날 수 없다. 왜냐하면 그들은 이러한 약자들을 무시하고 억압하기 때문이다. 그들은 마지막 심판의 날에 재판장의 자리에 앉아 있는 택한 자들 가운데서 그들이 평소에 하찮은 존재로 여기면서 경멸하고 무시했던 사람의 얼굴을 발견하고 비로소 자신들의 잘못을 인식하고 놀란다. 택한 자는 약자와 희생자들의 편에 서 있기 때문에 정의 속에서 잠든 자들을 기억하고 그들과 연대한다.

그러므로 지혜가 물처럼 흐르고 영광이 그 앞에 영원토록 무한하다. 왜냐하면 그의 권세가 정의의 모든 신비 안에 있고, 억압이 아무런 기초가 없는 그림자처럼 사라질 것이기 때문이다. **택한 자**가 영혼들의 주님 앞에 서 있다. 그의 영광이 영원하고, 그의 권력은 모든 세대에 미친다. 지혜의 혼, 통찰의 혼, 지식과 힘의 혼, 그리고 정의 속에서 잠든 자들의 영혼이 그에게 있다. 그는 비밀스러운 것들을 심판할 것이다. 아무도 그의 임재 앞에서 헛된 말을 하지 못할 것이다. 왜냐하면 그가 영혼들의 주님의 선한 즐거움에 따라서 그분 앞에 있는 **택한 자**이기 때문이다(에녹1서 49:1-4).

위에 나오는 정의 속에서 잠든 자들은 제국의 폭력에 희생된 자들이다. 택한 자는 "정의 속에서 잠든 자들의 혼"이 자신 속에 있기 때문에 한편으로는 부당한 폭력으로 죽임을 당한 희생자들을 기억하고, 다른 한편으로는 그들을 살해한 억압자들의 폭력과 불의에 항거한다.

인자는 택한 자와 동일시된다. 이 인자는 메시아적 대리자로서 역시 감추어져 있으며, 약자들을 위한 구원자와 해방자와 투사의 기능을 한다.

그곳에서 나는 태초의 시간 전부터 있었던 자를 보았다. 그의 머리는 양털처럼 희었다. 그리고 거기에 또 한 개인이 있었는데, 그의 얼굴은 인간의 얼굴과 같았다. 그의 모습은 거룩한 천사들 중에 있는 자의 그것처럼 은혜로 충만했다. 나는 나와 동행하면서 인간으로 태어난 그분에 관한 모든 비밀을 나에게 계시해준 그 천사에게 물었다. 이분은 누구이며, 태초의 시간 전부터 있었던 자로서 그는 어디에서 왔는가? 그가 나에게 대답했다. "이 사람은 **인자**다. 그에게 정의가 속하고, 정의가 그에게 머물러 있다. 그리고 그가 모든 감추어진 보물 창고들을 열 것이다. 왜냐하면 영혼들의 주님이 그를 택하셨기 때문이고, 그가 영원한 정직 가운데서 영혼들의 주님 앞에서 승리하도록 운명적으로 정해져 있기 때문이다." 네가 본 **이 인자**는 왕과 권력자들을 그들의 안락한 자리에서 끌어내리고 그 강한 자들의 왕위를 빼앗을 자다. 그는 강한 자들의 고삐를 파괴하고 죄인들의 이를 부서뜨릴 것이다. 그는 왕들을 그들의 보좌와 제국들부터 폐위시킬 것이다. 왜냐하면 그들이 그를 높이지도 않고 영화롭게 하지도 않기 때문이며, 그들의 왕권의 근원인 그에게 복종하지도 않기 때문이다(에녹1서 46:1-5).

인자는 택한 자와 동일시되고, 약자들의 구원자이며 해방자다.

그(인자)는 의인들이 그에게 기대고 넘어지지 않도록 하기 위해서 그들을 위한 한 지팡이가 될 것이다. 그는 이방인들의 빛이며, 또 마음이 아픈 자들의 희망이 될 것이다. 땅 위에 거하는 모든 자는 그이 앞에 엎드려서 예배할 것이다. 그들은 영혼들의 주님의 이름을 영화롭게 하고 축복하고 노래할 것이다. 그(인자)는 이 목적을 이루기 위해 **택한 자**가 되었다. 그는 창세전에 그리고 영혼들의 주님의 임재 속에 영원히 감추어져 있었다. 그리고 그는 영혼들의 주님의 지혜를 의인들과 성인들에게 계시했다. 그들이 영혼들의 주님의 이름 안에서 삶의 모든 방식과 습관들을 통틀어서 억압의 이 세계를 미워하고 경멸해서 인자가 그들의 몫을 예비해두었기 때문이다. 또한 그들이 그의 이름 안에서 구원될 것이고 또 그들이 생명을 가지는 것이 그의 좋은 즐거움이기 때문이다(에녹1서 48:4-7).

악인들을 심판하는 인자는 메시아와 동일시된다.

그날들에 땅의 왕들과 힘 있는 지주들은 그들의 손의 행위 때문에 굴욕을 당할 것이다. 그러므로 그들의 비참과 피로의 날에 그들은 자기 자신을 구할 수 없을 것이다. 나는 그들을 불 속의 풀잎처럼 그리고 물속의 납처럼 나의 택한 자들의 손에 넘겨줄 것이다. 그래서 그들은 성인들의 얼굴 앞에서 불탈 것이고 그들의 목전에서 잠길 것이다. 그리고 그들을 위한 장소는 전혀 없을 것이다. 그들(악인들)의 피곤의 날, 땅 위에 장애물이 있고, 그들은 그들(의인과 성인들)의 면전에서 넘어져 다시 일어나지 못하며, 그들을 손으로 붙들어 일으켜줄 사람이 아무도 없을 것이다. 왜냐하면 그들이 영혼들의 주님과 그의 **메시아**를 부인했기 때문이다. 영혼들의 주님이여, 찬미를 받으소서(에녹1서 48:8-10).

메시아는 더 이상 전쟁과 억압과 학살이 없도록 로마의 억압 구조를 상징하는 여러 종류의 금속 산들을 파괴한다.

거기에는 철산, 동산, 은산, 금산, 색깔이 있는 금속산, 납산이 있었다. 나는 나와 동행하는 천사에게 물었다. "내가 비밀로 본 이것들은 무엇인가?" 그가 나에게 대답했다. "당신이 본 이 모든 것들은 **명령**을 내리고 땅에서 찬미를 받을 수 있도록 하기 위해서 그의 **메시아**의 권위에 의해서 일어난 것이다." 그때 이 평화의 천사는 이렇게 말하면서 나에게 대답했다. "잠시 기다려라. 영혼들의 주님을 둘러싸고 있는 모든 비밀스러운 것들이 너에게 계시될 것이다. 너는 네 자신의 눈으로 본 이 산들이—철산, 동산, 은산, 금산, 색깔이 있는 금속 산, 납산—모두 택한 자의 임재 안에서 불 앞에 있는 벌집처럼 되고, 산들의 정상으로부터 떨어지는 물처럼 되며 그의 발에 짓밟히게 될 것이다. 그것이 이날들에 일어나며, 아무도 금이나 은으로 구원받지 못하며, 또한 아무도 피하지 못할 것이다. 전쟁을 위한 철이 전혀 없고, 아무도 갑옷을 입지 않을 것이다. 동이나 주석은 구할 수 없으며 아무런 가치도 없을 것이다. 그리고 납도 무엇을 만들기 위해 필요하지 않을 것이다. 택한 자가 영혼들의 주님의 면전에 나타날 때, 이 모든 물질이 제거되고 땅의 표면으로부터 파괴될 것이다"(에녹1서 52:3-9).

여기서 철산, 동산, 색깔 있는 금속산, 납산은 모두 로마의 군수 산업을 상징하고, 은산과 금산은 자본의 축적을 상징한다. 메시아는 이러한 금속 산들을 모두 파괴시킴으로써 폭력의 역사를 끝내는 억눌린 약자들을 구원하는 해방적 활동을 한다.

의인, 택한 자, 인자, 메시아는 각기 서로 대등한 그리고 동일한 관계를 맺고 있는 하나님의 메시아적 대리자를 상징한다. 하나님은 인자를 창세전에 택한 자로 선택하셨고, 현재까지 감추어두셨으며, 그리고 마침내 종말의 날에 그를 의인과 택한 자들에게 계시하셨다. 따라서 메시아적 대리자는 선재적·현재적·종말론적 차원을 가진다.

그런데 하늘로 승천한 에녹(참조. 창 5:21-24)은 제일 먼저 하늘에 살아 있는 택함 받은 자들과 의인들이 살고 있는 장소를 방문했다(에녹1서 70:1-4). 이것은 그가 정의를 위해 목숨을 바친 죽은 자들의 저항과 투쟁을 기억하고 있고 그들과 연대하고 있음을 의미한다. 이후에 그가 천사들의 안내를 받아 간 곳에는 대리석으로 지어진 한 건물이 있었는데 대리석 사이에는 미가엘(Michael), 라파엘(Raphael), 가브리엘(Gabriel), 그리고 파누엘(Phannuel)을 비롯해 수많은 거룩한 천사들이 그 집 주위에 있었다. 에녹은 그 집에서 머리는 양털처럼 희고 깨끗하며 빛나는 옷을 입고 있는 시간의 머리(하나님) 앞에서 두려워 얼굴을 숙이고 그를 찬양했다. 그때 에녹에게 다음과 같은 음성이 들렸다.

> 너는 정의 속에서 태어난 인자이며, 또 정의가 너에게 거하고 있고, 시간의 머
> 리의 정의가 너에게서 떠나지 않는다(에녹1서 71:14).[4]

에녹은 지상에서 정의를 실천했기 때문에 하늘에서 인자와 동일시되
었다. 에녹과 인자의 동일시는 악의 세력에게 저항하는 약자들이 저항력
과 주체성을 확립하는 데 있어서 영감의 자원이 된다.[5]

요한계시록에 묘사된 어린 양 예수의 역할은 "비유들의 책"에서 묘사
된 이러한 하나님의 메시아적 대리자의 역할과 동일하다. 이것은 요한계
시록의 저자가 "비유들의 책"을 알고 있었다는 사실을 의미한다.

요한계시록의 저작 시기와 비슷한 시기에 산출된 묵시 문학은 제2바
룩서, 제4에스라, 시빌의 신탁이 있다. 제2바룩서의 저자는 기원후 70년
유대전쟁으로 불타버린 예루살렘 성전의 잿더미 앞에 앉아서 눈물을 흘
리면서 다음과 같이 탄식한다.

> 내 눈이 샘이 되었고,
> 내 눈썹이 눈물의 저수지의 분출구가 되었다.
> 어찌하여 내가 시온을 슬퍼하게 되었는가?
> 예루살렘을 탄식하게 되었는가?
> 내가 지금 엎드려 있는 곳에서

---

4 — 이 본문에 대해서는 Siegbert Uhlig, *Das ätiopische Henochbuch*, *JSHRZ V/6* (Güter-
sloh: Gütersloher Verlagshaus, 1984), 634를 보라.

5 — 에녹과 인자의 동일시에 대한 여러 학자들의 해석에 대해서는 Byung Hak Lee, *Befrei-
ungserfahrungen von der Schreckensherrschaft des Todes im ätiopischen Henochbuch*,
290-312를 참조하라.

대제사장들이 거룩한 희생 제사를 드리곤 했고,

거기에 향기로운 향료들의 향을 두었다.

그러나 우리가 자랑스러워하는 성전은 이제 먼지가 되었고,

우리의 영혼이 사모했던 성전은 잿더미가 되었다(제2바룩서 35:1-4).

유대전쟁에서 수많은 유대인이 학살당했고, 예루살렘은 파괴되었으며, 예루살렘 성전은 불타버리고 시꺼먼 잔해만 남았다. 이러한 참상을 보고 절망한 또 다른 묵시 문학가인 제4에스라의 저자는 언제 하나님이 악인들을 심판하실 것인지를 초조하게 묻고 있는 유대인들에게 에스라와 우리엘 천사가 나눈 대화를 들려준다. 그리고 이 불의한 역사의 진행을 단절시킬 심판의 날이 반드시 올 것이라는 사실을 다음과 같이 설명한다.

그때 나는 대답하고 말했다. "오 전능한 주여, 우리 모두가 역시 사악함으로 가득하나이다. 심판의 때가 의인들을 위해서 지연되는 것은 아마도 우리 때문에, 즉 땅 위에 사는 사람들의 죄 때문이니이다." 그는 나에게 "혹시 아홉 달이 찼을 때에도 여자의 자궁이 아이를 더 오래 그 속에 간직할 수 있는지를 임신한 여자에게 가서 물어보라"고 말했고, 나는 대답했다. "아닙니다. 나의 주여, 그것은 불가능합니다." 그는 나에게 말했다. "하데스에 있는 영혼들의 방은 자궁과 같다. 왜냐하면 산기가 도는 어떤 여자가 해산의 고통을 피하기 위해서 서두르는 것처럼 이 장소는 태초부터 이곳에 위임된 그러한 것들을 돌려주기 위해서 서두르고 있기 때문이다. 그러면 네가 보고 싶어 하는 것들이 너에게 드러날 것이다"(제4에스라 4:33-43).

이처럼 제4에스라서의 저자는 죽은 의인들의 영혼이 모여 있는 방을 임신한 여자의 자궁에 비유해 임신한 여자가 달이 차면 해산하는 것처럼

죽은 자들의 수가 차면 악인들을 심판하고 의인들을 구원할 종말의 날이 반드시 올 것이라는 사실을 사람들에게 확신시켜주었다.

요한계시록과 비슷한 시기에 쓰인 시빌의 신탁(The Sibylline Oracles)은 침략 전쟁으로 세계를 지배하고 유프라테스 강을 국경선으로 삼고 있는 로마 제국의 멸망을 다음과 같이 예언했다.

> 여러 해 동안 너는 세계를 지배하는 유일한 왕국이었다. 네가 전에는 위대하고 세계적이었으나, 너는 더 이상 황금 산들과 유프라테스 강줄기에 누워 있지 못할 것이다(시빌의 신탁 5:435-437).

유대 묵시 문학 작품들은 정경에서 제외되었지만 놀랍게도 에티오피아어 에녹서의 한 구절이 유다서 1:14-15에서 예언의 말씀으로 거의 문자 그대로 인용되었다. 이것은 신약성서의 저자 중 한 사람인 유다서의 저자가 기독교 정경의 경계를 넘어섰음을 의미한다. 또한 요한계시록뿐만 아니라 신약성서 전체의 연구를 위해서 에티오피아어 에녹서를 비롯한 유대 묵시 문학 연구가 필요함을 입증한다.

유대 묵시 문학의 신학은 하나님의 심판을 통해 폭력의 역사가 종식될 것에 대한 근본적인 확신과 정의, 자유, 평등, 해방, 생명, 평화가 지배하는 대안적인 세계의 도래에 대한 희망과 새로운 의식을 가난한 자와 억눌린 자들에게 심어준다. 그리고 그것은 불의와 우상 숭배에 대한 저항력을 강화시키며 하나님을 예배하면서 자주적인 삶을 사는 형제자매적인 반제국적 공동체를 건설하도록 고무한다. 이러한 신학은 약자들의 생명과 자연을 파괴하는 구조적인 죄의 기원을 규명하고, 제국들과 토착 귀족들의 불의와 폭력과 탐욕을 비판하며 약자들을 억압하는 외세의 제국주의에 저항한다.

초기 기독교와 요한계시록

예수는 한 명의 유대인이었고, 유대인으로 살고 죽었다. 물론 예수가 자신의 책을 쓴 적은 없지만, 그의 사상과 행동은 상당히 묵시 문학적이다. 그의 삶과 가르침의 핵심을 구성하는 하나님 나라에 대한 설교, 마귀와의 투쟁, 약자들과 가난한 자들에 대한 연민, 부자와 권력자들에 대한 비판, 억눌린 자들의 의식화를 위한 비유, 심판에 대한 설교, 부활에 대한 예언, 기도, 그리고 자신과 인자와의 동일시는 모두 유대 묵시 문학의 영향을 받은 것으로 설명될 수 있다.

유대 묵시 문학은 팔레스타인 예수 운동과 사도적 교회에 큰 영향을 끼쳤다. 이스라엘 역사에서 갈라졌던 예언 전통과 묵시 전통은 팔레스타인 예수 운동에서 다시 수렴되었고, 예언과 묵시의 통합은 초기 기독교와 신약성서의 공동 기반이 되었다. 유대 묵시 문학의 신학적 사상은 신약성서 전체에 스며들어 있다. 다소(Tarsus) 출신의 바울은 그의 여러 서신에서 묵시 문학적 사상을 나타냈고, 밧모 섬의 요한도 그의 책을 예언이라고 주장했다. 요한계시록 저자는 신약성서의 저자들 중에서 지금 우리가 가진 성서에 포함되지 않은 여러 유대 묵시 문학적 작품들에 가장 익숙한 사람이다.

유대인들의 반제국적 저항도 유대 묵시 문학의 영향을 받은 것이다. 유대전쟁(기원후 67-70년)으로 예루살렘이 초토화되었고 성전은 파괴되었다. 이 전쟁에서 살아남은 바리새파 유대인 지도자들은 로마 당국의 허락으로 얌니아(Jamnia)에서 유대인 학교를 설립하고 거룩한 문서들과 율법을 연구했다. 그들은 유대교의 생존을 위해서 다수 유대인의 의견을 수용했지만, 예수를 메시아로 믿는 소수 유대인 그룹의 의견은 배척했다. 그러한 까닭에 예수를 믿는 유대인들은 유대교에서 분리되었고, 회당 밖에서 점차 독립적인 길을 걷게 되었다.

초기 기독교는 사도적 시대(30-70년)와 후기 사도적 시대(70-120년)로 구분할 수 있다. 사도적 시대에 살았던 성도와 사도 및 예수의 증인들은 이스라엘 땅과 그리스 지역에서 선교 활동을 시작했다. 이 사도 시대에 세워진 예루살렘 교회는 유대인들로만 구성된 공동체였다. 그러나 바울 서신과 에베소서가 증명하듯이 이방 지역의 교회는 이스라엘 백성인 유대인과 열방의 민족들로 구성된 공동체였다. 열방의 민족들은 오직 예수 그리스도에 대한 신앙 고백을 통해서 하나님의 백성에 통합될 수 있었고, 이스라엘 백성에게 약속된 하나님의 축복의 유산에 참여할 수 있었다. "이는 이방인들이 복음으로 말미암아 그리스도 예수 안에서 함께 상속자가 되고 함께 지체가 되고 함께 약속에 참여하는 자가 됨이라"(엡 3:6). 예수를 메시아로 믿는 이방인들은 교회 안에서 유대인들과 동일한 하나님의 백성으로 간주되었다. "그러므로 이제부터 너희는 외인도 아니요 나그네도 아니요 오직 성도들과 동일한 시민이요 하나님의 권속이라"(엡 2:19).

후기 사도적 시대에 예루살렘의 모교회(mother church)는 유대전쟁으로 인해서 사라졌고, 사도들은 모두 죽었으며, 이방 지역에 세워진 교회와 회당 사이의 갈등은 점차 심각해졌다. 이러한 시기에 복음서와 바울 서신, 요한계시록이 집필되었고, 교회가 제도화되었으며 신약의 정경화가 이루어졌다. 이 시기의 초기 기독교는 통일성을 유지하면서도 다양성을 내포하고 있었기 때문에 당시 교회의 형태는 매우 다양했고 신학적 경향도 다양했다.

요한계시록은 소아시아 지역에 있는 어떤 고립된 교회의 산물이 아니라, 사도적 시대와 후기 사도적 시대의 교회 전통을 계승한 예언자들에 의해서 운영되는 예언자적이고 묵시 문학적인 교회의 산물이다. 그 당시 대다수의 교회는 로마 제국의 정치 체제에 적응했다. 따라서 불의에 대한 저항의 영성은 약화되었고 교회의 구조는 가부장적으로 변했다. 신약성서의 다른 문서들을 살펴보면 감독과 장로, 집사들이 교회를 운영했지만, 요한계시록을 보면 예언자들이 일곱 교회를 운영한다. 요한계시록을 산출한 교회는 이스라엘의 예언 전통과 묵시 전통에 깊이 뿌리박은 교회였으며, 또한 기독교의 헬레니즘화를 적극적으로 반대한 교회였다.

요한계시록은 성도들이 소아시아의 사회적 환경에 동화될 수 있는 위험을 강력하게 경고한다. 요한계시록의 주변 환경은 황제 제의뿐만 아니라, 긴 역사를 가진 토착적 제의와 미신들로 가득했다. 소아시아의 내륙인 프리기아(Phrygia)에서는 기원전 6세기부터 키벨레(Cybele)가 숭배되었다. 키벨레는 땅에서 많은 소출을 생산하는 대지의 어머니 여신이었고 또한 사나운 사자를 타고 다니면서 적들을 물리치는 군사적 승리의 여신이었다. 프리기아에서 키벨레로 알려진 대지의 여신은 그리스와 로마 지역에서 대지의 여신이었던 아르테미스(Artemis), 디아나(Diana) 혹은 데메테르(Demeter)의 모습에 동화되었다. 사도행전 19장에 언급되어 있듯이 에베소 지역의 사람들은 대지의 여신인 아르테미스를 숭배했다.

북아프리카의 카르타고(Carthago)와 전쟁 중에 있었던 로마는 기원전 204년에 사절단을 소아시아의 프리기아에 보내어 버가모(Pergamon)의 왕 아탈로스 1세(Attalos I)에게 협조를 구했다. 그리고 페시누스(Pessinus)에서 키벨레 여신을 상징하는 거대한 검은 운석을 로마로 운송해서 로마의 군사적 승리를 보장하는 로마의 신으로 팔라틴 언덕에 세워 놓았다. 기원전 191년, 오늘날 로마에 있는 베드로 대성당의 자리에 키벨레 신전이 세워졌다.

소아시아와 로마에서 번창했던 키벨레 제의에는 황소를 희생 제물로 바치는 타우로볼리움(Taurobolium)이라는 의식이 있었다. 그것은 대제사장이 자신을 정결하게 하려고 제단 밑에 서서 제단 위에 바쳐진 황소의 몸에서 흘러나오는 피에 자신이 입고 있는 긴 흰옷을 적시는 의식이다. 이러한 키벨레 제의에 대한 비판이 요한계시록에 반영되어 있다. 예를 들면, "어린 양의 피에 그 옷을 씻어 희게 하였다"(계 7:14)와 "그러나 사데에 그 옷을 더럽히지 아니한 몇 명이 네게 있어 흰옷을 입고 나와 함께 다니리니 그들은 합당한 자인 연고라"(계 3:4)라는 표현은 정결을 위해서 황소의 피로 흰옷을 적시는 키벨레 제의에 대한 비판을 반영한 것으로 볼 수 있다. 그리고 "내가 보니 여자가 붉은 빛 짐승을 탔는데 그 짐승의 몸에 하나님을 모독하는 이름들이 가득하고"(계 17:3)라는 표현은 사자를 타고 다니는 키벨레를 비유한 것으로 이해할 수 있다.

기원전 133년 소아시아 지역은 로마의 지배에 복속되었고, 기원전 116년에는 프리기아가 로마에 병합되었다. 기원전 31년에는 아우구스투스가 승리함으로 로마의 엘리트들 사이에 있던 분쟁과 내전이 종식되었다. 소아시아 도시들은 로마의 정책에 충성했고, 로마로부터 황제를 위한 신전 건립의 승인을 얻으려고 서로 경쟁했다. 이것은 소아시아의 토착 엘리트들이 로마가 자신들을 지배하는 것에 긍정적으로 반응했음을 보여준다.

소아시아의 일곱 도시에는 로마의 황제들에게 봉헌된 신전과 제단이 있었고, 황제 제의를 주관하는 사제들이 있었다. 황제 제의는 소아시아의 시민들을 로마 제국에 통합시키고 충성하게끔 하는 중요한 수단이었다. 로마 황제는 소아시아의 도시들과 주민들에게 은혜를 베풀어주는 보호자로 인식되었고, 그들은 황제 숭배를 통해서 로마 제국과 황제에 대한 충성을 증명했다. 그렇다고 일반 시민들이 공식 명령을 통해 황제 숭배에 강제로 동원된 것은 아니었다. 오히려 그들은 로마 제국에 대한 자신들의 신앙

과 충성을 증명하기 위해서 자발적으로 황제 숭배에 참여했다.[6]

소아시아의 각 도시의 신전은 정치와 경제의 중심이었다. 소아시아의 의회가 신전에서 개최되었고, 그 의회에서 결정된 법령이 신전에서 공표되었으며, 로마가 보낸 공문서도 신전에 접수되었다. 상인 단체인 길드의 연차 모임도 신전에서 개최되었다. 그리고 각 도시의 신전 구내에는 현대의 은행 같은 환전소와 시장이 있었다. 신전의 환전소는 사람들에게 돈을 빌려주고 이자를 받았으며, 큰 규모의 재정 거래는 더 큰 신전의 환전소의 신용 보증이 필요했다. 신전의 시장 안에서는 거의 모든 상행위가 이루어졌고, 황제 숭배를 거부하는 그리스도인들은 시장에서 경제 행위를 할 수 없었기 때문에 자연히 가난해질 수밖에 없었다.

요한계시록은 단지 황제 제의만을 비판하는 것이 아니라 로마의 정치적 억압(참조. 13장)과 경제적 착취 구조도 비판한다(참조. 18장). 또한 짐승들에게 항거하는 교회와 성도들의 증언과 비폭력적 저항을 정당화하고 오직 하나님과 어린 양 예수만을 예배하도록 고무한다. 천상의 예수는 역사 안에, 세계 안에, 교회들 사이에, 그리고 인간의 차원과 우주적 차원에 임재한다. 요한계시록의 핵심 메시지는 천상의 예수가 고난당하는 그리스도인들과 약자들을 향해서 지금 현재의 시간에 오고 있다는 소식이다. 천상의 예수는 성도들은 물론 약자들과도 함께 살고, 그들과 연대하며, 그들과 함께 싸우기 위해서 지금 현재의 시간에 오고 있다. 그는 우상 숭배적인 제국의 문화에 동화되어서 불의를 묵인하는 명목상의 교회를 죽은 교회라고 비판한다. 만일 그런 교회가 회개하지 않는다면 그는 그 교회를 먼저 심판할 것이라고 경고한다.

---

6 — Wes Howard-Brook and Anthony Gwyther, *Unveiling Empire: Reading Revelation Then and Now* (New York: Orbis, 2005), 103.

하나님과 그분의 메시아인 어린 양 예수가 폭력의 역사를 끝내고 건설하려는 대안적 세계는 새 예루살렘으로 상징되는, 새로운 형제자매로 이루어진 기독교적 공동체다. 요한계시록은 하나님이 폭력의 역사를 끝내시기 위해 바빌론 한가운데서 새로운 출애굽을 일으키고 계신다는 사실과, 새로운 출애굽의 목표가 새 예루살렘임을 증언한다. 순교자, 예언자, 증인, 우상 숭배를 거부한 자, 짐승의 표를 받는 것을 거절한 자들은 바빌론에서 탈출하려고 새로운 출애굽 운동에 참여한 자들이다. 그들은 예수의 피와 증언의 힘을 통해서 사탄의 세력을 정복한 승리자들이다.

요한계시록을 산출한 초기 교회는 사람들이 로마의 제국주의적 체제에 적응하고 동화되면서 상실한 저항의 영성과 예언의 영을 모든 교회에 다시 불러일으키기를 원했다. 그러나 2세기 이후부터 기독교의 헬레니즘화가 가속화되면서 이방인들의 수가 점점 많아지고, 그들이 교회 안에서 지배적인 위치를 점하면서 교회는 유대인들이 없는 이방인들만의 교회로 변했다. 안디옥의 감독인 이그나티우스는 기독교를 유대교와 대립하는 개념으로 인식했고, 그의 반유대교적 인식이 오늘날까지도 기독교의 역사와 신학을 지배해오고 있다.

기독교가 가부장적인 조직으로 변한 중요 원인 중 하나는 요한계시록에 통합되어 있는 예언적이고 묵시 문학적인 목소리가 교회에서 오랫동안 무시되고 망각되었다는 것이다. 이스라엘의 예언 전통과 묵시 전통에 깊이 뿌리박고 있는 요한계시록의 신학적 목소리를 재발견하는 일은 기독교의 정체성 재발견을 의미한다.

요한계시록의 세계관

요한계시록에서 역사는 하나뿐이다. 그렇지만 이 역사는 공간적으로 나누어진 하늘과 땅이라는 두 가지 영역이 있다. 하늘과 땅은 동전의 양면처럼 하나의 역사 혹은 한 세계의 두 차원을 상징한다. 땅은 세계의 가시적이고 현상적이고 경험적인 차원을 의미하는 은유이고, 하늘은 세계의 불가시적이고 심층적이고 초월적인 차원을 의미하는 은유다. 요한계시록에서 압제자들과 우상 숭배자들은 "땅에 거하는 자들"(계 6:10; 13:8, 12, 14; 17:2, 8; 18:3)이라고 불리고, 반면에 순교자들과 죽은 증인과 성도들은 "하늘에 사는 자들"(계 12:12; 13:6)이라고 불린다. 땅은 로마 황제의 보좌가 있는 곳으로 우상 숭배의 장소이고, 압제자와 악인들이 약자와 가난한 자들을 억압하는 장소다. 반면에 하늘은 하나님과 어린 양의 보좌가 있는 곳으로 순교자와 죽은 성도들이 부활하여 살고 있고 그들이 하나님과 폭력의 희생자인 어린 양 예수의 통치를 찬양하는 예배의 장소이며, 하나님이 어린 양 예수를 믿는 성도들을 기억하시는 장소다. 땅은 폭력과 학살의 희생자와 약자들이 부르짖는 비명과 절규와 통곡의 장소이고, 하늘은 죽은 자들이 부활해서 하나님의 심판과 통치와 구원을 축하하고 감사하는 노래와 기쁨과 탄성을 발하는 장소다. 하늘은 죽은 자들이 살아 있는 장소이고, 땅은 폭력과 죽음의 세력들에게 위협을 받고 있는 산 자들의 장소다.

그렇지만 하늘과 땅은 물리적으로 서로 단절된 공간이 아니다. 하늘은 접근할 수 없는 멀리 떨어져 있는 장소가 아니다. 그곳은 죽음 이후에만 혹은 소위 휴거를 통해서만 접근할 수 있는 장소가 아니다. 하나의 역사의 두 차원인 하늘과 땅은 서로 교통하고 동시적으로 존재한다. 하늘과 땅 사이에는 상호관계성, 불가분리성, 상응성, 공명성이 있다. 이러한 관계를 보여주는 한 가지 좋은 예가 이사야의 묵시 문학적 단락에서 나타난다.

그날에 여호와께서 높은 데에서 높은 군대를 벌하시며 땅에서 땅의 왕들을 벌하시리니(사 24:21).

이 구절은 하늘에 있는 군대는 땅 위에 있는 왕들과 한편이기 때문에 하나님이 양쪽 모두에게 동시에 벌을 내리신다는 의미다. 또 다른 예는 에티오피아어 에녹서에서 발견된다. 하늘로 승천한 에녹은 어느 날 하나님이 하늘에 떠 있는 별들의 이름을 하나씩 차례로 부르시자, 그 별들이 대답하는 것을 보았다. 그가 동행하는 천사에게 "이 별들이 무엇인가?"라고 물었을 때, 그 천사는 다음과 같이 답했다.

> 영혼들의 주님(하나님)이 그 별들의 원형을 각각 네게 보여주셨다. 이러한 별들은 영혼들의 주님을 영원히 믿으면서 땅 위에서 살고 있는 성도들의 이름들이다(에녹1서 43:4).

이 구절은 땅 위에서 하나님을 충성스럽게 믿는 성도들은 하늘에 떠 있는 별들처럼 하늘에서 살고 있음을 의미한다. 그들이 땅 위에서는 이름 없이 살고 있지만, 하늘에서 그들의 이름은 하나님에 의해 기억되고 호명된다. 따라서 지상에서 예수를 믿는 그리스도인들은 하늘에서 사는 자들이다.

역사는 하늘과 땅이라는 두 차원에서 동시적으로 발생하기 때문에 하늘의 사건은 땅 위에서 일어나는 사건에 영향을 주고, 땅 위의 사건은 하늘에 영향을 준다. 성도들이 땅 위에서 부르짖는 기도는 향연과 함께 하늘에 상달되고, 하나님은 천둥과 번개와 심판으로 그들의 기도에 응답하신다. 하늘에서 살아 있는 순교자와 죽은 성도들은 하나님과 예수 그리스도를 찬양하는 새 노래를 부르고, 땅 위에 있는 성도들은 그들이 부르는 새 노래를 듣고 배워서 부른다.

그러나 궁극적인 진리의 원천은 하늘의 현실이다. 하늘에서 진정한 것이 땅 위에서도 진정한 것이 된다. 이때 하늘의 진리는 계시를 통해서 인식된다. 계시를 담고 있는 환상은 땅의 현실을 분명히 인식하게 하고 새로운 의식을 가지고 살 수 있도록 천상의 관점을 제공한다. 이 세계의 현실은 약자들을 희생시키고 그 대가로 부를 축적하는 로마의 제국주의적 관점이 아닌 천상의 관점에서 평가되어야만 한다. 천상의 관점은 지상의 가치관을 전도시킨다.

> 네가 말하기를 "나는 부자라 부요하여 부족한 것이 없다" 하나 네 곤고한 것과 가련한 것과 가난한 것과 눈먼 것과 벌거벗은 것을 알지 못하는도다(계 3:17).

요한계시록이 끊임없이 하늘에 관심을 갖는 것은 땅을 포기하는 것이 아니라, 땅의 현실을 하나님의 뜻에 맞게 변화시키기 위한 것이다. 종말의 날에 하늘에서 새 예루살렘이 땅으로 내려오면서 하늘과 땅은 하나가 된다. 따라서 이전에 무수히 언급되었던 하늘은 새 예루살렘이 땅으로 내려온 이후에는 더 이상 나타나지 않는다.

하나의 역사에서 시간은 압제자들에게는 직선적인 시간인 크로노스이지만, 하나님을 믿는 자들에게는 초월적인 시간인 카이로스와 같다. 예수의 죽음과 부활이 이 현재의 시간을 카이로스로 만들었다. 요한계시록에서 이 세상은 산 자들만의 몫이 아니다. 죽은 자와 산 자들이 통합되어 이 세상에서 공존하고 있고, 서로 동시적으로 함께 머물고 있다. 과거도 물론 하나님의 구원사의 일부지만, 강조점은 현재에 있다.

시간은 현재와 미래로 구분된다. 하지만 현재와 미래의 관계는 연대기적인 것이 아니라 카이로스적이다. 역사는 현재 중심적이고 그 현재는 지속적인 현재다. 현재 중심적인 관점에서 본다면 미래는 이러한 지속적인 현재와 단절된 것이 아니라, 이미 현재 속에서 형성되는 과정 가운데 있는 것으로 이해될 수 있다. 따라서 현재와 미래는 분리되지 않고 인간의 역사 안에 동시에 존재한다.

요한계시록에서 문법적으로 미래 시제로 언급된 진술들은 순차적인 미래의 현실로서가 아니라, 현재와 동시적으로 존재하는 또 다른 현실로 이해되어야만 한다. 왜냐하면 하나님과 어린 양 예수가 바빌론을 이미 심판하시고 정복하셨기 때문이다. 하나님이 바라시는 이 세계의 변화가 곧 일어날 수 있는 것은 그러한 변화가 지금 이미 일어나고 있는 중이기 때문에 가능하다. 폭력의 희생자인 예수가 하늘의 보좌 위에 지금 앉아 있기 때문에 그의 오심으로 인해서 이 세계 안에 있는 모든 불의와 억압과 폭력이 소멸되고 폭력의 역사는 완전히 단절될 수 있을 것이다. 새 예루살렘은 순교자와 죽은 성도들이 부활하여 살고 있는 하늘의 성으로 이미 지금 하늘에 존재하고 있기 때문에 장차 땅 위에서 구체적인 모습을 드러낼 수 있을 것이다(계 21:2).

계시는 보이지 않는 하늘의 현실과 하나님이 역사의 주인이시라는 진리를 증명한다. 그것은 중립적인 것이 아니라 고난당하는 성도와 약자들에게 위로와 희망과 소망과 힘을 주는 기쁜 소식이다. 그것은 은폐된 불의를 폭로하고, 하나님의 구원계획을 확연하게 드러내고, 예수가 선포한 대안 세계인 하나님 나라를 위한 그리스도인들의 증언과 저항과 투쟁을 지지하고 정당화한다. 계시는 순교자와 죽은 성도와 증인들이 세상에서 사라진 것이 아니라, 그들 모두가 지금 하늘에서 부활하여 천년왕국에서 그리스도와 함께 살아 있다는 것과 그들이 장차 새 예루살렘의 시민이 되어 영원히 살 것임을 보여준다. 계시의 반대는 불의한 권력자들의 악행을 은폐하고 그들의 지배를 정당화하는 정치 이념과 약자들을 미혹하는 기만적인 선전이다.

환상은 역사 안에서 일어나는 불의와 억압을 비판하고, 압제자들의 정치적 선전의 거짓과 기만을 폭로하고, 불의한 체제를 전복시키는 대항 공론장의 역할을 한다. 하늘에 있는 하나님의 보좌와 어린 양의 보좌 환상은 로마 제국의 폭력적 지배와 황제 숭배에 대한 비판과 저항의 원천이다. 환상은 폭력의 역사에서 희생된 순교자와 죽은 성도들에 대한 역사적 기억을 보존하고 있으며, 산 자들로 하여금 그들을 기억할 것을 요구하고, 제국의 유혹과 압제에 맞서서 증언하고 저항할 수 있도록 동기와 힘을 준다. 또한 환상은 고난당하는 성도들에게 하나님과 천상에 계신 예수의 오심을 통해서 이 고난의 현재가 끝나고 새로운 대안적 세계가 시작될 것이라는 확신과 소명을 심어준다.

예언은 장래에 발생할 어떤 일에 대한 예고나 예측을 의미하는 것이 아니라, 계시를 통해 전해진 하나님의 말씀과 예수 그리스도의 증언을 사람들에게 증언하는 것을 의미한다(계 1:3; 22:18). 예언의 말씀은 짐승의 세력으로부터 사람들을 구원하는 생명의 말씀이다. 요한은 예언의 말씀을 증언했다는 이유로 로마 당국으로부터 정치적 제재를 당하여 밧모 섬에 유배되었고, 안디바는 예언 활동으로 인해 순교를 당했다(계 2:13). 그러나 두 증인의 부활과 승천은 견고한 성을 무너뜨리는 사회적 변혁을 일으켰다(계 11:1-13). 폭력과 기만이 지배하는 세계에는 이러한 예언의 말씀이 필요하고 또 증언되어야만 한다.

종말은 결코 세계의 종말이나 지구의 멸망 혹은 역사의 종말을 의미하지 않는다. 그것은 현재 이 세계 안에 있는 모든 불의와 억압과 폭력이 소멸되고 고난의 역사가 끝나면 새로운 대안적 세계가 시작되는 것을 의미한다. 다르게 말하면, 종말은 약자들의 생명을 파괴하는 로마의 제국주의적 질서가 붕괴되고, 로마의 예속으로부터 땅과 약자들이 해방되며 그들의 권리와 정의가 회복되는 것을 의미한다. 따라서 종말의 날 직전에 엄청난 환란과 대참사가 일어나 세계가 아수라장이 되어야만 하는 것은 아니다. 대참사는 이미 오래전부터 있었고, 그것은 비상사태가 아니라 마치 정상적인 상태로 느껴질 정도로 요한의 시대에도 빈번하게 발생했다. 종말에는 하나님의 심판과 어린 양 예수 그리스도의 진노를 통해서 이러한 대참사로 점철된 폭력의 역사가 끝나고 역사 안에서 새 창조가 일어날 것이다. 새 창조는 새 하늘과 새 땅, 그리고 새 예루살렘이다. 그것은 우리가 바라는 역사의 최종적인 성취다. 폭력과 죽음이 지배하는 바빌론과 대조되는 새 예루살렘은 우리의 인간적인 삶을 위해서 꼭 필요한 대항 현실이다.

폭력과 성차별은 요한계시록에서 결코 정당화되지 않는다. 재앙의 목적은 로마 제국의 불의에 의해서 오염된 땅과 억눌린 성도들을 해방하고 구원하는 데 있다. 여기서 음행은 남자와 여자 모두에게 적용되는 우상 숭배를 상징하는 은유다. 로마를 지칭하는 바빌론은 음녀라고 불리고, 144,000의 성도들은 "여자와 더불어 더럽히지 아니하고 순결한 자라"(계 14:4)고 불린다. "음녀를 미워하여 망하게 하고 벌거벗게 하고 그의 살을 먹고 불로 아주 사르리라"(계 17:16)라는 표현도 있다. 그러나 이러한 표현들은 여성을 혐오하거나 차별하는 것이 아니라, 폭력과 강간을 당한 소아시아의 힘없는 여자와 약자들의 가슴에 맺힌 항의와 복수에 대한 기원이 로마를 상징하는 음녀에게 투사된 것으로 이해되어야만 한다. 복수를 기원하는 것은 힘없는 약자들이 할 수 있는 마지막 저항이다. 요한계시록은 폭력과 성차별과 성폭력이 없는 공동체, 곧 남녀 모두가 평등한 형제자매로 이루어진 기독교적 공동체를 추구한다.

환상 속에서 나타나는 상징과 숫자는 일반적인 말로는 표현할 수 없는 대상을 표현하는 형상 언어다. 십자가 처형을 당했지만 부활하여 영원히 살아 있는 예수는 어린 양이라고 불린다. 반면에 자기 자신을 신격화하고 주변 민족들을 억압하는 로마 제국은 짐승이라고 불린다. 로마 제국의 이익을 위해서 일하는 토착 지배자들은 거짓 예언자라고 조롱되고, 세계를 식민화하는 로마는 바빌론이라고 불리며, 군사적 힘과 불공정 무역을 통해서 경제적 번영을 누리는 로마는 음녀라고 일컬어지고, 짐승의 수는 666이라고 이야기된다. 이때 바빌론에서 일어나는 모든 재앙과 심판은 폭력의 역사를 끝내기 위해 하나님이 로마 제국 한가운데서 새로운 출애굽을 일으키신 해방적 행동을 나타낸다. 상징과 숫자와 관련된 신학적 의미는 구약과 유대 묵시 문학의 조명을 통해 밝혀질 수 있다.

새 예루살렘은 현재 속에서 세계를 변화시키기 위한 하나님의 계획 중 하나를 상징한다. 즉 새 예루살렘은 하나님이 설계하신 평등한 형제자매로 구성된 기독교적 공동체로서 죽은 자들과 산 자들이 바라는 공동의 희망이자 공동의 미래다. 새 예루살렘 환상은 그리스도인들이 현재를 어떻게 살아야 하는지, 그리고 이 세계를 어떻게 변화시켜야 하는지에 대한 분명한 목적과 방향을 제시해준다. 따라서 새 예루살렘의 대항 현실은 현재의 오염된 세계를 비판하고 이 세계를 새로운 대안 공동체로 변화시키도록 고무한다. 다시 말해 새 예루살렘은 역사 저편에서가 아니라 이 세계 안에서, 그리고 역사 안에서 완전하게 실현될 대안적 세계다.

요한계시록은 미래에 일어날 사건을 하나하나 미리 예언해둔 책이 아니다. 그렇지만 많은 사람이 오늘날 세계 도처에서 벌어지는 전쟁과 대형 사고, 자연 재난을 요한계시록에서 이미 예언된 것이라고 생각한다. 정치적 불안, 경제적 혼란, 세계적 빈곤, 핵전쟁의 가능성, 생태계 파괴와 환경 위기, 기후 변화, 천체들의 충돌 가능성 등 여러 가지 이유로 지구의 파괴와 세계의 종말이 실제로 지금 발생할 수 있다는 두려움과 공포를 느껴 잘못된 해석에 빠져들고 있기 때문이다. 그러나 종말이 임박하다는 것은 지구의 파괴나 세계의 멸망이 임박하다는 뜻이 아니라, 이 세계 안에 있는 모든 불의가 소멸되고 고난의 역사가 끝나고 새로운 대안적인 세계가 시작될 때가 임박했다는 사실을 의미한다. 하나님은 이 세계를 불의한 권력자들에게 영원히 넘겨주지 않으시고 언젠가는 반드시 그들을 심판하실 것이다. 따라서 종말을 소망하는 그리스도인들은 우상 숭배를 거부하고 하나님과 어린 양만을 예배해야 한다. 또한 이 사회와 세계의 변화를 위해서 정의를 실천하고 불의에 저항하며 이 시대의 약자와 희생자들을 돌보고 위로하는 영적인 삶을 살아야만 한다.

요한계시록의 저자

유대 묵시 문학의 저자들은 자신들의 본명을 감추고 과거의 위대한 인물들의 이름을 빌렸지만, 요한계시록의 저자는 자신의 이름을 요한이라고 밝혔다(1:1, 4, 9; 22:8). 따라서 요한계시록이 요한에 의해서 저작되었다는 것은 의심의 여지가 없지만, 이 요한이 누구인지에 대해서는 논란이 있다.

2세기 교부 이레나이우스는 공관복음서와 사도행전, 바울 서신의 하나인 갈라디아서 2:9에서 언급된 요한이 세베대의 아들이고, 예수의 열두 제자 중 하나인 사도 요한이 요한계시록과 요한복음을 쓴 동일한 저자라고 생각했다. 유스티누스도 요한계시록의 저자인 요한이 예수의 열두 제자 중 하나인 사도 요한이라고 믿었다. 이러한 교부들의 해석에 의해서 예수의 열두 제자 중 하나이며 세베대의 아들인 사도 요한을 요한계시록과 요한복음의 동일한 저자로 간주하는 교회의 전승이 생겨났다.

반면에 3세기 알렉산드리아의 감독 디오니시우스는 요한계시록과 요한복음의 내용과 문체가 서로 다르기 때문에 이 둘이 동일한 저자에 의해서 기록된 것이 아니라고 주장했다. 유세비우스는 요한계시록의 저자가 에베소서의 장로 요한이라고 주장했다.

어떤 학자들은 요한계시록과 요한복음, 세 개의 요한 서신 모두가 요한 학파에 의해서 저작되었다고 주장한다. 그러나 그들이 에베소의 장로 요한을 이 학파의 수장이라고는 전제했지만, 그것은 증명되지 않은 가설이다. 요한계시록의 요한은 자기 자신을 결코 예수의 제자나 사도 혹은 장로라고 이해하지 않는다. 따라서 요한계시록의 저자는 사도 요한과 동일한 인물일 수 없으며, 요한복음의 저자와도 같을 수 없고, 또한 에베소의 장로 요한과도 같을 수 없다.

요한계시록을 저술한 요한이 어떤 사람인지를 정확하게 알기 위해서는 그가 자기 자신을 어떻게 이해했고, 또 어떤 일을 했는지를 파악해야 한다. 1:1에서 요한계시록의 저자는 자기 이름을 요한이라고 언급하며 자신을 "하나님의 종"이라고 지칭한다. 이것은 그가 자신을 교회의 구성원, 곧 하나님의 종으로 이해했음을 의미한다. 1:4에서 그는 자신을 소아시아의 일곱 교회에 편지를 써 보내는 발신자라고 언급하고, 1:9에서는 자기 자신을 교회의 동등한 형제이자 신앙의 동지로 이해했다. 그에게 교회는 위계체계가 없는 평등한 형제자매적인 공동체다.

요한은 자신의 책을 "예언의 말씀"이라고 불렀다(계 1:3; 22:7). 22:8에서는 자기 자신을 계시를 "보고 듣는 자"로 이해했고 9절에서는 천사가 그에게 "나는 너와 네 형제 선지자들과 또 이 두루마리의 말을 지키는 자들과 함께 된 종이니"라고 말했다. 이것은 요한이 예언자라는 사실을 간접적으로 나타낸다.

요한계시록의 저자가 2-3장에서 서술된 소아시아의 일곱 도시와 일곱 교회의 상황을 잘 알고 있었다는 것은 그가 예언자로서 그 도시들을 순회했다는 사실을 의미한다.[7] 그는 순회 예언자로서 일곱 교회를 방문하

---

7 — Adela Yarbro Collins, *Crisis and Catharsis: The Power of the Apocalypse* (Philadelphia: The Westminster Press, 1984), 134–135.

면서 설교했다. 그러면서 로마의 우상 숭배적인 문화에 적응하고 동화된 니골라당(계 2:6, 15)과 발람을 따르는 자들(계 2:14)과 이세벨(계 2:20-23)의 추종자들을 비판했다.

요한이 자기 자신을 예언자로 인식했다는 증거는 요한계시록 10:8-11에서 발견된다. 그는 천사에게서 작은 두루마리 책을 받아먹은 후 "내 입에는 꿀 같이 다나 먹은 후 내 배에서는 쓰게 되더라"(계 10:10)고 고백했다. 이것은 에스겔의 소명 기사를 상기시킨다(겔 3:1-3). 천사는 요한에게 "네가 많은 백성과 나라와 방언과 임금에게 다시 예언하여야 하리라"(계 10:11)고 말했다.

요한은 기원후 66-70년에 발생한 유대전쟁 기간에 팔레스타인 땅에서 소아시아로 이주해서 정착한 유대-그리스도인 중 한 사람이었을 것으로 보인다. 이러한 추정을 할 수 있는 것은 전쟁의 참혹함에 대한 그의 기억이 요한계시록의 여러 곳에 표현되어 있기 때문이다. 그는 유대교의 문화와 전통에 매우 깊이 젖어 있고 히브리어와 그리스어에 능통한 엘리트 유대인이었다. 신약성서 전체에서 요한계시록만큼 구약과 유대 묵시 문학을 많이 인용한 책은 없다. 또한 그는 당시의 세계 공용어인 그리스어로 자기 책을 썼다. 나아가 그는 로마 제국의 주변인 소아시아의 현실을 예리하게 분석하고 비판할 수 있는 지성을 가진 지식인이었다. 그는 로마의 황제 제의에 대해서만이 아니라, 로마의 정치적 억압과 불의한 경제 구조에 대해서도 매우 비판적이었다(계 17:15). 그는 로마가 불공정 무역 체제를 고안해서 부를 획득했다고 인식했다.

요한은 자신이 밧모 섬에 유배된 이유가 "하나님의 말씀과 예수에 대한 나의 증언"(계 1:9)에 있다고 밝혔다. 이것은 순회 예언자로서의 그의 설교와 활동이 반제국적이었기 때문에 그가 로마 당국으로부터 정치적 제재를 당했다는 것을 의미한다. 그런데 그가 사형을 당하지 않고 아직 살아 있다는 사실은 그의 사회적 지위를 토대로 설명할 수 있다. 그 당시에 소아시아 지역에서 반란자로 기소된 로마 시민권자는 로마로 압송되는 것이 일반적인 관례였지만, 소아시아의 총독은 로마 시민권자였던 요한을 로마로 압송하는 대신에 자신의 권한으로 그를 밧모 섬으로 추방시켰을 것이다. 요한은 로마 제국의 살인적인 체제에서 살아남은 희생자 중 하나였다.

요한은 밧모 섬에서 주일 예배를 드리던 중 성령에게 사로잡혀서 환상을 보았다. 그리고 환상 속에서 보고 들은, 천상의 예수가 증언한 예언의 말씀을 기록했다. 이때 그는 관람석에 앉아서 구경하는 리포터의 입장에서 환상들을 보고 기록한 것이 아니라, 자기 시대의 불의한 현실 속에서 실제로 고난을 당하는 약자의 입장에서, 억울하게 죽임 당한 희생자들의 울부짖음을 듣고 함께 슬퍼하는 자의 입장에서, 불의와 억압과 폭력과 전쟁이 지배하는 고난의 역사가 빨리 끝나기를 희망하는 자의 입장에서, 그리고 자주적인 삶이 가능한 정의와 자유와 평화가 지배하는 대안적 세계인 새 예루살렘이 도래하기를 갈망하는 자의 입장에서 이러한 환상들을 작성했다.

소아시아의 교회들은 예언자들의 지도를 받았는데, 요한은 소아시아의 일곱 교회에서 순회 예언자로서 설교했다. 그는 공간적으로 본토와 멀리 떨어져 있었기 때문에 그가 본 계시를 서신의 형태로 작성하여 일곱 교회에 보냈다.

요한계시록의 저자는 환상을 본 자이며 예언자다. 그는 요한계시록을 통해 본토에서 고난을 당하면서도 로마의 제국주의 체제와 황제 숭배 요구에 저항하는 남녀 성도들을 위로하고 격려한다. 따라서 요한계시록은 소아시아 지역의 일곱 교회에서 비밀리에 회람된 그들의 지하문서로 예배 모임에서 낭독되었고, 그 책에 기록된 긴급한 예언의 말씀이 심각하게 경청되고 실천되기를 요구했다.

요한계시록의 저작 연대

요한계시록의 저작 연대는 아직도 학자들 사이에서 논쟁의 대상이 되고 있다. 일반적으로 인정받고 있는 저작 연대는 도미티아누스 황제가 통치(81-96년)한 마지막 시기인 기원후 90-96년이다.[8] 이 학설은 요한계시록의 여러 단락(계 2:13; 6:9-10; 20:4)에 근거한다. 본문에 의하면 도미티아누스는 자기를 신격화했고, 그가 통치하던 시기에 황제 숭배가 고조되었으며, 그리스도인들은 황제 숭배를 거부하고, 그리스도를 증언하는 이들의 행위는 로마 당국에 박해를 받고 처형당하는 결과를 초래했다. 이 학설은 무엇보다도 기원후 135년 소아시아에서 태어나고 성장한 교부 이레나이우스가 180년대 초 갈리아 지역의 리옹에서 저술한 5부작 저서인 『이단 반박론』(Adversus haereses)에 의해 강력한 지지를 받고 있다. 이레나이우스는 요한계시록의 저작 연대를 "도미티아누스의 통치 말기"라고 명확하게 언급했다.

만약 그(적그리스도)의 이름을 지금 시대에 공개적으로 알려야 했다면, 그것은 계시를 받은 이가 말했을 것이다. 계시는 오래전에 받은 것이 아니라 거의

---

8 — Eduard Lohse, 『요한계시록』(천안: 한국신학연구소, 1997), 19; Klaus Wengst, *Wie lange noch? Schreien nach Recht und Gerechtigkeit – eine Deutung der Apokalypse des Johannes* (Stuttgart: Verlag W. Kohlhammer, 2009), 64-69; U. B. Müller, *Die Offenbarung des Johannes*, ÖTK 19 (Würzburg: Gütersloh, 1984), 41-42; Leonard L. Thompson, *The Book of Revelation: Apocalypse and Empire* (New York and Oxford: Oxford University Press, 1990), 13-15; Adela Yarbro Collins, *Crisis and Catharsis* 76-77; Elisabeth Schüssler Fiorenza, *Revelation. Vision of a Just World* (Minneapolis: Fortress Press, 1991), 17.

우리 세대에, 도미티아누스의 통치 말기에 받은 것이다.[9]

그런데 이 학설은 여러 학자에게 도전을 받고 있다. 어떤 학자들은 요한계시록이 네로 황제 시대에(54-68년) 혹은 네로의 죽음 직후인 소위 네황제들의 해에(68-69년) 저작되었다고 주장한다.[10] 이 학설의 주창자들은 다음의 사실을 근거로 내세운다. 황제 숭배가 도미티아누스 시대 이전에 이미 소아시아 지방에서 실행되고 있었다. 네로는 64년에 로마에서 발생한 대화재의 원인을 그리스도인들에게 돌리고 그들을 박해하고 학살했다. 요한계시록에 내포되어 있는 메시아와 적그리스도의 대립 개념이 네로가 사라진 직후에 유행된 네로의 환생 전승(nero redivivus)을 반영한다. 666이라는 숫자는 네로 황제를 가리키고 요한계시록 13장의 처음 짐승도 역시 네로를 가리킨다. 그런데 이 학설이 불가능한 결정적인 이유는 요한계시록 17:5에서 "바빌론"이 로마를 가리키는 별칭으로 사용되었다는 사실에 있다.[11] 요한계시록에서 로마가 기원전 6세기에 예루살렘과 그곳의 성전을 파괴했던 과거의 초강대국 바빌론과 동일시된 것은, 로마가 기원후 70년 유대전쟁에서 예루살렘과 성전을 파괴했기 때문이다. 따라서 요한계시록은 명백히 기원후 70년 이전에는 저작되지 않았다.[12]

---

9 — Irenaeus, *Adversus haereses* V, 30, 3.

10 — Klaus Berger, *Theologisegeschichte der Urchristentums. Theolgoie des Neuen Testaments* (Tübingen: Francke 1995), 569-571; Chr. Rowland, *The Open Heaven. A Study of Apocalypse in Judaism and Early Christianity* (New York: The Crossroad Publishing Company, 1982), 403-406; T. B. Slater, "Dating the Apocalypse to John," *Bib.* 84 (2003), 252-258; G. H. Kooten, "The Year of the Four Emperors and the Revelation of John: Then pro-Neronian Otho and Vitellius, and the Images and Colossus of Nero in Rome," *JSTN* 30 (2007), 205-248; A. A. Bell, "The Date of John's Apocalypse. The Evidence of some Roman Historians Reconsidered," *NTS* 25 (1978/79), 93-102.

11 — 로마를 바빌론으로 지칭하는 것은 벧전 5:13과 시빌의 신탁 5.159에서 발견된다.

12 — Adela Yarbro Collins, *Crisis and Catharsis*, 57-58.

또 다른 학자들은 요한계시록의 저작 연대를 이레나이우스의 판단과는 정반대로 훨씬 후대로 잡는다. 그들은 요한계시록이 트라야누스 황제 시대(98-117년) 혹은 하드리아누스 황제 시대(117-138년)에 저작되었다고 주장한다.[13] 왜냐하면 그들은 그리스도인들에 대한 박해가 이 두 황제 시대에 매우 고조되었다고 생각하기 때문이다. 그들은 요한계시록이 상이한 시기에 집필되고 나중에 편집되었을 수 있다고 추정한다. 특히 일곱 교회에 보낸 개별적인 편지들(계 2-3장)이 나중 단계에 요한계시록에 포함되었을 것이라고 생각한다. 또한 그들은 시대사적 근거를 가지고 요한계시록 13장에 나오는 바다에서 올라온 짐승이 소아시아를 방문한 하드리아누스 황제를 가리키고, 땅에서 올라온 짐승은 그를 안내한 소아시아 출신인 안토니우스 폴레몬(Antonius Polemon)을 가리킨다고 주장한다. 13:4에 서술된 용과 첫째 짐승은 제우스 신과 하드리아누스 황제를 가리키고, 2:13의 버가모에 세워진 "사탄의 권좌"는 제우스와 하드리아누스 황제를 숭배하기 위해서 129년에 축성된 신전이라고 주장한다.

요한계시록이 132-135년 사이에 저작되었다고 주장하는 학설은 하드리아누스 황제가 128-132년 사이에 로마의 영토인 소아시아를 직접 방문하고 시찰했다는 점과 하드리아누스 황제 시대에 소아시아에서의 황제 숭배가 질적으로 매우 발전했다는 시대사적 관점에 근거한다. 그러나 이 학설은 요한계시록의 단락들을 구분하고 산출 시점의 차이를 규명하는 것이 매우 어렵다는 점에서, 그리고 요한계시록의 상징과 시대사적 사실

13 — Thomas Witulski, *Die Johannesoffenbarung und Kaiser Hadrian. Studien zur Datierung der neutestmentlichen Apokalypse*, FRLANT 221 (Göttingen: Vandenhoeck & Ruprecht, 2007), 14-15; Thomas Witulski, "Der römische Kaiser Hadrian und die neuentestamentliche Johanesapokalypse," (Hg.) Jörg Frey, James A. Kelhoffer, Franz Tóth, *Die Johannesapokalypse: Kontexte-Konzepte-Rezeption*, WUNT 287 (Tübingen: Mohr Siebeck, 2012), 79-115.

들의 관계가 불명확하다는 점에서 설득력이 부족하다.

요한계시록이 도미티아누스 황제의 통치 말엽에 저작되었다는 학설에 도전하는 대다수의 학자들은 도미티아누스 황제가 선임자들보다 더 심하게 그리스도인들을 박해했다는 역사적 증거가 없다고 강조한다.[14] 그렇지만 우리는 도미티아누스 황제가 기원후 85년부터 근위대 지휘관과 궁중 관리들 손에 암살당하는 96년 9월까지 자기 자신을 신격화하며, 공포 통치를 실시했다는 사실을 간과할 수 없다. 사실 황제 숭배는 도미티아누스 황제가 집권하던 시대에 극에 달했고, 황제 숭배는 소아시아의 정치적·경제적·사회적 분야에 깊숙이 침투된 현상이었다. 소아시아의 대도시에는 황제의 신격화를 위한 로마 황제의 신전과 동상이 각각 세워져 있었다.

황제의 신격화는 주화 발행에서도 나타났다. 로마 제국 시대에 주화는 화폐 기능만이 아니라 정치적 선전을 위한 미디어 기능도 담당했다. 주화에 새겨진 그림을 통해서 황제들은 자신의 의도를 구체적으로 전달했다. 도미티아누스는 손에 번개 다발을 들고 있는 제우스가 그려진 주화 뒷면에 자신의 얼굴을 그린 최초의 황제였다. 도미티아누스 시대에 주조된 한 주화의 뒷면에는 벌거벗은 사내아이 하나가 지구 위에 걸터앉아서 주위를 에워싸고 있는 일곱 개의 별을 향해 두 팔을 벌려 뻗는 상이 그려져 있고, 그 주화의 둘레에는 "신성한 카이사르, 황제 도미티아누스의 아들"(*DIVIUS CAESAR IMP[ERATOR] DOMITIANI F[ILIUS]*)이라는 라틴어가 새겨져 있었다. 이것은 기원후 73년에 태어나 82년에 죽은 도미티아누스의 어린 아들을 어린 제우스와 동일시함으로써 죽은 아들을 신성화하는 동시에 자기

---

14 — L. Thompson, "A Sociological Analysis of Tribulation in the Apocalypse of John," *Semeia* 36 (1986), 147-174. B. W. Jones, *The Emperor Domitian* (New York: Routledge, 1992).

자신을 신격화하는 행위였다. 죽은 황제들을 신격화하는 것은 로마의 관례였지만, 도미티아누스는 살아 있는 동안에도 자기 자신을 신격화했다.

도미티아누스 황제는 "주님과 하나님"(dominus et deus)을 자기의 공식 호칭으로 사용했고, 이 호칭은 로마 제국의 공식 문서에서도 사용되었다. "우리의 주님과 하나님이 다음과 같은 것들이 이루어지도록 명령한다." 로마의 시인들은 도미티아누스 황제를 "주님들의 주님, 높은 자 중의 높은 자, 땅의 주님, 모든 사물의 신"이며, "새벽별보다 더 빛나는 분"이라고 칭송했다.[15] 도미티아누스 황제는 소아시아의 대도시인 에베소에 자기 자신을 위한 거대한 신전을 건립하도록 명령했다. 그가 살해당한 후에 그의 동상은 허물어졌지만, 남아 있는 잔해로 추정한 동상의 높이는 7m이고, 잔해 더미에서 발굴된 동상의 머리는 1m 18cm에 달했다.

소아시아의 토착 엘리트들은 도미티아누스를 숭배하고 그의 정책을 정당화하면서 사람들에게 신전에서 황제 숭배에 참석하기를 독려했다. 황제 숭배에 참석하는 것은 황제를 신으로 믿는 신앙심과 로마 제국에 대한 충성심을 증명하는 행위였다. 따라서 황제 숭배를 비판하고 거부하는 그리스도인들은 사회적으로 소외되었고 경제적으로 불이익을 당했으며, 반제국적 인물로 의심을 받아 고발과 심문의 대상이 되었다. 심지어 그들은 황제를 신으로 믿지 않는다는 이유로 무신론자로 규정되어서 처형당하기까지 했다. 그 당시 순교자들은 모두 무신론자로 규정되어서 처형된 사람들이다.

도미티아누스는 자신의 신격화를 무시하는 저항자들을 반역자로 몰았다. 그는 반란자들을 폭력으로 진압했고 원로원 의원들을 종종 반역죄

---

15 — Ethelbert Stauffer, *Christ and Caesar: Historical Sketches* (London: SCM, 1955), 156.

로 기소하기도 했다. 또한 자신을 신적으로 경배하지 않는 그의 사촌 플라비우스 클레멘스(Flavius Clemens) 집정관을 사형에 처했고 그의 아내도 추방했는데, 그들의 공식적인 죄명은 도미티아누스 황제를 신으로 인정하기를 거부했다는 것이다.[16] 도미티아누스가 암살당한 후 로마의 원로원은 그의 동상을 철거하고 그의 이름을 전부 공식 문서에서 삭제했으며 그를 더 이상 기억하지 못하도록 그의 흔적을 모두 지우도록 결정했다. 이를 소위 "기억의 저주"(damnatio memoriae)라고 하는데 이는 원로원 의원들마저도 도미티아누스의 강압 통치에 반감을 가졌다는 것을 입증한다.

사실 네로 황제로부터 하드리아누스 황제의 통치 시대에 이르기까지 로마 제국이 우상 숭배적인 제국이라는 점에서는 본질적으로 모두 비슷하기 때문에 요한계시록이 어떤 황제 치하에서 기록되었는지를 판단하는 것은 간단하지 않다. 그렇지만 이레나이우스가 요한계시록의 저작 연대를 도미티아누스 통치 시대의 말기라고 언급했다는 점과 도미티아누스가 자기 자신을 신격화하고 폭력 정치를 실시했다는 점은 요한계시록이 도미티아누스 황제의 통치 말기에 저술되었다는 학설을 결정적으로 뒷받침한다. 그러므로 요한계시록이 도미티아누스 통치의 마지막 시기(90-96년)에 저작되었다는 학설이 가장 설득력이 있다. 도미티아누스는 96년 9월에 살해되었고, 따라서 요한계시록의 저작 시기는 95년으로 추정된다.[17]

요한계시록의 저작 장소

요한계시록의 저작 장소는 로마 제국의 식민지인 소아시아의 해안에서

---

16 ─ Eduard Lohse, 『요한계시록』, 155-156.
17 ─ Klaus Wengst, 『로마의 평화』(천안: 한국신학연구소, 1994), 261.

멀리 떨어진 에게 해(Aegean Sea)에 있는 밧모 섬이다. 당시 이곳은 반란자들의 유형지로 사용되었다. 소아시아 지역은 오늘날의 터키를 가리킨다. 요한은 하나님의 말씀과 그리스도의 증언을 선포했다는 이유로 로마 당국으로부터 정치적 제재를 당하여 이 밧모 섬에 유배되었다. "하나님의 말씀과 예수를 증언하였음으로 말미암아 밧모라 하는 섬에 있었더니"(계 1:9). 그 섬에서 요한은 환상을 보고 들었으며, 그것을 서신의 형태로 작성해 지리적으로 구분되어 있는 소아시아 본토의 일곱 교회에 보냈다. 이것은 그가 글을 통해서 일곱 교회에 황제 숭배에 대한 저항과 투쟁에 연대하고 참여할 것을 부탁했음을 의미한다.

요한계시록의 수신자인 일곱 교회가 있는 소아시아 지역은 동방의 국경을 유지하기 위한 로마 제국의 군사 작전에 중요한 거점 역할을 하며, 또한 독점무역과 세금 징수를 통해서 제국의 부와 재정을 확보할 수 있는 로마의 중요한 식민지 영토였다.[18] 소아시아 지방의 풍부한 천연 자원과 수공업품이 독점무역을 통해 로마로 유출되었다. 약 20만 명의 인구가 사는 에베소는 1세기 로마 제국 전체에서 3번째로 큰 도시였고, 12만 명이 사는 버가모는 6번째로 큰 도시였다. 그리고 10만 명의 인구가 사는 사데는 7번째로 큰 도시였으며, 75,000명의 인구가 사는 서머나는 14번째로 큰 도시였다.[19]

요한계시록의 구조

요한계시록은 누군가가 비정상적인 정신으로 기술한 작품이 아니라, 대

---

18 — Leonard L. Thompson, *The Book of Revelation: Apocalypse and Empire*, 11-12.

19 — Wes Howard-Brook and Anthony Gwyther, *Unveiling Empire: Reading Revelation Then and Now* (Maryknoll, N.Y: Orbis Books, 2000), 98.

단히 신중하게 정성을 들여서 만든 문학적인 작품이다. 따라서 요한계시록의 구조를 분석하는 것은 요한계시록을 이해하는 데 매우 중요하다. 학자들이 제안한 요한계시록의 문학 구조 중에서는 동심원적 구조가 가장 설득력이 있다.[20] 요한계시록의 동심원적 구조는 본문을 A-B-C-D-중심-D´-C´-B´-A´의 형태로 분석한다.

A. 프롤로그(1:1-20)
  B. 소아시아의 상황과 일곱 교회들에 대한 환상(2:1-3:22)
  C. 현재의 역사와 일곱 봉인에 대한 환상(4:1-8:1)
   D. 일곱 나팔 환상과 새로운 출애굽(8:2-11:19)
    중심: 짐승들과 대결하는 교회와 예배(12:1-15:4)
   D´. 일곱 대접 환상과 새로운 출애굽(15:5-16:21)
  C´. 음녀 바빌론의 심판과 천년왕국 환상(17:1-20:6)
  B´. 마지막 심판과 미래의 새로운 공동체에 대한 환상(20:7-22:5)
A´. 에필로그(22:6-21)

이러한 요한계시록의 동심원적 구조는 사건의 순차적 발생을 의미하는 연대기가 없음을 나타낸다. 요한계시록의 중심 단락은 현재의 시간에 짐승들과 투쟁하고 있는 교회의 저항과 예배에 대한 부분이다(12:1-15:4). 프롤로그(1:1-20)와 에필로그(22:6-21)의 중심 메시지는 로마 제국의 유혹과 압제 아래서 고난당하고 있는 소아시아의 그리스도인들을 향한 예수의 현재적 오심에 대한 약속과 권면이다. 이것은 요한계시록이 미래 중심

---

20 — 요한계시록의 동심원적 구조에 대해서는 Elisabeth Schüssler Fiorenza, *Revelation*, 35-36; Pablo Richard, *Apokalypse: Das Buch von Hoffnung und Widerstand* (Luzern: Edition Exodus, 1996), 59를 보라.

적으로 기록된 것이 아니라 현재 중심적으로 기록되었음을 의미한다. 일곱 나팔 환상(8:2-11:19)과 일곱 대접 환상(15:5-16:21)은 로마 제국 안에서 새로운 출애굽을 일으키신 하나님의 해방적 행동을 가리킨다. 이때 일곱 봉인 환상(6:1-8:1)은 이 두 환상과 일곱이라는 구조에서는 같지만 신학적 강조점에서는 차이가 있다.

천년왕국 환상(20:1-6)은 땅 위에서 이루어질 미래적인 현실이 아니라 이미 하늘에 세워진 현재적인 실재를 가리킨다. 순교자와 죽은 성도들은 하늘에서 모두 부활하여 지금 천년왕국에서 살고 있다. 하나님의 심판으로 폭력의 역사가 끝나는 날이 바로 하늘에 있는 천년왕국이 끝나는 날이다. 천년왕국이 끝난 다음에 마지막 심판이 일어나고(20:7-15), 새 예루살렘이 전개된다(21:1-22:5). 새 창조를 통해 하늘에서 땅으로 내려오는 새 예루살렘은 이 땅에서는 죽었지만 하늘에서는 살아 있는 자들과 아직 땅 위에 있는 산 자들이 서로 재회하여 영원히 함께 살게 될 형제자매적인 기독교적 공동체다.

요한계시록은 처음부터 끝까지 하나님과 어린 양에게 충성하고 예배할 것을 요구하고, 또한 황제 숭배에 반대하며 로마의 우상 숭배적인 체제에 적응하거나 동화되지 않도록 끊임없이 비폭력적으로 저항할 것을 요구한다. 요한계시록의 동심원적 구조는 다음과 같이 세부적으로 분석할 수 있다.

A. 프롤로그(1:1-20)
서언(1:1-3)
인사와 예수 찬미(1:4-6)
주제의 선포(1:7-8)
요한의 소명 환상(1:9-20)

요한계시록 약자를 위한 예배와 저항의 책

땅 위에서의 축하 예배(19:6-8)

어린 양의 혼인잔치(19:9-10)

아마겟돈 전쟁의 결과(19:11-20)

천년왕국 환상(20:1-6)

B´. 미래의 새로운 공동체에 대한 환상(20:7-22:5)

사탄의 파멸(20:7-10)

마지막 심판(20:11-15)

하늘에서부터 내려오는 새 예루살렘(21:1-8)

새 예루살렘의 외부(21:9-17)

새 예루살렘의 건축 재료(21:18-21)

새 예루살렘의 내부(21:22-27)

치유와 회복을 위한 새 예루살렘(22:1-5)

A´. 에필로그(22:6-21)

예수의 현재적 오심과 윤리적 명령(22:6-11)

현재에 맛보는 종말론적 보상(22:12-15)

고난당하는 자들의 간구(22:16-20)

끝맺는 인사(22:21)

제1장
프롤로그와 요한의 소명(1:1-20)

요한계시록 1:1-8은 이 책의 프롤로그다. 이 단락은 계시의 목적과 천상에 계신 예수의 현재적 오심에 관해서 말하고, 요한계시록이 소아시아의 성도들이 종말 직전의 카이로스인 지금 현재의 시간에 듣고 읽고 실천해야 할 예언의 말씀임을 강조한다. 이 예언의 말씀은 그들에게 희망과 용기를 주고, 그들의 신앙을 강화시켜준다. 1:9-20은 요한이 밧모 섬에 갇힌 이유와 그의 소명에 대해서 말한다. 여기서 요한계시록은 예배를 위한 모임에서 낭독되고 지켜져야 할 예언의 말씀이다. 요한계시록의 핵심 메시지는 하늘에서 창조주 하나님과 어린 양 예수의 권세를 찬양하는 예배가 진행되고 있다는 것, 천상의 예수가 로마 제국의 유혹과 압제 아래서 고난당하는 소아시아 교회들의 구성원들을 위로하고 그들과 함께 살고 그들과 함께 연대해서 싸우기 위해서 카이로스인 지금 현재의 시간에 그들을 향해서 오고 있다는 것이다.

서언(1:1-3)

1 예수 그리스도의 계시라. 이는 하나님이 그에게 주사 반드시 속히 일어날 일들을 그 종들에게 보이시려고 그의 천사를 그 종 요한에게 보내어 알게

하신 것이라. 2 요한은 하나님의 말씀과 예수 그리스도의 증거 곧 자기가 본 것을 다 증언하였느니라. 3 이 예언의 말씀을 읽는 자와 듣는 자와 그 가운데에 기록한 것을 지키는 자는 복이 있나니 때가 가까움이라.

1절　요한계시록의 저자는 자신의 이름을 요한이라고 밝히고, 자신의 책을 "예수 그리스도의 계시라"고 규정짓는다. 계시는 무엇을 의미하는가? 계시를 뜻하는 그리스어 "아포칼립시스"(ἀποκάλυψις)는 감추어진 것을 드러내고, 덮여 있는 것을 벗겨내며, 은폐된 것을 폭로하는 것을 의미한다. 즉 계시는 감추어져 있고, 비밀스럽고, 접근할 수 없는 것을 드러내고 폭로하는 것이다. 그것은 감추어진 하늘의 진리를 드러낼 뿐만 아니라, 하나님 나라를 위해서 짐승과 싸우는 성도들의 저항과 투쟁을 정당화한다. 따라서 계시는 고난당하는 성도들과 약자들에게 기쁜 소식이다. 계시의 반대는 불의를 숨기고 지배를 정당화하는 정치적 이데올로기와 기만적인 선전이라고 말할 수 있다.

요한계시록에서 역사는 하나뿐이다. 그런데 우리가 살고 있는 역사는 하늘과 땅이라는 양면이 있다. 하늘은 역사의 불가시적·심층적·초월적인 차원을 상징하고, 땅은 역사의 가시적·현상적·경험적인 차원을 상징한다. 계시는 보이지 않는 하늘의 현실을 드러내고, 또 현실을 폭로하는 것이다. 이때 계시를 나타내는 주체는 하나님이시다. "오직 은밀한 것을 나타내실 이는 하늘에 계신 하나님이시라"(단 2:28). 하나님은 지금을 위해서, 현재의 시간을 위해서, 그리고 카이로스를 위해서 계시하신다. 하지만 이 계시는 중립적이지 않다. 하나님은 스스로를 유능하고 지혜롭다고 생각하는 교만한 자들과 압제자들이 아닌, 힘없는 약자들과 억눌린 자들에게 하늘의 진리를 계시하신다.

그때에 예수께서 대답하여 이르시되 "천지의 주재이신 아버지여 이것을 지혜롭고 슬기 있는 자들에게는 숨기시고 어린아이들에게는 나타내심 (ἀπεκάλυψας)을 감사하나이다"(마 11:25).[1]

하나님은 약자를 상징하는 어린아이들에게 계시하신다. 즉 하나님의 우선적 선택은 약자들이다. "그러나 하나님께서 세상의 미련한 것들을 택하사 지혜 있는 자들을 부끄럽게 하려 하시고 세상의 약한 것들을 택하사 강한 것들을 부끄럽게 하려 하시며 하나님께서 세상의 천한 것들과 멸시받는 것들과 없는 것들을 택하사 있는 것들을 폐하려 하시나니"(고전 1:27-28).

요한은 자기의 책을 "예수 그리스도의 계시"(ἀποκάλυψις Ἰησοῦ Χριστοῦ)라고 규정한다. 여기서 그리스어로 표현된 속격은 목적격적 속격이 아니라 주격적 속격으로 해석되어야만 한다. 따라서 예수 그리스도의 계시는 예수 그리스도에 관한 계시가 아니라, 예수 그리스도 자신이 증언한 계시를 의미한다. 바울은 자신의 사도권을 옹호하기 위해서 그가 전한 복음이 사람들에게 받은 것이 아니라 부활한 예수 그리스도가 증언한 계시를 통해서 받은 것이라고 주장했다. "이는 내가 사람에게서 받은 것도 아니요 배운 것도 아니요 오직 예수 그리스도의 계시로 말미암은 것이라"(갈 1:12). 즉 이방인을 위한 바울의 선교는 계시를 통한 것이었다. "곧 계시로 내게 비밀을 알게 하신 것은 내가 먼저 간단히 기록함과 같으니 그것을 읽으면 내가 그리스도의 비밀을 깨달은 것을 너희가 알 수 있으리라"(엡 3:3-4).

하나님은 계시의 근원이시고 주체이시며 수여자이시다. 하나님에게

---

1 — 아페칼립사스(ἀπεκάλυψας)는 "계시하다"를 의미하는 아포칼립토(ἀποκαλύπτω)의 직설법 부정과거 능동태 2인칭 단수다.

서 나온 계시는 하나님이 세계의 주인으로서의 권세를 가지고 계시다는 것을 폭로한다. 그것은 사람들에게는 감추어져 있었던 현실이다. 왜냐하면 로마의 황제가 하나님의 권세를 부정하고, 숨기며, 자신이 신의 자리를 차지하여 예배받기를 요구하고 있기 때문이다. 천상의 예수는 이러한 계시를 하나님에게서 받았다. 전달된 계시의 순서를 보면, 하나님이 계시를 천상의 예수에게 주셨고, 예수는 그 계시를 천사(ἄγγελος)를 통하여 요한에게 전했고, 요한은 그것을 그 종들에게 증언했다. 여기서 계시를 전달하는 매개자 역할을 하는 "그의 천사"는 하나님의 천사를 가리킨다. "그 종들"은 하나님의 종들인 동시에 예수의 종들이다. 그들은 소아시아 지방에 있는 일곱 교회의 남녀 성도와 예언자들을 가리킨다. 구약에서 예언자들은 하나님의 종이라고 불린다. "주 여호와께서는 자기의 비밀을 그 종 선지자들에게 보이지 아니하시고는 결코 행하심이 없으시리라"(암 3:7).

종(δοῦλος)은 법률적으로 주인에게 속한다. 따라서 그 종들의 주인은 하나님이시다(참조. 계 19:2, 5; 22:3). 요한이 교회의 구성원을 예언자와 성도들로 구별하지 않고 모두 종이라고 부른 것은 그가 교회를 위계체계가 없는 평등한 형제자매적인 공동체로 인식하였음을 의미한다.

"반드시 속히 일어날 일"(ἃ δεῖ γενέσθαι ἐν τάχει)은 요한이 소아시아의 그리스도인들에게 긴급하게 증언해야 할 소식이다. 이 말은 요한계시록 22:6에 다시 나타나는데, 요한은 그 소식이 하나님이 반드시 일으키실 그분의 계획을 의미한다고 말한다. 그리스어 데이(δεῖ)는 "해야만 한다"는 당위의 의미를 가진 조동사다. 하나님이 속히 일으키셔야 하는 일은 무엇인가? 그것은 이 세계의 멸망이 아니라 폭력의 역사의 단절이다.[2] 폭력의 역사가 지금 이대로 계속된다는 것은 요한과 고난당하는 소아시아의 성

---

2 — Klaus Wengst, *Wie lange noch?*, 42.

요한계시록 약자를 위한 예배와 저항의 책

도들에게는 절망을 가져올 뿐이다. 예수는 요한계시록 22:7에서 "내가 속히 오리니"라는 약속을 한다. 그리고 그 약속은 22:12과 22:20에서 반복되며, 일곱 교회들에 보내는 편지에서도 두 번이나 나타난다(계 2:16; 3:11). 또한 22:20에서 "내가 진실로 속히 오리라"는 예수의 말을 들은 성도들은 즉시 "아멘 주 예수여 오시옵소서"라고 대답한다. 이처럼 요한계시록의 프롤로그와 에필로그에는 공통적으로 폭력의 역사의 종말에 대한 절박한 기대가 있다. 이러한 맥락에서 "반드시 속히 일어날 일"은 천상의 예수의 오심을 의미하는 것이 분명하다. 그렇지만 그것은 예수의 재림을 의미하는 것이 아니라, 예수께서 짐승과 대결하고 있는 교회의 구성원들을 위로하고, 그들과 함께 살고, 그들과 함께 싸우기 위해서 지금 현재의 시간에 그들을 향해서 오는 것을 의미한다. 그는 이 폭력의 역사를 끝내기 위해서 온다. 그의 오심은 멀리 어디로 출타 중에 있다가 돌아오는 것이 아니라, 이 현재의 시간에 자기 자신을 영광스럽게 드러내는 것을 의미한다. 부활한 예수는 어디로 떠난 적이 없다. 그는 교회들 사이에 그리고 세계 안에 항상 임재하고 있다. "볼지어다! 내가 세상 끝 날까지 너희와 항상 함께 있으리라"(마 28:20). 악의 세력 아래서 고난당하는 교회의 구성원들은 십자가에 처형당해 죽었지만 부활하여 영원히 살아 있는 천상의 예수가 지금 빨리 와서 그들과 함께 싸우고, 그들을 해방하고, 구원하며, 통치하기를 갈망한다. 세계의 시간인 크로노스는 지금도 그대로 변함없이 흐르고 있지만, 요한에게 지금 현재는 폭력의 역사를 끝낼 하나님의 종말이 임박한 카이로스다. 폭력의 역사의 단절에 대한 희망은 권력과 자본이 우상화된 세계에 대한 반대와 저항 속에서 실현된다. 여기서 교회는 증언을 통해서 폭력의 역사의 견고한 체제를 돌파하여 생긴 평화와 생명의 공간이다.

2절 "요한은 하나님의 말씀과 예수 그리스도의 증거 곧 자기가 본 것을 다 증언하였느니라." 요한은 자기의 역할이 자기가 본 계시의 내용을 증언하는(μαρτυρέω) 것이라고 수신자들에게 밝혔다. "하나님의 말씀과 예수 그리스도의 증거"가 계시의 내용이다. 이 표현은 1:9와 6:9, 그리고 20:4에서도 나타난다. 우리가 잘 알듯이 요한계시록은 요한이 환상 속에서 보고 들은 하나님의 말씀과 예수의 증언을 기록한 책이다. 그가 소아시아에 있는 일곱 교회의 구성원들에게 증언하는 계시는 예수 자신에 의해서 증언된 하나님의 말씀이다. 따라서 요한계시록을 통한 요한의 증언은 "하나님의 말씀과 예수 그리스도의 증거"와 동일하다.[3]

3절 "이 예언의 말씀을 읽는 자와 듣는 자와 그 가운데에 기록한 것을 지키는 자는 복이 있나니." 요한은 자신의 책이 교회의 예배 모임에서 낭독될 것을 염두에 두고 공을 들여 요한계시록을 저술했다. 그는 자신의 책을 예언의 말씀이라고 부른다. 이 책이 예수의 증언을 기록한 것이기 때문이다. 그런데 예수의 증언은 예언의 영이 증언한 것이므로(계 19:10) 그의 책은 곧 예언의 말씀이다(계 22:7, 10, 18, 19).

고대 사회에서 글을 읽을 수 있는 사람은 소수였기 때문에 교회의 구성원들 대다수는 예배 시간에 누군가가 그들을 위해서 요한계시록을 읽어주어야 했을 것이다. 여기서 단수로 쓰인 "읽는 자"는 예배 의식에서 요한계시록을 낭독하는 사람을 의미하고, 복수로 쓰인 "듣는 자들"은 예배에서 그것을 듣는 회중을 의미한다.[4] 역시 복수로 쓰인 "지키는 자들"은 그것을 생활 속에서 실천해야 할 성도들을 가리킨다.

이 예언의 말씀을 지금 읽는 자들과 듣는 자들과 지키는 자들은 복이 있다. 복(μακάριος)이라는 단어는 요한계시록에 일곱 번 나온다(1:3; 14:13;

---

3 — Brian K. Blount, "The Witness of Active Resistance: The Ethics of Revelation in African American Perspective," in David Rhoads (ed.), *From Every People and Nation* (Minneapolis: Fortress Press, 2005), 37-38.

4 — 개역개정에는 단수 "듣는 자"로 나와 있지만 그리스 성서 원문에는 복수 "듣는 자들"로 나온다.

16:15; 19:9; 20:6; 22:7, 14). 왜 그러한 사람들이 복이 있는가? 그들이 복이 있는 이유는 "때가 가까움이라"(ὁ γὰρ καιρὸς ἐγγύς)라는 말과 관련이 있다(참조. 계 22:10). 여기서 "때"(καιρός)는 일반적인 시간(κρονός)이 아니라, 하나님에 의해서 정해진 종말 직전의 시간을 의미한다. 지금 현재의 시간은 폭력과 억압이 지배하는 크로노스이지만, 성도들에게는 종말과 심판이 가까이 다가옴을 의식할 수 있는 카이로스다. 악인들은 종말의 날에 반드시 하나님의 심판을 당한다. 그러나 지금 현재는 아직 회개의 기회가 남아 있고 예언의 말씀을 증언하고 실천할 수 있는 기회가 있는 은혜의 시간이다.

예언의 말씀은 고난당하는 소아시아 교회의 구성원들에게 희망과 용기를 주고 그들의 신앙을 강화시켜준다. 따라서 요한은 그의 수신자들에게 종말 직전의 카이로스인 지금 현재의 시간에 예언의 말씀을 읽고 듣고 지킬 것을 권고한다. 그는 에필로그(계 22:6-21)에서도 예수의 현재적 오심을 강조하면서 카이로스인 지금 현재의 시간에 예언의 말씀을 가감 없이 지킬 것을 권고했다(계 22:18-19). 이것은 요한계시록이 현재 중심적인 책이라는 것을 증명한다.

인사와 예수 찬미(1:4-6)

4 요한은 아시아에 있는 일곱 교회에 편지하노니 이제도 계시고 전에도 계셨고 장차 오실 이시며 그의 보좌 앞에 있는 일곱 영과 5 또 충성된 증인으로 죽은 자들 가운데에서 먼저 나시고 땅의 임금들의 머리가 되신 예수 그리스도로 말미암아 은혜와 평강이 너희에게 있기를 원하노라. 우리를 사랑하사 그의 피로 우리 죄에서 우리를 해방하시고 6 그의 아버지 하나님을 위하여 우리를 나라와 제사장으로 삼으신 그에게 영광과 능력이 세세토록 있기를 원하노라. 아멘.

4절　요한은 먼저 "아시아에 있는 일곱 교회들에게 편지하노니"라고 인사한다. 이것은 요한계시록의 성격이 계시와 예언일 뿐만 아니라, 또한 서신의 형식을 갖추고 있다는 사실을 보여준다. 요한은 공간적으로 본토와 멀리 떨어져 있었기 때문에 계시를 편지 형식으로 작성해 소아시아의 교회에 보냈다. "아시아"는 오늘날 우리가 살고 있는 아시아 대륙 전체를 가리키는 것이 아니라, 그 당시 로마가 통치했던 소아시아(Asia Minor)를 의미한다. 여기서 소아시아는 오늘날 우리가 터키라고 부르는 지역이다.

요한은 예전적인 인사를 삼위일체적으로 표현하여 하나님, 성령, 예수의 순서로 기원한다. 이것은 성부·성자·성령의 순서를 가진 후대의 삼위일체 배열과는 다르다.

하나님은 "이제도 계시고 전에도 계셨고 장차 오실 이"라고 호칭된다. 하나님을 호칭하는 이런 술어는 시간의 순서를 현재, 과거, 미래로 나타낸다. 이것은 요한이 현재를 강조하기 위해서 시간의 순서를 의도적으로 바꾸었음을 의미한다. 일반적으로 역사는 과거, 현재, 미래의 순서로 진행한다. 이집트의 사이스(Sais)라는 도시에 유명한 이시스(Isis) 비문이 있다. 그 비문에는 가운으로 위장한 여신 이시스의 말이 다음과 같이 새겨져 있다. "나는 모든 것이다. 나는 있었고, 또 있으며, 그리고 있을 것이다. 그런데 사멸할 인간 중에 아무도 아직 내 가운을 벗기지 못했다." 그리스인들은 만신전(Patheon)에서 제우스를 신들 중 가장 위대한 신으로 숭배했고 다음과 같이 찬미했다. "제우스는 있었고, 제우스는 있고, 제우스는 있을 것이다, 오 위대한 제우스여."[5]

요한이 부른 하나님 호칭은 불에 타지 않는 떨기나무 숲을 보고 하나

---

5 — Pausanias, *Reisen in Griechenland*, X 12:10.

님의 이름을 묻는 모세에게 답하셨던 하나님의 말씀에서 유래한다. 하나님께서는 모세에게 자기 자신을 "스스로 있는 자"라고 말씀하셨다. "하나님이 모세에게 이르시되 '나는 스스로 있는 자이니라.' 또 이르시되 '너는 이스라엘 자손에게 이같이 이르기를 스스로 있는 자가 나를 너희에게 보내셨다' 하라"(출 3:14). 모세가 이집트에서 고난당하는 하나님의 백성을 인도하라는 하나님의 명령을 듣고도 바로에게 가기를 주저했을 때 하나님은 자신이 역사의 주인으로서 모세에게 지금 이 순간만이 아니라 항상 그와 함께 있을 것이라고 약속하셨다. "하나님이 가라사대 내가 정녕 너와 함께 있으리라. 네가 백성을 애굽에서 인도하여 낸 후에 너희가 이 산에서 하나님을 섬기리니 이것이 내가 너를 보낸 증거니라"(출 3:12).

"이제도 계시고"라는 표현은 현재 로마 제국 안에서 새로운 출애굽을 일으키고 계시는 하나님을 나타내고, "전에도 계셨고"는 과거에 학대당하던 이스라엘 백성을 이집트에서 구출하셨던 하나님을 나타낸다. "장차 오실 분"(ὁ ἐρχόμενος)은 새로운 출애굽을 완성시키고 현재의 고난의 역사를 끝내기 위해서 현재 속으로 침투해오고 계시는 하나님을 나타낸다. 요한은 이러한 하나님의 호칭을 통해서 고난당하는 성도와 약자들의 해방과 구원이라는 하나님의 안건이 결코 임시 조치가 아니라는 것을 강조하고 있다. 하나님은 역사의 주인으로서 이 역사를 목적지로 이끌어가고 계신다.

요한에게 구원사의 중심은 현재다. 요한이 현재와 과거를 표현할 때 "있다"라는 동사를 사용했지만 미래를 표현할 때는 "오다"라는 동사를 사용한 것이 특이하다. 이 표현은 미래는 존재하는 것이 아니라, 현재 안으로 오고 있다는 것을 의미한다.

요약해서 정리하면, 요한계시록의 저자와 현대인은 시간에 대해 서로 다르게 이해한다. 현대인들은 일반적으로 시간을 객관적으로 측정할 수 있는 것으로 이해한다. 그들은 시간을 기원을 알 수 없는 과거에서 시작해 지금처럼 이대로 계속해서 끝없는 미래로 흐르는 직선적인 개념으로 이해한다. 그러나 요한계시록에서의 시간은 직선적인 시간 개념이 아니라 행동하시는 하나님과의 관계에서 형성된 시간으로 이해되고, 또한 하나님의 행동을 통해 형성되고 나누어진다. 창조와 출애굽은 과거에 속하는 하나님의 행동이다. 현재는 새로운 창조와 새로운 출애굽을 위해서 행동하시는 하나님과의 관계에서 시간, 곧 카이로스의 시간이다. 미래도 하나님과의 관계에서 결정된다. 즉 미래는 심판과 구원하려고 오시는 하나님에 의해서 일어난다. 종말은 시간의 종말 혹은 역사의 종말이 아니라 현재를 지배하는 폭력과 고난과 불의의 종언을 의미한다.

보좌(θρόνος)는 통치권의 상징이다. "그의 보좌"는 하나님이 하늘에서 통치권을 행사하고 계심을 나타낸다. "그의 보좌 앞에 있는 일곱 영"은 성령을 의미한다. 여기서 일곱 영은 스가랴 4:1-14에 나오는 표현을 차용한 것이다. 스룹바벨이 성전 건축을 시작할 때, 예언자 스가랴는 환상 속에서 두 감람나무와 일곱 갈래의 등잔이 있는 순금 등잔대 하나를 보았다. 그때 한 천사가 스가랴에게 그 환상의 의미를 해석해주었다. "여호와께서 스룹바벨에게 하신 말씀이 이러하니라. 만군의 여호와께서 말씀하시되 이는 힘으로 되지 아니하며 능력으로 되지 아니하고 오직 나의 영으로 되느니라"(슥 4:6). 이것은 성전 건축이 오직 하나님의 영, 곧 성령을 통해서 완성될 것이라는 의미다. 또한 하나님의 영은 "곧 지혜와 총명의 영이요 모략과 재능의 영이요 지식과 여호와를 경외하는 영"(사 11:2)이다.

요한은 스가랴가 환상 속에서 보았던 순금 등잔대의 일곱 갈래의 등잔을 하나님의 일곱 영으로 이해했다. 요한계시록 4:5에서 하늘의 보좌 앞에 켜 있는 일곱 등불도 역시 "하나님의 일곱 영"이라고 불린다. 유대인들에게 일곱은 완전을 상징하는 숫자다. 따라서 일곱 영은 완전한 영적 힘을 가진 성령을 상징한다. 일곱 갈래의 촛대가 달려 있는 메노라(menorah)는 오늘날 이스라엘 국가를 나타내는 상징이다.

5절　　하나님과 성령에 대해서 말한 요한은 이제 예수에 대해서 말한다. "또 충성된 증인으로 죽은 자들 가운데에서 먼저 나시고 땅의 임금들의 머리가 되신 예수 그리스도로 말미암아." 예수 그리스도에 대한 요한의 고백에는 세 가지 신학적 주장이 담겨 있다.

첫째, 예수는 우리의 구원을 위해서 죽음의 순간까지 하나님의 말씀을 증언한 하나님의 "충성된 증인"(μάρτυς)이다. 참된 증인은 목숨을 걸고 공개적으로 증언하는 자다. 예수는 로마의 재판관 앞에서 당당하게 증언한 증인이었다. 로마의 당국자들 앞에서 증언하는 것은 곧 저항하는 것이었다. 예수는 안디바를 그의 충성된 증인이라고 불렀다(계 2:13).

둘째, 예수는 "죽은 자들 가운데서 먼저 나신 이"다. 이 구절은 골로새서 1:18의 진술과 문자 그대로 동일하다. "그는 몸인 교회의 머리라. 그가 근본이요 **죽은 자들 가운데서 먼저 나신 자**니 이는 친히 만물의 으뜸이 되려 하심이요." 그렇다면 요한이 말한 "죽은 자들"은 누구인가? 그들은 일차적으로 하나님의 말씀과 예수의 증언을 선포하다 폭력적으로 죽임을 당한 순교자들이고, 죽은 성도들이며, 나아가 로마 제국주의의 모든 희생자다. 예수의 부활은 죽은 자들의 부활의 첫 열매다(고전 15:20). 또한 무고한 자들을 죽이는 악인들의 불의한 행위에 대한 하나님의 항의이며, 하나님의 정의를 증명한 것이다. 즉 예수의 부활은 죽음의 세력들의 위협 아래서 고난당하는 남녀 성도들을 위한 위로와 희망의 근거다.

셋째, 하나님의 보좌 위에 앉아 있는 천상의 예수는 "땅의 임금들의 머리"다. 이것은 제국주의 전쟁을 통해서 세계를 식민화하면서 세계의 주인으로 군림하는 로마 황제들의 권력을 부정하고 진정한 왕은 예수라고 주장하는 고백이다. 이 고백은 유혹과 압제의 상황에서 황제와 예수 중 누구에게 충성해야 할지에 대해 고민하는 사람들에게 올바른 선택을 할 수 있도록 힘과 용기를 불어넣어 준다. 따라서 그리스도인들은 예수를 땅의 임금들의 머리라고 고백함으로 인해 로마 당국에 심문을 당한다고 할지라도, 황제의 신상 앞에서 절하는 것을 끝까지 거부할 수 있었다. 예수는 우주의 그 어떤 통치자들보다도 더 위대한 왕이다. "이러므로 하나님이 그를 지극히 높여 모든 이름 위에 뛰어난 이름을 주사 하늘에 있는 자들과 땅에 있는 자들과 땅 아래에 있는 자들로 모든 무릎을 예수의 이름에 꿇게 하시고 모든 입으로 예수 그리스도를 주라 시인하여 하나님 아버지께 영광을 돌리게 하셨느니라"(빌 2:9-11). "그의 능력이 그리스도 안에서 역사하사 죽은 자들 가운데서 다시 살리시고 하늘에서 자기의 오른편에 앉히사 모든 통치와 권세와 능력과 주권과 이 세상뿐 아니라 오는 세상에 일컫는 모든 이름 위에 뛰어나게 하시고 또 만물을 그의 발아래에 복종하게 하시고 그를 만물 위에 교회의 머리로 삼으셨느니라"(엡 1:20-22).

요한은 그의 수신자들에게 하나님과 성령과 예수로부터 "은혜와 평강이 너희에게 있기를 원하노라"고 축복의 인사를 한다. "은혜와 평강"은 신약성서의 여러 서신에서 나타나는 전형적인 인사말이다(고전 1:3; 고후 1:2; 갈 1:3; 엡 1:2; 빌 1:2; 벧후 1:2). 요한은 이 인사에 편지 형식과 예전적 인사를 결합시켰다. 은혜(χάρις)는 하나님이 베풀어주시는 무한한 자비와 사랑과 관용을 의미한다. 그리고 이는 그리스도와의 교제와 성령의 힘이 부어주는 능력 안에서 경험된다. "내가 여호와께서 우리에게 베푸신 모든 자비와 그의 찬송을 말하며 그의 사랑을 따라, 그의 많은 자비를 따라 이스라엘 집에 베푸신 큰 은총을 말하리라"(사 63:7). 그리스어 평강(εἰρήνη)은 히브리어 샬롬(שָׁלוֹם)과 같은 뜻으로 정의의 회복을 통하여 신원과 평화와 안전을 이루는 것을 의미한다. "네가 나의 명령에 주의하였더라면 네 평강이 강과 같았겠고 네 공의가 바다 물결 같았을 것이며"(사 48:18). 하나님으로부터 오는 평화는 로마 제국이 선전하는 로마의 평화(*Pax Romana*)와 대조된다. 로마의 평화는 예속된 민족들에게 군사적 폭력 행사를 통해서 건설되고 유지된다. 이와 반대로 하나님의 평화는 정치적 지배층들의 이익을 지향하는 것이 아니라, 모든 사람의 조화로운 관계와 행복한 삶을 지향한다. 하나님은 예수 그리스도를 통해서 이러한 평화를 사람들에게 선사하셨다.

요한은 회중에게 축복을 기원하는 인사를 한 이후에 예수를 찬미한다. "우리를 사랑하사 그의 피로 우리 죄에서 우리를 해방하시고"(계 1:5). "우리"라는 표현을 통해서 요한은 자기 자신과 일곱 교회의 형제자매들이 하나의 공동체라는 것을 나타내고, 그들과 자기 자신을 구원한 예수 그리스도의 사랑을 찬미한다. "우리를 사랑하사"(ἀγαπῶντι)를 그리스어 문법으로 분석하면 현재분사 능동태로서 예수가 환란 가운데 있는 우리를 항상 사랑하고 있음을 의미한다(참조. 계 3:9). 또한 요한은 "그의 피로 우리의 죄에서 우리를 해방하신" 예수를 찬미한다.[6] 예수의 피는 죄의 세력에서 우리를 해방하고 구원하기 위해서 일시불로 지급된 매입 대금이 되었고(계 5:9), 우리의 죄를 깨끗하게 씻어주는 성결의 수단이 되었다(계 7:14).[7] 로마 제국의 조건들 아래서 사람들은 죄의 세력에 예속되었다. 그러나 하나님은 예수 그리스도에게 속한 자들을 죄의 세력의 속박으로부터 해방시키셨다. 그것은 개인적인 죄로부터의 해방만이 아니라 구조적인 죄로부터의 해방도 의미한다.

6절　　요한은 천상의 예수가 "그의 아버지 하나님을 위하여 우리를

---

6 — "해방하신"으로 번역한 그리스어 뤼산티(λύσαντι)를 문법적으로 풀면 뤼오(λύω)의 부정과거 분사 능동태로서 우리가 죄로부터 해방된 것은 예수의 피를 통해서 단번에 결정적으로 일어났음을 의미한다.

7 — Traugott Holtz, *Die Offenbarung des Johannes* (Göttingen: Vandenhoeck & Ruprecht, 2008), 23.

나라와 제사장으로 삼으신" 것을 찬미한다. "나라와 제사장"은 무엇을 의미하는가? 이스라엘 백성은 시내 산에서 거룩한 하나님과 맺은 계약의 당사자가 됨으로써 그들 자신이 제사장 나라가 되고 거룩한 백성이 되었다(출 19:6). 그러나 예수는 "우리"를 제사장들의 나라가 되게 한 것이 아니라, 우리 각자가 하나님 자녀로서의 평등한 권리를 가지고 자주적으로 참여하는 하나님의 나라가 되게 했고 동시에 하나님과 직접 교제하는 제사장이 되게 했다. "나라"로 번역한 그리스어 바실레이아(βασιλεία)는 기원후 1세기에 로마 제국을 지칭하는 정치적 용어였다. 예수가 선포한 하나님 나라(βασιλεία τοῦ θεοῦ)는 소수의 권력자들만이 제국의 권력에 참여하고 절대 다수의 사람들은 제국의 변두리로 내몰리는 로마 제국과 달리, 위계체계가 없이 모두가 민주적으로 평등한 권리를 가지고 참여하는 새로운 대안적 나라다.

사도 시대의 교회는 이스라엘 백성과 열방의 민족들로 구성된 공동체였다. 교회 안으로 들어온 열방의 민족들은 그리스도를 믿는 믿음을 통해서 "우상을 버리고 하나님께로 돌아와서 살아 계시고 참되신 하나님을 섬기는"(살전 1:9) 성도들이 되었으며, 그리스도의 피로 인해서 하나님의 백성에 통합됨으로써 이스라엘에게 약속된 축복을 함께 나누는 상속자들이 되었다(엡 2:12-18). "그러므로 이제부터 너희는 외인도 아니요 나그네도 아니요 오직 성도들과 동일한 시민이요 하나님의 권속이라"(엡 2:19). 그러나 2세기 이후부터 교회는 점차 유대인들이 없는 이방인들만의 교회로 변했다.

"그에게 영광과 능력이 세세토록 있기를 원하노라." 요한은 예전적 인사를 마치면서 천상의 예수에게 영광(δόξα)과 능력(κράτος)을 돌리는 기원을 한다. 예배에 참석한 회중은 낭독자가 읽어주는 요한의 예전적 기원이 옳기 때문에 모두 예수를 찬미하면서 "아멘"으로 동의한다.

주제의 선포(1:7-8)

> 7 볼지어다! 그가 구름을 타고 오시리라. 각 사람의 눈이 그를 보겠고 그를 찌른 자들도 볼 것이요 땅에 있는 모든 족속이 그로 말미암아 애곡하리니 그러하리라. 아멘! 8 주 하나님이 이르시되 나는 "알파와 오메가라. 이제도 있고 전에도 있었고 장차 올 자요 전능한 자라" 하시더라.

7절 요한계시록 전체의 주제는 예수의 오심에 대한 소식이다. 요한은 다니엘 7:13과 스가랴 12:10을 결합하여 천상의 예수의 현재적 오심과 미래적 오심에 대한 소식을 전한다. 요한은 "볼지어다! 그가 구름을 타고 오시리라"라고 선언한다. 여기서 구름은 하나의 역사의 두 차원인 불가시적이고 심층적이고 초월적인 차원을 상징하는 하늘과 가시적이고 현상적이고 경험적인 차원을 상징하는 땅을 연결하는 수단이다. "오시리라"는 그리스어 에르케타이(ἔρχεται)를 번역한 것이다. 이 단어의 시제는 직설법 중간태 3인칭 단수 현재다. 따라서 "오시리라"는 표현은 부활한 예수의 현재적 오심을 의미한다.[8] 그는 교회들 사이에 그리고 세계 안에 항상 임

8 ─ 송영목, 『요한계시록은 어떤 책인가?』(서울: 쿰란출판사, 2007), 109-110; Pablo Richard, *Apokalypse*, 69; G. K. Beale, *The Book of Revelation*, 198. Beale은 2-3장에서의 예수의 오심을 교회를 심판하기 위한 조건적 방문으로 본다. 그리고 22:7, 12, 20에서의 예수의 오심을 그의 최종적 오심, 즉 재림이라고 본다. 따라서 그는 1:7에서의 예수의 "오심"을 역사 전체를 통해서 일어나는 한 과정으로 보고 소위 "재림"은 여러 번에 걸친 오심의 전체적인 과정을 마무리 짓는 최종적 오심이라고 주장한다. 이와 반대로 예수의 재림이라고 주장하는 학자들도 있다. 박수암, 『요한계시록』(서울: 대한기독교출판사, 1989), 38; 이달, 『요한계시록』(서울: 장로교출판사, 2008), 59-60; Richard Bauckham, 『요한계시록신학』(서울: 한들출판사, 2000), 91, 100; Heinrich Kraf, 『요한묵시록』(서울: 한국신학연구소, 1983), 59; Robert H. Mounce, *The Book of Revelation* (Grand Rapids: William B. Eerdmans Publishing Company, 1977), 51; J. Massyngberde Ford, *Revelation* (New York: Doubleday & Company, 1975), 380. H. Franzmann, *The Revelation to John: A Commentary* (Missouri: Concordia Publishing

재해 있다. "볼지어다! 내가 세상 끝날까지 너희와 항상 있으리라"(마 28:20). 그는 종말의 날이 도래하기 전에 먼저 고난당하는 자들을 위로하고, 그들과 함께 살고, 그들과 연대하여 악의 세력들과 싸우고, 우상 숭배적인 제국의 문화에 동화된 교회들을 심판하기 위해서 카이로스인 지금 현재의 시간에 오고 있다. 그의 현재적 오심에 대한 소식은 고난을 당하면서도 짐승과 싸우는 성도들에게 위로와 힘이 되는 매우 반가운 소식이다.

또한 예언자 요한은 종말의 날에 나타날 예수의 미래적 오심에 대한 소식도 전한다. 심판을 통해서 이 현재 고난의 역사를 단절시키고 대안적 세계인 하나님 나라를 완전하게 세우기 위해서 예수는 언젠가 자기 자신을 모든 민족 앞에 드러낼 것이다.

"각 사람의 눈이 그를 보겠고 찌른 자들도 볼 것이요 땅에 있는 모든 족속이 그로 말미암아 애곡하리니." 이 구절은 스가랴 12:10을 차용한 것으로 보인다. "내가 다윗의 집과 예루살렘 주민에게 은총과 간구하는 심령을 부어주리니 그들이 그 찌른바 그를 바라보고 그를 위하여 애통하기를 독자를 위하여 애통하듯 하며 그를 위하여 통곡하기를 장자를 위하여 통곡하듯 하리로다." 스가랴는 이스라엘 백성이 선한 목자를 학대하고 칼로 찔러 죽였기 때문에 나중에 자신들의 잘못을 알고 절망하여 통곡할 것이라고 예언했는데(슥 11:4-14; 13:7), 요한은 스가랴서에 찔림을 당한 그 목자를 예수에게 적용했다.

"보겠고"(ὄψεται)와 "애곡하리니"(κόψονται)의 그리스어 시제는 직설법 중간태 단수 3인칭 미래다. "각 사람의 눈"은 예수의 오심을 직접 볼 목격자들의 눈이다. "찌른 자들"은 창으로 예수의 옆구리에 치명상을 입혔던 로마의 군인들을 가리키고, "땅에 있는 모든 족속"은 예수의 적대자인 짐

House, 1968), 34.

승을 숭배하는 모든 민족을 가리킨다. 그들이 애곡하는 것은 회개의 눈물을 흘리는 것이 아니라, 심판자로 나타난 예수 앞에서 두려움과 절망 속에서 울부짖는 것을 의미한다. 예수의 오심에 대한 약속은 의인들에게는 기쁨이고 희망이지만, 악인들에게는 두려움과 절망이다.

카이로스의 관점에서 본다면 예수의 현재적 오심과 미래적 오심은 하나다. 왜냐하면 그리스도인들은 천상의 예수의 현재적 오심에 대한 믿음과 희망을 통해서 카이로스인 지금 오고 있는 예수와 연대하여 악의 세력들과 싸울 수 있기 때문이다. 그리고 그의 미래적 오심에 대한 믿음과 희망을 통해서 현재의 고난의 역사에도 절망하지 않고 카이로스가 끝나는 미래를 두려움 없이 긍정적으로 바라볼 수 있기 때문이다. 현재의 시간은 하나님이 정한 종말이 다가오는 카이로스다. 우리는 매일 매 순간 카이로스에 대한 민감성과 종말의 임박성을 유지하고 예수 그리스도의 오심을 적극적으로 기다리면서 세계의 변화를 위해서 정의를 실천해야만 한다.

인자가 구름을 타고 영광으로 온다는 전승은 복음서에서도 발견된다 (막 13:26; 눅 21:27). 마태복음 24:30에서 예수의 오심은 다니엘 7:13과 스가랴 12:10의 결합을 통해서 표현되었다. "그때에 인자의 징조가 하늘에서 보이겠고 그때에 땅의 모든 족속들이 통곡하며 그들이 인자가 구름을 타고 능력과 큰 영광으로 오는 것을 보리라"

예배 모임에 참석한 회중들은 카이로스인 지금 현재의 시간에 예수가 오고 있다는 소식을 듣고서 "그러하리라, 아멘"(ναί, ἀμήν)으로 응답한다.[9] 그리스어 단어 나이(ναί)와 히브리어 단어 아멘(אמן)은 모두 "진실한"이라는 동일한 의미로, 이 두 단어의 병렬은 예수의 오심에 대한 소식이 반드

---

9 — 이것을 하나님의 목소리라고 해석하는 학자도 있다. Elisabeth Schüssler Fiorenza, *Revelation*. 44.

시 사실로 일어날 것이라는 확신을 강력하게 나타낸다.

8절 "주 하나님이 이르시되 나는 알파와 오메가라. 이제도 있고 전에도 있었고 장차 올 자요 전능한 자라 하시더라." 이것은 이미 4절에서 언급한 세 가지 술어로 구성된 하나님의 삼중적 호칭을 반복한 것인데, 이 호칭의 첫머리에 "알파와 오메가"가 덧붙여지고 끝머리에 "전능한 자"가 첨가되었다. "알파와 오메가"는 그리스어 알파벳의 처음과 마지막 글자로서 시작부터 끝까지 역사의 전체를 이끄시는 하나님을 상징한다. "이스라엘의 왕인 여호와, 이스라엘의 구원자인 만군의 여호와가 이같이 말하노라. 나는 처음이요. 나는 마지막이라. 나 외에 다른 신이 없느니라"(사 44:6). "전능한 자"는 하나님이 만물을 다스리는 절대적인 주권을 가지신 분임을 의미한다. 요한은 하나님의 삼중적 호칭에 "알파와 오메가"와 "전능한 자"라는 호칭을 새롭게 첨가함으로써 하나님이 절대적 주권을 가지고 역사의 시작부터 끝까지 모든 것을 주관하시는 역사의 주인이라는 사실을 강조했다. 이것은 로마 황제가 세상의 주인이라는 제국의 신화를 전복시키고 황제의 신격화를 비합법화한다.

요한의 소명 환상(1:9-20)

> 9 나 요한은 너희 형제요 예수의 환난과 나라와 참음에 동참하는 자라. 하나님의 말씀과 예수를 증언하였음으로 말미암아 밧모라 하는 섬에 있었더니 10 주의 날에 내가 성령에 감동되어 내 뒤에서 나는 나팔 소리 같은 큰 음성을 들으니 11 이르되 "네가 보는 것을 두루마리에 써서 에베소, 서머나, 버가모, 두아디라, 사데, 빌라델비아, 라오디게아 등 일곱 교회에 보내라" 하시기로 12 몸을 돌이켜 나에게 말한 음성을 알아보려고 돌이킬 때에 일곱 금 촛대를 보았는데 13 촛대 사이에 인자 같은 이가 발에 끌리는 옷을 입고

가슴에 금띠를 띠고 14 그의 머리와 털의 희기가 흰 양털 같고 눈 같으며 그의 눈은 불꽃 같고 15 그의 발은 풀무불에 단련한 빛난 주석 같고 그의 음성은 많은 물소리와 같으며 16 그의 오른손에 일곱 별이 있고 그의 입에서 좌우에 날선 검이 나오고 그 얼굴은 해가 힘있게 비치는 것 같더라. 17 내가 볼 때에 그의 발 앞에 엎드러져 죽은 자 같이 되매 그가 오른손을 내게 얹고 이르시되 "두려워하지 말라. 나는 처음이요 마지막이니 18 곧 살아 있는 자라. 내가 전에 죽었었노라. 볼지어다! 이제 세세토록 살아 있어 사망과 음부의 열쇠를 가졌노니 19 그러므로 네가 본 것과 지금 있는 일과 장차 될 일을 기록하라. 20 네가 본 것은 내 오른손의 일곱 별의 비밀과 또 일곱 금 촛대라 일곱 별은 일곱 교회의 사자요 일곱 촛대는 일곱 교회니라."

9절　요한은 수신자들에게 자기 자신을 그들의 "형제"(ἀδελφός)이자 예수 안에서 환난과 나라와 참음에 "동참하는 자"(συγκοινωνός)라고 소개한다. 그리고 자신이 하나님의 말씀과 그리스도를 증언했다는 이유로 로마 당국으로부터 사회적 제재를 당하여 지금 밧모 섬에 갇혀 있다는 사실을 알린다. 밧모 섬은 에베소 항구에서 멀리 떨어져 있는 반란자들의 유배지였다. "환난"(θλίψει)은 소아시아의 교회의 구성원들이 로마로부터 당하는 박해와 억압을 의미하고, "나라"(βασιλεία)는 로마 제국과 대조되는 하나님의 제국, 곧 하나님 나라를 의미한다. 그리고 "참음"(ὑπομονή)은 유혹과 압제에도 불구하고 로마 제국의 억압적인 체제에 적응하지 않고 지속적으로 반대하는 비폭력적 저항을 의미한다. 참음 혹은 인내로 번역한 그리스어 휘포모네(ὑπομονή)의 올바른 의미는 저항이다.[10]

---

10 — Elisabeth Schüssler Fiorenza, *Revelation*, 51; Christine Schaumberger, *Schuld und Macht: Studien zu einer feministischen Befreiungstheologie* (München: Kaiser, 1988), 108; Pablo Richard, *Apokalypse*, 79.

소아시아 본토에서 남녀 그리스도인들은 박해를 당하면서도 하나님의 나라를 세우기 위해서 싸우고 있고, 그들과 함께 증언하고 싸웠던 요한은 지금 밧모 섬에 갇혀 있다. 그러므로 그는 자신을 투쟁하는 교회(ecclesia militans)의 구성원들의 형제이자 동지라고 부른다. 이것은 자신을 내세우지 않는 그의 겸손한 인품을 보여줄 뿐만 아니라, 그가 교회를 위계체계로부터 자유롭고 민주적이며 평등한 형제자매적인 공동체로 인식하는 모습도 보여준다. 교회는 우상 숭배와 불의가 지배하는 폭력의 역사를 돌파하여 생명의 공간을 확보하기 위한 전초기지다.

10절　　요한은 밧모 섬에서 주일을 지키고 예배를 드렸다. "주의 날에 내가 성령에 감동되어 내 뒤에서 나는 나팔 소리 같은 큰 음성을 들으니." 성령에 감동되었다는 것은 그가 예배 중에 역사의 초월적인 차원을 상징하는 하늘 속으로 들어가는 영적인 경험을 체험했음을 의미한다(참조. 고후 12:1-5). 그가 들은 하늘에서 들려온 나팔 소리 같이 큰 음성은 예수의 음성이다. 큰 소리라는 표현은 에스겔 3:12에 나오는 표현을 사용한 것이다. "때에 주의 영이 나를 들어 올리시는데 내가 내 뒤에서 크게 울리는 소리를 들으니, 찬송할지어다! 여호와의 영광이 그의 처소로부터 나오는도다."

소아시아 지역의 그리스도인들은 "주의 날"을 예배의 날로 정하고 지킨 것으로 보인다. 그들은 일요일인 주의 날에 예수 그리스도를 주님으로 고백하고 떡과 잔을 나누면서 그의 부활을 축하하는 예배를 드렸다(참조. 눅 22:19-20). 그들이 주의 날에 모여서 드리는 예배는 로마 당국으로부터 박해를 당할 수도 있는 매우 위험한 행위였다.

안식일은 주간의 맨 마지막 날인 토요일이다. 그런데 주의 날은 십자가에 달려 죽은 예수가 부활한 날을 기념하고 축하하는 예배를 드리는 주간의 첫 날인 일요일이다. 주의 날은 디다케 14:1에 나온다.

주의 날에 함께 모일 때 떡을 떼고 죄를 고백한 후에 감사를 돌려라.

안디옥의 이그나티우스가 저술한 『마그네시아에 있는 그리스도인들에게 보내는 편지』 9:1에도 주의 날이 언급되어 있다.

옛날의 관례에 의해서 살던 자들이 새로운 소망을 갖게 되었다. 그들은 안식일을 지키는 것을 멈추고 주의 날에 의해서 살았으며, 그날에 그들의 생명과 마찬가지로 우리의 생명은, 어떤 사람들은 이것을 부정하지만, 주님과 그의 죽음 덕분에 밝게 빛났다.[11]

그리스도인은 주일을 거룩하게 지켜야만 한다. 하나님은 안식일을 창조하시고 그날을 복되고 거룩하게 하셨을 뿐만 아니라(창 2:2-3), 안식일을 지킬 것을 명령하셨다. "안식일을 기억하여 거룩하게 지켜라"(출 20:8). 우리에게 안식일은 어떤 의미가 있는가? 주일과 안식일은 어떤 관계가 있는가? 청교도들은 일요일을 안식일과 같은 날로 생각하고 거룩하게 지켰다. 1647년에 제정된 웨스트민스터 신앙고백(The Westminster Confession of Faith)은 요한계시록에서 주의 날(the Lord's Day)이라고 불리는 주간의 첫 날인 일요일을 안식과 예배를 겸행하는 그리스도인의 안식일(the Christian Sabbath)로 공인했다.

일반적으로 일정한 분량의 시간이 하나님의 예배를 위해서 따로 구별되는 것은 자연의 법칙과 같은 것이다. 그러므로 하나님은 그분의 말씀 안에서 모든 시대의 모든 사람에게 요구하는 적극적·도덕적·항구적인 계명에 의해 칠 일

---

11 — Michael W. Holmes, *The Apostolic Fathers* (Grand Rapids: Baker Academic, 2007), 202-213.

중 하루를 특별히 안식일로 지정하시고 그분을 위해 거룩하게 지키도록 하셨다. 이날은 세상의 시초부터 그리스도의 부활까지는 주간의 마지막 날이었으나, 그리스도의 부활 이후부터는 성서에서 주일이라고 불리는 주간의 첫날로 바뀌었으며, 세상이 끝날 때까지 그리스도인의 안식일로서 계속되어야 한다(웨스트민스터 신앙고백 21.7).

이 안식일은 자신의 마음을 잘 준비하고 일상의 일을 미리 정돈한 후에 거룩하게 지켜야 한다. 세속적인 직업과 오락에 관한 자신의 일, 말, 생각으로부터 떠나서 온 종일 거룩한 휴식을 지킬 뿐만 아니라, 모든 시간을 공적·사적인 하나님의 예배를 드리는 데 그리고 필요와 자비의 의무들을 행하는 데 써야 한다(웨스트민스터 신앙고백 21.8).

11절 하늘에서 들려온 큰 음성은 요한에게 그가 본 것을 책에 기록하여 소아시아에 있는 일곱 교회에 보내라고 명령한다. "네가 보는 것을 두루마리에 써서 에베소, 서머나, 버가모, 두아디라, 사데, 빌라델비아, 라오디게아 등 일곱 교회에 보내라." 이 일곱 교회는 오늘날 우리가 터키라고 부르는 지역의 일곱 도시에 실재했다. 오늘날 우리는 이 교회들의 옛터를 방문할 수 있다.

12절 요한이 자기에게 말한 음성을 알아보려고 몸을 뒤로 돌렸을 때 그는 맨 먼저 일곱 금 촛대를 보았다. 일곱 금 촛대는 예루살렘 성전의 제의 기구와 비슷하다(출 25:31-40; 슥 4:1-10). 요한계시록 1:20에 의하면 이 일곱 금 촛대는 일곱 교회를 상징한다.

13절 일곱 촛대 사이에 서 있는 "인자 같은 이"(ὅμοιον υἱὸν ἀνθρώπου)는 천상의 예수를 상징한다. 그는 다니엘 7장에서 야수와 같은 네 제국이 파멸당한 후에 하나님의 대리자로서 구름을 타고 온 인자 같은 이와 동일시된다. "내가 또 밤 환상 중에 보니 인자 같은 이가 하늘 구름을 타고 와서 옛적부터 항상 계신 이에게 나아가 그 앞으로 인도되매 그에게 권세와 영광과 나라를 주고 모든 백성과 나라들과 다른 언어를 말하는 모든 자들이 그를 섬기게 하였으니 그의 권세는 소멸되지 아니하는 영원한 권세요 그의 나라는 멸망하지 아니할 것이니라"(단 7:13-14). "인자 같은 이"는 요한계시록 14:14에 다시 나타난다. 에티오피아어 에녹서 37-71장에는 하나님의 메시아적 대리자인 인자라는 개인적인 인물이 나타나며, 이때 인자는 "의인", "택한 자", "메시아"와 동일시된다. 또한 인자는 하나님의 메시아적 대리자로서 선재적·현재적·종말론적 차원을 가지며, 마지막 때에 심판자, 구원자, 해방자, 함께 싸우는 투사로서 활동한다.[12] 일곱 촛대는 일곱 교회를 상징하고, 인자는 교회들 사이에 임재하고 있다. 그가 입고 있는 발에 끌리는 옷(ποδήρης)과 가슴에 매고 있는 금띠는 왕적 위엄을 나타내는 옷차림이다. 다니엘이 환상 속에서 본 가브리엘의 옷차림도 이와 비슷하다. "그때에 내가 눈을 들어 바라본즉 한 사람이 세마포 옷을 입었고 허리에는 우바스 순금 띠를 띠었더라"(단 10:5).

14절　　요한은 몸을 가진 천상의 예수의 모습을 자세히 묘사한다. 우선 그는 예수의 거룩함을 강조하기 위해서 "그의 머리와 털의 희기가 흰 양털 같고 눈 같으며 그의 눈은 불꽃 같고"라고 묘사한다. 이것은 다니엘서에 묘사된 거룩한 하나님의 모습을 차용한 표현이다. "내가 보니 왕좌가 놓이고 옛적부터 항상 계신 이가 좌정하셨는데 그의 옷은 희기가 눈 같고 그의 머리털은 깨끗한 양의 털 같았다"(단 7:9).

인자의 눈이 불꽃 같다는 것은 다니엘이 환상 속에서 본 가브리엘의

---

12 ― Byung Hak Lee, *Befreiungserfahrungen von der Schreckensherschaft des Todes im im ätiopischen Henochbuch*, 241-277.

모습과 같다. "또 그의 몸은 황옥 같고 그의 얼굴은 번갯빛 같고 그의 눈은 횃불 같고 그의 팔과 발은 빛난 놋과 같고 그의 말소리는 무리의 소리와 같더라"(단 10:6). 불꽃 같은 눈은 모든 것을 꿰뚫어 보는 투시력을 의미한다. 천상의 예수는 그의 불꽃 같은 눈을 통해서 은폐된 로마의 불의를 볼 수 있고, 또한 로마 제국의 주변부에 있는 약자들의 비참한 현실도 볼 수 있다. 그는 약자들의 편에 서 있다. 따라서 가난한 자들과 억눌린 자들은 그에게 희망을 두고 살 수 있다.

15절 인자의 발이 "풀무불에 단련한 빛난 주석 같은" 튼튼한 것이라는 표현은 야수 같은 네 제국을 상징하는 신상의 발이 "얼마는 쇠요 얼마는 진흙"(단 2:33)으로 만들어져서 부서지기 쉽다는 표현과 대조된다. 인자의 음성이 "많은 물소리" 같다는 것은 요한이 그의 말을 분명하게 들었음을 의미한다. "많은 물소리"는 에스겔 43:2을 상기시킨다. "이스라엘 하나님의 영광이 동쪽에서부터 오는데 하나님의 음성이 많은 물소리 같고 땅은 그 영광으로 말미암아 빛나니."

16절 "그의 오른손에 일곱 별이 있고 그의 입에서 좌우에 날선 검이 나오고 그 얼굴은 해가 힘 있게 비치는 것 같더라." 오른손은 권능을 상징한다. 이것은 시편과 출애굽기에서 확인할 수 있다. "여호와의 오른손이 높이 들렸으며 여호와의 오른손이 권능을 베푸시는도다"(시 118:16). "여호와여, 주의 오른손이 권능으로 영광을 나타내시니이다. 여호와여, 주의 오른손이 원수를 부수시니이다"(출 15:6). 그리고 일곱 별은 일곱 교회를 대표하는 천사들을 가리킨다(계 1:20). 일곱 별이 인자의 오른손에 있다는 것은 일곱 천사가 대표하는 일곱 교회의 성도들이 예수의 권능의 손 안에 있음을 의미한다. 이것은 고난당하는 자들에게 큰 위로가 된다. 로마의 손아귀에서 벗어나지 못해 수심에 차 있던 소아시아 성도들의 얼굴은 이제야 환하게 웃는 얼굴로 변한다.

인자의 입에서 나온 좌우에 날선 검(ῥομφαία)은 로마 군인들이 전쟁터에서 싸울 때 사용하는 검이다. 날선 검은 그의 입에서 나오는 말씀의 예리하고 강력한 힘을 상징하는 은유다. 예수는 오직 말씀의 검을 가지고 비폭력적으로 싸우는 투사이고 심판자다. 칼에 대한 은유는 이사야 49:2-3에서도 발견된다. "내 입을 날카로운 칼 같이 만드시고 나를 그의 손 그늘에 숨기시며 나를 갈고 닦은 화살로 만드사 그의 화살통에 감추시고 내게 이르시되 너는 나의 종이요 내 영광을 네 속에 나타낼 이스라엘이라 하셨느니라."

"그 얼굴은 해가 힘 있게 비치는 것 같더라"(계 1:16). 이 구절은 다니엘 12:3의 "지혜 있는 자는 궁창의 빛과 같이 빛날 것이요. 많은 사람을 옳은 데로 돌아오게 한 자는 별과 같이 영원토록 빛나리라"와 관련이 있다. 변화 산상에서 예수의 얼굴은 해 같이 빛났다. "그들 앞에서 변형되사 그 얼굴이 해 같이 빛나며 옷이 빛과 같이 희어졌더라"(마 17:2). 태양처럼 빛나는 인자의 얼굴은 그가 의인들의 구원자라는 것을 의미한다. 하나님을 믿는 자들은 해처럼 빛난다. "주를 사랑하는 자들은 해가 힘 있게 돋음 같게 하시옵소서"(삿 5:31). 심판의 날에 악인들의 얼굴은 두려움과 공포에 질려서 창백하지만, 성도들의 얼굴은 해처럼 빛날 것이다. 씨 뿌리는 비유에도 이와 비슷한 표현이 있다. "인자가 그 천사들을 보내리니, 그들이 그 나라에서 모든 넘어지게 하는 것과 또 불법을 행하는 자들을 거두어 내어 풀무불에 던져 넣으리니 거기서 울며 이를 갈게 되리라. 그때에 의인들은 자기 아버지 나라에서 해와 같이 빛나리라. 귀 있는 자는 들으라"(마 13:41-43).

17절   요한은 인자의 거룩한 모습을 보고 놀랍고 두려워서 "그의 발 앞에 엎드려 죽은 자 같이" 되었다. 모세는 하나님의 거룩함 앞에 설 수 없었다. "또 이르시되 네가 내 얼굴을 보지 못하리니 나를 보고 살 자가 없음이니라"(출 33:20). 그러나 천상의 예수는 엎드려 있는 요한의 머리 위에 오른손을 뻗어서 얹고 그를 안심시켰다. 그리고 요한에게 "두려워하지 말라"라고 말했다. 이 표현은 이사야 41:10에 나오는 "두려워하지 말라. 내가 너와 함께 함이라. 놀라지 말라. 나는 네 하나님이 됨이라. 내가 너를 굳세게 하리라. 참으로 너를 도와주리라. 참으로 나의 의로운 오른손으로 너를 붙들리라"라는 구절을 차용한 것이다.

"처음이요 마지막"은 하나님이 역사의 주인임을 나타내는 호칭으로, 요한은 이 호칭을 이사야에서 인용하여 하나님의 대리자인 예수에게 적용했다. "이스라엘의 왕인 여호와, 이스라엘의 구속자인 만군의 여호와가 말하노라. 나는 처음이요 나는 마지막이라. 나 외에 다른 신이 없느니라"(사 44:6). "야곱아, 나의 부른 이스라엘아, 나를 들으라. 나는 그니, 나는 처음이요 또 마지막이라"(사 48:12). "이 일을 누가 행하였느냐? 누가 이루었느냐? 누가 처음부터 만대를 불러내었느냐? 나 여호와라! 처음에도 나요 나중 있을 자에게도 내가 곧 그니라"(사 41:4).

18절   천상의 예수는 자기 자신을 십자가에서 처형당했지만 부활하여 영원히 살아 있는 자라고 소개한다. "곧 살아 있는 자라. 내가 전에 죽었었노라. 볼지어다! 이제 세세토록 살아 있어 사망과 음부의 열쇠를 가졌노니." 폭력의 희생자인 천상의 예수는 "사망과 음부의 열쇠"를 손에 쥐고 있다. 즉 그는 죽음을 파괴하고 음부의 문을 열어 그 속에 유폐된 수많은 죽은 자와 무고한 희생자들을 구출하여 살릴 수 있는 열쇠를 가지고 있다. 로마는 체제에 저항하는 자들을 법과 질서의 이름으로 학살하고 그들을 음부에 유폐시켰다. 여기서 음부는 스올처럼 죽은 자들이 머물고 있는 장소다(참조. 창 37:35; 민 16:30; 삼상 2:6; 시 86:13; 욥 7:9). 로마 제국주의의 폭압에 희생된 자들은 시편의 시인처럼 사망의 문이 열려서 구출되기를 하나님께 간구했을 것이다. "여호와여, 내게 은혜를 베푸소서. 나를 사망의 문에서 일으키시는 주여, 나를 미워하는 자에게서 받는 나의 고통을 보소서"(시 9:13). 예수가 사망과 음부의 열쇠를 가지고 있기 때문에 그리스도인들에게 죽음의 세력의 위협은 더 이상 두려움의 대상이 될 수 없다. 그들은 예수와 연대하여 죽음과 음부의 권세를 이기고 하나님 나라의 삶을 선취하면서 살 수 있다.

19절　　천상의 예수는 요한계시록 1:11에 이어서 두 번째로 요한에게 그가 본 것을 쓰라고 말한다. "그러므로 네가 본 것과 지금 있는 일과 장차 될 일을 기록하라." 여기서 처음의 "과"(καί)는 그리스어 문법에서 설명하는 접속사다. 이 단어는 "그리고", "과"라는 연결 의미를 나타내지만, "즉"이라는 의미도 갖고 있다. 그래서 이 절은 "그러므로 네가 본 것, 즉 지금 있는 일과 장차 될 일을 기록하라"로 이해할 수 있다. 요한은 자신이 본 것을 책으로 써서 일곱 교회에 보내라는 명령을 받았다. 그 책의 내용은 "지금 있는 일과 장차 될 일"이다. "지금 있는 일"은 요한계시록 2-3장에 반영되어 있듯이 일곱 교회들에 나타나 권고하고 칭찬하며 책망하는 천상의 예수의 현재적 오심과 임재를 가리킨다. 종말 직전의 카이로스인 현재의 시간에 교회는 억압과 박해에도 불구하고 계속해서 증언하고 저항해야만 한다. "장차 될 일"은 요한계시록 4:1부터 20:6까지 현재의 시간에 전개될 일과 현재의 시간이 끝난 다음에 전개될 미래의 일(계 20:7-22:5)을 모두 가리킨다. 요한계시록의 구조에서 이미 설명했듯이 천년왕국(20:1-6)은 미래가 아니라 지금 현재 하늘에서 유지되고 있으며, 반면에 천년왕국이 끝나는 시점과 사탄이 풀려나는 시점은 미래에 속한다.

20절　　마지막으로 중요한 비밀을 밝혀주는 설명이 주어진다. "네가 본 것은 내 오른손의 일곱 별의 비밀과 또 일곱 금 촛대라. 일곱 별은 일곱 교회의 사자요, 일곱 촛대는 일곱 교회니라." 환상에서 보이는 별들은 교회들의 천사들(ἄγγελοι)로 해석된다. 이 천사들은 누구인가? 그들은 지상에 있는 각각의 교회를 위한 천상의 대표들이다. 초기 기독교는 교회의 성도들을 대표하는 천사들이 하늘에 있다고 생각했다. "삼가 이 작은 자 중의 하나도 업신여기지 마라! 너희에게 말하노니 그들의 천사들이 하늘 에서 하늘에 계신 내 아버지의 얼굴을 항상 뵈옵느니라"(마 18:10). 요한이 하늘의 천사들에게 편지를 쓴 이유는 교회들이 직면해 있는 땅의 현실과 하늘의 현실을 연결시키는 데 있다. 또한 이러한 연결은 그가 쓴 글의 정 당성이 하늘로부터 보증되었음을 의미한다.[13]

천상의 예수가 별들을 그의 오른손으로 잡고 있다는 것은 고난을 겪 고 있는 그리스도인들에게 놀랍도록 희망찬 위로의 표시로 이해된다. 왜 냐하면 그들은 자신들이 로마 제국의 손아귀에 놓여 있다고 생각했는데, 실제로는 자신들을 대표하는 하늘의 천사들과 함께 주님의 오른손 안에 서 보호받고 있기 때문이다. 또한 일곱 촛대는 일곱 교회와 동일시되었 다. 1:13에서 인자가 일곱 촛대들 사이에 서 있는 것은 예수가 그의 교회 들 안에 있음을 의미한다. 천상의 예수가 교회들 안에 임재하는 것은 그 가 요한을 통해서 그들에게 전달할 말이 있음을 의미한다. 일곱 별과 일 곱 촛대에 대한 이러한 해석이 바로 요한이 고난당하는 성도들에게 드러 낸 비밀(μυστήριον)의 의미이며, 이것을 깨달은 성도들은 하나님이 이 세 계와 교회들을 결코 악마의 손에 영원히 넘겨주지 않을 것임을 확신했을 것이다. 또한 그들은 하나님의 지시를 받아 적는 자로, 그리고 일곱 교회 에 말하는 자로 요한의 권위를 인정했을 것이다.

---

13 — Harald Ulland, *Die Vision als Radikalisierung der Wirklichkeit in der Apokalypse des Johannes: Das Verhältnis der sieben Sendschreiben zu Apokalypse 12-13* (Tübingen und Basel: A Francke Verlag, 1997), 30.

신화와 증언

요한계시록이 회람되었던 기원후 1세기 말엽에 소아시아의 일곱 도시는
황제 숭배의 중심지였다. 각 도시에는 황제를 위한 신전과 동상이 세워져
있었고, 황제의 상이 새겨진 주화가 유통되었다. 많은 사람이 거대한 신
전과 동상을 바라보면서 그 웅장함에 압도당해서 로마 제국은 영원히 지
속될 가장 강력한 제국이라고 믿었다. 소아시아에서의 신전, 기념비, 비
문, 축제, 연설, 동전, 운동경기는 로마 제국의 지배를 합법화하고 영속화
시키는 신화를 전파하는 중요한 미디어 역할을 담당했다.[14] 이러한 미디
어가 전파하는 신화들은 로마 제국을 절대화하고 사람들에게 복종을 요
구하는 로마의 제국주의적 관점을 각인시켰다. 오늘날도 마찬가지지만,
그 당시에 미디어는 현실 세계에 대한 사람들의 인식에 중대한 영향을 미
쳤으며, 대다수의 사람은 미디어가 주장하는 견해를 대세로 인정하고 수
용했다.

황제 숭배는 기원전 1세기에 로마 제국이 소아시아 지역을 제국의
영토로 통합했을 때, 소아시아에서 발생하기 시작했다. 시인들은 아우
구스투스(Augustus, 기원후 63-기원전 14)를 찬양하고 "로마의 평화"(Pax
Romana)라고 불리는 새로운 시대의 전개를 축하했다. 로마 황제를 숭배
하고 황제에 대한 충성을 나타내는 황제 숭배는 세계적인 추세가 되었고,
또한 로마 제국은 황제 숭배를 강요했다. 예컨대 24살에 로마의 황제가

---

14 — Wes Howard-Brook and Antony Gwyther, *Unveiling Empire*, 88.

된 칼리굴라(Caligula, 기원후 37-41)는 사람들에게 자신을 신으로 믿도록 강요했다. 알렉산드리아의 필론이 쓴 책에는 칼리굴라가 자신을 신처럼 꾸미고 행동한 내용이 나온다.

> 그는 그렇게 하고 싶은 생각이 들면 이러한 장신구들을 벗어버리고, 번개 형 태의 화환으로 된 왕관을 머리에 썼다. 그리고 왼손에는 활과 화살을 쥐고 오른손에는 은총을 들고서 자기 자신을 아폴론 신으로 변장했다. 오른손은 그가 좋은 것들을 사람들에게 기꺼이 내줄 수 있다는 것을 나타낸다. 또한 이것들은 그가 최상의 지위에 있음을 나타냈다. 하지만 왼손으로는 처벌이 배후에서 이루어져야만 하고 사람들의 몫으로 더 낮은 자리가 할당되었다는 것을 나타낸다. 그리고 바로 곁에는 그에게 바치는 찬가를 부르는 잘 훈련된 합창단이 세워져 있었다. 이 합창단은 그가 바쿠스(Bacchus)처럼 변장한 의복을 입었을 때에는 그를 바쿠스라고 불렀고 또 찬가를 부르면서 그를 찬미했다 (『가이우스에게 파견된 사절』, 95-96).[15]

39년에 칼리굴라는 유대 지방을 관할하고 있던 시리아의 총독 페트로니우스(Petronius)에게 예루살렘 성전에 자신의 동상을 세우고, 그 동상에 제우스와 함께 자신의 이름을 새겨넣을 것을 명령했다. 그러나 유대인들의 격렬한 저항으로 인해서 동상 건립은 지연됐다. 페트로니우스가 고민 끝에 동상 건립 명령을 취소해주기를 건의하는 탄원서를 칼리굴라에게 보냈을 때, 화가 난 칼리굴라는 그에게 그만 자결하라는 명령서를 보냈다. 그러나 명령서가 페트로니우스에게 도착하기 전에 칼리굴라 황제

---

15 — Philo, Volume X, *On the Embassy to Gaius*, trans. by F. H. Colson (Cambridge: Harvard University Press, 1962), 47-49.

요한계시록 약자를 위한 예배와 저항의 책

가 자신의 근위대에 의해서 암살당해 다행히 페트로니우스는 살아남을 수 있었다.

소아시아의 토착 엘리트들은 자신들의 권력 승인과 경제적 이권을 유지하기 위해서 로마 제국의 정책을 적극적으로 수용하고 로마에 충성했다. 그들은 로마에 대한 자신들의 충성을 증명하기 위해서 자기들이 거주하는 도시에 로마 황제를 위한 신전을 건설할 수 있는 허가를 얻고자 서로 경쟁하기도 했다.

이런 상황을 고려했을 때, 일곱 교회가 소아시아의 일곱 도시들에 세워진 이유는 무엇일까? 그것은 교회가 로마 제국의 미디어가 전파하는 제국의 신화와 싸우고 하나님의 말씀을 증언하는 대항 미디어의 역할을 해야 했기 때문이다. 미디어가 전파한 로마 제국 신화들의 주제는 제국, 평화, 승리, 신앙, 영원이었다. 요한계시록이 소아시아의 일곱 교회에 보내진 목적은 그들에게 계시의 진리를 증언하여 로마 제국의 신화들이 유포하는 주장을 뒤집고 우상 숭배적인 세계를 변화시키는 것이었다. 요한계시록은 다음과 같은 다섯 가지 로마 신화와 싸우고 그 신화들의 주장을 전복시킨다.[16]

첫째, 로마 제국이 세계에서 유일한 절대적인 제국이라는 신화다. 이 신화는 "누가 이 짐승과 같으냐? 누가 능히 이와 더불어 싸우리요?"(계 13:4)라는 수사학적 질문에 잘 나타난다. 그 질문에 대한 대답은 아무도 없다는 것이다. 이 신화는 사람들의 의식 속에 로마 제국이 절대적인 제국임을 주입시켜서 그들로 하여금 로마에 저항할 엄두를 내지 못하게 하고 로마의 지배에 복종하고 협력하게 만들었다.

그러나 요한계시록의 저자는 계시를 통해서 로마 제국은 완벽하고 절

---

16 — Wes Howard-Brook and Anthony Gwyther, *Unveiling Empire*, 223-235.

대적인 제국이 아니라 수명이 얼마 남지 않은 허약한 제국이라는 사실을 폭로했다. 그는 로마의 권력과 권위는 모두 하늘의 전투에서 패배하여 치명적인 상처를 입고 땅으로 추방당한 용으로부터 부여된 것이기 때문에 로마 제국은 완벽한 제국이 아니고(계 13:2), 오히려 로마의 폭력의 희생자인 어린 양 예수가 "땅의 임금들의 머리"라고 주장했다(계 1:5). 또한 그는 로마의 멸망과 하나님 나라에 대한 환상을 통해서 로마 제국을 절대화하는 신화를 전복시켰다. "그들로 우리 하나님 앞에서 나라와 제사장들을 삼으셨으니 그들이 땅에서 왕 노릇 하리로다"(계 5:10). "이제 우리 하나님의 구원과 능력과 나라와 또 그의 그리스도의 권세가 나타났으니"(계 12:10). "화 있도다! 화 있도다! 큰 성, 견고한 성 바벨론이여! 한 시간에 네 심판이 이르렀다 하리로다"(계 18:10).

둘째, 현재는 "로마의 평화"(*Pax Romana*)가 있는 황금시대라는 신화다. 이 신화는 로마 제국의 가장 중요한 이데올로기다. 아우구스투스 황제는 기원전 31년에 내전을 평정하고 군대와 무력을 사용하여 지중해 지역의 통제권을 획득했다. 로마는 아우구스투스 황제의 선의로 세계에 평화의 시대가 시작되었다고 선전했다. 1세기 중엽에 로마의 지배 계층에 속한 엘리트 대 플리니우스(Pliny the Elder)는 『자연의 역사』(*Natural History*)라는 책에서 로마의 평화가 가져다준 이점을 다음과 같이 격찬했다.

로마의 평화가 내뿜는 무한한 장엄함은 서로 다른 땅과 인종들과 함께 사람들뿐만 아니라, 산맥과 구름 속을 뚫고 높이 솟아 있는 산봉우리들과 그들의 자손과 그들의 식물을 차례대로 보여준다. 나는 여러 신의 이러한 선물이 영원히 지속되기를 기도한다. 정말로 신들은 인류에 두 번째 태양 같은 로마인들을 선물로 준 것처럼 보인다(『자연의 역사』 28.3).

대 플리니우스는 평화가 로마인들의 은혜에 의해서 보존되고, 로마 제국이 자기들에게 예속된 모든 민족을 유익하게 한다고 생각했다. 이것은 그의 개인적인 생각만이 아니라, 그가 속한 계층의 제국주의적 세계관을 드러낸 것이다. 그러나 실제로는 피정복자들에게 로마의 평화는 굴욕적인 평화다. 로마의 평화는 전쟁의 승리를 통한 평화이며, 제국의 중심부에 있는 사람들이 누리는 질서와 안전에 대한 표현이다. 그것은 제국의 국경선에 배치된 군사력에 의해서, 그리고 제국의 내부에 있는 반란자들에 대한 무서운 진압과 학살에 의해서 유지되는 피로 물든 거짓 평화다.

　　요한계시록은 로마가 무죄한 사람들의 피를 흘리게 하는 살해자라고 폭로한다. 로마는 결코 인자하지 않고 잔인하게 사람들을 죽인다. "네가 내 이름을 굳게 잡아서 내 충성된 증인 안디바가 너희 가운데 곧 사탄이 사는 곳에서 죽임을 당할 때에도 나를 믿는 믿음을 저버리지 아니하였도다"(계 2:13). "내가 보니 하나님의 말씀과 그들이 가진 증거로 말미암아 죽임을 당한 영혼들이 제단 아래에 있어"(계 6:9). "그들이 성도들과 선지자들의 피를 흘렸으므로 그들에게 피를 마시게 하신 것이 합당하니이다"(계 16:6). "또 내가 보매 이 여자가 성도들의 피와 예수의 증인들의 피에 취한지라"(계 17:6). "선지자들과 성도들과 및 땅 위에서 죽임을 당한 모든 자의 피가 그 성 중에서 발견되었느니라"(계 18:24). 로마는 불공정 독점무역으로 제국 주변부의 민족들을 억압하고 착취했다. "그 음행의 진노의 포도주로 말미암아 만국이 무너졌으며 또 땅의 왕들이 그와 더불어 음행하였으며 땅의 상인들도 그 사치의 세력으로 치부하였도다 하더라"(계 18:3). 진정한 평화는 로마의 제국주의가 무너지고 하나님과 그분이 세우신 메시아의 통치가 시작됨으로써 이루어진다. "세상 나라가 우리 주와 그의 그리스도의 나라가 되어 그가 세세토록 왕 노릇 하시리로다"(계 11:15).

　　셋째, 로마가 승리자라는 신화다. 이것은 로마 제국의 중심 신화다. 주화에 새겨진 여신상과 황제들의 이름 앞에 붙여진 "승리자"(Victor)라는 칭호를 통해서 로마의 승리 신화는 널리 전파되었다. 주화에는 승리의 여신이 아우구스투스 황제의 머리 뒤에 서서 그의 이마에 월계관을 씌우고 있는 상이 새겨져 있었다. 이것은 전쟁과 학살로 제국의 영토를 확장한 황제의 승리에 정당성을 부여해주었다.

그러나 요한계시록은 로마의 승리가 군사적 정복과 살육을 통한 승리라고 비판한다. 진정한 승리자는 로마의 폭력에 희생된 어린 양 예수다. 그는 죽음과 음부의 열쇠를 쥐고 있고(계 1:18), 그의 피로 사탄을 정복했으며(계 12:11), 그의 입에서 나온 예리한 검으로 만국을 치고 아마겟돈 전쟁에서 승리하여 더 이상 전쟁이 없도록 전쟁 체제를 영원히 소멸시켰다(계 19:11-21). 또한 로마 제국의 불의와 황제 숭배를 거부하고 오직 하나님과 어린 양에게 충성하며 예배한 자들도 승리자들이 되었다. "또 우리 형제들이 어린 양의 피와 자기들이 증언하는 말씀으로써 그를 이겼으니 그들은 죽기까지 자기들의 생명을 아끼지 아니하였도다"(계 12:11). "또 내가 보니 불이 섞인 유리 바다 같은 것이 있고 짐승과 그의 우상과 그의 이름의 수를 이기고 벗어난 자들이 유리 바다 가에 서서"(계 15:2).

넷째, 로마 황제를 숭배하는 자는 신앙인이고, 황제 숭배를 거부하는 자는 신앙이 없는 무신론자라는 신화다. 이 신화는 사람들에게 황제 숭배를 정당화했다. 그 당시 신앙은 제국을 향한 충성과 동의어로 사용되었다. 피정복자들은 황제 숭배를 통해서 황제와 로마 제국에 대한 자신들의 충성과 신앙을 증명해야만 했다. 황제 숭배를 거부한 순교자들은 모두 무신론자로 규정되어서 처형당했다.

그러나 요한계시록의 관점에서 보면, 황제를 숭배하고 로마 제국의 불의한 체제에 협력하는 자들은 신앙이 없는 자들이고(계 21:8), 반면에 황제 숭배를 반대하고 로마의 제국주의에 저항한 순교자들과 증인들은 신앙이 있는 자들이다(계 6:9-10; 20:4-6). 하나님은 바빌론을 심판하시고(계 18:2-4), 어린 양 예수는 짐승과 거짓 예언자를 심판하며(계 19:20), 약자들을 억압하는 사회 고위층들에게 진노한다(계 6:16). 참된 신앙은 우상 숭배와 불의에 저항하면서 예수의 믿음을 지키는 것이다(계 14:12). 따라서 성도들의 신앙은 불의에 대한 비폭력적 저항으로 나타난다. "사로잡힐 자는 사로잡혀 갈 것이요 칼에 죽을 자는 마땅히 칼에 죽을 것이니 성도들의 인내와 믿음이 여기 있느니라"(계 13:10). "성도들의 인내가 여기 있나니 그들은 하나님의 계명과 예수에 대한 믿음을 지키는 자니라"(계 14:12).

다섯째, 로마 제국이 영원히 존속될 것이라는 신화다. 영원한 제국 로마, 영원한 수도 로마, 그리고 영원한 황제는 로마의 또 다른 중요한 신화다. 황제들은 로마 제국의 영원한 존속을 선전하기 위해서 주화에 영원의 여신상을 새겨넣었고, 자기 자신들을 신으로 선포했다. 그 당시 로마 제국의 멸망을 상상하는 것은 반역 행위로 간주되었다. 그러나 요한계시록은 로마가 하나님의 심판을 받고 불에 타서 영원히 사라질 것을 예언한다. "또 다른 천사 곧 둘째가 그 뒤를 따라 말하되 '무너졌도다! 무너졌도다! 큰 성 바벨론이여, 모든 나라에게 그의 음행으로 말미암아 진노의 포도주를 먹이던 자로다' 하더라"(계 14:8). "큰 성이 세 갈래로 갈라지고 만국의 성들도 무너지니 큰 성 바벨론이 하나님 앞에 기억하신 바 되어 그의 맹렬한 진노의 포도주 잔을 받으매"(계 16:19). "이에 한 힘 센 천사가 큰 맷돌 같은 돌을 들어 바다에 던져 이르되 '큰 성 바벨론이 이같이 비참하게 던져져 결코 다시 보이지 아니하리로다'"(계 18:21). 요한계시록의 저자는 영원의 참된 소유자는 바빌론이 아니라, 하나님(계 4:9; 5:13; 7:12; 10:6; 11:15), 어린 양 예수(계 1:18; 5:13; 11:15), 그리고 하나님을 믿고 예수를 따르는 성도들이라고 주장한다. 하나님의 말씀을 증언하고 로마 제국의 불의와 우상 숭배적 체제에 저항하는 성도들은 생명책에 그들의 이름이 기록되고(계 3:5), 새 예루살렘에서 영원히 살 것이다. "다시 밤이 없겠고 등불과 햇빛이 쓸 데 없으니 이는 주 하나님이 그들에게 비치심이라. 그들이 세세토록 왕 노릇 하리로다"(계 22:5).

이처럼 요한계시록의 저자는 로마 제국의 다섯 가지 신화의 기만적인 주장을 예수 그리스도의 계시를 통해서 전복시켰다. 그는 소아시아의 성도들에게 요한계시록에 기록된 예언의 말씀을 현재의 시간에 실천함으로써 지금 행복을 누리는 사람들이 되라고 권고한다(계 1:3; 22:7). 요한계시록은 현재 중심적이다. 요한계시록의 핵심 메시지는 천상의 예수가 고난당하는 그리스도인들과 연대하기 위해서 지금 현재의 시간에 오고 있다는 희망의 소식이다(계 1:7). 천상의 예수는 교회들 사이에 그리고 세계 안에 임재하고 있다. 그는 고난당하는 성도와 약자들을 위로하고, 그들과 함께 살고, 그들과 연대하여 불의의 세력에 맞서서 함께 싸우기 위해서 지금 오고 있다.

오늘날 우리는 우상의 문화 속에서 살고 있다. 우리는 날마다 자본과 시장의 제국이 미디어 매체를 통해서 쏟아내는 수많은 선전과 신화에 영향을 받으면서 살아간다. 이 시대의 제국이 선전하는 신화들은 무엇인가? 자본과 시장의 제국이 자기의 정치체제를 정당화하는 신화들은 무엇인가? 한반도의 평화 통일을 방해하는 신화는 무엇인가? 우리의 삶에 가장 큰 영향을 주는 신화는 무엇인가? 그러한 신화들을 거부하고 저항해본 경험이 있는가? 그것들에 대한 저항을 방해하는 요소는 무엇인가?

고대 세계의 수퍼 파워인 로마 제국이 "로마의 평화"(*Pax Romana*)라는 선전으로 로마가 일으킨 전쟁과 지배를 정당화했듯이, 오늘의 제국 역시 평화의 이름으로 전쟁과 파병과 선제공격을 정당화한다. 미국은 스페인으로부터 독립한 필리핀을 평화의 이름으로 1899년에 침공했다. 린든 존슨(Lyndon B. Johnson) 전 미국 대통령은 미국이 1965년에 도미니카 공화국을 군사적으로 봉쇄한 것을 "미국의 평화"(*Pax Americana*)라는 이름으로 다음과 같이 정당화했다.

> 우리나라는 역사적으로 수많은 땅에 군대를 파견했다. 하지만 군대가 더는 필요하지 않을 때는 항상 고국으로 돌아왔다. 이것은 미합중국의 목적이 자유를 억압하지 않고 항상 자유를 구하고, 평화를 깨지 않고 그것을 더욱 공고히 하며, 땅을 볼모로 잡지 않고 땅의 생명을 살리는 것이었기 때문이다. 한 달 전 나는 도미니카 공화국에 우리의 해군을 파견할 임무를 맡았다. 나는 같은 목적으로 그들을 파견했다.[17]

2001년 9.11 테러 사건 이후 미국 정부는 하나님께로부터 세계의 어둠과 악을 제압하라는 사명을 받았다고 확신하면서 이라크 전쟁과 테러에 대항하는 전쟁을 수행했다. 2002년 연두교서(年頭敎書)에서 조지 부시(George W. Bush) 전 미국 대통령은 이라크, 이란, 북한을 "악의 축"(an axis of evil)이라고 불렀다. 그러나 요한계시록의 저자는 전쟁을 부추기는 로마의 영을 귀신(악마)의 영이라고 부른다(계 16:14). 자본과 시장의 제국에서 전쟁은 중요한 산업이다. 미국의 대외정책은 거대한 자본주의 기업들과 군사 체제가 결합된 군산복합체(military-industrial complex)의 영향을 받는다. 적대국들을 악마화하는 것은 전쟁과 군사기지 확보와 군수산업을 정당화하기 위한 구실일 수 있다. 미군은 아직도 한국에 주둔하고 있으며, 한국의 영토와 영해와 영공에서는 정기적으로 한미합동 군사훈련이 실행되고 있다. 북한의 악마화는 한국정부로 하여금 미국산 최신 무기

---

17 — John Swomley, *American Empire: The Political Ethics of Twentieth-Century Conflict* (New York: The Macmillan Company, 1971), 165-166.

를 사는 데 많은 돈을 소모하도록 부추기는 요인이 된다. 그러나 미국산 무기 도입과 군비 증강은 한반도에 평화를 가져오는 게 아니라 오히려 통일을 기약 없이 미룰 뿐이다.

지상의 어떠한 국가도 하나님의 자리를 찬탈할 수 없다. 우리는 이 시대의 용과 짐승과 거짓 예언자의 입에서 나오는 기만적인 신화들을 거부해야만 한다. 동시에 평화적인 방법으로 분쟁과 갈등을 해결하는 사람들이 되어야만 한다. 적을 악마화하는 것은 예수의 뜻이 아니다. 예수는 "화평하게 하는 자는 복이 있나니 그들이 하나님의 아들이라 일컬음을 받을 것임이요"라고 말했다(마 5:9).

예언자 요한이 로마 제국의 신화들을 비판했듯이 2004년에 양심적인 미국 신학자들 약 200명이 "폭력의 세계에서 그리스도를 고백하며"라는 선언문을 발표했다. 그들은 미국 정부가 전파하는 의로운 전쟁과 적대국을 악마화하는 신화를 다음과 같이 비판한다.[18]

교회의 과제는 진실하게 그리스도를 고백하는 것이며, 교회의 고백이 군사주의와 국가주의의 실리 추구에 편입될 때 그것은 더 이상 진실할 수 없다. 미국 정부의 최고위 집단에서 "전쟁의 신학"이 나오고, "의로운 제국"이라는 언어가 점점 더 자주 사용되고 있다. 하나님, 교회, 그리고 국가의 역할이 "악의 세계"를 제거한다는 미국의 "선교"와 "신의 위임"이라는 말에 의해서 혼동되고 있다.

성령이 증명하듯이 예수 그리스도는 모든 국가 경계를 넘어선다. 그의 이름을 고백하는 자들은 지구 곳곳에서 발견된다. 그러나 그리스도에 대한 우리의 충성은 국가적 정체성에 우선한다. 기독교가 제국과 타협할 때, 그리스

---

18 — Jim Wallis, *God's Politics: Why the Right Gets It Wrong and the Left Doesn't Get It* (Oxford: Lion Hudson, 2005), 152-154.

요한계시록 약자를 위한 예배와 저항의 책

도의 복음은 신빙성을 잃는다. 우리는 어느 민족 국가가 "빛이 어둠에 비치되 어둠이 이기지 못하더라"라는 말로 묘사할 수 있는 거짓 가르침을 거부한다. 성서에 기록된 이 말씀은 오직 그리스도에게만 적용된다. 어떤 정치 지도자도 전쟁을 수행하는 데 이 말씀을 왜곡할 권리는 없다.

그리스도는 전쟁을 강력하게 반대하도록 그리스도인들에게 사명을 부여한다. 현대의 전투가 저지르는 고의적 파괴는 이 의무를 더욱 강화시킨다. 그리스도인들은 십자가의 그늘에 서서 비용을 생각하고, 희생자들을 위해 외치며, 한 나라가 전쟁을 일으키기 전에 이를 저지할 모든 대안을 찾아야 할 책임이 있다. 따라서 우리는 일방적인 정책보다는 국제적 협력에 전념해야만 한다. 또한 테러에 대한 전쟁이 윤리적·법적 규범들보다 우선한다는 거짓 가르침을 거부해야 한다. 고문, 민간인들을 향한 의도적인 폭탄 투하, 대량 파괴의 무차별적 무기 사용—이런 것들은 결과와 관계없이 결코 행해져서는 안된다.

그리스도는 우리에게 적대자들의 눈에 있는 티만 볼 것이 아니라 먼저 자신의 눈에 있는 들보를 보라고 명령한다. 선과 악의 구별은 한 나라와 다른 나라 사이에 혹은 이 그룹과 저 그룹 사이에 있는 것이 아니라, 모든 인간의 마음을 통해서 직접적으로 나타난다. 우리는 미국의 적대국들이 사악한 반면에 미국은 오직 미덕을 나타내는 "기독교 국가"라는 거짓 가르침을 거부한다. 또한 미국이 세계 악의 대부분을 도려내고 있다는 사실을 거부하는 동시에 미국이 회개할 게 아무것도 없다는 사실도 거부한다. 모두가 죄를 지었으며 하나님의 영광에 이르지 못한다(롬 3:23).

그리스도는 우리에게 원수 사랑이 복음의 핵심이라는 것을 보여준다. 우리가 아직 원수들이었을 때에 그리스도는 우리를 위하여 죽었다(롬 5:8, 10). 하나님이 그리스도 안에서 우리와 온 세상을 사랑하셨다는 것을 믿는다면, 이제 우리는 우리의 적들에게 사랑을 보여주어야 한다. 원수 사랑은 단순히 적대적인 의제나 지배를 제거하는 것을 의미하지 않는다. 그것은 하나님의 형상대로 창조된 어떤 사람을 악마화하는 것을 거절하는 것이다. 따라서 우리는 어떤 사람이 법의 보호 밖에 있다고 규정할 수 있다는 거짓 가르침을 거부한다. 우리는 남용을 불러올 뿐이기 때문에 적으로 인식된 자들을 악마화하는 것을 거부한다. 동시에 억류하는 자들이 얻을 여러 이익과 상관없이 포로 학대를 거부한다.

그리스도는 용서받은 죄인들인 우리에게 걸맞은 미덕이 겸손이라고 가르친다. 겸손은 모든 정치적 불일치를 완화시키고, 우리 자신의 정치 인식이 복합적인 세계에서 잘못된 것일 수 있음을 알게 한다. 따라서 우리는 정치적으로 미국을 위하지 않는 자들은 미국을 반대하는 자들이라거나 혹은 미국의 정책에 근본적인 의문을 제기하는 자들은 "악을 행하는 자들"이라는 거짓 가르침을 거부한다. 특히 이러한 구별을 그리스도인들이 사용할 경우에 이는 세계가 절대 선과 절대 악의 세력들로 나누어져 있다는 마니교 이단의 표현과 같다고 할 수 있다.

고대의 로마 제국이 불공정 독점무역으로 약자들을 수탈했듯이, 오늘날 자본과 시장의 제국은 자유무역협정으로 약자들을 억압한다. 신자유주의적 경제의 세계화와 블록화는 세계 도처에서 수많은 희생자를 배출하고 있다. 신자유주의는 다수인 가난한 자들, 즉 노동자와 농민들을 배제시키고 소수인 자본가들이 그들의 이익을 극대화하기 위해서 가능한 한 많은 분야에서 자신들의 이익을 허용하는 정책과 조치를 의미한다. 제국주의는 더 이상 존재하지 않는 구시대의 잔재가 아니라 현시대에도 여전히 막강한 지배력을 드러내고 있는 가장 중심적인 세력이다. 신자유주의적 경제의 세계화는 국가 간, 지역 간의 빈부격차를 심화하고 많은 국가의 정치적·경제적·문화적 독립성을 위협하며, 여러 나라의 정권들을 시장의 제국의 우방으로 전락시키는 제국주의의 새로운 얼굴이다. 시장의 제국이 전파한 신자유주의의 신화는 다음과 같다.

① 국민총생산에 의해 측량되는 지속적인 경제성장이 인간이 진보에 이르는 유일한 길이다. ② 정부의 규제가 철폐된 자유 시장이 가장 효율적이고, 사회적으로 최적의 자원 분배를 초래한다. ③ 경제 세계화는 경쟁을 자극하고, 고용을 창출하며, 소비자 가격을 하락시키고, 소비자의 선택의 폭을 넓히며, 경제 성장을 촉진하고, 거의 모든 사람에게 보편적인 혜택을 제공한다. ④ 역할과 자산을 정부로부터 개인 분야로 이동시키는 사유화가 효율성을 증진시킨다. ⑤ 정부의 가장 중요한 임무는 소유권과 계약을 보호하고 상업의 추진에 필요한 하부구조를 제공하는 것이다.[19]

애덤 스미스(Adam Smith, 1723-1790)가 구상했던 경제적 환상은 규제가 완전히 철폐된 자유 시장 혹은 자유 무역이 아니라 지역 시장이었다. 오늘날 힘없는 정부들에 강요된 규제 없는 자유 시장과 자유 무역에서 사회적 공익을 증진시키는 "보이지 않는 손"(an invisible hand)은 작동하지 않는다.[20] 그렇지만 신자유주의적 신화에 의문을 제기하는 사람은 민주주의 사회에 부적합한 이단으로 내몰릴 수 있고, 이로 인해서 자기 직업과 경력에 치명적인 손상을 입을 수도 있다. 교회와 신학교에도 예수가 로마의 제국주의에 의해서 처형된 희생자였다는 가르침과 연구는 많지만, 반제국주의적 시각으로 성서를 연구한 자료는 별로 없다. 그러한 연구는 불온한 것으로 낙인찍힐 수 있다. 심지어는 지구적 자본과 시장의

---

19 — David C. Korten, 『기업이 세계를 지배할 때』(서울: 세종서적, 1997), 101.
20 — 이 용어는 1776년 런던에서 초판으로 출판된 Adam Smith의 방대한 저서 『국부론』에서 단 한 번 사용되었다.

제국을 섬기는 "그리스도인" 목사와 신학자들도 많이 있다.[21]

기만과 폭력의 시대에 교회는 제국의 미디어가 전파하는 거짓 신화들을 전복시키고 진리를 증언하는 대항 미디어의 역할을 해야만 한다. 곧 우리는 제국의 신화들이 날마다 주입하는 마취에서 깨어나 시장의 제국과 지구적 자본에 충성하는 우상 숭배를 거부하고 약자들의 생명을 돌보는 하나님과 어린 양에게만 충성하는 참된 예배를 드려야만 한다.

천상에 계신 예수의 오심은 우리의 희망이다. 카이로스인 지금 현재의 시간에 예수는 우리와 함께 살고, 우리와 함께 악의 세력에 저항하고 투쟁하기 위해서 지금 오고 있다(계 1:7). 따라서 교회는 이 땅 위에 하나님 나라를 건설하기 위해서 천상의 예수와 연대하여 약자들의 생명을 제물로 요구하는 탐욕스러운 자본과 시장의 제국과 전쟁 체제에 부단히 저항해야만 한다.

---

21 — 예를 들면 Michael Novak, 『민주 자본주의의 정신』(서울: 을유문화사, 1983), 280, 401-406을 보라. Novak은 달란트 비유(마 25:14-30)가 자본주의 체제를 정당화한다고 해석한다. 그는 그런 해석에 근거해서 하나님이 공평한 선택의 자유를 주셨기 때문에 실패는 개인의 책임이며, 더 많은 생산을 위해서 더 잘 투자하는 사업적 수완은 성서적이라고 주장한다.

제2장

일곱 교회에 대한 환상(2:1-3:22)

일곱 교회는 소아시아 지방의 기독교 공동체를 대표한다. 당시 소아시아의 교회들은 로마의 우상 숭배적인 체제에 동화될 위기에 처해 있었다. 이러한 교회를 향한 편지들은 공통적으로 "내가 아노니"라는 말로 시작하고 "이기는 자"에게 종말론적 축복을 약속하면서 끝난다. 편지의 목적은 각 교회의 상황과 행위를 진단하고 교회의 개혁을 요구하는 데 있다. 여기서 교회의 본질을 구성하는 기본 행위는 사랑과 믿음과 섬김과 저항이다(계 2:19). 소아시아의 일곱 교회를 평가하는 기준은 바로 이러한 네 가지 행위다. 1인칭으로 표현된 천상의 예수의 말은 예언자 요한이 환상을 통해서 보고 들은 것을 증언한 것이다. 초기 기독교의 예언자들은 성도들에게 들려주는 권면, 경고, 책망, 약속을 예수의 입을 통해서 1인칭으로 표현했다.

에베소 교회에 보내는 편지(2:1-7)

1 에베소 교회의 사자에게 편지하라. 오른손에 있는 일곱 별을 붙잡고 일곱 금 촛대 사이를 거니시는 이가 이르시되 2 내가 네 행위와 수고와 네 인내를 알고 또 악한 자들을 용납하지 아니한 것과 자칭 사도라 하되 아닌 자들

을 시험하여 그의 거짓된 것을 네가 드러낸 것과 3 또 네가 참고 내 이름을 위하여 견디고 게으르지 아니한 것을 아노라. 4 그러나 너를 책망할 것이 있나니 너의 처음 사랑을 버렸느니라. 5 그러므로 어디서 떨어졌는지를 생각하고 회개하여 처음 행위를 가지라. 만일 그리하지 아니하고 회개하지 아니하면 내가 네게 가서 네 촛대를 그 자리에서 옮기리라. 6 오직 네게 이것이 있으니 네가 니골라당의 행위를 미워하는도다. 나도 이것을 미워하노라. 7 귀 있는 자는 성령이 교회들에게 하시는 말씀을 들을지어다. 이기는 그에게는 내가 하나님의 낙원에 있는 생명나무의 열매를 주어 먹게 하리라.

1절   요한이 쓴 회람 서신의 첫 도착지는 소아시아에서 가장 큰 항구 도시인 에베소다. 이 도시는 소아시아 지역을 관할하는 로마의 총독부가 있는 곳으로 정치와 상업과 종교의 중심지였다. 로마의 총독은 배를 타고 에베소 항구에 도착하여 총독부에 부임했다. 당시 에베소의 인구는 약 20만 명 정도였고,[1] 로마 제국에서 세 번째로 큰 도시였다. 에베소는 기원전 7세기부터 중요한 도시였고, 기원전 113년에 로마의 영토가 되었다.[2] 이 도시에는 규모가 크고 화려해서 고대 세계의 7대 불가사의 중 하나로 꼽히는 매우 오래된 아르테미스 신전이 있었고, 기원전 29년에 아우구스투스 황제의 허락으로 세워진 율리우스 카이사르(Julius Caesar)와 로마의 여신(Roma)을 위한 신전도 있었다.[3] 그리고 도미티아누스가 통치하

---

1 — Rodney Stark, *The Rise of Christianity: A Sociologist Reconsiders History* (Princeton: Princeton University, 1996), 131-132; Wes Howard-Brook and Anthony Gwyther, *Unveiling Empire*, 98; 어떤 학자는 에베소의 인구가 25만 명이라고 추정한다. Bruce M. Metzger, 『예수 그리스도의 계시라: 요한계시록의 이해』(서울: 기독교문화협회, 1994), 49.
2 — Heinrich Kraft, 『요한묵시록』, 92.
3 — Bruce J. Malina and John J. Pilch, *Social-Science Commentary on the Book of Revelation* (Minneapolis: Fortress Press, 2000), 51.

던 시대에 그를 위해 세워진 웅장한 신전도 있었다. 에베소는 귀신을 쫓는 주술과 미신으로 유명했다. "에베소의 문자"(*Ephesia grammata*)라는 부적을 소지한 사람은 신의 행운과 보호를 받는다는 미신이 에베소에 널리 퍼져 있었고, 아르테미스 여신상과 신전의 모형물이 순례자들에게 판매되었다. 사도 바울은 52년 말부터 55년까지 약 3년을 에베소에서 사역했다(행 20:17-31).

요한은 에베소 교회를 대표하는 천사(ἄγγελος)에게 말하는 천상의 예수를 "오른손에 있는 일곱 별을 붙잡고 일곱 금 촛대 사이를 거니시는 이"(계 2:1)라고 소개한다. 이미 요한계시록 1:20에서 설명한 것처럼 일곱 별은 일곱 교회의 천사들을 상징하고, 일곱 금 촛대는 일곱 교회를 상징한다. 오른손은 권능을 상징한다. 따라서 천상의 예수가 자신의 오른손에 일곱 별을 붙잡고 있다는 것은 예수가 일곱 교회의 천사들과 그들이 대표하는 일곱 교회의 구성원들을 지켜주고 있음을 나타낸다. 그리고 그가 일곱 금 촛대 사이를 거닌다는 것은 그가 일곱 교회들 사이에 임재하고 있음을 의미한다.

2절   "내가 알고 있다"(οἶδα)라는 표현은 천상의 예수가 에베소 교회의 사정을 잘 알고 있음을 의미하며, 이러한 표현은 일곱 교회에 보내는 개별적인 서신 서두에 항상 나온다(계 2:2, 9, 13, 19; 3:1, 8, 15). "내가 네 행위와 수고와 네 인내를 알고"라는 말의 처음에 나오는 "와"(καί)를 그리스 문법으로 이해하면, 그것은 등위 접속사라기보다는 동격을 의미하는 접속사다. 그리고 "행위"(ἔργα)는 "수고와 인내"를 포괄하는 상위 개념이다.[4] 따라서 이 본문은 "내가 네 행위, 즉 네 수고와 인내를 안다"고 이해되어야만 한다. "수고"(κόπος)는 증언을 위해 흘리는 피와 땀을 의미한

---

4 — Heinrich Kraf, 『요한묵시록』, 94.

다. "인내"(ύπομονή)는 억압과 불의를 수동적으로 참고 견디는 것이 아니라 거기에 적극적으로 저항하는 것을 의미한다. 따라서 그리스어 휘포모네(ύπομονή)는 저항으로 번역해야 한다.[5] 요한계시록 저자가 주장하는 교회의 본질을 구성하는 네 가지 기본 행위는 "사랑과 믿음과 섬김과 저항"이다(계 2:19). 이러한 행위가 교회의 본질이자 교회의 삶이다.

천상의 예수는 에베소 교회가 교회 본질의 중요한 요소인 저항에 충실한 점을 긍정적으로 평가했다. 또한 그는 이 교회가 "악한 자들을 용납하지 아니한 것과 자칭 사도라 하되 아닌 자들을 시험하여 그의 거짓된 것을"(계 2:2) 드러낸 것 역시 잘한 일로 평가했다. 여기서 사도라는 용어는 예수의 열두 사도가 아닌 넓은 의미의 사도 개념으로 사용되었다. "자칭 사도들"은 자신을 사도라고 하면서 복음을 왜곡하여 가르치고 성도들에게 피해를 주는 거짓 사도들을 가리킨다(참조. 요일 4:1). 에베소는 항구 도시로서 대도시였기 때문에 여러 배경의 그리스도인들이 모여 있었을 것이다. 바울과 그의 일행이 이곳에서 체류하면서 선교했고, 영지주의자들도 아마 이곳에 발을 들여놓았을 것이다. 그런데 에베소 교회가 거짓 사도를 판단한 기준은 무엇이었을까? 우리는 그 기준을 초기 기독교에서 사용된 문서인 『디다케』(*Didache*) 11:4-6에서 유추할 수 있다.

> 너희에게 오는 모든 사도를 마치 주님에게 하듯이 영접하라. 그런데 사도는 하루 이상 머물러서는 안 된다. 만일 그가 필요하다면 하루 더 머물러도 된다. 그러나 만일 그가 사흘을 머문다면 그는 거짓 예언자다. 그리고 사도가 떠날 때, 그는 다른 곳에 유숙할 때까지 필요한 빵 한 덩어리 외에는 아무것도 받아서는 안 된다. 만일 그가 돈을 요구한다면, 그는 거짓 예언자다.

---

5 — Elisabeth Schüssler Fiorenza, *Reveltion*, 51; Christine Schaumberg, *Schuld und Macht* (Munchen: Kaiser, 1996), 108; Pablo Richard, *Apokalypse*, 88.

사도의 판단 기준에 대한 설명은 『디다케』 11:8-10에서 계속된다.

그러나 영으로 말하는 자가 다 예언자는 아니고, 오직 그가 주님의 성격과 같은 생활 양식을 지녀야만 예언자라고 할 수 있다. 따라서 그의 생활 양식에 의거하여 너희는 거짓 예언자와 참 예언자를 구별하여 알게 될 것이다. 그리고 어떤 예언자도 식사 제공을 영적으로만 요구할 수 있고, 그 음식을 먹어서는 안 된다. 그렇지 않으면 그는 거짓 예언자다. 진리를 가르치지만, 그가 가르친 것을 행하지 않는 자는 다 거짓 예언자다.

디다케에 의하면 참 사도는 한곳에 오래 머물지 않고 유랑한다. 그런데 자칭 사도들은 에베소 교회 성도들의 가정에서 식객으로 오래 머물렀고 돈을 요구하면서 민폐를 끼쳤다. 따라서 에베소 교회는 외부에서 방문하여 자칭 사도라고 일컫은 이들을 시험해야만 했다. 자칭 사도들은 교인들에게 로마의 우상 숭배적인 문화에 순응하고 적응하도록 가르치고, 그리스도의 복음을 왜곡한 거짓 사도들이다. 바울은 다른 복음(고후 11:4)을 전파하고 자기를 자랑하는 사람들은 거짓 사도라고 비판했다. "그런 사람들은 거짓 사도요 속이는 일꾼이니 자기를 그리스도의 사도로 가장하는 자들이니라. 이것은 이상한 일이 아니니라. 사탄도 자기를 광명의 천사로 가장하나니, 그러므로 사탄의 일꾼들도 자기를 의의 일꾼으로 가장하는 것이 또한 대단한 일이 아니니라. 그들의 마지막은 그 행위대로 되리라"(고후 11:13-15).

3절 "네가 참고"(ὑπομονὴν ἔχεις)라는 표현은 천상의 예수가 로마의 우상 숭배적인 체제에 맞선 에베소 교회의 저항을 알고 있었음을 의미한다. 저항은 증언하는 데서 이루어진다. 천상의 예수는 이 교회의 구성원들이 로마 당국으로부터 심문을 당하는 상황에서도 그의 이름을 끝까지 부정하지 않은 것과 일상생활에서도 나태하지 않은 것을 칭찬했다.

4절　"그러나 너를 책망할 것이 있나니 너의 처음 사랑을 버렸느니라." 사랑은 교회의 본질의 또 다른 중요 요소다. 그리스어 아가페(ἀγάπη)는 교회의 구성원들이 서로 연대하는 형제자매적인 사랑을 의미한다. 그런데 천상의 예수는 에베소 교회가 처음에 가졌던 이러한 연대성을 지닌 사랑을 상실했다고 질책한다.

5절　천상의 예수는 에베소 교회가 자신의 본질에 충실한 온전한 교회로 개혁되기를 권한다. "그러므로 어디서 떨어졌는지를 생각하고 회개하여 처음 행위를 가지라." 이 문장에서 "생각하고"는 기억을 통해서 자신을 되돌아보고 잘못된 관계를 회복하라는 말이다. 그리고 "회개하여"는 자신의 잘못을 뉘우치고 삶의 방향을 전환하라는 의미이며, "처음 행위를 가지라"는 명령은 서로 연대하는 형제자매적인 사랑을 다시 실천할 것을 뜻한다.

천상의 예수는 에베소 교회에 단호하게 경고한다. "만일 그리하지 아니하고 회개하지 아니하면 내가 네게 가서 네 촛대를 그 자리에서 옮기리라." 여기서 "내가 네게 가서"(ἔρχομαί σοι)의 그리스어 시제는 직설법 단수 1인칭 현재다. 이것은 예수가 지금 현재의 시간에 온다는 것을 의미한다. 천상의 예수는 세계를 심판할 마지막 날이 오기 전에 먼저 교회의 본질을 상실한 교회들을 심판하기 위해서 지금 오고 있다.[6] "촛대"는 교회를 상징한다(계 1:20). 촛대를 그 자리에서 옮긴다는 것은 예수가 그 교회와

---

6 ― 권성수, 『요한계시록』(서울: 도서출판 횃불, 1999), 53; Robert H. Mounce, *The Book of Revelation* (Grand Rapids: William B. Eerdmans Publishing Company, 1977), 70; George Eldon Ladd, *A Commentary on the Revelation of John* (Grand Rapids: William E. Eerdmans Publishing Company, 1972), 39-40; 예수의 오심을 종말론적 미래의 사건으로 해석하는 주장도 있다. Fredrick J. Murphy, *Fallen is Babylon: The Revelation to John* (Harrisburg: Trinity Press International, 1998), 116-117.

맺었던 교제를 단절한다는 것, 곧 교회에 대한 심판을 뜻한다. 예수와의 교제가 없는 교회는 더 이상 참된 교회라고 할 수 없다. 교회가 자기 본질을 상실하고 회개하지 않으며 자신을 개혁하지 않는다면 촛대가 옮겨지는 것은 시간 문제다. 그 당시의 에베소 교회만이 아니라 오늘날의 교회도 예수의 이러한 경고를 심각하게 들어야만 한다. 이 일은 오늘날 서구에서 이미 시작되고 있다. 많은 교회의 문이 점차 닫히고 있고, 교회의 전등불은 꺼지고 있으며, 대다수의 교회 건물이 매각되어 다른 용도로 쓰이고 있다.

6절 "오직 네게 이것이 있으니 네가 니골라당의 행위를 미워하는도다. 나도 이것을 미워하노라." 예수는 에베소 교회가 니골라당을 배척한 것을 칭찬한다. 니골라당은 신·구약성서 전체에서 오직 요한계시록 2:6과 2:15에서만 발견되는 용어여서 니골라당의 유래를 찾기는 매우 어렵다. 어떤 이들은 니골라당의 유래를 사도행전 6:5에서 찾는다. 거기서 언급된 일곱 집사 중 한 사람의 이름이 니골라이기 때문이다. 니골라는 본래 그리스인이었는데 유대교에 입교했다가 다시 개종하여 그리스도인이 되었고, 이후 집사가 된 남자다. 이러한 사실을 근거로 2세기의 교부들은 이 니골라를 요한계시록에 나오는 니골라당의 조상으로 보았다. 예를 들면, 이레나이우스는 니골라당이 사도들에게 집사 안수를 받은 일곱 남자 중 하나였던 니골라의 추종자들이라고 추정하면서 그들이 무절제한 자기탐닉의 생활을 누렸을 것이라고 단정했다.[7] 알렉산드리아의 클레멘스는 니골라가 욕망과 정욕을 제어하기 위해서 육을 경멸한 것을 니골라당이 잘못 해석하여 자신들의 자기탐닉을 정당화했을 것이라고 주장했

---

7 — *Against Heresies* I. 26, 3.

다.[8] 그런데 사실 니골라 집사에게서 도덕적으로 비난할 만한 증거는 아무것도 발견되지 않는다.

그렇다면 니골라당은 도대체 어떤 사람들인가? "니골라당"(Νικολαΐτης)은 "승리"를 의미하는 그리스어 니코스(νικός)와 "사람들"을 의미하는 그리스어 라오스(λαός)가 결합된 합성어의 속격 복수 형태로서 "승리의 사람들"이라는 의미를 지니고 있다.[9] 이와 비슷한 다른 한 실례를 들면, 니코폴리스(Nicopolis)라는 도시의 명칭은 승리를 의미하는 니코스(νικός)와 도시를 의미하는 폴리스(πόλις)가 결합된 합성어로서 승리의 도시라는 의미다. 따라서 나는 니골라당이 로마의 제국주의가 지배하는 우상 숭배적인 사회에 순응하고 적응함으로써 사회적인 지위와 경제적인 이익을 얻는 데 성공한 사람들을 소위 "승리의 사람들"이라고 비꼬는 조소적인 명칭이라고 생각한다.

니골라당은 신전에서 개최되는 상인 조합의 연례회의와 친교 모임에 참석하고 조합원들과 함께 신전의 식당에서 우상의 제물을 먹는 부유한 사람들이었을 것이다. 우상의 제물을 먹는 행위는 로마 제국의 우상 숭배적인 문화에 동화되었는지를 알아볼 수 있는 시금석이다. 따라서 니골라당에 속한 자들은 로마의 우상 숭배적인 문화에 동화되어서 그리스도인의 정체성을 상실한 명목상의 그리스도인들이었을 것이다. 니골라당의 신학은 로마의 제국주의와 황제 제의를 비판하지 않고 묵인하는 현상 유지 신학이다. 이러한 신학은 로마의 우상 숭배적인 체제를 정당화하는 제국의 이데올로기와 타협함으로써 교회를 무력하게 만든다. 또한 니골라당의 신학은 고난과 죽음의 위협에도 불구하고 로마의 황제 제의가 우상

---

8 — *Strom.*, ii. 20.

9 — A. Maria Arul Raja, *The Revelation to John*, Dalit Bible Commentary New Testament Vol. 10 (New Delhi: Centre for Dalit/Subaltern Studies, 2009), 47.

숭배라고 비판하며 약자들을 희생시키는 로마의 제국주의 체제에 항의하는 요한의 저항 신학에 철저하게 상반된다.

7절 "귀 있는 자는 성령이 교회들에게 하시는 말씀을 들을지어다." 성령은 예언자 요한을 통해서 말하는 예언의 영이다. "교회들에게"라는 복수형이 사용된 이유는 예수의 권고가 에베소 교회만이 아니라 나머지 모든 교회에도 적용되어야 한다는 데 있다. 따라서 일곱 교회에 보내는 각각의 편지 끝에는 항상 공통적으로 "교회들에게"라는 표현이 쓰였다.

"이기는 그에게는 내가 하나님의 낙원에 있는 생명나무의 열매를 주어 먹게 하리라." 여기서 "이기는 자"(ὁ νικῶν)는 황제 숭배와 제국주의 체제를 정당화하는 로마의 유혹과 압제를 극복하고 오직 하나님과 어린 양 예수에게만 충성하고 예배하는 자들을 가리킨다. 그들이 진정한 의미의 승리자들이다. 따라서 그들에게는 종말론적 상이 약속되었다.

하나님의 낙원은 에덴동산과 같은 새 예루살렘을 의미한다. 천상의 예수는, 우상 숭배에 물들지 않고 "이기는 자"는 새 예루살렘에서 생명나무의 열매를 마음껏 따먹게 될 것이라고 약속한다. 이러한 약속은 유대 묵시 문학의 대표적 작품 중 하나인 에티오피아어 에녹서에서도 발견된다.

> 그(천사)는 나(에녹)에게 말했다. "네가 본 이 높은 산 정상 위에 있는 하나님의 보좌 같은 것은 거룩하고 위대한 영광의 주님, 곧 영원한 왕이 좋은 것을 가지고 땅으로 내려올 때 그 위에 앉을 보좌다. 그리고 이 향기로운 나무에 대해서 말하면, 하나님이 모든 사람에게 복수하시고 모든 것을 영원히 끝내실 때인 큰 심판까지 그 나무에 손댈 수 있는 권위를 가진 자는 단 한 사람도 없다. 이 나무는 의인들과 경건한 자들을 위한 것이다. 택함을 받는 자들은 생명을 위한 그 나무의 열매를 먹을 것이다. 하나님이 그 나무를 영원한 왕인 주님의 집의 방향에서 동북쪽 한 거룩한 장소에 심을 것이다. 그때 그들은 즐

거워하고 무척 기뻐하며, 그 거룩한 곳에 들어갈 것이다. 그 나무의 향기는 그들의 뼛속까지 스며들고, 그들은 너의 조상들이 그렇게 살았던 것처럼 땅 위에서 오랜 삶을 살 것이다"(에녹1서 25:4-6).

서머나 교회에 보내는 편지(2:8-11)

8 서머나 교회의 사자에게 편지하라. 처음이며 마지막이요 죽었다가 살아나신 이가 이르시되 9 "내가 네 환난과 궁핍을 알거니와 실상은 네가 부요한 자니라. 자칭 유대인이라 하는 자들의 비방도 알거니와 실상은 유대인이 아니요 사탄의 회당이라. 10 너는 장차 받을 고난을 두려워하지 말라. 볼지어다! 마귀가 장차 너희 가운데에서 몇 사람을 옥에 던져 시험을 받게 하리니 너희가 십 일 동안 환난을 받으리라. 네가 죽도록 충성하라. 그리하면 내가 생명의 관을 네게 주리라. 11 귀 있는 자는 성령이 교회들에게 하시는 말씀을 들을지어다. 이기는 자는 둘째 사망의 해를 받지 아니하리라."

8절　　서머나는 에베소에서 북쪽으로 120km 떨어진 곳에 있었고, 오늘날로 말하면 터키의 이즈미르(Izmir)다. 이곳은 기원전 600년경에 리디아 왕국의 침략으로 파괴되었던 고대 그리스의 도시국가로, 알렉산드로스 대왕에 의해서 로마에 편입되었다. 서머나는 에베소와 경쟁할 만큼 번창한 항구 도시였으며, "아시아의 왕관" 혹은 "아시아의 꽃"이라고 불릴 정도로 소아시아에서 가장 아름다운 도시였다. 기원전 195년 이 도시에는 로마의 여신(Roma)을 위한 신전이 세워졌고, 기원후 26년에는 티베리우스 황제를 위한 신전이 세워졌다. 서머나는 로마에 충성한 도시로 인구는 대략 75,000명이었고, 많은 유대인이 로마 당국으로부터 민족 단체로 인정받으며 살고 있었다.

요한은 서머나 교회의 천사에게 말하는 천상의 예수를 "처음이며 마지막이요 죽었다가 살아나신 이"로 소개한다. 이 호칭은 이미 1:17-18에서 언급한 인자의 호칭과 같으며, "알파와 오메가"(계 1:8)인 하나님의 호칭과도 비슷하다. "처음이며 마지막이요"는 예수가 역사의 시작부터 끝까지 모든 시간에 걸쳐서 주권을 행사하는 메시아라는 것을 의미한다. 요한은 하나님이 항상 예수 안에서 말씀하시고 예수를 통해서 행동하신다고 확신했기에 하나님의 칭호인 "처음과 마지막"을 예수에게도 붙였다(참조. 사 44:6). 이 예수는 십자가 위에서 처형당하고 죽었지만 하나님에 의해서 부활하여 "살아나신 이"가 되었다. 메시아인 예수는 창조 전부터 선재했고(요 1:1), 지금도 교회들과 세상 가운데 임재해 있으며, 종말의 날까지 계속 함께 할 것이다. 따라서 천상의 예수는 역사의 처음과 마지막이라고 불린다.

9절   "내가 네 환난과 궁핍을 알거니와 실상은 네가 부요한 자니라." 천상의 예수는 서머나 교회의 상황을 잘 알고 있다. 서머나 교회는 황제 숭배와 로마의 제국주의 정책에 저항하는 교회다. 서머나 교회가 겪는 "환난과 궁핍"의 원인은 약자들을 억압하고 배제하는 로마의 경제 정책에 의해서 기인되었다. 서머나 교회의 구성원들은 억압과 불의에 저항했기 때문에 더 많은 환난을 당했다. 로마의 정책에 순응하지 않고 짐승의 표 받기를 거부한 자들은 시장에서 물건을 사고 파는 경제 활동이 금지되어 경제적으로 더욱 가난해질 수밖에 없었다(계 13:12). 그렇지만 천상의 예수는 하늘의 관점에서 지상의 현실을 다르게 보기에 이 빈곤한 교회를 "부요한 자"라고 위로한다.

다른 한편으로 서머나 교회는 유대인들의 비방으로 인해 환난을 당했다. 천상의 예수는 "자칭 유대인이라 하는 자들의 비방도 알거니와 실상은 유대인이 아니요 사탄의 회당이라"(계 2:9)라고 유대인들을 비난하면서 서머나 교회를 옹호했다. 여기서 "비방"은 유대인들이 그리스도인들을 로마 당국에 고발하고 위증한 것을 가리킨다. 왜 유대인들이 그리스도인들을 비방했는지, 또 어떤 이유로 유대인들이 "사탄의 회당"이라고 불리게 되었는지를 유추해보자.

당시 그리스도인들은 로마 당국에 반제국적인 사람들로 의심을 받고 있었기에 그리스도인들과 접촉하는 것은 매우 위험한 일이었다. 이로 인해 유대인들은 그들과의 접촉을 의도적으로 피했을 것이다. 그리스도인들과 접촉하는 유대인들이 발각된다면, 그들 역시도 로마 당국으로부터 불이익을 당했을 것이다. 따라서 유대인들은 자신들이 그리스도인들과 무관하다는 것을 증명하기 위해서 그들을 로마 당국에 고발하는 경우가 있었을 것이다. 그리스도인들을 로마 당국에 고발함으로써 로마 당국으로부터 보장받던 유대인 공동체의 이익을 계속 유지하고 보호하고 싶었기 때문이다. 이때 유대인들로부터 고발당한 그리스도인들은 로마 당국에 심문을 당하고 심지어는 죽음까지 당했기 때문에 유대인들에 대한 그들의 반감은 상당히 컸을 것이고, 유대인들의 고발 행위가 그들에게는 명백한 비방으로 간주되었을 것이다.[10] 따라서 유대인의 고발로 인해 불이익을 당한 그리스도인들은 "야웨의 회중"(참조. 민 16:3; 20:4; 27:17; 31:16; 신 23:2; 수 22:16, 17)이라는 거룩한 명칭으로 불리던 유대인의 공동체를 "사탄의 회당"이라고 모욕적으로 불렀을 것이다.

서머나에 살고 있던 유대인들은 로마 당국으로부터 자기 공동체를 보호하기 위해서 그리스도인들을 고발했지만, 결과적으로는 로마의 제국주의 정책에 복무하는 협력자들이 되었다. 요한은 예수의 입을 통해서 유

---

10 — Klaus Wengst, *Wie lange noch?*, 86-87; 유대인들 입장에서 기독교는 율법을 왜곡하고 십자가에 처형된 형사범을 메시아로 예배하는 불경스러운 종교였을 것이다. 따라서 Beale은 유대인들이 그러한 기독교로 개종해 그리스도인이 된 일부 유대인들을 로마 당국에 고발했을 것이라고 유추한다. G. K. Beale, *The Book of Revelation*, 240.

대인들을 거칠게 비판했다. 하지만 그의 근본적인 의도는 결코 유대 민족 전체를 인종적으로 반대하는 반유대주의에 있는 것이 아니라, 로마 제국의 우상 숭배적인 구조와 로마의 제국주의를 반대하는 데 있다.[11] 따라서 모든 유대인이 사탄의 회당에 속하는 것처럼 해석해서는 안 된다.

10절 "너는 장차 받을 고난을 두려워하지 말라. 볼지어다! 마귀가 장차 너희 가운데에서 몇 사람을 옥에 던져 시험을 받게 하리니 너희가 십 일 동안 환난을 받으리라." 황제 숭배를 반대하거나 제국의 우상 숭배적인 체제를 비판하는 사람들은 핍박을 받거나 감옥에 갇히고, 심지어는 처형되었다. 천상의 예수는 서머나 교회가 겪고 있는 이러한 고난이 일시적이 아니라 지속적일 수 있음을 암시한다. 그는 장차 서머나 교회의 성도 가운데 몇 사람을 감옥(φυλακή)에 구금시킬 관리들을 마귀(διάβολος)라고 부른다. 그들을 체포하여 구금시키고 심문하는 로마의 권력과 권위가 모두 사탄으로부터 주어졌기 때문이다(계 13:2, 4).

"십 일 동안"이라는 표현은 다니엘과 그의 세 친구가 열흘간 겪은 환난을 상기시킨다(단 1:12-25). 바빌론의 느부갓네살 왕은 포로로 잡아온 유대인 가운데 다니엘과 그의 세 친구를 선발해 궁중에서 교육을 받도록 지시했다. 그러나 궁중에 들어온 첫날부터 네 청년은 식탁 위에 놓여 있는 고기 요리와 포도주로 차려진 왕의 음식을 먹는 것을 단호히 거부했고, 대신에 그들은 채소와 물을 먹기를 원했다. 왜냐하면 궁중의 고기 요리가 이방의 신인 우상에게 바쳐진 고기로 만든 것이었기 때문이다. 왕의 음식을 거부하는 것은 보장된 이익을 잃을 수 있는 위험한 행동이다. 그러나 그들을 교육하는 관리가 열흘 동안이나 그들을 시험해보았지만, 채소와 물만을 먹고도 그들의 얼굴이 수척해지지 않았다. 요한은 서머나 교

---

11 — Elisabeth Schüssler Fiorenza, *Revelation*, 55.

회의 성도들이 고발되어 심문을 당할 때 우상에게 바쳐진 고기를 먹도록 강요받을 것을 예상하고 있었다. 따라서 그는 왕의 음식을 먹기를 거부한 네 청년이 열흘 동안 시험을 당한 것을 회상시킴으로써 그들을 격려했다.

"네가 죽도록 충성하라. 그리하면 내가 생명의 관을 네게 주리라." 이 약속도 심문 과정에서 우상에게 바쳐진 고기 먹기를 거부하고, 예수의 이름을 부인하지 않으며, 끝까지 그리스도를 증언할 수 있도록 서머나 교회의 성도들을 격려하기 위한 것이다. 요한의 시대에 사람을 감옥에 구금시키는 것은 징역형이 아니라, 재판 전에 심문하려는 목적이었다. 심문을 거친 다음 내려지는 선고는 무죄 석방이나 사형 중 하나였다. 156년에 순교한 서머나의 감독 폴리카르포스(Polycarp)는 화형당해 죽는 순간까지도 회유를 거부하고 예수 그리스도를 증언했다. "생명의 관"(στέφανος)은 이기는 자에게 주어진다. 그것은 죽음의 순간까지 우상의 제물 먹기를 거부한 신앙의 승리자들에게 부활과 영생을 보증하는 화관이다.

11절 "귀 있는 자는 성령이 교회들에게 하시는 말씀을 들을지어다. 이기는 자는 둘째 사망의 해를 받지 아니하리라." 둘째 죽음은 마지막 심판 때에 악인들에게 임하는 영원한 형벌로(계 20:14; 21:8), 하나님으로부터 영원히 분리되는 것을 의미한다. 그러나 로마의 우상 숭배적인 체제에 동화되기를 거부한 자들은 둘째 죽음을 당하지 않는다. 요한은 이러한 예수의 약속을 통해서 서머나 교회가 로마의 우상 숭배적인 체제에 부단히 저항하고 하나님과 예수에게만 충성하도록 고무했다.

버가모 교회에 보내는 편지(2:12-17)

> 12 버가모 교회의 사자에게 편지하라. 좌우에 날선 검을 가지신 이가 이르시되 13 "네가 어디에 사는지를 내가 아노니 거기는 사탄의 권좌가 있는 데

라. 네가 내 이름을 굳게 잡아서 내 충성된 증인 안디바가 너희 가운데 곧 사탄이 사는 곳에서 죽임을 당할 때에도 나를 믿는 믿음을 저버리지 아니하였도다. 14 그러나 네게 두어 가지 책망할 것이 있나니 거기 네게 발람의 교훈을 지키는 자들이 있도다. 발람이 발락을 가르쳐 이스라엘 자손 앞에 걸림돌을 놓아 우상의 제물을 먹게 하였고 또 행음하게 하였느니라. 15 이와 같이 네게도 니골라당의 교훈을 지키는 자들이 있도다. 16 그러므로 회개하라. 그리하지 아니하면 내가 네게 속히 가서 내 입의 검으로 그들과 싸우리라. 17 귀 있는 자는 성령이 교회들에게 하시는 말씀을 들을지어다. 이기는 그에게는 내가 감추었던 만나를 주고 또 흰 돌을 줄 터인데 그 돌 위에 새 이름을 기록한 것이 있나니 받는 자 밖에는 그 이름을 알 사람이 없느니라."

12절　　서머나에서 북쪽으로 계속 가면 버가모라는 도시가 나온다. 기원전 282년에 세워진 버가모 왕국의 수도였던 이 도시는 기원전 133년에 버가모 왕 아탈로스 3세(Attalos III)가 유언으로 자기의 왕국을 로마에 넘겨 이후 로마의 영토가 되었다. 버가모는 로마의 총독부가 에베소로 이전되기 전까지 로마의 총독이 주재했던 소아시아의 수도였다. 기원전 240년 제우스 신전이 이 도시에 세워졌고, 기원전 29년에는 여신 로마(Roma)와 아우구스투스 황제를 위한 신전이 세워져 사람들은 이 신전에서 분향하고 부복하여 예배했다. 또한 이 도시에는 뱀을 숭배하는 아스클레피오스('Ασκληπιός) 신전도 있었는데, 많은 순례자가 병을 낫기 위해 이 신전에 와서 분향했다. 이처럼 여러 개의 신전이 있는 버가모는 황제 숭배와 우상 숭배의 중심지였으며 인구는 대략 12만 명이었다.

　　요한은 버가모 교회의 천사에게 말하는 천상의 예수를 "좌우에 날선 검을 가지신 이"라고 소개한다. 좌우에 날선 검(ρομφαία)은 로마 군인들이 전쟁에서 싸울 때 쓰는 무기다. 예수가 이러한 검을 가지고 있다는 표현은 그의 입에서 나오는 말씀이 예리하고 강력한 힘을 가지고 있음을 상징한다(참조. 계 1:16; 19:15, 21). 여기서 천상의 예수는 제국의 불의에 항거하고 비폭력적으로 싸우는 투사의 모습을 보여준다.

13절　"네가 어디에 사는지를 내가 아노니 거기는 사탄의 권좌가 있는 데라." 황제 숭배의 중심지인 버가모는 사탄의 권좌가 있는 곳이고 사탄이 사는 곳이다. 사탄은 초자연적인 악의 세력을 상징한다. 또한 사탄은 로마에 권세를 부여하고 로마를 자신의 대리인으로 삼은 용의 또 다른 이름이다(계 13:2; 20:2).

"네가 내 이름을 굳게 잡아서 내 충성된 증인 안디바가 너희 가운데 곧 사탄이 사는 곳에서 죽임을 당할 때에도 나를 믿는 믿음을 저버리지 아니하였도다"(계 2:13). 천상의 예수는 버가모 교회가 박해에도 불구하고 예수에게 충성하고 믿음을 저버리지 않은 것을 칭찬했다. 안디바는 심문을 당하면서도 예수의 이름을 부정하지 않고 증언해 죽임을 당한 순교자다. 따라서 천상의 예수는 그를 "내 충성된 증인"이라고 불렀다. 버가모 교회에서 순교자 안디바의 이름만 언급된 이유는 그가 유일한 순교자여서가 아니라, 그가 죽임을 당한 이들 중에서 가장 잘 알려진 인물이기 때문이다. 안디바 이외에도 수많은 익명의 사람이 로마의 폭력에 의해서 희생되었다(계 6:9; 17:6; 18:24; 20:4).

14절　버가모 교회는 충성스러운 믿음을 가진 공동체였지만, 그 안에는 반드시 개혁해야 할 점이 있었다. "그러나 네게 두어 가지 책망할 것이 있나니 거기 네게 발람의 교훈을 지키는 자들이 있도다"(계 2:14). 발람의 교훈을 따르는 자들은 로마의 우상 숭배적인 문화에 동화된 명목상의 그리스도인들이다. 민수기 22-24장에 의하면 모압 왕 발락은 예언자 발람에게 사신들을 거듭해서 보내어 자기에게 오도록 초청한 후에 자기를 위하여 이스라엘 백성을 저주하는 예언을 하도록 세 번씩이나 부탁했다. 하지만 예언자 발람은 하나님의 지시로 인해 매번 발락의 기대와는 정반대로 이스라엘을 축복했다. 그는 모압 왕 발락에 의해서 간택된 자다. 그렇다면 과연 발람의 잘못은 무엇인가? 민수기 25:1-3은 이스라엘 남자들이 모압 여인들과 음행하고 우상에게 바쳐진 고기를 먹었다고 전한다.

> 이스라엘이 싯딤에 머물러 있더니 그 백성이 모압 여자들과 음행하기를 시작하니라. 그 여자들이 그 신들에게 제사할 때에 백성을 청하매 백성이 먹고 그들의 신들에게 절하므로 이스라엘이 바알브올에게 부속된지라. 여호와께서 이스라엘에게 진노하시니라.

이 사건으로 인해서 염병이 발생하여 이스라엘 자손 24,000명이 죽었다(민 25:9). 그런데 민수기 31:15-16에는 발람이 미디안 여인들을 부추겨서 이스라엘 남자들과 행음하게 함으로써 그들을 배교하게 하여 염병이 발생했다고 언급되어 있다.

> 모세가 그들에게 이르되 "너희가 여자들을 다 살려두었느냐? 보라! 이들이 발람의 꾀를 따라 이스라엘 자손을 브올의 사건에서 여호와 앞에 범죄하게 하여 여호와의 회중 가운데에 염병이 일어나게 하였느니라"(민 31:15-16).

위의 진술은 발람의 꾀가 민수기 25:1-3의 음행 사건을 유발시켰다고 단정한다. 이것을 근거로 유대인 공동체 안에서 발람을 이스라엘 공동체를 해친 거짓 예언자로 규정하는 전통이 생겨났다. 민수기에 발람이 우상의 제물을 먹으라고 요구했다는 말은 없지만, 모압 여인들과 음행했던 이스라엘 남자들이 그들의 신전에서 우상에게 받친 고기를 먹고 우상에게

절한 것은 분명하다. 예언자 요한은 발람을 부정적으로 평가한 유대교 전통을 수용했고, 이스라엘 남자들이 우상의 제물을 먹은 것은 모압 여자들에게 음행을 부추긴 발람의 조언을 따랐기 때문이라고 생각했다. 그러한 까닭에 그는 "발람이 발락을 가르쳐 이스라엘 백성 자손 앞에 걸림돌을 놓아 우상의 제물을 먹게 하였고 또 행음하게 하였느니라"라고 표현했다.

발람의 교훈을 따르는 사람들은 신전에서 개최되는 상인들의 단체인 길드의 연례회의와 친목 모임에 참석했고, 상인 조합원들과 함께 신전의 식당에서 우상에게 바쳤던 고기를 먹었다. 여기서 발람의 교훈을 따르는 자들의 신학은 로마의 제국주의 체제와 우상 숭배적인 문화에 적응하는 현상유지 신학이다.

로마 당국에 고발된 그리스도인들은 로마에 대한 충성심을 입증할 것을 강요받았다. 충성 시험에 합격하고 석방되기를 원하는 사람들은 심문관 앞에서 우상의 제물을 먹고 황제의 신상에 절해야만 했다. 그러나 우상에게 바친 고기를 먹는 것은 하나님에 대한 불충과 배교 행위다. 이러한 상황에서 참된 그리스도인들에게 우선적인 것은 목숨을 부지하기 위해서 예수 그리스도를 부인하는 것이 아니라 예수 그리스도의 증언을 증언하는 것이다. 따라서 요한은 우상의 제물을 먹는 것을 신앙고백적 상태(*status confessionis*)에서 반대했다.[12]

15절　"이와 같이 네게도 니골라당의 교훈을 지키는 자들이 있도다." 이 구절에서 "이와 같이"라는 표현은 지금의 니골라당의 가르침이 음행을 부추기고 우상의 제물을 먹는 것을 허용했던 과거 발람의 가르침과 동일함을 의미한다.[13] 즉 버가모 교회의 구성원 중에는 니골라당의 가르

---

12 — Klaus Wengst, 『로마의 평화』, 293.
13 — Adela Yarbro Collins, *The Apocalypse* (Minnesota: The Liturgical Press, 1979), 19.

침을 따르는 자들이 있었다. 니골라당은 에베소 교회에서도 활동했다(계 2:6). 니골라당은 발람의 교훈을 따르는 자들과 마찬가지로 그리스도인의 정체성을 상실했을 뿐만 아니라 교회의 본질을 훼손하는 명목상의 그리스도인들이다.

16절 "그러므로 회개하라. 그리하지 아니하면 내가 네게 속히 가서 내 입의 검으로 그들과 싸우리라." 이 구절은 버가모 교회가 회개하고 자신을 개혁해야만 한다는 윤리적 명령을 보여준다. "내가 네게 속히 가서"(ἔρχομαί σοι ταχύ)는 2:5의 "내가 네게 가서"(ἔρχομαί σοι)라는 표현과 동일하게 문법적으로 직설법 현재 시제다. 이것은 에베소 교회처럼 여기서도 천상의 예수가 회개하지 않는 교회를 심판하기 위해서 지금 현재의 시간에 온다는 것을 의미한다. "내 입의 검"(ρομφαία)은 로마 군인들이 사용하는 검처럼 천상의 예수의 입에서 나오는 말씀의 예리함과 강력한 힘을 상징하는 은유적 표현이다. 그는 지금 와서 말씀의 검을 가지고 교회 안에 있는 니골라당과 발람의 추종자들과 싸울 것이다. 오늘날의 교회에도 니골라당과 발람의 추종자들처럼 자신의 소명을 망각하고 세상의 풍조와 타협하는 명목상의 그리스도인들이 있을 것이다. 이들은 이 말씀에 귀를 기울여야 한다.

17절 "감추었던 만나를 주고 또 흰 돌을 줄 터인데 그 돌 위에 새 이름을 기록한 것이 있나니 받는 자 밖에는 그 이름을 알 사람이 없느니라." 이것은 이기는 자를 위한 종말론적 약속이다. 이기는 자는 로마의 억압적인 체제에 저항하면서 우상의 제물을 먹지 않고 오직 하나님과 어린 양이신 예수에게 충성하는 자들을 가리킨다. 만나는 이집트를 탈출하여 광야에서 40년 동안 유랑했던 이스라엘 백성에게 하나님이 하늘에서 내려주신 신비한 양식이다(출 16:1-36). 모세는 광야 유랑 시대에 먹었던 만나를 미래의 세대들을 위해 기념할 목적으로 항아리에 담아서 언약궤 속에 넣어두도록 지시했다(출 16:32-34; 참조. 히 9:4). 그런데 기원전 6세기 솔로몬 성전이 파괴되었을 무렵 만나 항아리가 든 언약궤가 사라졌다. 유대인의 전설에 의하면 솔로몬 성전이 파괴되었을 때 예레미야가 그 만나 항아리가 든 언약궤를 메시아의 시대가 올 때까지 보존할 목적으로 느보 산 밑에 아무도 모르게 감춰두었다(참조. 마카베오하 2:4-8). 그 감추었던 만나는 천상의 예수가 이기는 자에게 주는 생명의 양식이다. 이와 정반대로 니골라당과 발람의 교훈을 따르는 자들이 먹는 우상의 제물은 죽음의 양식이다. 지금 우상의 제물을 먹지 않는 사람들은 종말론적 미래에 만나를 먹을 수 있으며, 또한 지금 현재에도 하늘에서 내려온 생명의 떡을 먹을 수 있다.

> 예수께서 이르시되 "나는 생명의 떡이니 내게 오는 자는 결코 주리지 아니할 터이요 나를 믿는 자는 영원히 목마르지 아니하리라"(요 6:35).

천상의 예수는 이기는 자에게 "흰 돌"(ψῆφον λευκήν)을 선사하기로 약속했다. 그리스어 프세포스(ψῆφος)는 작은 매끄러운 돌을 의미하고, 돌의 색깔이 희다(λευκός)는 것은 승리를 상징한다. 여기서 우리는 흰 돌을 부적과 관련이 있는 것으로 추정할 수 있는데, 이때 부적은 악령과 재액을 물리치기 위해서 종이, 돌, 나무, 보석, 금속 등에 새긴 이름이나 기호를 말한다. 고대 사회의 민속 신앙에 의하면 부적을 소지한 사람은 부적에 적힌 이름이나 기호를 알기 때문에 악령을 물리칠 힘을 얻는다. 그러나 이긴 자 본인 외에는 아무도 모르는 "새 이름"이 새겨진 흰 돌은 이러한 부적과는 아무런 관련이 없다. 흰 돌은 현재의 시간에 약자들의 생명을 파괴하는 로마의 우상 숭배적 체제에 대항해서 천상의 예수와 함께 비폭력적으로 저항하고 투쟁하는 성도들의 승리를 보증하는 상징인 동시에 마지막 심판의 날에 성도들의 승리를 보증하는 상징이기도 하다.

우리는 소년 다윗이 블레셋 장군 골리앗과 싸우기 위해서 시내에서 매끄러운 돌 다섯을 골라서 주머니에 넣고 손에 물매를 가지고 갔던 사실에서 흰 돌이 유래했다고 생각할 수 있다(삼상 17:40). 로마 제국은 고난당하는 약자에게는 거인 골리앗과 같다. "다윗이 블레셋 사람에게 이르되 너는 칼과 창과 단창으로 내게 나아오거니와 나는 만군의 여호와의 이름 곧 네가 모욕하는 이스라엘 군대의 하나님의 이름으로 네게 나아가노라"(삼상 17:45). 여기서 하나님의 이름은 정의다. 다윗은 주머니에 있는 매끄러운 돌 한 개를 물매로 던져서 골리앗을 쓰러트렸다. "블레셋 사람이 일어나 다윗에게로 마주 가까이 올 때에 다윗이 블레셋 사람을 향하여 빨리 달리며 손을 주머니에 넣어 돌을 가지고 물매로 던져 블레셋 사람의 이마를 치매 돌이 그의 이마에 박히니 땅에 엎드러지니라"(삼상 17:48-49).

흰 돌에 새겨진 "새 이름"(ὄνομα)은 천상의 예수의 새 이름이다. 예수의 새 이름은 정의다. 그는 로마 제국의 유혹과 압제에 굴복하지 않고 저항하는 사람, 곧 "이긴 자"에게 정의라는 자신의 새 이름이 새겨진 흰 돌을 준다. 인자에게 정의가 머물고 있음이 유대 묵시 문학에 기술되어 있다.

> 이 사람은 인자다. 그에게 정의가 속하고 정의가 그에게 머물러 있다(에녹1서 46:3).

에티오피아어 에녹서 48장에는 태초 전에 하나님의 메시아적 대리자인 인자에게 한 이름이 주어졌다고 기술되어 있다.

> 더욱이 그 장소에서 나는 정의의 샘을 보았는데, 여러 개의 지혜의 샘들로 둘러싸여 있고 전혀 고갈되지 않았다. 모든 목마른 자는 그 물을 마시고 지혜로 가득 차게 된다. 그때 그들의 처소에는 거룩하고, 의롭고, 택함을 받는 자들이

함께 기거한다. 그 시간에 인자가 영혼들의 주님(하나님), 즉 태초 전부터 존재하는 자 앞에서 한 이름을 받았다. 그는 태양과 달의 창조 전에 그리고 별들의 창조 전에 영혼들의 주님 앞에서 한 이름을 받았다. 그는 의인들이 그에게 기대고 넘어지지 않도록 하기 위해서 그들을 위한 한 지팡이가 될 것이다. 그는 이방인들의 빛이며, 또 그는 마음이 아픈 자들의 희망이 될 것이다. 땅위에 거하는 모든 이들이 그이 앞에 엎드려서 예배할 것이다. 그들은 영혼들의 주님의 이름을 영화롭게 하고 축복하고 노래할 것이다. 이 목적으로 그(인자)가 택한 자가 되었다. 그는 창세전에 그리고 영원히 영혼들의 주님의 임재속에 감추어져 있었다(에녹1서 48:2-6).

여기서 인자가 받은 이름과 "영혼들의 주님의 이름" 사이에는 확실한 동일시의 관계가 있다. 하나님의 이름은 정의이고, 또한 그의 메시아적 대리자인 인자의 이름도 정의다.[14] "무릇 나 여호와는 정의를 사랑하며 불의의 강탈을 미워하여 성실히 그들에게 갚아주고 그들과 영원한 언약을 맺을 것이라"(사 61:8). 인자의 이름은 인자의 인격과 동일하다. 왜냐하면 인자에게 정의가 속하고, 정의가 그에게 머물러 있기 때문이다.

억눌린 의인들은 정의를 타는 목마름으로 갈구한다. 그런데 정의라는 인자의 이름이 의인들에게 이제 계시되었기 때문에 그들은 몹시 기뻐하면서 하나님을 찬양한다. 이제 그들은 정의를 얻기 원할 때 인자의 이름으로 하나님께 간구할 수 있다.

그들에게 큰 기쁨이 왔다. 그들은 인자의 이름이 그들에게 계시되었다는 사실 때문에 하나님을 높이고, 영화롭게 하고, 그리고 찬양했다(에녹1서 69:27).

---

14 — Byung Hak Lee, *Befreiungserfahrungen von der Schreckensherrschaft des Todes im äthiopischen Henochbuch*, 264-268.

천상의 예수는 인자와 동일시된다. 이기는 자는 예수에게 흰 돌을 받는데, 그 돌 위에는 예수의 새 이름인 정의가 적혀 있다. 세상의 지배자들은 아직도 불의라는 옛 이름을 가지고 있다. 하나님은 정의라는 예수의 새 이름이 새겨진 흰 돌을 선물로 받은 자들을 지켜주시고 항상 그들과 동행하실 것이다. 따라서 정의라는 예수의 새 이름이 적힌 흰 돌을 선물로 받는 사람은 고난이 있다고 해도 예수와 함께 정의를 위해서 불의에 저항할 수 있을 것이다.

예수는 하늘로 승천하기 전에 고별 설교를 한다. 그 설교에서 그는 자신이 하나님으로부터 받은 하나님의 이름을 제자들에게 알려주고 또한 하나님의 이름으로 그들을 지켰다고 말한다. 그가 하나님 자신에게서 받은 하나님의 이름은 정의다.

나는 세상에 더 있지 아니하오나 그들은 세상에 있사옵고 나는 아버지께로 가옵나니 거룩하신 아버지여 내게 주신 아버지의 이름으로 그들을 보전하사 우리와 같이 그들도 하나가 되게 하옵소서. 내가 그들과 함께 있을 때에 내게 주신 아버지의 이름으로 그들을 보전하고 지키었나이다. 그중 하나도 멸망하지 않고 다만 멸망의 자식뿐이오니 이는 성서를 응하게 함이니이다(요 17:11-12).

두아디라 교회에 보내는 편지(2:18-29)

18 두아디라 교회의 사자에게 편지하라. 그 눈이 불꽃 같고 그 발이 빛난 주석과 같은 하나님의 아들이 이르시되 19 "내가 네 사업과 사랑과 믿음과 섬김과 인내를 아노니 네 나중 행위가 처음 것보다 많도다. 20 그러나 네게 책망할 일이 있노라. 자칭 선지자라 하는 여자 이세벨을 네가 용납함이니 그가

내 종들을 가르쳐 꾀어 행음하게 하고 우상의 제물을 먹게 하는도다. 21 또 내가 그에게 회개할 기회를 주었으되 자기의 음행을 회개하고자 하지 아니하는도다. 22 볼지어다! 내가 그를 침상에 던질 터이요 또 그와 더불어 간음하는 자들도 만일 그의 행위를 회개하지 아니하면 큰 환난 가운데 던지고 23 또 내가 사망으로 그의 자녀를 죽이리니 모든 교회가 나는 사람의 뜻과 마음을 살피는 자인 줄 알지라. 내가 너희 각 사람의 행위대로 갚아 주리라. 24 두아디라에 남아 있어 이 교훈을 받지 아니하고 소위 사탄의 깊은 것을 알지 못하는 너희에게 말하노니 다른 짐으로 너희에게 지울 것은 없노라. 25 다만 너희에게 있는 것을 내가 올 때까지 굳게 잡으라. 26 이기는 자와 끝까지 내 일을 지키는 그에게 만국을 다스리는 권세를 주리니 27 그가 철장을 가지고 그들을 다스려 질그릇 깨뜨리는 것과 같이 하리라. 나도 내 아버지께 받은 것이 그러하니라. 28 내가 또 그에게 새벽 별을 주리라. 29 귀 있는 자는 성령이 교회들에게 하시는 말씀을 들을지어다.”

18절　　　버가모에서 동남쪽으로 가면 두아디라가 있다. 두아디라는 기원전 190년에 로마인들의 손에 넘어갔다. 이 도시는 로마의 지배를 받으면서 성장하고 번영했으며 상업과 무역으로 유명했다. 특히 이 도시에는 무역과 관련된 여러 분야의 상인 조합들이 많이 있었는데, 사도행전 16:14에 언급된 자주색 옷감을 파는 루디아는 두아디라의 모직 상인 중 하나였다. 이 도시에 살던 상인 조합원들은 아폴론(Apollo)을 수호신으로 숭배했다. 이 도시에는 황제를 위한 신전은 없었지만, 황제에게 봉헌된 제단과 황제 숭배를 인도하는 사제들이 있었다. 요한은 두아디라 교회의 천사에게 말하는 천상의 예수를 “그 눈이 불꽃 같고 그 발이 빛난 주석과 같은 하나님의 아들”(계 2:18)이라고 소개한다. “하나님의 아들”이라는 호칭은 요한계시록에서 이 구절에서만 유일하게 나타나는데, 그의 모습은

1:14-15에서 묘사한 인자의 특징과 동일하다. "불꽃 같은" 그의 눈은 로마 제국의 화려한 표면 뒤에 가려져 있는 약자들의 비참한 현실을 꿰뚫어 보는 비판적 투시력을 상징하고, "빛난 주석과 같은" 그의 발은 어떠한 공격에도 넘어지지 않는 강인함을 나타낸다. 이것은 큰 신상의 발이 쇠와 진흙으로 지어져서 부서지기 쉬운 것과 대조된다(참조. 단 2:33).

19절   예수는 두아디라 교회가 하는 일들을 알고 있다. "내가 네 사업과 사랑과 믿음과 섬김과 인내를 아노니"에서 처음의 "과"(καί)는 앞서 설명한 것처럼, 그리스어 문법에서 등위 접속사가 아니라 동격을 나타내는 접속사다. 따라서 우리는 이 구절을 "내가 네 사업, 즉 사랑(ἀγάπη)과 믿음(πίστις)과 섬김(διακονία)과 인내(ὑπομονή)를 아노니"로 이해해야 한다. 그런데 휘포모네(ὑπομονή)의 바른 번역어는 저항이다. 에르가(ἔργα)는 복수 명사로서 "행위"를 의미하는데, 여기서는 "사업"으로 번역되었다. 즉 행위(ἔργα)는 사랑과 믿음과 섬김과 인내를 포괄하는 상위 개념이다. 따라서 이 구절에서 행위와 믿음을 서로 대립적인 관계로 이해하면 안 된다 (참조. 약 2:14-26).

사랑은 교회 성도들 사이의 연대와 형제자매적인 사랑을 의미한다. 믿음은 하나님의 말씀과 예수 그리스도의 증언을 믿는 것을 뜻하며, 그러한 믿음은 불의한 세상에서 정의를 실천하는 가운데 확인된다. 섬김은 식탁 봉사를 하고 남을 돕고 자선을 베푸는 일뿐만 아니라, 하나님의 말씀을 가르치고 선포하는 일도 의미한다(참조. 행 6:2-4).[15] 이러한 섬김에는 여자의 일과 남자의 일이 성별로 분리되지 않기 때문에 교회의 성직 안수와 직분은 성차별 없이 각자의 은사에 따라서 평등하게 수행되어야만 한다.

---

15 — 예를 들면, 행 6:1-7에서 과부들은 구제의 수혜자들이 아니라 교회의 여러 권력을 행사하는 데 참여하는 자들이다. Luise Schottroff, *Lydia's Impatient Sisters: A Feminist social History of Early Christianity* (Louisville: Westminster John Konox Press, 1995), 209.

저항은 불의와 억압을 참고 견디는 수동적인 인내가 아니라 적극적인 비폭력적 저항을 의미한다.

두아디라 교회에서 나타나는 행위는 사랑, 믿음, 섬김, 저항이다. 이 네 가지 행위는 예언자 요한이 생각하는 교회의 본질이자 교회의 삶이다. 교회는 자신의 본질을 구성하는 이러한 행위에 충실한 교회로 개혁되어야만 한다. 만약 어떤 교회가 이러한 네 가지 행위에 부실하거나 그중 어느 한 가지 요소를 결핍했다면, 그 교회는 온전한 교회가 아니므로 회개하고 자신을 개혁해야만 한다. 에베소 교회는 처음 사랑을 상실한 반면에, 두아디라 교회는 이러한 네 가지 행위를 처음보다 나중에 더 잘 실천했다. 따라서 예수는 "네 나중 행위가 처음 것보다 많도다"라고 두아디라 교회를 칭찬했다.

20절 그런데 두아디라 교회에도 비판할 점이 있다. "여자 이세벨을 네가 용납함이니 그가 내 종들을 가르쳐 꾀어 행음하게 하고 우상의 제물을 먹게 하는도다." 이 구절에 나오는 "내 종들"은 예수를 그리스도로 믿는 남녀 성도들을 의미한다. 행음은 문자적인 의미가 아니라 우상 숭배를 의미하는 은유로 이해해야 한다. 여자 이세벨이 실제로 두아디라 교회 성도들의 음행을 부추기지는 않았을 것이다. 왜냐하면 오늘날의 교회에서도 마찬가지지만, 1세기 말엽의 교회에서 음행을 하도록 부추기는 비윤리적·비도덕적인 여자는 결코 예언자로 인정받지 못했을 것이기 때문이다. 두아디라 교회가 그 여자를 예언자로 용인했다는 사실은 명백하다. 따라서 그 여자가 부추긴 "음행"은 비윤리적인 성적 행위가 아니라 우상 숭배를 가리키는 은유로 이해해야 한다.

여기서 "이세벨"이라는 여자 예언자의 이름이 실존했던 인물의 실명은 물론 아니다. 두아디라 교회에서 이세벨이라고 불리는 여자는 구약의 이세벨 같은 성격을 가진 어떤 여예언자를 가리킨다. 요한은 그 여예언자의 잘못된 가르침을 비판하기 위해서 그를 이세벨이라고 불렀을 것이다. 구약에서 이세벨은 어떤 여자인가? 북이스라엘 왕국의 아합 왕은 정치적 이유로 시돈 왕의 딸 이세벨과 정략결혼을 했다(왕상 16:31). 아합 왕의 아내가 된 이세벨은 자신의 고국이 섬기던 바알 제의를 이스라엘로 가져와서 바알을 숭배했을 뿐만 아니라, 다른 사람들에게도 바알을 숭배하도록 장려했다. 바알을 위한 신전과 아세라 상이 사마리아에 세워졌고(왕상 16:32-33), 많은 사람이 바알 제의로 인해 하나님을 저버리고 배교하게 되었다. 마침내 예후가 바알 제의를 척결하기 위해서 혁명을 일으켰다. 그가 활을 쏘아 아합 왕의 아들 요람을 죽이기 전에, 그리고 내시로 하여금 요람의 어머니 이세벨을 창문 밖으로 던져 바닥에 떨어뜨려 죽이도록 하기 전에 아합의 아들 요람을 만났을 때, 요람이 그에게 평안하냐고 물었다. 그러자 예후가 요람에게 다음과 같이 대답했다. "네 어머니 이세벨의 음행과 술수가 이렇게 많으니 어찌 평안이 있으랴?"(왕하 9:22) 이처럼 구약의 이세벨의 행음은 하나님을 저버리고 바알을 섬기는 우상 숭배를 의미한다.

두아디라에는 상인들이 만든 길드 조직이 많이 있었고, 상인 조합의 연례회의가 신전에서 열렸으며 조합원들은 신전 식당에서 우상에게 바쳤던 고기를 먹었다. 이런 자리에 참석하지 않는 사람들은 조합원의 권리를 상실하고 배당금도 받지 못했다. 이런 상황에서 여예언자 이세벨은 니골라당과 발람의 교훈을 따르는 자들의 행태와 마찬가지로 교회의 구성원들이 길드 조합원들과 단체 또는 가족과 함께 신전의 식당에서 우상의 제물로 바쳤던 고기를 먹어 사회적 고립을 피해야 한다고 주장했을 것이다. 사회 참여를 보장받기 위해서는 당연히 그 고기를 먹는 것이 허용되어야만 한다고 주장한 것이다.

그런데 우상의 제물을 먹는 행위는 로마 제국의 우상 숭배적인 문화에 동화됐는지를 확인할 수 있는 시금석이다. 로마 당국에 고발되어 심문을 당하는 그리스도인들은 우상의 제물을 먹을 것과 황제의 신상 앞에 절할 것을 강요당했다. 따라서 요한은 우상에게 바쳐진 고기를 먹는 것을 허용한 이세벨을 신앙고백적 상태(status confessionis)에서 비판했다. 소아시아 교회의 성도들에게 요한계시록 12:17에 나오는 하나님의 계명을 지키는 것은 우상의 제물을 먹지 말라는 계명을 지키는 것을 의미했다.

21절 천상의 예수는 이세벨에게 "회개할 기회를 주었으되 (그녀는) 자기의 음행을 회개하고자 하지 아니"하였다. 이것은 우상의 제물을 먹도록 유혹하는 우상 숭배적 문화에 참여하는 것을 신학적으로 정당화하는 이세벨의 가르침이 근절되기는 커녕 오히려 성행하고 있었음을 의미한다.

22절 "볼지어다! 내가 그를 침상에 던질 터이요 또 그와 더불어 간음하는 자들도 만일 그의 행위를 회개하지 아니하면 큰 환난 가운데에 던지고." 이세벨을 침상에 던진다는 것은 그녀가 질병으로 침상에서 다시 내려오지 못하고 죽게 한다는 것을 의미한다. 우리는 그러한 표현을 열왕기하 1:3-4에서 찾아볼 수 있다. "여호와의 사자가 디셉 사람 엘리야에게 이르되, '너는 일어나 올라가서 사마리아 왕의 사자를 만나 그에게 이르기를 이스라엘에 하나님이 없어서 너희가 에그론의 신 바알세붑에게 물으러 가느냐. 그러므로 여호와의 말씀이 네가 올라간 침상에서 내려오지 못할지라. 네가 반드시 죽으리라 하셨다 하라' 엘리야가 이에 가니라." 이세벨의 추종자들이 간음했다는 것은 그들이 실제로 음행이나 불륜을 저질렀다는 것이 아니라 우상 숭배했음을 의미한다.

23절 "또 내가 사망으로 그의 자녀를 죽이리니." 죽음의 심판은 이세벨의 자녀들, 곧 그녀의 추종자들에게도 일어난다. 여기서 "사망"(θάνατος)은 흑사병 같은 무서운 급성 전염병을 의미한다. 심판은 이세벨을 따르는 자들 개개인의 우상 숭배 행위에 맞추어진다. 이세벨의 추종자들이 보인 행태는 니골라당과 발람의 교훈을 따르는 자들의 행태와 같다.

"모든 교회가 나는 사람의 뜻과 마음을 살피는 자인 줄 알지라. 내가 너희 각 사람의 행위대로 갚아주리라"(계 2:23). 이 구절은 "나 여호와는 심장을 살피며 폐부를 시험하고 각각 그의 행위와 그의 행실대로 보응하나니"라는 예레미야 17:10을 차용한 것이다. 천상의 예수는 사람들의 모든 생각과 행위를 알고 있는 준엄한 심판자다.

24절 "두아디라에 남아 있어 이 교훈을 받지 아니하고 소위 사탄의 깊은 것을 알지 못하는 너희에게 말하노니 다른 짐으로 너희에게 지울 것은 없노라." 두아디라 교회에는 우상에게 바쳐진 고기를 먹는 사람들과 먹지 않는 사람들이 있다. 즉 그 교회의 사람들은 이세벨의 교훈을 따르는 자들과 그렇지 않은 자들로 뚜렷하게 구별된다.

이세벨은 니골라당과 발람의 교훈을 따르는 자들과 마찬가지로 로마의 우상 숭배적인 문화에 동화되었다. 그녀는 신전의 식당에서 우상에게 바쳤던 고기를 먹는 것은 문화이기 때문에 사회적 고립을 피하기 위해서는 길드 회원들 또는 가족과 함께 신전의 축제에 참여하고 신전의 식당에서 우상의 제물을 먹는 것이 허용되어야 한다고 주장했을 것이다. 이세벨의 추종자들은 그녀의 가르침이 깊은 진리라고 주장했지만, 천상의 예수는 그것을 "사탄의 깊은 것"이라고 반박했다. 그는 교회가 억압자들의 우상 숭배적인 구조에 참여하는 것을 정당화하는 이세벨의 현상 유지 신학과 그것을 비판하는 요한의 저항 신학 사이를 분명하게 구분한다.

이세벨의 교훈을 따르지 않는 "남아 있는" 사람들은 신전의 축제에 참석하지 않고 신전에서 개최되는 상인 조합의 연례회의에 참석하지 않기 때문에 이미 사회적 소외와 경제적 불이익을 스스로 감수한 사람들이다. 그들은 우상 숭배적인 문화에 동화되는 것을 반대하고 불의와 맞서 싸운다. 따라서 천상의 예수는 그들에게 지금처럼 우상 숭배에 대한 저항을 계속하는 것 외에 다른 짐을 지울 것이 없다고 말한다. "짐"(βάρος)이라는 용어는 예루살렘 교회가 안디옥 교회에 보낸 사도적 훈령에서도 발견된다. "성령과 우리는 이 요긴한 것들 외에 아무 짐도 너희에게 지우지 아니하는 것이 옳은 줄 알았노니 우상의 제물과 피와 목매어 죽인 것과 음행을 멀리할지니라. 이에 스스로 삼가면 잘 되리라. 평안함을 원하노라 하였더라"(행 15:28-29).

25절 예수는 이세벨의 교훈을 따르지 않는 사람들에게 "다만 너희에게 있는 것을 내가 올 때까지 굳게 잡으라"고 권한다. 우상 숭배를 반대하고 그리스도를 증언하는 그들의 신앙은 예수가 올 때까지 지켜져야만 한다. 여기서 예수가 올 때는 지금 현재의 시간이며 또한 종말론적 미래다.[16]

비록 여예언자 이세벨이 부정적으로 평가되었지만, 그녀에 대한 언급은 소아시아의 교회에 남자 예언자들뿐만 아니라 여자 예언자들도 활동하고 있었다는 사실을 명백히 보여준다.[17] 요한계시록의 저자는 이세벨이 교회에서 가르치는 직분을 가진 것에 대해서 비판한 것이 아니라 그녀의 가르침을 비판했다. 그가 이세벨을 비판한 것은 "여자가 가르치는 것과 남자를 주관하는 것을 허락하지 아니하노니 오직 조용할지니라"(딤전 2:21)라고 지시한 목회 서신의 반여성주의적 경향과는 전혀 무관하다.[18]

---

16 ― "온다"를 의미하는 헥소(ἥξω)의 문법 형태가 부정과거 가정법 능동태 또는 미래 능동태다. 이런 문법 형태를 고려하면, 각각의 문맥에서 예수의 오심은 현재적 오심과 미래적 오심 둘 다 가능하다고 해석할 수 있다.

17 ― 안나(눅 2:36)와 빌립의 네 딸(행 21:9)은 모두 여예언자이고, 유니아(롬 16:7)는 여사도다. Luise Schottroff, Silvia Schroer and Marie-Theres Wacker, *Feministische Exegese* (Darmstadt: Wischenschafliche Buchgesellschaft, 1995), 223-224를 보라.

18 ― E. W. Stegemann and W. Stegemann, *Urchristliche Sozialgeschichte: Die Anfange im Judentum und die Christusgemeinden in der mediterranen Welt* (Stuttgart/Berlin/

요한은 우상의 제물을 먹는 것을 하나님에 대한 불충과 배교로 간주하고 적극적으로 반대했다. 바울도 어떤 교인들이 축제 기간에 신전의 식당에서 우상의 제물을 먹는 것은 습관적인 일이라고 생각하고 그들의 행위가 다른 사람들로 하여금 그리스도의 몸에 대한 소속감을 다시 상실하게 할 위험이 있다고 지적하면서 이것이 죄라고 비판했다. 바울은 우상의 제물을 먹는 것을 구조적인 죄에 참여하는 것으로 인식했다.[19]

그런즉 너희의 자유가 믿음이 약한 자들에게 걸려 넘어지게 하는 것이 되지 않도록 조심하라. 지식 있는 네가 우상의 집에 앉아 먹는 것을 누구든지 보면 그 믿음이 약한 자들의 양심이 담력을 얻어 우상의 제물을 먹게 되지 않겠느냐? 그러면 네 지식으로 그 믿음이 약한 자가 멸망하나니 그는 그리스도께서 위하여 죽으신 형제라. 이같이 너희가 형제에게 죄를 지어 그 약한 양심을 상하게 하는 것이 곧 그리스도에게 죄를 짓는 것이니라. 그러므로 만일 음식이 내 형제를 실족하게 한다면 나는 영원히 고기를 먹지 아니하여 내 형제를 실족하지 않게 하리라(고전 8:7-13).

무릇 이방인이 제사하는 것은 귀신에게 하는 것이요 하나님께 제사하는 것이 아니니 나는 너희가 귀신과 교제하는 자가 되기를 원하지 아니하노라. 너희가 주의 잔과 귀신의 잔을 겸하여 마시지 못하고 주의 식탁과 귀신의 식탁에 겸하여 참여하지 못하리라(고전 10:20-21).

26절　　　"이기는 자와 끝까지 내 일을 지키는 자"에서 "와"(καί)는 앞

Köln: Verlag W. Kohlhammer, 1995), 338.

19 — Luise Schottroff, *Der erste Brief an die Gemeinde in Korinth* (Stuttgart: Verlag W. Kohlhammer, 2013), 154-156.

에서 설명한 것처럼 그리스 문법에서 동격을 설명하는 접속사다. 따라서 이것은 "이기는 자, 곧 끝까지 내 일을 지키는 자"로 이해되어야만 한다. "내 일"(ἔργα μου)은 천상의 예수가 교회를 통해서 하는 여러 가지 일을 뜻한다. 따라서 예수의 일을 지키는 것은 교회의 본질을 구성하는 네 가지 행위인 사랑, 믿음, 섬김, 저항을 실천하는 것을 의미한다. 이기는 자는 이러한 예수의 일을 중도에 포기하지 않고 끝까지 실행하는 자들을 가리킨다. 26-28절은 이기는 자가 천상의 예수에게서 확약을 받은 종말론적 약속들에 대한 서술이다. "만국을 다스리는 권세"는 로마의 황제들이 약자들을 지배하는 권세와는 전혀 다르다. 그것은 압제자들을 권좌에서 끌어내리고 비천한 자들을 높이는 권세다(눅 1:52).

27절 "그가 철장을 가지고 그들을 다스려 질그릇 깨뜨리는 것과 같이 하리라. 나도 내 아버지께 받은 것이 그러하니라." 이 구절은 메시아의 통치권을 찬양하는 시편 2:9을 차용한 것이다. "네가 철장으로 저희를 깨뜨림이여 질그릇 같이 부수리라 하시도다." 편지의 처음 부분에서 천상의 예수는 하나님의 아들로 소개되었는데(계 2:18), 편지의 마지막 부분에서는 메시아의 역할을 실천하는 자로 묘사되었다. 즉 모든 이기는 자에게는 메시아적 권세를 누릴 것이라는 약속이 주어졌다.

28절 또한 이기는 자에게는 "새벽 별"이 선물로 주어진다. 그리스도의 통치에 초청된 성도들의 영광은 새벽 별처럼 영원히 빛날 것이다(단 12:3). 요한계시록 22:6에서 예수는 자기 자신을 새벽 별이라고 말한다. 이기는 자는 제국의 어둠을 정복하고 동트는 새 날을 통고하는 새벽 별과 같다. 두아디라 교회의 구성원들은 천상의 예수와 연대하여 사랑의 힘, 믿음의 힘, 섬김의 힘, 그리고 저항의 힘을 통해서 짐승이 지배하는 시대의 칠흑 같은 어둠을 정복해야 할 것이다.

29절 "귀 있는 자는 성령이 교회들에게 하시는 말씀을 들을지어다." 지금까지 두아디라에게 전한 예수의 말씀은 모든 교회에게 전하는 성령의 말씀이다.

사데 교회에 보내는 편지(3:1-6)

> 1 사데 교회의 사자에게 편지하라. 하나님의 일곱 영과 일곱 별을 가지신 이가 이르시되 "내가 네 행위를 아노니 네가 살았다 하는 이름은 가졌으나 죽은 자로다. 2 너는 일깨어 그 남은 바 죽게 된 것을 굳건하게 하라. 내 하나님 앞에 네 행위의 온전한 것을 찾지 못하였노니 3 그러므로 네가 어떻게 받았으며 어떻게 들었는지 생각하고 지켜 회개하라. 만일 일깨지 아니하면 내가 도둑 같이 이르리니 어느 때에 네게 이를는지 네가 알지 못하리라. 4 그러나 사데에 그 옷을 더럽히지 아니한 자 몇 명이 네게 있어 흰옷을 입고 나와 함께 다니리니 그들은 합당한 자인 연고라. 5 이기는 자는 이와 같이 흰옷을 입을 것이요 내가 그 이름을 생명책에서 결코 지우지 아니하고 그 이름을 내 아버지 앞과 그의 천사들 앞에서 시인하리라. 6 귀 있는 자는 성령이 교회들에게 하시는 말씀을 들을지어다."

1절　　두아디라의 동남쪽에 위치한 사데는 고대 리디아 왕국의 수도로, 기원전 6세기에 세계에서 가장 큰 도시 중 하나였다. 그러나 여러 제국에게 침략을 받아 점차 쇠락의 길을 걷다 기원전 133년에 로마의 영토에 편입되었다.[20] 기원후 17년에는 대지진으로 폐허가 되었는데, 로마의 티베리우스 황제의 호의로 재건되었다. 사데에는 아우구스투스 황제를 위한 신전과 제단이 있었으며, 특히 금광과 상업 및 모직 산업으로 유명

---

20 — Heinrich Kraft, 『요한묵시록』, 124.

했다. 사데의 인구는 대략 10만 명이었다.

요한은 사데 교회의 천사에게 편지하라고 명령하는 천상의 예수를 "하나님의 일곱 영과 일곱 별을 가진 이"로 소개한다. 예수가 가지고 있는 "하나님의 일곱 영"은 요한계시록 1:4에 서술된 "그의 보좌 앞에 있는 일곱 영"과 같고 성령을 가리킨다. 천상의 예수는 성령의 매개자다. 하나님의 영, 곧 성령은 성도들이 현실을 분명하게 인식할 수 있도록 도와주고 불의에 저항하도록 용기와 힘을 준다. 예수가 가지고 있는 "일곱 별"은 요한계시록 2:1에서 예수가 오른손에 붙잡고 있는 일곱 별들과 같으며, 일곱 교회의 천사들을 가리킨다(계 1:20). 천상의 예수는 성령을 통해서 교회를 인도하고 또 교회들과 세계 안에 임재해 있다.

"내가 네 행위를 아노니 네가 살았다 하는 이름은 가졌으나 죽은 자로다." 사데 교회는 우상 숭배적인 문화에 저항하지 못하고 오히려 동화되었기 때문에 생명이 없는 명목상의 교회가 되어버렸다. 이 교회는 겉으로는 아직 생명이 있는 것처럼 보이지만, 실제로는 죽었다. 따라서 예수는 이 교회를 죽은 교회라고 질책했다.

2절　　사데 교회의 구성원들 대다수는 영적으로 이미 죽었으며, 나머지 소수의 사람들 역시 영적으로 죽어가고 있는 상태다. 따라서 천상의 예수는 사데 교회를 개혁하기 위해서 "일깨어 그 남은 바 죽게 된 것을 굳건하게 하라"고 명령한다. "일깨어"라는 표현은 영적으로 죽은 자신의 상태를 인식하고 각성하라는 의미다. "그 남은 바"(τὰ λοιπά)는 그리스어의 복수 중성 명사로서 사데 교회의 사람들이 활동하는 교회의 기구들을 가리킨다.[21] "죽게 된 것"은 교회의 구성원과 기구들이 영적으로 죽어가고

---

21 ─ Harald Ulland, *Die Radikalisierung der Wirklichkeit in der Apokalypse des Johannes*, 119.

있는 상태를 의미한다. 그러므로 "굳건하게 하라"는 명령은 잠들어 있거나 죽어가는 상태에 있는 사람과 기구들이 다시 활동할 수 있도록 신앙을 강화하라는 요구다.

예수는 사데 교회를 향해서 "내 하나님 앞에서 네 행위의 온전한 것을 찾지 못하였노라"고 비판한다. 왜냐하면 사데 교회가 교회의 본질을 구성하는 네 가지 행위인 사랑, 믿음, 섬김, 저항을 실천하지 못했기 때문이다.

3절 예수는 사데 교회에 회개를 요구한다. "그러므로 네가 어떻게 받았으며 어떻게 들었는지 생각하고 지켜 회개하라." 이 문장에는 세 개의 명령형 동사, 곧 "생각하라", "지키라", "회개하라"가 포함되어 있다. 예수는 이러한 동사들의 명령형을 사용해서 사데 교회의 개혁을 강력하게 요구한다. "생각하라"(μνημόνευε)는 말은 기억하라는 의미를 가지고 있다. 사데 교회 성도 대부분은 지난 날 복음을 받아들이고 하나님의 은혜로 새 생명을 얻었다는 사실과 그 생명을 주신 그리스도 예수에게 뜨거운 감사의 눈물을 흘렸던 순간을 모두 잊어버린 것 같다. 복음을 처음에 어떻게 듣고 받아들였는지를 잊어버렸기 때문에 그들은 하나님의 말씀을 더 이상 지킬 수 없었다. 따라서 이제부터 그들은 회개하고 영적 죽음에서 깨어나야만 한다.

자신의 본질과 소명을 깨닫지 못하는 명목상의 교회는 죽은 교회다. 천상의 예수는 세상을 심판하기 전에 먼저 회개하지 않는 교회를 심판하기 위해서 지금 현재의 시간에 온다(계 2:5; 2:16). "만일 일깨지 아니하면 내가 도적 같이 이르리니 어느 시에 네게 임할는지 네가 알지 못하리라"(계 3:3). 도적을 예로 든 것은 예수가 예상치 못한 뜻밖의 시간에 사데 교회를 심판하러 온다는 의미다(참조, 마 24:43; 눅 12:39-40; 살전 5:2, 4; 벧후 3:10).

4절 "그러나 사데에 그 옷을 더럽히지 아니한 자 몇 명이 네게 있어 흰옷을 입고 나와 함께 다니리니 그들은 합당한 자인 연고라." 자신의 옷을 더럽히는 것은 그가 로마의 우상 숭배에 물들었음을 의미한다. 옷을 더럽힌다는 상징적 표현은 소아시아와 로마에서 실행되었던 키벨레 제의 중 사제가 정결례를 위해서 자신의 흰옷을 황소의 피로 적시는 의식을 비판하는 것이다. 니골라당과 발람의 교훈을 따르는 자와 이세벨의 교훈을 따르는 자들은 모두 자신의 옷을 더럽힌 자들이다. 사데 교회의 대다수 교인들은 우상 숭배 문화에 동화되어서 그들의 옷을 더럽혔지만, "그 옷을 더럽히지 아니한 자 몇 명"은 우상 숭배 문화에 저항하고 고난을 당하면서도 하나님의 말씀을 증언했다. 예수는 이 소수의 사람들이 자기와 함께 다니기에 "합당한 자"라고 말한다. "합당한"으로 번역된 그리스어 악시오스(ἄξιος)는 저울이 정확하게 일치하는 것을 의미한다. 따라서 흰옷(τα ἱμάτια)을 입고 있는 자들은 예수가 그들과 동행하고 싶을 정도로 예수의 마음에 정확하게 일치하는 사람들이다.

5절   이기는 자는 로마의 권력과 우상 숭배적인 문화에 동화되기를 거부하고 불의에 저항하면서 예수 그리스도를 증언하는 사람들을 가리킨다. 예수는 "이기는 자는 이와 같이 흰옷을 입을 것이요"라고 약속한다. 이때 흰옷은 자신의 소명을 실천하는 올바른 행위를 상징한다. 하늘의 궁중에서 이십사 장로가 흰옷을 입고 있고 있으며(계 4:4), 또한 하늘에 살아 있는 순교자들과 죽은 성도들이 흰옷을 입고 있다(계 6:11; 7:9, 13). 사데 교회에서 흰옷을 입고 있는 소수의 사람들은 고난을 당하면서도 하나님의 말씀을 증언하는 남녀 증인들이다. 하나님의 말씀과 예수의 증언을 선포하는 증인들은 모두 살아 있는 순교자들로 간주될 수 있다.

충성스러운 성도들과 증인들이 이 세상에서는 이름 없이 살고 있지만, 그들의 이름은 생명책에 기록되어 있다. 생명책은 요한계시록에서 자주 나타난다(13:8; 17:8; 21:27). 그 책에 이름이 기록된 자들은 모두 구원을 받는다(단 12:1). 예수는 이기는 자의 이름(ὄνομα)을 생명책에서 지우지 않고 하나님과 천사들 앞에서 시인할 것이라고 약속한다. 이것은 복음서의 전통과 일치한다. "누구든지 사람 앞에서 나를 시인하면 나도 하늘에 계신 아버지 앞에서 저를 시인할 것이요, 누구든지 사람 앞에서 나를 부인하면 나도 하늘에 계신 내 아버지 앞에서 저를 부인하리라"(마 10:32-33).

6절 "귀 있는 자는 성령이 교회들에게 하시는 말씀을 들을지어다." 이것은 천상의 예수가 사데 교회에 요구한 명령과 축복의 약속이 그 교회뿐만 아니라 모든 교회에 적용된다는 것을 의미한다.

빌라델비아 교회에 보내는 편지(3:7-13)

7 빌라델비아 교회의 사자에게 편지하라. 거룩하고 진실하사 다윗의 열쇠를 가지신 이 곧 열면 닫을 사람이 없고 닫으면 열 사람이 없는 그가 이르시되 8 "볼지어다! 내가 네 앞에 열린 문을 두었으되 능히 닫을 사람이 없으리라. 내가 네 행위를 아노니 네가 작은 능력을 가지고서도 내 말을 지키며 내 이름을 배반하지 아니하였도다. 9 보라! 사탄의 회당 곧 자칭 유대인이라 하나 그렇지 아니하고 거짓말하는 자들 중에서 몇을 네게 주어 그들로 와서 네 발 앞에 절하게 하고 내가 너를 사랑하는 줄을 알게 하리라. 10 네가 나의 인내의 말씀을 지켰은즉 내가 또한 너를 지켜 시험의 때를 면하게 하리니 이는 장차 온 세상에 임하여 땅에 거하는 자들을 시험할 때라. 11 내가 속히 오리니 네가 가진 것을 굳게 잡아 아무도 네 면류관을 빼앗지 못하게 하라. 12 이기는 자는 내 하나님 성전에 기둥이 되게 하리니 그가 결코 다시 나가지 아니하리라. 내가 하나님의 이름과 하나님의 성 곧 하늘에서 내 하나님께로부터 내려오는 새 예루살렘의 이름과 나의 새 이름을 그이 위에 기록하리라. 13 귀 있는 자는 성령이 교회들에게 하시는 말씀을 들을지어다."

7절 사데에서 동쪽 방향으로 가면 빌라델비아가 있다. 빌라델비아는 기원전 159-138년 사이에 버가모의 왕 유메네스 2세 혹은 그의 동생 아탈로스 2세(Attalos II)에 의해서 세워진 도시다. 아탈로스 2세는 암살된 줄 알았던 그의 형 유메네스가 그리스에서 돌아오자 형을 위해서 왕위를 사임했다. 이 도시의 이름은 이 두 형제 간의 우애를 기념하기 위해서 붙여졌다. 즉 "빌라델비아"는 "형제 사랑"을 의미한다. 빌라델비아는 기원후 17년에 대지진으로 완전히 파괴되었다가 로마의 티베리우스 황제의 도움으로 다시 재건되고 농업과 공업의 발달로 번창했다. 이 도시에는 황제 숭배를 위한 신전 이외에도 다른 여러 신전이 있었다.

요한은 빌라델비아 교회에게 말하는 천상의 예수를 "거룩하고 진실하사 다윗의 열쇠를 가지신 이 곧 열면 닫을 사람이 없고 닫으면 열 사람이 없는 그"라고 소개한다. "거룩하고 진실하신 이"는 본래 하나님의 호칭인데(계 6:10), 요한은 이것을 하나님의 아들인 예수의 호칭으로 삼았다. "다윗의 열쇠를 가진 이"는 이사야 22:22에 나오는 내용을 암시한다. "내가 또 다윗 집의 열쇠를 그의 어깨에 두리니 그가 열면 닫을 자가 없고 닫으면 열 자가 없으리라." 요한은 왕위에 오르는 엘리야김에게 하나님이 약속한 다윗 왕궁의 열쇠를 예수가 선포한 하나님 나라의 열쇠로 이해했다. 예수가 다윗의 열쇠를 가지고 있기 때문에 오직 예수에게만 하나님 나라로 들어가는 문을 열고 닫을 수 있는 권한이 있다.

8절 "볼지어다! 내가 네 앞에 열린 문을 두었으되 능히 닫을 사람이 없으리라." 열린 문은 하늘의 현실을 경험할 수 있는 통로다(계 4:1). 빌라델비아 교회의 힘없는 자와 가난한 자들은 예수 덕분에 열린 문을 통해서 하늘의 현실을 경험할 수 있었다. 이것은 그들이 땅 위에서 황제 숭배를 거부하고 하나님 나라를 건설할 수 있는 전망과 의식과 힘을 얻었음을 의미한다. 천상의 예수가 하나님 나라의 열쇠를 가지고 있고, 또 성도와 약자들을 위해서 하늘의 문을 열어두었기 때문에 아무도 그 문을 닫을 수 없다.

천상의 예수는 빌라델비아 교회의 여러 행위를 칭찬한다. "내가 네 행위를 아노니 네가 작은 능력을 가지고서도 내 말을 지키며 내 이름을 배반하지 아니하였도다." 여기서 "네 행위"(σου τὰ ἔργα)는 빌라델비아 교회의 행위, 즉 그 교회의 삶을 가리킨다. 그것은 구체적으로 그 교회가 행하는 믿음, 사랑, 섬김, 저항이다. "작은 능력"은 이 교회의 규모와 자원이 크지 않고 작다는 것을 의미한다. 즉 빌라델비아 교회는 작은 교회였지만, 교회의 본질에 충실했다. 이 교회의 구성원들은 고난을 당하면서도 하나님의 말씀에 매달렸고, 로마 당국의 심문을 받는 과정에서도 예수의 이름을 결코 부인하지 않았다.

9절 "보라! 사탄의 회당 곧 자칭 유대인이라 하나 그렇지 아니하고 거짓말하는 자들 중에서 몇을 네게 주어 그들로 와서 네 발 앞에 절하게 하고 내가 너를 사랑하는 줄을 알게 하리라." 이 표현은 이사야 60:14에서 유래했다. "너를 괴롭히던 자의 자손이 몸을 굽혀 네게 나아오며 너를 멸시하던 모든 자가 네 발 아래에 엎드려 너를 일컬어 여호와의 성읍이라, 이스라엘의 거룩한 이의 시온이라 하리라." 앞서 살펴본 서머나에서 교회와 회당 사이에 심한 갈등이 있었고 유대인들이 "사탄의 회당"이라고 불렸는데(계 2:9), 빌라델비아 교회에서도 유대인들은 동일하게 "사탄의 회당"이라고 조롱받고 또 "거짓말하는 자들"이라고 비난받고 있었다.

유대인들이 빌라델비아 교회에서 비난받는 이유는 서머나 지역의 유대인들의 경우와 같다. 당시 로마 당국이 기독교를 반제국적인 집단으로 의심하고 있었기에 유대인들은 그리스도인들과의 교제하는 것이 위험하다고 생각했다. 따라서 그들은 그리스도인들과의 접촉을 피하며, 유대인 공동체의 이익을 지키기 위해서 불가피하게 그들을 당국에 고발할 수밖에 없었다. 반면에 유대인들에게 고발당해 로마 당국에 사로잡힌 그리스도인들은 심문을 받는 과정에서도 예수의 이름을 끝까지 부인하지 않음으로 인해 고문과 처형을 당했다. 따라서 그리스도인들은 자신들을 로마 당국에 고발한 유대인들에게 자연히 반감을 갖고, 그들을 원망했을 것이다.[22] 이런 상황에서 그리스도인들은 유대인들을 "거짓말하는 자들"이라고 부르고, "야웨의 회중"(민 16:3; 20:4; 27:17; 31:16; 신 23:2; 수 22:16, 17)으로 불리던 유대인들의 회당을 "사탄의 회당"이라고 비난했을 것이다. 요한의 입장에서 본다면, 그리스도인들을 당국에 고발한 유대인들은 로마 제국의 우상 숭배적 체제에 협력하는 자들이기 때문에 비록 그들이 스스로 유대인이라고 주장하지만 진정한 의미에서 그들은 더 이상 유대인이 아니었다. 그러나 빌라델비아의 유대인들에 대한 비판이 결코 인종적으로 모든 유대인을 겨냥한 것은 아니다. 유대인들에 대한 요한의 거친 비난의 핵심은 반유대주의에 있는 것이 아니라, 로마 제국을 반대하는 데 있었다. 요한은 유대인들이 로마의 제국주의를 묵인하는 제국의 협력자가 되기를 당장 중단하길 원했다.

그렇다면 천상의 예수가 로마 당국에 그리스도인들을 고발한 유대인들이 빌라델비아 교회 성도들의 발 앞에 엎드려 절하도록 만들겠다고 말한 진정한 의도는 무엇인가? 천상의 예수는 핍박당한 빌라델비아 교회의 구성원들을 아주 많이 사랑하고 있다는 사실을 그들에게 알려주고자 했다. 그리고 그들이 유대인들의 고발과 로마 제국의 심문과 처형의 위험에도 불구하고 끝까지 로마 당국의 회유를 거부함으로써 예수 그리스도를 부인하지 않으며 로마의 우상 숭배적인 체제에 계속해서 저항하고 증언할 수 있도록 그들을 격려하고자 했다. 따라서 이 구절은 마치 천상의 예수가 모든 유대인이 "사탄의 회당"에 속하고, "거짓말하는 자들"이며, 그들

---

22 — Klaus Wengst, *Wie lange noch?*, 85-89.

을 강제로 끌고와서 그리스도인들의 발 앞에 절을 시켜야 할 자들이라고 단정한 것처럼 이해해서는 결코 안 된다. 이와 마찬가지로 "그 피를 우리와 우리 자손에게 돌릴지어다"(마 27:25)라는 말 역시 유럽의 유대인들이 하나님의 벌을 받아서 멸시당하고 죽임을 당하도록 운명 지어진 것처럼 이해해서는 결코 안 된다.

하지만 불행하게도 과거 대다수의 독일 그리스도인은 그런 오해를 했던 까닭에 반유대적인 정서를 가졌다. 독일 나치 대원들은 1938년 11월 9일 저녁부터 10일 새벽까지 베를린을 비롯해 독일 전역에 거주하는 유대인들의 주택을 습격했다. 그들은 유대인들이 운영하는 상점과 사무실의 유리창을 깨트리고, 유대인들을 폭행하고 심지어는 죽이기까지 했다. "수정의 밤"(Kristallnacht) 혹은 "포그롬의 밤"(Reichspogromnacht)이라 불리는 그날 나치 대원들은 유대인 회당들을 부수고 불태웠다. 많은 독일인이 나치 독일의 만행을 보고도 침묵으로 방관했다. 나아가 그들은 아우슈비츠 대량학살도 침묵했다. 아우슈비츠 강제수용소에서 유대인 여성들은 남자 유대인들보다 더 심한 학대를 당하고 인간성을 부정당했다.

악의 면전에서 절망은 자주 그날의 규칙이 되었다. 수용소에서 어떤 여자들은 새로운 생명을 임신했지만, 생명을 궁극적으로 긍정한 것에 대한 벌로 죽음으로 내몰렸다. 어쨌든 임신을 숨기고 아이를 출산한 여자들은 나치 경비원들에 의해 물에 빠져 죽은 자신들의 아이를 눈앞에서 바라보아야만 했다. 어머니들은 당국으로부터 자주 자신의 아이 중 어떤 아이를 살려두고 어떤 아이를 죽일지에 대한 선택을 강요당했다. 따라서 생명을 낳은 자들은 곧 자기 아이들을 살해하는 데 협력자가 될 것을 강요받았다.[23]

---

23 — Marc H. Ellis, *Toward a Jewish Theology of Liberation* (Maryknoll: Orbis Books,

10절 "네가 나의 인내의 말씀을 지켰은즉 내가 또한 너를 지켜 시험의 때를 면하게 하리니 이는 장차 온 세상에 임하여 땅에 거하는 자들을 시험할 때라." 예수는 빌라델비아 교회의 증언과 저항을 칭찬한다. 이 교회가 고난을 당하면서도 "예수의 저항의 말씀"(τὸν λόγον τῆς ὑπομονῆς μου)을 지켰기 때문에 천상의 예수는 그들을 시험의 때에 지켜줄 것이라고 약속한다. "온 세상"(οἰκουμένη)은 지구 전체가 아니라 로마에 의해서 조직되고 통제되는 세계를 의미한다. 시험의 때가 온 세상에 올 것이지만, 시험은 오직 "땅에 거하는 자들"에게만 일어나도록 정해졌다. "땅에 거하는 자들"은 짐승을 숭배하고 추종하는 우상 숭배자들을 가리키는 기술적 용어(technical term)다. 여기서 "때"(ὥρα)는 분절된 시간을 의미한다. 그런데 그 "시험의 때"는 언제 일어나는가? 어떤 학자들은 시험이 종말의 때에 일어날 것이라고 해석한다. 그러나 그 시험은 종말의 때가 아니라,[24] 지금 현재의 시간에 그리고 역사 안에서 일어난다. 그것은 그리스도의 현재적 오심을 통해서 일어난다. 황제를 숭배하고 우상의 제물을 먹도록 유혹하는 사회에서 그리스도인들은 날마다 그리고 매 순간 타협과 적응이라는 점에서 "시험"을 당할 수 있다. 그렇지만 천상의 예수는 종말의 날 이전에 먼저 지금 현재의 시간에 와서 그러한 시험을 극복하도록 그리스도인들을 지켜주고 또한 그들과 함께 악의 세력에 대항하여 싸운다.

11절 "내가 속히 오리니 네가 가진 것을 굳게 잡아 아무도 네 면류관을 빼앗지 못하게 하라." "내가 속히 오리니"(ἔρχομαι ταχύ)의 시제는 현재형이다. 그러므로 이것은 천상의 예수가 박해를 당하면서도 예수를 증언하는 빌라델비아 교회의 구성원들과 연대하고 함께 싸우기 위해서 지

1987), 9.
24 — Robert H. Mounce, *The Book of Revelation*, 104.

금 현재의 시간에 온다는 확약을 의미한다. "면류관"(στέφανος)은 성도들이 마지막 심판의 날에 받게 될 종말론적 상이지만, 그러한 특권은 영적 태만과 무실천으로 인해서 상실될 수도 있다. 따라서 천상의 예수는 그들에게 면류관을 빼앗기지 않도록 지금 현재의 시간에 끊임없이 하나님의 말씀을 증언하고 로마 제국의 우상 숭배와 불의에 저항하라고 권고한다.

12절 천상의 예수는 "이기는 자는 내 하나님 성전에 기둥이 되게 하리니 그가 결코 다시 나가지 아니하리라"고 약속한다. 새 예루살렘에는 성전이 없다(계 21:22). 왜냐하면 거기서는 하나님과 어린 양 자신이 성전이기 때문이다. 따라서 여기서 "하나님 성전"(ναός)은 지상의 교회를 상징한다. 기둥(στῦλος)은 교회를 이끌어가는 중요한 인물을 가리키는 은유다. 바울은 "야고보와 게바와 요한"을 교회의 기둥이라고 여겼다(갈 2:9). 그런데 요한계시록의 저자는 교회의 모든 구성원이 각기 성전으로서의 교회의 기둥이 되기를 기대한다. 기둥은 지진에도 불구하고 그 기초가 흔들리지 않는다. 즉 로마 제국의 유혹과 압제에도 불구하고 황제 숭배를 거부하고 예수 그리스도를 증언하는 자들 모두는 성전으로서 교회의 기둥들이다. 이것은 예언자 요한이 교회를 인간적인 지배로부터 자유롭고 평등한 민주적인 공동체로 이해했음을 의미한다.

바울은 예루살렘에 성전이 아직 서 있었을 때 고린도전서 3:16-17에서 다음과 같이 말했다. "너희가 하나님의 성전인 것과 하나님의 성령이 너희 안에 거하시는 것을 알지 못하느뇨? 누구든지 하나님의 성전을 더럽히면 하나님이 그 사람을 멸하시리라. 하나님의 성전은 거룩하니 너희도 그러하니라." 에베소서 2:20-22에도 이와 비슷한 진술이 있다. "너희는 사도들과 선지자들의 터 위에 세우심을 입은 자라. 그리스도 예수께서 친히 모퉁잇돌이 되셨느니라. 그의 안에서 건물마다 서로 연결하여 주 안에서 성전이 되어가고 너희도 성령 안에서 하나님이 거하실 처소가 되기 위하여 그리스도 예수 안에서 함께 지어져 가느니라."

이기는 자는 로마 제국의 우상 숭배적인 체제에 저항하고 예수의 증언을 증언하여 새 예루살렘이라는 대항 현실을 로마 제국 안에서, 곧 지금 현재의 시간 안에서 현실로 만들려고 애쓰는 자들이다. 그러한 승리자들은 모두 예수에게서 지금 현재의 시간에 교회의 기둥처럼 중요하게 여겨지고 보호를 받을 뿐만 아니라, 종말론적 미래의 축복도 확약을 받는다.

"내가 하나님의 이름과 하나님의 성 곧 하늘에서 내 하나님께로부터 내려오는 새 예루살렘의 이름과 나의 새 이름을 그이 위에 기록하리라"(계 3:12). 장차 하늘로부터 지상으로 내려올 새 예루살렘은 "하나님의 성"이라고 불린다. 요한계시록 20:9에서 언급한 "사랑하시는 성" 역시 하늘에 있는 새 예루살렘과 동일시된다. 새 예루살렘은 정의와 자유와 평화가 지배하는 형제자매적인 기독교적 공동체다.

요한계시록 2:17에서와 마찬가지로 여기서도 "나의 새 이름", 곧 예수의 새 이름은 정의다. 이기는 자들의 이마에 적혀 있는 하나님의 이름은 정의이며, 새 예루살렘의 이름도 정의이고, 예수의 새 이름도 역시 정의다. 그들의 이마에 적혀 있는 이러한 이름들은 그들이 정의의 하나님과 정의의 예수에게 속한 사람들이며 또한 정의로 이루어진 공동체의 구성원이라는 것을 보여준다. 다시 말하자면, 그들은 정의로운 하나님에 의해서 구원받은 자들이고, 정의의 공동체인 새 예루살렘의 구성원으로 초대된 자들이며, 정의의 예수로부터 항상 지원을 받는 정의의 사람들이다.

새 예루살렘의 이름이 정의라는 것은 이사야에 서술된 예루살렘 환상에서 유추될 수 있다. "나는 시온의 의가 빛 같이, 예루살렘의 구원이 횃불 같이 나타나도록 시온을 위하여 잠잠하지 아니하며 예루살렘을 위하여 쉬지 아니할 것인즉 이방 나라들이 네 공의를, 뭇 왕이 다 네 영광을 볼 것이요 너는 여호와의 입으로 정하실 새 이름으로 일컬음이 될 것이며 너는 또 여호와의 손의 아름다운 관, 네 하나님의 손의 왕관이 될 것이라"(사 62:1-3).

13절　　"귀 있는 자는 성령이 교회들에게 하시는 말씀을 들을지어다." 예수가 말한 것은 빌라델비아 교회만이 아니라 나머지 모든 교회가 들어야만 하는 성령의 말씀이다.

라오디게아 교회에 보내는 편지(3:14-22)

14 라오디게아 교회의 사자에게 편지하라. 아멘이시요 충성되고 참된 증인 이시요 하나님의 창조의 근본이신 이가 이르시되 15 "내가 네 행위를 아노 니 네가 차지도 아니하고 뜨겁지도 아니하도다. 네가 차든지 뜨겁든지 하 기를 원하노라. 16 네가 이같이 미지근하여 뜨겁지도 아니하고 차지도 아 니하니 내 입에서 너를 토하여 버리리라. 17 네가 말하기를 나는 부자라, 부 요하여 부족한 것이 없다 하나 네 곤고한 것과 가련한 것과 가난한 것과 눈 먼 것과 벌거벗은 것을 알지 못하는도다. 18 내가 너를 권하노니 내게서 불 로 연단한 금을 사서 부요하게 하고 흰옷을 사서 입어 벌거벗은 수치를 보 이지 않게 하고 안약을 사서 눈에 발라 보게 하라. 19 무릇 내가 사랑하는 자를 책망하여 징계하노니 그러므로 네가 열심을 내라. 회개하라. 20 볼지 어다! 내가 문 밖에 서서 두드리노니 누구든지 내 음성을 듣고 문을 열면 내가 그에게로 들어가 그와 더불어 먹고 그는 나와 더불어 먹으리라. 21 이 기는 그에게는 내가 내 보좌에 함께 앉게 하여주기를 내가 이기고 아버지 보좌에 함께 앉은 것과 같이 하리라. 22 귀 있는 자는 성령이 교회들에게 하 시는 말씀을 들을지어다."

14절　　빌라델비아에서 남쪽으로 가면 라오디게아가 있는데, 이는 에베소에서 출발한 반원형의 여행 코스 중 마지막 지점이다. 기원전 253년 안티오코스 2세가 라오디게아를 세우고, 자기 아내 라오디케(Laodice)의 이름을 차용해서 도시 이름을 지었다. 라오디게아는 기원전 133년 로마 제국에 예속되었으며 소아시아에서 가장 부유한 도시 중 하나였다. 도시에 신전은 없었지만, 도미티아누스 황제에게 봉헌된 제단이 있었고 전체적으로 로마에 열심히 충성했다. 기원후 60년에는 지진으로 크게 파괴되었지만, 도시 자체의 힘으로 그 피해를 복구했다. 라오디게아는 소아시아의 상업과 무역의 요충지로서 섬유, 금광, 무역, 은행, 의학교, 약품 생산으로 매우 유명했다. 바울도 이 도시에서 선교했다(골 2:1; 4:13-17).

요한은 라오디게아 교회에게 말하는 천상의 예수를 "아멘이시오 충성되고 참된 증인이시요 하나님의 창조의 근본이신 이"(계 3:14)라고 소개한다. 여기서 예수의 호칭은 세 가지로 분석된다.

첫째, 예수는 "아멘"(ἀμήν)이다. 이 표현은 이사야 65:16에서 두 번 사용된 히브리어 "아멘의 하나님"(אלהי אמן)에서 유래한다. 그런데 "아멘의 하나님"은 그리스어 성서인 70인역에서 "진실하신 하나님"(τὸν θεὸν τὸν ἀληθινόν)으로 번역되었다. "이러므로 땅에서 자기를 위하여 복을 구하는 자는 진리의 하나님을 향하여 복을 구할 것이요, 땅에서 맹세하는 자는 진리의 하나님으로 맹세하리니 이는 이전 환난이 잊어졌고 내 눈 앞에 숨겨졌음이라"(사 65:16). 아멘은 명사로는 "진리"를 뜻하며, 형용사로는 "진실한" 혹은 "확실한"이라는 의미를 가지고 있다. 아멘의 하나님은 그가 약속한 것을 확실히 지키시는 하나님이시다. 그분은 예수 안에서 그리고 예수를 통해서 활동하시며, 하나님의 진리와 충실함이 예수 안에서 나타난다. 따라서 요한은 예수를 "아멘"이라고 불렀으며, 그는 이 호칭을 통해서 예수가 증언한 예언이 진리이고 그의 약속이 확실히 이루어질 것을 교회의 구성원들에게 확신시켰다.

둘째, 예수는 "충성되고 참된 증인"(μάρτυς)이다. 예수는 우상 숭배의 유혹을 거부하고 빌라도 앞에서 담대하게 십자가 처형을 감수한 하나님의 참된 증인이었으며, 또한 하나님의 진리를 증언했기 때문에 죽임을 당한 순교자였다. 예수를 따르는 성도들은 예수를 메시아로 받아들이고 이 세상에 보냄을 받은 성자 하나님 외에는 구원자가 없다는 사실을 증언해야 할 하나님의 증인들로 택함을 받은 자들이다. "나 여호와가 말하노라. 너희는 나의 증인, 나의 종으로 택함을 입었나니 이는 너희가 나를 알고 믿으며 내가 그인 줄 깨닫게 하려 함이라. 나의 전에 지음을 받은 신이 없었느니라. 나의 후에도 없으리라"(사 43:10).

셋째, 예수는 "하나님의 창조의 근본이신 이"다. 이것은 골로새서 1:15의 진술과 같다. "그는 보이지 아니하는 하나님의 형상이시요 모든 피조물보다 먼저 나신 이시니." 요한복음 1:1-3은 예수가 말씀으로서 태초 전에 선재했고 하나님의 창조 행위에 참여했다고 진술한다. 하나님의 창조는 새 창조를 포함한다. 우리는 이것을 요한계시록 21:5에 나오는 "보좌에 앉으신 이가 이르시되 보라! 내가 만물을 새롭게 하노라"라는 구절에서 확인할 수 있다. 예언자 이사야도 새 창조에 대해서 말했다. "보라! 내가 새 하늘과 새 땅을 창조하나니 이전 것은 기억되거나 마음에 생각나지 아니할 것이라"(사 65:17). 하나님이 처음과 마지막이시며 알파와 오메가인 것처럼 예수 역시 그러하다(계 1:8; 22:13). 따라서 예수는 창조와 새 창조의 근본이다. 그러나 예언자 요한은 천상의 예수를 창조주 하나님과 분명하게 구별한다. 그에게 예수는 하나님의 새 창조를 증언하는 하나님의 메시아다.

15절 "내가 네 행위를 아노니 네가 차지도 아니하고 뜨겁지도 아니하도다. 네가 차든지 뜨겁든지 하기를 원하노라." 라오디게아 교회가 차지도 않고 뜨겁지도 않다는 것은 이것도 아니고 저것도 아닌 모호한 태도를 취했음을 가리킨다. 천상의 예수는 라오디게아 교회의 모호한 태도를 문제 삼아 "네가 차든지 뜨겁든지 하기를 원하노라"라고 촉구했다.

16절 "네가 이같이 미지근하여 뜨겁지도 아니하고 차지도 아니하니 내 입에서 너를 토하여 버리리라." 어떤 학자들은 라오디게아가 먼 지역에 있는 광천에 수도관을 연결해서 뜨거운 광천수를 공급받았는데 그 물이 흘러오는 도중 미지근해졌다는 데서 이러한 표현의 근거를 찾기도 한다.[25] 그러나 예수의 관심은 결코 물의 온도에 있지 않다. 왜냐하면 일상생활에서 찬 물과 뜨거운 물과 미지근한 물은 모두 각기 용도에 따라서 알맞게 사용되기 때문이다. 목마른 자에게 주는 "냉수 한 그릇"은 참으로 적절하고 좋은 것이다(참조. 마 10:42).

찬(ψυχρός) 물과 뜨거운(ζεστός) 물은 분명하게 구별된다. 그런데 라오디게아 교회가 미지근한(χλιαρός) 물과 같다는 것은 이들의 태도가 분명하지 않고 모호하다는 것을 의미한다. 라오디게아 교회는 로마 제국의 억압 구조와 우상 숭배적인 문화에 모호한 태도를 보였다. 이 교회에 우상의 제물 먹기를 찬성하는 발람의 교훈을 따르는 자들과 이세벨을 추종하는 자들과 니골라당은 없었지만, 우상 숭배적인 사회에 동화되기를 명백하게 반대하는 사람도 없었다. 양쪽의 어느 쪽도 아닌 중도적 입장을 취하고 있었던 것이다. 이 교회의 구성원들은 그리스도인으로 살기 원하지만 동시에 부유한 로마인들처럼 삶을 향유하고 싶어 한다. 따라서 그들의 태도는 이것도 아니고 저것도 아니고 모호하다. 미지근한 물은 바로 그들의 모호한 태도를 상징한다. 천상의 예수는 이런 라오디게아 교회의 모호한 태도를 비판하고, 이 미지근한 교회를 그의 입에서 토하여 버릴 것이

---

25 — 김재준, 『요한계시록』(서울: 대한기독교서회, 1968), 139; Robert H. Mounce, *The Book of Revelation*. (Grand Rapids: William B. Eerdmans Publishing Company, 1977), 109.

라고 선언한다.

요한은 라오디게아 교회의 구성원들에게 미지근한 태도를 중단하고 분명한 태도를 취할 것을 요구한다. 그는 그들이 로마의 우상 숭배적인 체제에 동화되는 것을 명백하게 거부하고, 그리스도의 지배와 온 세계를 위한 예수의 증언을 분명하게 증언하고, 제국의 불의의 희생자들인 약자들과 가난한 자들과 연대해서 더 나은 세계를 만들기 위해 정의를 실천할 것을 원한다.

오늘날에도 영적으로 미지근한 사람들은 모호한 성격의 교회를 원한다. 왜냐하면 그들은 세상과 타협하면서 살기에는 그러한 성격의 교회가 자신들에게 적합하다는 것을 잘 알기 때문이다. 그들은 남의 고통에 무관심하고, 개인주의적·이기적·기회주의적 성향을 가졌다. 즉 그들은 단지 명목상의 그리스도인들이다. 천상의 예수는 그러한 미지근한 사람들을 용납할 수 없기 때문에 입에서 그들을 토해낼 것이다.

17절　"네가 말하기를 '나는 부자라 부요하여 부족한 것이 없다' 하나 네 곤고한 것과 가련한 것과 가난한 것과 눈먼 것과 벌거벗은 것을 알지 못하는도다." 이 구절은 호세아 12:8의 진술을 암시한다. "에브라임이 말하기를 '나는 실로 부자라. 내가 재물을 얻었는데 내가 수고한 모든 것 중에서 죄라 할 만한 불의를 내게서 찾아낼 자 없으리라' 하거니와." 라오디게아 교회의 구성원들은 경제적 상황이 나쁘지 않았기 때문에 자신들이 원하는 것을 실제로 구매할 수 있었다. 따라서 그들은 부족함이 없다고 자만했다. 땅의 관점에서 "나는 부자라 부요하여 부족한 것이 없다"라고 주장한 것이다. 그러나 천상의 예수는 그들의 주장을 정면으로 반박한다. 예수는 그 교회가 "곤고한 것과 가련한 것과 가난한 것과 눈먼 것과 벌거벗은 것" 등 비참함의 특징들을 가졌다고 조목조목 열거했다. 세상의 관점에서 보면 좋고 풍요로운 라오디게아 교회의 현실을 하늘의 관점에서 완전히 다르게 평가한 것이다.

18절 "내가 너를 권하노니 내게서 불로 연단한 금을 사서 부요하게 하고 흰옷을 사서 입어 벌거벗은 수치를 보이지 않게 하고 안약을 사서 눈에 발라보게 하라." 이것은 천상의 예수가 라오디게아 교회에게 미지근함을 버리고 자신을 새롭게 개혁할 수 있는 방법을 구체적으로 제시한 것이다. 라오디게아 교회가 자신을 개혁하기 위해서는 금, 흰옷, 안약과 같은 세 가지 품목이 필요했다. 실제로 라오디게아는 금과 직물 및 의약품 생산으로 유명했는데, 예수는 그 교회에 이 세 가지 품목을 살 것을 요구한다.

첫째, 라오디게아 교회는 "불로 연단한 금"을 구입해야 한다. 불로 연단한 금은 풀무불에 연단하여 불순물이 다 제거되고 순수한 것만이 남은 금을 의미한다. 연단한 금은 박해와 시련을 이겨낸 참된 신앙에 관한 은유다. 이러한 은유는 베드로전서 1:7에서도 발견된다. "너희 믿음의 확실함은 불로 연단하여도 없어질 금보다 더 귀하여 예수 그리스도께서 나타나실 때에 칭찬과 영광과 존귀를 얻게 할 것이니라." 예수는 불로 연단한 금을 "내게" 사서 부요해지라고 라오디게아 교회에 권면한다. 예수에게서 그러한 금을 사는 것은 예수 그리스도에 대한 신앙 고백을 공개적으로 분명하게 증언하는 것을 의미한다. 그리고 그것은 예견되는 박해와 불이익을 감수할 각오로 로마의 제국주의와 황제 숭배에 저항하고 사회적 불의에 항의하는 것을 의미한다.

둘째, 라오디게아 교회는 "흰옷"을 구입해 입어야 한다. 흰옷은 하나님의 말씀과 그리스도를 증언하는 신앙의 실천을 상징한다. 이미 요한계시록 3:4에 땅 위에서 살고 있는 예수의 참된 증인들은 흰옷을 입는다고 묘사되었다. "그러나 사데에 그 옷을 더럽히지 아니한 자 몇 명이 네게 있어 흰옷을 입고 나와 함께 다니리니 그들은 합당한 자인 연고라." 또한 요한계시록 6:11에는 하늘에 살아 있는 순교자들이 하나님이 선사하신 흰옷을 입고 심판의 날까지 기다리고 있다고 기록되어 있다. 흰옷을 사서 입고 "벌거벗은 수치를 보이지 않게" 하라는 권고는 로마 제국의 우상 숭배적인 문화에 물들지 말라는 것이다. 벌거벗은 수치를 보이는 것은 우상 숭배에 대한 하나님의 심판을 의미한다. "주 여호와께서 이같이 말씀하셨느니라. 나는 네가 미워하는 자와 네 마음에 싫어하는 자의 손에 너를 붙이리니 그들이 미워하는 마음으로 네게 행하여 네 모든 수고한 것을 빼앗고 너를 벌거벗은 몸으로 두어서 네 음행의 벗은 몸 곧 네 음란하며 행음하던 것을 드러낼 것이라. 네가 이같이 당할 것은 네가 음란하게 이방을 따르고 그 우상들로 더럽혔기 때문이로다"(참조. 겔 23:28-30). 우상 숭배에 대한 저항은 사회의 제반 영역에서뿐만 아니라, 교회 내부에서도 이루어져야만 한다.

셋째, 라오디게아 교회는 "안약을 사서 눈"에 발라야 한다. 교회가 우상 숭배적인 사회에 적응해 눈이 멀었기 때문이다. 이 교회의 구성원들은 로마의 막강한 힘과 선전에 현혹되어 탐욕과 자만에 빠졌고, 이로 인해 가난한 자들과 약자들의 비참한 현실을 보지 못했다. 참된 그리스도인은 탐욕의 우상 숭배를 멀리해야만 한다. "내 마음을 주의 증거들에게 향하게 하시고 탐욕으로 향하지 말게 하소서"(시 119:36). 안약은 치유와 분별력을 상징한다. 만약 라오디게아 교회의 구성원들이 안약을 사서 눈에 바른다면, 분별력을 상실한 그들의 눈이 치료되어 로마의 신화들과 정치적 선전에 따른 거짓과 기만으로 은폐된 로마의 불의와 희생자들을 볼 수 있을 것이다.

천상의 예수의 시선은 로마의 착취적 경제 구조에서 희생된 가난한 자들을 향하고 있다. 따라서 라오디게아 교회가 물질적으로는 부유하지만 영적으로 가난하기 때문에 천상의 예수가 그들에게 영적으로 부유해지라고 권면했을 것이라는 통상적인 해석은 정당하지 않다. 왜냐하면 그러한 해석에서 영적 빈곤 또는 영적 부유함은 중요하게 간주되지만, 로마의 착취적 경제 구조에서 발생하는 물질적 빈곤과 부유함의 문제는 도외시되기 때문이다.

19절　"내가 사랑하는 자를 책망하여 징계하노니." 천상의 예수가 지금까지 라오디게아 교회의 미지근함을 심하게 책망한 것은 라오디게아 교회를 사랑하기 때문이다. "대저 여호와께서 그 사랑하시는 자를 징계하시기를 마치 아비가 그 기뻐하는 아들을 징계함 같이 하시느니라"(잠 3:12). "주께서 그 사랑하시는 자를 징계하시고 그의 받으시는 아들마다 채찍질하심이니라"(히 12:6). 만약 라오디게아 교회가 예수의 사랑을 받기를 원한다면, 예수의 책망을 달게 받아들여서 자신을 개혁해야만 한다.

"그러므로 네가 열심을 내라! 회개하라!" 미지근한 자들은 회개를 통해서만 새로운 대안적 삶의 기회를 얻을 수 있다. 그들은 무엇보다도 먼저 자신들이 로마의 우상 숭배적인 체제에 동화된 것을 회개하고, 제국의 가치관을 가지고 살아온 것을 회개해야만 한다. 또한 탐욕의 우상 숭배에 빠진 것과 사회적 약자들에 대한 무관심과 냉담함에 대해서도 회개해야만 한다. 이제부터 그들은 약자들의 희생을 바탕으로 이윤과 부를 획득하여 부유해진 로마의 우상 숭배자와 압제자들의 탐욕과 오만을 비판하고 약자들의 편에 서서 형제자매적인 공동체의 삶을 추구해야만 한다.

20절　"볼지어다! 내가 문 밖에 서서 두드리노니 누구든지 내 음성을 듣고 문을 열면 내가 그에게로 들어가 그와 더불어 먹고 그는 나와 더불어 먹으리라." 여기서 문은 개인의 마음 문이 아니라[26] 교회의 문을 의

---

26 ― 개인의 마음의 문이라는 해석에 대해서는 Robert H. Mounce, *The Book of Revelation*, 113-114를 보라.

미한다. 깨어 있는 교회만이 문을 두드리는 예수의 음성을 듣고 문을 열어 그를 영접할 수 있다. 문을 열고 예수와 함께 먹는다는 표상은 지금 현재의 시간에 교회의 문을 열고 약자들을 돌보는 섬김을 실천한다는 의미다. 교회의 소명은 이 시대의 약자들의 대변인으로서 그들의 생명을 돌보고 그들을 섬기는 데 있다. 지금 교회의 문을 열고 예수의 친구들인 약자들과 함께 먹는 성도들은 종말의 날에 그들과 함께 메시아의 잔치에 초대되는 기쁨을 누리게 될 것이다.

21절 "이기는 그에게는 내가 내 보좌에 함께 앉게 하여주기를 내가 이기고 아버지 보좌에 함께 앉은 것과 같이 하리라." 이기는 자에 대한 이 약속은 라오디게아 교회를 향한 것이지만, 동시에 일곱 교회에 보내는 모든 개별적인 편지의 결론이기도 하다. 이 약속은 마태복음 19:28에서 예수가 제자들에게 한 약속과 같다.

22절 "귀 있는 자는 성령이 교회들에게 하시는 말씀을 들을지어다." 이것은 라오디게아에 보내는 편지가 모든 교회에 적용된다는 것을 의미한다. 교회는 성령의 음성에 항상 귀를 기울여야만 한다.

소명과 저항

1세기 말엽 소아시아의 일곱 교회는 로마의 우상 숭배적인 체제에 동화될 위험에 처해 있었다. 따라서 요한계시록의 저자는 각 교회에 개별적인 편지를 보내어, 그들이 교회의 본질을 찾아 개혁할 것을 요구했다. 교회의 본질을 구성하는 네 가지 행위는 사랑, 믿음, 섬김, 저항이다(계 2:19). 이러한 행위가 결여된 교회는 생명이 없는 죽은 교회다. 진정한 교회는 사랑의 힘, 믿음의 힘, 섬김의 힘, 저항의 힘을 통해서 우상의 세력들과 싸우고 하나님과 그리스도의 권세를 증언하는 전투적인 교회다.

소아시아의 일곱 교회 구성원의 일부인 니골라당에 속한 자들(계 2:6, 15), 발람의 교훈을 따르는 자들(계 2:14), 그리고 이세벨의 교훈을 따르는 자들(계 2:20)은 로마의 우상 숭배적인 체제에 동화된 명목상의 그리스도인들이었다. 그들은 신전의 식당에서 우상의 제물을 먹는 것이 사회 참여라고 주장하면서 자신들을 정당화했지만, 자신들도 모르는 사이에 로마의 우상 숭배적인 체제에 적응하고 동화되었다. 그들의 영향으로 교회는 제국의 가치를 받아들였고, 이로 인해 교회의 정체성이 모호해졌다. 그 당시 로마 당국에 고발된 그리스도인들에게 요구된 충성 시험 중 하나는 우상에게 바쳐진 고기를 먹는 것이었으며, 그것을 거부하는 자는 반제국적 인물로 낙인찍혀서 처형되었다. 그러나 순교자들은 이러한 죽음을 피하지 않았다. 따라서 요한은 신앙 고백적 상태(*status cofessionis*)에서 우상의 제물을 먹는 것을 철저하게 반대했다. 천상의 예수는 교회의 개혁을 요구했고, 회개하지 않는 교회를 심판하기 위해서 종말의 날이 오기 전에 지금 먼저 와서 촛대를 옮길 것이라고 경고했다(계 2:5, 16).

소아시아의 일곱 교회가 가진 문제는 오늘날 한국 교회의 문제일 수 있다. 교회가 사회적 관행을 어디까지 수용해야 하는가? 교회는 자본주의 사회 안에 존재하며 자본주의 문화 안에서 유지된다. 이때 권력과 자본에 투항하는 교회는 자본주의의 문화적 가치들과 야합할 수 있고, 자신의 본질에 불충실할 수도 있으며, 또한 자신이 선포하는 진리를 스스로 배반할 수도 있다. 교회는 결코 맘몬 숭배에서 자유롭거나 면제되지 않는다. 따라서 교회는 자신을 개혁해야 하며, 이 시대의 불의를 비판하고 사회를 변화시키기 위한 대항 공론장의 역할을 해야만 한다.

교회의 소명은 하나님과 그리스도를 예배하는 것이다. 그런데 안타깝게도 남북의 갈라진 형제자매들은 아직까지 서로 화해하지 못하고 원망하며 하나님을 예배하지 못하고 있다. 성서는 우리에게 서로 화해하고 민족 통일을 이루어 함께 그분을 예배하라고 말한다. "그러므로 예물을 제단에 드리려다가 거기서 네 형제에게 원망 들을 만한 일이 있는 것이 생각나거든 예물을 제단 앞에 두고 먼저 가서 형제와 화목하고 그 후에 와서 예물을 드리라"(마 5:23-24). 분단 시대를 사는 교회의 사명은 한반도의 평화적 통일을 위한 화해구축과 통일운동에 헌신하는 것이다. 그런데 지금 한국 교회에 "나의 형제 곧 골육의 친척을 위하여 내 자신이 저주를 받아 그리스도에게서 끊어질지라도 원하는 바로라"(롬 9:3)라고 외친 바울의 절절한 고백이 있는가? "우리가 바벨론의 여러 강변 거기에 앉아서 시온을 기억하며 울었도다"(시 137:1)라고 읊은 시편 시인의 애끓는 간절함이 있는가?

과거 3.1운동에 참여했던 교회들을 기억해보자. 우리는 이들의 저항과 투쟁 정신을 계승하여 한반도를 가로지르는 분단의 장벽을 허물어내고 민족통일을 성취해야만 한다. 그 당시 독립은 자유, 평등, 정의, 인도,

생존, 민주, 번영을 찾는 온 민족의 요구였다. 우리 민족은 종교와 이념과 남녀노소와 사회적 신분을 초월하여 온 겨레가 서로 굳게 연대하여 일본의 제국주의에 비폭력적으로 저항했다. 이 삼일운동에 교회와 남녀 그리스도인들이 지대한 역할을 했는데, 일례로 독립선언서에 서명한 민족대표 33명 중 16명이 그리스도인들이었다. 천도교의 출판사는 독립선언서 사본 35,000부를 비밀리에 종교계의 지도자와 남녀 학생들을 통해서 전국적으로 배포했다. 마침내 1919년 3월 1일 토요일 오후 2시에 서울과 평양을 비롯하여 의주, 선천, 원산, 안주, 해주, 진남포에서 독립선언식이 동시에 거행되었다. 대다수의 지역에서 목사들이 독립선언식을 조직했고, 민족대표들은 역할을 분담했다. 3월 1일 유여대 목사는 의주에서, 정춘수 목사는 원산에서 각각 독립선언식을 개최하고 만세시위를 이끌었다. 그 날 각지에서 선포되었던 독립선언문의 일부는 다음과 같다.

우리는 우리 조선이 독립된 나라인 것과 조선 사람이 자주 국민인 것을 선언하노라. 이것으로써 세계 모든 나라에 알려 인류가 평등하다는 큰 뜻을 밝히며, 자손만대에 일러 겨레가 스스로 존재하는 마땅한 권리를 영원히 누리도록 하노라. 반만년 역사의 권위를 의지하고 이것을 선언하는 터이며, 이천만 민중의 충성을 모아 이것을 널리 알리는 터이며, 겨레의 한결같은 자유 발전을 위하여 이것을 주장하는 터이며, 사람 된 양심의 발로로 말미암은 세계 개조의 큰 기운에 순응해나가기 위하여 이것을 드러내는 터이니, 이는 하늘의 명령이며, 시대의 대세이며, 온 인류가 더불어 같이 살아갈 권리의 정당한 발동이므로, 하늘 아래 그 무엇도 이것을 막고 누르지 못할 것이라.

낡은 시대의 유물인 침략주의, 강권주의의 희생을 당하여, 역사 있는 지 여러 천년에 처음으로 다른 민족에게 억눌려 고통을 겪은 지 이제 십 년이 되도다. 우리가 생존권마저 빼앗긴 일이 무릇 얼마며, 정신의 발전이 지장을 입

요한계시록 약자를 위한 예배와 저항의 책

은 일이 무릇 얼마며, 겨레의 존엄성이 손상된 일이 무릇 얼마며, 새롭고 날카로운 기백과 독창성을 가지고 세계 문화의 큰 물결에 이바지할 기회를 잃은 일이 무릇 얼마인가!

오호, 예로부터의 억울함을 풀어보려면, 지금의 괴로움을 벗어나려면, 앞으로의 두려움을 없이하려면, 겨레의 양심과 나라의 도의가 짓눌려 시든 것을 다시 살려 키우려면, 사람마다 제 인격을 옳게 가꾸어 나가려면, 불쌍한 아들, 딸에게 부끄러운 유산을 물려주지 않으려면, 자자손손이 길이 완전한 행복을 누리게 하려면, 우선 급한 일이 겨레의 독립인 것을 뚜렷하게 하려는 것이다.[27]

당시 경성의학전문학교 학생이었던 이미륵(1899-1950)은 3월 1일 파고다 공원에서 학생들과 시민들이 중심이 된 독립선언식에 참석해 그 광경을 목격했을 뿐 아니라, 만세시위 관련자로 일본 경찰의 수배 대상에 올라 상해로 도피했다가 나중에는 독일로 건너가 정착했다. 그는 당시 독립선언식 광경을 다음과 같이 생생하게 묘사해서 『압록강은 흐른다』(*Der Yalu fliesst*, 1946)라는 책으로 독일에서 출간했다.

오후 두 시에 내가 공원에 갔을 때, 이 공원은 이미 경관들에 의해서 에워싸여 있었고 담장 안의 작은 공간은 열 발자국도 걸을 수 없을 정도로 사람들로 꽉 차 있었다. 익원이나 다른 어떤 동료들도 내 주위에서 찾을 수 없었다. 나는 담장 모퉁이 한쪽에 서 있었고 어떻게 점점 더 많은 학생이 출입문을 통해서 밀려 들어오는지를 지켜보았다. 그때 갑자기 깊은 정적이 감돌았고 누군가가 팔각정 단상에서 한국 민족의 독립선언서를 낭독하는 것이 보였다. 나는 너무 멀리 떨어져 있어서 제대로 다 알아들을 수는 없었다. 침묵이 잠깐 흐르더

---

27 ― 김동길에 의해 번역된 독립선언문의 일부다.

니 그칠 줄 모르는 만세 소리가 우레같이 울렸다. 그 작은 공원은 진동했고 무너지려는 듯이 보였다. 공중에는 다양한 크기와 다양한 내용의 전단들이 휘날렸다. 군중들은 이제 모두 공원으로부터 밀려나와서 시내로 행진을 시작했다. 만세 소리는 천둥치듯 계속되었고 전단들이 사방으로 분배되었다.[28]

3월 1일 오후 2시 평양에서도 독립만세 시위가 있었다. 장로교 측에서는 장대현교회 인근에 있는 숭덕학교 교정에서, 감리교 측에서는 남산현교회 앞마당에서, 천도교 측은 설암리 천도교구당에서 각각 독립선언식을 개최했고, 모두가 시내에서 합류하여 함께 독립만세를 외쳤다. 이때 독립선언식을 조직했던 목사들은 모두 검거되어 징역형을 선고받았다.

만세시위는 여러 지역으로 급속히 번져나갔다. 일본은 만세운동을 무력으로 진압했고 체포된 사람들을 비인간적으로 심문했다. 가장 비극적인 만세시위는 3월 4일 평안남도 강서군 반석면 사천시장에서 일어난 시위였다. 이날 서로 인접해 있는 대동군 금제면의 원장교회와 산수교회, 그리고 강서군 반석면의 반석교회와 사천교회의 목사와 장로들이 서로 연합했다. 그들은 원장리 장날을 이용하여 대동군 금제면 원장리에 있는 합성학교 운동장에서 독립선언식을 거행하고 만세시위를 했다. 시위대는 그 전날 만세시위를 준비하던 중에 발각되어 사천헌병대에 구금된 사천교회 교인들의 석방을 요구하기 위해서 원장리부터 약 10km 정도 떨어진 반석면까지 평화적으로 만세를 부르면서 행진했다. 그런데 일본 헌병대가 사천시장에서 시위대를 향해 총을 쏜 것이다. 갑작스러운 공격에 십수 명이 피살되었고 여러 사람이 부상을 당했다. 이에 분노한 시위대가

---

28 ― Mirok Li, *Der Yalu Fliesst: Eine Jugend in Korea*, 3. Auflage (St. Ottilien: EOS-Verlag, 1974), 172-173.

요한계시록 약자를 위한 예배와 저항의 책

일본 헌병대 분소를 향해서 돌을 던지고 방화를 저지르면서 비극적인 유혈투쟁이 발생했다. 일본 당국은 시위를 조직한 자들과 적극 가담한 자들 수십 명을 구속하여 무기징역 또는 징역 15년이라는 중형을 선고했고, 피신한 사천교회의 목사 송현근과 반석교회의 장로 조진탁, 최능현에게는 궐석재판을 열어 사형을 선고했다. 송현근과 최능현은 만주로 피신하여 무사했지만, 처음 이 만세시위를 제안했던 반석교회의 장로 조진탁은 1921년 2월 원산에서 일본 헌병에게 붙잡혀 평양으로 압송되었고 이듬해 10월에 사형으로 목숨을 잃었다.

3월 29일 황해도 안악군 용문면에서는 동창포교회의 교인들과 배영학교 학생들이 만세시위를 일으켰다. 이날 일본 경찰은 여신도들을 연행하여 강제로 옷을 벗기고 심문했다. 그 당시 미국 선교사들이 작성한 보고서에 수록된 증언 중 하나는 다음과 같다.

> 그 여자는 31세로 아이가 하나 있는 과부였다. 그녀는 군중 속에 들어가 만세를 부른 탓에 일본 경찰에 검거되었다. 경찰이 그녀를 연행해 그녀의 속옷을 잡아뜯어 벗기려고 하자 그녀는 저항하고 항의했다. 그 때문에 일본 경찰은 그녀의 온 얼굴이 검푸르게 멍이 들도록 구타했다. 그러나 그녀가 속옷을 꽉 붙잡고 놓지 않자 경찰은 나무 삿대를 맨살과 속옷 사이에 넣고 그것을 지렛대 삼아 강제로 속옷을 벗겨내고는 그 삿대로 그녀의 맨살을 후려갈겼다. 한참을 때린 후 경찰들은 차를 마시고 과자를 먹으면서 벌거벗은 채 앉혀져 있는 그녀를 희롱했다. 그 방에는 여러 남자가 있었다. 한 시간 후 그녀는 다시 옷을 입혀 옆방으로 옮겨졌다.[29]

---

29 — 이러한 일본 경찰의 만행에 대해서는 박용옥, 『한국여성독립운동』(천안: 한국독립운동사연구소, 1989), 76-79를 보라.

한강 이남에서도 여러 곳에서 만세시위가 일어났다. 3월 5일 군산에서 일어난 만세시위를 비롯하여, 그 이후 대구, 부산에서 교회와 기독교계 학교 교사 및 학생들이 조직한 만세시위가 있었다. 3월 10일 광주에서는 수피아여학교 교사들과 학생들이 함께 만세시위를 주도했으며, 시위대 선두에 섰던 여학생 윤형숙은 일본 헌병의 군도에 왼쪽 팔이 절단되었지만 피를 흘리면서도 독립만세를 외쳤다. 4월 1일 천안 아우내 장터에서는 지령리교회 교인들과 시민들이 조직한 만세시위가 열렸고, 이날 유관순의 부모를 비롯한 여러 명이 일본 경찰과 헌병이 휘두른 총칼에 살해되었다. 그리고 유관순(1902-1920)은 체포되어 공주지방법원에서 징역 5년형을 선고받았으나, 서울 복심법원에 상고하여 징역 3년형이 확정되어 서대문형무소에 갇혔다. 그녀는 갇혀 있던 중에도 "독립만세"를 외쳐 모진 고문을 당했다. 그리고 심한 고문 후유증으로 1920년 9월 28일 "나라에 바칠 목숨이 오직 하나밖에 없는 것만이 이 소녀의 유일한 슬픔입니다"라는 유언을 남기고 숨을 거두었다.

4월 4일 익산에서는 남전교회가 조직한 만세시위대가 솜리 장터에서 독립선언서를 낭독하고 대교농장을 향해 행진하면서 만세를 불렀다. 일제는 한국의 외교권을 강제로 박탈하기 위해 을사조약(1905)을 체결하고, 이후 호남평야에 여러 개의 광활한 일본인 농장을 세워 농지와 쌀을 수탈했으며, 군산항을 통해서 일본으로 쌀을 유출했다. 1907년 익산에 세워진 대교농장은 일제의 착취를 잘 보여주는 상징이었다. 시위대의 맨 선두에서 독립만세를 외쳤던 문용기는 태극기를 잡고 흔들다 일본 경찰이 휘두른 칼에 오른손이 베여서 태극기가 땅에 떨어지자 왼손으로 태극기를 다시 주워들고 독립만세를 외쳤으며, 그 왼손마저 칼에 잘리고 온몸이 피투성이가 되어 땅바닥에 쓰러져 숨을 거둘 때까지 독립만세를 외쳤다. 이날 일본 경찰과 헌병의 총칼에 6명이 살해되었는데, 문용기, 박영문, 장경

춘, 박도현은 남전교회의 교인들이었고, 이충규와 서정만은 다른 교회에 속한 교인들이었다. 시위 현장에서 체포된 교인들은 광주지방법원 군산지청에서 각각 징역 8개월을 선고받았다. 그들은 대구 복심법원에 항고했지만 15세 소년이었던 박동근만 2년간의 집행유예를 선고받았고 나머지는 모두 동일한 형기의 판결을 선고받았다. 대구 복심법원의 판결문 중 일부는 다음과 같다.

피고 김치옥은 전라북도 익산군 오산면 남전리 야소교회(耶蘇敎會)의 집사의 신분으로서 조선독립을 희망하여 이를 달성한다는 목적으로 다른 지방에 호응하여 동 지방에서 다수의 조선인을 동 목적하에 공동으로 독립만세를 부르는 시위운동을 하기 위해 선동을 기도하고, 문용기와 박성엽의 찬조를 얻어 만세운동을 신도들에게 권유하여 대정 8년(1919년) 4월 4일 동군 익산면 이리의 장날을 기하여 동일 오후 열두시 반경 문용기와 박성엽과 함께 이미 준비한, 빨간 글씨로 "조선독립만세"라고 쓴 큰 깃발을 세워 흔들었으며, 참석자 가운데 어떤 사람은 곤봉을 휴대하고 시위대 가운데 들어가서 같이 조선독립만세를 고창하며 시위를 하였고, 피고 박동근, 전창여는 조선독립을 알리는 독립선언서를 인쇄하여 시위 군중들에게 나누어주면서 많은 조선인들의 시위참가를 유도하는 등, 피고 김치옥, 박동근, 전창여는 동소 동상 시위운동을 행하였고 피고 강성원은 시위에 참가하여 만세를 불렀으므로 판시한 범죄는 사실이다.[30]

삼일운동에서 수천 명이 살해되었고, 이보다 훨씬 더 많은 수의 사람이 투옥되었다. 교회들이 파괴되고 불탔으며, 마을들은 잿더미가 되었다.

---

30 — 주명준, 『익산 4.4 만세운동과 남전교회』(전주: 신아출판사, 2013), 293-294.

여자들은 일본 경찰에게 능욕당하고 매질을 당했으며, 수배자들은 가족과 헤어져서 국경을 넘어 도피해야만 했으며, 국경을 넘다가 일본 경비병의 총에 맞아 죽었다.

하나의 예를 들면 앞에서 언급한 이미륵이 서울에서 피신하여 해주의 고향 집으로 돌아왔을 때, 그의 어머니는 그에게 압록강을 건너서 국외로 도망치라고 권유했다. 안개와 어둠을 헤치고 집에서부터 한참 떨어진 곳까지 말없이 아들을 배웅하던 그의 어머니는 이별을 해야 하는 슬픈 순간에 그에게 다음과 같이 말했다.

> 너는 겁쟁이가 아니다. 너는 종종 낙심했지만, 그래도 네 길을 가는 데 충실했다. 나는 너를 전적으로 믿는다. 오직 용기를 내라. 너는 국경을 쉽게 건너갈 것이고 결국에는 유럽으로 갈 것이다. 네 엄마를 걱정하지 마라. 네가 여기에 다시 올 때까지 나는 조용히 기다리겠다. 세월은 매우 빨리 지나간다. 우리가 다시 못 만나는 한이 있더라도 너무 슬퍼하지 마라. 너는 내 삶에 많은, 아주 많은 기쁨을 가져다주었다. 자, 내 아들아, 이제 혼자서 계속 가라.[31]

해방된 바로 다음 해인 1946년 3월 1일 평양에서는 많은 교회가 함께 모여 장대현교회에서 삼일운동 기념 예배를 드렸다. 북조선임시인민위원회는 자신들이 평양역 앞에서 개최하는 삼일운동 기념 집회에 교회가 가담하기를 요구하면서도, 교회가 단독으로 삼일운동 기념 예배를 준비하는 것에는 반대했다. 그러나 평양의 교회들은 인민위원회의 반대에도 불구하고 단독으로 교회에서 기념 예배를 드렸다.

삼일운동 당시의 교회는 조국의 독립을 위해서 거리에서 출애굽의 하

---

31 — Mirok Li, *Der Yalu Fliesst*, 179.

나님을 증언하면서 일본의 제국주의에 저항했다. 오늘날의 한국 교회는 삼일운동의 정신을 회복해야 한다. 이로써 민족상잔의 상처를 극복하고 한반도의 통일을 성취할 수 있는 기반을 마련해야 한다. 교회가 통일운동의 구심점이 되어서 정전협정을 평화협정으로 바꾸는 평화운동을 해야 하고, 이와 함께 민족의 화해를 견인해서 분단의 장벽을 허물어야만 한다.

교회는 지상에서의 항구적인 조직이 아니라 종말론적인 공동체다. 따라서 교회는 종말의 임박성을 의식하면서 다양한 은사를 통해 이 시대의 "통치자들과 권세들"(엡 6:12)에 의해 괴롭힘 당하는 자들과 희생자들을 역동적으로 계속해서 치유하고 지원해야 하며 그들과 함께 이 세계를 변화시키고 한반도의 통일을 성취하는 일에 헌신해야만 한다.

제3장
하늘의 보좌와 일곱 봉인 환상(4:1-8:1)

요한계시록 4-5장은 하늘의 보좌와 하늘의 예배에 대한 환상을 서술하고, 6장부터 8:1까지는 일곱 봉인 환상을 서술한다. 소아시아의 성도들은 이러한 환상들을 통해 하늘의 현실을 간접적으로 경험하고 그들의 현실을 변화시킬 수 있는 힘을 갖는다. 일곱 봉인 환상은 밀봉된 역사의 봉인들을 뜯어내며 은폐된 로마 제국주의의 특징을 폭로하고 역사에 대한 하나님의 계획을 밝힌다. 일곱 봉인 환상의 중심은 로마의 제국주의 체제에서 희생된 순교자들의 탄원 기도가 있는 다섯째 봉인이다. 여기서 약자들을 억압하는 사회 권력층에 대한 어린 양의 진노가 역사 안에서의 심판으로 나타난다. 7장은 지상의 무수히 많은 성도를 상징하는 144,000과 하늘에 살아 있는 무수히 많은 순교자와 죽은 성도들의 예배에 대해서 말한다.

하늘의 보좌 환상(4:1-5)

> 1 이 일 후에 내가 보니 하늘에 열린 문이 있는데 내가 들은 바 처음에 내게
> 말하던 나팔 소리 같은 그 음성이 이르되 "이리로 올라오라. 이후에 마땅히
> 일어날 일들을 내가 네게 보이리라" 하시더라. 2 내가 곧 성령에 감동되었
> 더니 보라! 하늘에 보좌를 베풀었고 그 보좌 위에 앉으신 이가 있는데 3 앉

으신 이의 모양이 벽옥과 홍보석 같고 또 무지개가 있어 보좌에 둘렸는데 그 모양이 녹보석 같더라. 4 또 보좌에 둘려 이십사 보좌들이 있고 그 보좌들 위에 이십사 장로들이 흰옷을 입고 머리에 금관을 쓰고 앉았더라. 5 보좌로부터 번개와 음성과 우렛소리가 나고 보좌 앞에 켠 등불 일곱이 있으니 이는 하나님의 일곱 영이라.

1절 "이 일 후에 내가 보니"(μετὰ ταῦτα εἶδον)라는 표현은 환상의 순차적 발생을 나타내는 것이 아니라 새로운 환상을 소개하는 표현 양식이다(참조. 계 7:1, 9; 15:5; 18:1). 예언자 요한은 하늘에 열린 문이 있는 것을 보았다. 여기서 하늘과 땅은 동일한 역사의 두 차원을 가리킨다. 하늘은 역사 안에 있는 보이지 않는 초월적 차원을 상징하고, 땅은 역사의 가시적·경험적 차원을 상징한다. 하늘은 우상 숭배를 거부한 희생자와 성도 및 약자들의 세계이고, 땅은 악인과 압제자와 우상 숭배자들의 세계다. 하늘의 열린 문은 역사의 초월적인 차원을 경험하는 통로다. 하늘의 문은 성서와 유대 묵시 문학에 자주 나온다. "서른째 해 넷째 달 초닷새에 내가 그발 강가 사로잡힌 자 중에 있을 때에 하늘이 열리며 하나님의 모습이 내게 보이니"(겔 1:1). "또 이르시되 진실로 진실로 너희에게 이르노니 하늘이 열리고 하나님의 사자들이 인자 위에 오르락 내리락 하는 것을 보리라 하시니라"(요 1:51).

"이리로 올라오라"는, 요한을 하늘로 초청하는 나팔 소리 같은 음성이 요한에게 들렸고 그것은 일곱 교회에 편지를 보냈던 천상의 예수의 음성이다(계 1:9-3:22). 요한은 땅의 현실에서 도피하려는 것이 아니라, 땅의 현실을 다르게 볼 수 있는 하늘의 관점을 얻기 위해서 하늘로 올라갔다. 요한에게 계시되는 "이후에 마땅히 일어날 일"은 요한계시록 1:1의 "속히 일어날 일"과 1:19의 "지금 있는 일과 장차 될 일"과 같으며, 또한 4:1에서

22:5까지의 전체적인 계시를 가리킨다.

2절　"내가 곧 성령에 감동되었더니"라는 표현은 요한이 환상 속에서 역사의 초월적인 차원을 상징하는 하늘에 진입했음을 의미한다. 그는 무엇보다 먼저 하늘에서 하나님의 보좌(θρόνος)를 보았다. 하나님의 보좌는 권세를 상징한다. "여호와께서 그의 보좌를 하늘에 세우시고 그의 왕권으로 만유를 다스리시도다"(시 103:19). "여호와께서는 그의 성전에 계시고 여호와의 보좌는 하늘에 있음이여 그의 눈이 인생을 통촉하시고 그의 안목이 그들을 감찰하시도다"(시 11:4). 소아시아의 그리스도인들은 자신들이 겪은 고난의 경험으로부터 땅 위의 보좌에 앉은 황제가 행사하는 권세를 너무도 잘 알고 있다. 하나님이 하늘의 보좌 위에 앉으셔서 권세를 가지시고 지배하신다는 사실은 억눌린 성도와 약자들에게 커다란 희망을 불러일으킨다. 황제 숭배와 불의한 지배에 대한 반대와 저항의 힘은 이러한 하늘의 보좌 환상으로부터 솟아난다.

3절　요한은 보좌 위에 앉아 있는 하나님을 다음과 같이 묘사한다. "앉으신 이의 모양이 벽옥과 홍보석 같고 또 무지개가 있어 보좌에 둘렸는데 그 모양이 녹보석 같더라." 벽옥은 색깔이 없는 투명한 보석이며, 황옥은 붉은 빛깔의 보석이다. 인간은 하나님의 얼굴을 직접 볼 수 없기 때문에 요한은 하늘의 보좌 위에 앉아 있는 하나님의 모양을 그러한 보석들 같은 광채로 표현했고, 보좌를 두른 무지개는 이러한 보석에서 나오는 광채의 후광을 의미한다.

유대인의 전통에 의하면 피조물은 하나님의 얼굴을 직접 볼 수 없다. "그 어떤 천사도 탁월하고 영광스러운 자(하나님)의 얼굴을 볼 수 없었으며, 어떤 육체도 그를 볼 수 없다"(에녹1서 14:21). "또 이르시되 네가 내 얼굴을 보지 못하리니 나를 보고 살 자가 없음이니라"(출 33:20). "오직 그에게만 죽지 아니함이 있고 가까이 가지 못할 빛에 거하시고 어떤 사람도 보지 못하였고 또 볼 수 없는 이시니 그에게 존귀와 영원한 권능을 돌릴 지어다"(딤전 6:16). 그러나 성도들은 장차 새 예루살렘에서 하나님의 얼굴을 직접 볼 수 있을 것이다(계 22:4).

4절 하나님의 보좌 둘레에 스물네 보좌들이 배열되어 있고, 흰옷을 입고 머리에 금관을 쓴 이십사 장로가 그 보좌들 위에 앉아 있다. 그들은 하나님께 충성한다. 이것은 동양의 어전 회의 장면과 비슷하다. 이러한 어전 회의 장면은 구약에서도 발견된다. "그때에 달이 수치를 당하고 해가 부끄러워하리니 이는 만군의 여호와께서 시온 산과 예루살렘에서 왕이 되시고 그 장로들 앞에서 영광을 나타내실 것임이라"(사 24:23).

이십사 장로가 입고 있는 흰옷과 금관은 그들의 존귀한 지위를 상징한다. 스물넷이라는 숫자는 이스라엘 열두 지파의 수와 예수의 열두 사도의 수를 합친 수다. 이십사 장로는 이스라엘 민족과 예수 그리스도를 믿는 믿음을 통해서 이스라엘 민족에 통합된 열방의 민족들로 구성된 새로운 기독교적 공동체로서 새 예루살렘에 거주할 거룩한 시민들을 대표하는 상징이다. 이것은 새 예루살렘 성곽의 열두 문 위에 이스라엘의 열두 지파 이름이 새겨져 있고(계 21:12), 성곽의 열두 기초석 위에 열두 사도의 이름이 새겨져 있는 것(계 21:14)에 의해서 입증된다. 예수 시대에 로마의 식민지였던 이스라엘의 땅에서 대토지를 소유한 지주들의 대다수는 비유대인들이었다. 예수가 열두 제자를 선택한 것은 이미 파괴되고 분열되어 버린 이스라엘의 열두 지파 민족의 회복과 해방을 위한 그의 염원을 상징한다.

5절 보좌로부터 나오는 번개와 음성과 우렛소리는 하나님의 현현과 임재를 상징하는 표현들이다(출 19:16; 시 18:13-14). 보좌 앞에 켜 있는 일곱 등불은 스가랴가 환상에서 보았던 일곱 등불과 비슷하다. "내가 보니 순금 등잔대가 있는데 그 위에는 기름 그릇이 있고 또 그 기름 그릇 위에 일곱 등잔이 있었다"(슥 4 2). 이미 요한계시록 1:4와 3:1에서 언급된 일곱 영은 세계 모든 곳을 통찰하는 성령을 의미한다. 일곱이라는 숫자는 완전성과 충만함을 나타내는 표현으로, 일곱 영은 이사야 11:2에서 서술된 것과 같은 일곱 측면을 가진 완전한 성령을 나타낸다. "그의 위에 여호와의 영 곧 지혜와 총명의 영이요 모략과 재능의 영이요 지식과 여호와를 경외하는 영이 강림하시리니." 요한계시록 5:6에서는 어린 양의 일곱 눈이 "온 땅에 보내심을 받은 하나님의 일곱 영"이라고 불린다. 천상의 예수는 성령의 매개자다. 요한은 보좌 앞에 켜 있는 일곱 등불을 일곱 영과 동일시하기 때문에 보좌 앞에 켜진 등불 일곱을 가리켜 "이는 하나님의 일곱 영이다"라고 말한다.

하늘의 예배(4:6-11)

6 보좌 앞에 수정과 같은 유리 바다가 있고 보좌 가운데와 보좌 주위에 네 생물이 있는데 앞뒤에 눈들이 가득하더라. 7 그 첫째 생물은 사자 같고 그 둘째 생물은 송아지 같고 그 셋째 생물은 얼굴이 사람 같고 그 넷째 생물은 날아가는 독수리 같은데 8 네 생물은 각각 여섯 날개를 가졌고 그 안과 주위에는 눈들이 가득하더라. 그들이 밤낮 쉬지 않고 이르기를 "거룩하다, 거룩하다, 거룩하다, 주 하나님 곧 전능하신 이여 전에도 계셨고 이제도 계시고 장차 오실 이시라" 하고 9 그 생물들이 보좌에 앉으사 세세토록 살아 계시는 이에게 영광과 존귀와 감사를 돌릴 때에 10 이십사 장로들이 보좌에 앉으신 이 앞에 엎드려 세세토록 살아 계시는 이에게 경배하고 자기의 관을 보좌 앞에 드리며 이르되 11 "우리 주 하나님이여 영광과 존귀와 권능을 받으시는 것이 합당하오니 주께서 만물을 지으신지라. 만물이 주의 뜻대로 있었고 또 지으심을 받았나이다" 하더라.

6절　요한은 하늘 궁전의 주변 환경에 대해서 말한다. "보좌 앞에 수정과 같은 유리 바다가 있고." 이 광경은 이집트를 탈출한 이스라엘 백성이 건넜던 홍해를 연상시킨다. 고대의 유대인들은 하늘에 궁창이 있고, 그 위에 바다가 있고, 그 바다 위에 하나님의 궁전이 세워져 있다고 생각했다. 시편 저자는 궁창 위의 물이 하나님의 궁전의 토대라고 표현했다. "물에 자기 누각의 들보를 얹으시며 구름으로 자기 수레를 삼으시고 바람 날개로 다니시며"(시 104:3).

"보좌 가운데와 보좌 주위에 네 생물이 있는데 앞뒤에 눈들이 가득하더라"(계 4:6). 네 생물은 우주를 상징한다. 넷이라는 숫자는 우주의 네 방향을 가리킨다. 네 생물에 눈이 많이 있다는 것은 에스겔 1:15-18에서 움직이는 보좌 수레의 바퀴 테에 많은 눈이 있는 것과 비슷하다. 네 생물은 앞뒤에 있는 많은 눈을 통해서 지상에서 고난당하는 약자들의 서러움과 악인들의 불의를 빼놓지 않고 목격하는 증인의 역할을 한다.

7절　"그 첫째 생물은 사자 같고 그 둘째 생물은 송아지 같고 그 셋째 생물은 얼굴이 사람 같고 그 넷째 생물은 날아가는 독수리 같은데." 이러한 네 생물의 모습은 에스겔 1:10에서 유래된다. "그 얼굴들의 모양은 넷의 앞은 사람의 얼굴이요, 넷의 오른쪽은 사자의 얼굴이요, 넷의 왼쪽은 소의 얼굴이요, 넷의 뒤는 독수리의 얼굴이니." 네 생물의 형상에서 사자는 용맹함을 상징하고, 송아지는 강함을 상징하고, 사람은 지혜를 상징하고, 독수리는 위엄을 상징한다.[1] 요한은 네 생물의 상징적 의미를 통해서 우주가 용맹함, 강함, 지혜, 위엄이라는 특성을 가지고 있음을 나타낸다.

8절　"네 생물은 각각 여섯 날개를 가졌고 그 안과 주위에는 눈들이

---

1 — Pablo Richard, *Apokalypse*, 104; Bruce M. Metzger, 『예수 그리스도의 계시라』(서울: 기독교문사, 1994), 77.

가득하더라." 네 생물의 여섯 날개는 이사야 6:2에 나오는 성전에서 봉사하는 스랍들의 여섯 날개와 같다. 많은 눈이 달린 여섯 날개를 가진 네 생물 앞에서 그 누구도 자신의 불의와 거짓을 숨길 수 없을 것이다. 따라서 약자들은 많은 눈을 가진 네 생물에게 위로를 받는 동시에 세상의 불의에 저항할 수 있는 희망을 가질 수 있다.

네 생물은 보좌 앞에서 "거룩하다, 거룩하다, 거룩하다, 주 하나님"이라고 노래를 부른다. 이것은 이사야 6:3의 스랍들의 노래와 같다. "서로 불러 이르되 '거룩하다, 거룩하다, 거룩하다, 만군의 여호와여, 그의 영광이 온 땅에 충만하도다.'" 하나님을 거룩하다고 찬양하는 자는 하나님에 의해서 거룩해졌기 때문에 역시 거룩한 존재가 된다. "너는 이스라엘 자손의 온 회중에게 고하여 이르라, 너희는 거룩하라! 나 여호와 너희 하나님이 거룩함이니라"(레 19:2).

네 생물은 하나님을 "곧 전능하신 이여 전에도 계셨고 이제도 계시고 장차 오실 이시라"라고 부른다. 요한은 이 하나님이라는 호칭에 요한계시록 1:4과 1:8에서 현재, 과거, 미래의 순서로 배열했던 하나님의 술어(참조. 1:4, 8; 11:17; 16:5)를 과거, 현재, 미래의 순서로 변경시키고 앞에 주 하나님 "곧 전능하신 이여"(참조. 16:7; 19:6; 21:22)를 첨가했다. 하나님의 호칭이 이러한 시간순으로 다시 배열된 의도는 역사 전체를 지배하시는 하나님의 주권을 나타내기 위함이다. 이 하나님의 호칭에서 강조점은 "장차 오실 하나님"에 있다.

9절 "그 생물들이 보좌에 앉으사 세세토록 살아 계시는 이에게 영광과 존귀와 감사를 돌릴 때에." 네 생물은 하나님을 찬양하고 예배한다. 그들은 황제 숭배에서 로마 황제에게 돌려졌던 "영광과 존귀와 감사"를 하늘의 보좌 위에 좌정하시어 영원히 살아 계시는 하나님께 돌려드린다. 네 생물의 이 고백은 소아시아의 성도들에게 로마의 황제 숭배 요구에 저항할 수 있는 영적 힘과 용기를 준다.

10절　　"이십사 장로들이 보좌에 앉으신 이 앞에 엎드려 세세토록 살아 계시는 이에게 경배하고 자기의 관을 보좌 앞에 드리며 이르되." 이십사 장로가 머리에 쓰고 있던 관을 내려놓고 부복하여 하나님을 예배하는 것은 그들이 하나님께 충성한다는 사실을 보여준다. "경배하고"(προσκυνήσουσιν)는 부복하여 하나님을 예배하는 것을 의미하는데, 이러한 예배 의식은 황제 제의 때에 사람들이 황제의 상 앞에서 부복하는 의식을 반영한다.

11절　　이십사 장로는 하늘의 예배에서 찬송을 부른다. "우리 주 하나님이여, 영광과 존귀와 권능을 받으시는 것이 합당하오니 주께서 만물을 지으신지라. 만물이 주의 뜻대로 있었고 또 지으심을 받았나이다." 우상 숭배자들은 도미티아누스 황제를 "우리의 주님과 신"(*dominus et deus noster*)이라고 부르는데, 이십사 장로는 창조주 하나님을 "우리 주 하나님이여"라고 부른다. 이십사 장로는 우상 숭배자들이 황제 제의에서 황제에게 돌리는 "영광과 존귀와 권능"을 하나님께 돌리는 것이 합당하다고 노래한다. 이러한 하늘의 예배에 대한 환상은 지상에서 황제 숭배를 거부하는 남녀 그리스도인들의 저항과 투쟁을 정당화한다.

요약하면, 네 생물과 이십사 장로가 하늘에서 드리는 예배는 하나님 중심적이며, 그들이 드리는 예배는 하나님을 영화롭게 하는 데 그 목적이 있다. 그들의 유일신론적 예배는 반제국적인 정치적 함의를 가지고 있다. 즉 예배를 받아야 할 이 세계의 통치자는 로마 황제가 아니라 창조주 하나님 한 분뿐이시다. 성도와 약자들의 하나님은 창조주로서 전능한 하나님이시다.

봉인된 책(5:1-7)

> 1 내가 보매 보좌에 앉으신 이의 오른손에 두루마리가 있으니 안팎으로 썼고 일곱 인으로 봉하였더라. 2 또 보매 힘 있는 천사가 큰 음성으로 외치기를 "누가 그 두루마리를 펴며 그 인을 떼기에 합당하냐" 하나 3 하늘 위에나 땅 위에나 땅 아래에 능히 그 두루마리를 펴거나 보거나 할 자가 없더라. 4 그 두루마리를 펴거나 보거나 하기에 합당한 자가 보이지 아니하기로 내가 크게 울었더니 5 장로 중의 한 사람이 내게 말하되 "울지 말라. 유대 지파의 사자 다윗의 뿌리가 이겼으니 그 두루마리와 그 일곱 인을 떼시리라" 하더라. 6 내가 또 보니 보좌와 네 생물과 장로들 사이에 한 어린 양이 서 있는데 일찍이 죽임을 당한 것 같더라. 그에게 일곱 뿔과 일곱 눈이 있으니 이 눈들은 온 땅에 보내심을 받은 하나님의 일곱 영이더라. 7 그 어린 양이 나아와서 보좌에 앉으신 이의 오른손에서 두루마리를 취하시니라.

1절 요한은 보좌 위에 앉은 이의 오른손에 두루마리 책이 한 권 있는 것을 보았다. 그 두루마리 책은 안팎으로 썼고 일곱 인으로 봉인된 책이다. 이 책과 비슷한 책이 에스겔 2:9-10에서도 나타난다. "내가 보니 보라! 한 손이 나를 향하여 펴지고, 보라! 그 안에 두루마리 책이 있더라. 그가 그것을 내 앞에 펴시니 그 안팎에 글이 있는데 그 위에 애가와 애곡과 재앙의 말이 기록되었더라." 두루마리 책은 양피지 혹은 파피루스로 만들어졌다. 고대 사회에서 중요한 공식 문서는 누군가 중간에 그 내용을 고치지 못하도록 진흙 혹은 밀랍으로 봉인하고 그 위에 도장이나 직인을 찍는 것이 관례였다. 보좌 위에 앉은 이의 손에 있는 그 두루마리 책(βιβλίον)이 일곱 인으로 봉인되었다는 것은 그 책이 완전히 봉인되었음을 의미한다. 그 책은 로마의 불의가 은폐되고 역사적 진실이 유폐된 역사에 대한 하나님의 기억을 상징한다. 구약에서 기억은 "그들의 마음에 기록하여"(렘 31:33; 신 6:6)라는 비유로 표현되었으며, "주의 책에 다 기록이 되었나이다"(시 139:16)라는 표현에서 하나님의 절대적인 기억이 완전한 책으로 상징되었다. 만일 봉인이 열리고 누군가 그 책을 읽는다면, 은폐된 불의가 폭로되고 진실이 규명되며 이 역사를 심판하실 하나님의 계획이 드러날 것이다. 이것이 바로 예언자 요한의 간절한 희망이다.

2절　힘 있는 천사는 큰 소리로 "누가 그 두루마리를 펴며 그 인을 떼기에 합당하냐"라고 물었다. 봉인을 열고 책의 내용을 읽는다는 것은 역사를 해석한다는 의미다. 그 천사는 봉인을 열고 그 책을 펼쳐서 읽을 수 있는 자격과 능력을 가진 자를 찾고 있다.

3절　"하늘 위에나 땅 위에나 땅 아래에 능히 그 두루마리를 펴거나 보거나 할 자가 없더라." 그 책의 봉인을 열고 책을 읽을 수 있는 자가 어디에서도 발견되지 않았다. 이와 비슷한 상황이 이사야 29:11-12에 매우 인상적으로 서술되어 있다. "그러므로 모든 계시가 너희에게는 봉한 책의 말처럼 되었으니 그것을 글 아는 자에게 주며 이르기를 그대에게 청하노니 이를 읽으라 하면, 그가 대답하기를 그것이 봉해졌으니 나는 못 읽겠노라 할 것이요. 또 그 책을 글 모르는 자에게 주며 이르기를 '그대에게 청하노니 이를 읽으라' 하면, 그가 대답하기를 '나는 글을 모른다 할 것이니라.'"

4절　"그 두루마리를 펴거나 보거나 하기에 합당한 자가 보이지 아니하기로 내가 크게 울었더니." 그 봉인된 책을 열고 읽을 수 있는 자를 하늘과 땅과 땅 아래 어디에서도 찾을 수 없었기 때문에 예언자 요한은 절망하여 큰 소리로 울었다. 그의 눈물은 이 세계의 모순과 억압 때문에 수많은 약자와 가난한 자들이 흘리는 눈물의 표상이다. 만일 밀봉된 폭력의 역사가 중단되지 않고 지금처럼 이대로 계속해서 진행된다면, 그것은 끔찍한 절망이고 비극이다. 누가 이 폭력의 역사의 봉인들을 뜯어내고 축출된 희생자들의 기억을 회복하고 유폐된 역사적 진실을 말해줄 수 있는가?

5절　　그런데 이십사 장로 중 하나가 울고 있는 요한에게 와서 "울지 말라"고 위로하면서 요한이 울음을 멈추어야 할 이유를 알려준다. 그 이유는 "유대 지파의 사자 다윗의 뿌리가 이겼으니 그 두루마리와 그 일곱 인을 떼시리라"는 것이다. "유대 지파의 사자 다윗의 뿌리"는 어린 양 예수를 가리킨다. 창세기 49:8-9을 보면, 유다는 용맹스러운 사자로 표현되어 있다. "유다야, 너는 네 형제의 찬송이 될지라. 네 손이 네 원수의 목을 잡을 것이요 네 아버지의 아들들이 네 앞에 절하리로다. 유다는 사자 새끼로다. 내 아들아, 너는 움킨 것을 찢고 올라갔도다. 그가 엎드리고 웅크림이 수사자 같고 암사자 같으니 누가 그를 범할 수 있으랴."

유대 묵시 문학에서 사자는 메시아를 상징한다. 제4에스라 11:37-46에도 사자가 나온다. 거기서 그는 약자들을 억압하는 로마를 상징하는 독수리의 파멸을 선포하는 메시아로 묘사된다.

그때 나는 "네 앞을 보고 네가 보는 것을 생각하라"고 말하는 한 음성을 들었다. 그리고 나는 사자가 표호하면서 숲에서부터 나오는 것을 보았고 또한 지금도 보고 있다. 나는 어떻게 그 사자가 독수리에게 사람의 목소리로 말했는지를 들었다. "들어라! 내가 네게 말하겠다. 가장 높은 분(하나님)이 네게 말한다. '너는 내가 네 마리 짐승을 통해서 내 시간의 끝이 오도록 하기 위해서 나의 세계 속에서 지배하도록 만들었던 그들 가운데 아직도 남아 있는 짐승이 아니냐? 네 번째 짐승으로 온 너는 전에 가버린 모든 짐승을 정복했다. 너는 많은 폭력으로 세계를 지배했으며, 온 땅을 심한 억압으로 다스렸다. 너는 기만으로 이 땅 위에서 그렇게 오랫동안 살았다. 너는 세상을 판결했지만, 진리로 하지 않았다. 왜냐하면 너는 연약한 자들에게 고통을 안겨주었고, 평화로운 자들을 해쳤기 때문이다. 너는 진실을 말하는 자들을 증오하고 거짓말쟁

이들을 사랑했다. 너는 열매를 가져온 자들의 처소를 파괴했으며 네게 아무런 해를 끼치지 않은 자들의 담을 부숴버렸다. 그래서 너의 거만함은 가장 높은 자 앞까지, 그리고 너의 오만은 전능한 자에게까지 다다랐다. 가장 높은 자가 그의 시간을 보았다. 보라! 그의 시간은 끝이 났고, 그의 시대는 완성되었다! 그러므로 너 독수리야, 너는 분명히 사라지고 말 것이고, 너의 무서운 날개와 너의 가장 악한 작은 날개와 너의 사악한 머리, 너의 가장 악한 발톱, 그리고 너의 무가치한 몸은 사라질 것이다. 그래서 너의 폭력으로부터 해방된 전 세계가 생기를 되찾고 회복될 것이며, 그리고 세계를 만든 자의 심판과 자비를 바랄 수 있을 것이다.'"

다윗의 뿌리 역시 메시아를 상징한다. 이사야 11:10에는 다윗의 뿌리로부터 메시아가 나올 것이 예언되었다. "그날에 이새의 뿌리에서 한 싹이 나서 만민의 기치로 설 것이요, 열방이 그에게로 돌아오니 그가 거한 곳이 영화로우리라." 다윗의 뿌리에서 나온 메시아는 정의와 평화가 지배하는 공동체를 실현할 것이다.

그때에 이리가 어린 양과 함께 살며, 표범이 어린 염소와 함께 누우며, 송아지와 어린 사자와 살진 짐승이 함께 있어 어린아이에게 끌리며, 암소와 곰이 함께 먹으며, 그것들의 새끼가 함께 엎드리며, 사자가 소처럼 풀을 먹을 것이며, 젖 먹는 아이가 독사의 구멍에서 장난하며 젖 뗀 어린아이가 독사의 굴에 손을 넣을 것이라(사 11:6-8).

요한은 다윗의 뿌리에서 태어나 죽임을 당한 힘없는 어린 양을 악의 세력들을 이길 수 있는 힘 있는 "유대 지파의 사자"와 동일시한다. 메시아와 그의 나라가 오면 우리는 더 이상 울 필요가 없으며, 그때 우리는 눈물을 닦고 즐거워할 수 있을 것이다.

6절　요한이 눈물을 머금은 채 하늘의 궁전 안으로 시선을 돌렸을 때 일곱 뿔과 일곱 눈을 가진 어린 양(ἀρνίον)이 보좌와 네 생물과 장로들 사이에 서 있는 것을 보았다. 그런데 그 어린 양은 "일찍이 죽임을 당한 것 같은"(ὡς ἐσφαγμένον) 흔적을 몸에 고스란히 지니고 있다. 그리스어 스파조(σφάζω)는 동물을 도살하는 것만이 아니라, 사람을 폭력적으로 살해하는 것을 표현하는 데도 쓰인다(참조. 계 6:4; 18:24). 도살당한 흉터가 있는 이 어린 양이 바로 유다 지파의 사자다. 로마 제국의 변방에서 처형당한 어린 양 예수의 연약함의 힘은 용맹스러운 사자의 힘처럼 강하다. 그것은 예수의 고통과 죽음에 연대한 정의의 하나님이 일으키신 부활의 힘이다. 폭력의 희생자인 어린 양이 살아서 하나님의 보좌 앞에 서 있는 환상은 죽음의 위협에 굴복하지 않는 성도들의 증언과 저항을 지지하고 정당화한다.

요한은 어린 양의 모습을 더 자세히 설명한다. "그에게 일곱 뿔과 일곱 눈이 있으니 이 눈들은 온 땅에 보내심을 받은 하나님의 일곱 영이더라"(계 5:6). 뿔은 힘을 상징하고, 일곱이라는 숫자는 완전함을 가리키므로 일곱 뿔은 완전한 힘을 의미한다. 일곱 영은 이사야 11:2에서 서술된 것과 같은 일곱 측면을 가진 완전한 성령을 나타낸다. "일곱 눈"은 온 땅에 보내진 하나님의 일곱 영과 동일시된다. 우리는 그것을 스가랴 4:10에서 확인할 수 있다. "이 일곱은 온 세상에 두루 다니는 여호와의 눈이라 하니라." 천상의 예수는 요한계시록 3:1에서 "하나님의 일곱 영을 가진 이"라고 불린다. 어린 양의 눈은 땅으로 보내진 성령을 통해서 악인들의 악행과 약자들의 고통과 서러움의 현실을 모두 보고 인식할 수 있다. 성령은 약자들을 위로할 뿐만 아니라, 우상 숭배와 불의에 지속적으로 저항하고 증언할 수 있도록 그들에게 힘과 용기를 불어넣어 준다.

7절 "그 어린 양이 나아와서 보좌에 앉으신 이의 오른손에서 두루 마리를 취하시니라." 어린 양은 곧 봉인을 뜯어내고 책을 펼칠 것이다. 그 리고 종말의 사건들을 실행할 전권을 행사할 것이다. 요한이 그토록 갈망 했던, 폭력의 역사가 진행하는 길목에 쉼표가 이제 보이기 시작한다.

어린 양을 축하하는 예배(5:8-14)

> 8 그 두루마리를 취하시매 네 생물과 이십사 장로들이 그 어린 양 앞에 엎 드려 각각 거문고와 향이 가득한 금 대접을 가졌으니 이 향은 성도의 기도 들이라. 9 그들이 새 노래를 불러 이르되 "두루마리를 가지시고 그 인봉을 떼기에 합당하시도다. 일찍이 죽임을 당하사 각 족속과 방언과 백성과 나 라 가운데에서 사람들을 피로 사서 하나님께 드리시고 10 그들로 우리 하 나님 앞에서 나라와 제사장들을 삼으셨으니 그들이 땅에서 왕 노릇 하리로 다" 하더라. 11 내가 또 보고 들으매 보좌와 생물들과 장로들을 둘러선 많은 천사의 음성이 있으니 그 수가 만만이요 천천이라. 12 큰 음성으로 이르되 "죽임을 당하신 어린 양은 능력과 부와 지혜와 힘과 존귀와 영광과 찬송을 받으시기에 합당하도다" 하더라. 13 내가 또 들으니 하늘 위에와 땅 위에와 땅 아래와 바다 위에와 또 그 가운데 모든 피조물이 이르되 "보좌에 앉으신 이와 어린 양에게 찬송과 존귀와 영광과 권능을 세세토록 돌릴지어다" 하 니 14 네 생물이 이르되 "아멘" 하고 장로들은 엎드려 경배하더라.

8절 어린 양이 그 두루마리 책을 받는 순간에 네 생물과 이십사 장 로가 어린 양 앞에 부복하여 예배한다. 장로들은 손에 각각 거문고와 향 이 가득히 담긴 금 대접을 들고 있다. 거문고는 음악을 연주하는 악기다. 요한은 금 대접에 담긴 향이 "성도의 기도들이라"고 알려준다. 요한계시록 8:3-5에서도 향은 성도들의 기도와 동일시되고, 기도는 천사가 분향단에서 태우는 향의 연기와 함께 하나님에게 상달된다. "나의 기도가 주의 앞에 분향함과 같이 되며 나의 손드는 것이 저녁 제사 같이 되게 하소서"(시 141:2).

성도들은 예수 그리스도 안에서 거룩해진 자들이며 하나님께로부터 소명을 받은 자들이다(고전 1:2). 그들은 교회의 모든 구성원이다. 향이 가득한 금 대접이 성도들의 기도라는 것은 성전 시대의 예배 의식을 상기시킨다. 기도하는 자들은 성전에서 하나님께 향을 바쳤는데, 기도는 향의 연기와 더불어 하나님께로 올라갔다. 따라서 장로들이 손으로 들고 있는 향이 가득 담긴 금대접에 대한 환상은, 로마 제국의 압제 아래서 고난당하는 성도와 죽임 당한 순교자들이 하나님을 향해서 부르짖는 탄원 기도가 바람 속에 사라지지 않고 반드시 하나님께 상달된다는 것을 확신시킨다.

9절 "그들이 새 노래를 불러 이르되 '두루마리를 가지시고 그 인봉을 떼기에 합당하시도다. 일찍이 죽임을 당하사 각 족속과 방언과 백성과 나라 가운데에서 사람들을 피로 사서 하나님께 드리고.'" 땅 위에서 짐승의 숭배자들은 황제의 권력을 찬양하는 옛 노래를 부르고 있다. 그런데 이와 정반대로 요한은 네 생물과 이십사 장로가 하늘의 궁중에서 어린 양의 권세를 찬양하는 새 노래를 들었다. 새 노래라는 표현은 다음과 같은 시편 98:1에서 유래한다. "새 노래로 여호와께 찬송하라. 그는 기이한 일을 행하사 그의 오른손과 거룩한 팔로 자기를 위하여 구원을 베푸셨음이로다." 이것은 제국주의 세력들에게서 압제를 경험한 이스라엘이 압제 시대의 종언과 메시아 날의 도래와 구원을 찬양하는 것을 의미한다. 요한에게 예수의 죽음과 부활을 통한 새 시대의 여명은 이미 시작되었다.

네 생물과 이십사 장로는 어린 양이 두루마리 책의 봉인을 열 수 있는 자격이 있기 때문에 "합당하시도다"(ἄξιος)라고 외쳤다. 그리스어 악시오스(ἄξιος)는 저울의 추가 맞듯이 꼭 맞는다는 것을 의미한다. 요한계시록 5:9-10에 걸친 새 노래에서 어린 양이 두루마리 책의 봉인을 열고 역사를 해석할 수 있는 자격을 가질 수 있는 것은 세 가지 이유에 근거한다.

첫째, 어린 양이 일찍이 죽임을 당했기(ἐσφάγης) 때문이다. 즉 예수는 자기 증언으로 인해서 로마 제국에 의해 살해당한 희생자이고 참된 증인(계 1:5)이다. 따라서 그는 역사를 해석할 수 있다.

둘째, 그가 자신의 피로 여러 나라와 민족들 가운데서 사람들을 사서(ἠγόρασας) 하나님께 드렸기 때문이다. 여기서 "사서"라는 표현은 예수가 온 세계의 사람들을 해방시켰다는 의미다. "족속과 방언과 백성과 나라"는 로마에 예속된 여러 나라와 민족들을 가리키는 전문 용어다(계 5:9; 7:9; 10:11; 11:9; 13:7; 14:6; 17:15). 어린 양이신 예수가 사람들을 피로 샀기 때문에 그들은 모두 예수의 소유가 되었고 동시에 하나님의 소유가 되었다. 이것은 세계 모든 민족이 로마의 지배 아래 있다는 제국의 주장을 정면으로 반박하는 대항 주장이다.

교회의 구성원들은 예수의 피를 통해서 대속함을 받고 구원을 받은 사람들이다. "너희가 알거니와 너희 조상이 물려준 헛된 행실에서 대속함을 받은 것은 은이나 금 같이 없어질 것으로 된 것이 아니요 오직 흠 없고 점 없는 어린 양 같은 그리스도의 보배로운 피로 된 것이니라"(벧전 1:18-19).

그러나 요한계시록의 저자는 예수의 죽음을 세상의 죄를 대신 속죄하기 위해서 자신의 생명을 버린 대속의 희생으로만이 아니라, 로마의 우상 숭배적인 억압의 구조에 대한 그의 비폭력적 저항과 투쟁이 초래한 희생으로까지도 인식했다. 즉 예수의 죽음은 로마의 제국주의와 우상 숭배에 대한 항의로 이해할 수 있다. 그리고 이러한 그의 죽음은 제국의 유혹과 압제에 대한 승리로도 이해할 수 있다. 예수는 자신의 몸을 던져서 로마 제국의 지배에서 절정을 이루고 있는 폭력의 역사를 돌파함으로써 생명과 평화의 공간을 만들었고 거기에 하나님의 자녀들을 위한 대안적 공동체를 건설했다. 예수의 증언과 피로 세워진 이 공동체는 하늘에 있는 하나님의 지배가 땅 위에서 실현되는 장소이며, 폭력의 역사가 단절될 날이 올 것을 희망하는 성도들이 황제 숭배를 거부하고 오직 하나님과 어린 양을 예배하는 장소다. 우리는 힘없는 어린 양 같은 예수가 사자처럼 폭력의 역사를 돌파하는 힘을 가지고 있다는 사실을 안다. 특히 우리는 죽임 당한 흔적이 있는 어린 양을 향한 네 생물과 이십사 장로의 반복적인 찬양과 탄성에서 그 사실을 확인할 수 있다.

10절   "그들로 우리 하나님 앞에서 나라와 제사장들을 삼으셨으니 그들이 땅에서 왕 노릇 하리로다 하더라." 어린 양이 두루마리 책의 봉인을 열고 역사를 해석할 수 있는 세 번째 이유가 이 구절에 나타난다. 그 이유는 어린 양 예수가 교회의 성도들을 나라와 제사장들로 삼았고 (ἐποίησας), 또한 그들로 하여금 땅에서 다스리게 했다는 사실에 있다. 사도 시대에 교회는 이스라엘 백성과 열방의 민족들로 구성되었고, 이방인들은 예수의 피로 인해서 축복이 약속된 하나님의 백성에 통합되었다(엡 2:12-13, 19; 3:6). 요한에게는 어린 양이 로마 제국에 대항하는 대안적 공동체로 땅 위에 세운 교회의 구성원들 모두가 다 거룩한 하나님에 의해서 거룩해진 사람들이다.

나라로 번역된 그리스어 바실레이아(βασιλεία)는 1세기에 로마 제국을 지칭하는 정치 용어였다. 이에 반해 예수가 선포한 하나님 나라(βασιλεία τοῦ θεοῦ)는 로마 제국과 다른 대안적 제국을 의미한다. 하나님 나라는 로마 제국처럼 황제와 원로원 의원과 부유한 귀인과 장군들의 공동체가 아니라, 모든 구성원이 각기 제사장의 권리를 가지고 평등하게 참여하는 민주적이고 형제자매적인 공동체다.

"나라와 제사장"이라는 개념은 이스라엘 백성에 대한 하나님의 약속에서 유래한다. "세계가 다 내게 속하였나니 너희가 내 말을 잘 듣고 내 언약을 지키면 너희는 모든 민족 중에서 내 소유가 되겠고 너희가 내게 대하여 제사장 나라가 되며 거룩한 백성이 되리라. 너는 이 말을 이스라엘 자손에게 전할지니라"(출 19:5-6). 이스라엘 백성은 하나님의 제사장이라고 불린다. 왜냐하면 하나님의 백성은 가난한 사람들에게 기쁜 소식을 전하고, 마음이 상한 자들을 치유하고, 포로에게 자유를 선포하고, 갇힌 자들에게 석방을 선언하고, 슬퍼하는 자들을 위로하며, 슬퍼하는 자에게 찬송과 기쁨이 넘치게 하는 일을 하기 때문이다(사 61:1-2). "오직 너희는 여호와의 제사장이라 일컬음을 받을 것이라. 사람들이 너희를 우리 하나님의 봉사자라 할 것이며"(사 61:6).

소아시아 교회의 구성원들은 지금의 현실 세계에서는 로마로부터 박해와 고난을 당하고 있다. 그런데 "그들이 땅에서 왕 노릇 하리로다"라고 노래하는 것은 무엇을 의미하는가? 예수가 세운 대안적 공동체는 위계체계가 없는 형제자매적인 구조를 가졌기 때문에 지배로부터 자유로운 공동체다. "왕 노릇 하리로다"는 성도들이 지금 현재의 시간에 당하는 박해와 고난에도 불구하고 로마의 우상 숭배적인 문화에 저항하고 하나님과 어린 양 예수만을 예배함으로써 하나님의 자녀로서의 정체성을 가지고 주체적으로 사는 것을 의미한다. 그들은 하나님의 자녀로서의 주체성을 지키고자 고난당하는 것을 감수한다. 따라서 그들의 승리는 로마 당국에 의해서 박해당하고 처형당하는 패배 속에서 일어난다. 순교자와 죽은 성도들은 모두 하늘에서 살아서 지금 천년왕국에서 왕 노릇 하고 있다. 또한 그들은 장차 새 예루살렘에서 왕 노릇 할 것이다. 새 예루살렘은 성전이 없고 종교적 위계체계가 없기 때문에 거기서 사는 사람들은 모두가 다 평등한 제사장들이다.

요약하면, 어린 양 예수는 자신의 증언과 피를 통해서 이스라엘 백성과 열방의 민족들로 구성된 대안적 공동체를 세웠고, 로마 제국과 대립되는 이 공동체의 구성원들 모두를 제사장으로 삼았다. 또한 그는 고난과 박해에도 불구하고 그들이 주체적이고 자주적으로 살게 했다. 새 노래는 대안적 공동체의 구성원들이 그러한 어린 양 예수를 찬양하는 내용이다. 이러한 공동체의 구성원들은 증언과 봉사와 치유와 희망을 통해서 약자들을 섬기는 사람들이다. 예수가 부활을 통해서 죽음의 세력을 이기고 승리했기 때문에 그에게 속한 성도들은 용기를 가지고 죽음의 세력에 맞서서 싸울 수 있다. 어린 양의 부활은 영원한 미래가 역사의 승자들에게 있는 것이 아니라, 로마의 제국주의에 의해 처형된 예수와 그를 따르는 성도들에게 있다는 사실을 확증한다. 죽음을 이긴 어린 양의 승리가 그를 따르는 성도들이 짐승에 의해 살해당하는 현실에서는 모순처럼 보일 수 있다. 하지만 그것은 정의가 지배하는 하나님 나라의 대항 현실을 이 땅 위에 실현하기 위한 저항과 투쟁의 잠재력을 제공한다.

11절 하늘의 예배에 참석하는 자들의 범주는 네 생물과 이십사 장로에서 수많은 천사들에게로 확장된다. 천사들의 수가 "만만이요 천천이라"는 것은 무수히 많은 수라는 의미다.

12절 "큰 음성으로 이르되 '죽임을 당하신 어린 양은 능력과 부와 지혜와 힘과 존귀와 영광과 찬송을 받으시기에 합당하도다 하더라.'" 네 생물과 이십사 장로와 수많은 천사가 한 목소리로 짐승의 추종자들이 로마 황제에게 돌리는 "능력과 부와 지혜와 힘과 존귀와 영광과 찬송" 전부를 어린 양에게 돌리는 것이 합당하다고 노래한다. 이 노래는 역대상 29:11의 노래와 비슷하다. "여호와여, 위대하심과 권능과 영광과 승리와 위엄이 다 주께 속하였사오니 천지에 있는 것이 다 주의 것이로소이다. 여호와여, 주권도 주께 속하였사오니 주는 높으사 만물의 머리이심이니이다."

13절　　하늘의 예배에 참석하는 자들의 범위는 점차 확대되었는데, 처음에는 네 생물과 이십사 장로가 참여했고, 그다음에는 수많은 천사가 참여했고, 궁극적으로는 모든 피조물(πάντα)이 참여한다. "하늘 위에와 땅 위에와 땅 아래와 바다 위에와 또 그 가운데 모든 피조물이 이르되 '보좌에 앉으신 이와 어린 양에게 찬송과 존귀와 영광과 권능을 세세토록 돌릴지어다.'" 그 예배의 대상은 하나님과 어린 양이다.

14절　　"네 생물이 이르되 '아멘 하고 장로들은 엎드려 경배하더라.'" 하늘 예배의 마지막 순서는 아멘으로 화답하는 것이다. 네 생물은 모든 피조물의 합창 소리를 듣고 아멘으로 화답하고, 이십사 장로는 네 생물의 아멘 소리를 듣고 그들의 고백에 동의하면서 하나님 앞에 부복하여 예배를 드렸다. 폭력의 희생자인 예수께 드리는 예배는 고난당하는 약자들의 신앙을 강화하고 어린 양의 길을 충성스럽게 따르도록 하는 정치적 함의를 가지고 있다.[2] 이러한 예배의 환상은 황제 숭배를 정당화하는 로마의 공론장을 비판하는 대항 공론장을 매개하는 역할을 한다. 따라서 예배는 황제 숭배에 대한 거부와 로마의 우상 숭배적인 제국주의 체제에 대한 저항과 투쟁을 위한 훈련의 장이다.

일곱 봉인 환상의 처음 네 봉인(6:1-8)

> 1 내가 보매 어린 양이 일곱 인 중의 하나를 떼시는데 그때에 내가 들으니 네 생물 중의 하나가 우렛소리 같이 말하되 "오라" 하기로 2 이에 내가 보니 흰 말이 있는데 그 탄 자가 활을 가졌고 면류관을 받고 나아가서 이기고 또 이기려고 하더라. 3 둘째 인을 떼실 때에 내가 들으니 둘째 생물이 말하되

---

2 — Elisabeth Schüssler Fiorenza, *Revelation*, 103.

"오라" 하니 4 이에 다른 붉은 말이 나오더라. 그 탄 자가 허락을 받아 땅에서 화평을 제하여버리며 서로 죽이게 하고 또 큰 칼을 받았더라. 5 셋째 인을 떼실 때에 내가 들으니 셋째 생물이 말하되 "오라" 하기로 내가 보니 검은 말이 나오는데 그 탄 자가 손에 저울을 가졌더라. 6 내가 네 생물 사이로부터 나는 듯한 음성을 들으니 이르되 "한 데나리온에 밀 한 되요 한 데나리온에 보리 석 되로다. 또 감람유와 포도주는 해치지 말라" 하더라. 7 넷째 인을 떼실 때에 내가 넷째 생물의 음성을 들으니 말하되 "오라" 하기로 8 내가 보매 청황색 말이 나오는데 그 탄 자의 이름은 사망이니 음부가 그 뒤를 따르더라. 그들이 땅 사 분의 일의 권세를 얻어 검과 흉년과 사망과 땅의 짐승들로써 죽이더라.

1절 처음 네 봉인이 열리는 과정은 동일하다. 어린 양이 봉인을 열고, 그 순간에 네 생물이 각기 하나씩 나타나서 "오라"고 명령하고, 말을 타고 있는 자가 등장하고, 은폐된 땅의 현실이 폭로된다. 이 환상에서 등장하는 상이한 색깔의 말들은 스가랴 1:8과 6:1-8에 나타나는 말들과 유사하다. 그런데 요한은 그의 환상에 등장하는 말들의 색깔을 나타내기 위해서 그리스를 상징하는 기본 색상인 흰색, 검은색, 청색, 붉은색을 취했다. 이제 어린 양이 일곱 겹으로 봉인된 두루마리 책의 봉인들을 하나씩 여는 순간이다. 어린 양 옆에 서 있는 네 생물 중 하나가 어린 양이 일곱 봉인 중에서 첫째 것을 열 때에 우레 같은 소리로 "오라"라고 명령했다.

2절 "이에 내가 보니 흰 말이 있는데 그 탄 자가 활을 가졌고 면류관을 받고 나아가서 이기고 또 이기려고 하더라." 흰 말을 타고 있는 자는 전 세계를 식민지화하는 로마 제국주의의 대표적 특징인 군사주의를 상징한다. 흰색(λευκός)은 승리를 상징하는 색깔이다. 흰 말을 타고 있는 자가 들고 있는 활은 전쟁 무기이고, 그가 쓰고 있는 면류관은 전쟁에서의 승리를 상징한다. "면류관을 받고"(ἐδόθη)라는 표현은 그리스어 문법에서 주어인 하나님이 생략된 "신적 수동태"(passivum divinum)의 형식으로 사용되었다. "이기고 또 이기려고 하더라"는 것은 제국주의 전쟁을 통해서 주변부의 나라들을 점차적으로 정복하고 식민지화하는 로마 제국의 군사적 승리의 행진을 나타낸다. 첫째 봉인이 열림으로써 로마 제국주의의 가장 무서운 특징인 군사적 침략과 군사주의가 폭로되었다. 하지만 요한은 신적 수동태를 사용해서 로마의 군사적 침략이 하나님의 허용 안에서 발생했다고 표현한다. 그는 이것을 통해서 하나님이 언젠가는 로마 제국을 심판하시고 로마의 군사적 승리의 행진을 중단시키실 것이라는 사실을 그의 수신자들에게 확신시켰다.

그런데 어떤 학자들은 여기서 흰 말을 타고 있는 자를 요한계시록 19:11에 나오는 흰 말을 타고 있는 자와 동일시하여 그를 그리스도라고 해석하는데,[3] 이러한 동일시는 잘못된 것이다. 왜냐하면 19:11에서 흰 말을 타고 있는 자는 많은 왕관(διαδήματα)을 가지고, 피에 젖은 옷을 입고 있으며, 그의 입에는 양날 칼이 있지만, 여기서 흰 말을 타고 있는 자는 한 개의 활과 한 개의 면류관(στέφανος)을 가지고 있기 때문이다. 그리고 19:11에서 흰 말을 타고 있는 자는 전쟁의 확장을 막고 전쟁 체제를 완전히 소멸시켰지만, 여기서 흰 말을 타고 있는 자는 세계 지배를 목표로 전쟁의 확대를 원하고 개선장군처럼 승리의 행진을 계속한다는 점에서 큰 차이가 있다.

또한 어떤 학자들은 활이 파르티아 제국의 전형적인 무기라고 주장하

---

3 — John P. Heil, "The Fifth Seal as a Key to the Book of Revelation," *Biblica* vol. 74/2(1993), 223; Frederick J. Murphy, *Fallen is Babylon: The Revelation to John*, 204-205; Jacques Ellul, 『요한계시록주석: 움직이는 건축물』(서울: 한들출판사, 2000), 182-183; Ranko Stefanovic, 『예수 그리스도의 계시』(L.A.: 미주 시조사, 2011), 250.

면서 흰 말을 타고 있는 자가 로마 제국을 위협하는 동방의 파르티아 제국의 기마대를 상징한다고 해석한다.[4] 물론 파르티아 군대는 기동성과 화살을 다루는 기술로 유명했고, 기원후 62년에는 파르티아의 볼로게세스 (Vologeses) 왕이 티그리스 강 계곡에서 로마의 군대를 급습하여 패배시킨 적이 있다. 그렇지만 활이 반드시 파르티아인의 무기로만 해석될 수는 없다. 고대의 다른 여러 민족도 활을 사용했기 때문이다(참조. 호 1:5; 렘 51:56; 겔 39:3).

3-4절　어린 양이 둘째 인을 떼어낼 때에 둘째 생물이 "오라"고 외쳤다. "이에 다른 붉은 말이 나오더라. 그 탄 자가 허락을 받아 땅에서 화평을 제하여버리며 서로 죽이게 하고 또 큰 칼을 받았더라." 큰 칼을 들고 붉은 말을 타고 있는 자는 정치적 억압을 상징한다. 붉은색은 폭력과 억압에 의한 유혈을 상징한다. 군인들이 전쟁터에서 무기로 사용하는 칼은 롬파이아($\acute{\rho}o\mu\phi\alpha\acuteı\alpha$)이지만, 사람들에게 명령을 내리고 사형을 집행할 수 있는 권한을 가진 지배자의 통치 권력을 상징하는 칼은 마카이라($\mu\acute{\alpha}\chi\alphaıρα$)다.[5] 요한은 이 두 용어를 의도적으로 구별하여 사용했다. 그런데 붉은 말을 타고 있는 자가 들고 있는 큰 칼은 마카이라($\mu\acute{\alpha}\chi\alphaıρα$)다. 이것은 그가 권력으로 지배하고 억압하는 것을 나타낸다. 지배자의 통치권을 상징하는 이 칼은 바울의 로마서에서도 등장한다. "그가 공연히 칼($\mu\acute{\alpha}\chi\alphaıρα$)을 가지지 아니하였으니"(롬 13:4).

"큰 칼을 받아"($\acuteἐδόθη$)와 "허락을 받아"($\acuteἐδόθη$)는 앞에서 설명한 그리스어 문법의 신적 수동태 형식으로 표현되었으며, 두 문장의 주어인 하나님이 생략되었다. 큰 칼을 들고 붉은 말을 타고 있는 자는 하나님의 허락을

---

4 — Klaus Wengst, *Wie lange noch?*, 177.
5 — Justo L. González, *For the Healing of the Nations: The Book of Revelation in an Age of Cultural Conflict* (New York: Orbis Books, 1999), 38.

받아서 땅에서 화평을 없애고 사람들을 서로 죽이게 한다. 이것은 먼 미래에 발생할 현실에 대한 예언이 아니라, 요한의 시대에 정치적 억압으로 인해서 평화가 파괴되고 많은 사람이 서로 죽이고 죽는 전쟁과 유혈이 지속적으로 일어나는 현실을 가리킨다. 요한이 경험하는 현재는 "로마의 평화"(Pax Romana)의 시대가 아니라, 정치적 억압과 살육의 시대다. 둘째 봉인의 개봉은 로마 제국주의의 다른 한 특징이 정치적 억압이라는 것을 폭로했다.

5절　어린 양이 셋째 인을 떼어낼 때 셋째 생물이 역시 "오라"고 명령하자 검은 말이 나왔는데, 그 검은 말을 타고 있는 자는 손에 저울을 들고 있었다. 저울은 물건을 사고 팔 때 사용하는 도량형으로, 이것은 경제를 상징한다.

6절　이때 요한은 네 생물들 사이로부터 "한 데나리온에 밀 한 되요, 한 데나리온에 보리 석 되로다. 또 감람유와 포도주는 해치지 말라"고 외치는 음성을 들었다. 이러한 식량 가격은 평상시보다 여덟 배 이상 상승한 것이다.[6] 당시 사람들은 밀을 주식으로 먹었고, 가난한 자들은 보리를 먹었다. 우리말 "되"로 번역된 그리스어 코이닉스(χοῖνιξ)는 남자 군인 한 사람에게 필요한 하루치 식량의 양을 가리킨다. 그 당시 한 데나리온은 성인 남자 노동자가 하루 동안 일하고 받는 임금이었고, 여자는 남자 임금의 절반을 받았다. 노동자가 하루 일하고 받은 임금으로 겨우 자기가 먹을 식량만을 살 수 있었다면, 그의 가족은 굶주림을 면하지 못했을 것이다.

곡물의 부족과 곡물 가격의 상승은 흉년 때문이 아니라 전쟁 상황과 관련이 있었다. 흉년으로 곡물이 모자랄 경우 흑해 지역의 밀과 보리가

---

[6] ― 여덟 배에서 열여섯 배나 상승한 가격으로 추정되기도 한다. G. K. Beale, *The Book of Revelation*, 381.

소아시아 지역으로 공급되었다. 하지만 그것은 영토 확장을 위해 전쟁하는 로마의 군인들을 위한 군사용으로 공급되었기 때문에 흉년이 들었을 때 소아시아 지역에 공급되지 않았다. 또한 상인들은 더 많은 이윤을 얻기 위해서 곡물 방출을 조절함으로써 곡물 가격을 상승시켰다.

부자들이 애용하는 감람유와 포도주의 공급은 충분하고 가격 변동도 없었지만, 어차피 가난한 사람들은 돈이 없어서 비싼 감람유와 포도주를 살 수가 없었을 것이다. 그 당시 지주들은 더 많은 소득을 얻기 위해서 밀과 보리 생산 대신에 올리브와 포도를 전문으로 재배하는 큰 농장(*latifundium*)을 운영했다. 세 번째 봉인 환상은 부자들을 더 부유하게 하는 반면에 가난한 자들을 빈곤과 기아와 죽음으로 몰아넣는 로마의 불의한 경제 체제를 폭로했다. 이것은 로마 제국주의의 또 다른 특징이 경제적 착취와 억압이라는 것을 나타낸다.

7-8절　　넷째 봉인이 열리는 순간에 넷째 생물이 "오라"고 외쳤고, 이번에는 청황색 말을 탄 자가 나타났다. "내가 보매 청황색 말이 나오는데 그 탄 자의 이름은 사망이니 음부가 그 뒤를 따르더라. 그들이 땅 사분의 일의 권세를 얻어 검과 흉년과 사망과 땅의 짐승들로써 죽이더라." 청황색은 청색이지만 시체의 색과 같다. 청황색 말을 타고 있는 자의 이름이 "사망"(θάνατος)인 이유는 로마 제국이 죽음의 체제임을 상징하기 위함이다. "음부"(ἄδης)는 죽은 자들이 모여 있는 장소. 음부가 사망이라는 이름을 가진 자의 뒤를 따라가고 있다는 것은 로마의 정책에 순응하지 않는 사람들이 죽임을 당하고 사회에서 배제되었음을 의미한다. 로마 제국은 정복지를 초토화하면서 수많은 사람을 학살했고, 거기서 나온 희생자들은 망각되었다.

"그들이 땅 사 분의 일의 권세를 얻어 검과 흉년과 사망과 땅의 짐승들로써 죽이더라"(계 6:7). "땅 사 분의 일의 권세를 얻어"(ἐδόθη)라는 문장

역시 주어가 생략된 신적 수동태 형식으로 표현되었다. 청황색 말을 타고 있는 자는 네 가지 살상 도구, 곧 "검과 흉년과 사망과 땅의 짐승들"을 사용해 사람들을 죽인다. 검(ῥομφαία)은 군인들이 사용하는 무기이고, 흉년(λιμός)은 기근을 의미한다. 사망(θάνατος)은 온역 혹은 흑사병을 가리키고, "땅의 짐승"(θηρίον)은 야생 동물이 아니라 로마 제국을 숭배하면서 황제 숭배를 거부하는 사람들을 억압하고 죽이는 식민지의 토착 권력자들을 가리킨다. 이러한 네 가지 살상 도구는 모두 에스겔 14:21에 나오는 것을 상기시킨다. "주 여호와께서 가라사대 내가 나의 네 가지 중 한 벌 곧 칼과 기근과 사나운 짐승과 온역을 예루살렘에 함께 내려 사람과 짐승을 그중에서 끊으리니 그 해가 더욱 심하지 않겠느냐."

로마 제국에 저항하는 자들은 이러한 네 가지 살상 도구를 통해서 죽임을 당하고 사회에서 배제되었다. 그러나 청황색 말을 타고 있는 자에게 땅의 사 분의 일만을 해치는 권세가 하나님으로부터 허락되었다. 이것은 현재의 시간이 종말의 때가 아니며, 성도들이 로마 제국의 횡포에 맞서 비폭력적으로 저항하고 싸워서 이길 수 있는 가능성이 아직 남아 있음을 의미한다. 넷째 봉인의 개봉은 로마 제국이 총체적인 죽음의 구조라는 것을 나타냈고, 제국주의의 또 다른 특징이 약자들을 죽이고 망각하는 사회적 배제인 것을 폭로했다.

로마의 지배자들이 밀봉한 역사의 봉인들이 어린 양에 의해서 열림으로써 폭로된 현실은 미래에 발생할 현실이 아니라, 예언자 요한과 그의 동시대인들이 이미 오래전부터 경험하고 있는 엄연한 현재의 현실이다. 로마 제국은 "로마의 평화"라는 정치적 이데올로기를 통해서 수많은 사람의 생명을 파괴하는 제국주의 체제를 은폐하거나 정당화했다. 그러나 요한은 처음 네 개의 봉인을 개봉함으로써 이러한 살인적인 현실을 불러온 로마 제국주의를 ① 군사적 침략, ② 정치적 억압, ③ 경제적 착취, ④ 사회적 배제라는 네 가지 특징으로 분석하고, "로마의 평화"가 피로 물든 거 짓 평화라는 것을 폭로했다. 이러한 로마 제국주의는 하나님에 의해서 창 조된 인간 생명 자체에 대한 근본적인 위협이다.

로마 제국주의 체제가 지금 이대로 계속된다면 그것은 절망적이다. 그러나 요한은 약자들을 희생시키는 이러한 살인적인 현실이 하나님의 허락 하에 일어난 것이라고 신적 수동태를 통해서 표현한다. 그는 그런 표현을 통해서 하나님이 이 세계를 로마 제국과 로마의 황제들에게 영원히 넘겨주지 않으시고 언젠가는 반드시 그들을 심판하실 것이라는 사실과, 죽음의 체제인 로마의 제국주의가 파괴될 것이라는 사실을 그의 수신자들에게 확신시켰다.

다섯째 봉인(6:9-11)

> 9 다섯째 인을 떼실 때에 내가 보니 하나님의 말씀과 그들이 가진 증거로 말미암아 죽임을 당한 영혼들이 제단 아래에 있어 10 큰 소리로 불러 이르되, "거룩하고 참되신 대주재여, 땅에 거하는 자들을 심판하여 우리 피를 갚 아주지 아니하시기를 어느 때까지 하시려 하나이까?" 하니, 11 각각 그들에 게 흰 두루마기를 주시며 이르시되 "아직 잠시 동안 쉬되 그들의 동무 종들 과 형제들도 자기처럼 죽임을 당하여 그 수가 차기까지 하라" 하시더라.

9절 　처음 네 봉인의 개봉을 통해서 폭로된 로마의 제국주의 체제 는 수많은 희생자를 생산하는 죽음의 체제다. 이러한 죽음의 체제에서 희 생된 자들이 다섯째 봉인에서 나타난다. 다섯째 봉인이 개봉되는 순간에 요한은 "하나님의 말씀과 그들이 가진 증거로 말미암아 죽임을 당한 영혼 들이 제단 아래에" 있는 것을 보았다. 여기서 "제단"은 하늘 성전의 번제단을 의미한다. 이 제단은 희생 제물을 바치는 예루살렘 성전의 번제단을 재현한다. 구약 시대에는 희생 제물의 피를 번제단 아래에 붓는 것이 규례였는데, 그 이유는 생물의 생명이 바로 그 피 속에 있으므로 피가 제물이 되어서다(참조. 레 4:7). 남녀 순교자들이 하늘의 제단 아래에 있다는 것은 그들이 흘린 피가 희생 제물이라는 의미다. 바울은 성도들의 믿음의 예배에 자신의 피를 기꺼이 전제로 드리고 싶다고 말했다(빌 2:17). 전제는 구약 시대의 제사 방법 중 하나로 제물을 제단 위에 올려놓고 불사르기 전에 그 제물 위에 피를 상징하는 포도주를 붓는 의식이다(참조. 출 29:40).

순교자들의 죽음의 원인은 하나님이 역사의 주인이라는 믿음에 근거하여 로마 제국주의 체제에 대한 순응과 동화를 거부하고 항의한 데 있다. 또한 그것은 장차 도래할 정의와 자유와 평화가 지배하는 평등한 형제자매적인 대안적 공동체인 하나님 나라를 증언한 데 있다. 그들은 요한계시록 6:2-8에서 서술된 군사적 침략, 정치적 억압, 경제적 착취, 사회적 배제라는 특징을 가진 로마 제국주의 체제의 희생자들이다.

여기서 "영혼들"로 번역된 프쉬카스(ψυχάς)는 그리스의 인간학에서처럼 육체와 반대되는 인간의 죽지 않는 부분을 의미하는 것이 아니다. 왜냐하면 여기서 영혼들은 보이고, 음성을 가졌으며, 나중에는 흰옷을 입기 때문이다. 따라서 요한이 "죽임을 당한 영혼들"을 보았다는 것은 순교자들이 모두 하늘에서 살아 있는 사람들로 보였음을 의미한다.[7] 바울은 죽은 성도들이 하늘에서 살 것을 믿었다. "만일 땅에 있는 우리의 장막 집이 무너지면 하나님께서 지으신 집 곧 손으로 지은 것이 아니요 하늘에 있는 영원한 집이 우리에게 있는 줄 아느니라"(고후 5:1). 지혜서 1:15에 따르면

---

7 — Pablo Richard, *Apokalypse*, 109; John P. Newport, *The Lion and the Lamb: A Commentary on the Book of Revelation for Today* (Nashville: Broadman and Holman Publishers, 1986), 188.

"의인은 죽지 않는다."

10절 　제단 아래 모여 있는 남녀 순교자들은 "큰 소리로 불러 이르되, 거룩하고 참되신 대주재여, 땅에 거하는 자들을 심판하여 우리 피를 갚아주지 아니하시기를 어느 때까지 하시려 하나이까"라고 절규한다. 하나님에 대한 호칭으로 사용된 "대주재"(δεσπότης)는 요한계시록 전체 중 여기서 단 한 번 나오는 단어다.[8] 그들은 "진실하고 참된 대주재"가 로마 황제가 아니라 하나님이라고 고백했기 때문에 처형된 자들이다. 그들의 외침은 정의를 위한 심판과 신원을 하나님께 호소하는 탄원이며, 또한 자신들을 희생시킨 폭력의 역사에 대한 항의다. 아마도 여자 순교자들은 훨씬 더 처절하게 통곡하고 절규했을 것이다. 왜냐하면 살해되기 전 그녀들은 단지 여성이라는 이유로 남자들이 당할 필요가 없는 이중의 고통과 수치를 겪었을 것이기 때문이다.[9]

"어느 때까지"라는 물음은 심판과 신원이 너무 오래 지체되지 않기를 바라는 그들의 애절하고 초조한 기다림을 나타낸다. 그와 같은 그들의 물음은 시편 기자의 부르짖음과 같다. "세계를 판단하시는 주여, 일어나사 교만한 자에게 상당한 형벌을 주소서. 여호와여, 악인이 언제까지, 악인이 언제까지 개가를 부르리이까?"(시 94:2-3). 유사한 정서가 하박국에서도 발견된다. "여호와여, 내가 부르짖어도 주께서 듣지 아니하시니 어느 때까지리이까? 내가 강포로 말미암아 외쳐도 주께서 구원하지 아니하시나이다"(합 1:2).

"땅에 거하는 자들"은 약자들을 억압하고 죽이는 로마 제국의 권력자

---

8 — 눅 2:29과 행 4:24에서 이 단어는 하나님을 부르는 호칭으로 사용된다.
9 — 여자 순교자들은 처형당하기 전에 성폭행과 강간을 아주 많이 당했다. Christine Schaumberger & Luise Schottroff, *Schuld und Macht: Studien zu einer feministischen Befreiungstheologie*, 94.

들과 그들을 추종하는 짐승의 숭배자들을 가리킨다. "심판하여"(κρίνεις)
는 희생자들의 권리를 회복시키고 정의를 실현하는 것을 의미한다. "피
를 갚아"(ἐκδικεῖς)는 복수만이 아니라, 희생자들의 가슴에 맺힌 한을 푸
는 신원을 의미한다(신 32:43; 왕하 9:7; 시 79:10). 복수를 기원하는 것은 약
자와 희생자들이 할 수 있는 저항의 마지막 형태다. 그리스어 엑디케오
(ἐκδικέω)는 이곳과 요한계시록 19:2에서 나타난다. 순교자들이 하나님께
심판과 신원을 호소하는 것은 하나님이 그들의 유일한 "피난처와 힘이며,
그리고 환난 중에 만날 큰 도움"(시 46:1)이 되시기 때문이다. 그들의 외침
은 에티오피아어 에녹서에 기술된 죽은 자들의 영혼들이 부르짖는 서러
운 자기 진술을 요약한 것과 같다.[10]

> 우리의 곤경의 날들에 우리는 정말로 여러 가지 고난을 당했고, 온갖 어려움
> 을 겪었다. 우리는 많은 악한 것들에 직면했고 지쳤다. 우리는 죽었고, 소수
> 가 되었으며, 그리고 우리의 정신은 약해졌다. 우리는 살해되었고, 우리는 말
> 로서든지 다른 것으로 우리를 도와줄 수 있는 사람을 전혀 찾지 못했다. 우리
> 는 고문을 당했고 파괴되었고, 그리고 우리는 하루를 살고 나면 그 다음날에
> 도 생명을 부지하는 것을 희망할 수조차 없었다. 우리는 머리가 되기를 희망
> 했는데 꼬리가 되었다. 우리는 일터에서 고된 일을 했지만, 우리의 수고에 대
> 한 권한은 전혀 없었다. 우리는 죄인들과 압제자들의 먹잇감이 되었다. 그들
> 은 그들의 멍에를 우리에게 무겁게 지웠다. 막대기로 우리를 때리고 괴롭히
> 면서 우리를 미워하는 자들이 우리를 지배하는 주인들이 되었다. 우리는 우
> 리를 미워하는 자들에게 우리의 목을 굽혔지만, 그들은 우리를 전혀 동정하
> 지 않았다. 우리는 피신해서 휴식을 취하기 위하여 그들로부터 도망치는 것

---

10 ― 이병학, "추모위령제와 항의로서의 예배", 「신학논단」 75집(2014), 168-207.

을 원했지만, 그러나 우리는 도망가서 그들로부터 안전할 수 있는 장소를 전혀 찾지 못했다. 그 당시 우리의 환난 속에서 우리는 사법 당국에 그들을 고발했고, 고함을 지르면서 우리를 삼키고 있었던 자들을 비난했지만, 당국은 우리의 외침에 아무런 관심을 보이지도 않았고, 우리의 목소리 듣기를 원하지도 않았다. 이와 반대로 당국은 오히려 우리를 강탈하고 삼켰었던 자들과 우리를 한 사람씩 죽였던 자들을 지원해주었다. 당국은 그들의 불의를 숨겼으며, 그리고 우리를 삼키고 우리를 흩어지게 하고 우리를 살해하는 자들의 명에를 벗겨주지 않았다. 당국은 우리가 당한 학살을 은폐하고, 압제자들이 손을 쳐들고 우리를 공격했다는 사실을 기억하지 않았다(에녹1서 103:9-13).

죽은 자들의 이러한 자기 진술에는 그들이 생전에 겪었던 쓰라림, 슬픔, 원한, 분노가 배어 있다. 그들은 생전에 빈곤과 학대와 죽음으로 내몰렸지만 자신들의 생명을 구해줄 사람을 전혀 찾을 수 없었다. 그들은 권리를 빼앗긴 자들이었으며 날마다 생존의 위협을 당했다. 또한 하나님의 말씀에 따라서 선을 행했지만, 그들의 선행에 대한 적절한 보상을 전혀 받지 못했다(참조. 신 28:13). 순교자들은 지주와 권력자들에게 착취당했기 때문에 힘든 노동에도 불구하고 항상 굶주림과 빈곤에 시달려야만 했다. "죄인들과 압제자들의 먹잇감"이라는 은유적 표현은 그들이 지주들과 압제자들에게 노동의 대가를 받지 못하고 착취당했을 뿐만 아니라, 여자들은 강간까지 당했다는 사실을 의미한다.

순교자들은 지주들과 압제자들에게 자주 폭행을 당했다. 그들은 악인들의 억압의 손아귀로부터 벗어나기 위해서 도망쳤지만, 몸을 숨길 만한 안전한 장소를 찾지 못했다. 그들은 범죄자로 수배되었고, 체제의 앞잡이들에 의해 재빨리 체포되어 법정에 세워졌다. 순교자들은 평소에 억울함을 호소하고 자신들의 권리를 찾기 위해서 법원과 같은 권력 기관에 접근할 기회를 가져본 적이 전혀 없었다. 오히려 그들은 침묵을 강요당하면서 살았다. 그러나 이제 그들은 범죄자로 기소되어서 재판을 받음으로써 처음으로 권력 기관을 접하게 되었다. 하지만 그들을 기다리는 것은 그들의 주인처럼 자신들의 권리에 대한 변호와 방어가 아니라, 부당한 선고와 가혹한 형벌이었다. 그들은 법정에서 눈물로 호소하고 울부짖었지만, 그들의 호소와 항의는 전혀 주목받지 못했다. 사법 당국은 기소된 약자들의 호소를 듣지 않고 오히려 그들을 고발한 힘센 자들의 악행을 덮어주고 합법화했다. 왜냐하면 사법 당국은 체제를 유지하고자 힘 있는 자들에 편에 서서 그들과 함께 일했기 때문이다. 약자들은 그들의 억울함을 변호해주고 인권을 되찾아줄 변호사도 없었다. 그들은 불의하게 살해당했고, 시신은 은밀한 장소에 매장되었으며 사회에서 완전히 망각되었다.

하늘의 제단 아래 있는 남녀 순교자들은 폭력의 역사에서 희생된 자들이다. 그들이 하나님께 심판을 탄원하는 것은 자신들이 흘린 피 때문이다. 하지만 그들은 지금도 계속되고 있는 희생자들의 피 때문에 하나님께 심판을 탄원한다. 우리가 하나님이 로마를 심판하신 원인이 순교자들의 피뿐만 아니라 모든 무죄한 자의 피에 있음을 상기한다면(계 18:24), 하늘의 제단 아래서 집합적인 목소리로 심판과 신원을 하나님께 호소하는 죽은 자들의 범주는 로마에 의해 희생된 순교자들만이 아니라, 로마 제국주의의 모든 희생자와 나아가 폭력의 역사에 희생된 모든 희생자를 포함한다고 볼 수 있다.[11] "어느 때까지"라고 묻는 남녀 순교자들의 외침에는 수세기에 걸친 모든 시대와 모든 나라에 존재하던 약자들이 믿음 안에서 고난을 당하며 흘린 눈물과 절망과 원한과 항의가 섞여 있다.

---

11 — Wes Howard-Brook and Anthony Gwyther, *Unveiling Empire*, 142; Allen A. Boesak, *Comfort and Protest: The Apocalypse from South African Perspective*, 68-70.

"어느 때까지"라고 부르짖는 외침은 3.1운동에 참여했다는 이유로 살해당하고 고문당한 자들의 비명이고, 일본군의 성노예로 끌려가서 장기간 동안 강간당하고 죽임당한 수많은 어린 소녀들의 절규이며, 한국전쟁 전후에 좌익과 부역혐의자로 몰려서 정당한 재판도 없이 산과 들과 바다에서 집단적으로 학살당한 수많은 민간인 피학살자의 울부짖음이다. 또한 그것은 군사정부 시절에 광주 금남로에서 군인들의 총칼에 희생당한 남녀 시위자들의 비명이고, 서울 용산에서 화염에 휩싸인 망루에서 새까맣게 불타죽은 철거민들의 절규이며, 진도 앞바다에서 침몰한 여객선 "세월호"에서 구조되지 못한 남녀 고등학생들의 울부짖음이다. 법과 질서의 이름으로 폭력이 정당화되는 한, 인간에 대한 인간의 지배가 합법화되는 한, 그리고 이윤과 자본의 욕망을 위한 경제 체제가 계속되는 한, 희생자와 약자들이 부르짖는 "어느 때까지"라는 외침은 한국과 세계 도처에서 계속될 것이다.

11절　"각각 그들에게 흰 두루마기를 주시며 이르시되 아직 잠시 동안 쉬되 그들의 동무 종들과 형제들도 자기처럼 죽임을 당하여 그 수가 차기까지 하라 하시더라." 로마 제국주의의 희생자들인 순교자들이 정의와 심판을 요구했지만, 하나님은 그들에게 흰 두루마기를 한 벌씩 주시면서 정해진 순교자들의 수가 찰 때까지 좀 더 기다려야만 한다고 대답하셨다. 그들이 받은 "흰 두루마기"(στολή)는 지상에서 당한 그들의 고난에 의미를 부여하는 보상이 아니라, 하나님의 정의가 성취되는 종말의 날까지 하나님의 시간을 맞을 채비를 의미한다. 예언자 요한은 죽은 자들이 생전에 당한 고난과 억울한 죽음에 의미를 부여하거나, 고난과 죽음을 바람직한 것으로 생각하지 않는다. 왜냐하면 그들이 당한 고난과 억울한 죽음은 반드시 소멸되어야만 할 폭력의 역사의 특징들이기 때문이다(참조. 계 21:4).

억압과 박해와 저항의 시간은 아직 끝나지 않았다. 종말의 날까지의 시간 측정은 희생자들의 수에 의해서 결정된다.[12] 요한은 교회의 구성원들이 겪게 될 고난과 순교를 미리 예상하고 있었다. 그래서 순교자들의 수에 대한 표상을 통해서 그들이 지금 겪고 있고 또 장차 겪게 될 고난과 폭력적 죽음을 하나님의 심판을 통한 폭력의 역사의 끝남과 새로운 대안적 세계의 시작과 결부시켜서, 그들이 당면한 고난을 받아들이도록 격려하고 그들의 증언과 투쟁을 정당화했다. 따라서 순교자들이 하늘에서 기다리고 있는 동안에 산 자들은 땅 위에서 계속해서 증언하고 저항하고 투쟁해야만 한다. 이러한 과정에서 발생하는 성도들의 죽음은 하나님이 정하신 순교자들의 수를 채울 것이다. 하나님이 정하신 순교자들의 수가 채워지면, 그분께서는 폭력의 역사를 심판으로 반드시 종식시키실 것이다. 하늘에 있는 수많은 순교자들도 하나님께서 폭력의 역사를 종식시키는 심판의 날에 환호할 것이다(참조. 계 19:1-2). 산 자들이 죽은 자들의 고난과 저항 그리고 투쟁을 기억하고 그들과 연대하여 이 세계를 변화시키는 일에 헌신하는 것이 요한계시록이 요구하는 기억의 윤리다. 따라서 성도들은 가까이 다가온 하나님의 심판을 통해 이 폭력의 역사가 언젠가는 종식될 것을 확신하고 기억을 통해 죽은 자들과 연대의 공동체를 형성해서 비폭력적으로 악의 세력에 끊임없이 저항하고 새로운 대안적 세계를 건설하는 데 헌신해야만 한다.

여섯째 봉인(6:12-17)

> 12 내가 보니 여섯째 인을 떼실 때에 큰 지진이 나며 해가 검은 털로 짠 상

---

12 — Rainer Stuhlmann, *Das eschatologische Mass im Neuen Testament*, FRLANT 132 (Göttingen, 1983), 159; Klaus Wengst, 『로마의 평화』, 277.

복같이 검어지고 달은 온통 피같이 되며 13 하늘의 별들이 무화과나무가 대풍에 흔들려 설익은 열매가 떨어지는 것 같이 땅에 떨어지며 14 하늘은 두루마리가 말리는 것 같이 떠나가고 각 산과 섬이 제 자리에서 옮겨지매 15 땅의 임금들과 왕족들과 장군들과 부자들과 강한 자들과 모든 종과 자유인이 굴과 산들의 바위틈에 숨어 16 산들과 바위에게 말하되 "우리 위에 떨어져 보좌에 앉으신 이의 얼굴에서와 그 어린 양의 진노에서 우리를 가리라. 17 그들의 진노의 큰 날이 이르렀으니 누가 능히 서리요" 하더라.

12절　　여섯째 봉인의 개봉과 함께 큰 지진이 일어나고 해가 검어지고 달이 온통 피같이 변했다. 이것은 하나님의 현현과 종말의 때에 나타나는 현상들이다. 큰 지진은 곡에 대한 예언이 서술된 에스겔 38:19을 차용한 것이다. "그날에 큰 지진이 이스라엘 땅에 일어나서." "해가 검은 털로 짠 상복같이 검어지고"라는 표현은 이사야 50:3을 연상시킨다. "내가 흑암으로 하늘을 입히며 굵은 베로 덮느니라." 요엘 2:10에도 비슷한 현상이 묘사되어 있다. "그 앞에서 땅이 진동하며 하늘이 떨며 해와 달이 캄캄하며 별들이 빛을 거두도다." 그러나 여섯째 천사가 폭로한 이러한 파국적인 현상은 역사 안에서 일어나는 로마 제국과 압제자들을 향한 하나님의 심판을 우주적이고 신화적인 상징의 형태로 표현한 것이다.

13-14절　　하늘의 별들이 떨어지고 하늘은 두루마리가 말리는 것 같이 떠나가고, 각 산과 섬이 옮겨진다. 이러한 파국에 대한 묘사는 하나님의 심판이 우주적이고 신화적으로 묘사된 이사야 34:2-4에서 인용된 것이다.

대저 여호와께서 열방을 향하여 진노하시며 그들의 만군을 향하여 분내사 그들을 진멸하시며 살육당하게 하셨은즉 그 살육당한 자는 내던진 바 되며 그 사체의 악취가 솟아오르고 그 피에 산들이 녹을 것이며 하늘의 만상이 사라지고 하늘들이 두루마리 같이 말리되 그 만상의 쇠잔함이 포도나무 잎이 마름 같고 무화과나무 잎이 마름 같으리라.

요한계시록 6:13-14에 묘사된 우주적 파국은 20:11에서 마지막 심판의 때에 우주가 사라지는 것과 같은 역사의 종말을 의미하는 것이 아니다.[13] 그것은 하나님이 진노하셔서 지금의 역사 안에서 로마 제국의 억압 구조를 깨트리는 대참사를 의미한다.[14] 왜냐하면 6:12-14에서 묘사된 우주적 파국이 6:15-17에서 서술된 인간에 대한 심판을 위한 환경을 구축하기 때문이다.

15절　　이러한 역사적 파국 앞에서 로마의 압제자들은 두려워서 굴과 산들의 바위틈에 숨는다. 그들은 사회의 최상위층에 속하는 자들이다. 요한은 그들을 아래와 같은 위계체계의 순서로 분석했다.

1. 땅의 임금들(οἱ βασιλεῖς τῆς γῆς)
2. 왕족들(οἱ Μεγιστᾶτες)
3. 장군들(οἱ χιλίαρχοι)
4. 부자들(οἱ πλούσιοι)
5. 강한 자들(οἱ ἰσχυροί)
6. 모든 종과 자유인(πᾶς δοῦλος καὶ ἐλεύθερος)

여기서 맨 위에서부터 다섯째까지는 약자들을 억압하고 착취하는 로마 제국 사회의 지배 계층이며, 맨 아래에 있는 "모든 종과 자유인"은 그

---

13 — Beale은 6:12-14이 세계에 대한 마지막 심판을 묘사한 것이라고 주장한다. G. K. Beale, *The Book of Revelation*, 398-399.
14 — Pablo Richard, *Apokalypse*, 112.

들에게 충성하는 협력자들이다. "땅의 임금들"은 로마에 예속된 식민지의 왕들로서 자신들의 이익을 위해서 로마에 충성한다. "왕족들"은 고위 정치 권력자들로서 로마의 귀족들이다. "장군들"은 군대 사령관과 천부장들이다. 지금까지 언급한 세 부류는 정치적·군사적 지배층이다. "부자들"은 경제적 지배층이며, 약자들을 수탈하는 무역업자와 대지주들이다. "강한 자들"은 역시 권력과 경제적 부를 가진 자들이다. 이 모든 사람은 짐승을 숭배하는 자들이며 이마와 오른손에 짐승의 표를 가지고 있는 자들이다. 그들은 하나님이 역사의 주인이라는 사실을 믿지 않고, 약자와 가난한 자들을 수탈하고 짓밟으며 저항자들의 피를 흘리는 자들이다. 세례자 요한이 죽임을 당한 헤롯의 잔치에 참여한 인사들이 바로 이러한 다섯 지배 계층의 범주에 속한 사람들이었다(참조. 막 6:21).

"모든 종과 자유인"은 두려움 또는 개인적인 작은 이익 때문에 불의를 행하는 사회의 다섯 지배 계층에게 저항하는 대신 오히려 그들에게 협력한 모든 사람을 가리킨다. 그들은 일종의 공범자들이다. 지배층들과 그들의 협력자들은 우주적 파국 앞에서 공포를 느끼고 "굴과 산들의 바위틈"에 숨었다. 이 표현은 이사야 2:17-21에서 차용되었다. "그날에 자고한 자는 굴복되며 교만한 자는 낮아지고 여호와께서 홀로 높임을 받으실 것이요, 우상들은 온전히 없어질 것이며, 사람들이 암혈과 토굴로 들어가서 여호와께서 땅을 진동시키려고 일어나실 때에 그의 위엄과 그 광대하심의 영광을 피할 것이라. 사람이 자기를 위하여 경배하려고 만들었던 은 우상과 금 우상을 그날에 두더지와 박쥐에게 던지고 암혈과 험악한 바위틈에 들어가서 여호와께서 땅을 진동시키려고 일어나실 때에 그의 위엄과 그 광대하심의 영광을 피하리라." 굴과 바위틈은 당국의 추격을 당하는 저항자들과 산적들이 숨는 곳이다. 그런데 이제 권력층들의 운명이 그들과 같은 신세가 되어서 굴과 바위틈에 숨었다.

16절　　"산들과 바위에게 말하되, '우리 위에 떨어져 보좌에 앉으신 이의 얼굴에서와 그 어린 양의 진노에서 우리를 가리라.'" 보좌에 앉으신 이는 하나님이시다. 약자들을 억압하고 수탈했던 사회 지배 계층들은 자신들의 죄를 회개하지 않고 숨었다. 이것은 하나님이 아웬의 산당들을 무너뜨리셨을 때 우상을 숭배하던 사람들이 회개하지 않고 산과 언덕을 향해서 자신들을 숨겨달라고 호소한 것과 같다(호 10:8). 보좌 위에 앉아 계시는 하나님은 약자들의 곤경과 피 흘림을 보시고 슬퍼서 소리치시며 눈물을 흘리는 하나님이시다(참조. 에녹1서 9:10). 하나님의 진노의 심판은 약자들을 억압하고 무고한 자들을 학살하는 압제자와 폭력 행위자들을 향해 실행된다. 다섯 지배 계층들을 향한 "어린 양의 진노"(ὀργή)는 불의에 대한 분노를 오랫동안 참으며 착취당하고 억눌린 약자들의 가슴에 맺혀 있는 쌓이고 쌓인 한(恨)의 폭발과 같다. 하나님의 진노와 어린 양의 진노는 압제자들을 심판하고 약자들의 권리를 찾아준다.

17절　　"그들의 진노의 큰 날이 이르렀으니 누가 능히 서리요." 이 수사학적 질문에 대한 답은 자명하다. 그들 가운데 어느 누구도 하나님과 어린 양의 진노를 피할 수 없다. 짐승의 숭배자인 다섯 계층의 억압자들은 구원의 희망이 없기 때문에 절망적으로 탄식한다. 이와 동일한 탄식이 나훔 1:5-6에서 발견된다. "그로 말미암아 산들이 진동하며 작은 산들이 녹고 그 앞에서는 땅 곧 세계와 그 가운데에 있는 모든 것이 솟아오르는도다. 누가 능히 그의 분노 앞에 서며 누가 능히 그의 진노를 감당하랴? 그의 진노가 불처럼 쏟아지니 그로 말미암아 바위들이 깨지는도다."

요약하면, 짐승을 숭배하는 억압자들에게는 미래가 없지만, 고난당하는 성도와 희생자들에게는 미래가 있다. 요한계시록 6:12-17에는 폭력의 역사에서 고난당하는 약자들이 역사의 주인이신 하나님께 간절히 바라는 심판과 복수의 기원이 투영되어 있다. 복수의 기원은 약자들이 펼칠 수 있는 마지막 형태의 저항이다. 그런데 언제 로마 제국과 제국을 유지시키는 짐승의 숭배자들에 대한 심판이 역사 안에서 일어나는가? 구체적으로 특정된 날짜를 말할 수는 없지만, 그러한 심판은 지속적인 현재의 시간에 천상의 예수와 연대해서 싸우는 성도들의 증언과 저항을 통해서 일어날 것이다. 이러한 변화를 위해서 증언하고 저항하는 과정에서 요한이 밧모섬에 갇혔고(계 1:9), 수많은 남녀 증인이 순교를 당했다(계 6:9; 22:4). 그리스도인들이 가진 유일한 무기는 하나님의 말씀과 예수의 증언에 있는 힘이다. 로마 제국을 뒤흔드는 이러한 역사적 파국은 짐승의 추종자들을 위협하지만, 그러나 이마에 하나님의 인침이 있는 성도들은 이 파국에서 안전하게 보호된다. 그것이 바로 요한계시록 7:1-8이 전하는 메시지의 핵심 의미다.

지상의 십사만사천(7:1-8)

> 1 이 일 후에 내가 네 천사가 땅 네 모퉁이에 선 것을 보니 땅의 사방의 바람을 붙잡아 바람으로 하여금 땅에나 바다에나 각종 나무에 불지 못하게 하더라. 2 또 보매 다른 천사가 살아 계신 하나님의 인을 가지고 해 돋는 데로부터 올라와서 땅과 바다를 해롭게 할 권세를 받은 네 천사를 향하여 큰 소리로 외쳐 3 이르되 "우리가 우리 하나님의 종들의 이마에 인치기까지 땅이나 바다나 나무들을 해하지 말라" 하더라. 4 내가 인침을 받은 자의 수를 들으니 이스라엘 자손의 각 지파 중에서 인침을 받은 자들이 십사만사천이니 5 유다 지파 중에 인침을 받은 자가 일만 이천이요, 르우벤 지파 중에 일만 이천이요, 갓 지파 중에 일만 이천이요, 6 아셀 지파 중에 일만 이천이요, 납달리 지파 중에 일만 이천이요, 므낫세 지파 중에 일만 이천이요, 7 시므

온 지파 중에 일만 이천이요, 레위 지파 중에 일만 이천이요, 잇사갈 지파 중에 일만 이천이요, 8 스불론 지파 중에 일만 이천이요, 요셉 지파 중에 일만 이천이요, 베냐민 지파 중에 인침을 받은 자가 일만 이천이라.

1절 하나님과 어린 양의 진노로 인한 역사적 파국은 우상 숭배자와 압제자들에게만 일어나고 하나님의 인침을 받은 성도들은 이 재난으로부터 보호를 받는다. 요한은 이 사실을 소아시아의 그리스도인들에게 확신시키기 위해서 인침을 받은 144,000에 대한 환상(계 7:1-8)을 소개한다. 하나님의 네 천사는 이제 역사적 파국의 바람을 막기 위해서 땅의 네 모퉁이에 서 있다. 넷이라는 숫자는 우주의 네 방위를 가리킨다(렘 49:36; 참조. 겔 7:2-3).

2절 앞 절에서 언급된 네 천사와 구별되는 또 다른 천사가 "살아 계신 하나님의 인"(σφραγίς)을 가지고 해 돋는 데서부터 올라왔다. 하늘에서 천사들은 각기 다른 임무를 갖고 있다. 하나님의 인을 가진 그 다른 천사는 "땅과 바다를 해롭게 할 권세를 받은 네 천사들에게" 큰 소리로 명령한다.

3절 "우리가 우리 하나님의 종들의 이마에 인치기까지 땅이나 바다나 나무들을 해하지 말라." 이것은 네 천사가 "살아 계신 하나님의 인"을 성도들의 이마에 칠 때까지 하나님의 심판이 연기된다는 것을 의미한다. 인침은 소유권이나 보호를 의미한다. 이마에 인침을 받은 자들은 하나님께 속한 자들이기 때문에 하나님의 보호를 받고 심판에서 면제된다. 기원전 6세기 솔로몬 성전이 파괴되기 직전에 예루살렘에는 우상 숭배가 극심했다. 하나님은 예루살렘을 심판하시기 직전에 흰옷을 입고 허리에 먹통을 찬 사람을 불러서 우상 숭배자들의 가증한 짓을 보시고 탄식하며 우는 의인들을 구하기 위해서 그들의 이마에 인을 표시하게 하셨다(겔 9:4).

하나님의 종들이 이마에 받은 인침(σφραγίς)은 황제 숭배에 참석하는 짐승의 추종자들의 오른손이나 이마에 있는 짐승의 표(χάραγμα)와 대조된다(계 13:16-17).[15] 짐승은 짐승의 표를 수단으로 해서 사람들로 하여금 자기에게 충성하도록 강요했다. 바울은 하나님이 성도들에게 인을 치시고 보증으로 그들의 마음에 성령을 주셨다고 말한다(고후 1:22). 에베소서는 성령으로 인침을 받은 성도에 대해서 말한다(엡 1:13; 4:30). 2세기에 저술되었지만, 저자가 분명하게 누구인지 밝혀지지 않고 단지 그리스도인이라고만 알려진 『헤르마스의 목자』(The Shepherd of Hermas)의 저자는 인침이 물이라고 말한다.

> 목자가 말했다. "그들은 살 수 있도록 물을 통해서 올라와야만 했다. 왜냐하면 그들이 그들의 생명의 죽은 상태를 버리지 않고서는 하나님 나라에 들어갈 수 없기 때문이다. 그러므로 잠든 사람들은 하나님의 아들의 인침을 받았다. 왜냐하면 어떤 사람은 하나님의 아들의 이름을 지니기 전에 죽은 상태에 있지만, 그가 인침을 받을 때 그는 생명의 죽은 상태를 버리고 생명을 얻기 때문이다. 그러므로 인침은 물이다. 그들은 죽어서 물속으로 내려가고 살아서 거기서 나온다"(『헤르마스의 목자』, 비유 9.16:3-4; 참조. 롬 6:3-5).

4절 "내가 인침을 받은 자의 수를 들으니 이스라엘 자손의 각 지파 중에서 인침을 받은 자들이 십사만사천이니." 여기서 "인침을 받은 자"는 세례를 받은 자들을 가리킨다. 세례는 예수를 뒤따르는 자들의 제자도를 위한 표다. 요한은 인침을 받은 144,000의 수를 이스라엘의 열두 지파 민

---

15 — J. Nelson Kraybill, *Apocalypse and Allegiance: Worship, Politics, and Devotion in the Book of Revelation* (Grand Rapids: Brazos Press, 2010), 109.

족과 연결시킴으로써 이스라엘 민족이 세례를 받은 성도들의 공동체인 교회의 뿌리라는 것을 나타냈다.

5-8절 이 단락은 144,000이 어떻게 구성되었는지를 설명한다. 여기서 언급된 열두 지파의 명단은 유다, 르우벤, 갓, 아셀, 납달리, 므낫세, 시므온, 레위, 잇사갈, 스불론, 요셉, 베냐민 지파다. 이 열두 지파의 명단과 창세기 49:2-28에 서술된 이스라엘 열두 지파의 명단을 비교해보면 특이한 점이 발견된다. 그것은 요한이 열두 지파의 명단 맨 처음에 유다 지파를 배치했다는 사실과 단 지파를 언급하기보다는 므낫세 지파를 언급했다는 사실이다. 유다 지파가 제일 먼저 배치된 이유는 요한이 메시아인 예수를 유다 지파의 사자로 보는 데 있고, 단 지파가 빠진 이유는 단 지파가 우상을 섬겼다는 사실에 있다(참조. 삿 18장). 요셉의 아들 중 므낫세가 열두 지파 명단에 들어간 것은 므낫세가 회개한 왕이기 때문이다(참조. "므낫세의 기도").

요한계시록에 나오는 모든 숫자는 상징적인 의미를 가지고 있다. 따라서 144,000이라는 수를 오늘날 우리가 사용하는 숫자 개념으로 해석하면 안 된다. 12라는 숫자는 이스라엘의 열두 지파를 상징한다. 이스라엘의 열두 지파에서 각각 12,000명이 뽑혔다. 1,000이라는 숫자는 고대 세계에서 많은 수를 상징한다. 12,000은 이스라엘 열두 지파의 수에 1,000을 곱한 수다(12×1,000=12,000). 그리고 144,000은 이스라엘의 열두 지파에서 각기 12,000명을 뽑은 수를 합한 수다(12×12,000=144,000). 따라서 144,000은 한없이 많은 수를 상징한다.

144,000을 유대인들에게만 한정해서 이해하면 안 된다. 만약 그렇게 해석할 경우에는 이방인 그리스도인들이 배제될 수 있다. 또한 144,000이 문자적으로 오직 지상에서 구원받은 사람들의 수를 가리키는 것으로 이해되어서도 안 된다. 오늘날 작은 시 단위의 인구수는 144,000 정도이며,

큰 도시의 인구수는 144,000을 훨씬 초과한다. 따라서 전 인류 중 구원받은 자들이 오직 144,000명이라고 주장하는 것은 옳지 않다. 144,000은 국적과 민족과 언어와 피부를 초월하여 세례를 받은 모든 남녀 그리스도인을 상징한다.

144,000이 이마에 받은 인침은 세례를 의미한다. 그것은 마지막 심판의 날까지 폭력의 역사에 항의하고 로마 제국의 우상 숭배적인 체제에 저항하며 짐승과 짐승의 우상과 싸우는 대안적 공동체를 나타낸다. 144,000은 하늘의 보좌 앞에서 흰옷을 입고 예배하는 셀 수 없이 많은 무리와 동일시된다(계 7:9-17). 이것은 요한계시록 14:1에서 하나님 아버지의 이름과 예수의 이름으로 세례를 받은 그리스도인들의 공동체로 다시 나타난다. "또 내가 보니, 보라! 어린 양이 시온 산에 섰고 그와 함께 십사만사천이 서 있는데 그들의 이마에는 어린 양의 이름과 그 아버지의 이름을 쓴 것이 있더라."

오늘날 세례를 받은 교인은 144,000의 공동체에 속한다. 그러나 세례는 구원에 관한 모든 것을 보장하는 보험과 같을 수 없다. 세례를 받은 자는 우상 숭배를 거부하고 하나님과 어린 양에게만 충성하고 예배를 드려야 하며, 예수를 뒤따르는 제자도를 실천해야 할 윤리적 책임이 있다.

하늘의 셀 수 없는 큰 무리(7:9-17)

9 이 일 후에 내가 보니 각 나라와 족속과 백성과 방언에서 아무도 능히 셀수 없는 큰 무리가 나와 흰옷을 입고 손에 종려 가지를 들고 보좌 앞과 어린 양 앞에 서서 10 큰 소리로 외쳐 이르되 "구원하심이 보좌에 앉으신 우리 하나님과 어린 양에게 있도다!" 하니, 11 모든 천사가 보좌와 장로들과 네 생물의 주위에 서 있다가 보좌 앞에 엎드려 얼굴을 대고 하나님께 경배하

여 12 이르되, "아멘! 찬송과 영광과 지혜와 감사와 존귀와 권능과 힘이 우리 하나님께 세세토록 있을지어다. 아멘!" 하더라. 13 장로 중 하나가 응답하여 나에게 이르되 "이 흰옷 입은 자들이 누구며 또 어디서 왔느냐?" 14 내가 말하기를 "내 주여 당신이 아시나이다" 하니, 그가 나에게 이르되 "이는 큰 환난에서 나오는 자들인데 어린 양의 피에 그 옷을 씻어 희게 하였느니라. 15 그러므로 그들이 하나님의 보좌 앞에 있고 또 그의 성전에서 밤낮 하나님을 섬기매 보좌에 앉으신 이가 그들 위에 장막을 치시리니 16 그들이 다시는 주리지도 아니하며 목마르지도 아니하고 해나 아무 뜨거운 기운에 상하지도 아니하리니, 17 이는 보좌 가운데에 계신 어린 양이 그들의 목자가 되사 생명수 샘으로 인도하시고 하나님께서 그들의 눈에서 모든 눈물을 씻어주실 것임이라."

9절　　　앞에서도 설명했지만, 역사는 우리가 땅 위에서 볼 수 있는 현상적·경험적 세계뿐만 아니라, 하늘로 상징되는 불가시적·초월적·심층적 세계도 포함한다. 땅과 하늘은 하나의 역사가 가진 두 차원이다. 우리는 계시를 통해서 이 감추어진 심층 세계의 현실을 경험할 수 있다. 요한은 하늘의 현실을 계시하는 환상을 보았다. "각 나라와 족속과 백성과 방언"은 로마에 예속된 여러 민족과 나라들을 언급하는 기술적인 용어다. "아무도 셀 수 없는 큰 무리"(ὄχλος)는 로마로부터 억압과 박해를 당한 수많은 순교자와 죽은 성도들을 가리킨다. 그들은 로마의 지배로부터 벗어나기 위한 증언과 해방을 위한 투쟁에서 학살당한 식민지의 수많은 남녀 증인이다. 그들은 모두 하늘에서 살아서 흰옷을 입고 손에 종려나무 가지를 들고 하나님의 보좌 앞과 어린 양의 보좌 앞에 서 있다. 역사 안에서 심판을 당한 로마의 사회 지배 계층들은 하나님과 어린 양의 진노가 두려워 굴과 바위틈에 숨으면서 "그들의 진노의 큰 날이 이르렀으니 누가 능히 서리요"(계 6:17)라고 탄식했는데, 하늘에 살아 있는 수많은 순교자와 죽은 성도들은 기쁜 마음으로 하나님과 어린 양 앞에 서 있다. 그들은 진노의 큰 날에 하나님의 보호를 받는다.

흰옷은 로마의 우상 숭배를 거부한 순교자와 충성스러운 증인들이 입는 옷이며(계 6:11), 그들이 손에 들고 있는 종려나무 가지는 승리를 상징한다(마카베오상 13:37; 요 12:13). 하늘에 있는 "아무도 셀 수 없는 큰 무리"는 땅 위에 있는 한없이 많은 수를 상징하는 144,000과 동일한 범주의 사람들이다. 전자는 생전에 제자도를 감당하면서 로마의 우상 숭배 요구에 저항한 순교자와 죽은 성도들이고, 후자는 아직도 땅 위에서 로마 제국의 우상 숭배 체제에 저항하고 있는 증인들이다.

10절　하늘에서 살아 있는 수많은 죽은 자들은 생전에 땅 위에서 받지 못했던 생명의 안전과 필요들을 하늘에서 받고 있다. 그래서 그들은 하나님과 어린 양을 예배하면서 큰 소리로 "구원하심이 보좌에 앉으신 우리 하나님과 어린 양에게 있도다"라고 찬송한다. 구원(σωτηρία)은 1세기에 로마에서 통용되었던 정치적인 용어다. 그것은 로마 제국이 피지배자들에게 제공하는 평화와 안전과 복지를 의미했다. 그런데 하늘에서 살아 있는 순교자와 죽은 성도들은 이러한 구원이 하나님과 어린 양으로부터 온다고 노래한다. 이것은 구원이 로마 황제에게서 온다는 제국의 주장을 정면으로 반박하는 대항 주장이다.

11-12절　순교자와 죽은 성도들의 고백에 화답하여 천사들이 보좌 앞에 엎드려 얼굴을 대고 하나님을 예배하면서 "아멘! 찬송과 영광과 지혜와 감사와 존귀와 권능과 힘이 우리 하나님께 세세토록 있을지어다. 아멘!"이라고 외쳤다. 이 찬송은 요한계시록 5:12-13의 노래와 같다. "아멘"이라는 소리에는 장로들과 네 생물의 음성도 포함되어 있다.

13절　이십사 장로 중 하나가 요한에게 "이 흰옷 입은 자들이 누구며 또 어디서 왔느냐"고 그들의 정체성에 대한 물음을 제기했다. 이 질문을 한 장로의 의도는 무엇인가? 그것은 죽은 자들에 대한 기억을 환기시키는 데 있다. 산 자들은 죽은 자들의 고난과 투쟁과 희망을 결코 망각해서는 안 된다. 왜냐하면 망각을 통해서 죽은 자들은 산 자들의 의식에서 배제될 뿐만 아니라, 압제자들이 저지른 죄악의 흔적이 지워지고 그들의 악행이 정당화될 수 있기 때문이다. 따라서 산 자들은 기억을 통해서 죽은 자들과 연대의 공동체를 형성하고 그들과 함께 이 세상에서 제국의 폭력과 우상 숭배 요구에 저항해야만 한다.

14절　요한이 그 장로에게 "내 주여 당신이 아시나이다"라고 대답하자, 그 장로는 "이는 큰 환난에서 나오는 자들인데 어린 양의 피에 그 옷을 씻어 희게 하였느니라"라고 설명했다. 여기서 큰 환난은 로마의 우상 숭배적인 체제에 동화되기를 거부하는 자들에 대한 로마 제국의 일상화된 억압과 폭력을 가리킨다. 큰 환난은 종말의 때에 닥칠 먼 미래의 일이 아니라, 이미 흰옷을 입은 자들이 과거에 겪었던 것이고, 요한과 그의 동시대인들이 지금 현재 겪고 있는 것이며, 또한 앞으로도 그들에게 닥칠 것으로 충분히 예상되는 일이다. 흰옷을 입은 자들은 황제 숭배를 거부하고 하나님의 말씀과 예수 그리스도를 증언함으로써 어린 양의 피에 자기 옷을 적극적으로 빨아서 희게 한 사람들이다. 옷을 씻는 표상은 구약성서에서 발견된다. "모세가 산에서 내려와 백성에게 이르러 백성을 성결하게 하니 그들이 자기 옷을 빨더라"(출 19:14).

15절　"그러므로 그들이 하나님의 보좌 앞에 있고 또 그의 성전에서 밤낮 하나님을 섬기매 보좌에 앉으신 이가 그들 위에 장막을 치시리니." 어린 양의 피에 자기 옷을 적극적으로 빨아서 희게 한 자들이 하늘에서 누리는 특권은 세 가지로 분석된다.

첫째, 그들은 생전에 지상에서 안전한 거처가 없었고 소외되고 무시되며 주변화되었지만, 이제 하늘에서 가장 안전한 장소인 하나님의 보좌 앞에 각기 주체로 서 있다.

둘째, 그들은 그의 성전에서 밤낮 하나님을 섬기고 있다. "섬긴다"로 번역된 그리스어 라트레우오(λατρεύω)는 예배하는 것을 의미한다. 초기 기독교에서 하나님과 어린 양 예수를 예배하는 것은 로마 당국으로부터 박해와 처형을 당하는 위험한 행위였지만, 이제 그들은 하늘에서 자유롭게 밤낮으로 하나님을 예배하고 있다.

셋째, 그들은 하늘에서 항상 하나님과 함께 살고 있다. "그들 위에 장막을 치리니"는 하나님이 지금뿐 아니라 장래에도 그들과 항상 함께 사실 것이라는 근본적인 약속을 의미한다. "내 처소가 그들 가운데에 있을 것이며 나는 그들의 하나님이 되고 그들은 내 백성이 되리라. 내 성소가 영원토록 그들 가운데에 있으리니 내가 이스라엘을 거룩하게 하는 여호와인 줄을 열국이 알리라 하셨다 하라"(겔 37:27-28).

하나님의 말씀을 증언하고 정의를 위해서 투쟁하던 중에 살해당한 의인들의 억울한 죽음을 슬퍼하는 유족과 친구들을 위로하는 말이 유대 묵시 문학 작품에 다음과 같이 기술되어 있다.

이제 너희 의인들에게 나(에녹)는 위대한 자의 영광과 그의 왕국의 영광에 기초해 맹세한다. 그리고 위대한 자를 두고 너희에게 맹서한다. 왜냐하면 나는 이 신비를 알고 있기 때문이다. 나는 하늘의 칠판에 적힌 글을 읽었고, 그 거룩한 글을 보았다. 그리고 나는 거기에 적힌 글을 이해했다. 그 글들은 너희에 관하여 기록되었다. 왜냐하면 모든 좋은 것과 기쁨과 영예가 정의 속에서 죽은 자들의 영혼들을 위해서 준비되어 있다고 적혀 있기 때문이다. 많은 좋은 것, 즉 너희의 수고의 열매들이 너희에게 주어질 것이다. 정의 속에서 죽은 자들의 영혼들은 살 것이고 또 기뻐할 것이다. 너희의 몫은 산 자들의 것을 능가한다. 그들의 영혼들은 사멸하지 않을 것이고, 그들에 대한 기억은 하나님의 얼굴 앞에서부터 세계의 모든 세대에 이르기까지 없어지지 않을 것이다. 그러므로 그들의 굴욕에 대해서 걱정하지 마라(에녹1서 103:1-4).

16-17절 "그들이 다시는 주리지도 아니하며 목마르지도 아니하고 해나 아무 뜨거운 기운에 상하지도 아니하리니 이는 보좌 가운데에 계신 어린 양이 그들의 목자가 되사 생명수 샘으로 인도하시고 하나님께서 그들의 눈에서 모든 눈물을 씻어주실 것임이라." 그들에게 확약된 이러한 미래적인 축복은 하나님이 예언자 이사야를 통해 바빌론에서 귀환하는 이스라엘 백성에게 주신 약속과 같다. "그들이 주리거나 목마르지 아니할 것이며 더위와 볕이 그들을 상하지 아니하리니 이는 그들을 긍휼히 여기는 이가 그들을 이끌되 샘물 근원으로 인도할 것임이라"(사 49:10).

하나님의 말씀과 예수의 증언 때문에 박해당하고 사회에서 배제당한 자들은 지상에서 누리지 못한 안전과 필요한 것들을 지금 하늘에서 누리고 있다. 그들은 생전에 굶주리고 목말랐으며 강렬한 태양에 노출되어 더위에 시달리거나 혹은 화형을 당했을 것이다. 하지만 그들의 목자인 어린 양 예수는 그들을 생명수 샘으로 인도하고 그들이 흘린 모든 눈물을 씻어주기 때문에 이제 그들은 기뻐하고 웃을 수 있다. 인간에게 필요한 생존과 생활을 위한 안전은 종말론적 미래에서만 제공되는 것이 아니라, 지금 현재에도 하나님의 임재를 통해서 인간에게 제공된다. 하나님이 임재하시는 곳은 게으름뱅이들이 상상하는 천국이 아니라 가난한 자들의 기본적인 필요가 충족되는 곳이다.

일곱째 봉인(8:1)

> 1 일곱째 인을 떼실 때에 하늘이 반시간쯤 고요하더니

1절　중단되었던 일곱 봉인 환상 이야기가 여기서 다시 계속된다. 이제 마지막 봉인을 개봉할 차례다. "일곱째 인을 떼실 때에 하늘이 반시간쯤 고요하더니." 종말의 고요한 시간은 태초에 있었던 안식일의 고요한 시간에 상응한다. 이 종말의 고요한 시간은 창조의 왕관이라고 불리는 안식일의 평화로운 시간이 마침내 회복되는 것을 의미한다. "하나님이 그가 하시던 일을 일곱째 날에 마치시니 그가 하시던 모든 일을 그치고 일곱째 날에 안식하시니라. 하나님이 그 일곱째 날을 복되게 하사 거룩하게 하셨으니 이는 하나님이 그 창조하시며 만드시던 모든 일을 마치고 그날에 안식하셨음이니라"(창 2:2-3).

"반시간 동안"은 현대인의 시간 개념이 아니라, 묵시 문학적 시간의 척도를 따른 것이다. 묵시 문학적 시간의 척도는 완전수인 7이다. 예를 들면, 다니엘 12:7의 "한 때 두 때 반 때"는 7년의 절반인 3년 6개월을 의미한다. 요한은 묵시 문학적 시간의 척도에 따라서 일곱 봉인 환상에서 각 봉인마다 칠 분의 일에 해당하는 "반시간"을 가진 것으로 생각했다. 결국 일곱째 봉인을 개봉함으로써 발생한 고요함의 반시간은 마지막 칠 분의 일을 의미한다. 일곱째 봉인의 개봉은 통곡과 절규와 비명으로 가득한 폭력의 역사가 마침내 종식되고 고요한 시간이 찾아오는 것을 나타낸다. 그 고요한 반시간은 태초의 안식일의 휴식과 평화의 시간이 회복된 것을 의미한다. 이것은 현실에서는 아직 실현되지 않은 미래적 사건이지만, 언젠가는 반드시 실현될 것이다.

충성과 예배

충성과 예배는 서로 밀접하게 연관된다. 예배는 충성을 통해서 표현된다. 고대 로마 제국 시대에 살았던 사람들은 로마와 로마 황제에 대한 충성을 증명하려고 신전에 가서 황제를 예배했다. 로마의 황제들은 자신들을 신으로 자처했는데, 가령 네로 황제는 자신을 태양신 아폴론과 동일시하는 거대한 동상을 로마에 세웠고, 도미티아누스 황제는 자신을 위한 거대한 동상을 소아시아 지역의 대도시인 에베소의 신전에 세웠다. 황제 숭배는 로마 황제와 제국에 대한 충성의 표현으로서 정실주의(patronage)에 기초했다. 로마 제국의 지배를 받는 속국의 왕들은 피보호자로서 그들의 보호자인 로마 황제를 알현하고 그를 신이라고 고백하며 예배함으로써 은혜를 베풀어준 황제와 제국에 대한 그들의 충성을 증명했다. 한 좋은 실례가 디오 카시우스(Dio Cassius)의 『로마사』 63.1-7에 기록되어 있다.

기원후 64년 로마에 큰 화재가 발생한 지 2년 후 아르메니아의 왕 티리다테스(Tiridates)가 제국의 수도 로마를 방문했다. 그는 3,000명의 기마대 수행단과 함께 9개월에 걸친 긴 여정 끝에 로마에 도착하여 네로 황제를 알현했다. 아르메니아는 로마와 파르티아가 서로 지배권을 가지려고 경쟁했던 영토였다. 티리다테스는 파르티아 계열의 혈통이었음에도 로마와 동맹을 맺기를 원했다. 그것은 곧 아르메니아가 로마에 예속되는 것을 의미했다. 이에 네로는 그의 방문을 위해서 도시 전체를 등과 화환으로 아름답게 장식하고 성대한 환영식을 개최했다. 수천 명의 시민이 흰옷을 입고 손에 월계수 가지를 들고 새벽부터 광장에 모여들었다. 태양이 떠올랐을 때, 네로는 원로원과 수행원들과 함께 광장에 도착했다. 자주색 옷을 입은 그는 보좌에 앉았다. 티리다테스와 그의 일행은 이열로 도열해 있는 무장한 로마 군인들 사이로 걸어가서 네로가 앉아 있는 단상 앞에 무릎을 꿇고 양 손을 가슴에 얹었다. 이 순간에 군중들은 우레와 같은 소리를 지르면서 그의 겸손한 태도에 공감을 표했다. 잠시 후 군중들은 다시 조용해졌다. 티리다테스는 네로 앞에 서서 다음과 같이 고백했다.

주님, 저는 아르사케스의 후손이고, 왕들인 볼로게세스와 파코루스의 형제이며 그리고 당신의 종입니다. 저는 미트라(Mithras, 태양신)를 예배하듯이 당신을 예배하면서, 저의 신, 당신에게 왔습니다. 당신이 저를 위해서 짜는 숙명이 제 것이 될 것입니다. 왜냐하면 당신은 저의 행운이며 운명이기 때문입니다.[16]

네로는 자신에게 충성을 서약하면서 자신을 신이라고 부르는 티리다테스에게 아래와 같이 대답했다.

그대가 여기에 직접 온 것은 잘한 일입니다. 나를 알현한 그대는 나의 은혜를 충분히 누릴 수 있습니다. 왜냐하면 그대의 아버지나 형제들이 그대에게 주지도 않았고 그대를 위해서 남겨두지도 않은 것을 바로 내가 그대에게 부여하기 때문입니다. 아르메니아의 왕이여, 나는 지금 그대와 또 그대와 함께한 자들이 내가 나라들을 빼앗을 수도 있고 또 하사할 수도 있는 권력을 가지고 있음을 알아들었을 것이라고 선언합니다.

---

16 — Cassius, *Roman History* 63.5.3-4.

네로는 자신을 신으로 그리고 왕 중의 왕으로 자처했다. 그는 무릎을 꿇고 있는 티리다테스를 단상 위로 올라오게 하여 자신의 발밑에 무릎을 꿇게 했다. 그리고 티리다테스의 머리에 왕관을 씌워주었다. 그 순간 군중들의 함성이 끝없이 이어졌다. 그 후에는 폼페이 극장에서 축하 연회가 열렸다. 티리다테스가 로마에 올 때는 육로로 왔지만, 돌아갈 때는 육로가 아닌 뱃길을 이용했다. 그는 귀국 길에 아시아의 여러 도시를 보고서 로마 제국의 힘과 아름다움을 경탄했다.

황제 숭배는 티리다테스처럼 로마 황제를 신으로 고백하고 세계의 주인으로 인정하며 그에게 감사하고 충성을 맹세하는 예배 의식이다. 로마 제국의 주변부인 소아시아의 여러 도시에는 황제를 위한 신전과 제단이 세워져 있었고 황제 숭배를 집전하는 사제들이 있었으며, 황제 숭배 의식에서 황제를 찬양하는 노래를 부르는 남성 성가대도 조직되어 있었다. 신전에서는 로마 제국의 여신과 현직에 있는 황제와 서거한 황제들을 위한 예배가 정기적으로 거행되었다. 때문에 신전은 언제나 황제 숭배에 참석하는 사람들로 붐볐고 황제 숭배에 참석하는 것은 곧 로마 황제와 로마 제국에 대한 충성을 증명하는 것으로 간주되었다.

이러한 상황에서 요한은 하늘의 예배에 대한 환상을 보았다(계 4:8-11; 5:7-14; 7:9-17). 이 환상은 하나님의 보좌가 있는 천상의 궁중에서 실행되는 예배로, 예배의 대상은 하나님과 폭력의 희생자인 어린 양이다. 하늘의 예배에 참석한 자들의 범위는 점차 확대되었다. 처음에는 네 생물이 노래를 부르면서 예배를 드렸고(계 4:8), 그다음에는 이십사 장로가 예배에 참여했고(계 4:10-11), 이어서 수많은 천사가 예배에 참석했다. 그리고 마침내 모든 피조물이 예배에 합류했다. 또한 하늘에서 살아 있는 순교자들과 죽은 성도들의 큰 무리가 찬송을 부르면서 예배를 드렸다. 이러한 하늘의 예배가 주는 장엄함은 황제 숭배를 완전히 압도한다.

모든 피조물이 이르되 "보좌에 앉으신 이와 어린 양에게 찬송과 존귀와 영광과 권능을 세세토록 돌릴지어다"(계 5:13).

각 나라와 족속과 백성과 방언에서 아무도 능히 셀 수 없는 큰 무리가 나와 흰옷을 입고 손에 종려 가지를 들고 보좌 앞과 어린 양 앞에 서서 큰 소리로 외쳐 이르되 "구원하심이 보좌에 앉으신 우리 하나님과 어린 양에게 있도다"(계 7:9-10).

하나님께 충성하는 참된 예배와 땅 위에 있는 짐승에게 충성하는 거짓 예배(계 13:4, 8, 12; 14:9; 16:2; 19:20)가 극명하게 대조된다. 땅 위에서는 로마 황제가 세계를 지배하고 있는 주인처럼 보이지만, 하늘의 예배는 창조주 하나님이 역사의 주인이심을 고백하고 찬양한다. 하나님과 어린 양 예수에 대한 찬양은 황제 숭배와 폭력의 역사에 대한 항의로 이해되어야 한다. 하늘에서 살아 있는 순교자와 죽은 성도들의 무리는 구원을 베풀어주신 하나님과 어린 양을 찬양한다(계 7:9). 또한 그들은 사탄의 패배와 바빌론의 멸망을 축하하고 하나님이 통치를 시작하셨음을 찬양한다(계 11:15-18; 12:10-12; 19:1-2). 그들은 예배 속에서 하나님과 어린 양 예수의 권세와 통치를 노래한다. 그들이 부르는 노래는 황제 숭배와 오만한 로마 제국의 지배에 반대하는 항의다. 하늘 예배의 환상은 로마의 절대 권력을 상대화하고, 신적 위상을 가장한 로마 황제의 허울이 위험한 망상이며 황제 숭배가 우상 숭배라는 것을 폭로한다. 새 노래는 하나님과 어린 양의 권세와 통치를 찬양하는 노래다. 그러나 우상 숭배자들은 아직도 황제의 권세와 통치를 찬양하는 옛 노래를 부르고 있다.

티리다테스는 네로를 신으로 예배한다고 고백하며 자신을 네로의 종이라고 인정했다. 네로 황제 앞에서 충성을 다짐하며 아부하는 티리다테스의 행동이 혐오스럽게 느껴질 수 있다. 그러나 우리는 그러한 우상 숭배를 먼 과거의 유물이라고 묵살하기 전에 현대 자본주의 사회의 물신 숭배와 이에 깊이 물든 교회의 예배에 대한 우리 자신의 태도를 깊이 생각해보아야 한다.

우리는 먼저 우리 자신 안에 있는 우상을 인식해야만 한다. 자본과 시장의 제국은 더 많은 이윤을 얻기 위해서 약자들의 생명과 지구 생태계를 파괴하면서 점차 짐승으로 변해가고 있다. 그러면서 빈곤과 해고와 자연 파괴가 마치 자유 시장의 일부분인 것처럼 수용되고 있다. 우리는 자본과 시장의 제국이 내뿜는 광채에 눈이 멀어서 그 제국의 화려한 건물과 편리한 상품들을 보고 경탄하기 바쁘다. 하지만 시장의 논리에 의해서 주변으로 내몰린 약자와 희생자들의 비참한 현실은 보지 못하고 그들의 신음과 절규를 듣지 못하고 있다.

우리는 로마 제국주의의 희생자인 어린 양을 찬양과 예배의 중심에 두고서 오늘날 제국주의와 맘몬주의를 확산시키는 경제의 세계화를 정당화할 수는 없다. 예배는 하나님과 예수에 대한 충성의 표현이다. 우리는 누구에게 충성하고 있는가? 정의를 실천하고 사회적 불의와 탐욕의 우상 숭배에 저항하면서 예배를 드리는가? 아니면 성공과 승진을 위해서 불의에 눈을 감고 침묵하면서, 또한 사회에서 작동하고 있는 정실주의에 순응하면서 예배를 드리는가?

오늘날 교회는 고독한 개인들이 모여서 개인적인 안전과 자기만족을 위한 사적인 열망을 하나님에게 쏟아놓는 장소가 되어버렸다. 우리는 이웃의 고통과 필요를 모르는 척 너무도 자주 외면하면서 오직 자신의 위안과 복을 얻기 위해서 예배에 참석한다. 교회는 사회적 불의에 침묵하면서 예배 시간에 그저 헌금 바구니만 돌리고 있다. 그러나 이 세상에서 정의를 추구하지 않으면서 하나님께 드리는 예배는 그분께 충성을 고백하는

요한계시록 약자를 위한 예배와 저항의 책

예배가 아닌 단지 우상에게 드리는 예배일 뿐이다.

> 내가 기뻐하는 금식은 흉악의 결박을 풀어주며 멍에의 줄을 끌러주며 압제 당
> 하는 자를 자유하게 하며 모든 멍에를 꺾는 것이 아니겠느냐? 또 주린 자에게
> 네 양식을 나누어주며 유리하는 빈민을 집에 들이며 헐벗은 자를 보면 입히며
> 또 네 골육을 피하여 스스로 숨지 아니하는 것이 아니겠느냐?(사 58:6-7)

> 화 있을진저! 외식하는 서기관들과 바리새인들이여, 너희가 박하와 회향과
> 근채의 십일조는 드리되 율법의 더 중한 바 정의와 긍휼과 믿음은 버렸도다.
> 그러나 이것도 행하고 저것도 버리지 말아야 할지니라(마 23:23).

예배는 정의를 실천하는 것과 분리되지 않는다. 예배는 정의가 지배하
는 하나님 나라의 삶을 위한 예행 연습이다. 또한 생명과 구원을 베풀어
주신 하나님과 어린 양 예수 그리스도에게 충성과 헌신을 고백하는 행위
이며, 우상 숭배와 사회적 불의에 저항하는 행위다. 하나님과 예수에 대
한 충성은 사회에서 정의와 자비와 믿음을 실천하는 것을 통해서 증명된
다(마 23:23). 인간의 생명보다 이윤과 자본을 더 추구하는 탐욕은 우상 숭
배다(골 3:5). 반면에 하나님과 어린 양의 권세를 찬양하고 황제 숭배를 비
판하는 하늘의 예배가 진정한 예배의 전형이다. 진정한 예배는 성도들에
게 하나님 나라의 가치에 따라서 진실을 외치고 불의에 저항하면서 참되
게 살 수 있도록 힘과 용기와 희망을 준다. 교회는 예배를 통해서 하나님
과 그리스도의 통치를 확신하고 세상의 불의와 폭력에 대한 저항을 연습
하는 공동체다.

제4장
일곱 나팔 환상(8:2-11:19)

요한계시록 8:2-5에서 묘사된 하늘의 환상은 나팔 환상에 대한 서론적 환상이며, 이후 8:6부터 11:19까지 걸쳐서 나오는 일곱 나팔 환상의 재앙은 성도들의 기도에 대한 응답으로 발생한다. 그것은 하나님이 로마 제국 한가운데서 일으키신 새로운 출애굽을 나타낸다. 재앙은 종말의 심판이 아니라, 압제자들에게 회개를 촉구하는 하나님의 해방하시는 행동을 의미한다.

첫째 나팔부터 여섯째 나팔(8:6-9:21)까지는 이미 일어났거나 지나간 사건이다. 반면에 일곱째 나팔(11:15-19)은 아직 발생하지 않은 미래적인 종말의 사건이다. 요한계시록의 저자는 현재의 시간과 여섯째 나팔과 일곱째 나팔 사이에 서 있으며, 예언 운동은 요한계시록 10:1에서 11:14 사이에 삽입되었다. 두 증인의 사역은 바로 이 현재의 시간에 요구되는 남녀 그리스도인들의 증언과 저항을 나타낸다.

성도의 기도(8:2-5)

> 2 내가 보매 하나님 앞에 일곱 천사가 서 있어 일곱 나팔을 받았더라. 3 또 다른 천사가 와서 제단 곁에 서서 금 향로를 가지고 많은 향을 받았으니

이는 모든 성도의 기도와 합하여 보좌 앞 금 제단에 드리고자 함이라. 4 향
연이 성도의 기도와 함께 천사의 손으로부터 하나님 앞으로 올라가는지
라. 5 천사가 향로를 가지고 제단의 불을 담아다가 땅에 쏟으매 우레와 음
성과 번개와 지진이 나더라.

2절　　예언자 요한은 일곱 천사가 하나님 앞에 서서 각기 나팔을 하
나씩 받는 것을 보았다. 이것은 일곱 나팔의 재앙이 곧 일어날 것을 예시
한다. 일곱 천사에 대한 언급은 토비트 12:15에 나온다. "나는 영광스런
주님을 시중드는 일곱 천사 중 하나인 라파엘이다." 에티오피아어 에녹서
19-20장에는 우리엘, 수루엘, 라파엘, 라구엘, 미가엘, 사라카엘, 가브리엘
이라는 일곱 천사의 이름이 나온다. 그들 중 미가엘은 민족과 국가를 사
랑하는 천사이고, 가브리엘은 에덴동산과 뱀과 케루빔을 감독하는 천사
다. 천사들은 각기 다른 직무를 수행한다.

3절　　요한은 일곱 천사 외에 또 다른 천사(ἄλλος ἄγγελος)가 와서
금향로를 가지고 제단에(ἐπι) 서 있는 것을 보았다.[1] "또 다른 천사가 와
서 제단 곁에 서서 금향로를 가지고 많은 향을 받았으니." 여기서 제단
(θυσιαστήριον)은 어떤 제단을 가리키는가? 천사가 서 있는 제단은 요한계
시록 6:9-11에서 정의와 심판을 호소하는 순교자와 성도들의 기도가 있는
번제단과 동일시된다.[2] 예루살렘 성전에서 번제단은 성소로 들어가는 입
구 앞의 뜰에 있었고(출 40:29), 분향단은 지성소 앞에 있었다(출 30:6-7).

"이는 모든 성도의 기도와 합하여 보좌 앞 금 제단에 드리고자 함이
라." 그 천사는 많은 향을 담은 금향로와 불을 가지고 지성소에 들어가서

---

1 — "아래"를 뜻하는 부사어 ὑποκάτω의 반대어인 ἐπι는 "위에" 또는 "에"를 의미한다.
2 — G. K. Beale, *The Book of Revelation*, 454-455. Beale은 8:3의 두 제단을 구별하지 않고
하늘의 제단은 지상에 있는 성전의 번제단과 분향단의 양상을 결합한 형태라고 말한다.

"보좌 앞 금제단"(τὸ θυσιαστήριον τὸ χρυσοῦς) 위에 향을 피워서 "모든 성도의 기도"를 향연과 함께 하나님에게 올려드리려고 한다. 천사가 번제단에서 많은 향을 받아서 그것을 금향로에 담으려는 목적이 여기 있다. 향이 모든 성도의 기도를 상징한다는 사실은 이미 요한계시록 5:8에서 밝혔다. 곧 "이 향은 성도의 기도들이다." 보좌 앞 금제단은 하늘 성전의 지성소 앞에 있는 분향단을 가리킨다. 11:19에서 요한은 하늘에 있는 하나님의 성전이 열리고 성전 안에 있는 언약궤를 보았다고 말했는데 분향단은 그 언약궤 앞에 놓여 있다.

향을 피우는 분향은 이스라엘의 종교 의식이었다. 그것은 하나님의 왕권 앞에 복종하고 그분의 은혜와 자비를 간구하는 의식으로 레위기 16:12-13에 서술되어 있다. "향로를 가져다가 여호와 앞 제단 위에서 피운 불을 그것에 채우고 또 곱게 간 향기로운 향을 두 손에 채워 가지고 휘장 안에 들어가서 여호와 앞에서 분향하여 향연으로 증거궤 위 속죄소를 가리게 할지니." 누가복음 1:9-11에도 제사장의 직무를 수행하는 사가랴가 성전에 들어가서 분향단에서 분향하는 것이 서술되어 있다.

4절　"향연이 성도의 기도와 함께 천사의 손으로부터 하나님 앞으로 올라가는지라." 이것은 그 천사가 하늘의 성전 안에 있는 분향단에서 금향로에 담겨 있는 향을 피웠다는 것을 의미한다. 이제 향의 연기와 함께 성도들의 기도가 하나님 앞으로 상달되고 있다. 성도들의 기도는 허공 속으로 사라지는 것이 아니라 하늘의 제단에 보존되어 있고, 반드시 하나님께 상달될 것이다. 따라서 하나님의 응답이 아직 이루어지지 않았을지라도 우리의 기도는 결코 헛된 것이 아니다.

5절　"천사가 향로를 가지고 제단의 불을 담아다가 땅에 쏟으매 우레와 음성과 번개와 지진이 나더라." 여기서 제단은 하늘 성전의 분향단을 가리킨다. 그 천사가 분향단 위에 있는 불을 향로에 담아서 땅에 쏟은 것은 정의와 권리의 회복을 소망하는 성도들의 기도가 하나님께 상달되었기 때문이다. 이는 하나님이 불의한 세계를 심판하시기 위해 역사에 개입하시는 것을 의미한다. 또한 이것은 "내가 불을 땅에 던지러 왔노니"(눅 12:49)라는 예수의 말을 생각나게 한다. "우레와 음성과 번개와 지진"은 심판하시는 하나님의 나타나심을 의미하는데, 이와 비슷한 표현이 이사야 29:6에도 나온다. "만군의 여호와께서 벽력과 지진과 큰 소리와 회리바람과 폭풍과 맹렬한 불꽃으로 그들을 징벌하실 것이다."

이 서론적 환상을 통해 요한은 로마의 압제 아래서 고난당하고 있는 그의 수신자들에게 하나님이 그들의 기도를 듣고 계신다는 사실과, 일곱 나팔 재앙이 약자들의 기도에 대한 하나님의 응답이라는 사실을 확신시켰다.

처음 네 나팔(8:6-13)

6 일곱 나팔을 가진 일곱 천사가 나팔 불기를 준비하더라. 7 첫째 천사가 나팔을 부니 피 섞인 우박과 불이 나와서 땅에 쏟아지매 땅의 삼 분의 일이 타버리고 수목의 삼 분의 일도 타버리고 각종 푸른 풀도 타버렸더라. 8 둘째 천사가 나팔을 부니 불 붙는 큰 산과 같은 것이 바다에 던져지매 바다의 삼 분의 일이 피가 되고 9 바다 가운데 생명 가진 피조물들의 삼 분의 일이 죽고 배들의 삼 분의 일이 깨지더라. 10 셋째 천사가 나팔을 부니 횃불 같이 타는 큰 별이 하늘에서 떨어져 강들의 삼 분의 일과 여러 물샘에 떨어지니 11 이 별 이름은 쓴 쑥이라. 물의 삼 분의 일이 쓴 쑥이 되매 그 물이 쓴 물이 되므로 많은 사람이 죽더라. 12 넷째 천사가 나팔을 부니 해 삼 분의 일과 달 삼 분의 일과 별들의 삼 분의 일이 타격을 받아 그 삼 분의 일이 어두워지니 낮 삼 분의 일은 비추임이 없고 밤도 그러하더라. 13 내가 또 보고 들으니 공중에 날

아가는 독수리가 큰 소리로 이르되 "땅에 사는 자들에게 화, 화, 화가 있으리니 이는 세 천사들이 불어야 할 나팔 소리가 남아 있음이로다" 하더라.

6절　일곱 천사들이 나팔을 하나씩 받은 다음 그 나팔을 불려고 준비하고 있다. 그들은 쇠붙이로 만들어진 금관 나팔이 아니라, 양의 뿔로 만들어진 양각 나팔을 받았다. 구약 시대에 양각 나팔은 하나님이 나타나실 때(출 19:16), 전쟁을 소집할 때(수 6:4-13), 그리고 회개를 촉구할 때(겔 33:4-5) 사용되었다. 과거에 신음하는 이스라엘 백성의 해방과 자유를 위해서 "크고 두려운 이적과 기사를 애굽과 바로와 그 온 집에"(신 6:22) 일으키셨던 하나님이 지금 로마 제국 한가운데에서 일곱 나팔의 소리를 신호로 새로운 출애굽을 일으키신다. 하나님을 역사에 개입하시도록 촉진시킨 것은 성도들의 기도다.

여호수아 6장에서는 일곱 나팔을 가진 일곱 제사장이 여리고 성을 정복하기 위해 그 성 주위를 돌면서 일곱 나팔을 한꺼번에 불었지만, 일곱 나팔 환상에서는 일곱 천사가 차례대로 나팔을 하나씩 분다. 그러자 일곱 천사가 부는 나팔 소리와 함께 하나님이 출애굽 당시 이집트에서 일으키셨던 재앙을 회상시키는 일련의 재앙들이 다시 일어난다. 유대인들의 우주관에 의하면 땅과 바다와 강 그리고 천체(태양, 달, 별)는 세계를 구성하는 네 가지 요소다. 하나님은 로마의 권력에 의해서 조직된 이 세계를 여러 가지 재앙을 통해 심판하신다. 이러한 재앙은 하나님이 로마 제국 안에서 새로운 출애굽을 일으키시는 해방의 행동이다.

7절　첫째 천사가 불은 나팔 소리는 땅을 타격하는 재앙을 일으켰다. 피 섞인 우박과 불이 땅에 쏟아져서 땅의 삼 분의 일과 수목의 삼 분의 일을 태우고 각종 푸른 풀도 태워버렸다. 이것은 하나님이 억눌린 이스라엘 백성의 해방과 구원을 위해 이집트에서 일으키셨던 일곱째 재앙과 비슷하다(출 9:22-25).

요한은 심판이 "땅의 삼 분의 일"에서만 일어나는 것으로 묘사하는데, "삼 분의 일"이라는 표현은 처음 네 나팔의 환상에서 매번 나타난다. 땅의 삼 분의 일만 타격을 당한다는 것은 아직 땅의 삼 분의 이가 남아 있다는 말이며, 그것은 아직 회개의 기회가 남아 있음을 의미한다. "삼 분의 일"이라는 표현은 에스겔 5:11-12에서 차용된 것이다. "그러므로 나 주 여호와가 말하노라. 내가 나의 삶을 두고 맹세하노니 네가 모든 미운 물건과 모든 가증한 일로 내 성소를 더럽혔은즉 나도 너를 아끼지 아니하며 긍휼을 베풀지 아니하고 미약하게 하리니, 너희 가운데에서 삼 분의 일은 전염병으로 죽으며 기근으로 멸망할 것이요, 삼 분의 일은 너의 사방에서 칼에 엎드러질 것이며, 삼 분의 일은 내가 사방에 흩어버리고 또 그 뒤를 따라가며 칼을 빼리라."

8-9절　둘째 천사가 불은 나팔 소리는 바다를 타격하는 재앙을 일으켰다. "불붙는 큰 산 같은 것"이 바다에 떨어져서 바다의 삼 분의 일이 피로 변하고 바다 속에 있는 고기와 생물의 삼 분의 일이 죽고 바다 위에 떠 있는 배들의 삼 분의 일이 파괴되었다. 에티오피아어 에녹서에서 "불붙는 큰 산"은 하나님의 계명을 어긴 죄로 감옥에 갇혀 있는 별들을 상징한다. "그리고 나는 거기서 큰 불타는 산들과 같은 일곱 별들을 보았다"(에녹1서 18:13). "배들"은 식민지의 자원을 로마로 운반하는 무역선들이다. 이러한 배들이 파괴된 것은 하나님의 심판이 역사 안에서 발생하는 것임을 분명하게 보여준다. 이 둘째 나팔 재앙은 출애굽기의 첫째 재앙과 비슷하다(출 7:20-22).

10-11절　셋째 천사가 불은 나팔 소리는 강과 샘을 타격하는 재앙을 일으켰다. "횃불 같이 타는 큰 별"은 역시 하나님의 계명을 어긴 별이다. 그 별은 마치 운석처럼 하늘에서 떨어져 강들의 삼 분의 일과 여러 샘

물을 쑥물로 만들어버리고 사람들이 그 오염된 물을 먹고 죽게 했다. 쑥은 쓴맛으로 유명한 식물 이름인데(잠 5:4), 하나님은 이 쑥물로 심판하신다. 셋째 나팔 재앙은 강물을 오염시킨 출애굽의 첫째 재앙과 비슷하며 강물과 샘이 쑥물로 변한 것은 예레미야서에 언급되었듯이 하나님의 심판의 한 양상이다.

> 그러므로 만군의 여호와 이스라엘의 하나님께서 이와 같이 말씀하시니라. "보라! 내가 그들 곧 이 백성에게 쑥을 먹이며 독한 물을 마시게 하고"(렘 9:15).

12절　　넷째 천사가 불은 나팔 소리는 천체를 타격하는 재앙을 일으켰다. 넷째 천사가 나팔을 불자마자 해 삼 분의 일과 달 삼 분의 일과 별들의 삼 분의 일이 어두워져서 낮 삼 분의 일은 비춤이 없고 밤을 비추는 달빛과 별빛의 삼 분의 일도 빛을 잃었다. 이것은 출애굽기의 아홉째 재앙과 비슷하다(출 10:21-23).

이러한 네 가지 나팔 재앙은 대단히 위력적이지만, 그것은 하나님이 내리시는 최종적인 심판이 아니다. 왜냐하면 삼 분의 이가 아직 남아 있기 때문이다. 이러한 재앙들은 하나님이 로마 제국 한가운데서 새로운 출애굽을 일으키신다는 사실을 보여주는 증거이자, 폭력과 착취와 불법으로 땅과 바다를 오염시킨 로마 제국주의 세력들에 대한 비판과 경고의 표시다.

물론 오늘날 세계 도처에서 발생하는 자연 재난이 처음 네 나팔의 재앙으로 해석되어서는 안 된다. 왜냐하면 가뭄, 홍수, 해일, 태풍, 화산, 지진의 피해자들은 안전지대에서 튼튼한 집을 짓고 사는 부자들이 아니라, 주로 위험한 산이나 강변과 바닷가에서 초라한 집을 짓고 사는 가난한 사람들이 대부분이기 때문이다. 오히려 부자들과 힘 있는 자들의 탐욕이 야기한 환경오염과 생태계의 파괴와 강물 오염이 지구를 망하게 하는 재앙이다.

13절　요한은 처음 네 나팔과 나머지 세 나팔을 명확하게 구분한다. 지금까지 발생한 네 가지 재앙들은 로마 제국에 의해서 조직되고 통제되는 세계에 대한 심판이다. 나머지 세 가지 재앙은 그러한 세계의 질서를 떠받치고 있는 권력자와 짐승의 추종자들에 대한 심판이다.

세 천사가 불어야 할 나팔 소리가 아직 남아 있기 때문에 공중을 날아가는 독수리가 큰 소리로 "땅에 사는 자들에게 화, 화, 화가 있으리니" 하고 외친다. 요한은 짐승을 숭배하고 추종하는 사람들을 "땅에 사는 자들"이라고 표현한다. 그들에 대한 화(οὐαί)의 선언에는 그들의 악행에 의해서 오염된 땅에 대한 하나님의 탄식이 배어 있다. 여기서 독수리의 역할은 무엇인가? 독수리는 하나님의 음성을 전달하는 전령사다. 제2바룩서에서 독수리는 바룩의 편지를 전하는 전령사로 나타난다.

나는 독수리를 불러서 그에게 다음과 같은 말을 했다. "너는 가장 높으신 분(하나님)에 의해서 어떤 다른 새보다도 더 높도록 창조되었다. 그러나 네가 유프라테스 강의 많은 물 위로 날아가 거기 사는 사람들에게 가서 그들에게 이 편지를 던져주기 전까지는 어떤 장소에서도 머물지 말고, 둥지 속으로 들어가지도 말고, 어떤 나무 위에도 앉지 마라. 홍수 시대에 노아가 비둘기를 방주에서 내보냈을 때 그가 비둘기에게서 감람나무의 새 잎사귀를 받았다는 것을 기억하라. 그리고 까마귀들이 명령을 받고 엘리야에게 음식을 가져다주었을 때 까마귀들 역시 엘리야를 섬겼다. 솔로몬 역시 그의 왕국 시대에 그가 편지를 보내고 싶었거나 그럴 필요가 있었을 때 어떤 새에게 명령했고, 그 새는 명령을 받았을 때 그에게 복종했다. 내가 네게 말한 전능한 자(하나님)의 명령을 네가 지킬 수 있도록 주저하지 말고 우로나 좌로 빗나가지 말고, 똑바로 날아가라"(제2바룩서 77:20-26).

다섯째 나팔(9:1-12)

1 다섯째 천사가 나팔을 불매 내가 보니 하늘에서 땅에 떨어진 별 하나가 있는데 그가 무저갱의 열쇠를 받았더라. 2 그가 무저갱을 여니 그 구멍에서 큰 화덕의 연기 같은 연기가 올라오매 해와 공기가 그 구멍의 연기로 말미암아 어두워지며 3 또 황충이 연기 가운데로부터 땅 위에 나오매 그들이 땅에 있는 전갈의 권세와 같은 권세를 받았더라. 4 그들에게 이르시되 "땅의 풀이나 푸른 것이나 각종 수목은 해하지 말고 오직 이마에 하나님의 인침을 받지 아니한 사람들만 해하라" 하시더라. 5 그러나 그들을 죽이지는 못하게 하시고 다섯 달 동안 괴롭게만 하게 하시는데 그 괴롭게 함은 전갈이 사람을 쏠 때에 괴롭게 함과 같더라. 6 그날에는 사람들이 죽기를 구하여도 죽지 못하고 죽고 싶으나 죽음이 그들을 피하리로다. 7 황충들의 모양은 전쟁을 위하여 준비한 말들 같고 그 머리에 금 같은 관 비슷한 것을 썼으며 그 얼굴은 사람의 얼굴 같고 8 또 여자의 머리털 같은 머리털이 있고 그 이빨은 사자의 이빨 같으며 9 또 철 호심경 같은 호심경이 있고 그 날개들의 소리는 병거와 많은 말들이 전쟁터로 달려 들어가는 소리 같으며 10 또 전갈과 같은 꼬리와 쏘는 살이 있어 그 꼬리에는 다섯 달 동안 사람들을 해하는 권세가 있더라. 11 그들에게 왕이 있으니 무저갱의 사자라. 히브리어로는 그 이름이 아바돈이요, 그리스어로는 그 이름이 아볼루온이더라. 12 첫째 화는 지나갔으나, 보라! 아직도 이후에 화 둘이 이르리로다.

1절　다섯째 천사는 나팔 소리로 메뚜기 재앙을 일으켰다. 메뚜기 재앙은 출애굽기의 여덟째 재앙과 비슷하다(출 10:4-20). 하늘에서 땅으로 떨어진 별은 하나님께로부터 임무를 받아 보냄을 받은 선한 천사다.[3] 유대 묵시 문학에서 별과 천사는 서로 동일시된다. 그가 무저갱의 열쇠를 가지고 있다는 것은 무저갱이 그의 통제 아래 있음을 의미한다. 무저갱(ἄβυσσος)은 좁고 깊은 땅속 공간을 의미하는데 여러 가지 용도로 쓰인다. 그곳은 타락한 천사들 혹은 별들이 갇혀 있는 감옥(에녹1서 18:12-16), 사탄이 감금되어 있는 장소(계 20:3), 그리고 짐승의 처소(계 11:7; 17:8)로 쓰인다.

2-3절　무저갱의 문이 열리자 어두운 연기와 함께 메뚜기 떼가 올라왔다. 이것은 거대한 메뚜기 떼가 하늘을 덮어서 세상을 어둡게 만든 것에 대한 실제 경험을 반영한 것으로 보인다. 그런데 이 메뚜기 떼는 출애굽 당시의 메뚜기들처럼 자연산 메뚜기들이 아니라 다른 특징을 가지고 있다. 즉 이 메뚜기들은 전갈처럼 쏘는 권세를 가지고 있다. "전갈의 권세와 같은 권세를 받았더라"(ἐδόθη)라는 문장은 앞에서 설명했던 것처럼 신적 수동태로 사용된 문장으로, 이 문장의 주어는 하나님이지만 생략되었다. 해와 공기가 어두워진 것은 출애굽기에 나오는 아홉째 표징과 같다(출 10:21-29).

4절　그 메뚜기들은 "땅의 풀이나 푸른 것이나 각종 수목은 해하지 말고 오직 이마에 하나님의 인침을 받지 아니한 사람들만 해하라"는 임무를 받았다. 본래 메뚜기들은 풀이나 수목의 껍질을 뜯어먹고 산다. "그들이 내 포도나무를 멸하며 내 무화과나무를 긁어 말갛게 벗겨서 버리니 그 모든 가지가 하얗게 되었도다"(욜 1:7). 그런데 여기 나오는 메뚜기들은 들의 나무가 아니라 오직 이마에 하나님의 인침이 없는 사람들을 전갈의 침으로 쏴서 고통을 준다. "하나님의 인침"(σφραγίς)은 세례를 상징하는 은

---

3 — 이 별을 타락한 천사로 해석하는 학자들도 있다. G. K. Beale, *The Book of Revelation*, 492; Pablo Richard, *Apokalypse*, 127; W. J. Harrington, *Revelation* (Minnesota: The Liturgical Press, 1993), 106.

유다(참조. 계 7:3). 이때 인침의 기능은 소속과 보호다. 반면 이마에 하나님의 인침을 받지 아니한 자들은 짐승에게 속하는 자들로서 짐승을 숭배하는 자들이다.

5절   그 메뚜기들은 하나님의 인침을 받지 아니한 사람들을 죽이지는 말고, 오직 다섯 달 동안 그들에게 전갈의 침으로 쏴서 고통을 주라는 임무를 받았다. 로마 군대가 침략 전쟁을 일으켜서 수많은 사람을 죽인 반면에, 메뚜기들은 이마에 하나님의 인침이 없는 짐승을 숭배하는 자들에게 고통을 주긴 하지만 그들을 결코 죽이지는 않는다. 그런데 여기서 "다섯 달"은 무엇을 의미하는가? 많은 학자들이 그 다섯 달을 초봄부터 여름말까지 사는 메뚜기의 생존 기간을 의미한다고 해석한다.[4] 하지만 그런 해석은 다섯 달이 상징하는 신학적 의미를 간과한 잘못된 해석이다. 다섯 달이라는 기간은 창세기에서 노아의 세대가 백오십 일(30×5=150), 즉 다섯 달 동안 대홍수로 심판을 당한 사실을 가리킨다.[5]

> 땅 위에 움직이는 생물이 다 죽었으니 곧 새와 가축과 들짐승과 땅에 기는 모든 것과 모든 사람이라. 육지에 있어 그 코에 생명의 기운의 숨이 있는 것은 다 죽었더라. 지면의 모든 생물을 쓸어버리시니 곧 사람과 가축과 기는 것과 공중의 새까지라. 이들은 땅에서 쓸어버림을 당하였으되 오직 노아와 그와 함께 방주에 있던 자들만 남았더라. 물이 백오십 일을 땅에 넘쳤더라(창 7:21-24).

---

4 ─ Eduard Lohse, 『요한계시록』, 117; Bruce M. Metzger, 『예수 그리스도의 계시라』, 100; 박수암, 『요한계시록』, 134; R. H. Mounce, *The Book of Revelation* (Grand Rapids: Eerdmans Publishing Company, 1977), 188; G. K. Beale, *The Book of Revelation*, 497. Beale은 다섯 달이라는 기간이 문자적으로 이해되어서는 안 된다고 했지만, 그것이 무엇을 상징하는지에 대해서는 말하지 않는다; Ernst, Lohmeyer. *Die Offenbarung des Johannes* (Tübingen: Mohr Siebeck, 1970), 60.

5 ─ Ranko Stefanovic는 다섯 달을 노아홍수 심판 기간으로 해석한다. 그의 『예수 그리스도의 계시』, 323을 보라.

하나님이 노아와 그와 함께 방주에 있는 모든 들짐승과 가축을 기억하사 하나님이 바람을 땅 위에 불게 하시매 물이 줄어들었고 깊음의 샘과 하늘의 창문이 닫히고 하늘에서 비가 그치매 물이 땅에서 물러가고 점점 물러가서 백오십 일 후에 줄어들고(창 8:1-3).

"물이 백오십 일을 땅에 넘쳤더라"(창 7:24)와 "물이 땅에서 물러가고 점점 물러가서 백오십 일 후에 줄어들고"(창 8:3)에서 "백오십 일"은 다섯 달을 의미한다. 노아 홍수의 세대가 다섯 달 동안 홍수 심판을 당한 것처럼 "이마에 하나님의 인침을 받지 아니한 사람들"도 다섯 달 동안 메뚜기 떼로부터 끔찍한 심판을 당한다. 다섯 달 동안 노아의 세대는 대홍수 심판을 당하고 모두 죽었지만, 메뚜기들의 공격을 받은 사람들은 죽음을 면하고 오직 극심한 고통만을 겪는다. 지금은 아직 마지막 심판의 날이 아니기 때문에 그들은 죽지는 않고 고통만 겪는다. 하지만 이마에 하나님의 인침을 받은 자들, 곧 세례를 받은 그리스도인들은 노아의 가족이 대홍수 심판에서 제외된 것처럼 메뚜기 재앙에서 제외되고 하나님의 보호 속에서 구원을 받는다.

6절 메뚜기들의 공격을 당한 짐승의 숭배자들은 고통이 너무 심해서 죽기를 원하지만, 죽음이 그들을 피하므로 죽을 수도 없다. 팔레스타인 땅에 있는 전갈의 침은 매우 뾰족해서 사람을 죽이지는 않지만 큰 고통을 준다. 성서에는 죽고 싶어도 죽지 못하는 사람들의 고백이 있다(욥 3:20-22; 렘 8:3).

7-10절 요한은 전쟁을 준비하는 군대에 빗대어 메뚜기의 모습을 묘사했다. 메뚜기들은 승리를 상징하는 금관 같은 것을 머리에 썼고, 그들의 얼굴은 사람의 얼굴 같다. 또 여자의 머리털 같은 머리털이 있으며, 이빨은 사자의 이빨 같고, 철로 만든 가슴 방패를 착용했으며, 날개들의

소리는 전차와 많은 말이 전쟁터로 달려가는 소리와 같다. 그리고 메뚜기는 전갈 같은 꼬리와 쏘는 살을 가지고 있고 그 꼬리에는 다섯 달 동안 사람들을 해하는 권세가" 있다. 메뚜기 떼에 대한 이러한 묘사는 야웨의 날에 유다를 침범한 메뚜기 떼의 환상이 서술된 요엘의 본문에서 가져온 것이다.

> 다른 한 민족이 내 땅에 올라왔음이로다. 그들은 강하고 수가 많으며 그 이빨은 사자의 이빨 같고 그 어금니는 암사자의 어금니 같도다(욜 1:6).

> 곧 어둡고 캄캄한 날이요 짙은 구름이 덮인 날이라. 새벽 빛이 산 꼭대기에 덮인 것과 같으니 이는 많고 강한 백성이 이르렀음이라. 이와 같은 것이 옛날에도 없었고 이후에도 대대에 없으리로다. 불이 그들의 앞을 사르며 불꽃이 그들의 뒤를 태우니 그들의 예전의 땅은 에덴 동산 같았으나 그들의 나중의 땅은 황폐한 들 같으니 그것을 피한 자가 없도다. 그의 모양은 말 같고 그 달리는 것은 기병 같으며 그들이 산꼭대기에서 뛰는 소리는 병거 소리와도 같고 불꽃이 검불을 사르는 소리와도 같으며 강한 군사가 줄을 벌이고 싸우는 것 같으니 그 앞에서 백성들이 질리고, 무리의 낯빛이 하얘졌도다(욜 2:2-6).

이마에 하나님의 인침을 받지 아니한 사람들은 모두 이러한 막강한 군대와 같은 힘을 가진 메뚜기들로부터 고통당하는 벌을 받아야만 한다. 노아의 홍수 세대는 만연한 악에 대해서 저항하지 못했기 때문에 물로 심판을 받았다. 이와 마찬가지로 하나님의 인침이 이마에 없는 자들은 로마 제국의 우상 숭배적인 체제에 동화되어 주체성을 상실하고 객체들로 전락한 우상 숭배자들이기 때문에 하나님이 그들에게 메뚜기 재앙을 내리실 것이다.

11절　　자연의 메뚜기 떼는 왕이 없지만(잠 30:27), 요한이 묘사한 메뚜기 떼는 왕이 있기 때문에 일사불란하게 각자의 임무를 수행할 수 있다. "그들에게 왕이 있으니 무저갱의 사자라." 무저갱의 사자(ἄγγελος)에게는 아볼루온('Απολλύων)이라는 그리스 이름과 아바돈(אֲבַדּוֹן)이라는 히브리 이름이 있다. 아볼루온과 아바돈은 모두 파괴자 또는 파괴를 의미한다. 이러한 무저갱 사자의 이름은 막강한 군사력을 가진 로마 제국의 군대에 항거하는 대항 군대로서의 파괴력을 상징한다. 여기서 무저갱의 사자가 메뚜기들의 왕이라는 사실은 그 메뚜기들이 형벌의 천사들을 상징한다고 이해할 수 있다. 더욱이 요한이 메뚜기의 모양을 사람의 얼굴처럼 묘사한 것은 메뚜기들이 형벌의 천사들을 가리킨다고 해석할 수 있다. 그런데 어떤 학자들은 무저갱의 사자를 사탄으로 간주하고 사람들에게 악마적 공포심을 불어넣어 사람들을 괴롭히는 마귀나 악령으로 메뚜기를 해석하기도 한다.[6]

하나님은 제국 한복판에서 새로운 출애굽을 일으키기 위해 메뚜기들을 동원하셨다. 이때 메뚜기 재앙은 하나님이 행하시는 해방적 행동을 의미한다. 하나님이 다섯 달 동안 메뚜기 재앙을 일으키신 것은 다섯 달이 걸렸던 노아의 홍수 심판을 성도들에게 회상시킨다. 그런 회상은 한편으로 로마의 유혹과 박해에도 불구하고 끝까지 우상 숭배를 거부하도록 성도들을 격려하고, 다른 한편으로 짐승의 숭배자들에게는 회개를 촉구하기 위한 것이다. 이마에 하나님의 인침이 없는 자들, 곧 불신자들은 회개하지 않는 이상 지금 현재의 시간에 메뚜기 재앙의 대상이 될 뿐만 아니라, 죽은 후에는 마지막 심판과 영벌을 받게 될 것이다. 유대 묵시 문학에 의하면 생전에 회개

---

6 — 권성수, 『요한계시록』, 221; 박수암, 『요한계시록』, 136; Robert H. Mounce, *The Book of Revelation*, 185; G. K. Beale, *The Book of Revelation*, 503; 이와 반대로 무저갱의 사자가 사탄이 아니라는 주장에 대해서는 김재준, 『요한계시록』, 193을 보라.

하지 않고 세상에서 아무런 어려움 없이 잘 살다가 죽은 죄인들은, 모든 죽은 자들의 영혼들이 모여 있는 한 장소에서 특별히 따로 분리된 방에 머문다. 그들은 그 방에서 마지막 심판의 날까지 형벌의 천사들에게 벌을 받는다. 그것이 바로 다섯 달 동안 메뚜기의 침에 쏘여서 죽고 싶어도 죽지 못하는 짐승의 숭배자들의 비참한 운명이다.

같은 방식으로 죄인들이 일생 동안 심판을 당하지 않고 죽어 땅에 묻힐 때, 그들은 따로 분리된다. 그들은 이러한 큰 고통을 심판의 큰 날까지 당할 것이고, 저주하는 자들에게는 재앙과 고통이 영원할 것이며, 그리고 그들의 영혼들의 징벌은 영원할 것이다. 그들(천사들)은 거기서 심지어 태초부터 그들을 영원히 결박할 것이다(에녹1서 22:10-11).

12절　"첫째 화는 지나갔으나, 보라! 아직도 이후에 화 둘이 이르리로다." 독수리가 외친 첫째 화는 바로 이마에 하나님의 인침을 받지 못한 자들이 다섯 달 동안 당하는 메뚜기 재앙이다. 요한은 다섯째 나팔 환상을 통해서 짐승의 숭배자들이 하나님의 심판의 대상이라는 것을 폭로했다. 아직도 화가 두 번 더 남아 있다.

여섯째 나팔(9:13-21)

> 13 여섯째 천사가 나팔을 불매 내가 들으니 하나님 앞 금 제단 네 뿔에서 한 음성이 나서 14 나팔 가진 여섯째 천사에게 말하기를 "큰 강 유브라데에 결박한 네 천사를 놓아주라" 하매 15 네 천사가 놓였으니 그들은 그 년 월 일 시에 이르러 사람 삼 분의 일을 죽이기로 준비된 자들이더라. 16 마병대의 수는 이만 만이니 내가 그들의 수를 들었노라. 17 이같은 환상 가운데 그

말들과 그 위에 탄 자들을 보니 불빛과 자줏빛과 유황빛 호심경이 있고 또 말들의 머리는 사자 머리 같고 그 입에서는 불과 연기와 유황이 나오더라. 18 이 세 재앙 곧 자기들의 입에서 나오는 불과 연기와 유황으로 말미암아 사람 삼 분의 일이 죽임을 당하니라 19 이 말들의 힘은 입과 꼬리에 있으니 꼬리는 뱀 같고 또 꼬리에 머리가 있어 이것으로 해하더라. 20 이 재앙에 죽지 않고 남은 사람들은 손으로 행한 일을 회개하지 아니하고 오히려 여러 귀신과 또는 보거나 듣거나 다니거나 하지 못하는 금, 은, 동과 목석의 우상에게 절하고 21 또 그 살인과 복술과 음행과 도둑질을 회개하지 아니하더라.

13절 요한은 여섯째 천사가 나팔을 불었을 때, "하나님 앞 금 제단의 네 뿔에서 한 음성이" 나오는 것을 들었다. 여기서 금 제단(τὸ θυσιαστήριον τὸ χρυσοῦς)은 하늘의 성전 안에 있는 분향단이다(참조. 계 8:5). 이 금 제단에서 나오는 한 음성은 성도들의 기도를 듣고 응답하시는 하나님의 음성이다.

14절 그런데 그 음성은 여섯째 나팔을 분 바로 그 천사에게 "큰 강 유브라데에 결박한 네 천사를 놓아주라"고 명령했다. 구약 시대에 유프라테스 강은 약속의 땅인 가나안의 동쪽 국경선이었으며(참조. 창 15:18; 신 1:7; 수 1:4; 사 8:7), 여러 제국이 유프라테스 강을 넘어서 이스라엘 땅을 침략했다. 기원후 1세기 말 유프라테스 강은 로마 제국의 동쪽 국경선이었다. 그렇다면 유프라테스 강에 결박된 네 천사는 무엇을 상징하는가? 다니엘서에 나오는 천사장 미가엘은 제국의 군주들과 싸우는 군주로 불린다. "그가 이르되 '내가 어찌하여 네게 왔는지 네가 아느냐? 이제 내가 돌아가서 바사 군주와 싸우려니와 내가 나간 후에는 헬라의 군주가 이를 것이라. 오직 내가 먼저 진리의 글에 기록된 것으로 네게 보이리라. 나를 도와서 그들을 대항할 자는 너희의 군주 미가엘뿐이니라'"(단 10:20-21). 이처럼 유대 묵시 문학에서 천사는 왕과 동일시된다. 시리아어 에스라의 묵시(Syriac Apocalypse of Ezra) 6장에는 놀랍게도 요한계시록 9:14-15과 내용적으로 동일하지만 단지 "네 천사들"이 "네 왕들"로 바뀐 구절이 있다.

> 나는 동쪽에서 온 살모사 한 마리를 보았다. 그 뱀은 땅으로 들어갔으며, 땅 위에 지진이 일어났고, 그리고 한 음성이 들려왔다. "큰 강 유프라테스에 결박한 네 왕들을 놓아주라. 그들은 사람들의 삼 분의 일을 멸망시킬 자들이다." 그리고 그들은 풀려났다.[7]

"큰 강 유브라데에 결박한 네 천사"는 이스라엘 땅을 차례로 지배했던 바빌론 제국, 페르시아 제국, 그리스 제국, 로마 제국의 왕들을 가리킨다. 그들이 결박에서 풀려나 활동하도록 하나님으로부터 허락을 받은 것은 그들의 활동이 어디까지나 하나님의 손 안에 있음을 의미한다.

15절　"네 천사가 놓였으니 그들은 그 년 월 일 시에 이르러 사람 삼 분의 일을 죽이기로 준비된 자들이더라." 여러 학자의 견해에 따르면, 이 진술은 로마의 국경을 침략할 수도 있는 유프라테스 동쪽의 파르티아 제국에 대한 로마인들의 두려움과 관련이 있다. 그들은 하나님이 파르티아 군대로 하여금 경계천을 넘어서 로마의 영토를 침략하도록 만드셨다고 해석한다. 그들은 네 천사가 죽인 "사람 삼 분의 일"이 로마 제국 인구의 삼 분의 일, 하나님을 믿지 않는 우상 숭배자들의 삼 분의 일, 교회를 박해하는 불신자들의 삼 분의 일 또는 중립적 명칭인 인류의 삼 분의 일을 의

---

7 — 이 본문과 계 9:14의 관계에 대해서는 R. H. Charles, *A Critical and Exegetical Commentary on the Revelation of St. John* (Edinburgh: T. & T. Clark, LTD, 1920), 251을 참조하라. 시리아어 본문은 A. Bethagen, "Beschreibung der Syrischen MS 'Sachau 131'," *ZAW* 6(1886), 119-211에서부터 인용되었다.

미한다고 해석한다.[8] 그리고 "그 년 월 일 시"를 하나님이 그분의 계획에 따라서 사람 삼 분의 일을 심판하시기로 예정한 때라고 해석한다. 그들은 하나님이 네 천사를 통해서 "사람 삼 분의 일"을 죽이신 것은 나머지 삼 분의 이가 회개할 기회를 주기 위함이라고 해석한다.

이러한 기존의 해석들과 반대로 나는 유프라테스 강에서 풀려난 네 천사가 악마적 군대를 동원하여 사람 삼 분의 일을 죽인 것은 로마가 점령지의 무고한 사람을 집단적으로 죽인 대량학살을 나타낸다고 생각한다. 구약에서 시간을 연, 월, 일로 자세히 언급한 경우는 있지만(참조. 민 1:1; 학 2:10), 시를 언급한 경우는 없다. "그 년 월 일 시"는 로마 당국이 제국의 체제에 저항하는 사람들이 발생하면 즉각적으로 군대를 출동시켜서 제압하는 시간이고, 로마의 제국주의 침략전쟁을 위한 군사작전을 개시하는 시간이며, 전쟁 기간에 또는 평상시에도 로마 제국의 체제에 저해가 되는 사람들로 간주되는 민간인들을 집단적으로 학살하기로 계획된 시간이다. 네 천사가 잔혹하게 죽인 "사람 삼 분의 일"은 로마 제국의 점령지에 사는 무고한 사람들 삼 분의 일을 의미한다. 이것을 오늘날의 용어로 말한다면 반인륜적 범죄인 대량학살(genocide)이라고 할 수 있다.

예를 들어 로마 군대의 민간인 대량학살은 유대전쟁 기간(기원후 68-70)에 발생했다. 로마 군인들은 성안에 있는 사람들을 항복시키기 위해 많은 유대인 포로를 성벽 밖에서 십자가에 매달아 죽였다. 요세푸스는 유대전쟁 기간에 발생한 전체 포로수가 약 97,000명이고 죽은 자들이 150만 명이라고 기록했다(『유대전쟁사』[*Jewish War*] 6.420). 그는 로마 군인들이 예루살렘을 공격하면서 자행한 대량학살의 희생자들에 대해서 다음과 같이 묘사했다.

---

8 — Eduard Lohse, 『요한계시록』, 120; G. K. Beale, *The Book of Revelation*, 511-512.

곳곳에서 유대인들이 참살을 당했고 이리저리 도망쳤다. 그들 대부분은 무기가 전혀 없었고, 적들에게 즉석에서 학살당했다. 죽은 자들은 번제단 주위에 아주 많이 쌓여 있었고, 성전의 계단으로부터 피가 엄청나게 많이 흘러내렸으며, 죽임을 당한 자들의 위쪽 시체들로부터 아래쪽으로 흘러내렸다.[9]

디오 카시우스는 로마 군대가 자행한 파괴와 학살을 다음과 같이 서술했다.

유대인들의 가장 중요한 요새 50개와 그들의 가장 유명한 거주지 985곳이 파괴되어 무너졌다. 58,000명이 다양한 공격과 전투에서 살해되었고, 기아, 질병, 화재로 죽은 자들의 숫자는 확인할 수 없었다. 전쟁 이전에 유대인들이 경고받았던 대로 결국 유대 전체는 황폐해졌다. 유대인들이 존경의 대상으로 삼았던 솔로몬의 무덤이 여러 조각으로 갈라지고 무너졌으며, 많은 늑대와 하이에나가 울부짖으면서 유대인들의 여러 도시 안으로 출몰했다.[10]

16절 "마병대의 수는 이만 만이니 내가 그들의 수를 들었노라." 네 천사가 동원한 악마적 기병대는 로마 제국의 군대를 상징한다. 그들은 군사작전을 위해서 자신들의 수하에 있는 "이만 만"의 기마대를 동원했다. "이만 만"(20,000×10,000)은 문자적으로 2억을 의미하지만, 그것은 실제적인 숫자가 아니라 무수히 많은 수를 상징한다. 이와 비슷한 숫자가 시편 68:17에 나타난다. "하나님의 병거는 천천이요 만만이라. 주께서 그중에 계심이 시내 산 성소에 계심 같도다." 따라서 네 천사가 동원한 거대한 군

---

9 — Flavius Josephus, *Bellum Judaicum* VI, 259.
10 — Cassius Dio, *Roman History* 69.14.1-2.

대는 로마의 병력을 상징한다.

17절　요한은 환상 속에서 본 기마대의 살인적인 폭력성을 묘사한다. 기마병들은 호심경을 착용하고 있고 그들이 탄 말들은 매우 사납게 생겼다. "말들의 머리는 사자 머리 같고 그 입에서는 불과 연기와 유황이 나오더라." 불과 유황은 사람들을 죽이고 모든 것을 초토화시킨다. "그 온 땅이 유황이 되며 소금이 되며 또 불에 타서 심지도 못하며 결실함도 없으며 거기에는 아무 풀도 나지 아니함이 옛적에 여호와께서 진노와 격분으로 멸하신 소돔과 고모라와 아드마와 스보임의 무너짐과 같음을 보고 물을 것이요"(신 29:23).

18절　"이 세 재앙 곧 자기들의 입에서 나오는 불과 연기와 유황으로 말미암아 사람 삼 분의 일이 죽임을 당하니라." 무고한 민간인들을 집단적으로 죽이는 대량학살의 도구는 "불과 연기와 유황"이다. 전쟁을 일으킨 로마 제국의 기마병들은 불과 연기와 유황을 통해서 점령지에 사는 사람들 삼 분의 일을 잔혹하게 죽였다. 말들의 입에서 나오는 불과 연기와 유황은 로마 군대의 폭력을 상징적으로 표현한 것으로 리워야단의 입에서 나오는 재앙과 비슷하다. "그것의 입에서는 횃불이 나오고 불꽃이 튀어나오며 그것의 콧구멍에서는 연기가 나오니 마치 갈대를 태울 때에 솥이 끓는 것과 같구나. 그의 입김은 숯불을 지피며 그의 입은 불길을 뿜는구나. 그것의 힘은 그의 목덜미에 있으니 그 앞에서는 절망만 감돌 뿐이구나"(욥 41:19-22). 죽임을 당한 "사람 삼 분의 일"은 로마 제국의 군대가 벌인 대량학살의 희생자들이다.

19절　"이 말들의 힘은 입과 꼬리에 있으니 꼬리는 뱀 같고 또 꼬리에 머리가 있어 이것으로 해하더라." 사람들을 죽이는 무서운 살상력은 말들의 입에서뿐만 아니라 꼬리에서도 나왔다. 이것은 대량학살을 성공적으로 수행하기 위한 로마 군대의 완벽한 폭력 구조를 상징한다. 요한은 수많은 무고한 사람들을 학살한 로마 제국의 군대를 리워야단과 동일시했으며 심지어는 그것보다 훨씬 더 잔인한 폭력 체제로 인식했다.

20절 "이 재앙에 죽지 않고 남은 사람들은 손으로 행한 일을 회개하지 아니하고." 그 남은 사람들은 누구를 상징하는가? 그들은 하나님을 대적하는 짐승의 숭배자들이다. 그들은 로마 황제를 숭배하고 로마 제국주의 정책에 협력하는 우상 숭배자들이다. 그들은 그러한 끔찍한 살육이 자기 자신과 자기 가족에게 일어나지 않은 것을 다행으로 여기면서 로마 제국에 협력한 자신들의 죄를 회개하지 않았다. 그리고 여전히 타인의 고통을 모른 척 하면서 우상 숭배를 계속한다. "오히려 여러 귀신과 또는 보거나 듣거나 다니거나 하지 못하는 금, 은, 동과 목석의 우상에게 절하고." 이러한 우상 숭배에 대한 표현은 구약성서에서 나오는 것들을 상기시킨다.

> 열국의 우상은 은금이요 사람의 손으로 만든 것이라. 입이 있어도 말하지 못하며 눈이 있어도 보지 못하며 귀가 있어도 듣지 못하며 그들의 입에는 아무 호흡도 없나니 그것을 만든 자와 그것을 의지하는 자가 다 그것과 같으리로다(시 135:15-17; 참조. 시 115:4-7; 단 5:23).

21절 "또 그 살인과 복술과 음행과 도둑질을 회개하지 아니하더라." 짐승의 숭배자들은 불의에 대한 의식이 없기 때문에 로마의 살인적인 체제에 협력한 자신들의 잘못을 회개하지 않고 우상 숭배를 계속했다. 권력과 자본에 대한 우상 숭배는 결국 약자들의 생명을 파괴하는 살인을 야기한다.

요한계시록의 저자는 여섯째 나팔 환상을 통해서 네 제국이 자행한 대량학살의 희생자들에 대한 역사적 기억을 보존하고 재현하는 동시에 현재화한다. 그는 이 환상을 통해서 수많은 민간인을 집단적으로 학살한 로마 제국주의의 절대 권력과 폭력에 대해서 항의한다. 로마 제국은 "로마의 평화"라는 신화를 통해서 대량학살을 정당화하고 희생자들을 망각했다. 그러나 요한은 이 환상을 통해서 로마 제국이 평화의 제국이 아니라, 수많은 무고한 사람의 고귀한 생명을 살상한 폭력의 제국이라는 사실을 폭로했다. 이것은 평화의 수호자인 척, 인정이 많은 자인 척하는 로마 제국에게는 치명적인 치부다. 그러나 부끄러움을 모르는 로마 제국과 짐승의 숭배자들은 회개하지 않고 우상 숭배를 계속하고 있다. 마지막 나팔이 울릴 때, 하나님은 리워야단 같은 로마를 반드시 심판하실 것이다. "그 날에 여호와께서 그의 견고하고 크고 강한 칼로 날랜 뱀 리워야단 곧 꼬불꼬불한 뱀 리워야단을 벌하시며 바다에 있는 용을 죽이시리라"(사 27:1).

작은 책을 가진 천사(10:1-11)

1 내가 또 보니 힘센 다른 천사가 구름을 입고 하늘에서 내려오는데 그 머리 위에 무지개가 있고 그 얼굴은 해 같고 그 발은 불기둥 같으며 2 그 손에는 펴놓인 작은 두루마리를 들고 그 오른발은 바다를 밟고 왼발은 땅을 밟고 3 사자가 부르짖는 것 같이 큰 소리로 외치니 그가 외칠 때에 일곱 우레가 그 소리를 내어 말하더라. 4 일곱 우레가 말을 할 때에 내가 기록하려고 하다가 곧 들으니 하늘에서 소리가 나서 말하기를 "일곱 우레가 말한 것을 인봉하고 기록하지 말라" 하더라. 5 내가 본 바 바다와 땅을 밟고 서 있는 천사가 하늘을 향하여 오른손을 들고 6 세세토록 살아 계신 이 곧 하늘과 그 가운데에 있는 물건이며 땅과 그 가운데에 있는 물건이며 바다와 그 가운데에 있는 물건을 창조하신 이를 가리켜 맹세하여 이르되 "지체하지 아니하리니, 7 일곱째 천사가 소리 내는 날 그의 나팔을 불려고 할 때에 하나님이 그의 종

선지자들에게 전하신 복음과 같이 하나님의 그 비밀이 이루어지리라" 하더라. 8 하늘에서 나서 내게 들리던 음성이 또 내게 말하여 이르되 "네가 가서 바다와 땅을 밟고 서 있는 천사의 손에 펴놓인 두루마리를 가지라" 하기로, 9 내가 천사에게 나아가 작은 두루마리를 달라 한즉 천사가 이르되 "갖다 먹어버리라. 네 배에는 쓰나 네 입에는 꿀 같이 달리라" 하거늘, 10 내가 천사의 손에서 작은 두루마리를 갖다 먹어버리니 내 입에는 꿀 같이 다나 먹은 후에 내 배에서는 쓰게 되더라. 11 그가 내게 말하기를 "네가 많은 백성과 나라와 방언과 임금에게 다시 예언하여야 하리라" 하더라.

1절   요한은 보통 천사의 모습과는 아주 다른 "힘센 다른 천사" 하나가 구름을 타고 하늘에서 내려오는 것을 보았다. 그 천사의 머리 위에는 아름다운 무지개가 걸쳐져 있고, 해처럼 빛나는 인자의 얼굴처럼(계 1:16) 그의 얼굴도 해처럼 빛나고, 그의 발은 불기둥 같다. 그 천사의 모습이 다른 천사들과 비교할 수 없을 정도로 아주 독특한 것은 그 천사의 사역이 매우 중요하기 때문이다. 이 천사는 하나님께서 폭력의 역사를 끝내실 것이라는 심판으로서의 복음을 전하기 위해 하늘에서 땅으로 내려왔다.

2절   그 천사는 손에 펼쳐진 작은 두루마리 책을 들고 바다와 땅을 밟고 서 있다. "작은 두루마리"(βιβλαρίδιον)는 요한계시록 5:1에서 보좌 위에 앉아 있는 하나님이 들고 계시던 일곱 겹으로 봉인된 두루마리 책(βιβλίον)과 동일하다. 또 그것은 어린 양이 보좌 위에 앉아 있는 자에게 받아서 봉인을 열고 펼쳤던 그 두루마리 책과도 동일하다. 고대 사회에서 두루마리 책의 크기는 중요하지 않기 때문에 보통 두루마리와 작은 두루마리는 흔히 서로 혼용되었다. 따라서 요한은 작은 두루마리(계 10:2)와 보통 두루마리(계 10:8)를 교차적으로 사용했다.

3절   "사자의 부르짖는 것 같이 큰 소리로 외치니 그가 외칠 때에 일곱 우레가 그 소리를 내어 말하더라." 요한계시록 5:2에서 힘센 천사가 큰 소리로 외쳤듯이, 여기서도 힘센 다른 천사가 큰 소리로 외쳤다. 그 천사가 외칠 때 일곱 우레가 소리 내어 말을 했다.

4절 "일곱 우레가 말을 할 때에 내가 기록하려고 하다가 곧 들으니 하늘에서 소리가 나서 말하기를 일곱 우레가 말한 것을 인봉하고 기록하지 말라 하더라." 여기서 하늘의 음성은 하나님의 음성이다. 구약에서 계시의 음성은 하나님의 음성으로 판명된다(참조. 민 7:89; 겔 1:28; 단 4:31). 일곱 우레의 말은 앞으로 일어날 일련의 종말의 사건들을 선포하는 것이다. 그런데 왜 하늘의 음성은 요한에게 일곱 우레의 말을 봉인하고 기록하지 말라고 명령하는가? 그것은 종말에 일어날 사건들의 일부가 일어나지 않도록 막음으로써 종말의 시간을 단축시키기 위한 하나님의 조치다. 하나님은 우리를 위해 어떤 것은 감추시고 어떤 것은 계시하신다. "감추어진 일은 우리 하나님 여호와께 속하였거니와 나타난 일은 영원히 우리와 우리 자손에게 속하였나니 이는 우리에게 이 율법의 모든 말씀을 행하게 하심이니라"(신 29:29).

일곱 우레의 소리를 봉인함으로써 폭력의 역사의 진행을 단절시킬 종말의 날이 앞당겨졌다. 이것은 종말의 날을 오랫동안 기다려야만 하는 고난당하는 약자들에게는 기쁜 소식이다. 하나님은 우리를 위해 시련의 기간을 단축시켜주신다. "만일 주께서 그날들을 감하지 아니하셨더라면 모든 육체가 구원을 얻지 못할 것이거늘 자기가 택하신 자들을 위하여 그날들을 감하셨느니라"(막 13:20).

5-6절 바다와 땅을 밟고 있는 그 천사가 하늘을 향해 오른손을 들고 창조주 하나님께 맹세한다. "세세토록 살아 계신 이 곧 하늘과 그 가운데에 있는 물건이며 땅과 그 가운데에 있는 물건이며 바다와 그 가운데에 있는 물건을 창조하신 이를 가리켜 맹세하여 이르되 '지체하지 아니하

리니.'" 천사가 맹세하면서 "지체하지 아니하리니"($\acute{o}\tau\iota$ χρόνος οὐκέτι ἔσται)라고 말한 것은 심판의 유예 기간이 끝났기 때문에 더 이상 시간이 없다는 것을 의미한다. 지배자들은 역사가 지금처럼 이대로 계속될 것이라고 생각한다. 하지만 하나님이 곧 심판하실 것이기 때문에 폭력의 역사는 지금처럼 계속되지 않고 반드시 끝날 것이다. 천사의 맹세는 다니엘 12:7에서 전승되었다. "내가 들은즉 그 세마포 옷을 입고 강물 위쪽에 있는 자가 자기의 좌우 손을 들어 하늘을 향하여 영원히 살아 계시는 이를 가리켜 맹세하여 이르되 '반드시 한 때 두 때 반 때를 지나서 성도의 권세가 다 깨지기까지이니 그렇게 되면 이 모든 일이 다 끝나리라' 하더라." 여기서 "한 때 두 때 반 때"는 여섯째 나팔과 일곱째 나팔 사이의 현재의 시간과 같다.

하나님께 한 맹세는 최후의 확정이기 때문에 반드시 성취된다. "사람들은 자기보다 더 큰 자를 가리켜 맹세하나니, 맹세는 그들이 다투는 모든 일의 최후 확정이니라. 하나님은 약속을 기업으로 받는 자들에게 그 뜻이 변하지 아니함을 충분히 나타내시려고 그 일을 맹세로 보증하셨나니 이는 하나님이 거짓말을 하실 수 없는 이 두 가지 변하지 못할 사실로 말미암아 앞에 있는 소망을 얻으려고 피난처를 찾은 우리에게 큰 안위를 받게 하려 하심이라"(히 6:16-18).

7절 "일곱째 천사가 소리 내는 날 그의 나팔을 불려고 할 때에 하나님이 그의 종 선지자들에게 전하신 복음과 같이 하나님의 그 비밀이 이루어지리라 하더라." 이것은 아모스 3:7-8에서 차용된 것이다. "주 여호와께서는 자기의 비밀을 그 종 선지자들에게 보이지 아니하시고는 결코 행하심이 없으시리라. 사자가 부르짖은즉 누가 두려워하지 아니하겠느냐? 주 여호와께서 말씀하신즉 누가 예언하지 아니하겠느냐?" 일곱째 나팔이 불리는 날은 이 현재의 시간이 끝나는 날이다. 유예된 시간이 끝났기 때문에 일곱째 천사가 불 나팔 소리와 함께 폭력의 역사로 인식되는 현재의 시간은 곧 끝날 것이다. "하나님의 그 비밀"(τὸ μυστήριον τοῦ θεοῦ)은 심판을 통해서 폭력의 역사를 끝내려고 하시는 하나님의 계획을 가리킨다. 그것이 바로 하나님이 그분의 종들인 예언자들에게 선포해오신 복음이다. 요한계시록 14:6에서 언급된 천사가 전하는 "영원한 복음"도 하나님이 폭력의 역사를 끝내실 것이라는 심판으로서의 복음이다.

8절　　일곱 우레를 봉인하지 말라고 명령했던 하늘의 음성은 이제 요한에게 "네가 가서 바다와 땅을 밟고 서 있는 천사의 손에 펴놓인 두루마리를 가지라"고 명령했다. 그 천사의 손에 있는 펼쳐진 두루마리 책은 어린 양에 의해서 개봉되고 펼쳐졌던 바로 그 두루마리 책이다. 요한계시록 5장에서 어린 양이 일곱 겹으로 봉인된 두루마리 책을 개봉함으로써 은폐된 로마의 제국주의가 초래한 살인적인 현실이 폭로되었고 불의한 세계를 심판하실 하나님의 계획이 드러났다.

9절　　"갖다 먹어버리라. 네 배에는 쓰나 네 입에는 꿀 같이 달리라." 천사의 손에 있는 펼쳐진 책은 어린 양에 의해 개봉된 바로 그 책이다. 그 책의 내용은 이미 알려졌고 해석되었다. 책을 먹는 것은 그 열린 책을 읽고 내면화하고 실천하는 것을 의미한다. 그 책은 입에는 꿀처럼 달지만, 배에는 쓰다. 하지만 요한은 그 책을 먹어야만 한다. 책을 먹는 것은 에스겔 3:1-3에서 유래한다. "또 그가 내게 이르시되, 인자야, 너는 발견한 것을 먹으라. 너는 이 두루마리를 먹고 가서 이스라엘 족속에게 말하라 하시기로 내가 입을 벌리니 그가 그 두루마리를 내게 먹이시며 내게 이르시되, 인자야, 내가 네게 주는 이 두루마리로 네 배에 넣으며 네 창자에 채우라 하시기에 내가 먹으니 그것이 내 입에서 달기가 꿀 같더라." 예언자 에스겔은 두루마리 책을 먹은 후에 비로소 "주 여호와의 말씀이 이러하시다"(겔 3:11)라고 외치면서 예언자로 활동하기 시작했다.

10절　요한은 그 책을 먹은 후에 "내 입에는 꿀 같이 다나 먹은 후에 내 배에서는 쓰게 되더라"고 고백했다. 이것은 하나님의 말씀을 실천할 때에는 누구에게나 쓰라린 고통이 있음을 의미한다. 누구나 처음에 복음을 접할 때는 기쁨을 느끼지만, 복음을 내면화하고 생활에서 그것을 실천할 때는 쓰라림이 동반된다. 순교자들은 예수의 증언과 하나님의 말씀 때문에 수치와 죽임을 당했다. 예언자 예레미야는 "내가 주의 말씀을 얻어먹었사오니 주의 말씀은 내게 기쁨과 내 마음의 즐거움이오나"(렘 15:16)라고 기뻐했지만, 나중에 그는 하나님의 말씀 때문에 쓰라림과 고통을 겪어야만 했다. "내가 말할 때마다 외치며 파멸과 멸망을 선포하므로 여호와의 말씀으로 말미암아 내가 종일토록 치욕과 모욕 거리가 됨이니이다"(렘 20:8).

11절　요한에게 두루마리 책을 먹으라고 명령했던 천사가 이번에는 그에게 "네가 많은 백성과 나라와 방언과 임금에게 다시 예언하여야 하리라"고 명령한다. 이제 요한은 예수가 증언한 예언의 말씀을 증언하는 예언자로 소명을 받았다. 여기서 예언은 미래를 예측하고 예고하는 것이 아니라, 하나님의 말씀과 예수의 증언을 지금 여기서 증언하는 것을 의미한다. 로마에 예속된 여러 나라와 민족들을 가리키는 "백성과 나라와 방언"(계 5:9; 7:9; 13:7; 14:6)이라는 전문 용어(technical term)에 의도적으로 "임금"이 첨가되었는데, 이것은 요한이 증언한 예언에 정치적 성격이 있음을 강조하기 위함이다. 이때 왕들은 하나님의 심판의 대상이 된다(참조. 계 6:15; 17:2, 10, 12). 천사의 명령에는 "해야만 한다"를 의미하는 그리스어 "데이"(δεῖ)가 사용되었다. "다시 예언해야 하리라"(δεῖ σε πάλιν προφητεῦσαι)에서 "다시"(πάλιν)의 의미는 예언이 한 번 더 필요한 것이 아니라, 계시를 통해 주어진 새로운 소식인 요한계시록의 예언의 말씀을 증언하는 것이다.

성전 측량과 두 촛대(11:1-6)

1 또 내게 지팡이 같은 갈대를 주며 말하기를 "일어나서 하나님의 성전과 제단과 그 안에서 경배하는 자들을 측량하되 2 성전 바깥마당은 측량하지 말고 그냥 두라. 이것은 이방인에게 주었은즉 그들이 거룩한 성을 마흔두 달 동안 짓밟으리라. 3 내가 나의 두 증인에게 권세를 주리니 그들이 굵은 베옷을 입고 천이백육십 일을 예언하리라." 4 그들은 이 땅의 주 앞에 서 있는 두 감람나무와 두 촛대니 5 만일 누구든지 그들을 해하고자 하면 그들의 입에서 불이 나와서 그들의 원수를 삼켜버릴 것이요, 누구든지 그들을 해하고자 하면 반드시 그와 같이 죽임을 당하리라. 6 그들이 권능을 가지고 하늘을 닫아 그 예언을 하는 날 동안 비가 오지 못하게 하고 또 권능을 가지고 물을 피로 변하게 하고 아무 때든지 원하는 대로 여러 가지 재앙으로 땅을 치리로다.

1절   요한은 "하나님의 성전과 제단과 그 안에서 경배하는 자들을 측량하라"는 명령을 받았다. 갈대로 만들어진 자를 "주며"(ἐδόθη)라는 문장에서 자를 주는 자가 생략되었는데, 생략된 주어는 하나님이다. 요한은 이 명령을 하나님에게서 받은 것이 분명하다. 그가 본 하나님의 성전(ναός)과 제단(θυσιαστήριον)은 차례대로 지성소와 번제단을 의미한다. 성전과 제단은 소아시아의 기독교 공동체를 가리키는 상징들이고, 성전 안에서 예배하는 자들은 교회의 성도들을 상징한다. 당시 소아시아 지방에 존재했던 기독교 공동체의 현실은 유대전쟁으로 초토화된 예루살렘과 파괴된 성전 같았다. 따라서 요한이 받은 성전을 측량하라는 하나님의 명령은 로마의 억압과 박해로 인해서 위기에 처해 있는 소아시아의 기독교 공동체의 정체성과 그리스도인의 정체성을 재건하라는 것과, 하나님이 교회와 성도들을 지켜주신다는 것을 의미한다.

고대 유대인들은 갈대를 자로 사용했다. 갈대 자의 길이는 6규빗인데, 1규빗은 대략 일반 성인 남성의 팔꿈치부터 가운뎃손가락까지의 길이로 알려졌다. 요한이 성전을 측량하는 목적은 성전을 재건하고, 보수하며, 보호하는 데 있다. 성전 측량의 배경은 성전의 모든 부분에 대한 자세한 측량이 서술되어 있는 에스겔 40-42장과 스가랴 2:1-5에서 유래한다.

2절 "성전 바깥마당은 측량하지 말고 그냥 두라. 이것은 이방인에게 주었은즉." 성전 바깥마당은 이방인의 뜰을 가리킨다. 그것은 소아시아의 교회들과 성도들이 억압과 박해를 당하는 장소를 상징한다. "주었은즉"(ἐδόθη)은 앞에서 설명한 것처럼 신적 수동태로, 생략된 주어는 하나님이다. 이방인은 그리스도인들을 억압하는 로마 당국자와 소아시아의 토착 권력자들을 가리킨다.

"그들이 거룩한 성을 마흔두 달 동안 짓밟으리라." 요한에게 역사적 예루살렘에 대한 로마인들의 공격은 소아시아 교회에 대한 로마 당국의 박해를 가리키는 상징이다. 따라서 거룩한 성은 문자적 의미로는 예루살렘을 가리키지만, 여기서는 로마 당국과 토착 권력자들, 곧 짐승 숭배자들에 의해서 핍박받는 소아시아의 기독교적 공동체를 상징한다.

42개월은 이방인이 교회를 박해하는 기간을 나타낸다(계 11:2). 42개월과 1,260일(계 12:6)이라는 숫자는 동일한 기간으로(42달×30일=1,260일), 이 기간은 시리아의 왕 안티오코스 에피파네스가 예루살렘 성전을 3년 6개월 동안 훼손시킨 기간에서 유래한다. "그가 장차 지극히 높으신 이를 말로 대적하며 또 지극히 높으신 이의 성도를 괴롭게 할 것이며 그가 또 때와 법을 고치고자 할 것이며 성도들은 그의 손에 붙인 바 되어 한 때와 두 때와 반 때를 지내리라"(단 7:25). 여기서 "한 때와 두 때와 반 때"는 3년 6개월을 상징하는데, 한 때는 1년(360일), 두 때는 2년(720일), 반 때는 6개월(180일)을 의미하며, 이 숫자의 합산이 42개월, 곧 1,260일이다. 따라서 42개월 혹은 1,260일은 종말 직전의 현재의 시간을 상징한다. 이 현재의 시간은 박해와 순교의 시간, 회개와 증언, 그리고 새로운 출애굽과 저항의 시간이다.

3절 요한은 충성스러운 증인의 모델로 한 쌍의 남녀 증인을 등장시킨다. 하나님은 두 증인에게 예언자의 소명을 주셨다. "내가 나의 두 증인에게 권세를 주리니 그들이 굵은 베옷을 입고 천이백육십 일을 예언하리라." 두 증인이 예언하는 기간은 "1,260일"이며, 이것은 현재의 시간을 상징하는 숫자다. "굵은 베옷"은 염소나 낙타의 털로 짠 어두운 색깔의 직물로 만든 옷이다. 이스라엘 사람들은 개인적인 슬픔이나 민족적인 비탄을 나타낼 때(창 37:34; 삼하 3:31; 욜 1:13; 암 8:10) 또는 참회를 표현할 때(대상 21:16-17; 느 9:1; 시 35:13; 눅 10:13) 굵은 베옷을 입었다. 두 증인이 "굵은 베옷을 입고" 있다는 것은 그들이 부유하지 않고 가난하다는 의미다.

4절 "그들은 이 땅의 주 앞에 서 있는 두 감람나무와 두 촛대니." 두 증인은 두 감람나무인 동시에 두 촛대와 동일시된다. 이것은 스가랴의 성전 환상(슥 4:1-14)에서 유래한다. 스가랴의 성전 환상에는 일곱 갈래의 등잔을 가진 순금 촛대 하나가 서 있고 그 촛대의 양편에 감람나무가 하나씩 서 있으며, 두 감람나무에서 기름이 관을 타고 일곱 등잔에 흘러서 불빛을 밝힌다. 두 감람나무는 바빌론에서 예루살렘으로 귀환한 유대인들의 지도자로 파괴된 성전을 다시 재건한 제사장 여호수아와 총독 스룹바벨을 상징한다. 예언자 스가랴가 "이는 기름 부음 받는 자 둘이니 온 세상의 주 앞에 서 있는 자니라"(슥 4:14)라고 말한 것은 하나님이 이 두 사람을 지도자로 세우셔서 성전 건축을 완성시키실 것이라는 의미다.

그런데 요한이 언급한 "이 땅의 주"(τοῦ κυρίου τῆς γῆς)는 누구를 가리키는가? 거의 모든 서구 학자들은 스가랴 4:14을 근거로 "이 땅의 주"를 하나님으로 해석한다.[11] 그러나 나는 "이 땅의 주"가 로마 황제를 의미한다고 생각한다. 왜냐하면 "이 땅의 주"는 요한계시록 11:13과 16:11에 기술되어 있는 "하늘의 하나님"과 분명하게 대조되는 표현이기 때문이다.

> 그때에 큰 지진이 나서 성 십 분의 일이 무너지고 지진에 죽은 사람이 칠천이라. 그 남은 자들이 두려워하여 영광을 하늘의 하나님(τῷ θεῷ τοῦ οὐρανου)께 돌리더라(11:13).

> 아픈 것과 종기로 말미암아 하늘의 하나님(τὸν θεὸν τοῦ οὐρανου)을 비방하고 그들의 행위를 회개하지 아니 하더라(16:11).

요한계시록에서 땅과 하늘은 하나의 역사의 두 차원을 의미한다. 땅은 가시적·현상적·경험적 세계를 상징하고, 하늘은 불가시적·심층적·초월적 세계를 상징한다. 땅에는 로마 황제의 보좌가 있고, 하늘에는 하나님의 보좌가 있다. "이 땅의 주"는 이러한 가시적·경험적 세계를 지배하는 로마 황제를 가리킨다. 짐승의 숭배자들은 "이 땅의 주"로 군림하는 로마 황제를 숭배한다. 그러나 예언자로 소명을 받은 두 증인은 여러 민족에게 뿐 아니라 최고의 지배자인 로마 황제에게도 증언해야만 한다. 요한 자신도 로마에 예속된 여러 나라와 민족들과 왕들에게도 다시 예언해야 한다는 소명을 받았다(계 10:11).

그런데 왜 증인의 수가 둘인가? 그것은 증언의 진실성을 보증하기 위

---

11 — David E. Aune, 『요한계시록 6-16』(서울: 솔로몬, 2004), 443-444; G. K. Beale, *The Book of Revelation*, 576-577; 이 땅의 주를 로마 황제로 보는 해석에 대해서는 J. Munck, *Petrus und Paulus in der Offenbarrung Johannes* (Copenhagen: Rosenskilde, 1950)를 참조하라.

해 두 사람의 증인을 요구하는 유대인의 전통(참조. 신 17:6)을 따른 것이며, 또한 교회의 남녀 구성원들을 대표하는 한 쌍의 남녀를 나타내기 위한 것이다. 두 증인은 로마의 우상 숭배적인 권력에 저항하고 예수의 증언과 하나님의 말씀을 증언하는 한 쌍의 남녀 예언자들이다. 이 현재의 시간에 소아시아 지방의 모든 남녀 그리스도인은 증인이 되어야만 한다. 요한은 한 쌍의 남자와 여자인 두 증인을 그리스도의 충성스러운 증인의 모범으로 소개했다.

주석가들은 전통적으로 두 증인을 베드로와 바울이라는 두 남성으로만 해석했다. 그러나 두 증인이 입고 있는 굵은 베옷은 남자들만 입는 옷이 아니라 여자들도 입는 옷이다(욜 1:8, 13). 하나님은 마지막 때에 예언할 수 있도록 남자와 여자를 구별하지 않으시고 성령을 그들에게 부어주셨다(욜 2:28-29). 또한 여제자들과 여예언자들이 행한 선교 활동이 신약성서와 신약 외경에 많이 기록되어 있다. 따라서 두 증인은 교회의 성도들을 대표하는 한 쌍의 남녀 증인으로 이해되어야 한다.

한 실례를 들면, 신약 외경에 속하는 바울과 테클라 행전(*Acts of Paul and Thecla*)에는 가부장적인 사회에 맞서 하나님의 말씀과 예수 그리스도를 증언하면서 처녀로 일생을 마친 한 여성 증인에 대한 이야기가 기록되어 있다. 그 여성의 이름이 테클라다. 그녀는 바울의 설교를 통해서 복음을 받아들인 후 일생 동안 결혼하지 않고 증인으로 살았다. 그러나 그녀는 고위층 자제와의 약혼을 파기하고 결혼을 거부했기 때문에 당국에 고발되어 사형 선고를 받고 화형대 위에 세워졌다. 하지만 그때 하늘에서 폭우가 쏟아지고 불이 꺼져 그녀는 기적적으로 구출되었다. 또한 그녀는 거리에서 자기를 희롱하는 한 고위층 인사의 구애를 뿌리치고 항의하여 모독죄로 고발되었다. 그녀는 두 번째로 사형 선고를 받고 옷이 벗겨진 채로 사나운 맹수들이 기다리는 경기장 안으로 던져졌는데, 짐승들이 그녀를 해치지 않아 또 한 번 구출되었다. 맹수들이 그녀를 해하지 않은 이유를 몰라서 놀라워하는 집행관에게 테클라는 다음과 같이 자신에 대해서 말했다.

나는 살아 계신 하나님의 종이다. 나의 신분에 관해서 말하면, 나는 하나님이 기뻐하는 그의 아들 예수 그리스도를 믿는 사람이다. 그 때문에 어떤 짐승들도 나를 건드릴 수 없었다. 예수 그리스도만이 영원한 구원의 길이시고, 영생의 반석이시다. 그분은 고통을 겪는 자들에게 피난처이시고, 곤경에 처한 자들에게 후원이시며, 절망한 자들에게 희망과 방패시다. 그리고 한마디로 말하자면, 그분을 믿지 않는 모든 사람은 살지 못하고 영원한 죽음을 당할 것이다 (바울과 테클라 행전 37절).

5절　"누구든지 그들을 해하고자 하면 그들의 입에서 불이 나와서 그들의 원수를 삼켜버릴 것이요, 누구든지 그들을 해하고자 하면 반드시 그와 같이 죽임을 당하리라." 이 구절은 예레미야 5:14을 상기시킨다. "그러므로 만군의 하나님 여호와께서 이와 같이 말씀하시니라. 너희가 이 말을 하였은즉, 볼지어다! 내가 네 입에 있는 나의 말을 불이 되게 하고 이 백성을 나무가 되게 하여 불사르리라." 엘리야는 하늘에서 불이 내려오게 하여 두 번씩이나 오십부장과 오십 명의 병사들을 불살라버렸다(왕하 1:10-12). 하나님은 두 증인이 예언의 사명을 마칠 때까지 그들에게 놀라운 능력을 주시고 또 그들을 보호해주셨다.

6절　"그 예언을 하는 날 동안"은 하나님이 정한 기간인 1,260일을 의미한다. 두 증인은 예언하는 동안에 비가 오지 못하도록 하늘을 닫는 권세를 행사하고, 또 물을 피로 변하게 하는 재앙을 일으켰다. 이것은 엘리야가 아합 왕에게 "내 말이 없으면 수년 동안 우로가 있지 아니하리라"(왕상 17:1)고 말한 것을 연상시킨다. 또한 그것은 모세가 바로 앞에서 일으킨 재앙(출 7:20)을 연상시킨다. 모세는 지팡이를 들어 나일 강을 쳐서 물이 피로 변하게 했다. 두 증인은 로마 제국 안에서 일어난 새로운 출애굽을 위해 효과적으로 증언할 수 있도록 이적을 행하는 능력을 하나님으로부터 받았다.

두 증인의 죽음과 부활(11:7-14)

7 그들이 그 증언을 마칠 때에 무저갱으로부터 올라오는 짐승이 그들과 더불어 전쟁을 일으켜 그들을 이기고 그들을 죽일 터인즉 8 그들의 시체가 큰 성 길에 있으리니 그 성은 영적으로 하면 소돔이라고도 하고 애굽이라고도 하니 곧 그들의 주께서 십자가에 못 박히신 곳이라. 9 백성들과 족속과 방언과 나라 중에서 사람들이 그 시체를 사흘 반 동안을 보며 무덤에 장사하지 못하게 하리로다. 10 이 두 선지자가 땅에 사는 자들을 괴롭게 한 고로 땅에 사는 자들이 그들의 죽음을 즐거워하고 기뻐하여 서로 예물을 보내리라 하더라. 11 삼 일 반 후에 하나님께로부터 생기가 그들 속에 들어가매 그들이 발로 일어서니 구경하는 자들이 크게 두려워하더라. 12 하늘로부터 큰 음성이 있어 "이리로 올라오라" 함을 그들이 듣고 구름을 타고 하늘로 올라가니 그들의 원수들도 구경하더라. 13 그때에 큰 지진이 나서 성 십 분의 일이 무너지고 지진에 죽은 사람이 칠천이라. 그 남은 자들이 두려워하여 영광을 하늘의 하나님께 돌리더라. 14 둘째 화는 지나갔으나, 보라! 셋째 화가 속히 이르는도다.

7절　두 증인이 자신들의 사명을 완수했을 때 그들은 "무저갱으로부터 올라오는 짐승"의 공격에 의해서 죽임을 당했다. 요한계시록에서 처음 언급되는 이 짐승(θηρίον)은 로마 제국에 대한 상징으로, 이 짐승의 행태는 요한계시록 13장에서 구체적으로 설명된다. 로마 제국은 사람들을 지배하는 도구로 죽음을 사용했다. 이와 같은 로마 제국의 악마적 성격은 자기를 절대화하고 또한 자신을 비판하는 자들을 서슴없이 죽이는 강박 관념에서 잘 드러난다. 두 증인은 사명을 완수하도록 하나님으로부터 능력과 보호를 받았다. 짐승에 의해서 죽임을 당한 시점은 "그들이 그 증언을 마칠 때"다. 이것은 그들이 하나님에 의해서 정해진 기간인 1,260일을 다 마친 후에 죽임을 당했다는 것을 의미한다.

두 증인은 1,260일 동안 증언하고 죽임을 당했지만, 그들은 눈을 감지 못하고 입을 다물지 못한다. 그들이 증언하던 목소리는 짐승의 폭력에 의해 그들의 목숨이 끊어짐으로써 비로소 중단되었기 때문이다. 이런 점에서 그들의 죽음은 로마의 제국주의와 우상 숭배를 비판하는 항의로서의 죽음이며, 정의와 자유와 평등이 지배하는 새 예루살렘의 도래에 대한 희망으로서의 죽음이다. 그들의 증언과 저항에 대한 기억은 산 자들의 신앙 실천을 강화해준다. 소아시아의 그리스도인들은 죽임을 당한 두 증인처럼 자신들의 사명을 다 마치기 전에는 죽지 않을 것임을 확신했을 것이다.

8절 "그들의 시체가 큰 성 길에 있으리니 그 성은 영적으로 하면 소돔이라고도 하고 애굽이라고도 하니 곧 그들의 주께서 십자가에 못 박히신 곳이라." 여기서 "큰 성"이 어느 성을 가리키는지에 대해서 학자들 사이에 논란이 있었다. 학자들은 그 성을 예루살렘이나[12] 로마[13] 또는 불신 세계로[13] 해석했다. 그 성은 로마를 가리키는 것이 분명하다. 요한계시

---

12 ― 김재준, 『요한계시록』(서울: 대한기독교서회, 1968), 213; 송영목, 『요한계시록은 어떤 책인가?』, 191; David E. Aune, 『요한계시록 6-16』, 457; Eduard Lohse, 『요한계시록』, 130-131; Adela Yarbro Collins, *The Apocalypse* (Minnesota: The Liturgical Press, 1979), 73; R. H. Charles, *A Critical and Exegetical Commentary on the Revelation of St. John*, 287-292.
13 ― G. K. Beale, *The Book of Revelation*, 591.

록에서 "큰 성"은 로마를 지칭하는 바빌론을 가리키기 때문이다(계 14:8; 16:19; 17:18; 18:2, 10, 16, 18, 19, 21).

요한은 기나긴 폭력의 역사를 그의 수신자들에게 환기시키기 위해서 두 증인이 죽임을 당한 장소인 "큰 성"을 "영적으로", 즉 상징적으로 소돔과 이집트와 예루살렘과 동일시했다. 두 증인이 죽임을 당한 장소인 로마는 죄악과 우상 숭배의 도시인 소돔 그리고 압제의 땅인 애굽과 같다. 그리고 그것은 점증법의 절정으로 그들의 주님인 예수가 "십자가에 못 박히신 곳", 즉 예루살렘과 같다. 요한의 관점에서 본다면, 예루살렘에서 십자가 처형을 당한 예수와 로마에서 학살당한 두 증인은 모두 로마 제국주의의 희생자들이다.

9절 "백성들과 족속과 방언과 나라 중에서 사람들이 그 시체를 사흘 반 동안을 보며 무덤에 장사하지 못하게 하리라." "백성들과 족속과 방언과 나라"는 로마에 예속된 나라와 민족들을 의미한다. 로마의 권력자들은 식민지의 민족들이 죽임을 당한 두 증인의 시체를 구경하게는 하지만 매장하지는 못하게 한다. 그들은 두 증인의 시체를 대로변에 전시하여 죽은 자에게 수치감을 주었다(참조. 창 40:19; 시 79:1-4; 삼상 17:46; 왕하 9:10; 렘 9:22; 토비트 2:1-7). 동시에 거기서 발생하는 죽음의 공포를 이용해서 예속된 여러 민족이 로마의 지배 체제에 순응하도록 길들였다.

두 증인의 시체는 "사흘 반 동안" 거리에 전시되었다. 이러한 표현은 어디에서 온 것인가? 유대 묵시 문학의 범주에 속하는 "엘리야의 묵시"(Apocalypse of Elijah) 4장에는 가증스러운 자의 악행을 꾸짖은 엘리야와 가증스러운 자에게 살해되어 사흘 반 동안 거리에 버려졌다가 부활한 에녹의 이야기가 나온다.

가증스러운 자가 듣고 화가 나게 될 것이고 그 큰 성의 시장터에서 그들(엘리야와 에녹)과 싸울 것이다. 그는 그들과 싸우면서 칠 일을 보낼 것이다. 그리고 그들은 죽은 채로 시장터에서 사흘 반을 보내게 될 것이고, 그동안 모든 사람이 그 시체들을 본다. 그러나 넷째 날에 그들은 부활할 것이고, "오 수치를 모르는 자, 불법의 아들아! 너는 너에게 고통을 주지 않은 하나님의 백성을 미혹하면서도 부끄러워하지 않는가? 너는 우리가 주님 안에서 살아 있다는 것을 모르는가?"라고 말하면서 그를 꾸짖을 것이다(엘리야의 묵시 4:13-15).

10절　　"이 두 선지자가 땅에 사는 자들을 괴롭게 한 고로 땅에 사는 자들이 그들의 죽음을 즐거워하고 기뻐하여 서로 예물을 보내리라 하더라." 여기서 요한은 두 증인을 두 예언자라고 부른다. "땅에 사는 자들"은 하나님을 대적하는 로마 제국을 숭배하는 우상 숭배자들을 가리킨다. 증인이자 예언자인 두 사람의 죽음은 짐승의 숭배자들이 축하 잔치를 벌일 정도로 좋아하는 특급 뉴스다. 그들은 자신들의 양심을 고문하고 괴롭혔던 한 쌍의 남녀 증인들이 죽임을 당한 것이 너무 기쁘고 즐거워서 서로 선물을 보냈다. 이것은 에스더 9장의 부림절을 연상시킨다. "그러므로 시골의 유다인 곧 성이 없는 고을에 사는 자들이 아달월 십사 일을 명절로 삼아 잔치를 베풀고 즐기며 서로 예물을 주더라"(에 9:19). 유대인들은 그들의 원수인 하만과 그의 추종자들이 죽임을 당한 것이 기뻐서 서로 선물을 보냈지만, 로마 제국의 권력자들과 그들의 추종자들은 자기들을 비판한 두 증인이 법과 질서의 이름으로 합법적으로 처형당한 것이 만족스럽고 즐거워서 서로 선물을 주고받았다.

11절　　그들은 두 증인을 죽인 후에 이제 모든 것이 잘 끝났다고 생각했지만, 그들의 안심과 즐거움은 오래가지 못했다. 왜냐하면 희생자들 편에 서 계시는 하나님이 두 증인을 부활시키셨기 때문이다. "삼 일 반 후에 하나님께로부터 생기가 그들 속에 들어가매 그들이 발로 일어서니 구경하는 자들이 크게 두려워하더라." 죽임을 당한 두 증인은 압제자들과 학살자들 앞에서 영원히 무릎을 꿇은 패배자들처럼 보였지만, 하나님은 삼 일 반 후에 그들의 시체에 생기(πνεῦμα)를 불어넣어서 그들을 부활시키셨다. 그들은 살아나서 두 발로 일어섰다. 이것은 하나님이 수많은 피학살자의 마른 뼈에 생기를 보내셔서 그들을 부활시킨 에스겔의 환상을 연상시킨다. "또 내게 이르시되, 인자야, 너는 생기를 향하여 대언하라. 생기에게 대언하여 이르기를 주 여호와께서 이같이 말씀하시기를, 생기야, 사방에서부터 와서 이 죽음을 당한 자에게 불어서 살아나게 하라 하셨다 하라. 이에 내가 그 명령대로 대언하였더니 생기가 그들에게 들어가매 그들이 곧 살아나서 일어나 서는데 극히 큰 군대더라"(겔 37:9-10).

하나님은 생기를 통해서 죽임을 당한 두 증인을 부활시키셨다. 그리스어 프네우마(πνεῦμα)는 히브리어 루아흐(רוח)의 번역어다. 루아흐는 바람, 호흡, 생명력, 영력, 에너지, 역동성, 그리고 영을 의미한다. 하나님은 인간 창조를 위해서 루아흐를 사용하셨을 뿐만 아니라, 새 창조를 위해서도 동일한 루아흐를 사용하셨다.

> 주께서 낯을 숨기신즉 그들이 떨고, 주께서 그들의 호흡(רוח)을 거두신즉 그들은 죽어 먼지로 돌아가나이다. 주의 영(רוח)을 보내어 그들을 창조하사 지면을 새롭게 하시나이다(시 104:29-30).

하나님은 거리에 버려진 두 증인의 싸늘한 시체에 "루아흐"를 넣어줌으로써 그들을 부활시키셨다. 두 증인의 부활은 그들의 증언이 무효가 아니고, 그들을 죽인 학살자들의 행위가 불법임을 증명하시는 하나님의 항의이며, 또한 하나님의 정의를 증명한다.

12절   "하늘로부터 큰 음성이 있어 이리로 올라오라 함을 그들이

들고 구름을 타고 하늘로 올라가니 그들의 원수들도 구경하더라." 순교한 두 증인은 부활하여 역사의 초월적인 차원을 상징하는 하늘로 구름을 타고 올라갔다. 모든 사람이 두려움에 사로잡힌 채 하늘로 올라가는 그들을 지켜보았다. 그들이 하늘로 올라감은 휴거가 아니라, 순교에 대한 하나님의 승인을 나타낸다.

13절 "그때에 큰 지진이 나서 성 십 분의 일이 무너지고 지진에 죽은 사람이 칠천이라." 큰 지진으로 로마 제국의 중심부가 무너지고 7,000명이 매몰되어 죽었다. 두 증인의 죽음과 부활은 로마 제국을 와해시키고 억압의 체제를 무너뜨리는 사회적 변혁을 불러왔다. "7,000명"이라는 숫자는 열왕기상 19:18을 상기시킨다. "그러나 내가 이스라엘 가운데에 칠천 명을 남기리니 다 바알에게 무릎을 꿇지 아니하고 다 바알에게 입 맞추지 아니한 자니라." 거기서는 7,000명이라는 소수만이 바알 숭배를 거부한 의인들이었으며, 나머지 모든 이스라엘 백성은 우상 숭배에 빠졌다. 이와 반대로 요한은 7,000명이라는 소수를 제외하고 "그 남은 자들이 두려워하여 영광을 하늘의 하나님께 돌리더라"라고 말한다.

요한계시록 전체에서 유일하게 이 구절만 악인과 우상 숭배자들이 회개하고 하나님께 영광을 돌렸다는 것을 언급한다. 어떤 신학자들은 "그 남은 자들"이 회개했다는 구절을, 예수를 메시아로 믿지 않았던 이스라엘 사람들이 회개한 것으로 해석하는데 그런 해석은 옳지 않다.[14] 요한의 희망은 종말의 때에 이스라엘이 회개하는 데 있는 것이 아니라, 모든 짐승의 추종자들이 회개하고 하나님께 영광을 돌리는 데 있다.

14절 "둘째 화는 지나갔으나, 보라! 셋째 화가 속히 이르는도다."

---

14 — 김재준, 『요한계시록』, 204-206, 214-216; Adela Yarbro Collins, *The Apocalypse* (Minnesota: The Liturgical Press, 1979), 73.

요한계시록 9:19에서 첫째 화가 언급되었고, 둘째 화는 이제 끝났다. 셋째 화는 일곱째 나팔을 불 때 세계 권력 관계에 전도가 발생하는 것이다.

일곱째 나팔(11:15-19)

> 15 일곱째 천사가 나팔을 불매 하늘에 큰 음성들이 나서 이르되 "세상 나라가 우리 주와 그의 그리스도의 나라가 되어 그가 세세토록 왕 노릇 하시리로다" 하니. 16 하나님 앞에서 자기 보좌에 앉아 있던 이십사 장로가 엎드려 얼굴을 땅에 대고 하나님께 경배하여 17 이르되 "감사하옵나니 옛적에도 계셨고 지금도 계신 주 하나님 곧 전능하신 이여, 친히 큰 권능을 잡으시고 왕 노릇 하시도다. 18 이방들이 분노하매 주의 진노가 내려 죽은 자를 심판하시며 종 선지자들과 성도들과 또 작은 자든지 큰 자든지 주의 이름을 경외하는 자들에게 상 주시며 또 땅을 망하게 하는 자들을 멸망시키실 때로소이다" 하더라. 19 이에 하늘에 있는 하나님의 성전이 열리니 성전 안에 하나님의 언약궤가 보이며 또 번개와 음성들과 우레와 지진과 큰 우박이 있더라.

15절　　긴 막간이 끝나고 이제 마침내 일곱째 나팔이 울린다. "일곱째 천사가 나팔을 불매 하늘에 큰 음성들이 나서 이르되 '세상 나라가 우리 주와 그의 그리스도의 나라가 되어 그가 세세토록 왕 노릇 하시리로다.'" 하늘에서 들려온 큰 음성은 하늘에 살아 있는 순교자와 죽은 성도들이 하늘 예배에 참석해 하나님을 찬양하는 노래를 부르는 합창 소리다. "세상 나라"($\beta\alpha\sigma\iota\lambda\epsilon\acute{\iota}\alpha$ $\tau\sigma\hat{\upsilon}$ $\kappa\acute{o}\sigma\mu\sigma\upsilon$)는 로마 제국에서 절정을 이루고 있는 제국주의 체제의 나라를 의미한다. 로마 제국주의는 하나님의 창조와 그분이 그분의 백성들에게 자유를 주신 출애굽에 역행한다. 하늘의 합창은 로마 제국이 멸망하고 그 대신에 하나님과 그분의 메시아의 나라가 들어선 것을 축하한다. 이 노래가 요한계시록 전체의 핵심이다. 이 축하 노래는 요한계시록 4:8-11에 서술되고 전망되었던 것이 지금 실현되었다고 선포한다. 이러한 변화는 요한계시록 11장에서 서술된 두 증인의 사역과 밀접한 연관이 있다. 왜냐하면 그들은 억압의 체제를 전복시키고 그 체제에 순응하고 협력하는 모든 우상 숭배자가 회개하여 하나님께 영광을 돌리게 하는 사역을 했기 때문이다.

16절　"하나님 앞에서 자기 보좌에 앉아 있던 이십사 장로가 엎드려 얼굴을 땅에 대고 하나님께 경배하여." 이십사 장로가 폭력의 역사를 끝내고 새로운 시대를 시작하신 하나님을 향한 충성의 표현으로 부복하여 하나님께 예배한다.

17절　"감사하옵나니 옛적에도 계셨고 지금도 계신 주 하나님 곧 전능하신 이여, 친히 큰 권능을 잡으시고 왕 노릇 하시도다." 이십사 장로는 하나님의 통치를 축하하는 노래를 부른다. 4장에 서술된 하늘의 예배에서 하나님은 "전능하신 이여, 전에도 계셨고 이제도 계시고 장차 오실 이시라"(계 4:8)로 호칭되었는데, 하나님의 호칭 셋째 항목인 "장차 오실 이"가 지금 이십사 장로가 부르는 이 노래에는 빠져 있다. 그 이유는 무엇인가? 그것은 하나님이 더 이상 미래에 오실 분이 아니라, 이미 지금 오셔서 큰 권세를 가지고 통치를 시작하셨기 때문이다. "큰 권능을 잡으시고"(εἴληφας τὴν δύναμίν σου τὴν μεγάλην)라는 표현은 하나님이 남의 권능을 뺏으셔서 취하신 것이 아니라, 그분의 권능을 되찾으신 것을 의미한다. 로마 황제들의 권력은 하나님의 권능을 찬탈한 권력이다. 모든 권능은 하나님의 것이다. "나라는 여호와의 것이요, 여호와는 모든 나라의 주재심이로다"(시 22:28).

이십사 장로들이 부르는 노래에는 지상에서 고난당하고 있는 성도와 억눌린 자들의 희망과 갈망이 표현되어 있다. 이 하늘의 노래는 다른 사람들의 권능 아래서 고난을 경험하고, 또 인간이 인간을 지배하는 권력 행사로부터 권력 남용과 부당한 권리 침해를 인식한 약자들이 부르는 노래다. 그들은 오랫동안 새로운 대안적 공동체, 즉 형제자매적인 기독교적 공동체를 염원해왔고, 그들의 권리 회복과 정의 실현을 위해서 하나님이 그분의 권능을 되찾아 통치하기 시작함으로써 지금의 현실이 도래한 것을 기뻐하면서 하나님의 통치를 축하한다.[15]

18절 "이방들이 분노하매 주의 진노가 내려." 이것은 시편 2:1-3을 상기시키는 표현이다. "어찌하여 이방 나라들이 분노하며 민족들이 헛된 일을 꾸미는가? 세상의 군왕들이 나서며 관원들이 서로 꾀하여 여호와와 그의 기름 부음 받은 자를 대적하며 우리가 그들의 맨 것을 끊고 그의 결박을 벗어버리자 하는도다." 폭력의 역사가 종식되고 새로운 대안적 세계가 시작된 것은 의인들에게는 기쁜 소식이지만, 악인들에게는 나쁜 소식이다. 폭력의 역사가 지금 이대로 계속되기를 원하는 악인들과 우상 숭배자들에게는 "주님의 진노"(ὀργή)가 일어난다. 이때 하나님의 진노는 예레미야 30:23-24을 연상시킨다. "보라! 여호와의 노가 발하여 폭풍과 회리바람처럼 악인의 머리를 칠 것이라. 나 여호와의 진노는 내 마음의 뜻한 바를 행하여 이루기까지는 쉬지 아니하나니 너희가 말일에 그것을 깨달으리라."

하나님이 그분의 권세를 잡고 통치하시기 시작한 지금은 성도들에게 어떤 때로 인식되는가? "죽은 자를 심판하시며 종 선지자들과 성도들과 또 작은 자든지 큰 자든지 주의 이름을 경외하는 자들에게 상 주시며 또 땅을 망하게 하는 자들을 멸망시키실 때로소이다." 이 글에서 요한은 문법적으로 세 개의 부정사를 사용해서 하나님이 그분의 권세를 잡고 통치

---

15 — Klaus Wengst, *Wie lange noch*, 103.

하시기 시작한 지금이 바로 심판하시고(κριθῆναι), 상을 주시고(δοῦναι), 멸망시키실(διαφθεῖραι) 때라고 설명한다.

첫째, 지금은 하나님이 "죽은 자들을 심판할" 때(καιρός)다. 여기서 죽은 자들은 순교자들과 죽은 성도들을 의미하며, 나머지 일반적인 죽은 자들에 대한 심판은 나중에 일어날 예정이다(계 20:11-15). "심판하다"(κρίνω)라는 단어는 권리와 정의를 회복시키는 것을 의미한다. 따라서 죽은 자들을 심판한다는 것은 그들의 빼앗긴 권리를 복권시키고 신원할 뿐만 아니라, 그들을 부활시켜서 영원히 평화롭게 살게 하는 것을 의미한다. 그러므로 지금은 순교자와 죽은 성도들이 부활하여 살아나는 때다. 종말의 날에 죽은 의인들이 부활할 것이라는 희망은 구약에 나타난다. "주의 죽은 자들은 살아나고 우리의 시체들은 일어나리이다. 티끌에 거하는 자들아, 너희는 깨어 노래하라! 주의 이슬은 빛난 이슬이니 땅이 죽은 자를 내어 놓으리로다"(사 26:19-21). "땅의 티끌 가운데에서 자는 자 중에서 많은 사람이 깨어나 영생을 받는 자도 있겠고 수치를 당하여서 영원히 부끄러움을 당할 자도 있을 것이며"(단 12:2).

둘째, 지금은 하나님이 "종 선지자들과 성도들과 또 작은 자든지 큰 자든지 주의 이름을 경외하는 자들에게 상주시는" 때다. 하나님을 경외하는 자들은 사회적 신분과 관계없이 모두 상(μισθός)을 받는다. 시편 저자도 이와 비슷한 고백을 한다. 하나님은 "대소 무론하고 여호와를 경외하는 자에게 복을 주시리로다"(시 115:13).

셋째, 지금은 하나님이 "땅을 망하게 하는 자들을 멸망시키실 때"다. 이것은 예언자 요한이 반제국적이라는 것을 보여주는 결정적인 증거다. "땅을 망하게 하는 자들"은 전쟁과 음행과 불공정 무역을 통해서 땅을 오염시킨 로마의 지배자들과 그들에게 협력한 식민지의 토착 권력자들이다. 그러므로 땅을 더럽힌 자들은 마땅히 하나님의 심판을 받아야만 한다. 하나님이 멸망시키는 것은 땅 자체가 아니라, 땅을 망하게 하는 악인과 우상 숭배자들이다.

19절 "이에 하늘에 있는 하나님의 성전이 열리니 성전 안에 하나님의 언약궤가 보이며 또 번개와 음성들과 우레와 지진과 큰 우박이 있더라." 언약궤는 이집트에서 탈출한 이스라엘 백성과 시내 산에서 맺은 계약을 지키시는 하나님의 신실함과 그분의 임재를 재확인시켜주는 상징이다. 또 그것은 광야 유랑 기간 동안에 불기둥과 구름기둥으로 인도하시고 보호하신 하나님을 경험한 그분의 백성들의 정체성을 재확인시켜주는 상징이다. 요한이 환상 속에서 하늘의 성전 안에 있는 언약궤를 보았다는 것은 로마 제국 안에서 하나님이 일으키신 새로운 출애굽이 지금 완성되었고, 종말의 시간이 지금 도래했음을 의미한다.

언약궤는 원래 솔로몬 성전의 지성소에 안치되었다(왕상 8:1-9). 그런데 바빌론의 왕 느부갓네살의 군대가 솔로몬 성전을 파괴하고 성물들을 바빌론으로 가져갔을 때 언약궤도 사라져버렸다(왕하 25:8-17). 마카베오하 2:4-8에 의하면, 예레미야는 성전이 파괴되기 전에 언약궤를 아무도 모르는 장소에 숨겨두고 그것이 종말의 날에 다시 발견될 것이라고 예언했다. 이러한 전승은 언약궤가 종말의 때와 결부됨을 보여준다. "번개와 음성들과 우레와 지진과 큰 우박"은 하나님의 현현과 임재를 나타내는 현상이다(참조. 계 16:18-21).

죽음과 부활

요한계시록의 저자는 참된 그리스도인의 모델로 두 증인을 소개했다.
두 증인은 교회의 성도들을 대표하는 한 쌍의 남녀 그리스도인들이다(계
11:3). 그들이 로마 황제 앞에서 담대히 증언할 수 있었던 것은 요한처럼
두루마리 책을 먹었기 때문이다. 책을 먹은 것은 하나님의 말씀을 완전히
소화하고 내면화하는 것을 의미한다. 하나님의 말씀은 입에 꿀처럼 달지
만, 세상에서 그것을 실천할 때는 고통과 희생이 따른다.

두 증인은 정해진 사역 기간인 42개월, 즉 1,260일을 다 마친 후에 로
마 당국의 손에 죽임을 당했다. 그들의 시체는 사흘 반 동안 대로변에 버
려져 있었지만, 하나님이 생기를 불어넣으셔서 다시 부활시키셨다. 부활
한 두 증인이 하늘로 올라가는 순간에 큰 지진이 일어나서 견고한 성 10
분의 1이 무너지고 7,000명이 매몰되어 죽었으며, 나머지 사람들은 모두
두려워하면서 자신들의 죄를 회개하고 하나님께 영광을 돌렸다. 두 증인
의 헌신적인 사역이 이와 같은 혁명적인 변화를 일으킨 것이다. 이것은
소수의 평범한 사람들도 세상을 변화시킬 수 있다는 증거다.

과거에 많은 남녀 외국인 선교사가 머나먼 한국 땅에 와서 오직 하나
님과 예수 그리스도를 예배하고 섬기도록 하나님의 말씀을 한국인들의 마
음속에 심어주었다. 그들은 모두 두 증인과 같은 사람들이다. 그들은 두루
마리 책을 먹은 후에 "네가 많은 백성과 나라와 방언과 임금에게 다시 예
언하여야 하리라"(계 10:11)는 하나님의 명령에 순종한 사람들이었다.

서울 마포구 양화진의 외국인 선교사 묘역에 묻혀 있는 선교사 중에

감리교 여선교사인 루비 켄드릭(Ruby R. Kendrick, 1883-1908)이 있었다. 그녀는 1883년 1월 28일 미국 텍사스 주 플래노에서 태어났다. 그녀가 네 살이었을 때 그녀의 어머니는 세상을 떠났다. 그래서 루비는 두 자매와 함께 고모 댁에 맡겨졌고 거기서 성장했다. 그녀는 소녀 시절부터 선교사가 될 것을 꿈꾸어, 고등학교를 졸업한 이후 미주리 주 캔자스시티에 있는 성서전문학교에 입학하여 신학을 공부했다. 1905년 학교를 졸업한 이후에는 감리교 청년회인 북 텍사스 엡워스 연맹에 가입해 적극적으로 활동했다. 엡워스(Epworth)는 존 웨슬리(1703-1791)가 태어난 영국의 한 작은 도시 이름이다. 그녀는 감리교 여자해외선교부로부터 한국에서 5년간 선교사로 일하라는 임무를 받아 1907년 8월 28일 미국 시애틀에서 아시아로 출항하는 배를 타고 한국에 왔다.

　루비는 서울에서 한 달을 머문 후 11월부터 그 당시 송도라고 불리던 개성으로 갔다. 그곳에서 한국어를 배웠고 선교사들이 운영하는 학교에서는 영어와 노래를 가르쳤으며, 아픈 아이들을 간호하는 일을 도왔다. 그리고 송도에 있는 남부교회에 출석하면서 주일학교 아이들을 돌보기도 했다. 그녀는 젊고 아름다웠으며 또한 헌신적이었기에 아이들과 전도부인들로부터 많은 신뢰와 사랑을 받았다. 그녀는 자주 전도부인들을 가리켜 "나의 한국인 자매들"이라고 불렀고 한국인들에게 연민을 느꼈다. 그러던 중에 갑작스럽게 급성 맹장염에 걸리게 된다. 서울로 급히 후송되어 세브란스 병원에서 수술을 받았지만 그녀는 결국 회복하지 못하고 1908년 6월 19일 25세라는 젊은 나이에 하나님의 품으로 돌아갔다. 치료를 위해서 서울로 떠나던 날 저녁에 그녀는 송도에 남아 있는 사람들에게 "만일 나의 사역이 여기 한국에서 짧게 끝나게 된다면, 고향에 있는 청년들에게 편지를 써서 내 자리를 대신할 사람을 보내도록 하겠습니다"라는 말을 남겼다. 그러나 그녀는 그 편지를 쓰지 못한 채로 운명하고 말았다. 6

월 21일 일요일 아침 여덟 시 반, 송도에서 시무하던 왓슨(Wasson) 목사는 허스트(Hirst) 의료 선교사 부부 집에서 장례 예배를 집례했다. 그녀의 시신은 유유히 흐르는 한강이 내려다보이는 양지바른 언덕에 묻혔다. 그녀가 한국에서 사역한 기간은 총 9개월이었다. 그 당시 한국 교회는 한창 부흥하는 중이었고 추수를 위해 좋은 일꾼들이 많이 필요했다. 왓슨 목사는 장례 예배에서 다음과 같이 설교했다.

우리 인간의 눈에는, 아! 그렇게 젊고, 그렇게 잘 준비되었고, 그렇게 성별된 한 생명이 무르익은 추수 밭에 와서 낫을 들고 들어섰을 때 하나님의 부름을 받은 것은 그저 신비입니다. 인간의 눈에 그것은 우울한 신비입니다. 하지만 우리는 인간의 눈보다 더 많은 것을 가지고 있으며, 인간의 눈으로 보지 못하는 하나님에게 감사해야 합니다. 부활하고 변형된 그리스도는 "나는 세상의 빛이다"라고 말하며, 그리고 그의 사랑은 그 신비를 조명하기 때문입니다.[16]

루비 켄드릭의 갑작스러운 죽음은 북 텍사스 엡워스 연맹 연차대회 기간에 참석자들에게 전해졌고, 그 대회는 그녀를 애도하는 추모 모임으로 전환되었다. 1년 전에 그녀는 이 연차대회에서 선교사로 떠나는 작별 인사를 나누었다. 그녀의 죽음을 슬퍼하는 청년 몇 사람이 그녀의 신앙과 헌신에 감동해서 선교사가 될 것을 자원했고, 그들 중 일부가 한국에 와서 사역했다. 또한 그녀를 기념하는 선교 기금이 모금되어 한국 선교에 사용되었다. 그녀가 아프기 전 1908년 5월 11일 송도에서 미국 북 텍사스 엡워스 연맹 연차대회(North Texas Conference Epworth League)의 친구들에게 보낸

---

16 — Cordelia Erwin, "In Memory: Ruby Rachel Kendrick" in: *Korea Mission Field* (August 25, 1908), 118.

장문의 편지는 다음과 같다.[17]

나의 친애하는 북 텍사스 연맹 친구들에게

오늘부터 꼭 한 달 후에 당신들은 연차대회를 위해 데니손(Denison)에서 모일 것입니다. 제가 그곳과 한국에 동시에 있을 수만 있다면 얼마나 좋을까요? 여러분이 정말 보고 싶거든요. 그러나 제가 한 곳에만 있을 수밖에 없기에 여러분은 제가 한국에 머물면서 메시지를 보낸다고 해서 저를 나쁘게 생각하지 않을 것입니다. 그렇지요? 비록 제가 거기에 직접 있지는 않아도 여러분은 제가 영 안에서 여러분과 함께 있다는 것을, 주님의 보좌에서 여러분을 만날 것이라는 것을, 그리고 제가 각 분과 모임에 주님의 가장 풍성한 축복을 기원하는 기도를 드린다는 것을 확신할 수 있을 것입니다.

선교사의 삶이 주는 기쁨에 대해서 여러분에게 말해줄 수 있는 단어들이 있었으면 좋겠습니다. 하나님 아버지께서 원하시는 곳에 있을 때 누리는 기쁨과 비교할 수 있는 기쁨은 없습니다. 어떤 사람은 말합니다. "그렇지만 거기에 따르는 희생은 어떻게 설명하지?" 맞습니다. 저도 그것에 대해서 생각했습니다. 이전에는 희생이 너무 많고 또 너무 큰 것처럼 보였습니다. 하지만 지금 그것들은 어디에 있습니까? 보상에 비하면 그것들은 아주 작고 사소합니다. 제가 잠시 주저했다는 것이 너무나 부끄럽습니다. 친애하는 연맹의 친구 여러분! 만일 주님이 여러분

---

17 — Ruby Kendrick의 편지는 미국 텍사스 달라스에 있는 Southern Methodist University, Perkins School of Theology의 Bridwell Library에 소장되어 있다. Ruby Kendrick에 대한 자료는 Mary Hay Ferguson Eller Papers, *Inclusive Dates* 1897-1949, *Bulk Dates* 1906-1930을 참조하라.

을 그분의 추수 밭 변두리 안으로 들어가도록 부르신다면, 빨리, 기쁘게, 그리고 온 마음을 다해서 "제가 여기 있나이다, 저를 보내소서"라고 대답하십시오.

추수 밭이 그렇게 희지는 않았습니다. 지금보다 더 큰 기회는 이 나라에 없었습니다. 어떤 사람은 "오늘이 한국의 구원을 위한 날이다"라고 말했습니다. 맞습니다. 한국인들은 준비가 되어 있습니다. 한국을 복음화하기 위해서 필요한 것은 그 일을 할 남자와 여자, 그리고 충분한 친구들뿐입니다. 어떤 문으로 들어가야 할지는 더 이상 질문할 필요가 없습니다. 왜냐하면 핸드릭스(Hendrix) 감독이 약 20년 전에 한국선교를 이미 출범시켰기 때문입니다. 이제 우리는 어떤 문들이 열리지 않았는지를 판단할 뿐입니다. 이곳에서 사역하는 크램(Cram) 씨는 약 65개에서 80개의 교회들을 순회하고 있습니다. 교회들이 그만큼 빨리 늘어나고 있어서 정확한 수를 알기도 어렵습니다. 송도에 있는 왓슨(Wasson) 씨도 두세 사람이 하기에 족한 큰 구역을 혼자서 순회하고 있습니다. 그는 학교 일을 하면서 동시에 3년 동안 어학 과정도 공부하고 있습니다. 그는 아직 삼 년밖에 추수 밭에 있지 않았습니다.

또 다른 선교부의 선교사 중 한 사람은 다음과 같이 말합니다. "당신이 알듯이 나는 다른 마을로 설교하러 가기가 싫습니다. 왜냐하면 거기에 신자들이 있을 것을 이미 알고 있고, 또 내가 설교한 자들을 계속해서 돌봐줄 수 없기 때문입니다." 저는 선교사들이 주저앉아 있는 것을 더 이상 이상하게 생각하지 않습니다. 주님은 이런 방식을 원하지 않으십니다. 그분은 이러한 사람들의 마음을 부드럽게 하시며 그들에게 기쁜 소식을 전하라고 말씀하셨습니다. 오! 연맹의 친구들이여, 저는 당신들이 주님을 위해서 해야 할 어떤 것을 찾고 있고, "내가 무엇을 할 수 있지?"라고 말하고 있으며, 또한 부흥시기가 돌아올 때 해야 할 일이 별로 없다는 것을 알고 있습니다. 맞습니다. 여러분은, 여러분 각자는, 예수님이 있기를 원하는 곳에 있습니까? 혹시 주님을 실망시키고 있지는 않습니까? 당신이 바로 그 사람은 아닙니까?

만일 주님이 당신을 전투의 최일선으로 인도하신다면 당신의 삶은 정말로 행복해질 것입니다. 하지만 친애하는 친구여, 만일 당신이 너무 지쳐서 여기에 혹은 다른 선교지에 갈 수 없다면, 그 일에 참여할 수 있는 다른 역할이 있다는 것을 기억하십시오. 만일 여러분이 직접 갈 수 없다면 대표 한 사람을 보내는 것보다 더 나은 대안은 없습니다(저는 가까운 날에 북 텍사스 엡워스 연맹 연차대회가 선교사 한 명을 후원하게 될 것을 희망합니다). 이곳에는 지원받아야 하는 현지의 조력자들이 많이 있으며, 교육받아야 할 가난한 아이들도 많이 있습니다. 많은 사람이 너무 가난해서 교육을 받지 못하고 있습니다(이것은 우리가 해야 할 빛나는 사업입니다). 우리는 전도부인들을 후원해야 하고, 전도부인들에게 장학금을 지급해야 합니다. 맞습니다. 도울 수 있는 방법은 아주 많습니다. 마지막으로 중요한 것은 기도입니다. 만약 고국 교회의 기도하는 사람들이 기도를 하지 않는다면, 최전선에서 일하는 사람들이 어떻게 되겠습니까? 정말입니다. 우리는 여러분의 기도가 필요하고 또한 우리가 기도를 받고 있다는 것을 잘 알고 있습니다. 우리 각자는 모두 주님이 그분의 위대한 사업에 우리를 불러서 맡기는 역할이 무엇인지 알려고 노력해야 합니다.

제 일상생활에 대해서도 한마디 하겠습니다. 저는 대부분의 시간을 한국어 공부에 할애하고 있습니다. 매일 다섯 시간은 공부하려고 노력하고, 이 시간 외에는 한 반에게 영어를 가르치고 세 반에게는 노래를 가르칩니다. 또한 가사일을 돕기도 하고, 다른 몇 가지 방법에서 조력자가 될 수 있도록 노력하고 있습니다. 내년에는 여자기숙학교에서 일

요한계시록 약자를 위한 예배와 저항의 책

할 예정입니다. 제가 해야 할 그 일을 감당할 수 있는 충분한 언어를 습득할 수 있기를 조바심을 내면서 기다리고 있습니다. 정말입니다. 그것이 전부이고 이것은 제가 꿈꾸었던 것 이상의 더 위대한 일입니다. 만일 제가 남에게 줄 수 있는 생명이 천 개가 있다면, 저는 그 모든 생명을 한국에 주길 소망합니다.

만일 주님께서 여러분이 한국에서 시간을 보내고 또 쓰임을 받을 수 있도록 당신들을, 혹은 당신들 중에서 어떤 한 사람을 인도하신다면, 우리의 마음이 기쁨으로 가득할 것이라는 사실을 알아주십시오.

하나님 아버지가 여러분 각자를 그리고 모두를 축복하시고 인도하시기를 기도합니다.

주님을 섬기는 가운데,
루비 켄드릭 올림

이 편지에서 확인할 수 있듯이 루비 켄드릭은 하나님과 예수 그리스도에게만 충성했고, 한국을 무척이나 사랑하면서 한국선교에 기쁨으로 헌신했다. 그녀는 한국으로 떠나기 일주일 전 사람들에게 "집을 떠나는 것이 어렵지만 나는 주님께서 이미 모든 것을 아시고 내가 사랑하는 사람들을 지켜주실 것을 압니다. 돌아올 집이 있고 돌아올 수 있다는 확신을 갖고 떠난다면 십자가는 없습니다"라고 말했다. 그 당시 해외로 떠나는 선교사들이 그러했듯이 그녀 역시 한국으로 떠나는 것이 다시 돌아올 수 없는 길일 수 있음을 잘 알고 있었다. 그녀는 다른 종교에 빠진 영혼들을 구원하기 위해 복음을 증언하며 오직 하나님과 그리스도만을 찬양하고 예배하는 증인으로 살았다. 젊은 나이에 죽었지만, 그녀는 미국과 한국에 남겨둔 사람들의 가슴 속에 아직도 기억되고 살아 있다. 그녀가 이 땅에 뿌린 생명의 꽃씨는 지금 아름다운 꽃을 피우고 향기를 내고 있다.

엘살바도르의 대주교 오스카 로메로는 두루마리 책을 먹었다. 그는 "네가 많은 백성과 나라와 방언과 임금에게 다시 예언하여야 하리라"(계 10:11)는 신적 명령에 순종하여 고난당하는 원주민들에게 복음을 전하고, 군사 정권의 공포 정치와 인권 유린을 통렬하게 비판하며 가난한 자들의 인권을 옹호하는 증인이 되었다. 그는 1980년 3월 24일 미사를 집전하던 중에 그를 미워하는 군부 세력이 쏜 총에 맞아서 죽었다. 그는 살해당하기 2주 전 부활의 희망에 대해서 다음과 같이 선포했다.

> 저는 자주 죽음의 위협을 당해왔습니다. 저는 그리스도인으로서 부활이 없는 죽음을 믿지 않는다는 것을 여러분에게 분명하게 말씀드립니다. 만일 그들이 저를 죽인다면, 저는 엘살바도르의 인민 속에서 다시 부활할 것입니다. 이것은 자랑이 아닙니다. 저는 아주 겸허하게 말씀드립니다. 저는 한 사목자로서 제가 사랑하는 사람들을 위해 제 생명을 바치라고 말씀하시는 하나님의 명령을 의식하고 있습니다. 그리고 그것은 모든 엘살바도르 인민과 심지어는 저를 죽이려고 하는 자들을 위한 것임을 알고 있습니다. 만일 그들이 저를 위협한다면, 이 순간부터 저는 제 피를 엘살바도르의 구원과 부활을 위해 바치겠습니다. 제가 자격이 있다고는 믿지 않지만, 순교는 하나님이 주시는 은혜입니다. 만일 하나님이 제 희생을 받아주신다면, 제 피는 자유의 씨앗이 될 수 있을 것입니다. 또한 희망이 곧 현실이 될 수 있다는 표시일 수 있습니다. 만일 하나님이 제 죽음을 받아주신다면, 저는 제 죽음이 제가 사랑하는 사람들의 해방을 위한 것이 되기를 바라며 오고야 말 것을 희망하는 한 증인으로서의 죽음이 되기를 기원합니다.[18]

---

18 — Placido Erdozain, *Archbishop Romero: Martyr of Salvador* (N.Y.: Orbis Books,

마카베오하 7장에는 일곱 아들과 어머니의 순교에 관한 이야기가 기록되어 있다. 그들은 모두 창조주 하나님을 믿는 확고한 신앙과 부활에 대한 희망을 품고 있었다. 어머니는 먼저 죽임을 당하는 아들들에게 다음과 같이 격려했다.

> 너희들이 어떻게 내 뱃속에 생기게 되었는지 나도 모른다. 너희들에게 목숨을 주고 살게 한 것은 내가 아니며, 또 너희들의 신체의 각 부분을 제자리에 붙여준 것도 내가 아니다. 너희들은 지금 너희들 자신보다도 하나님의 율법을 귀중하게 생각하고 있으니 사람이 출생할 때에 그 모양을 만들어주시고 만물을 형성하신 창조주께서 자비로운 마음으로 너희에게 목숨과 생명을 다시 주실 것이다(마카베오하 7:22-23).

맏아들부터 차례로 순교하고 이제 마지막으로 일곱째 아들이 남았다. 안티오코스 왕은 하나님의 말씀을 증언하면서 당당하게 죽음을 맞이하는 그들의 모습을 보고 당황했다. 그래서 하나님을 믿는 신앙을 포기하면 많은 재물과 높은 관직을 주겠다며 일곱째 아들을 회유했지만, 그는 이를 단호하게 거절했다. 왕이 어머니에게 그를 타일러서 목숨을 건지게 하라고 권고했을 때, 어머니는 막내아들에게 이렇게 말했다.

> 내 아들아, 이 어미를 불쌍하게 생각해라. 나는 너를 아홉 달 동안 뱃속에 품었고 너에게 삼 년 동안 젖을 먹였으며 지금 내 나이에 이르기까지 너를 기르고 교육하며 보살펴왔다. 얘야, 내 부탁을 들어다오. 하늘과 땅을 바라보아라. 그리고 그 안에 있는 모든 것을 살펴라. 하나님께서 무엇인가를 가지고 이

1980), 75.

모든 것을 만드셨다고 생각하지 마라. 인류가 생겨난 것도 마찬가지다. 이 도살자를 무서워하지 말고 네 형들에게 부끄럽지 않은 태도로 죽음을 달게 받아라. 그러면 하나님의 자비로 내가 너를 너의 형들과 함께 다시 맞이하게 될 것이다(마카베오하 7:27-29).

분노한 왕은 일곱째 아들을 죽였고, 이어서 그들의 어머니를 처형했다. 일곱 아들과 어머니는 모두 부활의 희망을 안고 순교했다. 부활의 희망은 하나님이 악인들을 심판하시고 희생자들의 권리와 정의를 회복시키실 것을 바라는 약자들의 염원과 믿음에서 싹튼다. 부활의 희망을 가진 자들은 불의와 우상 숭배를 거부하고 비폭력적으로 저항한다. 지금 이 순간에도 세계 도처에서 수많은 약자가 절망과 고통 속에서 눈물을 흘리고 있으며 또한 죽어가고 있다. 우리는 그들의 고통과 슬픔과 죽음 때문에 잠을 자지 못하고, 쉬지 못하고, 가슴이 찢어진 적이 있는가? 폭력과 불의의 희생자들이 부활하여 그들의 고통에 무관심한 우리에게 항의하는 소리를 듣고 있는가? 우리가 져야 할 십자가는 무엇인가?

우리는 모든 민족에게 그리고 최고의 정치 권력층에게도 예수의 증언과 하나님의 말씀을 담대하게 증언해야만 한다. 아직도 예수 그리스도의 복음을 듣지 못한 미전도 종족들에게도 복음을 전해야만 한다. 그리스도인들은 이 세계의 변화를 위해서 진리를 증언하도록 부름을 받은 증인들이다. 우리는 목소리 없는 약자들을 대변하고, 그들의 상처를 치유하고, 그들과 함께 더 나은 세계를 만들기 위해서 일해야만 한다. 거짓 예언자들이 제국의 절대성을 찬양하고 불의와 억압 앞에서 침묵할 때, 참된 증인들은 하나님의 말씀과 예수 그리스도의 사랑을 사람들에게 분명하게 증언하고, 비록 그들이 제국의 폭력에 의해서 죽임을 당한다고 할지라도 정의의 하나님이 그들에게 생기를 부어주어서 부활시킬 것을 예언해야 한다.

제5장
짐승들과 대결하는 교회와 예배(12:1-15:4)

짐승들과 교회의 첨예한 대립을 나타내는 12:1부터 15:4까지의 단락은 요한계시록 전체의 중심이다. 이 중심 단락에는 하늘의 전쟁(12:7-9), 용의 패배를 축하하는 하늘의 예배(12:10-12), 짐승들의 활동(12:1-13:18), 하나님의 심판(14:6-15:1), 유리 바다를 건너온 승리자들의 노래와 예배(15:2-4)가 서술되어 있다. 그리고 이 중심 단락의 중심은 하늘의 예배에서 구원받은 무리가 부르는 새 노래를 지상에서 듣고 배워서 그 노래를 따라 부르는 144,000명에 대한 환상(14:1-5)이다. 소아시아의 교회는 용과 두 짐승으로부터 고난을 당하지만, 하늘의 예배에 대한 환상을 통해서 악의 세력들을 극복할 수 있는 힘과 용기와 희망을 얻는다.

임신한 여인과 용(12:1-6)

1 하늘에 큰 이적이 보이니 해를 옷 입은 한 여자가 있는데 그 발 아래에는 달이 있고 그 머리에는 열두 별의 관을 썼더라. 2 이 여자가 아이를 배어 해산하게 되매 아파서 애를 쓰며 부르짖더라. 3 하늘에 또 다른 이적이 보이니 보라 한 큰 붉은 용이 있어 머리가 일곱이요 뿔이 열이라. 그 여러 머리에 일곱 왕관이 있는데 4 그 꼬리가 하늘의 별 삼 분의 일을 끌어다가 땅에

던지더라. 용이 해산하려는 여자 앞에서 그가 해산하면 그 아이를 삼키고 자 하더니, 5 여자가 아들을 낳으니 이는 장차 철장으로 만국을 다스릴 남자라. 그 아이를 하나님 앞과 그 보좌 앞으로 올려가더라. 6 그 여자가 광야로 도망하매 거기서 천이백육십 일 동안 그를 양육하기 위하여 하나님께서 예비하신 곳이 있더라.

1절　　요한은 환상 속에서 큰 이적(σημεῖον)을 보았다. 그는 한 아름다운 여자가 머리에 열두 별이 있는 관을 쓰고 해를 입고 달을 밟고 서 있는 것을 보았다. 그 여자는 이집트 신화에 나오는 하늘의 여왕 이시스(Isis)와 비슷한 모습을 하고 있다. 이시스는 해와 달로 장식된 우주의 여왕이고 별들의 여주인이다.[1] 그러나 그 아름다운 하늘의 여자는 창세기 37:9을 통해서 해석되어야만 한다. "요셉이 다시 꿈을 꾸고 그 형들에게 고하여 가로되 내가 또 꿈을 꾼즉 해와 달과 열한 별이 내게 절하더이다 하니라." 요셉이 꿈에서 본 해, 달 그리고 열한 별들은 차례대로 야곱과 그의 아내와 그의 열한 아들들을 가리킨다. 그 여자가 머리 위에 쓴 면류관의 열두 별은 이스라엘의 열두 지파를 상징한다.[2] 요한에게 기독교적 공동체의 뿌리는 열두 지파를 가진 이스라엘 민족이다. 그 아름다운 여자는 메시아를 대망한 이스라엘 열두 지파 민족에서 산출된 기독교 공동체를 상징한다.

2절　　그런데 그 아름다운 여자는 만삭의 임신부로 출산의 진통 때문에 아파서 울고 있다. "이 여자가 아이를 배어 해산하게 되매 아파서 애

1 — David E. Aune, 『요한계시록 6-16』, 551-552.

2 — 권성수, 『요한계시록』, 270; Mathias Rissi, *Die Hure Babylon und die Verführung der Heiligen: Eine Studie zur Apokaypse des Johannes* (Stuttgart Berlin Köln: Verlag W. Kohlhammer, 1995), 29; G. K. Beale, *The Book of Revelation*, 626.

를 쓰며 부르짖더라." 그 여자가 해산의 진통 때문에 큰 소리로 울고 있는 것은 로마 제국으로부터 박해와 환란을 당하고 있는 소아시아 교회들의 현재 상황을 비유적으로 나타낸 것이다. 구약성서에는 이스라엘을 해산하는 여인으로 비유한 내용이 많이 있다. 이사야는 포로가 된 이스라엘의 부르짖음을 진통하는 산모에 비유했다. "여호와여, 잉태한 여인이 산기가 임박하여 산고를 겪으며 부르짖음 같이 우리가 주 앞에서 그와 같으니이다"(사 26:17). 미가도 이스라엘을 진통하는 여인에 비유했다. "딸 시온이여, 해산하는 여인처럼 힘들여 낳을지어다. 이제 네가 성읍에서 나가서 들에 거주하며, 또 바벨론까지 이르러 거기서 구원을 얻으리니 여호와께서 거기서 너를 네 원수들의 손에서 속량하여 내시리라"(미 4:10).

3절　　하늘에 또 다른 이적이 나타나는데, 그것은 해산하는 여자와 대조되는 무시무시한 "한 큰 붉은 용"에 관한 환상이다. 그 용은 일곱 개의 머리를 가지고 있고, 열 개의 뿔이 머리에 달려 있고, 일곱 머리 위에는 왕관을 하나씩 썼다. 동양 문화에서 용은 사람들에게 행운이나 복을 가져다주는 긍정적인 의미로 사용되지만, 구약성서와 유대 묵시 문학에서는 부정적인 의미로 사용된다. 용은 에덴동산의 사탄과 동일시되고 하나님을 대적하는 악의 세력을 상징한다. 구약성서에는 용 외에도 악을 상징하는 다른 괴물이 세 가지 나온다. ① 리워야단: "그날에 여호와께서 그의 견고하고 크고 강한 칼로 날랜 뱀 리워야단 곧 꼬불꼬불한 뱀 리워야단을 벌하시며 바다에 있는 용을 죽이시리라"(사 27:1; 참조. 시 74:14; 욥 41:1). ② 베헤못: "이제 소 같이 풀을 먹는 베헤못을 볼지어다. 내가 너를 지은 것 같이 그것도 지었느니라"(욥 40:15). ③ 라합: "주께서 라합을 죽임 당한 자 같이 깨뜨리시고 주의 원수를 주의 능력의 팔로 흩으셨나이다"(시 89:10; 참조. 욥 9:13; 26:12-13; 시 87:4; 사 30:7; 51:9).

4절　　하나님을 대적하는 용이 꼬리로 하늘의 별 삼 분의 일을 끌어다가 땅에 던졌다. 이것은 하나님을 반대하며 그분의 창조 질서를 깨트리는 오만한 행위다(창 1:14-18). 또한 유대 묵시 문학에서 하늘의 별들은 억압자들에게 학살당한 의인들을 상징하는데(에녹1서 46:7), 용이 하늘의 별 삼 분의 일을 떨어뜨렸다는 것은 억울한 죽음을 당한 수많은 희생자를 경멸하는 용의 오만한 태도를 보여준다. 다니엘 8장에는 압제자인 안티오코스 4세를 상징하는 숫염소의 작은 뿔이 하늘에 닿을 정도로 커져서 하늘의 별들을 땅으로 떨어뜨려서 짓밟아버렸다는 이야기가 나온다.

> 그것이 하늘 군대에 미칠 만큼 커져서 그 군대와 별들 중의 몇을 땅에 떨어뜨리고 그것들을 짓밟고 또 스스로 높아져서 군대의 주재를 대적하며 그에게 매일 드리는 제사를 없애버렸고 그의 성소를 헐었으며 그의 악으로 말미암아 백성이 매일 드리는 제사가 넘긴 바 되었고 그것이 또 진리를 땅에 던지며 자의로 행하여 형통하였더라(단 8:10-12).

"용이 해산하려는 여자 앞에서 그가 해산하면 그 아이를 삼키고자 하더니." 이러한 위험한 상황에서 태어나는 아이는 수난당하는 그리스도를 상징한다. 용은 여자가 해산하면 출생한 아이를 삼키고자 몸을 웅크리고 기다리고 있다. 요한계시록 12:4은 헤롯이 동방 박사들에게 아기 예수의 출생에 대한 이야기를 듣고 그를 죽이려고 했던 시간을 기준으로 베들레헴과 그 지경에 살았던 두 살 이하의 모든 사내아이를 죽인 것을 연상시킨다(마 2:16).

5절 "여자가 아들을 낳으니 이는 철장으로 만국을 다스릴 남자라." 이것은 시편 2:9을 상기시킨다. "네가 철장으로 저희를 깨뜨림이여 질그릇 같이 부수리라 하시도다." 이러한 위험한 상황에서 아무런 방어력이 없는 여자가 낳은 아이는 세계를 다스릴 메시아 예수다.

"그 아이를 하나님 앞과 그 보좌 앞으로 올려가더라." 그 무력한 여자에게서 태어난 아이는 하늘의 보좌 앞으로 이끌려 올라갔다. 따라서 그 아이를 삼키려고 했던 용의 시도는 하나님의 개입으로 실패하고 말았다. 이 환상에서 예수의 수난사와 십자가 처형은 생략되었다.[3] 이 환상의 핵심은 그 아이가 지금 하늘의 보좌 위에 앉아서 메시아의 권세를 행사하고 있다는 사실이다.

그 아이를 낳은 여자에 대한 해석은 다양하다. 그 여자는 예수의 어머니인 동정녀 마리아, 이스라엘 민족, 옛 계약과 새 계약이 결합된 참 이스라엘, 또는 기원후 70년에 유대전쟁으로 폐허가 된 예루살렘을 떠나서 펠라(Pella)로 이동했던 예루살렘 교회로 해석되고 있다.[4] 그러나 앞에서 언급했듯이 그 여자는 메시아의 탄생을 대망한 이스라엘 열두 지파 민족에서 산출된 기독교 공동체를 가리킨다. 왜냐하면 그 여자에게 "남은 자손 곧 하나님의 계명을 지키며 예수의 증거를 가진 자들"이 있기 때문이다 (계 12:17).

6절　　그 여자는 용이 너무 무서워서 광야로 도망쳤다. "그 여자가 광야로 도망하매 거기서 천이백육십 일 동안 그를 양육하기 위하여 하나님께서 예비하신 곳이 있더라." 그 여자가 용으로부터 피신한 광야는 소아시아의 교회들이 서 있는 장소를 상징한다. 일곱 교회는 각기 도시에서 광야와 같은 생활을 하고 있지만, 하나님으로부터 도움과 양육을 받는다. 하나님은 곤경에 처한 자들을 도와주시고 양육하신다. 그분은 이집트를 탈출해 광야에서 유랑하던 이스라엘 백성에게 메추라기와 만나

---

3 — Pablo Richard, *Apokalypse*, 152-53; Akira Satake, *Die Offenbarung des Johannes* (Göttingen: Vandenhoeck & Ruprecht, 2008), 282; Klaus Wengst, *Wie lange noch?*, 125.
4 — Bruce M. Metzger, 『예수 그리스도의 계시라』, 111; 그 여자는 얌니아에서 유대교를 재건한 이스라엘로 해석되기도 한다. John M. Court, *Myth and History in the Book of Revelation* (Atlanta: John Knox Press, 1979), 118-119를 보라.

를 공급해주셨으며(출 16:1-36), 아합을 피해서 시냇가에 숨어 있는 엘리야에게 까마귀를 통해서 아침저녁으로 떡과 고기를 갖다주셨다(왕상 17:1-6).

하나님이 광야에서 그 여자를 1,260일 동안 양육하신 것은 그분이 기독교적 공동체를 지금부터 종말의 날까지 보호하고 지켜주신다는 것을 의미한다. "1,260일"은 3년 6개월 또는 42개월(42×30=1,260)과 동일한 기간이다. 3년과 반이라는 숫자는 완전수인 7의 절반으로 제한된 시간을 상징하고, "42"라는 숫자는 이집트를 탈출한 이스라엘 백성이 약속의 땅에 들어가기 전 광야에서 하나님의 지시에 따라서 42곳에 진을 치면서 이동했던 사실에서 유래한다(민 33장).[5] 1,260일 또는 42개월은 소아시아의 교회들이 사탄의 조정을 받는 로마 제국의 유혹과 압제에 맞서 싸우면서 증언하는 현재의 시간을 상징한다. 1,260일은 두 증인이 증언해야 할 기간과 동일하며(계 11:3), 또한 이방인들이 거룩한 성을 짓밟거나(계 11:2), 혹은 짐승이 권세를 가지고 악행을 저지를 기간과 동일하다(계 13:5).

하늘의 전쟁과 승리의 축하 예배(12:7-12)

> 7 하늘에 전쟁이 있으니 미가엘과 그의 사자들이 용과 더불어 싸울새 용과 그의 사자들도 싸우나 8 이기지 못하여 다시 하늘에서 그들이 있을 곳을 얻지 못한지라. 9 큰 용이 내쫓기니 옛 뱀 곧 마귀라고도 하고 사탄이라고도 하며 온 천하를 꾀는 자라. 그가 땅으로 내쫓기니 그의 사자들도 그와 함께 내쫓기니라. 10 내가 또 들으니 하늘에 큰 음성이 있어 이르되 "이제 우리 하나님의 구원과 능력과 나라와 또 그의 그리스도의 권세가 나타났으니 우

---

5 — Allen A. Boesak, *Comfort and Protest*, 82.

리 형제들을 참소하던 자 곧 우리 하나님 앞에서 밤낮 참소하던 자가 쫓겨 났고 11 또 우리 형제들이 어린 양의 피와 자기들이 증언하는 말씀으로써 그를 이겼으니 그들은 죽기까지 자기들의 생명을 아끼지 아니하였도다. 12 그러므로 하늘과 그 가운데에 거하는 자들은 즐거워하라. 그러나 땅과 바다는 화 있을진저 이는 마귀가 자기의 때가 얼마 남지 않은 줄을 알므로 크게 분내어 너희에게 내려갔음이라" 하더라.

7절 여기서는 미가엘과 그의 군대가 용과 그의 군대와 싸우는 하늘의 전쟁이 벌어진다. 이 용은 그 여자가 낳은 아이를 삼키려고 했던 바로 그 무서운 용이고, 미가엘은 하늘 군대의 사령관이다. 미가엘과 그의 천사들은 하늘에 살아 있는 순교자와 죽은 성도들을 상징하며, 용과 그의 천사들은 타락한 천사들로서 악의 무리를 상징한다. 미가엘과 용 사이에 벌어진 전쟁은 역사의 심층적인 차원을 상징하는 하늘에서 일어나는 전쟁이다.

8절 용과 그의 군대가 하늘의 전쟁에서 미가엘의 군대에게 패했기 때문에 그들은 더 이상 하늘에 거주할 곳이 없다. 용은 패배함으로써 그가 가지고 있던 영적인 힘을 빼앗겼다.

9절 "큰 용이 내쫓기니 옛 뱀 곧 마귀라고도 하고 사탄이라고도 하며 온 천하를 꾀는 자라. 그가 땅으로 내쫓기니 그의 사자들도 그와 함께 내쫓기니라." 하늘의 전쟁에서 패한 용과 그의 타락한 천사들은 하늘에서 땅으로 추방되었다. 사탄의 추락은 누가복음 10:18에도 서술되어 있다. "예수께서 이르시되 사탄이 하늘로부터 번개같이 떨어지는 것을 내가 보았노라." 유대 전통에서 타락한 별과 타락한 천사는 동의어로 쓰인다. 한 교만한 별의 추락에 대한 이야기가 이사야서에 나온다. "너 아침의 아들 계명성이여, 어찌 그리 하늘에서 떨어졌으며, 너 열국을 엎은 자여, 어찌 그리 땅에 찍혔는고? 네가 네 마음에 이르기를 내가 하늘에 올라 하나님의 뭇 별 위에 내 자리를 높이리라. 내가 북극 집회의 산 위에 앉으리라. 가장 높은 구름에 올라가 지극히 높은 이와 같아지리라 하는도다. 그러나 이제 네가 스올 곧 구덩이 맨 밑에 떨어짐을 당하리로다"(사 14:12-15).

큰 용은 옛 뱀(창 3:1, 14), 마귀 혹은 사탄과 동일시되고(계 20:2), 큰 용은 "온 천하를 꾀는 자"로 규정된다. 히브리 성서에 나오는 사탄이라는 단어는 원래 페르시아어에서 차용된 외래어다. 이 단어는 왕에 대한 충성을 신하에게 시험하거나 또는 어떤 이를 감시하여 그를 고발하는 비밀 정보 요원을 의미한다.[6] "온 천하"(οἰκουμένη)는 사람이 거주하는 땅과 거기에 사는 모든 사람을 의미한다. "꾀다"(πλανάω)는 것은 사탄이 사람들을 미혹하고 기만하여 잘못된 길로 가게 하는 것을 의미한다.

하늘의 전쟁에서 패하여 땅으로 추방된 사탄은 남아 있는 불완전한 힘을 가지고 성도들을 미혹하려고 시도할 것이다. 따라서 우리는 사탄의 유혹과 계략을 항상 경계해야만 한다. "마귀의 간계를 능히 대적하기 위하여 하나님의 전신 갑주를 입으라"(엡 6:11). "뱀이 그 간계로 하와를 미혹한 것 같이 너희 마음이 그리스도를 향하는 진실함과 깨끗함에서 떠나 부패할까 두려워하노라"(고후 11:3). "그러므로 사탄의 일꾼들도 자기를 의의 일꾼으로 가장하는 것이 또한 대단한 일이 아니니라. 그들의 마지막은 그 행위대로 되리라"(고후 2:14).

10절　　하늘의 예배에서 하늘에 살아 있는 순교자와 죽은 성도들은 큰 음성으로 용의 패배와 추방을 축하하는 노래를 부른다. "내가 또 들으

---

6 — Bruce J. Malina and John J. Pilch, *Social-Science Commentary on the Book of Revelation*, 160.

니 하늘에 큰 음성이 있어 이르되 '이제 우리 하나님의 구원과 능력과 나라와 또 그의 그리스도의 권세가 나타났으니.'" 용의 세력을 정복한 하나님과 그리스도의 권세를 찬양하는 이 노래와 예배는 하늘의 참된 현실이다.[7] 이 노래에는 1세기에 로마 제국에서 통용되었던 많은 정치적인 용어들이 사용되었다. 구원(σωτηρία)은 로마 황제가 베푸는 안전, 복지, 구출을 의미하고, 능력(δύναμις)은 로마 제국의 막강한 정치적·경제적·군사적 힘을 의미한다. 나라(βασιλεία)는 영원히 지속될 것으로 선전된 로마 제국을 가리키며, 권세(ἐξουσία)는 로마 황제의 신적 권위를 의미한다. 즉 이 노래는 1세기 말엽 소아시아 그리스도인들의 반제국적 의식을 반영한다.

"우리 형제들을 참소하던 자 곧 우리 하나님 앞에서 밤낮 참소하던 자가 쫓겨났고." 여기서 "우리 형제들"은 하늘에 살아 있는 남녀 순교자와 죽은 성도들을 가리킨다. 그들은 생전에 하나님의 말씀과 예수의 증언을 선포하고 실천한 증인들이었다. 증언과 순교 사이에는 필연적인 인과관계가 있다.[8] 증언은 사적인 말이 아니라 철회할 수 없는 공적인 말이다. 증인들이 로마 당국과 권력자들 앞에서 예수의 증언과 하나님의 말씀을 증언하는 것은 곧 로마의 불의와 황제 숭배 요구에 저항하는 것이다. 순교자들은 증언 때문에 로마의 권력자들에게 죽임을 당한 이들이다. 그러나 그들은 지금 모두 하늘에 살아 있으며, 하늘의 예배에 참석하여 용의 패배와 추방을 기뻐하면서 한 목소리로 노래를 부른다.

용과 동일시되는 사탄은 참소하던 자로 규정된다. 사탄의 참소는 욥기 1:9-11에 묘사되어 있다. "사탄이 여호와께 대답하여 이르되 '욥이 어

---

7 — Pablo Richard, *Apokaypse*, 157; Traugott Holtz, *Die Offenbarung des Johannes* (Göttingen: Vandenhoeck & Ruprecht, 2008), 91.

8 — Brian K. Blount, "The Witness of Active Resistance: The Ethics of Revelation in African American Perspective," David Rhoads (ed.), *From Every People and Nation: The Book of Revelation in Intercultural Perspective* (Minneapolis: Fortress Press, 2005), 42.

찌 까닭 없이 하나님을 경외하리이까? 주께서 그와 그의 집과 그의 모든 소유물을 울타리로 두르심 때문이 아니니이까? 주께서 그의 손으로 하는 바를 복되게 하사 그의 소유물이 땅에 넘치게 하셨음이니이다! 이제 주의 손을 펴서 그의 모든 소유물을 치소서. 그리하시면 틀림없이 주를 향하여 욕하지 않겠나이까?'" 사탄은 스가랴 3:1-2에서도 참소하는 자로 나타난다. "대제사장 여호수아는 여호와의 천사 앞에 섰고 사탄은 그의 오른쪽에 서서 그를 대적하는 것을 여호와께서 내게 보이시니라. 여호와께서 사탄에게 이르시되 사탄아, 여호와께서 너를 책망하노라. 예루살렘을 택한 여호와께서 너를 책망하노라."

11절   "또 우리 형제들이 어린 양의 피와 자기들이 증언하는 말씀으로써 그를 이겼으니 그들은 죽기까지 자기들의 생명을 아끼지 아니하였도다." 용을 정복한 힘은 어린 양의 피와 순교자와 죽은 성도들의 증언이다. 증언은 사탄의 영적 힘을 멸하는 반우상적인 힘이다. 그들의 증언에 내포된 힘의 원천은 십자가 처형을 당했지만 부활하여 하늘 보좌 위에 앉아 있는 어린 양 예수다. 용의 패배를 기뻐하고 축하하는 하늘의 예배와 노래는 로마 제국의 우상 숭배적인 체제에 대한 소아시아 그리스도인들의 저항 의식을 반영한다. 로마 제국의 살인적인 억압의 구조는 용, 짐승, 거짓 예언자로 구성되어 있다. 이러한 악의 삼위일체적 세력과 여러 분야의 우상들과 종교적 위선과 거짓말이 그리스도인들의 끈질긴 저항을 통해서 사라져야만 하나님의 나라가 이 땅 위에 가시적으로 드러날 것이다. 그리스도가 일곱 머리를 가진 용을 정복한 것을 축하하는 초기 기독교 성도들의 찬송이 솔로몬의 송가(Odes of Solomon)에 나온다.

일곱 머리를 가진 용을 나의(그리스도) 손으로 던진 그가(하나님) 내가 용의 씨를 멸할 수 있도록 하기 위해서 나(그리스도)를 용의 자손들에게 세워놓았

다(솔로몬의 송가 22:5).[9]

12절　　　"그러므로 하늘과 그 가운데에 거하는 자들은 즐거워하라." 하늘은 역사의 불가시적·초월적 차원을 상징한다. 그리고 하늘에 거하는 자들은 하늘에 살아 있는 순교자들과 죽은 성도들이다(계 13:6). 그들은 사탄이 하늘의 전쟁에서 패했기 때문에 기뻐한다. "하늘에 거하는 자들"이라는 용어에 사용된 그리스어 동사 스케노오(σκηνόω)는 하나님의 장막 안에 거주하는 것을 의미한다. 반면에 짐승의 숭배자들을 가리키는 전문 용어인 "땅에 거하는 자들"(계 3:10; 6:10, 11:10; 13:8, 12, 14; 18:3; 17:2, 8)에 사용된 카토이케오(κατοικέω)는 단순히 거주하는 것을 의미한다.

"그러나 땅과 바다는 화 있을진저 이는 마귀가 자기의 때가 얼마 남지 않은 줄을 알므로 크게 분 내어 너희에게 내려갔음이라." 땅과 바다는 로마의 지배 아래 있는 지정학적 영토를 의미한다. 화(οὐαί)가 있으리라는 하늘의 소리는 단순히 땅과 바다에 대한 재앙을 의미하는 것이 아니라, 악의 세력으로 오염된 땅과 바다에 대한 하나님의 슬픔과 탄식을 나타낸다. 여기서 "너희"는 소아시아의 그리스도인들을 가리킨다. 하늘에서 추방당한 마귀는 자기의 시간이 얼마 남지 않은 것을 알기 때문에 성도들과 약자들에게 분풀이를 하고 박해할 것이다. 그러나 마귀의 힘이 도저히 이길 수 없는 것처럼 강해 보인다고 할지라도 성도들은 마귀에게 항복하거나 순응해서는 안 된다. 왜냐하면 그 마귀는 하늘의 전쟁에서 이미 패했기 때문이다.

---

9 — James H. Charlesworth, *The Earliest Christian Hymnbook* (Eugene: Wipf & Stock, 2009), 65.

여자를 추격하는 용(12:13-17)

> 13 용이 자기가 땅으로 내쫓긴 것을 보고 남자를 낳은 여자를 박해하는지라. 14 그 여자가 큰 독수리의 두 날개를 받아 광야 자기 곳으로 날아가 거기서 그 뱀의 낯을 피하여 한 때와 두 때와 반 때를 양육받으매 15 여자의 뒤에서 뱀이 그 입으로 물을 강 같이 토하여 여자를 물에 떠내려 가게 하려 하되, 16 땅이 여자를 도와 그 입을 벌려 용의 입에서 토한 강물을 삼키니, 17 용이 여자에게 분노하여 돌아가서 그 여자의 남은 자손 곧 하나님의 계명을 지키며 예수의 증거를 가진 자들과 더불어 싸우려고 바다 모래 위에 서 있더라.

13절　하늘의 예배가 끝나고, 6절에서 중단되었던 무시무시한 용과 여자의 이야기가 다시 계속된다. "용이 자기가 땅으로 내쫓긴 것을 보고 남자를 낳은 여자를 박해하는지라." 용은 이제 그 여자를 추적한다. 앞에서 설명했던 것처럼, 그 여자는 소아시아의 교회 공동체를 상징한다.

14절　"그 여자가 큰 독수리의 두 날개를 받아 광야 자기 곳으로 날아가." 하나님은 독수리를 통해서 용의 추격을 받고 있는 그 여자를 구출하셨다. 그 여자는 두 개의 큰 날개를 가진 큰 독수리 등을 타고 광야에 마련되어 있는 자기 처소로 날아갔다. 광야는 로마 제국으로부터 고난당하는 소아시아 교회들이 서 있는 장소다. 그 교회들은 각기 도시 한가운데서 광야의 삶을 사는 것 같은 어려움을 겪고 있다. 광야는 이집트에서 탈출한 이스라엘 백성이 약속의 땅으로 들어가기 전에 유랑했던 장소를 상징한다. 독수리의 두 날개 역시 출애굽의 한 상징이다. "내가 애굽 사람에게 어떻게 행하였음과 내가 어떻게 독수리 날개로 너희를 업어 내게로 인도하였음을 너희가 보았느니라"(출 19:4). 또한 독수리의 두 날개는 하나님께서 이집트에 있는 유대인들에게 베푸신 구원의 상징이다. "마치 독수리가 자기의 보금자리를 어지럽게 하며 자기의 새끼 위에 너풀거리며 그의 날개를 펴서 새끼를 받으며 그의 날개 위에 그것을 업는 것 같이 여호와께서 홀로 그를 인도하셨고 그와 함께 한 다른 신이 없었도다"(신 32:11-12).

소아시아의 교회 공동체는 뱀으로부터 멀리 떨어져 있지 않은 곳, 즉 로마 제국의 권력의 영향을 받는 곳에 있다. 버가모 교회는 사탄이 사는 곳에 서 있다(계 2:13). "거기서 그 뱀의 낯을 피하여 한 때와 두 때와 반 때를 양육받으매." 그 여자가 광야에서 하나님의 보호와 양육을 받는 기간인 "한 때와 두 때와 반 때"는 종말 직전의 시간으로서 짐승들과 싸우고 있는 교회의 현재적 시간을 의미한다. 요한은 하나님께서 광야와 같은 곳에서 고난당하는 소아시아의 교회들을 끝까지 지켜주시고 양육할 것이라는 것을 수신자들에게 확신시켰다.

15-16절 그 여자를 추격하는 뱀의 시도는 집요하다. "여자의 뒤에서 뱀이 그 입으로 물을 강 같이 토하여 여자를 물에 떠내려가게 하려 하되 땅이 여자를 도와 그 입을 벌려 용의 입에서 토한 강물을 삼키니." 여기서 뱀은 바다의 괴물인 리워야단과 같다. 뱀이 그 여자를 익사시키려고 큰 강물을 토해낸 것은 이집트 왕 바로가 이스라엘 백성을 바닷물 속으로 몰아넣도록 명령했던 것을 회상시킨다. 그러나 땅이 갈라져서 그 물을 흡수함으로써 그 여자는 구출되었다. 땅이 입을 벌려서 삼킨다는 표현은 민수기 16:30-32에서 차용된 것이다. "만일 여호와께서 새 일을 행하사 땅이 입을 열어 이 사람들과 그들의 모든 소유물을 삼켜 산 채로 스올에 빠지게 하시면 이 사람들이 과연 여호와를 멸시한 것인 줄을 너희가 알리라. 그가 이 모든 말을 마치자마자 그들이 섰던 땅바닥이 갈라지니라. 땅이 그 입을 열어 그들과 그들의 집과 고라에게 속한 모든 사람과 그들의

재물을 삼키매 그들과 그의 모든 재물이 산 채로 스올에 빠지며 땅이 그 위에 덮이니 그들이 회중 가운데서 망하니라." 신명기 11:6에는 땅이 입을 벌려서 모세의 지도력에 반대한 다단과 아비람을 삼켜버린 이야기가 기술되어 있다. "르우벤 자손 엘리압의 아들 다단과 아비람에게 하신 일 곧 땅이 입을 벌려서 그들과 그들의 가족과 그들의 장막과 그들을 따르는 온 이스라엘의 한가운데에서 모든 것을 삼키게 하신 일이라."

이처럼 용에게 추격당하는 위기의 상황 속에서도 하나님께서는 독수리와 땅을 통해서 그 여자의 생명을 구출하셨다. 그런데 해를 입은 여인이 아이를 낳고 용에게 추격당하는 이야기는 고대의 레토(Letto) 신화나 이시스(Isis) 신화와 유사하다. 따라서 요한계시록의 저자가 그러한 고대의 신화들을 사용해서 자기의 이야기를 썼을 것이라고 추정하는 학문적 주장이 있다.[10]

레토 신화는 델포이의 성소를 차지하기 위해 거대한 용 피톤(Python)과 아폴론(Apollon) 사이에 벌어진 싸움에 관한 것이다. 피톤은 제우스의 아들 아폴론을 임신한 여신 레토를 죽이기 위해 그 여신을 추격한다. 제우스의 명령에 의해서 북풍은 그 만삭의 여신을 어떤 섬으로 안전하게 옮겨주고, 바다의 신 포세이돈(Poseidon)은 피톤이 레토를 찾지 못하도록 파도를 일으켜서 그 여신을 감춘다. 다행히 레토는 아폴론과 아르테미스 쌍둥이를 낳았고, 나중에 피톤은 성장한 아폴론에게 죽임을 당한다. 해를 입고 달을 밟고 있는 여자에 대한 예언자 요한의 이야기와 이 신화는 다음과 같은 점에서 차이가 있다. 피톤은 여자가 아이를 낳을 때까지만 추

---

10 — 요한계시록과 주변 세계의 신화의 관계에 대해서는 Adela Yarbro Collins, *The Combat Myth in the Book of Revelation* (Missoula: Scholars Press, 1976), 57-145; G. K. Beale, *The Book of Revelation*, 624; Pablo Richard, *Apokalypse*, 151; Mathias Rissi, *Die Hure Babylon und die Verführung der Heiligen: Eine Studie zur Apokalypse des Johannes*, (Stuttgart/Berlin/Köln: Verlag W. Kohlhammer, 1995), 29-30을 참조하라.

요한계시록 약자를 위한 예배와 저항의 책

격하는 반면에 요한계시록 12장에 나오는 용은 아이를 낳은 후에도 그 여자를 추격한다.

이시스 신화는 세트-티폰(Seth-Typhon)과 호루스(Horus) 사이의 왕위쟁탈에 관한 이야기다. 세트는 오시리스 왕을 죽인 후 오시리스의 아이를 임신한 이시스를 죽이려고 추격한다. 그러나 이시스는 나일 강 하류의 늪지대로 도주하여 거기서 아들 호루스를 낳았다. 이 과정에서 이시스는 태양신 라(Ra)의 도움을 받았고, 나중에 세트-티폰은 호루스에게 죽임을 당한다.

여인과 아이와 용에 대한 요한의 이야기가 이 두 신화로부터 영향을 받았다고 단정하기는 어렵다. 왜냐하면 로마의 황제들은 이 두 신화에서 각각 승리한 아폴론과 호루스와 자기 자신들을 동일시했기 때문이다. 아우구스투스(Augustus) 황제는 자신을 아폴론의 화신으로 나타냈다. 또한 로마에서는 황제들이 세트와 티폰을 상징하는 악어를 발로 밟고 있는 상이 새겨진 주화가 발행되었다. 도미티아누스 황제가 호루스 칭호를 가졌다는 사실은 로마의 나보나 광장에 있는 방첨탑에 기록되어 있다.

요한에게 로마 황제들은 아폴론과 호루스도 아니고, 오히려 무서운 용들인 피톤과 세트-티폰과 동일시되었을 것이다. 요한의 이야기가 고대의 이러한 신화들과 유사하다는 것이 곧 예언자 요한이 그 신화들을 사용했다는 것을 의미하지는 않는다.

17절　　"용이 여자에게 분노하여 돌아가서 그 여자의 남은 자손 곧 하나님의 계명을 지키며 예수의 증거를 가진 자들과 더불어 싸우려고 바다 모래 위에 서 있더라." 용은 그 여자를 추격하는 데 실패했기 때문에 분노하여 공격 대상을 교회의 구성원들을 가리키는 "그 여자의 남은 자손"으로 바꾸었다. 그 여자의 남은 자손이 있다는 사실은 무서운 용 앞에서 아이를 낳은 그 여자가 기독교 공동체를 상징한다는 것을 증명한다.

"더불어 싸우려고 바다 모래 위에 섰더라"는 표현은 용이 대리인들을 찾기 위해 지리적으로 로마가 위치한 지중해 건너편 해변가에 서 있음을 의미한다.[11] 용은 아직 권력을 가지고 있고, 전쟁을 계속할 것이며, 교회의 구성원들을 계속해서 박해할 것이다. 하지만 용은 하늘의 전쟁에서 패배하여 이미 초월적인 힘을 모두 빼앗겼기 때문에 결코 궁극적인 승리자가 될 수 없음이 분명하다. 용은 자신의 시간이 얼마 남지 않은 것을 알고 있다(계 12:12). 사탄적인 로마의 지배는 영원히 지속되는 것이 아니라 일시적인 지배일 뿐이다.

바다에서 올라온 짐승(13:1-10)

1 내가 보니 바다에서 한 짐승이 나오는데 뿔이 열이요 머리가 일곱이라. 그 뿔에는 열 왕관이 있고 그 머리들에는 신성 모독하는 이름들이 있더라. 2 내가 본 짐승은 표범과 비슷하고 그 발은 곰의 발 같고 그 입은 사자의 입 같은데 용이 자기의 능력과 보좌와 큰 권세를 그에게 주었더라. 3 그의 머리 하나가 상하여 죽게 된 것 같더니 그 죽게 되었던 상처가 나으매 온 땅이 놀랍게 여겨 짐승을 따르고 4 용이 짐승에게 권세를 주므로 용에게 경배하며 짐승에게 경배하여 이르되 "누가 이 짐승과 같으냐? 누가 능히 이와 더불어 싸우리요" 하더라. 5 또 짐승이 과장되고 신성 모독을 말하는 입을 받고 또 마흔두 달 동안 일할 권세를 받으니라. 6 짐승이 입을 벌려 하나님을 향하여 비방하되 그의 이름과 그의 장막 곧 하늘에 사는 자들을 비방하더라. 7 또 권세를 받아 성도들과 싸워 이기게 되고 각 족속과 백성과 방언과 나라를 다스리는 권세를 받으니 8 죽임을 당한 어린 양의 생명책에 창세

---

11 — Elisabeth Schüssler Fiorenza, *Revelation*, 83.

304   요한계시록 약자를 위한 예배와 저항의 책

이후로 이름이 기록되지 못하고 이 땅에 사는 자들은 다 그 짐승에게 경배하리라. 9 누구든지 귀가 있거든 들을지어다. 10 사로잡힐 자는 사로잡혀 갈 것이요, 칼에 죽을 자는 마땅히 칼에 죽을 것이니 성도들의 인내와 믿음이 여기 있느니라.

1절　　바다에서 올라온 짐승은 용의 첫째 대리인으로서 로마 제국을 상징한다. 요한이 본 그 짐승은 일곱 머리에 열 뿔이 있고, 열 뿔에는 각기 왕관이 씌워 있었다. 바다는 지정학적으로 로마의 영해인 지중해를 가리킨다. 그 짐승은 지중해 건너편의 로마 제국을 상징하며, 일곱 머리는 로마의 일곱 황제를 상징한다.[12] 이 짐승은 요한계시록 12장에서 서술된 붉은 용과 똑같이 열 뿔과 일곱 머리를 가졌는데, 새로운 것은 열 뿔에 왕관이 하나씩 얹혀 있다는 것이다. 뿔은 권력을 상징하고 왕관은 통치를 상징하는 은유다. 열 뿔은 막강한 권력의 힘을 나타내는데, 이는 권력과 통치가 서로 밀접하게 결합되어 있음을 보여준다. 이 짐승의 또 다른 특징은 "머리들에는 신성 모독 하는 이름들이" 있다는 것이다. 이것은 이 짐승이 하나님을 적대시한다는 것을 의미한다. 요한계시록 17:9-10에 의하면 일곱 머리는 일곱 산이자 일곱 황제들이며, 17:12에 의하면 열 뿔은 열 왕들이다. 로마의 총독은 해마다 배를 타고 소아시아 지방을 방문하고, 소아시아의 토착 엘리트들은 자신들의 권력 유지와 이권을 위해서 총독의 부임을 열렬하게 환영했다. 그렇지만 소아시아의 약자들에게 총독의 부임은 바다로부터 올라온 식민주의 세력으로 느껴졌을 것이다.[13]

---

12 — G. K. Beale, *The Book of Revelation*, 684.

13 — Jean-Pierre Ruiz, "Taking a Stand on the Sand of the Seashore: A Postcolonial Exploration on Revelation 13," David L. Barr (ed.), *Reading the Book of Revelation: A Resource for Students* (Leiden and Boston: Brill, 2004), 131.

2절 "내가 본 짐승은 표범과 비슷하고 그 발은 곰의 발 같고 그 입은 사자의 입 같은데." 요한은 바다에서 나온 이 짐승을 혼돈의 세력인 리워야단의 이미지와 다니엘 7:4-7에 묘사된 네 짐승의 이미지를 결합하여 묘사했다. 다니엘서에 나오는 처음 세 짐승은 사자와 곰, 표범이었고, 넷째 짐승은 이 세 짐승보다 훨씬 더 무서운 짐승으로 묘사됐다.

> 내가 밤 환상 가운데에 그다음에 본 넷째 짐승은 무섭고 놀라우며 또 매우 강하며 또 쇠로 된 큰 이가 있어서 먹고 부서뜨리고 그 나머지를 발로 밟았으며 이 짐승은 전의 모든 짐승과 다르고 또 열 뿔이 있더라(단 7:7).

다니엘서의 네 짐승은 고대 세계를 차례로 지배했던 네 개의 제국, 곧 바빌론, 메디아, 페르시아, 그리스를 상징한다. 넷째 짐승은 다니엘 시대의 초강대국인 그리스 제국을 상징하는데, 이스라엘 백성은 그리스 제국의 셀레우코스 통치 시대에 극심한 고난을 겪어야만 했다. 요한은 바다에서 올라온 짐승을 이러한 네 짐승의 특징을 모두 종합적으로 가지고 있는 하나의 짐승으로 묘사함으로써 그의 시대의 초강대국인 로마 제국을 가장 사악한 제국으로 표현했다.

"용이 자기의 능력과 보좌와 큰 권세를 그에게 주었더라." 로마 제국은 모든 권력을 용으로부터 받았기 때문에 용의 대리인이 되었다. 따라서 로마 제국이 가진 권력은 사탄적이다.

3절 "그의 머리 하나가 상하여 죽게 된 것 같더니 그 죽게 되었던 상처가 나으매 온 땅이 놀랍게 여겨 짐승을 따르고." 짐승의 머리는 황제를 상징하는 은유이며, 황제는 로마 제국을 대표한다. 여기서는 짐승의 머리 하나가 "상하여 죽게 된 것 같더니"(ὡς ἐσφαγμένην)라고 묘사되었는데, 요한계시록 5:6에는 하늘의 궁중 안에 서 있는 어린 양이 일찍 "죽임을 당한 것 같더라"(ὡς ἐσφαγμένον)라고 표현되었다. 이 두 구절에는 그리스어 스파조(σφάζω) 동사가 공통적으로 사용되었다. 이 단어는 죽임당한 것을 의미한다. "죽게 되었던 상처"가 나은 짐승은 13:12에서 기술된 "죽게 되었던 상처가 나은 자"와 동일시되고, 13:14에서 기술된 "칼에 상하였다가 다시 살아난 짐승"과도 동일시된다. 죽은 것 같았던 짐승의 머리 하나가 나아서 온 땅으로부터 경탄과 함께 숭배를 받았다. 이러한 맥락에서 "죽게 된 것 같더라"는 표현은 로마 황제가 죽임을 당하고 부활한 어린 양 예수를 모방하고 있는 것에 대한 조롱일 수도 있다.[14] 죽게 되었던 상처가 나은 머리는 어떤 특별한 황제를 가리키는 것이 아니라, 자신의 야수적인 폭력성을 감추고 인자한 척 하면서 어린 양의 성품을 흉내내는 모든 황제의 가면과 위장술에 대한 비판이다. 왜냐하면 로마의 황제들은 모두 무서운 압제자들이고 살인자들이기 때문이다. 로마 제국은 로마의 평화라는 정치적 선전을 통해서 평화를 사랑하는 자애로운 제국인 척 하지만, 실제로는 수많은 무고한 자의 피를 흘리는 사탄적인 제국이다.

그런데 학자들은 죽게 되었던 상처가 나은 머리를 어떤 황제 개인으로만 생각한다. 그래서 그들은 네로 환생(Nero redivivus) 전설에 근거하여 그를 네로라고 해석하거나[15] 또는 네로의 재현으로서 도미티아누스의 출현을 가리킨다고 해석한다.

로마 원로원은 여러 지역에 배치되었던 네로의 주둔군이 반란을 일으켜서 로마 제국의 안전이 위험에 빠지자 네로를 공공의 적으로 규정하고 로마에서 그를 추방했다. 네로는 68년 6월 9일 로마의 외곽에 있는 한 빌라에서 검으로 자살했다. 그때 그의 나이가 31세였다. 하지만 그가 실제

---

14 — Pablo Richard, *Apokalypse*, 161.
15 — John M. Court, *Myth and History in the Book of Revelation*, 126-137.

로는 죽지 않고 국경을 넘어서 멀리 동방의 한 제국인 파르티아(Parther)로 도망하여 숨어 있다가 장차 파르티아의 군사를 이끌고 로마로 돌아와서 황제의 자리를 되찾을 것이라는 소문이 널리 퍼졌다. 시간이 흐르면서 이러한 소문은 소위 네로 환생 전설로 발전했다. 이 전설에 의하면 네로는 이미 죽었지만, 그는 로마를 다시 통치하기 위해서 죽음의 세계에서 환생할 것이다.

4절　"용이 짐승에게 권세를 주므로 용에게 경배하며 짐승에게 경배하여 이르되." 짐승에게 권세(ἐξουσία)를 부여한 용이 사람들에게 숭배를 받고 짐승 역시 숭배를 받는다. "경배하며"(προσεκύνησαν)는 부복하여 예배하는 것을 의미한다. 짐승의 숭배자들은 "누가 이 짐승과 같으냐? 누가 능히 이와 더불어 싸우리요?"라고 묻는다. 이 두 개의 수사적 질문에 대한 대답은 그 누구도 로마 제국의 절대적 권력과 비교될 수 없으며, 그 누구도 로마 제국의 막강한 군사력에 맞서서 싸울 수 없다는 것이다. 짐승 숭배를 통해서 로마 제국은 절대적인 주체가 되었고, 짐승의 숭배자들은 객체가 되었다. 그러나 절대자는 오직 하나님이시다. "여호와여, 신 중에 주와 같은 자가 누구니이까? 주와 같이 거룩함으로 영광스러우며 찬송할 만한 위엄이 있으며 기이한 일을 행하는 자가 누구니이까?"(출 15:11; 참조. 시 89:5-6; 신 3:24)

5절　"또 짐승이 과장되고 신성 모독을 말하는 입을 받고 또 마흔두 달 동안 일할 권세를 받으니라." 신성 모독을 말하는 짐승은 자신을 하나님의 위치에 올려놓고 자신을 신이라고 부르도록 요구했다. 다니엘에서는 왕의 신성 모독적인 행동이 언급되어 있다. "또 그 왕은 자기 마음대로 행하며 스스로 높여 모든 신보다 크다 하며 비상한 말로 신들의 신을 대적하며 형통하기를 분노하심이 그칠 때까지 하리니 이는 그 작정된 일을 반드시 이룰 것임이라"(단 11:36). 마흔두 달은 짐승이 폭력을 행사하는 기간으로, 그 기간과 동일한 다른 표현은 "한 때와 두 때와 반 때"다. "그가 장차 지극히 높으신 이를 말로 대적하며 또 지극히 높으신 이의 성도를 괴롭게 할 것이며 그가 또 때와 법을 고치고자 할 것이며 성도들은 그의 손에 붙인 바 되어 한 때와 두 때와 반 때를 지내리라"(단 7:25).

"입을 받고"(ἐδόθη)와 "권세를 받으리니"(ἐδόθη)는 신적 수동태로 문장의 주어는 하나님이시다. 그것은 그러한 입과 권세가 하나님의 허락으로 짐승에게 주어졌다는 것을 의미한다. 신적 수동태는 짐승이 하나님을 모독하는 말을 하고 또 세계를 지배하고 있는 엄연한 현실 속에서도, 하나님이 이 세계를 짐승의 손에 영원히 넘겨주지 않으시고 언젠가는 반드시 짐승을 심판할 것이라는 확고한 믿음을 나타내는 그리스어 어법이다.

6절 "짐승이 입을 벌려 하나님을 향하여 비방하되 그의 이름과 그의 장막 곧 하늘에 사는 자들을 비방하더라." 억압자들과 폭군들이 오만하게 말하는 것이 전형적이듯이, 짐승은 하나님의 이름과 순교자들을 업신여기고 비방하는 말을 한다. "그의 장막 곧 하늘에 사는 자들"은 하늘에 살아 있는 순교자와 죽은 성도들을 가리킨다. "그의 장막"(σκηνή)은 20:7에 기술된 "사랑하시는 성"과 동일시되며, 또한 20:4-6에 기술된 천년왕국과도 동일시된다. 에티오피아어 에녹서에는 의인들이 죽는 것을 보고 비방하는 죄인들에 대한 이야기가 있다.

너희가 죽을 때 죄인들은 너희에 대해서 이렇게 말할 것이다. 우리가 죽는 것처럼 의인들도 죽는다. 그렇다면 그들이 그들의 선행으로 인해서 얻은 것이 무엇인가? 보라! 우리처럼 그들도 비탄과 어둠 속에서 죽었다. 그러면 그들이 우리보다 더 가진 것이 무엇인가? 지금부터 우리는 동일하게 되었다. 무엇을 그들이 받을 것이며 또는 무엇을 그들이 영원히 볼 것인가? 보라! 그들은 확실히 죽었다. 그리고 지금부터 그들은 빛을 영원히 보지 못할 것이다

(에녹1서 102:6-8).

죄인들은 사람들이 죽으면 의인과 죄인 사이에, 압제자와 피압제자 사이에, 착취자와 피착취자 사이에, 그리고 학살자와 피학살자 사이에 아무런 차이가 없이 모두가 동일하게 빛이 없는 어둠의 세계로 내려간다고 생각한다. 이것이 바로 아무런 죄의식 없이 힘없는 자들을 억압하고 착취하고 살해하는 짐승의 논리다. 그러나 요한계시록의 저자는 이러한 짐승의 논리를 비판한다. 왜냐하면 그는 순교자들과 죽은 성도들이 하늘에 있는 하나님의 장막 안에서 살고 있는 것을 알기 때문이다.

7절 "또 권세를 받아 성도들과 싸워 이기게 되고(ἐδόθη)"라는 문장도 신적 수동태로 표현되었다. 짐승의 승리는 반제국적 증언을 하고 황제 숭배를 거부하는 성도들을 억압하고 처형하는 그 당시의 실제적인 현실에서 확인된다. 그렇지만 성도들의 패배는 영원한 패배가 아니다. 왜냐하면 하늘의 전쟁에서 패배한 용의 대리인인 짐승의 승리는 자신의 능력에 의해서가 아니라, 하나님의 허락 아래서 이루어진 잠정적인 승리이기 때문이다.

"각 족속과 백성과 방언과 나라를 다스리는 권세를 받으니(ἐδόθη)." 이것은 하나님이 여러 나라와 민족들을 식민화하여 지배하는 로마 제국의 권력을 승인하시고 정당화하시는 것을 의미하는 것이 아니다. 오히려 그들을 지배하는 로마의 권력은 잠정적인 것이기 때문에 하나님은 권력을 남용한 로마를 언젠가는 심판하실 것을 의미한다. 요한계시록 5:9에서 어린 양은 그의 피로 모든 민족과 백성과 언어와 나라를 샀다. 예수는 십자가에서 흘린 그의 피로 죄의 세력으로부터 사람들을 해방시켰다.

8절 짐승의 숭배자들의 이름은 "죽임을 당한 어린 양의 생명책에 창세 이후로" 기록되지 않는다. 예수는 태초 전에 이미 말씀으로 존재하고 있었으므로(참조. 요 1:1-3), 예수의 죽음의 의미는 역사의 경계를 넘어선다. 생명책에 이름이 없는 땅에 사는 자들은 모두 짐승을 숭배할 것이다. 이때 이름이 생명책(계 3:5; 17:8; 20:12, 15; 21:27)에 기록되는 것은 단순히 예정에 의해서가 아니라 올바른 행위에 의해서 결정된다. 하나님을 의지하는 약자들이 이 세상에서는 이름 없이 살고 있지만, 하나님은 하늘에서 그들의 이름을 기억하시고 생명책에 기록해두고 계신다.

> 그때에 여호와를 경외하는 자들이 피차에 말하매, 여호와께서 그것을 분명히 들으시고 여호와를 경외하는 자와 그 이름을 존중히 여기는 자를 위하여 여호와 앞에 있는 기념 책에 기록하셨느니라(말 3:16).

죄인들이 저지른 죄 때문에 약자들은 억압을 당하고 고통을 당한다. 따라서 하나님은 짐승의 숭배자들의 이름을 생명책에서 지우실 것이다.

> 죄가 사라질 때까지 인내심을 가지고 기다려라. 왜냐하면 죄인들의 이름은 생명책과 거룩한 자의 책들에서 지워질 것이기 때문이다(에녹1서 108:3).

9절 "누구든지 귀가 있거든 들을지어다." 이것은 일곱 교회에게 보내는 개별적인 편지의 끝에서처럼 어떤 중요한 권면을 하기 위한 신호다. 그러한 신호가 여기서 나온 이유는 다음 절의 진술이 매우 중요하다는 것을 강조하기 위해서다.

10절 "사로잡힐 자는 사로잡혀 갈 것이요, 칼에 죽을 자는 마땅히 칼에 죽을 것이니." 이것은 예레미야 15:2을 상기시킨다. "그들이 만일 네게 말하기를, 우리가 어디로 나아가리요 하거든, 너는 그들에게 이르기를, '여호와께서 이와 같이 말씀하시니라. 죽을 자는 죽음으로 나아가고 칼을 받을 자는 칼로 나아가고 기근을 당할 자는 기근으로 나아가고 포로 될 자는 포로 됨으로 나아갈지니라 하셨다' 하라."요한은 황제 숭배에 대한 반대와 반제국적 증언 때문에 어떤 이는 감옥에 갇히고, 또 다른 이는 검으로 살해되는 박해와 순교의 상황을 예견하고 있다. 박해와 순교는 미리 정해진 숙명이 아니라 증언과 저항이 초래한 결과다. 그리스도인들은 박해의 위험에도 증언하고 저항할 것을 권고받았다.

"성도들의 인내와 믿음이 여기 있느니라." 이것은 억압과 박해가 있는 현실에서 믿음과 저항을 실천하라는 권고다. 인내(ὑπομονή)는 참고 견디는 것이 아니라, 적극적인 비폭력적 저항을 의미한다(참조. 계 1:9; 2:2, 3, 19, 3:10; 14:12). 저항과 믿음은 그리스도인의 윤리적 생활에서 하나로 수렴된다. 저항이 없는 믿음과 믿음이 없는 저항은 둘 다 진정성이 없는 믿음이다.

땅에서 올라온 짐승(13:11-18)

11 내가 보매 또 다른 짐승이 땅에서 올라오니 어린 양 같이 두 뿔이 있고 용처럼 말을 하더라. 12 그가 먼저 나온 짐승의 모든 권세를 그 앞에서 행하고 땅과 땅에 사는 자들을 처음 짐승에게 경배하게 하니 곧 죽게 되었던 상처가 나은 자니라. 13 큰 이적을 행하되 심지어 사람들 앞에서 불이 하늘로부터 땅에 내려오게 하고 14 짐승 앞에서 받은 바 이적을 행함으로 땅에 거하는 자들을 미혹하며 땅에 거하는 자들에게 이르기를, 칼에 상하였다가 살아난 짐승을 위하여 우상을 만들라 하더라. 15 그가 권세를 받아 그 짐승의 우상에게 생기를 주어 그 짐승의 우상으로 말하게 하고 또 짐승의 우상에게 경배하지 아니하는 자는 몇이든지 다 죽이게 하더라. 16 그가 모든 자 곧 작은 자나 큰 자나 부자나 가난한 자나 자유인이나 종들에게 그 오른손에나 이마에 표를 받게 하고 17 누구든지 이 표를 가진 자 외에는 매매를 못

하게 하니 이 표는 곧 짐승의 이름이나 그 이름의 수라. 18 지혜가 여기 있으니 총명한 자는 그 짐승의 수를 세어보라. 그것은 사람의 수니 그의 수는 육백육십육이니라.

11절　용의 둘째 대리인은 땅에서 올라오는 짐승으로 상징된 식민지의 토착 권력자들이다. 요한은 땅에서 올라온 짐승을 보았는데, 그 짐승은 어린 양 같이 두 뿔이 있고 용처럼 말을 했다. 이것은 그 짐승이 온유하고 겸손한 양의 가면을 쓰고 있지만, 실제로는 용처럼 거짓말과 협박으로 사람들을 미혹한다는 것을 의미한다. 지상에서 사역할 때 예수는 그의 제자들에게 양의 탈을 썼지만 그 안에 늑대가 숨어 있는 거짓 예언자를 조심하라고 경고했다. "거짓 선지자들을 삼가라. 양의 옷을 입고 너희에게 나아오나 속에는 노략질하는 이리라"(마 7:15). 땅에서 올라온 짐승은 바다에서 올라온 짐승을 섬기는 식민지의 짐승이다. 그 짐승은 거짓 선지자와 동일시된다(계 16:13; 19:20; 20:10).

12절　땅에서 올라온 짐승은 바다에서 올라온 짐승으로부터 모든 권세를 위임받아서 행사하고, 땅에 사는 자들이 처음 짐승을 예배하게 만든다. 13:3에 나오는 처음 짐승의 일곱 머리 중에서 "상하여 죽게 된 것 같더니 그 죽게 되었던 상처가 나은" 머리는 여기서 "죽게 되었던 상처가 나은 자"와 동일시된다.

땅에서 올라온 짐승은 처음 짐승을 위해서 로마 제국의 정책을 선전하고, 로마에 대한 정치적 충성의 표현으로서 황제 숭배를 실행함으로써 자신들의 권력을 유지하고 개인적 이익을 챙기는 식민지의 토착 권력자들을 상징한다. 그들은 소아시아의 코이논(koinon)이라는 기구의 의원들이고, 그 기구에 의해서 임명된 대제사장들이며, 여러 지역에서 황제 숭배를 주관하는 사제들이었다. 또한 코이논의 의원들은 대도시의 대표들로서 부유한 토착 엘리트들이었다. 그들은 로마 원로원의 허락을 받아 황제 숭배를 위한 신전을 소아시아에 지었고, 황제 숭배에 필요한 행정을 운영했으며 매년 대제사장들을 임명했다.[16] 그들은 로마의 식민주의 세력의 대리인들이다.[17] 즉 그들은 거짓 예언자라고 불리는 식민지의 짐승이다(계 19:20).

13절　둘째 짐승은 사람들 앞에서 불이 하늘에서 땅으로 내려오게 하는 큰 이적을 일으켰다. 이것은 하늘에서 불이 내려오게 한 엘리야의 이적과 같다고 해석되었다. 엘리야는 갈멜 산에서 450명의 바알 선지자와 싸울 때 하늘에서 불이 내려오게 하여 번제물을 태우는 이적을 일으켰다(왕상 18:38). 또한 그는 하늘에서 불이 내려오게 하는 이적을 일으켜서 에그론의 신 바알세붑에게 문의해 자신의 병을 고치기 원하는 이스라엘의 왕 아하시야가 보낸 오십부장과 호위 병사 50명을 모두 불태워 죽였다(왕하 1:10, 12).

　그러나 둘째 짐승이 일으킨 이적은 로마 황제의 손에 있는 섬광과 같은 빛을 발하는 번개 다발을 재현한 것으로 해석될 수 있다.[18] 제우스는 손에 번개 다발을 들고 있었으며, 도미티아누스 황제 통치 시대에 발행된 동전의 뒷면에는 제우스의 번개 다발을 손에 쥐고 있는 도미티아누스 황제의 모습이 새겨져 있었다. 도미티아누스는 번개 다발을 통해서 자기 자신을 신격화했다. 식민지의 짐승인 둘째 짐승은 모든 권세를 첫째 짐승에게서 받았다. 따라서 둘째 짐승이 일으킨 큰 이적은 바로 로마 황제가 손에 쥐고 있는 빛을 발하는 번개 다발을 재현한 것이다. 사람들은 그것을 보고 둘째 짐승이 선전하는 로마 황제를 신으로 숭배하고 로마의 정책에

---

16 — Steven J. Friesen, "The Beast from the Land: Revelation 13:11-18 and Social Setting," David L. Barr (ed.), *Reading the Book of Revelation*, 49-64.

17 — Jean-Pierre Ruiz, "Taking a Stand on the Sand of the Seashore: A Postcolonial Exploration on Revelation 13," (ed.) David L. Barr, *Reading the Book of Revelation*, 132.

18 — Klaus Wengst, *Wie lange noch?*, 148.

순응했다.

14절　둘째 짐승은 이적을 통해서 사람들을 미혹했고 그들에게 "칼에 상하였다가 살아난 짐승을 위하여 우상을 만들라"고 명령했다. 칼에 상처를 입고 살아난 짐승은 3절과 12절에서 언급된, 죽게 된 것처럼 보였지만 상처가 나은 짐승과 동일시된다. 둘째 짐승에게 중요한 일은 사람들이 처음 짐승을 위한 우상을 만들어 그 우상을 숭배하게 만드는 것이다. 도미티아누스는 자신을 위한 거대한 신전을 에베소에 건축했고 그 신전 안에 자신의 동상을 세웠다.

15절　"그가 권세를 받아 그 짐승의 우상에게 생기를 주어 그 짐승의 우상으로 말하게 하고." 둘째 짐승은 바다에서 올라온 짐승의 우상화를 위해서 적극적으로 활동한다. "그가 권세를 받아"라는 표현은 둘째 짐승이 첫째 짐승에게 권력을 수여받았음을 의미한다. 둘째 짐승은 첫째 짐승의 우상에게 생기를 주어 그 우상으로 하여금 말을 하도록 일한다. 그 짐승의 우상(ἡ εἰκὼν τοῦ θηρίου)은 에베소 신전에 세워진 도미티아누스 황제의 신상이거나 또는 로마 제국이 발행한 주화에 새겨진 도미티아누스 황제의 상을 가리킨다. 사람들은 신전에 세워진 도미티아누스의 거대한 동상에 압도되어 그를 신으로 숭배했다. 소아시아의 일곱 도시마다 각기 신전이 있었으며, 신전 구역에는 은행과 시장이 있었고, 황제의 상이 새겨진 주화가 통용됐다. 신전의 은행은 담보를 잡고 사람들에게 돈을 대출해줬다. 그러나 로마의 권력 구조에 순응하지 않는 사람들은 은행에서 돈을 빌릴 수 없었고 시장에서 물건을 사거나 팔 수도 없었다.

둘째 짐승이 첫째 짐승의 우상에게 생기를 주고 말하게 하는 것은 첫째 짐승을 위해서 황제 숭배를 활성화하고 로마의 제국주의 경제정책을 관철시킴으로써 로마 제국을 번영시키는 것을 의미한다. 황제 숭배를 통해서 황제의 우상은 말을 하는 주체가 되었고, 짐승의 숭배자들은 말없이 복종해야만 하는 객체가 되었다. 황제의 상이 새겨진 주화가 맘몬이 되어서 주체가 되었고, 돈이 필요한 사람들은 객체가 되었다.

"짐승의 우상에게 경배하지 아니하는 자는 몇이든지 다 죽이게 하더라." 이것은 황제 숭배 요구를 거부한 성도들이 죽임을 당하고, 짐승의 표가 없는 사람들이 경제활동에 참여할 기회가 없어서 빈곤과 죽음으로 내몰리는 현실에서 확인된다. 맘몬이 된 돈은 사람들에게 로마의 체제에 복종하도록 명령할 수 있으며, 또한 경제활동의 배제를 통해서 저항자들을 죽일 수도 있다. 따라서 처음 짐승의 우상은 실제로 로마 제국을 위해서 말을 할 수 있고, 또한 제국의 정책에 협력하지 않고 황제 숭배를 반대하는 사람들을 죽일 수 있는 살아 있는 대리인이 되었다.[19] 로마의 식민지인 소아시아에서 많은 사람이 로마의 우상 숭배적인 체제에 협력하고 동화된 것은, 식민지의 짐승인 둘째 짐승이 일으킨 놀라운 이적과 선전에 의해서, 악마적 권위에 의해서, 그리고 비협조의 대가가 죽음이라는 경고와 위협에 의해서 미혹되었기 때문이다.

16절　둘째 짐승은 모든 계층의 사람들, 즉 "작은 자나 큰 자나 부자나 가난한 자나 자유인이나 종들에게 그 오른손에나 이마에 표를" 받게 했다. 사람들의 오른손과 이마에 찍힌 표는 황제 숭배에 참석한 사람들에게 발급하는 확인 증명서가 아니다. 그것은 동물의 귀에 붙어 있는 귀표와 같은 물리적인 표가 아니라 상징적인 표로 이해되어야 한다. 요한은 이러한 "표"(χάραγμα)를 예배와 충성의 관점에서 인식했다.

모세는 가나안 땅에 들어가기 전 이스라엘 백성에게 표에 대해 말했다. "오늘 내가 네게 명하는 이 말씀을 너는 마음에 새기고 네 자녀에게 부지런히 가르치며 집에 앉았을 때에든지 길을 갈 때에든지 누워 있을 때

---

19 ― Pablo Richard, *Apokalypse*, 173.

에든지 일어날 때에든지 이 말씀을 강론할 것이며, 너는 또 그것을 네 손목에 매어 기호를 삼으며 네 미간에 붙여 표로 삼고 또 네 집 문설주와 바깥문에 기록할지니라"(신 6:6-9). 이스라엘 백성에게 이러한 표를 가질 것을 요구한 이유는 그들이 가나안 땅에 들어가서 다른 신들을 멀리하고 오직 하나님만을 예배하고 충성하도록 하는 데 있다. 여기서 표는 하나님에게 속한다는 사실을 의미한다. "한 사람은 이르기를 나는 여호와께 속하였다 할 것이며 또 한 사람은 야곱의 이름으로 자기를 부를 것이며 또 다른 사람은 자기가 여호와께 속하였음을 그의 손으로 기록하고 이스라엘의 이름으로 존귀히 여김을 받으리라"(사 44:5).

짐승의 숭배자들의 오른손이나 이마에 찍힌 표는 하나님에게 속한 자들의 이마에 있는 인침과 정반대다. 짐승의 표가 찍힌 "오른손"은 로마 제국에 충성하는 우상 숭배자들의 행위를 가리키고 "이마"는 그들의 의식을 가리킨다. 결국 표는 짐승의 추종자들의 의식과 행동 양식을 가리키는 상징이다. 짐승을 숭배하는 사람들은 로마의 우상 숭배적인 문화와 제국주의적 체제에 순응하고 적응하는 그들의 의식과 행위에서 식별된다.

17절 "누구든지 이 표를 가진 자 외에는 매매를 못하게 하니 이 표는 곧 짐승의 이름이나 그 이름의 수라." 1세기 말 소아시아에서 황제 숭배는 경제활동과 밀접한 관계가 있었다. 황제 숭배에 참여하지 않으면 시장에서 물건을 사고팔 수 없을 정도로 황제의 우상화는 사회 전체에 깊숙하게 스며들어 있었다. 길드에 가입된 상인들은 신전에서 열리는 연례 회의에 참석하고 우상의 제물을 먹으면서 서로 친교를 나누었다. 그들은 짐승의 표가 있는 짐승의 숭배자들로서 시장에 참여해 경제적 이익을 얻었다. 하지만 황제 숭배에 참석하지 않고 우상의 제물을 먹는 것을 거부하는 그리스도인들은 매매가 이루어지는 시장에 참여할 수 없어서 빈곤해질 수밖에 없었다. 이것은 그 당시 사람들이 황제를 숭배하는 사회 구조에 적응하고 동화하는 것을 통해서만 경제 활동이 가능했음을 의미한다. 그리스도인들은 짐승의 표가 없으므로 시장에서 배제되었다. 그리고 경제활동을 할 수 없었기에 빈곤과 때 이른 죽음으로 내몰렸고, 심지어는 황제를 신으로 믿지 않는다는 이유로 무신론자로 간주되어 처형되기도 했다.

18절 "지혜가 여기 있으니 총명한 자는 그 짐승의 수를 세어보라. 그것은 사람의 수니 그의 수는 육백육십육이니라." 이 구절은 요한이 지금까지 짐승에 대해서 말한 것이 자연에 살고 있는 야생 동물에 관한 것이 아니라, 사실은 인간의 현실 혹은 인간이 만든 구조에 관한 것이었음을 보여준다. 그런데 짐승의 수인 "666"은 무엇을 상징하는가? 수수께끼 같은 이 숫자에 대해서 지금까지 제안된 해석은 두 가지다.

첫째, 666은 네로 황제를 상징하는 수다. 네로 황제(Nero Caesar)의 이름을 그리스어로 음역하면 네론 카이사르(Νερον Καισαρ)가 되고, 이것을 다시 히브리어로 음역하면 נרון קסר(히브리어는 오른쪽에서 왼쪽으로 읽어간다)이 되며, 이것을 게마트리아(gematria) 방식으로 계산하면, 그 이름의 값이 666이 되기 때문이다. 게마트리아 방식은 고대인들이 그리스어나 히브리어의 알파벳 문자에 숫자 값을 부여하여 어떤 단어를 숫자로 표현한 것이다. 이것은 그리스어 혹은 히브리어 알파벳의 처음 아홉 문자에 1부터 9까지의 수를 차례로 부여하고, 그다음 아홉 문자에 10부터 90까지의 수를, 그리고 그다음 아홉 문자에 100부터 900까지의 수를 부여한다.[20] 네로 황제의 이름 수는 눈(נ)=50, 레쉬(ר)=200, 와우(ו)=6, 눈(נ)=50, 코프(ק)=100, 사멕(ס)=60, 레쉬(ר)=200이므로 그 숫자들을 합산하면 666이 된다. 요한계시록의 저자 요한은 그리스어 용어를 히브리어로, 그리고 히브

---

20 — J. Nelson Kraybill, *Apocalypse and Allegiance*, 66-67.

리어 용어를 그리스어로 음역할 정도로 두 언어에 익숙했다(참조. 계 9:1; 16:16). 그렇지만 이런 주장은 네로의 이름만이 666이 아니라, 다른 보통 사람들의 이름도 게마트리아 방식으로 계산하면 666이 될 수 있다는 데 문제가 있다. 그리고 고대 사회에서 글을 읽을 수 있는 사람들이 소수였 다는 사실을 감안한다면, 요한의 수신자들이 게마트리아 방식에 익숙했 을 것이라고 단정하는 것은 설득력이 없어 보인다.

둘째, 666은 짐승의 불완전성을 상징하는 수다. 유대인의 전통에서 7이라는 숫자는 완전을 의미한다. 반면에 6은 완전에 미달하는 불완전 을 의미하기 때문에 6을 세 번 겹쳐서 쓴 666은 짐승의 불완전성을 강 조한다.[21]

이러한 기존의 두 가지 해석이 과연 666이라는 숫자를 사용한 요한계 시록 저자의 의도와 맞는가? 나의 관점에 따르면 666은 로마의 제국주의 를 상징하는 수다.[22] 이미 요한계시록 6:1-8에서 분석되었듯이 로마 제 국주의는 군사적 침략, 정치적 억압, 경제적 억압, 사회적 배제라는 죽음 의 구조를 특징으로 가지고 있다. 요한계시록에 나오는 모든 숫자는 구약 과 연관이 있다. 한 가지 예를 들면, 1,260일(42개월)은 안티오코스 4세가 이스라엘을 억압한 기간을 나타내는 "한 때 두 때 반 때"에서 유래된 것이 고, 42라는 숫자는 이집트에서 탈출한 이스라엘 백성이 광야에서 하나님 의 지시에 따라서 마흔두 번이나 진을 치면서 이동한 후에 마침내 약속된 가나안 땅에 들어간 사실에서 유래된 것이다(참조. 민 33장). 이와 마찬가 지로 요한계시록의 666도 구약성서와 연관시켜 해석하는 것이 타당할 것

---

21 — Pablo Richard, *Apokalypse*, 167-68; G. K. Beale, *The Book of Revelation*, 722.
22 — 이병학, 「반제국적 대항 담론으로서의 신화적 이야기들과 예배」, 『신학사상』 155집 (2011), 39-80; 이병학, 「짐승의 수 육백육십육과 로마의 제국주의(계 13:15-18)」, 『세계와 선교』 209호(2011), 17-25.

이다. 왜냐하면 666이라는 숫자가 놀랍게도 열왕기상 10:14-15과 역대하 9:13-14에 언급되어 있기 때문이다.

> 솔로몬의 세입금의 무게가 금 육백육십육 달란트요 그 외에 또 상인들과 무역하는 객상과 아라비아의 모든 왕들과 나라의 고관들에게서도 가져온지라 (왕상 10:14-15).

> 솔로몬의 세입금의 무게가 금 육백육십육 달란트요 그 외에 또 무역상과 객상들이 가져온 것이 있고 아라비아 왕들과 그 나라 방백들도 금과 은을 솔로몬에게 가져온지라(대하 9:13-14).

문자적으로 일치하는 이 두 절에서 언급된 금 666달란트는 솔로몬이 그의 왕권의 번영기에 이스라엘 백성에게서 조세로 징수한 액수다. 그처럼 엄청난 양의 금을 조세로 징수했다는 것은 솔로몬 왕국이 내뿜는 화려함의 배후에 유대 민족의 고혈을 짜내는 경제적 착취와 억압이 있었음을 드러낸다. 솔로몬 왕은 무거운 조세로 백성을 수탈하여 자신의 재산을 증식하고, 사치스러운 생활을 하며(왕상 10:14-25), 여러 이방 여자를 취하고, 그들의 우상을 섬겼으며(왕상 11:1-8), 무역을 통해서 우상 숭배적인 이교 문화를 수용했다. 이러한 모든 것이 솔로몬 왕국이 분열하는 데 일조했다. 이런 관점에서 열왕기상과 역대하에서 세입금으로 언급된 666은 솔로몬 왕권의 경제적 착취와 탐욕과 우상 숭배를 비판하고 고발하는 상징적인 숫자로 억눌린 유대 민족에게 각인되었을 것이다.[23]

---

23 — G. K. Beale, *The Book of Revelation*, 727. Beale은 왕상 10:14-15에 나오는 솔로몬 왕권의 경제적 악과 타락을 나타내는 금 666달란트가 요한계시록의 666과 관련이 있을 수 있다고 말한다.

요한계시록이 작성된 시기의 로마 황제는 도미티아누스였다. 그는 제국의 중심부를 부강하게 하고 영토를 확장하기 위해서 높은 조세와 재산 몰수와 전쟁을 통해서 식민지 나라와 민족들을 억압했다.[24] 이러한 상황에서 요한은 금 666달란트의 세입금으로 가난한 자들의 고혈을 짜낸 솔로몬 왕의 탐욕을 회상했을 것이다. 그러면서 겉으로는 로마의 평화를 외치지만 실제로는 전 세계를 식민화하기 위해서 군사적으로 침략하고, 식민지의 민족들을 정치적으로 억압하며, 경제적으로 착취하고, 사회적으로 배제하는 로마의 제국주의를 비판하기 위해서 "짐승의 수" 혹은 "짐승의 이름"을 666이라고 풍자적으로 불렀을 것이다.

총명한 자는 사물을 이해할 수 있는 지혜를 가진 자다. "지혜 있는 자는 듣고 학식이 더할 것이요, 명철한 자는 지략을 얻을 것이라"(잠 1:5). 하나님의 지혜는 이 세상의 지혜와는 전혀 다르다(참조. 고전 1:20; 2:6-8; 3:19). 요한은 그의 수신자들에게 상징적으로 표현된 짐승의 수의 의미를 알기 위해서 지혜(σοφία)를 가지라고 권고했다. 왜냐하면 그들이 짐승에게 굴복하지 않고 저항하기 위해서는 짐승의 제국주의 체제를 폭로하는 666이 열왕기상 10장과 역대하 9장에서 언급된 솔로몬의 세입금인 666이라는 숫자로 풍자된 것이라는 사실을 인식할 수 있는 지혜, 곧 영적 지각력이 필요했기 때문이다. 이러한 지혜는 꿈과 비밀을 깨닫고 해석했던 다니엘의 지혜와 같다. "하나님이 이 네 소년에게 학문을 주시고 모든 서적을 깨닫게 하시고 지혜를 주셨으니, 다니엘은 또 모든 환상과 꿈을 깨달아 알더라"(단 1:17).

짐승의 수인 666은 로마의 평화라는 신화로 위장된 로마 제국주의를

---

24 — Vitor Westhelle, "Revelation 13: Between the Colonial and the Postcolonial, a Reading from Brazil," David Rhoads (ed.), *From Every People and Nation*, 193.

폭로하는 상징적인 수다. 요한은 로마 제국을 짐승이라고 조롱하고, 로마 제국주의를 666이라고 야유했다.

시온 산 위에 있는 십사만사천명의 성도들(14:1-5)

1 또 내가 보니 보라 어린 양이 시온 산에 섰고 그와 함께 십사만사천이 서 있는데 그들의 이마에는 어린 양의 이름과 그 아버지의 이름을 쓴 것이 있더라. 2 내가 하늘에서 나는 소리를 들으니 많은 물 소리와도 같고 큰 우렛소리와도 같은데 내가 들은 소리는 거문고 타는 자들이 그 거문고를 타는 것 같더라. 3 그들이 보좌 앞과 네 생물과 장로들 앞에서 새 노래를 부르니 땅에서 속량함을 받은 십사만사천 밖에는 능히 이 노래를 배울 자가 없더라. 4 이 사람들은 여자와 더불어 더럽히지 아니하고 순결한 자라. 어린 양이 어디로 인도하든지 따라가는 자며 사람 가운데에서 속량함을 받아 처음 익은 열매로 하나님과 어린 양에게 속한 자들이니 5 그 입에 거짓말이 없고 흠이 없는 자들이더라.

1절　요한은 "또 내가 보니"라는 말로 새로운 하나의 환상을 그린다. 이 환상의 단락(계 14:1-5)은 용, 짐승, 거짓 예언자에 대한 진술(계 12-13장)과 짐승의 추종자들에 대한 심판 진술(계 14:6-11) 사이에 위치한다. 따라서 이 환상(계 14:1-5)은 요한계시록의 문학적 중심 단락(계 12:1-15:4)에서 중심에 해당한다. 요한은 어린 양이 시온 산에 서 있는 것을 본다. 13장에서 두 짐승에게 집중되었던 시선은 여기서 다시 어린 양에게 집중된 시선과 대조를 이룬다.

요한은 144,000의 성도들이 어린 양과 함께 시온 산 위에 서 있는 것을 본다. 이것을 통해서 그는 구약성서와 유대 묵시 문학의 전통을 암시한다. 시온은 하나님의 산이고, 무엇보다도 이스라엘을 위한 구원의 산이다. "누구든지 여호와의 이름을 부르는 자는 구원을 얻으리니, 이는 나 여호와의 말대로 시온 산과 예루살렘에서 피할 자가 있을 것임이요, 남은 자 중에 나 여호와의 부름을 받을 자가 있을 것이니라"(욜 2:32). 종말의 날에 여러 민족이 시온 산을 향하여 구름처럼 몰려들고(사 2:2-4; 미 1:1-4), 이스라엘 백성과 함께 살기 위해서 그들은 거기서 하나님의 율법을 배울 것이다(미 4:2). 유대 묵시 문학에는 종말의 날에 여러 민족이 시온 산에서 심판을 받는 것에 대해서 말한다. 하나님이 세운 메시아는 종말의 날에 시온 산에서 악한 마지막 지배자와 불의한 자들을 심판하고 의인들을 보호한다(제2바룩서 40:1-4). 즉 하나님의 아들은 시온 산 위에 서서 여러 민족들을 심판한다(제4에스라 13:35-38).

요한은 144,000의 이마에 "어린 양의 이름과 그 아버지의 이름이" 쓰여 있는 것을 보았다. 이것은 그들이 모두 아버지의 이름과 예수의 이름으로 세례를 받고 구원을 받은 사람들이라는 것을 의미한다. 그들의 이마에 쓰여 있는 "어린 양의 이름과 그 아버지의 이름"은 그들이 하나님과 어린 양에게 속한다는 것과, 이러한 소속 때문에 짐승으로부터 박해를 당하지만 그럼에도 하나님의 보호를 받는다는 것을 의미한다. 이것은 짐승의 숭배자들의 오른손이나 이마에 새겨져 있는 짐승의 표(χάραγμα)와 대조된다(참조. 계 13:16). 7장에서 인침을 받은 144,000은 세례를 받은 자들이다. 7장에서 설명되었듯이 여기서도 144,000은 이스라엘 열두 지파에서 각기 12,000명씩 뽑은 수를 합한 수이고(12×12×1,000=144,000), 12는 이스라엘의 열두 지파를 상징하고 1,000은 많은 수를 상징한다. 따라서 시온 산의 144,000은 세례를 받은 수많은 남녀 그리스도인들의 공동체 전체를 상징한다. 요한은 시온 산 위에 어린 양과 함께 서 있는 144,000의 공동체를 마지막 때의 하나님의 백성들로 보았고, 이 공동체를 여러 민족들로 보충되고 복구된 이스라엘로 보았다.[25] 그는 시온 산이라는 은유를 통해서 144,000의 공동체가 이스라엘에 뿌리박고 있다는 것을 나타냈다. 이러한 144,000은 짐승에게 저항하는 땅 위에 있는 기독교 공동체를 상징하며, 또한 저항과 투쟁을 위한 공동체 조직을 상징한다. 따라서 어린 양이 144,000과 함께 서 있는 시온 산은 로마인들에 의해서 파괴된 예루살렘이 아니며 아직 아래로 내려오지 않은 천상의 예루살렘도 아니다. 그것은 카이로스인 지금 현재의 시간에 부활한 어린 양 예수와 그를 따르는 자들이 만나서 땅 위에 함께 세운 기독교적 공동체의 장소를 상징한다.

2절　요한은 이제 시선을 시온 산 환상에서 하늘의 보좌 환상으로 돌린다. 그는 하늘에서 들려오는 "많은 물 소리와도 같고 큰 우렛 소리와도 같은" 소리를 들었다. 이러한 큰 소리는 하늘의 신 현현을 나타내는 특징이 있다. 그리고 그 후에는 놀랍게도 "거문고 타는 자들이 그 거문고를 타는 것" 같은 음악 소리를 들었다. 그는 지금 아주 낮은 톤으로 연주하는 그들의 아름다운 곡조를 듣고 있다. 이 곡조는 하늘의 예배에서 하나님과 어린 양을 찬양하는 음악이다. 거문고 타는 자들의 정체는 바로 다음 절에서 하늘에 살아 있는 순교자들과 죽은 성도들로 밝혀진다.[26]

3절　"그들이 보좌 앞과 네 생물과 장로들 앞에서 새 노래를 부르니." 요한계시록 5:9에서 새 노래를 부르는 자들은 네 생물과 장로들이었다. 그런데 여기서는 네 생물과 장로들이 새 노래를 듣는다. 그리고 "땅에서 속량함을 받은 십사만사천 밖에는 능히 이 노래를 배울 자가 없더라"는 진술은 144,000이 새 노래를 배워야만 하는 입장에 있음을 보여준다. 따라서 하늘의 예배에서 새 노래(ᾠδή)를 부르는 자들은 하늘에서 살아 있는 순교

---

25 — Klaus Wengst, *Wie lange noch?*, 242.
26 — 이병학, 「반제국적 대항 담론으로서의 신학적 이야기들과 예배」, 63-64.

자와 죽은 성도들임이 분명하다. 그들은 짐승의 표를 받는 것을 거부하고 오직 어린 양 예수만을 따르면서 일생을 마친 충성스러운 남녀 증인들이다. 하늘의 예배에서 그들은 십자가 처형을 당했지만 부활하여 영원히 살아 있는 어린 양 예수를 찬양하는 새 노래를 부른다.

새 노래의 내용은 이미 요한계시록 5:9-10에서 서술되었다. 새 노래는 힘없는 약자로서 십자가에 처형되었지만 부활한 어린 양 예수의 힘을 찬양한다. 144,000과 동일시되는, 아무도 능히 셀 수 없는 큰 무리가 하늘에서 하나님과 어린 양을 다음과 같이 새 노래로 찬양한다. "큰 소리로 외쳐 이르되, 구원하심이 보좌에 앉으신 우리 하나님과 어린 양에게 있도다"(계 7:9). 이와 반대로 옛 노래는 로마 제국의 권력과 무력의 힘을 찬양한다. 새 노래를 부르는 자들은 폭력과 전쟁과 억압을 반대하고 평화와 정의와 형제자매애를 실천한다. 그러나 짐승의 숭배자들은 아직도 옛 노래를 부르고 있다.

요한은 "땅에서 속량함을 받은 십사만사천 밖에는 능히 이 노래를 배울 자가 없더라"고 말한다. 5:9에서 네 생물과 이십사 장로는 어린 양을 찬양했다. "일찍이 죽임을 당하사 각 족속과 방언과 백성과 나라 가운데서 사람들을 피로 사서 하나님께 드리시고." 땅 위에 있는 144,000은 어린 양의 피로 구원받은 사람들이다. 오직 그들만이 새 노래를 배울 수 있다. 그런데 어떻게 그들은 하늘에 살아 있는 순교자와 죽은 성도들이 하늘의 예배에서 부르는 새 노래를 듣고 배울 수 있는 민감성을 가졌는가? 그것은 그들이 죽은 자들의 고난과 투쟁과 희망을 기억하고 정신적으로 그들과 연대의 공동체를 형성하고 있기 때문이다. 그것은 그들이 죽은 자들이 이루지 못한 하나님 나라를 위한 꿈과 희망을 되찾아서 그것을 이루기 위하여 그들과 함께 불의와 폭력에 저항하기 때문이다. 그러므로 144,000이 그들로부터 배우는 새 노래는 짐승의 폭력에 맞서서 항의하고 싸우는 조직화된 기독교적 공동체의 정체성과 로마 제국의 폭력과 학살에 대한 역사적 기억과 반제국적인 정치적 의식을 반영한다. 십자가의 희생자인 예수를 기억하는 자들은 죽은 자들이 하늘에서 살아서 부르는 새 노래를 듣고 배울 수 있다. 또한 정의와 평화와 평등과 자유가 지배하는 하나님의 나라가 이 땅 위에 이루어지기를 희망하는 자들은 하늘에 살아 있는 순교자와 죽은 성도들이 부르는 새 노래를 배울 수 있으며 또 배워야만 한다.

4절   요한은 4-5절에 걸쳐서 새 노래를 듣고 배워서 부를 수 있는 자격을 가진 144,000의 특성을 네 가지로 설명한다.

첫째, "이 사람들은 여자와 더불어 더럽히지 아니하고 순결한 자"다. 이것은 144,000이 성적 금욕을 하는 미혼 남자들이라거나 또는 여자가 불결의 원천이라는 것을 의미하지 않는다. "이 사람들"은 오로지 남자들만을 의미하는 것이 아니라, 여자들도 포함한다. 144,000은 마지막 때 하나님의 백성을 상징하며, 짐승의 숭배자들과 대조된다. 또한 요한의 수신자들인 소아시아의 교회는 남자들과 여자들로 구성된 신앙공동체였다. 일곱 교회들에게 보내는 개별적인 편지에서 음행은 우상의 제물을 먹는 것을 의미했다. 요한은 우상의 제물을 먹는 것을 하나님에 대한 불충과 배교로 보았기 때문에 그것을 적극적으로 반대했다. 따라서 "여자와 더불어 더럽히지 아니하고"는 문자적 의미로 성행위를 의미하는 것으로 이해될 수 없다. 여기서 "여자"는 로마의 여신(Roma) 또는 로마를 상징하는 "땅의 음녀들의 가증한 것들의 어미"(계 17:5-6)를 가리키는 은유다. "이 사람들"은 로마의 우상 숭배적인 문화에 물들지 않은 점에서 "순결한 자"(παρθένοι)다.[27] 그들은 로마의 우상 숭배적인 체제에 동화되지 않고 저항하는 자들이다. 이

---

27 ─ 이것은 제의적 의미의 순결로 이해할 수도 있다. 배재욱, 『요한계시록에 나타난 생명』(서울: 대한기독교서회, 2013), 144-145.

와 반대로 짐승의 추종자들은 우상 숭배로 자신의 몸을 더럽힌 자들이다. 타락한 천사들은 욕구 때문에 하나님의 뜻을 저버리고 하늘에서 땅으로 내려와 아무런 방어력이 없는 여자들을 집단으로 강간하여 죄를 짓고 윤리적으로 자신들의 몸을 더럽혔다(참조. 에녹1서 6:1-6).

둘째, 144,000은 "어린 양이 어디로 인도하든지 따라가는 자"다. 이것은 그들이 십자가에 처형된 예수를 따라가는 제자도의 공동체라는 것을 나타낸다. 그들은 로마의 권력과 무력의 힘 대신에 어린 양의 연약함의 힘을 믿고 어린 양이 가는 곳이면 어디든지 따라가는 사람들이다. 그들은 황제 숭배를 거부하고 제국의 유혹과 압제에 굴복하지 않고 끝까지 저항하는 자들이며 억압의 구조를 허물고 평등한 형제자매적인 공동체를 건설하기 위해서 애쓰는 사람들이다. 교회는 폭력의 역사를 돌파하여 생긴 공간에 생명과 정의와 자유가 지배하는 공동체를 세우고 그것을 확장시키기 위해서 투쟁하는 공동체다.

셋째, 144,000은 "사람 가운데에서 속량함을 받아 처음 익은 열매로 하나님과 어린 양에게 속한 자들"이다. 그들은 "처음 익은 열매"(ἀπαρχή)이며 장차 마지막 날 모든 사람이 회개하고 하늘의 하나님께 영광을 드리게 될 풍성한 마지막 추수의 시작이다. 첫 열매를 거두는 주인은 풍성한 마지막 추수를 기대한다. 하나님은 땅을 경작하시고 처음 익은 열매와 마지막 추수를 거두는 주인이시다. 하나님은 땅의 소유자시다. "토지는 다 내 것임이니라"(레 25:23). 처음 익은 열매의 표상은 바울의 서신에서도 발견된다. "제사하는 처음 익은 곡식 가루가 거룩한즉 떡덩이도 그러하고, 뿌리가 거룩한즉 가지도 그러하니라"(롬 11:16; 참조. 민 15:19). "그러나 이제 그리스도께서 죽은 자 가운데서 다시 살아나사 잠자는 자들의 첫 열매가 되셨도다"(고전 15:20).

5절 　마지막으로, 144,000은 "그 입에 거짓말이 없고 흠이 없는 자들"이다. 이것은 스바냐 3:13을 생각나게 한다. "이스라엘의 남은 자는 악을 행하지 아니하며 거짓을 말하지 아니하며 입에 거짓된 혀가 없으며 먹고 누울지라도 그들을 두렵게 할 자가 없으리라." 144,000은 로마 당국으로부터 심문을 당하는 상황에 처해도 예수 그리스도를 모른다고 거짓말하지 않고 예수를 그들의 주님이라고 증언할 수 있는 진실한 그리스도인들이다. 그들은 불의와 타협하지 않고 악을 악이라고 분명하게 말하는 사람들이다. 따라서 그들은 "흠이 없는 자들"이다.

심판으로서의 영원한 복음(14:6-13)

6 또 보니 다른 천사가 공중에 날아가는데 땅에 거주하는 자들 곧 모든 민족과 종족과 방언과 백성에게 전할 영원한 복음을 가졌더라. 7 그가 큰 음성으로 이르되 "하나님을 두려워하며 그에게 영광을 돌리라. 이는 그의 심판의 시간이 이르렀음이니 하늘과 땅과 바다와 물들의 근원을 만드신 이를 경배하라" 하더라. 8 또 다른 천사 곧 둘째가 그 뒤를 따라 말하되 "무너졌도다. 무너졌도다. 큰 성 바벨론이여, 모든 나라에게 그의 음행으로 말미암아 진노의 포도주를 먹이던 자로다" 하더라. 9 또 다른 천사 곧 셋째가 그 뒤를 따라 큰 음성으로 이르되 "만일 누구든지 짐승과 그의 우상에게 경배하고 이마에나 손에 표를 받으면 10 그도 하나님의 진노의 포도주를 마시리니 그 진노의 잔에 섞인 것이 없이 부은 포도주라. 거룩한 천사들 앞과 어린 양 앞에서 불과 유황으로 고난을 받으리니 11 그 고난의 연기가 세세토록 올라가리로다. 짐승과 그의 우상에게 경배하고 그의 이름 표를 받는 자는 누구든지 밤낮 쉼을 얻지 못하리라" 하더라. 12 성도들의 인내가 여기 있나니 그들은 하나님의 계명과 예수에 대한 믿음을 지키는 자니라. 13 또 내가 들으니 하늘에서 음성이 나서 이르되 "기록하라! 지금 이후로 주 안에

서 죽는 자들은 복이 있도다" 하시매 성령이 이르시되 "그러하다! 그들이 수고를 그치고 쉬리니 이는 그들의 행한 일이 따름이라" 하시더라.

6절 14:6-11에서 "다른 천사"로 표현된 각기 서로 다른 세 천사의 말이 차례로 설명된다. 요한이 본 첫째 천사는 공중을 날아가고 있는데, 그 천사는 "땅에 거주하는 자들 곧 모든 민족과 종족과 방언과 백성에게 전할 영원한 복음을" 가지고 있었다. "땅에 거주하는 자들"(τοὺς καθημένους ἐπὶ τῆς γῆς)은 악인과 의인을 구별하지 않고 땅 위에 있는 모든 사람을 가리키는 중립적인 용어다. 반면에 요한계시록에 자주 나오는 "땅에 사는 자들"(οἱ κατοικοῦντες ἐπὶ τῆς γῆς)은 짐승 숭배자와 악인들을 가리키는 전문 용어다(계 3:10; 6:10; 8:13; 11:10; 13:8, 12, 14; 17:2, 8). "영원한 복음"(εὐαγγέλιον)은 교회에서 일반적으로 통용되는 의미의 복음이 아니라 심판으로서의 복음이다. 하나님의 심판은 억눌린 약자들에게 정의와 해방을 가져다준다. 따라서 하나님이 이 세계를 곧 심판할 것이라는 소식은 압제자들에게는 무서운 소식이지만, 성도들과 억눌린 자들에게는 기쁜 소식이다.

7절 그 천사가 큰 소리로 모든 사람에게 "하나님을 두려워하며 그에게 영광을 돌리라"라고 두 가지 명령을 한 이유는 하나님의 "심판의 시간"(ὥρα)이 이른 데 있다. 심판(κρίσις)은 역사 안에서 약자들에게 권리를 찾아주고 정의를 실현하는 하나님의 해방적 행동을 의미한다. 하나님의 심판을 눈앞에 둔 지금은 짐승과 짐승의 우상 앞에 부복해서 예배할 때가 아니라(계 13:4, 8, 12, 15), 창조주 하나님을 예배할 때다. 따라서 그 천사는 "하늘과 땅과 바다와 물들의 근원을 만드신 이를 경배하라"고 명령했다. "경배하라"(προσκυνήσατε)는 것은 부복해서 예배하라는 것을 의미한다.

8절　둘째 천사는 바빌론의 멸망을 선포한다. "무너졌도다, 무너졌도다, 큰 성 바벨론이여." 이것은 이사야 21:9이 문자적으로 인용된 것이다. "함락되었도다, 함락되었도다, 바벨론이여." 큰 성 바벨론은 로마를 가리키는 별칭이다. 현실의 세계에서 로마는 아직 망하지 않고 번창하고 있지만, 요한의 의식 속에 고대 바빌론을 상징하는 로마는 반드시 망해야만 하며, 이미 망해서 황폐해진 도시다. 따라서 요한은 바빌론의 멸망이라는 미래적 사건을 이미 발생한 것처럼 과거 시제로 표현했다. 그 천사는 바빌론을 "모든 나라에게 그의 음행으로 말미암아 진노의 포도주를 먹이던 자"로 규정한다(참조. 계 17:2; 18:3). 여기서 "음행"(πορνεία)은 우상 숭배를 상징한다. 로마는 우상 숭배적일 뿐만 아니라 로마에 예속된 모든 나라를 우상 숭배로 물들게 했다. "진노의 포도주"는 음행한 로마와 로마의 모든 속국에게 내리는 하나님의 징벌을 의미한다(참조. 렘 25:15; 사 51:17).

9절　셋째 천사는 하나님의 진노를 받을 자들에 대해서 말한다. "만일 누구든지 짐승과 그의 우상에게 경배하고 이마에나 손에 표를 받으면." 이것은 땅에서 올라온 짐승이 사람들에게 바다에서 올라온 짐승과 그의 우상을 숭배할 것과 짐승의 표를 받을 것을 강요한 것을 의미한다(계 13:14-16). 그들은 식민지 짐승의 강요와 협박에 의해서 또는 개인적인 이익을 위한 타협으로 짐승 숭배자들이 되었고, 또한 로마 제국주의 체제에 동화되었지만, 그렇다고 그들의 책임이 면제되는 것은 아니다. 그들은 로마가 저지른 범죄의 공범자들로 간주된다.

10절　따라서 그 천사는 짐승 숭배자들이 하나님의 심판을 당할 것이라고 선언한다. "그도 하나님의 진노의 포도주를 마시리니, 그 진노의 잔에 섞인 것이 없이 부은 포도주라." 진노의 포도주는 물을 타지 않은 독한 포도주와 같은데, 그것은 우상 숭배자들에 대한 하나님의 준엄한 심판을 상징한다(참조. 계 18:3). 짐승 숭배자들의 운명은 영원한 파멸이다. "거룩한 천사들 앞과 어린 양 앞에서 불과 유황으로 고난을 받으리니." 거룩한 천사들은 성도들의 기도를 금향로에 담아서 하나님에게 상달해주는 자들이고(계 8:3-4), 어린 양은 그들을 생명수 샘으로 인도하는 목자다(계 7:17). 그렇지만 짐승 숭배자들은 거룩한 천사들과 어린 양의 면전에서 아무런 도움을 받지 못한 채 불과 유황이 타는 못에 던져져서 고통을 당할 것이다(참조. 계 19:20; 20:10; 21:8).

11절 "그 고난의 연기가 세세토록 올라가리로다." 이것은 짐승 숭배자들이 불타서 영원히 파멸되는 것을 의미한다. "짐승과 그의 우상에게 경배하고 그의 이름표를 받는 자는 누구든지 밤낮 쉼을 얻지 못하리라 하더라." 짐승 숭배자들은 하나님으로부터 영원히 분리된다. 현실의 세계에서는 권력자들에게 수배를 당한 저항자와 가난한 자들이 밤낮 쉼을 얻지 못하지만, 이제 로마 황제와 짐승의 우상을 숭배한 자들이 그러한 처지에 놓이게 된 것이다.

12절 "성도들의 인내가 여기 있나니 그들은 하나님의 계명과 예수에 대한 믿음을 지키는 자니라." 이 권고는 세 천사의 선포에 근거한 논리적인 결론이다. 여기서 인내는 적극적인 비폭력적 저항을 의미한다. 세 천사의 선포는 지금 여기서 성도들의 저항을 요구한다. 요한계시록 13:10에서도 체포와 죽음의 위협 앞에 놓인 성도들에게 저항과 믿음이 요구되었다. "예수에 대한 믿음"(τὴν πίστιν Ἰησοῦ)은 그리스어 본문을 목적격적 속격으로 번역한 것이지만, 이것을 주격적 속격으로 번역하면 "예수의 믿음"이다.[28] 요한계시록 1:2에 나오는 "하나님의 말씀과 예수 그리스도의

---

28 ― 주격적 속격으로 번역한 "예수의 믿음"을 지지하는 해석에 대해서는 Akira Sataka, *Die Offenbarung des Johannes*, 319를 보라. Beale은 목적격적 속격으로 번역한 "예수에 대한 믿음"을 선호하지만, 주격적 속격의 번역도 가능하다고 말한다. G. K. Beale, *The Book of Revelation*, 766을 보라.

증언"이라는 표현에 비추어본다면, 이것을 "예수의 믿음"으로 번역하는 것이 바람직하다. 요한은 그리스도인들을 하나님의 계명과 예수의 믿음을 지키는 자들로 인식한다. 예수의 믿음을 간직하고 있는 자만이 예수에 대해서 진실하게 증언할 수 있다.

13절 "또 내가 들으니 하늘에서 음성이 나서 이르되 '기록하라! 지금 이후로 주 안에서 죽는 자들은 복이 있도다' 하시매, 성령이 이르시되 '그러하다! 그들이 수고를 그치고 쉬리니 이는 그들의 행한 일이 따름이라' 하시더라." 하늘의 음성은 하나님의 음성이다. 그 음성이 요한에게 "기록하라"고 명령한 이유는 고난당하고 있는 모든 교회에 알려야 할 중요한 소식이 있어서다. 그 소식은 "지금 이후로 주 안에서 죽는 자들은 복이 있도다"라는 메시지다. "복"은 요한계시록에서 총 여덟 번 나온다(계 1:3; 14:13; 16:15; 19:9; 20:6; 22:7, 14). 끝까지 우상 숭배를 거부하고 믿음을 지킨 성도들은 죽음과 동시에 면류관을 받을 것이며(계 2:10), 하늘에서 부활하여 그리스도와 함께 천년왕국에서 왕 노릇 할 것이다. "지금 이후로"는 세 천사의 선포가 소아시아의 성도들에게 전달된 지금 이 시간 이후를 의미한다. 물론 그것은 지금 이전에 죽어서 세상을 떠난 성도들과 순교자들도 배제하지 않는다. 지금도 황제 숭배를 거부하는 사람들은 불이익을 당하고 처형당하는 상황이다. 요한은 앞으로 남녀 성도들의 증언과 저항이 초래할 박해와 순교를 예상하고 있다. 따라서 그는 그들의 증언과 저항이 하나님의 뜻이라는 것을 그들에게 확신시키고, 죽음에 대한 걱정을 극복하도록 그들을 위로한다. 만일 그들이 지금 이후로 로마의 제국주의와 우상 숭배적 체제에 저항하고 투쟁하는 가운데 불의하게 죽임을 당한다면, 그들의 죽음은 하나님 나라를 위한 증언으로서의 죽음이고 악의 세력에 대한 항의로서의 죽음이다. 하나님이 "지금 이후로 주 안에서 죽는 자들은 복이 있다"고 말씀하시고, 또한 성령은 "그러하다"(ναί)

고 시인한다. 성령은 "그들이 수고를 그치고 쉬리니 이는 그들의 행한 일이 따름이라"고 말한다. 그러므로 성도들은 박해와 죽음의 위협에도 불구하고 로마 제국의 우상 숭배적인 체제에 동화되는 것을 거부하고 부단히 저항해야만 한다.

추수 심판 환상(14:14-20)

> 14 또 내가 보니 흰 구름이 있고 구름 위에 인자와 같은 이가 앉으셨는데 그 머리에는 금 면류관이 있고 그 손에는 예리한 낫을 가졌더라. 15 또 다른 천사가 성전으로부터 나와 구름 위에 앉은 이를 향하여 큰 음성으로 외쳐 이르되 "당신의 낫을 휘둘러 거두소서 땅의 곡식이 다 익어 거둘 때가 이르렀음이니이다" 하니 16 구름 위에 앉으신 이가 낫을 땅에 휘두르매 땅의 곡식이 거두어지니라. 17 또 다른 천사가 하늘에 있는 성전에서 나오는데 역시 예리한 낫을 가졌더라. 18 또 불을 다스리는 다른 천사가 제단으로부터 나와 예리한 낫 가진 자를 향하여 큰 음성으로 불러 이르되 "네 예리한 낫을 휘둘러 땅의 포도송이를 거두라. 그 포도가 익었느니라" 하더라. 19 천사가 낫을 땅에 휘둘러 땅의 포도를 거두어 하나님의 진노의 큰 포도주 틀에 던지매 20 성 밖에서 그 틀이 밟히니 틀에서 피가 나서 말굴레에까지 닿았고 천육백 스다디온에 퍼졌더라.

14절   14-20절에서 전개되는 환상은 마지막 심판에 대한 전망이다. 낫을 들고 곡식과 포도를 추수하는 것은 심판을 상징하는데, 이러한 묘사는 요엘 3:13을 배경으로 한다. "너희는 낫을 쓰라. 곡식이 익었도다. 와서 밟을지어다. 포도주 틀이 가득히 차고 포도주 독이 넘치니 그들의 악이 큼이로다." 곡식 추수(계 14:14-16)는 의인들의 구원을 가리키고, 포

도 추수(14:17-20)는 악인들의 처벌을 위한 심판을 가리킨다.[29]

구름 위에 앉아 있는 인자 같은 이는 심판할 권세를 가진 천상의 그리스도와 동일시된다.[30] 예수는 머리에 가시관을 쓰고 십자가 처형을 당했지만, 마지막 심판을 할 권세를 가지고 등장한 인자는 금 면류관을 머리에 쓰고 있다. 그는 추수를 위해서 손에 예리한 낫을 들고 있다.

15절 또 다른 천사가 하늘의 성전(ναός)에서부터 나왔다는 것은 그 천사가 하나님의 전령사로서의 역할을 한다는 것을 의미한다. 그는 인자가 구름을 타고 있는 것을 봤다. 인자는 심판할 권세를 가진 하나님의 메시아적 대리자다. 구름은 역사의 보이지 않는 초월의 차원을 상징하는 하늘과 역사의 가시적인 경험의 차원을 연결해주는 역할을 한다. 하늘에 있는 인자가 구름을 타고 있다는 것은 그가 땅으로 내려올 준비가 되어 있다는 것을 의미한다. 그 천사는 큰 소리로 구름 위에 앉아 있는 인자를 향해서 "당신의 낫을 휘둘러 거두소서. 땅의 곡식이 다 익어 거둘 때가 이르렀음이니이다"라고 외쳤다. 이것은 하나님의 결정에 의해서 인자가 지금 낫을 들고 추수해야 한다는 것을 의미한다. 심판의 때를 결정하는 것은 오직 하나님이시다. "그러나 그날과 그때는 아무도 모르나니 하늘에 있는 천사들도, 아들도 모르고 아버지만 아시느니라"(막 13:32). "너희는 넉 달이 지나야 추수할 때가 이르겠다 하지 아니하느냐? 그러나 나는 너희에게 이르노니 너희 눈을 들어 밭을 보라! 희어져 추수하게 되었도다"(요 4:35).

---

29 — 이달, 『요한계시록』, 255-258; Elisabeth Schüssler Fiorenza, *Revelation*, 91; Thomas B. Slater, *Christ and Community: A Socio-Historical Study of the Christology of Revelation*, JSNTS 178 (Sheffield: Sheffield Academic Press, 1999), 155.

30 — Thomas B. Slater, *Christ and Community*, 153-154; "인자 같은 이"와 "어린 양"의 관계에 대한 연구를 위해서는 Matthias Reinhard Hoffmann, *The Destroyer and the Lamb: The Relationship between Angelomorphic and Lamb Christology in the Book of Revelation* (Tübingen: Mohr Siebeck, 2005), 101-104를 참조하라.

16절 "구름 위에 앉으신 이가 낫을 땅에 휘두르매 땅의 곡식이 거두어지니라." 인자는 곡식을 직접 추수한다. 곡식은 구원받은 의인들을 상징하는 은유이고, 낫은 추수를 위해서 필요한 도구다. "열매가 익으면 곧 낫을 대나니 이는 추수 때가 이르렀음이라"(막 4:29).

17절 또 다른 천사가 손에 예리한 낫을 들고 하늘의 성전(ναός)에서 나왔다. 그는 하나님의 명령을 집행하는 천사다. 인자는 낫으로 곡식을 추수하는데, 이 천사는 낫으로 포도를 추수한다.

18절 불을 다스리는 천사가 제단(θυσιαστήριον)으로부터 나와서 낫을 가진 천사를 향해서 큰 소리로 "네 예리한 낫을 휘둘러 땅의 포도송이를 거두라. 그 포도가 익었느니라"라고 하나님의 지시를 전달했다. 익은 포도송이는 악인들을 상징하는 은유다. 그런데 이 천사가 출발점으로 나왔다고 특별히 언급된 제단은 요한계시록 6:9에서 정의와 신원을 부르짖었던 순교자 영혼들의 탄원기도, 그리고 8:3-5에서 하나님께 상달되었던 의인들의 기도와 결부되었다. 그것은 이러한 기도가 하나님에 의해서 응답된 시간이 바로 지금이라는 것을 의미한다.

19절 "천사가 낫을 땅에 휘둘러 땅의 포도를 거두어 하나님의 진노의 큰 포도주 틀에 던지매." 하나님의 진노의 큰 포도주 틀은 포도즙을 짜듯이 모든 악인을 심판하는 도구를 상징한다. 고대의 포도주 틀은 바위를 움푹하게 파서 만든 것인데, 수확한 포도송이들을 거기에 던져 넣고 발로 밟으면 포도즙이 바닥과 연결된 관을 통해서 더 깊게 파인 큰 바위 통으로 흘러내린다. 포도주는 그것을 발효시킨 것이다.

20절 "성 밖에서 그 틀이 밟히니 틀에서 피가 나서 말굴레에까지 닿았고 천육백 스다디온에 퍼졌더라." 포도주 틀을 밟는 자는 하나님이시다(참조. 사 63:1-6). 여기서 "성 밖에서"라고 지적된 심판의 장소는 예루살렘 성 밖에 있는 여호사밧 골짜기를 가리킨다. 에티오피아어 에녹서에서 이 골짜기는 마지막 날 모든 악인이 모여서 심판을 받을 저주받은 골짜기라고 불린다(에녹1서 27:1-5). 요한은 자신의 시대의 악인들이 흘린 피를 여호사밧 골짜기에서 하나님의 심판을 받은 여러 민족이 흘린 피에 비유했다.

> 민족들은 일어나서 여호사밧 골짜기로 올라올지어다. 내가 거기에 앉아서 사면의 민족들을 다 심판하리로다. 너희는 낫을 쓰라. 곡식이 익었도다. 와서 밟을지어다. 포도주 틀이 가득히 차고 포도주 독이 넘치니 그들의 악이 큼이로다. 심판의 골짜기에 사람이 많음이여 여호와의 날이 가까움이로다. 해와 달이 캄캄하며 별들이 그 빛을 거두도다(욜 3:12-15).

포도주 틀에서 흘러나온 피의 강은 깊이와 길이가 "말굴레까지 닿았고 천육백 스다디온"이라고 표현되었다. 말굴레는 말의 머리에 씌우는 가죽 끈으로 만든 굴레다. 이와 같은 살육으로 인한 깊은 유혈의 강에 대한 묘사는 유대 묵시 문학에도 나타난다. "그 말은 가슴까지 차는 죄인들의 피 속을 걸어갈 것이며, 그리고 마차는 지붕까지 잠길 것이다"(에녹1서 100:3). "검에서 나온 피가 말의 배, 사람의 넓적다리, 그리고 낙타의 무릎까지 차게 될 것이다"(제4에스라 15:36). 1,600은 상징적인 숫자다. 그것은 4를 4번 곱하고 다시 100을 곱한 수다(4×4×100=1,600). 4는 세계 전체를 가리키고, 요한계시록 7:1에 나오는 세계의 사방위를 의미한다. 1,600은 하나님의 심판의 범위가 세계적이라는 것을 의미한다. 1스다디온은 현재 길이단위로 환산하면 약 192m다. 따라서 피의 강의 길이는 약 307.2km다.

악인들이 흘린 피가 이처럼 큰 강이 된다는 묘사는 요한이 살던 시대에 수많은 무고한 희생자가 흘린 유혈을 반영한다(참조. 6:10; 20:4; 18:24). 요한은 이러한 피 흘림의 강이 더 이상 발생하지 않도록 하나님께서 이

요한계시록 약자를 위한 예배와 저항의 책

폭력의 역사가 종식되게 해주실 것을 간절히 희망했다. 악인들이 흘리는 피가 강을 이루는 끔찍한 폭력적 심판에 대한 요한의 묘사에는 하나님께 악인들을 복수해주시기를 바라는 약자들의 기원이 들어 있다. 그뿐만 아니라 거기에는 수많은 무고한 자를 죽이는 로마의 대량학살 행위에 대한 약자들의 항의와 대안적인 세계에 대한 그들의 염원이 투영되어 있다.

요한은 곡식과 포도 추수의 환상을 통해서 고난당하는 소아시아의 성도들에게 추수할 때가 차면 하나님이 악인들을 반드시 심판하실 것임을 확신시켰다. 현실의 세계에서 악인들이 하나님의 심판을 받지 않고 잘 사는 반면에 의인들이 궁핍한 생활을 하는 것이 사람들에게 모순처럼 보일 수도 있다. 하지만 하나님은 우상 숭배자들의 악행에 대한 심판을 유보하신 것이지 결코 묵인하신 것이 아니다. 폭력의 역사는 지금 이대로 계속되지 않고 하나님의 심판으로 언젠가는 반드시 종식될 것이다.

승리자들의 노래(15:1-4)

1 또 하늘에 크고 이상한 다른 이적을 보매 일곱 천사가 일곱 재앙을 가졌으니 곧 마지막 재앙이라. 하나님의 진노가 이것으로 마치리로다. 2 또 내가 보니 불이 섞인 유리 바다 같은 것이 있고 짐승과 그의 우상과 그의 이름의 수를 이기고 벗어난 자들이 유리 바다 가에 서서 하나님의 거문고를 가지고 3 하나님의 종 모세의 노래, 어린 양의 노래를 불러 이르되 "주 하나님 곧 전능하신 이시여, 하시는 일이 크고 놀라우시도다. 만국의 왕이시여, 주의 길이 의롭고 참되시도다. 4 주여, 누가 주의 이름을 두려워하지 아니하며 영화롭게 하지 아니하오리이까? 오직 주만 거룩하시니이다. 주의 의로우신 일이 나타났으매 만국이 와서 주께 경배하리이다" 하더라.

1절　요한이 하늘에서 본 "크고 이상한 다른 이적"(σημεῖον)은 일곱 재앙을 가진 일곱 천사다. 요한계시록 12:1에서는 하늘에 나타난 아름다운 여자가 이적이었고, 12:3에서는 하늘에 나타난 붉은 용이 이적이었다. 이제 요한은 일곱 천사의 이적에 대해서 말한다. "일곱 천사가 일곱 재앙을 가졌으니 곧 마지막 재앙이라. 하나님의 진노가 이것으로 마치리로다." 일곱 재앙을 가진 일곱 천사 중 하나가 요한에게 음녀 바빌론이 받을 심판을 보여주었고(계 17:1), 또한 어린 양의 신부, 즉 하늘의 새 예루살렘을 보여주었다(계 21:9). 요한은 이 크고 다른 이적을 통해서 하나님이 폭력의 역사의 진행을 끝내실 것을 확신한다. 이 절은 12:1부터 14:20까지에 대한 결론으로 작용하고 조금 뒤에 나올 일곱 대접 환상(계 15:5-16:21)에 대한 암시로도 작용한다.[31]

2절　고대인들은 하늘의 궁전이 유리 바다 건너편에 세워져 있다고 상상했다. 수정처럼 맑은 유리 바다는 이미 4:6에서 언급되었다. 요한은 불이 섞인 유리 바다를 통해서 이집트에서 탈출한 이스라엘 백성이 홍해 바다를 무사히 건넜지만, 그들을 추격한 이집트의 군사들이 그 바다를 건너지 못하고 빠져 죽은 것을 상기시킨다. "짐승과 그의 우상과 그의 이름의 수를 이기고 벗어난 자들"은 로마 제국이 강요한 우상 숭배를 거부했기 때문에 박해를 당하거나 죽임을 당한 순교자와 죽은 성도들이다. 요한은 그들을 이긴 자들이라고 부른다. 그들은 하나님이 로마 제국 안에서 일으키신 새로운 출애굽에 참여하여 로마의 황제 숭배와 제국주의 체제에 저항한 자들이다.

그들이 "유리 바닷가에 서서 하나님의 거문고를 가지고" 있다. 요한은 5:8에서 네 생물과 이십사 장로가 하나님 앞에서 거문고를 들고 있다고

---

31 — G. K. Beale, *The Book of Revelation*, 784.

말했는데, 15:2에서도 그들이 "하나님의 거문고"를 들고 있다고 말한다. 5:8에서 네 생물과 이십사 장로가 노래를 불렀듯이, 승리자들도 역시 노래를 부르기 위해서 거문고를 들고 있다.

3절　불 섞인 유리 바다를 건너 하늘의 궁전에 와 있는 승리자들은 "하나님의 종 모세의 노래, 어린 양의 노래를 불러 이르되 '주 하나님 곧 전능하신 이시여, 하시는 일이 크고 놀라우시도다. 만국의 왕이시여, 주의 길이 의롭고 참되시도다'"라고 하나님을 찬양하는 노래를 부른다. 모세의 노래는 홍해를 건넌 이스라엘 백성이 그들을 추격하던 이집트인들의 파멸을 목도하면서 하나님의 구원을 찬양한 노래다. "이때에 모세와 이스라엘 자손이 이 노래로 여호와께 노래하니 일렀으되 '내가 여호와를 찬송하리니 그는 높고 영화로우심이요 말과 그 탄 자를 바다에 던지셨음이로다'"(출 15:1). 순교자와 죽은 성도들이 부른 노래는 모세의 노래이며, 또한 어린 양의 노래다. 그들의 노래에 나오는 모세를 통한 홍해에서의 구원과 갈보리에서 십자가에 처형되어 피를 흘린 예수를 통한 구원은 구속사적 관점에서 동일하다. "만국의 왕이시여"라는 하나님의 호칭은 오만한 로마의 황제들을 비판하는 정치적 함의를 담고 있다.

4절　승리의 노래는 계속된다. "주여, 누가 주의 이름을 두려워하지 아니하며 영화롭게 하지 아니하오리이까? 오직 주만 거룩하시니이다. 주의 의로우신 일이 나타났으매 만국이 와서 주께 경배하리이다 하더라." 앞절에서부터 계속되는 승리자들의 노래는 콜라주 기법의 그림처럼 구약의 다양한 본문들을 차용하여 붙인 것이다. "하시는 일이 크고 놀라우시도다"(시 111:2; 139:14). "만국의 왕이시여"(시 22:28; 47:8; 96:10; 렘 10:7). "주의 길이 의롭고 참되시도다"(신 32:4; 시 145:17). "주여, 누가 주의 이름을 두려워하지 아니하며 영화롭게 하지 아니하오리이까"(출 15:11). "오직 주만 거룩하시나이다"(출 15:11; 사 8:13). "만국이 와서 주께 경배하리이다"(시 86:9).

이 노래에서 가장 인상적인 것은 승리자들이 자신들의 승리와 업적에 대해서는 전혀 언급하지 않고 오직 하나님과 어린 양 예수만 찬양한다는 점이다. 이 노래를 부르는 자들은 개선장군들이 아니라, 로마의 압제자들의 추격으로부터 구출된 자들이다. 그들에게 세계의 참된 주인은 하나님과 어린 양 예수다.

하늘의 예배가 진정한 예배다. 이러한 예배는 짐승과 우상을 예배하는 거짓된 예배와 분명하게 대립된다. 황제 숭배와 로마 제국주의에 굴복하지 않았던 진정한 승리자들이 부르는 노래는 하나님의 정의를 갈망하며 억눌렸던 모든 민족을 위해서 해방과 구원을 선포한다.

요한계시록 약자를 위한 예배와 저항의 책

증언과 순교

로마서 13장에서 통치자는 하나님의 사역자(롬 13:4)라고 불리는데, 요한계시록 13장에서 로마의 황제는 짐승이라고 불린다. 이러한 차이는 서로 다른 시대적 상황에 대한 인식에서 기인한 것이다. 바울은 기원후 70년에 발생한 유대전쟁 이전에 순교했지만, 요한계시록의 저자는 유대전쟁의 참혹함을 경험했기 때문에 바울보다 로마 제국을 더 예리한 시각으로 분석할 수 있었다. 로마서 13장은 피조물의 생명을 보호하고, 섬기고, 육성하기 위해서 하나님께서 통치자에게 권력을 부여하셨음을 보여준다. 통치자가 이러한 자신의 소명을 지킬 때, 그는 하나님의 사역자가 된다. 그러나 자신의 소명을 저버린 통치자는 하나님의 사역자가 아니라 짐승으로 변한다. 이 경우에 통치자는 하나님의 지위를 찬탈하여 자기 자신을 신격화하고 사람들에게 충성, 항복을 요구하며 저항자들을 학살한다. 결국 로마서 13장과 요한계시록 13장은 세상의 주인이 로마 황제가 아니라 하나님이심을 증언한다는 점에서 일치한다.

1세기 말엽에 예언자 요한은 로마 제국을 바다에서 올라온 짐승으로, 그리고 로마 제국에 충성하면서 자기 민족의 고난을 외면하는 식민지의 토착 권력자들을 땅에서 올라온 짐승으로 인식했다. 토착 권력자들은 하나님의 사역자가 아니라, 하나님의 권력을 찬탈하여 남용한 짐승들이다. 요한계시록은 소아시아의 그리스도인들에게 이러한 짐승들에게 저항할 것을 요구하고, 그들이 로마 제국의 우상 숭배적인 체제에 적응하거나 동화되는 것을 강력하게 반대한다.

오늘날 "위안부"(일본군 성노예) 문제와 관련하여 일본 정부에 항의하는 것은 일본 정부 자체를 부정하는 것이 아니라, 그로 하여금 하나님의 사역자로서 마땅히 해야 할 자신의 소명을 깨닫도록 촉구하는 것을 의미한다. 불의에 침묵하는 자는 동조자 혹은 공범자와 같다.

일제강점기인 1933-1945년 사이에 수만 명의 젊은 여자와 소녀들이 일본군에게 집단강간을 당하는 희생자들이 되었다. 그녀들은 강제로 또는 취업 사기에 속아서 일본 군인들을 위한 성노예가 되어 여러 전쟁터에 끌려갔다. 그리고 위안소라고 불리는 강간캠프에 배치되어 여러 해 동안 집단적으로 강간을 당했고, 대다수 여성들이 다시 고향으로 돌아오지 못했다.[32] 남한과 북한에서 생존해 있는 "위안부" 피해자들은 일본군의 전쟁범죄를 폭로하고 일본 정부에게 진정한 사죄와 법적 책임과 배상을 촉구해왔지만, 아직까지도 공식적인 사과와 배상을 받지 못하고 있다. 국내에 거주하는 "위안부" 피해자 중에서는 김학순(1924-1997) 할머니가 처음으로 1991년 8월 14일에 긴 침묵을 깨고 일본군의 만행을 자신의 실명으로 증언했다. 북한에 있는 "위안부" 피해자 김대일(1916년생) 할머니는 열여덟 살이었던 1934년에 끌려가 1945년까지 무려 11년 동안 중국과 싱가포르까지 이동하면서 하루에 평균 수십 명의 군인들을 상대해야만 했다. 그녀는 오랫동안 아무에게도 말하지 못했던 쓰라린 경험을 다음과 같이 증언했다.

나는 일본 군대와 함께 중국 장춘, 하얼빈과 또 다른 장소로 계속해서 이동해야만 했다. 어느 날에는 하루에 군인 40명과 잠을 자야 했기에 너무 지쳐서

---

32 ── 일본은 1차 상하이 사변을 계기로 1932년에 중국 현지에 일본 군인들을 위한 위안소를 설치했고, 중일전쟁과 태평양전쟁 동안에는 중국 각지와 동남아시아, 그리고 남태평양까지 위안소를 설치하고 운영했다.

요한계시록 약자를 위한 예배와 저항의 책

쓰러져 있었다. 그러자 군인들이 내 콧구멍과 자궁에 불이 붙어 있는 담배를 찔러 넣었고, 사냥개를 몰아서 나에게 달려들게 했다.[33]

기원후 111년 9월 소아시아의 북서쪽에 있는 비두니아(Bithynia) 속주의 총독으로 부임한 소 플리니우스(Pliny the Younger, 61-113)가 그다음 해인 112년에 그리스도인들의 재판에 관해서 질의하기 위해서 트라야누스 황제에게 편지 하나를 보냈다. 이 편지는 그리스도인들의 예배와 저항에 대한 로마 당국의 폭력적인 대응을 보여주는 최초의 문서다.

그 편지의 서두에서 소 플리니우스는 그리스도인들의 재판과 관련해 황제의 지침을 구하기 위해서 이 서신을 쓴다고 말했다. 그는 고발된 그리스도인들의 연령을 고려해야 할지, 미성년자들이나 성인들을 동일하게 다뤄야 할지, 예수 믿은 것을 죄라고 인정하고 회개하는 자들을 사면해주어야 할지, 과거에는 그리스도인이었지만 앞으로는 그리스도인이기를 포기하겠다는 사람들은 사면의 대상이 될 수 있는지, 혹은 그리스도인이라는 이유만으로 아무런 다른 범죄 사실이 없어도 처벌을 해야 하는지, 그리고 오직 그리스도인이라는 점과 관련된 범법 행위만을 처벌해야 할지에 대해서 황제에게 문의했다.

아래와 같이 계속되는 그의 장문의 서신에는 그가 지금까지 고발된 그리스도인들을 어떻게 심문하고 처형했는지가 자세히 기록되어 있다.

저는 그동안 그리스도인들로 고발된 자들에게 다음과 같은 절차를 지켰습니다. 저는 그들이 그리스도인인지 아닌지를 심문했고, 그리스도인이라고 고백

---

33 — 이 인용문과 일본군 "위안부" 문제에 관한 신학적 해석에 대해서는 Byung Hak Lee, *Befreiungserfahrungen von der Schreckensherrschaft des Todes im ätiopischen Henochbuch*, 16을 보라.

하는 자들을 처벌로 위협하면서 두세 번 거듭해서 심문했습니다. 저는 완강하게 주장하는 자들을 처형하라고 명령했습니다. 왜냐하면 그들의 신조가 무엇이든지 간에 이러한 완고함과 유연하지 못한 고집은 확실히 처벌감이라고 생각했기 때문입니다. 동일한 어리석음에 빠져 있는 또 다른 사람들이 있었습니다. 그러나 그들은 로마 시민권자들이었기 때문에 저는 그들이 로마로 압송되도록 서명했습니다. 이 정책이 규범이 되어 곧 고발이 줄을 이었고, 많은 사건이 발생했습니다. 많은 사람의 이름을 포함하고 있는 익명의 문서가 발표되었습니다.[34]

심문 과정에서 끝까지 그리스도를 고백한 사람들은 죽임을 당했지만, 소 플리니우스가 황제에게 충성할 것을 묻는 충성 시험에 합격한 사람들은 무죄로 석방되었다는 사실도 서신에서 확인할 수 있다.

지금이나 혹은 과거에 그리스도인이었다는 사실을 부인한 자들이 제 앞에서 맹세하고, 신들을 부르고, 황제 폐하의 흉상에 향과 포도주를 올리고(저는 이전에도 이러한 목적으로 신상들과 함께 황제 폐하의 흉상을 가져오라고 명령했습니다), 그리스도를 저주했을 때(진실한 그리스도인들에게는 이러한 강요가 불가능하다는 것을 보고했습니다), 저는 그들이 무죄로 석방되어야 한다고 생각했습니다. 확실히 전에 그리스도인들이었다고 말하는 사람 중에 어떤 이는 3년 전에, 또 다른 이는 훨씬 더 오래전에, 그리고 심지어는 20년 전에 그리스도인으로서의 생활을 그만두었다고 말했습니다. 이들은 모두 황제 폐하의 흉상과 신들의 상 앞에서 예배했고 그리스도를 저주했습니다.

---

34 — 이 본문은 Pliny the Younger, *Epp.* X 96에 나오는 것으로 내가 번역한 것이다. 소 플리니우스가 트라야누스 황제에게 보낸 편지에 대한 설명은 박윤규, 『초대교회사』(서울: 총신대학교 출판부, 1994), 80-84를 참조하라..

위에서 20년 전이라는 언급은 도미티아누스 황제 치하에서 소아시아의 그리스도인들이 박해를 당하던 시기를 가리킨다. 소 플리니우스는 그리스도인들이 모여서 무슨 범죄 행위를 하는지를 조사하기 위해 두 명의 여성 집사를 고문했고, 이후 그리스도인들의 예배를 미신으로 간주했다. 이 사실은 다음 내용에서 나타난다.

그런데 그들은 자신들의 과실이나 잘못이 어떤 정해진 날 해뜨기 전에 모여서 어떤 신을 찬양하는 것처럼 그리스도를 찬송하는 게 전부라고 했습니다. 그리고 범죄를 모의하기 위한 것이 아니라, 사기, 절도, 혹은 간통을 저지르지 않고, 신뢰를 저버리지 않으며, 맡겨둔 돈을 돌려달라는 요청이 있을 때 거절하지 않는 맹세를 하는 것이 전부라고 주장했습니다. 이것이 끝나면 헤어지고 음식(평범하고 해롭지 않은 음식)을 함께 나누기 위해 다시 모이는 것이 그들의 관습이었습니다. 하지만 그들은 제가 황제 폐하의 훈령에 따라서 정치적 단체를 금지시키는 칙령을 내린 후에는 어떤 행동을 하는 것을 중단했다고 주장했습니다. 따라서 저는 더욱더 진실이 무엇인지 찾아내야 한다고 판단했으며, 집사들이라고 불리는 두 명의 여종을 고문했습니다. 그러나 이들에게서 부패하고 터무니없는 미신 외에는 아무것도 발견하지 못했습니다.

소 플리니우스는 편지의 마지막 단락에서 트라야누스 황제에게 질의하는 이유를 다시 말하고, 그가 그리스도인들의 선교활동 확산을 성공적으로 저지시키고 있다는 것과 신전에서 황제 숭배가 다시 활성화되고 있다는 것을 아래와 같이 보고한다.

그러므로 저는 조사를 연기하고 폐하에게 의견을 묻는 것을 서둘렀습니다. 왜냐하면 이 문제와 관련된 자들의 수 때문입니다. 이들의 수가 매우 많아 폐하에게 의견을 구하는 것이 옳다고 생각했습니다. 남녀를 막론하고 모든 연령층과 모든 계층의 많은 사람이 위험에 빠져 있고 또 빠지게 될 것입니다. 이 미신은 도시뿐만 아니라 여러 마을과 농촌에도 퍼져 있습니다. 그러나 그것을 중단시키고 고칠 수 있을 것 같습니다. 썰렁했던 신전들은 사람들로 붐비기 시작했고, 또 오랫동안 자취를 감추었던 기존의 성스러운 의식들이 다시 시작되고 있다는 것과 이제까지 구매자를 거의 찾을 수 없었던 희생 제물용 동물들이 도처에서 오고 있다는 것은 거의 확실합니다. 따라서 만약 회개를 위한 기회가 주어진다면 분명히 수많은 사람이 개조될 수 있을 것입니다.

이 서신을 받은 트라야누스 황제는 플리니우스 총독에게 답신을 보내, 고발된 그리스도인들을 재판한 플리니우스의 방식이 정당하다고 치하했다. 그리고 그는 그리스도인들을 색출하려고 애쓸 필요는 없으며, 고발당한 그리스도인들 중에서 누구든지 자신이 그리스도인이라는 것을 부인하고 로마의 신들에게 예배함으로써 그가 정말 그리스도인이 아니라는 것을 증명한다면, 과거에 그리스도인이었던 혐의가 있다고 해도 회개를 근거로 용서를 해주고, 익명의 고발은 기소하지 말 것을 지시했다.

일제강점기에 신사참배를 거부한 한국인 그리스도인들도 일본 당국으로부터 모진 심문과 박해를 당했다. 일본 당국은 1925년에 서울 남산에 조선신궁을 건립하고 전국 각처에 신사를 건립하면서 한국인들에게 신사참배를 강요했다. 신사참배에 저항하는 성도들은 감옥에 갇혀 고난을 당했다. 신사참배 반대는 우상 숭배에 대한 반대일 뿐만 아니라, 일본의 군국주의와 제국주의에 대한 저항이었다. 교회는 처음에는 신사참배를 반대했으나 탄압이 심화되자 결국 일제의 요구에 굴복하여 1938년에 신사참배를 수용했다.

그러나 예언자 요한이 황제 숭배를 우상 숭배라고 조롱하면서 반대했듯이 신실한 증인들은 신사참배를 우상 숭배로 규정하고 이에 반대하며 비폭력적으로 저항했다. 그중 한 사람이 평양에 있는 산정현교회의 주기철 목사(1897-1944)다. 그는 경상남도 창원군 웅천면 출신으로 평양신학교 졸업생이었다. 1936년 9월 평양에 있는 산정현교회의 담임목사로 부임한 이후 그는 부활의 희망을 품고서 일사각오의 자세로 신사참배를 반대하는 설교를 계속했다. 그로 인해 1938년부터 이미 서너 차례 구속되었다가 풀려났고 마지막에는 1940년 9월에 구속되어 징역 10년 형을 선고받아 평양 형무소에 수감되었다. 그는 자기 아내와 마지막 면회를 한 후 1944년 4월 21일 밤에 숨을 거두었다.

그의 아내 오정모(1903-1947)는 주기철 목사가 끝까지 신사참배에 반대할 수 있도록 그에게 힘을 북돋아주는 버팀목 역할을 했다. 그녀는 평안남도 강서군에서 태어나 평양 정의여학교를 졸업하고 멀리 마산에 와서 의신여학교 교사로 일하던 중 주기철 목사를 알게 되었다. 처녀였던 그녀는 아내와 사별한 주기철 목사를 동정했다. 그러다 1935년 11월에 그와 결혼했고, 이후 고령의 시어머니와 사별한 전처의 네 아이를 돌보면서 그의 옥바라지를 해야 하는 가시밭길을 걷게 되었다. 한번은 일본 경찰이, 만일 그녀의 남편이 신사참배를 비판하지 않겠다고 서약한다면 당장 그를 석방시켜주겠다고 제안하면서 구속된 남편을 만나서 설득하라고 그녀를 회유했다. 그러나 그녀는 남편을 만나서 "교회와 집안은 모두 평안합니다. 어머니도 건강하게 잘 있습니다. 모두 당신을 위해서 기도하고 있습니다. 그러니 믿음 잃지 마시고 승리하십시오"라고 말했다. 그녀는 감옥에 갇힌 남편을 위해서 자주 철야 기도와 금식 기도를 했고, 산정현교회가 강제로 폐쇄된 후에는 평양여자신학교 졸업생인 백인숙과 함께 흩어진 교인들을 심방했다.

하나님은 신사참배에 저항하고 반대한 증인들과 순교자들의 기도와 수고와 헌신을 기억하시고 그들과 그들의 자손을 축복하실 것이다. 오정모는 강직했고, 불의와 타협하지 않는 참된 증인이었다. 그녀는 1947년 1월 27일 암으로 죽을 때까지 빈곤한 생활을 했지만 남의 도움 받기를 거절했다. 그리고 궁핍한 생활을 불평하는 아이들에게 목사인 아버지를 본받고 하나님만을 의지하도록 다음과 같은 시편의 말씀으로 교육했다.

> 여호와께서 사람의 걸음을 정하시고 그의 길을 기뻐하시나니
> 그는 넘어지나 아주 엎드러지지 아니함은
> 여호와께서 그의 손으로 붙드심이로다.
> 내가 어려서부터 늙기까지 의인이 버림을 당하거나
> 그의 자손이 걸식함을 보지 못하였도다.
> 그는 종일토록 은혜를 베풀고 꾸어주니 그의 자손이 복을 받는도다.
> 악에서 떠나 선을 행하라.
> 그리하면 영원히 살리니
> 여호와께서 정의를 사랑하시고 그의 성도를 버리지 아니하심이로다.
> 그들은 영원히 보호를 받으나 악인의 자손은 끊어지리로다.
> 의인이 땅을 차지함이여 거기서 영원히 살리로다.
> 의인의 입은 지혜로우며 그의 혀는 정의를 말하며
> 그의 마음에는 하나님의 법이 있으니
> 그의 걸음은 실족함이 없으리로다(시 37:23-31).

우리는 황제 숭배와 신사참배를 거부한 남녀 순교자들의 저항과 투쟁을 기억해야만 한다. 순교는 우상 숭배를 거부하고 하나님과 예수 그리스도를 믿는 신앙을 지키고 증언하는 가운데 생명을 바치는 것을 의미한다. 그리고 순교자는 하나님의 말씀과 그리스도의 증언을 담대하게 증언했기

때문에 폭력적인 죽음을 당한 증인을 가리킨다. 십자가에 처형된 예수는 증인이라고 불린다(계 1:5; 3:14). 순교자와 증인의 공통점은 증언에 있다. 그러므로 증인은 잠재적인 순교자이자 살아 있는 순교자다.

오늘날 문명화된 세계에서 교회에 속한 성도들은 예수를 믿는 그리스도인이라는 이유로 기소되거나 처형되지 않는다. 그렇다면 더 이상 순교자는 생길 수 없는가? 이 세계에는 약자와 가난한 자들을 억압하고 착취하는 여러 형태의 짐승들이 있으며, 돈과 자본을 숭배하도록 요구하는 시장의 신이 있다. 교회와 그리스도인들은 이러한 짐승과 우상을 날마다 대면한다. 순교의 의미를 넓게 이해한다면, 예수가 그토록 사랑한 약자들의 자유와 생명과 인권을 지키기 위해서 불의한 권력과 자본과 시장의 제국에 맞서서 저항하는 가운데 희생당한 사람들도 순교자로 간주될 수 있을 것이다. 예수는 약자와 가난한 자들을 사랑했고, 그들을 자기 자신과 동일시했다(마 25:35-40).

현대의 소비문화 시대를 살아가는 우리는 약자들의 생명과 자연을 파괴하는 반생명적이고 탐욕스러운 자본과 시장의 신에게 끊임없이 저항해야만 한다. 하나님을 예배하고 약자들의 생명을 옹호하는 것이 바로 한 번뿐인 우리의 생명을 소중하게 여기고 하나님 앞에서 윤리적으로 참되게 사는 길이다. 이 시대의 짐승과 우상들과 싸우면서 노래하고, 기도하고, 증언하고, 항의하는 성도들과 약자들이 이 세계를 변화시킬 것이다.

제6장
일곱 대접 환상(15:5-16:21)

일곱 대접 환상(15:1-16:21)의 주제는 일곱 나팔 환상의 주제와 마찬가지로 로마 제국 안에서 해방과 정의를 위해서 하나님이 일으키신 새로운 출애굽이다. 일곱 재앙은 역사 안에서 일어나는 하나님의 해방적 행동을 상징한다. 처음 대접부터 여섯째 대접까지의 재앙은 이미 발생한 것이며, 일곱째 대접의 재앙은 아직 일어나지 않은 미래적 사건이다. 이러한 도식에서 여섯째 대접과 일곱째 대접 사이의 시간이 바로 예언자 요한과 그의 수신자들이 서 있는 현재의 시간이다. 아마겟돈 전쟁 환상은 여섯째 대접과 일곱째 대접 사이의 현재적 시간에 위치한다(16:13-16). 일곱째 대접의 재앙을 통해서 바빌론과 그 동맹국들은 파괴되고, 폭력의 역사는 끝난다(16:17-21). 일곱 대접 환상에서 카이로스인 현재의 시간에 부각된 것은 로마의 제국주의와 우상 숭배적 체제를 정당화하기 위한 로마 제국의 반예언 운동이다.

일곱 대접 재앙의 준비(15:5-8)

> 5 또 이 일 후에 내가 보니 하늘에 증거 장막의 성전이 열리며 6 일곱 재앙을 가진 일곱 천사가 성전으로부터 나와 맑고 빛난 세마포 옷을 입고 가슴

에 금 띠를 띠고 7 네 생물 중의 하나가 영원토록 살아 계신 하나님의 진노를 가득히 담은 금 대접 일곱을 그 일곱 천사들에게 주니 8 하나님의 영광과 능력으로 말미암아 성전에 연기가 가득 차매 일곱 천사의 일곱 재앙이 마치기까지는 성전에 능히 들어갈 자가 없더라.

5절 "또 이 일 후에 내가 보니"는 새로운 환상을 소개하는 도입 양식이다. 5-8절은 일곱 대접 환상의 서곡이다. 요한은 하늘에서 성전, 곧 증거 장막이 열려 있는 것을 보았다. 출애굽 시대의 광야 성막은 "증거 장막"이라고 불렸다(참조. 출 38:21; 민 9:15; 10:11; 17:7). 이때 증거는 하나님과 계약을 맺은 증거로서 언약궤 안에 있는 십계명이 적힌 두 돌 판을 가리킨다(왕상 8:9; 대하 5:10; 출 25:16, 21; 신 10:1-2). 증거 장막의 환상은 출애굽 사건에 대한 기억의 현재화다. 그것은 하나님이 로마 제국 안에서 새로운 출애굽을 일으키고 계시다는 것과, 광야와 같은 곳에 서 있는 소아시아의 교회들을 지켜주고 계시다는 것을 상징한다.

6절 일곱 재앙(ἑπτὰ πληγάς)을 가진 일곱 천사가 하늘의 성전에서 나온다. 그 천사들이 성전에서 나왔다는 것은 그들이 하나님으로부터 매우 중요한 임무를 부여받았음을 의미한다. 천사들이 입은 맑고 빛난 세마포 옷과 금띠는 그들이 하나님의 사신들이라는 사실을 나타낸다(단 10:5).

7절 네 생물 중 하나가 "영원토록 살아 계신 하나님의 진노를 가득히 담은 금 대접"을 일곱 천사에게 하나씩 주었다. 금 대접은 통상적으로 제사장이 성전에서 포도주로 전제를 드릴 때 사용하는 그릇이다(출 29:40; 27:3). 요한계시록 5:8에 나오는 금 대접에는 성도들의 기도를 상징하는 향이 가득 담겨 있었다. 여기서 일곱 대접에 가득 담긴 하나님의 진노(θυμός)는 땅을 오염시킨 압제자들의 불의와 억압과 죄에 대한 하나님의 분노다.

8절　"하나님의 영광과 능력으로 말미암아 성전에 연기가 가득 차매." 구약에서 성전에 연기가 가득 차 있거나 또는 성전에 구름이 가득 차 있는 것은 하나님의 영광과 권세를 나타내는 현상이다(참조. 겔 10:4-5; 왕상 8:10-11). "일곱 재앙이 마치기까지는 성전에 능히 들어갈 자가 없더라." 이것은 하나님의 심판이 반드시 성취될 것을 의미한다. 이제 악인들을 위한 심판의 유예 기간은 끝나고 집행의 순간이 다가왔다.

처음 네 대접(16:1-9)

> 1 또 내가 들으니 성전에서 큰 음성이 나서 일곱 천사에게 말하되 "너희는 가서 하나님의 진노의 일곱 대접을 땅에 쏟으라" 하더라. 2 첫째 천사가 가서 그 대접을 땅에 쏟으매 짐승의 표를 받은 사람들과 그 우상에게 경배하는 자들에게 악하고 독한 종기가 나더라. 3 둘째 천사가 그 대접을 바다에 쏟으매 바다가 곧 죽은 자의 피 같이 되니 바다 가운데 모든 생물이 죽더라. 4 셋째 천사가 그 대접을 강과 물 근원에 쏟으매 피가 되더라. 5 내가 들으니 물을 차지한 천사가 이르되 "전에도 계셨고 지금도 계신 거룩하신 이여 이렇게 심판하시니 의로우시도다. 6 그들이 성도들과 선지자들의 피를 흘렸으므로 그들에게 피를 마시게 하신 것이 합당하니이다" 하더라. 7 또 내가 들으니 제단이 말하기를 "그러하다! 주 하나님 곧 전능하신 이시여, 심판하시는 것이 참되시고 의로우시도다" 하더라. 8 넷째 천사가 그 대접을 해에 쏟으매 해가 권세를 받아 불로 사람들을 태우니 9 사람들이 크게 태움에 태워진지라. 이 재앙들을 행하는 권세를 가지신 하나님의 이름을 비방하며 또 회개하지 아니하고 주께 영광을 돌리지 아니하더라.

1절　요한은 성전(ναός)에서 들려오는 큰 음성을 들었다. 계시를 받는 방법 중 하나는 환상 속에서 음성을 듣는 것이다. 그 음성은 일곱 천사에게 "너희는 가서 하나님의 진노의 일곱 대접을 땅에 쏟으라"고 명령했다. 하나님의 진노는 로마에 의해서 오염된 세상의 불의와 억압과 죄에 대한 분노다. 일곱 대접의 재앙은 로마 제국 안에서 새로운 출애굽을 일으키신 하나님의 해방적 행동을 나타낸다.

2절　　첫째 천사가 대접의 진노를 땅에 쏟았다. 이것은 첫째 나팔 재앙이 땅의 삼 분의 일을 타격한 것과 같다(계 8:7). 첫째 대접의 진노는 짐승의 숭배자들에게 악하고 독한 종기를 발생시켰다. 짐승 숭배자들은 로마의 우상 숭배적인 체제에 적응하고 동화되어서 짐승의 일부가 되었기 때문에 하나님이 내리시는 심판의 대상이 되었다. 이때 종기 재앙은 출애굽에서 일어난 열 재앙 중 여섯째 재앙이다(출 9:8-12). 하나님은 "애굽의 종기"로 짐승 숭배자들을 심판하셨다(참조. 신 28:27). 이때 종기 재앙은 로마 황제가 짐승 숭배자들을 보호하고 그들에게 구원을 베푼다는 로마의 정치적 선전이 거짓이라는 것을 폭로했다. 하나님을 예배하는 성도들은 종기 재앙으로부터 보호를 받았는데, 그들의 이마에는 어린 양과 그의 아버지 이름이 쓰여 있었다(계 14:1).

3절　　둘째 천사는 대접의 진노를 바다에 쏟아서 바다를 죽은 자의 피로 변화시켰으며, 이로 인해서 바다 가운데 있는 모든 생물이 죽었다. 이것은 둘째 나팔 재앙이 바다 삼 분의 일을 핏물로 변화시킨 것과 같다(계 8:8-9). 또한 이 재앙은 바다를 핏물로 변화시킨 출애굽기의 첫 번째 재앙과 비슷하다(출 7:17-18). 이 재앙에서 "죽은 자의 피"는 로마에 의해서 학살당한 무고한 희생자들이 흘린 피를 의미한다. 로마의 권력자들은 법과 질서의 이름으로 혹은 로마의 평화라는 정치적 이념으로 수많은 성도와 무고한 자들의 피를 흘리게 했고, 이에 대한 자신들의 악행을 정당화하거나 은폐시켰지만, 피로 변한 바다는 그들의 악행을 백일하에 폭로했다.

4절 　셋째 천사는 대접의 진노를 강과 물 근원에 쏟아서 역시 모든 물을 피로 변화시켰다. 이것은 요한계시록 8:11에 나오는 셋째 나팔의 재앙이 강과 샘의 삼 분의 일을 타격하여 쑥물로 변화시킨 것과 같다. 강과 샘은 마실 수 없는 물이 되었으므로 로마의 압제자와 짐승 숭배자들은 마실 물을 더 이상 찾지 못한다. 이것은 이집트의 강들과 샘과 모든 호수를 피로 변하게 하여 사람들이 물을 마시지 못하도록 한 출애굽기의 첫 번째 재앙(출 7:14-24)과 비슷하다. 이러한 재앙은 시편 78:44에도 기록되어 있다. "그들의 강과 시내를 피로 변하여 그들로 마실 수 없게 하시며." 하나님은 갈증을 느끼는 그분의 자녀들에게 바위를 깨트려서 깨끗한 물을 주셨지만(출 17:6), 하나님을 예배하지 않는 악인들에게는 피로 변한 물을 주셨다.

> 이렇게 물은 그들의 원수들에게는 징벌이 되었고 역경에 처한 그들에게는 오히려 고마운 선물이었다. 주님은 원수들에게 피로 더럽혀진 끊임없이 흐르는 강물을 주셨다(지혜서 11:5-6).

5절 　요한은 넷째 대접의 재앙을 묘사하기 전에 하나님의 심판을 찬양하는 천사의 노래를 16:5-7에 삽입했다. 짐승 숭배자들은 악한 종기로 고통을 당하고, 바닷물이 핏물로 변했으며, 이제 강과 물의 근원마저 피로 변했다. 따라서 그들은 마실 수 있는 물을 찾을 수 없어서 결국 자신들의 손에 죽임을 당한 희생자들이 흘린 피로 변한 물을 마셔야만 한다.

"내가 들으니 물을 차지한 천사가 이르되 '전에도 계셨고 지금도 계신 거룩하신 이여, 이렇게 심판하시니 의로우시도다'"(계 16:5). 하나님의 호칭은 일반적으로 "이제도 계시고 전에도 계시고 장차 오실 이"(계 1:4, 8; 4:8, 11, 17)다. 그런데 천사의 노래에서 하나님 호칭의 셋째 요소인 "장차 오실 이"가 사라지고 15:4에서 이미 언급된 "거룩하신 이"라는 표현이 대신 사용되었다. 이런 표현은 거룩하신 하나님이 지금 현재의 시간에 오셔서 일으키신 심판 때문에 사용되었다. 그 심판은 하나님이 일으키신 것으로 맑고 깨끗한 강과 물의 근원을 희생자들이 흘린 피로 변화시켜 무고한 자들을 죽인 압제자들이 그 핏물을 마시게 한 재앙이다. 그 천사는 하나님의 심판이 정의롭기 때문에 "이렇게 심판하시니 의로우시도다"라고 노래한다. 이것은 시편에서 나오는 다음과 같은 구절을 상기시킨다. "여호와여, 주는 의로우시고 주의 판단은 옳으니이다"(시 119:137). "그가 임하시되 땅을 심판하러 임하실 것임이라. 그가 의로 세계를 심판하시며 그의 진실하심으로 백성을 심판하시리로다"(시 96:13).

6절 "그들이 성도들과 선지자들의 피를 흘렸으므로 그들에게 피를 마시게 하신 것이 합당하나이다." 여기서 "성도들과 선지자들"은 다섯째 봉인이 열렸을 때 제단 아래 모여서 하나님에게 심판과 신원을 호소하는 탄원 기도를 드렸던 남녀 순교자들과 동일시된다(계 6:9-11).[1] 하나님께서는 그들의 기도를 들으셨고 정해진 순교자들의 수가 찼기 때문에 이제 그들이 흘린 피가 물로 변한 것을 가지고 압제자들을 심판하셨다. 시편 저자는 학살자들을 심문하시고 희생자들을 기억하시는 정의의 하나님을 찬양한다. "피 흘림을 심문하시는 이가 그들을 기억하심이여 가난한 자의 부르짖음을 잊지 아니하시도다"(시 9:12). 하나님은 약자들을 해방시키기 위해서 악인들을 심판하신다. "하나님이 너희를 위하여 그에게 심판을 행하셨음이라"(계 18:20).

"합당하나이다"로 번역된 그리스어 악시오스(ἄξιος)는 저울에 무게를

---

1 — Klaus Wengst, *Wie lange noch?*, 202; Stephen Pattemore, *The People of God in the Apocalypse: Discourse, Structure, and Exegesis* (Cambridge: Cambridge University Press, 2004), 98-99.

달 때 균형이 정확하게 맞는 것을 의미한다. 악인들은 아무런 죄의식도 없이 약자들을 죽이고 피를 흘리게 했다. 따라서 이제 그들은 자신들의 손에서 죽임을 당한 사람들이 흘린 피가 물로 변한 것을 마시고 죽어야만 한다. 이것은 남에게 저지른 악행은 반드시 그 악행을 저지른 당사자 자신에게 그대로 되돌아간다는 사실을 의미한다.

7절 "또 내가 들으니 제단이 말하기를 '그러하다! 주 하나님 곧 전능하신 이시여, 심판하시는 것이 참되시고 의로우시도다 하더라.'" 이 제단(θυσιαστήριον)은 하늘에 있는 번제단으로, 그 아래에 모여 있는 순교자들과 학살당한 자들의 대변인 역할을 한다. "그러하다"로 번역된 그리스어 나이(ναί)는 예배 의식에서 아멘의 동의어로 사용된다.

하나님은 제단 아래서 외치는 순교자들의 탄원 기도를 들으셨기 때문에 악인들에 대한 심판으로 그들에게 응답하셨다. 순교자들의 권리는 하나님의 심판을 통해서 회복되었다. 따라서 그들에게 하나님의 심판 행위는 정당한 것이다.

8절 삽입된 천사의 노래가 끝나고 지금까지 중단되었던 일곱 대접 환상의 이야기가 다시 계속된다. "넷째 천사가 그 대접을 해에 쏟으매 해가 권세를 받아 불로 사람들을 태우니." 이것은 넷째 나팔 재앙이 태양과 달과 별들의 삼 분의 일을 타격하여 어둡게 하였던 것과 같다(계 8:12). "권세를 받아"(ἐδόθη)는 신적 수동태로 표현되었으며, 생략된 주어는 하나님이다. 태양의 불로 태워진 "사람들"(ἄνθρωποι)은 누구인가? 그들은 일반적인 사람들이 아니라 짐승의 숭배자들이다(참조. 계 9:6, 10). 무고한 남녀 성도들을 학대하고 불태워 죽였던 짐승의 숭배자들은 하나님의 보복 심판으로 태양열에 불태워진다. 이와 반대로 로마의 우상 숭배 체제에 저항한 성도들은 "해나 아무 뜨거운 기운에 상하지도 아니할 것"을 보장받는다(계 7:16).

9절 "사람들이 크게 태움에 태워진지라. 이 재앙들을 행하는 권세를 가지신 하나님의 이름을 비방하며 또 회개하지 아니하고 주께 영광을 돌리지 아니하더라." 태양의 뜨거운 열로 사람을 불태우는 것은 구약 시대의 몰렉 숭배에서 아버지가 어린 자녀를 불태워 바치는 인신 제사를 가리키는 은유적인 표현이다. 몰렉 숭배는 하나님이 가장 미워하시는 우상 숭배였다(참조. 레 18:21; 20:1-5; 신 18:10). 요한계시록의 저자는 약자들의 생명을 파괴한 로마의 폭행과 불의를 합법화하는 황제 숭배가 구약 시대에 아이들을 불태웠던 몰렉 숭배와 같다고 생각했다.[2] 따라서 약자들의 생명을 파괴한 로마의 권력자들은 이제 자신들이 태양의 열로 불태움을 당하는 보복 심판을 받아야만 한다. 이것은 남에게 입힌 악한 행위가 그 악행을 저지른 당사자에게 그대로 되돌아간다는 것을 의미한다.

"이 재앙들을 행하는 권세를 가지신 하나님의 이름을 비방하며 또 회개하지 아니하고 주께 영광을 돌리지 아니하였다." 짐승의 숭배자들은 그러한 재앙에도 불구하고 이집트의 완악한 바로처럼(출 8:32; 9:7) 자신들의 잘못을 회개하지 않고 도리어 하나님을 비난했다. 하나님은 죄를 지은 자들에게 회개와 용서를 약속하셨다(참조. 므낫세의 기도). 그러나 짐승의 숭배자들은 하나님의 경고에도 불구하고 회개치 않았기 때문에 구원의 기회가 없다.

다섯째와 여섯째 대접(16:10-12)

> 10 또 다섯째 천사가 그 대접을 짐승의 왕좌에 쏟으니 그 나라가 곧 어두워지며 사람들이 아파서 자기 혀를 깨물고 11 아픈 것과 종기로 말미암아 하

---

2 — Klaus Wengst, *Wie lange noch?*, 202-203.

늘의 하나님을 비방하고 그들의 행위를 회개하지 아니하더라. 12 또 여섯째 천사가 그 대접을 큰 강 유브라데에 쏟으매 강물이 말라서 동방에서 오는 왕들의 길이 예비되었더라.

10절　　　다섯째 천사가 대접의 진노를 짐승의 보좌에 쏟았다. 그 결과로 나라가 즉시 어두워지고 악성 종기가 사람들에게 발생하여 고통을 주었다. 이 재앙은 다섯째 나팔 재앙이 어둠과 무저갱에서 올라온 황충을 통해 짐승의 숭배자들에게 고통을 준 것과 같다(계 9:1-2). 짐승의 보좌는 사탄의 보좌와 동일시된다(계 2:13). 하나님의 진노가 담긴 대접이 짐승의 보좌에 쏟아진 것은 로마 제국의 악마적인 통치권에 대한 심판을 의미한다. 짐승의 나라가 어두워진 것은 사람들이 서로 알아보지 못하도록 짙은 어둠이 이집트를 3일간 덮었던 출애굽기의 아홉 번째 재앙과 비슷하다(출 10:21-23). 나라가 어두워진 것은 무엇을 의미하는가? 그것은 로마 제국이 외관상 찬란함에도 불구하고 실제로는 가난한 자들과 희생자들이 보이지 않는 곳에 방치된 어둠의 제국이라는 것을 폭로한 것이다. 짐승의 제국은 어둠지만, 반제국적 공동체는 대낮처럼 밝다(계 21:23-24; 22:5).

악성 종기가 전염병처럼 사람들에게 발생했다. 그들은 짐승의 체제에 동화된 짐승 숭배자들로, 그들의 주체성을 짐승에게 양도함으로써 객체로 전락했고 짐승의 일부가 되었다. 따라서 그들은 심판의 대상이 되었다.

11절　　　"아픈 것과 종기로 말미암아 하늘의 하나님을 비방하고 그들의 행위를 회개하지 아니하더라." 이러한 재앙에도 불구하고 그들은 하나님에게 책임을 돌리고 비난하면서 자신들이 저지른 죄를 회개하지 않았다. 회개 없이는 용서가 없다. "만일 의인이 그 공의를 떠나 죄악을 행하고 그로 말미암아 죽으면 그 행한 죄악으로 말미암아 죽는 것이요, 만일 악인이 그 행한 악을 떠나 정의와 공의를 행하면 그 영혼을 보전하리라. 그가 스스로 헤아리고 그 행한 모든 죄악에서 돌이켜 떠났으니 반드시 살고 죽지 아니하리라"(겔 18:26-28).

12절　　　여섯째 천사가 대접을 큰 강 유프라테스에 쏟았다. 그 결과 강물이 말라서 동방에서 오는 왕들의 길이 마련되었다. 이것은 여섯째 나팔에서 큰 강 유프라테스(계 9:14)가 나오는 것과 같다. 1세기 말엽 예언자 요한의 시대에 유프라테스 강은 로마 제국 동방의 영토를 구획하는 경계천이었다. 그런데 이 큰 강에 여섯째 대접이 쏟아진 결과 "강물이 말라서 동방에서 오는 왕들의 길이 예비되었더라"고 한다. 학자들은 이 진술을 파르티아 제국(Parthia)이 경계천을 넘어 로마의 영토를 침략할 수 있는 위협으로 해석한다.[3] 하나님이 로마 제국에 재앙을 일으켰다고 해석하는 것이다. 그러나 약자의 관점에서 본다면 그러한 해석은 옳지 않다. 왜냐하면 로마 제국의 영토가 된 식민지에 사는 억눌린 사람들에게 로마 제국의 지배와 파르티아 제국의 지배 사이에는 예속과 억압이라는 점에서 아무런 차이점이 없기 때문이다.

나는 동방에서 유프라테스 강을 넘어온 왕들이 로마 제국의 영토를 침략하는 로마의 적들이 아니라, 더러운 세 영의 부추김에 의해서 로마의 제국주의 전쟁에 동맹군으로 참전하도록 미혹된 온 천하의 왕들(계 16:14), 곧 로마의 속국의 왕들로 이해되어야 한다고 생각한다.[4] 예를 들

---

3 — Eduard Lohse, 『요한계시록』, 179; Pablo Richard, *Apokalypse*, 128; Mathias Rissi, *Die Hure Babylon und die Verführung der Heiligen*, 45; Frederick J. Murphy, *Fallen is Babylon: The Revelation of John* (Harrinsburg, Pennsylvania: Trinity Press International, 1998), 341; Robert H. Mounce, *The Book of Revelation*, 298; Leon Morris, *Revelation* (Grand Rapids: William B. Eerdmans Publishing Company, 1997), 191; Klaus Wengst, *Wie lange noch?*, 178.

4 — 동방의 왕들을 "온 천하 왕들"과 동일시하는 견해에 대해서는 Michael J. Ramsey, *Revelation* (Downers Grove: InterVasityPress, 1977), 187; Eugenio Concini, *The Apocalypse: The Perenial Apocalypse of Jesus Christ* (Delaware: Michael Glazier, Inc.,

면, 기원후 66년 로마의 동맹국인 아르메니아의 왕 티리다테스(Tiridates)
는 3,000명의 파르티아인 기병대 수행단과 함께 9개월에 걸쳐 로마에 도
착하여 네로 황제를 알현하고 왕관을 수여받았다.[5] 그는 파르티아의 혈통
이었지만 로마 제국과 파르티아 제국이 서로 아르메니아 영토를 차지하
려고 경쟁하자 로마와 동맹을 맺고 로마의 속국이 되기로 결정했다.

유프라테스 강을 건넌 동방의 왕들은 로마의 동맹군들로서 아마겟돈
에 집결하기 위해서 그 강을 건너온 것으로 이해될 수 있다(계 16:16). 아
마겟돈에 집결한 왕들은 하나님의 대리자인 천상의 예수에게 대적한다.

로마 제국은 주변에 있는 여러 민족의 협력을 얻지 않고서는 지탱할
수 없는 체제로 형성되었다. 유프라테스 강물이 평상시처럼 흐르는 것은
"로마의 평화"(Pax Romana)를 의미한다. 로마 제국은 "로마의 평화"라는
정치적 선전을 펼치며 주변의 민족들을 기만하여 제국의 체제와 제국주
의 전쟁을 정당화할 수 있었다. 하지만 하나님의 진노로 인해서 강이 말
랐고, 동방의 왕들은 로마의 동맹군으로서 군대를 이끌고 쉽게 마른 강을
건너올 수 있었다. 이것은 감추어졌던 로마의 전쟁 계획과 호전성이 여러
민족에게 백일하에 폭로되었음을 의미한다. 이제 로마 제국은 더 이상 로
마의 평화라는 정치적 선전을 통해서 여러 민족을 속일 수 없고, 따라서
제국을 유지하기 위한 그들의 군사적 협력과 지원을 기대할 수 없었다.
이것이 바로 여섯째 대접이 로마 제국에게 입힌 치명적인 타격이고 재앙
이다.

1983), 303; Mathias Rissi, *Die Hure Babylon und die Verführung der Heiligen*, 45; David
E. Aune, 『요한계시록(중)』, 901을 보라.
5 — Dio Cassius, *Roman History*, 63.2.1.

귀신의 영들과 아마겟돈 전쟁의 발발(16:13-16)

> 13 또 내가 보매 개구리 같은 세 더러운 영이 용의 입과 짐승의 입과 거짓 선지자의 입에서 나오니 14 그들은 귀신의 영이라. 이적을 행하여 온 천하 왕들에게 가서 하나님 곧 전능하신 이의 큰 날에 있을 전쟁을 위하여 그들을 모으더라. 15 보라! 내가 도둑 같이 오리니 누구든지 깨어 자기 옷을 지켜 벌거벗고 다니지 아니하며 자기의 부끄러움을 보이지 아니하는 자는 복이 있도다. 16 세 영이 히브리어로 아마겟돈이라 하는 곳으로 왕들을 모으더라.

13절 그런데 여섯째 대접 재앙이 끝난 후 그리고 일곱째 대접 재앙이 시작되기 전에, 전쟁을 부추기고 제국주의를 정당화하는 로마의 더러운 세 영의 반예언운동(계 16:13-16)이 삽입되었다. 이것은 일곱 나팔 환상에서 여섯째 나팔 재앙이 끝난 후에 그리고 일곱째 나팔 재앙이 시작되기 전에, 로마 제국주의를 비판하는 두 증인의 예언운동(10:1-11:13)이 삽입되어 있는 것과 동일한 구조다. 여섯째 대접과 일곱째 대접 사이의 시간이 바로 짐승과 대결하고 있는 요한계시록의 저자와 그의 수신자들이 서 있는 현재의 시간이다.[6]

요한은 환상 속에서 "개구리 같은 세 더러운 영이 용의 입과 짐승의 입 그리고 거짓 선지자의 입에서 나오는" 것을 보았다. 13장에서 묘사된 용, 바다에서 올라온 짐승, 땅에서 올라온 짐승은 사탄의 삼위일체다. 땅에서 올라온 짐승은 식민지의 짐승인데, 여기서는 거짓 예언자로 불린다.

---

6 ― 이러한 구조에 대해서는 이병학, 「반제반전 투쟁과 평화기원으로서의 아마겟돈 전쟁: 요한계시록의 주체 윤리」, 『신학논단』 69집(2012), 195; Pablo Richard, *Apokalypse*, 131-132를 보라.

개구리는 혐오스러운 생물로 간주되는데, 그 이유는 구약에서 개구리가 더러운 생물에 속할 뿐만 아니라(레 11:10-12), 출애굽기의 열 가지 재앙 중 두 번째 재앙이 개구리 재앙이라는 데 있다(출 8:1-15). 용, 짐승, 그리고 거짓 예언자는 소아시아 교회들의 예언 활동을 방해하는 로마 제국의 억압 구조를 상징한다. 이 세 짐승의 입에서 나오는 개구리 같은 더러운 세 영(πνεύματα)의 소리는 개구리들이 개골개골하는 소리로 로마의 제국주의 전쟁을 정당화하는 정치적 선전을 의미한다.

14절　"그들은 귀신의 영이라. 이적을 행하여 온 천하 왕들에게 가서 하나님 곧 전능하신 이의 큰 날에 있을 전쟁을 위하여 그들을 모으더라." 여기서 예언자 요한은 더러운 세 영을 귀신의 영이라고 분명하게 말한다. 귀신의 영(πνεύματα δαιμονίων)은 곧 제국의 영이다. 따라서 제국의 영이 일으킨 전쟁은 악마적이다. 귀신의 영은 이적을 행하여 왕들을 부추겨서 전쟁에 끌어들인다. "온 천하 왕들"은 로마의 정치적 영향력이 미치는 식민지의 왕들이다. 요한은 그 악마적인 전쟁의 영원한 패배에 대한 희망을 하나님의 날에 걸었다. 이때 "하나님 곧 전능하신 이의 큰 날"은 요엘 2:11에서 차용한 것이다. "여호와의 날이 크고 심히 두렵도다. 당할 자가 누구이랴?" 하나님의 날은 악의 군대와 선의 군대가 서로 격돌하는 전투의 날이 아니라 하나님이 적들을 심판하시고 완전히 멸절시키는 날이다.[7] 요한은 참혹한 전쟁을 경험한 자로서 그리고 전쟁이 속히 끝나기를 고대하는 자로서, 그의 시대에 일어나고 있는 로마의 제국주의 전쟁이 하나님의 날에 패배하고 영원히 소멸될 세계의 마지막 전쟁이 될 것을 염원했다.

15절　"보라! 내가 도둑같이 오리니 누구든지 깨어 자기 옷을 지켜

---

7 — Mathis Rissi, *Die Hure Babylon und die Verführung der Heiligen*, 47.

벌거벗고 다니지 아니하며 자기의 부끄러움을 보이지 아니하는 자는 복이 있도다." 이것은 로마의 영이 일으킨 전쟁이 기만적인 선전에 의해서 정당화되고 있는 상황에서 요한의 수신자들에게 참된 그리스도인의 삶을 살 것을 요구하는 간접적인 형태의 윤리적 명령이다.

그런데 여기서 그리스어 "오리니"(ἔρχομαι)의 문법적 형태는 1인칭 단수 중간태 현재형이다. 이것은 천상의 예수가 고난의 역사를 끝내기 위해서 고난당하는 소아시아의 그리스도인들을 향해 지금 현재의 시간에 오고 있음을 의미한다. 그는 그들을 위로하고 그들과 함께 살기 위해서, 그리고 그들과 함께 악의 세력들과 싸우기 위해서 지금 오고 있다.

"자기 옷"(ἱμάτια)은 세례를 통해서 그리스도와 연합한 그리스도인의 정체성을 상징하는 은유다.[8] 바울은 "누구든지 그리스도와 합하기 위하여 세례를 받은 자는 그리스도로 옷 입었느니라"(갈 3:27)라고 말했다. 세례를 받은 자는 그리스도로 옷을 입은 자다. 곧 세례는 그리스도와 연합하는 것을 의미한다. 세례를 받은 그리스도인의 정체성은 십자가 처형을 당했지만 부활하여 영원히 살아 있는 예수와 연대하여 악의 세력에 저항하고 폭력의 구조를 돌파한 자리에 평화와 생명의 공간을 구축하는 헌신적 주체로서의 새로운 스타일의 삶을 통해서 확인된다. 바울은 세례를 통한 그리스도와의 연합에 대해서 다음과 같이 말했다.

무릇 그리스도 예수와 합하여 세례를 받은 우리는 그의 죽으심과 합하여 세례를 받은 줄을 알지 못하느냐? 그러므로 우리가 그의 죽으심과 합하여 세례를 받음으로 그와 함께 장사되었나니 이는 아버지의 영광으로 말미암아 그리스도를 죽은 자 가운데서 살리심과 같이 우리로 또한 새 생명 가운데서 행하

---

8 — Klaus Wengst, *Wie lange noch?*, 206.

게 하려 함이라. 만일 우리가 그의 죽으심과 같은 모양으로 연합한 자가 되었으면 또한 그의 부활과 같은 모양으로 연합한 자도 되리라(롬 6:3-5).

짐승 숭배자들은 주체성을 상실한 객체들이지만, 세례를 받은 그리스도인들은 자주적인 삶을 긍정하는 하나님을 예배하면서 부활한 예수와 연대하여 죽음의 세력들에 항거하여 싸우는 주체들이다.

깨어 있는 자와 자기 옷을 지키는 자는 서로 밀접한 연관성이 있다. 왜냐하면 깨어 있는 사람만이 자기 옷을 지킬 수 있기 때문이다. 깨어 있는 자는 현실을 인식할 수 있다. 그는 예수의 현재적 오심을 기다리면서 하나님의 말씀을 증언할 수 있고, 로마 제국이 일으킨 전쟁을 반대하고 평화를 구축하는 방안을 추구할 수 있다. 그러한 삶을 사는 자가 "복" 있는 (μακάριος) 자다.

그러나 천상의 예수의 현재적 오심을 깨어서 기다리지 않는 태만한 자는 역사를 변화시키는 주체가 되지 못하고 객체로 전락한다. 도둑을 대비하지 못하고 잠에 빠진 사람이 도둑을 맞은 후에 당황하여 허둥대는 것처럼, 예수의 오심을 적극적으로 기다리지 않는 태만한 사람은 "벌거벗고 다니고" 또 "자기의 부끄러움을 보이는" 수치를 당할 것이다. 이러한 수치에 대한 표현은 나훔 3:5에서 차용한 것이다. "보라! 내가 네게 말하노니 만군의 여호와의 말씀에 네 치마를 걷어 올려 네 얼굴에 이르게 하고 네 벌거벗은 것을 나라들에게 보이며 네 부끄러운 곳을 뭇 민족에게 보일 것이요."

사실 오랫동안 기다리고 깨어 있는 것은 누구에게나 어려운 일이다. 예수의 제자들도 예수의 마지막 시간에 겟세마네에서 깨어 기도할 수 없었던 것처럼(막 14:32-38) 기다리는 동안에 잠을 자고 싶은 유혹이 있다. 기다리는 동안에 깨어 있게 하는 것은 예수의 오심에 대한 적극적인 희망이다. 천상의 예수가 도둑 같이 온다는 것은 그가 뜻밖의 시간에 온다는 것을 의미한다. 그것은 요한계시록 3:3에서도 이미 언급되었다. "만일 일 깨지 아니하면 내가 도둑 같이 이르리니 어느 때에 네게 이를는지 네가 알지 못하리라." 복음서에도 예수가 뜻밖의 시간에 찾아올 것이라는 언급이 있다. "그러므로 깨어 있으라. 어느 날에 너희 주가 임할지 너희가 알지 못함이니라"(마 24:24).

오늘의 세계에서 깨어 자신의 옷을 지키는 것은 약자들을 억압하는 제국의 영을 식별하고, 전쟁을 반대하며, 평화를 구축하고, 약자들과 연대하고, 형제자매적인 평등한 반제국적 공동체를 건설하는 데서 구체화될 수 있다.

요약해서 말하자면, 깨어 자기 옷을 지켜야만 하는 그리스도인들은 제국의 영이 전쟁을 부추기고 있는 상황에서 폭력의 역사의 견고한 흐름을 중단시키기 위해 지금 오고 있는 천상의 예수를 적극적으로 기다리는 윤리적 책무를 가져야만 한다. 그리고 그들은 천상의 예수와 연대하여 싸우는 반전운동의 주체가 되고, 자유와 평화와 생명이 지배하는 반제국적 공동체 건설의 주체가 되는 윤리적 책무도 가져야만 한다. 그리스도인들이 갖는 윤리적 책무는 로마의 폭력과 전쟁의 시대에 요한이 로마의 제국주의 체제와 전쟁체제를 극복하기 위해서 성도들에게 요구한 주체의 윤리라고 불릴 수 있다.

16절 더러운 세 영이 전쟁을 일으키기 위해서 "온 천하 왕들"을 미혹하여 한곳으로 모은 장소가 아마겟돈이다. "세 영이 히브리어로 아마겟돈이라 하는 곳으로 왕들을 모으더라." 아마겟돈('Αρμαγεδών, 하르마게돈)은 산을 의미하는 히브리어 하르(הר)와 예루살렘의 북쪽에 위치한 평야의 지명인 므깃도(מגדו)를 조합한 히브리어 הר מגדו(므깃도 산)의 그리스어 음역이다. 그런데 구약과 유대 묵시 문학에는 "므깃도 산"이라는 표현이 없다. 므깃도는 평야에 있으며 거기서부터 멀리 떨어진 곳에 갈멜 산(왕상 18장)이 있다.

므깃도는 이스라엘 역사상 중요한 전투들이 발생한 격전지로 유명하다. 여사사 드보라와 사사 바락은 므깃도에서 시스라가 이끄는 거대한 가나안 군대를 패배시키고 가나안 왕 야빈의 통치 아래서 20년 동안 학대당하던 이스라엘 자손을 해방시켰다(삿 4:1-5:30). 요시아 왕은 므깃도에서 이집트 군대와 맞서 싸우다가 패배하여 살해당했다(왕하 23:29-30; 역하 35:20-25). 또한 로마 시대에 므깃도 지역은 로마군의 상설 주둔지였다.[9] 이러한 중요한 역사적 사실들에 대한 기억 때문에 요한은 하나님, 곧 전능하신 이의 큰 날에 완전히 소멸될 마지막 전쟁이 발생할 장소로 유명한 격전지인 므깃도를 떠올리면서 아마겟돈이라고 부른 것이다. 따라서 아마겟돈은 지리적 의미로서가 아니라 상징적 의미로 이해되어야 한다.

일곱째 대접(16:17-21)

17 일곱째 천사가 그 대접을 공중에 쏟으매 큰 음성이 성전에서 보좌로부터 나서 이르되 "되었다" 하시니 18 번개와 음성들과 우렛소리가 있고 또 큰 지진이 있어 얼마나 큰지 사람이 땅에 있어온 이래로 이같이 큰 지진이 없었더라. 19 큰 성이 세 갈래로 갈라지고 만국의 성들도 무너지니 큰 성 바벨론이 하나님 앞에 기억하신 바 되어 그의 맹렬한 진노의 포도주 잔을 받으매 20 각 섬도 없어지고 산악도 간 데 없더라. 21 또 무게가 한 달란트나 되는 큰 우박이 하늘로부터 사람들에게 내리매 사람들이 그 우박의 재앙 때문에 하나님을 비방하니 그 재앙이 심히 큼이러라.

---

9 — David E. Aune, 『요한계시록 6-16』, 913-914.

17절　　일곱째 천사가 마지막 대접에 담긴 하나님의 진노를 공중에 쏟음으로써 하나님의 진노는 끝이 났다. 이것은 일곱째 나팔이 울려 퍼짐으로써 때가 차서 하나님의 비밀이 성취된 것과 같다(계 10:7; 11:15-19). 또한 이것은 세계의 종말이나 역사의 종말이 아니라 역사 안에 있는 불의와 폭력의 종말이며, 역사 안에서 일어나는 하나님의 통치를 의미한다.

　　이미 앞에서 설명했듯이 역사는 땅과 하늘이라는 두 개의 차원을 가지고 있는데, 땅은 역사의 가시적이고 경험적인 차원을 상징하고, 하늘은 역사의 불가시적이고 초월적인 차원을 상징한다. 하지만 공중은 하늘의 영역이 아니라 땅의 영역에 속하며 로마 제국의 보이지 않는 이념적인 영역을 의미한다. 하나님의 진노의 대접이 공중에 쏟아진 것은 사람들을 지배하는 이념적 영에 대한 심판을 의미한다(참조. 엡 2:2). 즉 그것은 로마의 제국주의에 대한 심판이다. 하늘의 성전 안에 있는 보좌로부터 "되었다"(γέγονεν)라고 선언하는 큰 음성이 나왔는데 이는 하나님의 음성이다. 곧 이 선언은 하나님의 진노가 최종적으로 성취되었다는 것과 하나님의 통치가 시작되었음을 의미한다. 이것은 요한계시록 15:1에서 "하나님의 진노가 이것으로 마치리로다"라고 한 진술에 부합하고 또한 21:6에서 보좌에 앉으신 이가 "이루었도다"(γέγονεν)라고 말한 것에도 부합한다.

18절　　번개와 음성들과 우렛소리와 큰 지진이 연속적으로 일어났다. "사람이 땅에 있어온 이래로 이같이 큰 지진이 없었더라." 이것은 다니엘 21:1을 연상시킨다. "환난이 있으리니 이는 개국 이래로 그때까지 없던 환란일 것이며, 그때에 네 백성 중 책에 기록된 모든 자가 구원을 받을 것이라."

19절　　"큰 성이 세 갈래로 갈라지고 만국의 성들도 무너지니." 여기서 큰 성은 바빌론, 곧 로마를 상징하는 은유다. 큰 지진으로 인해 로마는 세 부분으로 갈라졌고, 동맹국들의 도시들도 무너졌다. 이러한 파국은 이사야 24:19-20을 연상시킨다. "땅이 깨지고 깨지며 땅이 갈라지고 갈라지며 땅이 흔들리고 흔들리며 땅이 취한 자 같이 비틀비틀하며 원두막같이 흔들리며 그 위의 죄악이 중하므로 떨어져서 다시는 일어나지 못하리라." 하나님은 큰 지진을 통해서 땅을 파괴하시는 것이 아니라 바빌론과 그 동맹국들이 만든 억압의 체제를 전복시키신다.

"큰 성 바벨론이 하나님 앞에 기억하신 바 되어 그의 맹렬한 진노의 포도주 잔을 받으매." 하나님은 바빌론의 악행을 모두 기억하시기 때문에 이제 바빌론을 심판하신다. 악을 행한 자는 자신이 저지른 악행을 그대로 돌려받는 심판을 당한다. "여호와께서 만국을 벌할 날이 가까웠나니 네가 행한대로 너도 받을 것인즉 네가 행한 것이 네 머리로 돌아갈 것이라"(욥 1:15).

20절　　섬들이 없어지고 산들이 사라졌다. 이것은 하나님이 로마의 영향력이 미치는 모든 영역을 심판하시는 것을 의미한다. "그들의 행위대로 갚으시되 그 원수에게 분노하시며 그 원수에게 보응하시며 섬들에게 보복하실 것이라"(사 59:18).

21절　　"또 무게가 한 달란트나 되는 큰 우박이 하늘로부터 사람들에게 내리매 사람들이 그 우박의 재앙 때문에 하나님을 비방하니 그 재앙이 심히 큼이러라." 우박의 무게는 한 달란트가 될 정도로 크다. 이러한 거대한 우박 재앙에도 불구하고 짐승 숭배자들은 회개하지 않고 도리어 하나님을 비방했다. 우박은 출애굽기의 일곱째 재앙이다. "우박이 내림과 불덩이가 우박에 섞여 내림이 심히 맹렬하니 나라가 생긴 그때로부터 애굽 온 땅에는 그와 같은 일이 없었더라. 우박이 애굽 온 땅에서 사람과 짐승을 막론하고 밭에 있는 모든 것을 쳤으며 우박이 또 밭의 모든 채소를 치고 들의 모든 나무를 꺾었으되 이스라엘 자손들이 있는 그곳 고센 땅에는 우박이 없었더라"(출 9:24-26). 하나님은 우박을 통해서 원수들을 심판하기도 하시고 또는 그들에게 회개의 기회를 주기도 하신다. "우박을 떡 부스러기 같이 뿌리시나니 누가 능히 그 추위를 감당하리요, 그의 말씀을 보내사 그것들을 녹이시고 바람을 불게 하신즉 물이 흐르는도다"(시 147:17-18).

일곱 대접 재앙은 역사 안에서 일어나는 하나님의 심판이다. 따라서 바빌론과 그 동맹국들의 와해는 지구의 파괴나 세계의 종말을 의미하는 것이 아니라, 이 세계 안에 있는 불의와 폭력의 종말을 의미한다. 하나님이 심판을 내리셔서 폭력의 역사가 끝나고 새로운 대안적 세계가 시작되는 것이다. 로마와 그 동맹국이 와해됨으로써 약자들은 해방되고 정의와 자유와 평등이 지배하는 하나님 나라가 시작된다.

반전과 평화

아마겟돈 전쟁은 세계의 마지막 전쟁이다. 그렇지만 이 전쟁 환상이 무시무시한 공포를 자아내는 미래에 발생할 핵전쟁에 관한 예언은 아니다. 그것은 요한계시록 저자의 시대에 이미 진행 중이던 로마 제국이 일으킨 제국주의 전쟁이다. 그런데 사람들은 2,000년 전부터 아마겟돈 전쟁이 미래에 발생할 전쟁으로 예언되었다고 믿었다. 그리고 이 전쟁이 발생하면 지구가 파괴되고 세계에 종말이 올 것이라고 두려워하면서 그 전쟁이 오늘날 어느 지역에서 일어날 것인지를 찾거나 예언한다.

1980년대 초 미국 대통령 로널드 레이건(Ronald Reagan)은 어떤 인터뷰에서 소련을 "악의 제국"이라고 부르면서 "아마겟돈"이 눈앞에 어른거린다고 말했다.[10] 그는 미국 정부가 세계에 있는 악을 제거하라는 신의 위임을 받았다고 믿었다. 그리고 당시 소련과 싸우게 될지도 모르는 전쟁을 악과 싸우는 아마겟돈 전쟁이라고 생각했다.

아마겟돈 전쟁 환상은 일곱 대접 환상 가운데 삽입되어 있다. 일곱 대접 환상에서 처음 여섯 대접들을 통한 재앙은 이미 발생하여 지나간 것이고, 아직까지 발생하지 않은 일곱째 대접이 쏟아지면 폭력의 역사가 끝난다. 여섯째 대접과 일곱째 대접 사이의 시간이 바로 로마 제국이 하나님의 말씀을 증언하고 로마의 불의와 우상 숭배에 저항하는 교회와 성도

10 — John Hervers가 The New York Times(1984. 10. 21)에 기고한 "종교 지도자들이 레이건의 아마겟돈 관점에 대해서 우려를 표명하다"는 기사를 보라.

들을 박해하는 현재의 시간이며, 또한 오늘 우리가 살고 있는 현재의 시간이다. 아마겟돈 전쟁 환상은 여섯째 대접과 일곱째 대접 사이에 위치한다. 이것은 아마겟돈 전쟁 환상이 미래에 일어날 전쟁이 아니라, 요한계시록의 저자인 요한의 시대에 이미 진행 중에 있었던 로마의 제국주의 전쟁이라는 것을 의미한다.

아마겟돈 전쟁의 결과는 19:11-21에 자세히 묘사되어 있다. 전쟁은 상대편을 모두 적으로 규정하고 수많은 사람을 죽인다. 따라서 천상의 예수는 로마가 일으킨 전쟁의 확산을 막고 그 전쟁을 영원히 끝내기 위해서 아마겟돈 전쟁에 참여한다. 그는 자기 입에서 나오는 예리한 말씀의 검을 가지고 적들과 싸워서 이기고 전쟁을 끝냈다. 그리고 전쟁의 주모자인 짐승과 거짓 예언자를 사로잡아 산 채로 유황불 못에 던져서 전쟁이 다시는 일어날 수 없도록 전쟁 체제를 완전히 그리고 영원히 소멸시켰다(계 19:20).

아마겟돈 전쟁 환상은 전쟁에 대한 윤리적 비판으로 이해되어야만 한다. 그것은 우리에게 전쟁을 반대하고 전쟁 체제를 소멸시키며 평화의 세계를 건설할 것을 요구한다. 하나님은 전쟁을 반대하시며 우리가 무기를 버리고 그것을 다시 농기구로 만들 것을 요구하신다. "그가 열방 사이에 판단하시며 많은 백성을 판결하시리니 무리가 그들의 칼을 쳐서 보습을 만들고 그들의 창을 쳐서 낫을 만들 것이며 이 나라와 저 나라가 다시는 칼을 들고 서로 치지 아니하며 다시는 전쟁을 연습하지 아니하리라"(사 2:4). "그가 땅 끝까지 전쟁을 쉬게 하심이여 활을 꺾고 창을 끊으며 수레를 불사르시는도다"(시 46:9). 예수는 제자들에게 무기 사용을 금지했다. "이에 예수께서 이르시되 '네 칼을 도로 칼집에 꽂으라. 칼을 가지는 자는 다 칼로 망하느니라'"(마 26:52).

요한계시록의 저자는 아마겟돈 전쟁을 미래에 발생할 전쟁으로 예언하지 않았다. 그는 로마가 일으킨 참혹한 전쟁을 경험하고 그 전쟁이 속히 끝나기를 고대하며 전쟁 체제의 영원한 소멸과 더 이상 전쟁이 없는 평화의 세계를 희망하고 염원했다. 그리고 로마가 지금 일으키고 있는 제국주의 전쟁이 하나님의 심판으로 세계의 마지막 전쟁이 되기를 간절하게 희망하고 염원하면서 아마겟돈 전쟁 환상을 서술했다. 그는 전쟁을 시작하도록 부추기는 로마 제국의 영을 귀신들의 영이라고 부른다(계 16:14). 따라서 우리는 아마겟돈 전쟁 환상을, 적국을 악으로 규정하여 싸우는 전쟁이 선을 위한 의로운 전쟁이라고 합법화하는 전쟁 메타포로 이해하면 안 된다. 오히려 그것은 전쟁 체제의 소멸과 전쟁이 없는 평화의 세계를 희망하고 염원하는 반전(anti-war) 메타포로 새롭게 이해되어야만 한다.

아마겟돈 전쟁 환상에서 천상의 예수는 전쟁을 영원히 없애기 위해서 전쟁 체제를 소멸시켰다(계 19:20). 진정한 평화는 전쟁이 잠정적으로 중단된 상태가 아니다. 오히려 그것은 전쟁이 더 이상 발생할 수 없도록 전쟁 체제가 완전히 소멸되고, 폭력에 의해서 희생된 죽은 자들이 신원되며, 약자들의 빼앗긴 권리와 주체성이 회복되고, 지배로부터 자유로운 평등한 형제자매적인 공동체가 이루어지는 상태를 의미한다. 전쟁 체제의 소멸과 형제자매적인 공동체의 건설은 1세기 말엽 소아시아의 그리스도인들이 품었던 희망이고, 또한 오늘날 세계 도처에서 빈곤과 전쟁의 위협에 짓눌려 있는 성도와 약자들이 품고 있는 희망이다.

1967년 4월 4일 뉴욕에 있는 리버사이드 교회에서는 베트남 전쟁을 반대하는 강연회가 개최되었다. 강사로 초대된 마틴 루터 킹은 전쟁의 시기에 애국주의와 국가주의를 매끄럽게 설교하는 대신에 정부의 정책에 반대하는 말을 하는 것이 무척 어려운 일이지만 양심의 명령에 따라서 베트남 전쟁을 반대하는 대열에 서게 되었음을 고백했다. 그는 침묵이 배반인 때가 바로 지금이라고 고백하면서 "베트남 저편에: 침묵을 깨야 할 때"(Beyond Vietnam: A Time to Break Silence)라는 제목으로 미국인들에게 인종, 국가, 종교를 넘어서는 형제애와 가치의 혁명을 호소했다. 그 연설의 일부는 다음과 같다.

우리 중 몇 사람은 이미 암흑의 침묵을 깨트리는 일을 시작했습니다. 말을 해야 하는 소명이 때로는 괴로운 일임을 알지만, 우리는 말해야만 합니다. 매우 겸손한 마음으로 말해야 하며, 누구에게 조언하는 것이 우리의 제한된 시각에 어울리지 않지만, 그럼에도 우리는 말해야만 합니다. 또한 우리는 즐거워해야 합니다. 왜냐하면 상당수의 종교지도자들이 부드러운 애국주의를 설교하는 것을 넘어서 양심의 명령과 역사 읽기에 근거한 확고한 반대 의견의 고지로 전진하는 것을 선택한 것은 우리나라 역사상 처음이기 때문입니다.…

우리는 약자들을 위해서, 말없는 자들을 위해서, 우리 국가에 의해서 희생된 자들을 위해서, 그리고 우리나라가 "적"이라고 부르는 자들을 위해서 말하도록 부름을 받았습니다. 왜냐하면 인간이 기록한 어떠한 문서도 이런 사람들을 우리의 형제가 아니라고 할 수 없기 때문입니다. 또한 제가 베트남의 광기를 숙고하고 제 자신 속에서 이해할 수 있는 방법들을 찾으며, 연민 속에서 응답할 때, 제 마음은 저 반도의 사람들에게 끊임없이 나아가고 있었습니다.…

우리는 빨리 사물 지향적인 사회로부터 사람 지향적인 사회로의 변화를 시작해야만 합니다. 기계와 컴퓨터, 이윤 동기와 재산권이 사람보다 더 중요해진다면 인종차별주의, 물질만능주의, 군사주의라는 거대한 세 쌍둥이는 정복될 수 없습니다. 참된 가치의 혁명은 우리로 하여금 우리의 과거와 현재의 많은 정책에 대한 공정성과 정의를 곧 물을 것입니다.[11]

---

11 — 이 연설 전체에 대해서는 Joanne Grant (ed.), *Black Protest: History, Documents,*

마틴 루터 킹은 그로부터 일 년 후인 1968년 4월 4일 테네시 주 멤피스에서 암살당했다. 마지막 순간까지 그는 민권 운동과 반전 운동에 적극적이었다. 그가 1963년 8월 28일 미국 워싱턴 D.C.의 링컨 기념관 앞에서 행한 연설은 아직까지도 많은 사람에게 감동을 주고 있다. 그날 모인 수십만 명의 군중들 앞에서 그는 인권, 평등, 평화, 형제애에 대한 자신의 꿈과 믿음을 증언했다. "나에게는 꿈이 있다"(I have a dream)라는 제목의 유명한 연설의 일부는 다음과 같다.

나의 친구들이여, 비록 우리가 오늘과 내일의 난제에 직면해 있지만, 오늘 나에게는 아직 꿈이 있다는 것을 말씀드립니다. 그것은 미국의 꿈에 깊이 뿌리박힌 꿈입니다. 나에게는 꿈이 있습니다. 그것은 어느 날 이 나라가 "우리는 이러한 진리들이 자명하다고 생각한다. 모든 사람은 평등하게 창조되었다"라고 하는 신조의 참 의미를 높이고 실행할 것이라는 꿈입니다.

나에게는 꿈이 있습니다. 어느 날 조지아 주의 붉은 언덕 위에서 이전에 노예였던 자들의 아들들과 이전에 노예 주인이었던 자들의 아들들이 형제애의 식탁에 함께 앉을 것이라는 꿈입니다. 나에게는 꿈이 있습니다. 어느 날 불의와 억압의 열기로 허덕이는 사막과 같은 미시시피 주가 자유와 정의의 오아시스로 변화될 것입니다.

나에게는 꿈이 있습니다. 나의 네 아이들이 그들의 피부색에 의해서가 아니라 그들의 인격에 의해서 평가되는 나라에서 살게 될 것이라는 꿈입니다. 나에게는 꿈이 있습니다. 사악한 인종주의자들과 주지사, 그리고 연방정부의 개입과 연방법 시행을 거부하는 말을 늘어놓는 앨라배마 주가 어느 날 흑인 소년 소녀들과 백인 소년 소녀들의 손을 형제자매처럼 맞잡을 수 있을 것이

and Analyses, 1919 to the Present (Greenwich, Connecticut: Fawcett, 1974), 418-425를 보라.

라는 꿈입니다.

　오늘 나에게는 꿈이 있습니다.…어느 날 모든 골짜기가 돋우어지고, 모든 언덕과 산이 낮아지며, 험한 곳이 평탄해지고, 굽어진 곳이 곧게 펴질 것입니다. 그리고 주님의 영광이 나타날 것이며, 모든 인간이 그것을 함께 볼 것입니다. 이것이 우리의 희망입니다. 이것이 내가 가슴속에 품고 남부로 돌아가는 믿음입니다. 이 믿음을 가지고 우리는 절망의 바위산을 깎아서 희망의 돌 하나를 만들어낼 수 있을 것입니다. 우리는 이 믿음을 가지고 우리나라의 서로 다투는 부조화를 형제애의 아름다운 화음으로 변화시킬 수 있을 것입니다. 이 믿음을 가지고 우리는 함께 일할 수 있으며, 함께 기도하고, 함께 투쟁하며, 함께 감옥에 가고, 그리고 자유를 위해서 함께 일어설 수 있을 것입니다. 우리는 어느 날 우리가 자유롭게 될 것을 알고 있습니다.[12]

　베트남 전쟁 기간 중에서 1968년은 북베트남의 구정공세(Tet Offensive)에 대한 미군의 반격으로 가장 유혈이 낭자한 시기였다. 1968년 5월 17일에 미국 메릴랜드 주의 카튼스빌이라는 도시에서는 베트남 전쟁을 반대하는 항의 행동이 있었다.[13] "카튼스빌의 9인"(The Catonsville Nine)이라고 불리는 일곱 명의 남자와 두 명의 여자가 카튼스빌에 있는 징병 위원회 사무실에 침입한 것이다. 그들은 베트남에 군인으로 보낼 징집 대상자들을 선발하기 위한 개인별 기록 문서들의 일부를 건물 밖으로 들고 나와 주차장에 쏟고서 사제 네이팜탄으로 불태워버렸다. 그것은 비행기로 네이팜탄을 투하하여 베트남의 수많은 민간인과 아이들을 불태워 죽이는 전

---

12 — 이 본문은 내가 번역한 것이다. 이 연설 전체와 마틴 루터 킹 목사의 생애에 대해서는 클레이본 카슨 엮음, 『나에게는 꿈이 있습니다: 마틴 루터 킹 자서전』(서울: 바다, 2000)을 참조하라.
13 — Shawn Francis Peters, *The Catonsville Nine: A Story of Faith and Resistance in the Vietnam Era* (New York: Oxford University Press, 2012).

쟁을 반대하는 행동이었다. 그들은 그 문서들이 불타는 동안에 서로 손을 잡고 평화를 위해 기도하면서 경찰이 와서 자신들을 체포하기를 기다렸다. 그들은 모두 가톨릭 신자들이었는데 세 명은 신부, 한 명은 수녀, 두 명은 수사, 그리고 나머지 세 명은 평신도였다. 그들 중에서 남자들은 모두 군대를 다녀온 예비역이었고, 세 명의 신부 중 둘은 친형제였다. 필립 베리건(Philip Berrigan) 신부는 청년 시절 제2차 세계대전에 포병 장교로 참전하여 전쟁의 비참함을 뼈저리게 체험했고 사제가 된 이후에는 인권 운동과 반전 평화 운동에 적극적이었다. 그의 형인 다니엘 베리건(Daniel Berrigan) 신부는 1968년 1월에 하워드 진(Howard Zinn)과 톰 헤이든(Tom Hayden)과 함께 북베트남 하노이를 방문하여 협상을 통해 석방된 세 명의 미군 포로를 인계받아 그들의 귀환에 동행했던 적극적인 평화 운동가였다.

아홉 명의 반전평화 운동가들은 미국의 가톨릭 주교와 개신교 지도자들 및 유대인 회당 지도자들의 대다수가 베트남 전쟁에 대해서 침묵하고 있을 때 소수의 사람들도 세상을 바꿀 수 있다는 신념을 안고서 양심에 따라서 행동한 평범한 사람들이었다. 즉 그들은 전쟁을 정당화하는 바빌론에서 탈출을 감행한 사람들이라고 할 수 있다. 그들은 모두 재판에서 유죄 선고를 받고 감옥에서 몇 년을 살아야 했지만, 그들의 저항 행동은 베트남 전쟁을 반대하는 여론을 크게 확산시켰다.

이 반전 행동을 주도했던 필립 베리건(1923-2002)은 베트남 전쟁이 끝난 이후에도 반전 반핵 평화운동을 계속하다 여러 번 구속되어 감옥에서만 11년의 세월을 보냈다. 1999년 12월 그는 고령의 나이임에도 핵무기 철폐운동에 참여했다. 하지만 그로 인해 감옥에 갇혔고 2001년 12월 14일에 석방되었다가 1년 후에 암으로 죽는다. 그때 그의 나이가 79세였다. 그는 전쟁과 핵무기가 없는 평화로운 세상을 소망하면서 자신의 삶을 반전 운동과 평화 운동에 바쳤다. 그리고 전쟁 무기를 농기구로 만드는 평화 운동의 정당성에 대해서 다음과 같이 말했다.

쟁기 운동은 시작되었고, 그것은 계속되어야만 한다. 왜냐하면 정부가 핵 병기창을 해체할 의도가 전혀 없기 때문이다. 핵무기는 부자와 힘 있는 자들을 보호한다. 그것이 바로 핵무기가 설계되고, 만들어지고, 실험되고, 배치되는 이유다. 그것이 바로 당국이 핵무기를 가지고 다른 나라들과 우리나라 사람들을 멸절시키겠다고 위협하는 이유다.

우리는 전쟁이 아직 끝나지 않은 정전 상태가 유지되는, 분단된 한반도에서 살고 있다. 동족상잔의 비극을 경험한 우리는 이제 전쟁이 아니라 통일을 연습해야만 한다. 끝없는 군비경쟁과 상호비방은 한반도의 분단을 계속할 뿐 통일을 앞당기지 못한다.

한국전쟁 당시인 1950년 10월에 평양으로 진격한 미군은 평양 우체국에서 미처 배달되지 못한 많은 편지를 노획했다. 그 편지들은 현재 미국 국립문서보관소(National Archives and Records Administration)에 보관되어 있다. 그중 하나는 함경남도 신흥군 영고면에 살고 있던 윤고분이 자기 아들 한희송에게 보냈던 것이었다. 북한 인민군 분대장이었던 한희송에게 도착하지 못한 편지는 다음과 같은 애절한 내용을 담고 있다.

배계(拜啓)

우수수 낙엽이 떨어지는 가을밤이다. 기러기 훨훨 날아가는 애상의 가을에 집에서는 모두 다 안녕하니 절대로 근심 말아라. 그리고 손녀 행자는 아무 사고 없이 매일 무럭무럭 자라고 집에서 뛰어놀고 있으니 집에 대하여 근심하지 말고 너의 몸과 너의 건강만 부디부디 부탁한다. 집에서 너의 편지조차 없어서 속이 타던 차에 요행 편지를 받아보니 기쁘기 측량없다. 종종 집에 소식을 전하여다무나. 그리고 희운이 공습지역에 떨어져 있다. 그러면 할 말은 태산 같으나 후일에 하기로 하고 마지막 부탁은 너의 몸 건강하기만을 모친은 매일 기도만 하겠으니 안녕히 있어라. 9월 10일 부침.[14]

이 편지를 쓴 어머니는 전쟁터에 징집된 아들이 죽지 않고 무사히 집으로 돌아오기만을 오로지 기도했다. 그러나 이 같은 애절한 사연을 가진 수백만 명의 사람이 한국전쟁에서 희생되었고 전쟁의 공포는 지금까지도 지속되고 있다. 전쟁은 상대편을 모두 적으로 규정하고 죽인다. 평범한 누군가를 적으로 규정하여 죽이고 이 세상의 평화를 일시에 깨뜨리는 전쟁 체제가 유지되는 한 전쟁은 언제든지 다시 발생할 수 있다. 그러나 그리스도인들은 이러한 전쟁을 반대하고 평화를 염원해야 한다.

2015년 10월 20일 금강산에 있는 이산가족 면회소에서는 헤어졌던 부부가 65년 만에 다시 만났다. 아내 이순규(85세) 씨는 1949년 12월에 결혼하여 19살 새색시로 신혼 7개월째였던 1950년 7월에 남편 오인세(83세) 씨와 헤어졌다. 한국전쟁 발발로 남편이 인민군으로 징집되어 북한에 끌려갔기 때문이다. 게다가 당시 부인은 임신중이었다. 헤어진 지 65년이나 되었지만 부인은 지금까지도 옛날에 남편이 만든 장기 알과 결혼식 때 신었던 그의 구두를 고이 간직하고 있었다. 그녀는 남편을 무척 그리워하면서 살았다고 했다. 금강산 면회소에서 만난 남편은 아내를 애처롭게 바라보며 생이별의 원인을 "전쟁 때문에 그래"라고 말했다.[15]

요한계시록의 아마겟돈 전쟁은 전쟁을 반대하고 평화를 염원하는 메타포다. 전쟁 체제가 바로 우리의 적이다. 전쟁 체제는 세계 평화를 위해

---

14 — 이홍환 편, 『조선인민군 우편사서함 4640호: 1950년 받지 못한 편지들』(서울: 삼인, 2012), 182-183.

15 — 한겨레신문 2015년 10월 21일자 3면 기사 참조.

서 궁극적으로 소멸되어야만 한다. 교회와 그리스도인들은 한반도와 세계의 평화를 위해서 반전 반핵 평화운동을 해야만 한다. 교회는 평화교육의 중심이 되어야 한다.

바빌론 심판 환상(17:1-19:10)은 연대기적으로 일곱 대접 환상(15:5-16:21)에서 묘사된 사건들이 모두 발생한 이후에 시작되는 것이 아니다. 이 두 환상은 모두 바빌론의 심판에 대해서 말하지만, 바빌론 심판 환상에서는 바빌론에 대한 하나님의 심판의 결과가 더 자세히 설명된다. 이 환상에서 로마를 지칭하는 바빌론은 음녀 혹은 큰 도시(17:18)로 불린다. 짐승은 로마 제국의 정치적·군사적 측면을 상징하는 은유이고, 음녀는 로마 제국의 경제적 측면을 상징하는 은유다. 바빌론 심판 환상은 로마의 불공정 무역에 대해서 치열하게 비판하고 그 절정은 하나님의 정의로운 심판을 축하하는 하늘의 예배다. 19:1-5의 예배는 하늘에서 진행되는 예배이고, 6-8절의 예배는 땅 위에서 진행되는 예배다.

큰 음녀 바빌론 환상(17:1-6)

1 또 일곱 대접을 가진 일곱 천사 중 하나가 와서 내게 말하여 이르되 "이리로 오라. 많은 물 위에 앉은 큰 음녀가 받을 심판을 네게 보이리라. 2 땅의 임금들도 그와 더불어 음행하였고 땅에 사는 자들도 그 음행의 포도주에 취하였다" 하고 3 곧 성령으로 나를 데리고 광야로 가니라. 내가 보니

여자가 붉은 빛 짐승을 탔는데 그 짐승의 몸에 하나님을 모독하는 이름들이 가득하고 일곱 머리와 열 뿔이 있으며 4 그 여자는 자주 빛과 붉은 빛 옷을 입고 금과 보석과 진주로 꾸미고 손에 금 잔을 가졌는데 가증한 물건과 그의 음행의 더러운 것들이 가득하더라. 5 그의 이마에 이름이 기록되었으니 "비밀이라, 큰 바벨론이라, 땅의 음녀들과 가증한 것들의 어미라" 하였더라. 6 또 내가 보매 이 여자가 성도들의 피와 예수의 증인들의 피에 취한지라. 내가 그 여자를 보고 놀랍게 여기고 크게 놀랍게 여기니

1절　요한에게 말하는 천사는 일곱 대접을 가진 천사 중 하나다. "이리로 오라. 많은 물 위에 앉은 큰 음녀가 받을 심판을 네게 보이리라." 심판을 받아야만 할 큰 음녀(πόρνη)는 바빌론을 상징하는데(계 17:5, 18), 이때 바빌론은 로마의 별칭이다. 고대의 바빌론에는 유프라테스 강과 연결된 운하가 있었기 때문에 많은 물이 있었다. "많은 물가에 살면서 재물이 많은 자여, 네 재물의 한계 곧 네 끝이 왔도다"(렘 51:13). 그런데 로마에 있는 테베레(Tiber) 강은 아주 크지는 않다. 따라서 큰 음녀가 앉아 있는 "많은 물"은 로마 제국의 지정학적(geopolitical) 공간을 가리키는 것이 분명하다. 이것은 요한계시록 17:15에 의해서 증명된다. "음녀가 앉아 있는 물은 백성과 무리와 열국과 방언들이니라." 로마는 식민지의 왕들과 음행하고 또 음행으로 사람들을 취하게 함으로써 식민지의 자원을 수탈하여 불공정 독점무역으로 지중해를 통해서 제국의 수도인 로마로 유출시켰다.

　　예언자 요한은 음녀(πόρνη)와 음행(πορνεία)이라는 상징을 통해 로마의 우상 숭배 체제를 비판한다. 그가 자주 언급하는 음행 혹은 매춘은 실제적인 음행이나 매춘이 아니라, 정치적 동맹과 불공정 무역 관계에서 발생하는 우상 숭배를 상징하는 은유다.

음행과 음녀의 개념은 구약에서 전승되었다. 음행(πορνεία)은 이스라엘 백성이 하나님을 저버리고 다른 신을 따르는 데서 발생하고 또한 강대국들과 맺는 정치적 동맹 관계와 국제 무역에서 발생한다.

네가 높은 대를 모든 길 어귀에 쌓고 네 아름다움을 가증하게 하여 모든 지나가는 자에게 다리를 벌려 심히 음행하고 하체가 큰 네 이웃 나라 애굽 사람과도 음행하되 심히 음란히 하여 내 진노를 샀도다. 그러므로 내가 내 손을 네 위에 펴서 네 일용할 양식을 감하고 너를 미워하는 블레셋 여자 곧 네 더러운 행실을 부끄러워하는 자에게 너를 넘겨 임의로 하게 하였거늘, 네가 음욕이 차지 아니하여 또 앗수르 사람과 행음하고 그들과 행음하고도 아직도 부족하게 여겨 장사하는 땅 갈대아에까지 심히 행음하되 아직도 족한 줄을 알지 못하였느니라(겔 16:25-29).

고대 사회에서 두로는 고관과 무역상들이 불공정 무역을 하는 국제 시장이었기 때문에 에스겔은 두로를 비판했다. "네 무역이 많으므로 네 가운데에 강포가 가득하여 네가 범죄하였도다. 너 지키는 그룹아, 그러므로 내가 너를 더럽게 여겨 하나님의 산에서 쫓아냈고 불타는 돌들 사이에서 멸하였도다"(겔 28:16). 또한 이사야는 두로를 음녀라고 부르고 두로의 멸망을 예언했다.

잊어버린 바 되었던 너 음녀여, 수금을 가지고 성읍에 두루 다니며 기묘한 곡조로 많은 노래를 불러서 너를 다시 기억하게 하라 하였느니라. 칠십 년이 찬 후에 여호와께서 두로를 돌보시리니 그가 다시 값을 받고 지면에 있는 열방과 음란을 행할 것이며 그 무역한 것과 이익을 거룩히 여호와께 돌리고 간직하거나 쌓아두지 아니하리니 그 무역한 것이 여호와 앞에 사는 자가 배불리

먹을 양식, 잘 입을 옷감이 되리라(사 23:16-18).

예언자 요한은 로마의 음행이 두로의 음행보다 더 심각하기 때문에 로마를 지칭하는 바빌론을 "큰 음녀"라고 불렀다. 로마는 자신을 세계의 평화를 수호하는 순결한 여신으로 신격화했지만, 요한은 로마의 우상 숭배를 폭로하면서 로마의 위상을 음녀로 격하시켰다.[1]

2절 "땅의 임금들도 그와 더불어 음행하였고 땅에 사는 자들도 그 음행의 포도주에 취하였다 하고." 음행은 성을 살 수 있는 권력을 가진 사람의 손아귀에 예속된 자가 돈을 위해서 자신의 몸을 파는 행위다. 몸을 사는 주체와 몸을 파는 객체라는 권력관계가 음행에서 발생한다. 돈을 받고 자신의 몸을 파는 음행은 여자만이 아니라 남자에게서도 일어난다. 바빌론은 음녀로서 음행을 하지만, 땅의 왕들 역시 바빌론을 상대로 음행을 한다. 땅의 임금들은 자신의 권력을 유지하고 개인적인 이익을 얻기 위해서 로마 제국에 자신들의 몸을 파는 식민지의 왕들이다(계 6:15; 17:2, 18; 18:3, 9). 바빌론은 식민지의 왕들을 상대로 음행을 한 대가로 그들의 권력을 승인했고 그들에게 안전을 제공했다. 반면에 땅의 임금들이 바빌론을 상대로 음행을 저지른 대가로 지불한 것은 자국민의 고혈을 짜낸 조공과 바빌론의 불공정 무역 정책의 수용이었다.

"땅에 사는 자들"은 음녀 바빌론과 토착 지배자들 사이의 음행의 술에 취했기 때문에 현실을 올바르게 인식하지 못하고 로마를 숭배했다. 그들은 로마의 우상 숭배적인 체제에 동화되어서 자신들의 주체성을 상실하고 객체들로 전락했다.

---

1 — Harry O. Maier, "Coming out of Babylon: A First-World Reading of Revelation among Immigrants," in David Rhoads (ed.), *From Every People and Nation*, 75.

3절　요한이 큰 음녀를 본 장소는 악마가 출몰하는 광야다. 이것은 그가 성령에 이끌려서 크고 높은 산 위에서 새 예루살렘의 환상을 본 것과 대조된다(계 21:10). 그 여자는 광야에서 붉은 빛 짐승(θηρίον)을 타고 있는데, 짐승의 몸에는 하나님을 모독하는 이름들이 적혀 있었고, 일곱 머리와 열 뿔이 있었다. 이 짐승은 로마의 군사적 힘을 상징하는 은유고, 짐승을 타고 있는 음녀는 로마의 경제적 힘을 상징하는 은유다. 이 짐승은 12:3에서 묘사된 무시무시한 붉은 용과 비슷하게 생겼다.

4절　그 여자는 자줏빛 옷과 붉은 옷을 입고 금과 보석과 진주로 몸 치장을 하고 손에는 금잔을 들고 있다. 그녀가 입은 옷은 값비싼 염료로 만든 것으로 매우 비싸고 사치스러운 것이다. 당시 왕족들이 그러한 옷을 입었다.[2] 또 그녀는 화려한 금과 보석과 진주로 몸을 치장했다. 이것은 로마의 최고 상류층 여성의 모습을 나타내주고 있다. 그 여자가 자신을 치장한 금과 보석과 진주는 로마의 무역선이 식민지로부터 제국의 수도로 수송하는 화물 목록에 기재된 최고급 품목들이다(계 18:16). 그녀의 화려한 치장에 대한 묘사는 에스겔 16:13에서 유래되었다. "이와 같이 네가 금, 은으로 장식하고 가는 베와 모시와 수놓은 것을 입으며 또 고운 밀가루와 꿀과 기름을 먹음으로 극히 곱고 형통하여 왕후의 지위에 올랐느니라." 또한 그 여자는 손에 금잔을 들고 있다. 이것은 예레미야 51:7을 차용한 것이다. "바벨론은 여호와의 손에 잡혀 있어 온 세계가 취하게 하는 금잔이라. 뭇 민족이 그 포도주를 마심으로 미쳤도다."

그 여자가 손에 들고 있는 금잔 속에는 "가증한 물건과 그의 음행의 더러운 것들"의 포도주가 담겨 있다. 가증한 물건은 우상 숭배를 위한 황

---

2 — Bruce J. Malina and John J. Pilch, *Social-Science Commentary on the Book of Revelation*, 204.

제의 상이나 신상을 상징하고, 음행의 더러운 것들은 식민지의 왕들과 음행을 저지른 대가로 얻은 불의한 것들을 상징한다. 다니엘에서 안티오코스 4세가 예루살렘 성전에 세운 제우스 상은 "가증한 것"이라고 불린다(단 9:27; 11:31; 12:11). 그러한 가증한 것은 마태복음 24:15-16에도 언급되었다. "그러므로 너희가 선지자 다니엘이 말한 바 멸망의 가증한 것이 거룩한 곳에 선 것을 보거든 (읽는 자는 깨달을지저) 그때에 유대에 있는 자들은 산으로 도망할지어다."

간단히 요약하면, 화려한 옷을 입고 금과 보석으로 치장하고 손에 금잔을 든 여자가 열 뿔과 일곱 머리를 가진 붉은 짐승을 타고 있다는 것은 로마의 경제적 번영이 식민지를 지배하는 로마의 정치적·군사적 권력의 비호 가운데 이루어졌다는 것을 의미한다.

5절　"그의 이마에 이름이 기록되었으니 비밀이라, 큰 바벨론이라, 땅의 음녀들과 가증한 것들의 어미라." 이 구절과 관련해서 요한은 어떤 풍습을 암시하고 있다. 로마의 풍습에 의하면 로마의 창녀들은 이마에 이름이 적힌 머리띠를 착용하고 있었는데, 그 머리띠는 여자의 장식품이었다.[3] 요한은 그 시대의 로마를 고대의 바빌론과 동일시했다. 베드로전서에서도 로마는 바빌론이라고 불린다. "함께 택하심을 받은 바벨론에 있는 교회가 너희에게 문안하고 내 아들 마가도 그리 하느니라"(벧전 5:13). 기원후 70년경에 발생한 유대전쟁 이후에 저술된 유대 묵시 문학 작품들에서 바빌론은 로마를 가리키는 별칭으로 사용되었다(참조. 제4에스라 3:1-2, 28-31; 시리아어 바룩 67:7; 시빌의 신탁 5:159).

그 여자의 이름은 비밀(μυστήριον)이다. 이것은 로마가 요한의 시대의

---

3 ― Ernst Lohmeyer, *Die Offenbarung des Johannes* (Tübingen: Mohr Siebeck, 19700, 141.

바빌론이라는 것이 짐승의 숭배자들에게는 감추어졌지만, 어린 양을 따르는 자들에게는 폭로되었음을 의미한다. 로마는 "땅의 음녀들의 어미"이자 "가중한 것들의 어미"다. 땅의 음녀들은 음녀 바빌론을 상대로 음행을 저지르는 식민지의 왕들을 가리킨다. 약자들의 입장에서 본다면, 땅의 임금들은 로마에 몸을 판 대가로 자신들의 권력 승인을 지불받았다. 또한 그들은 로마를 상대로 음행한 대가를 지불하기 위해 토착민들을 억압하고 고혈을 짜내는 "땅의 음녀들"이었다. 그리고 땅의 임금들과 음행을 하는 지중해 건너편에 멀리 떨어져 있는 로마는 약자들에게 "땅의 음녀들의 어미"인 동시에 "가중한 것들의 어미"인 것으로 인식되었을 것이다. 이것은 로마가 불공정 무역경제의 중심지였고, 주변부 민족들을 착취하는 지배 구조를 고안했음을 의미한다. 로마는 자신의 이익을 위해 속국의 왕들을 황제 숭배라는 음행의 젖을 먹이면서 키우는 제국의 수도 메트로폴리스(metropolis)였다.

6절　"또 내가 보매 이 여자가 성도들의 피와 예수의 증인들의 피에 취한지라. 내가 그 여자를 보고 놀랍게 여기고 크게 놀랍게 여기니." 여기에는 성도들의 피와 예수를 증언하는 증인들의 피가 동격으로 병렬되어 있다. 성도는 교회의 구성원들이며, 예수를 증언하는 증인들이다. 그들은 로마의 우상 숭배적 체제에 저항했기 때문에 처형되었다. 요한은 그 여자가 아름다운 외모와는 판이하게 수많은 성도와 증인들의 피를 흘리는 살인자라는 것을 알고 무척 놀랐다.

음녀와 짐승의 관계(17:7-18)

7 천사가 이르되 "왜 놀랍게 여기느냐? 내가 여자와 그가 탄 일곱 머리와
열 뿔 가진 짐승의 비밀을 네게 이르리라. 8 네가 본 짐승은 전에 있었다

가 지금은 없으나 장차 무저갱으로부터 올라와 멸망으로 들어갈 자니 땅에 사는 자들로서 창세 이후로 그 이름이 생명책에 기록되지 못한 자들이 이전에 있었다가 지금은 없으나 장차 나올 짐승을 보고 놀랍게 여기리라. 9 지혜 있는 뜻이 여기 있으니 그 일곱 머리는 여자가 앉은 일곱 산이요 10 또 일곱 왕이라. 다섯은 망하였고 하나는 있고 다른 하나는 아직 이르지 아니하였으나 이르면 반드시 잠시 동안 머무르리라. 11 전에 있었다가 지금 없어진 짐승은 여덟째 왕이니 일곱 중에 속한 자라. 그가 멸망으로 들어가리라. 12 네가 보던 열 뿔은 열 왕이니 아직 나라를 얻지 못하였으나 다만 짐승과 더불어 임금처럼 한동안 권세를 받으리라. 13 그들이 한 뜻을 가지고 자기의 능력과 권세를 짐승에게 주더라. 14 그들이 어린 양과 더불어 싸우려니와 어린 양은 만주의 주시요 만왕의 왕이시므로 그들을 이기실 터이요 또 그와 함께 있는 자들 곧 부르심을 받고 택하심을 받은 진실한 자들도 이기리로다." 15 또 천사가 내게 말하되 "네가 본 바 음녀가 앉아 있는 물은 백성과 무리와 열국과 방언들이니라. 16 네가 본 바 이 열 뿔과 짐승은 음녀를 미워하여 망하게 하고 벌거벗게 하고 그의 살을 먹고 불로 아주 사르리라. 17 이는 하나님이 자기 뜻대로 할 마음을 그들에게 주사 한 뜻을 이루게 하시고 그들의 나라를 그 짐승에게 주게 하시되 하나님의 말씀이 응하기까지 하심이라. 18 또 네가 본 그 여자는 땅의 왕들을 다스리는 큰 성이라" 하더라.

7절　　그 여자는 일곱 머리와 열 뿔 가진 짐승을 타고 있었다. 천사가 그 여자를 보고 놀라워하는 요한에게 와서 "왜 놀랍게 여기느냐"고 물으면서 그 여자의 비밀과 그 짐승의 비밀(τὸ μυστήριον τῆς γυναικὸς καὶ τοῦ θηρίου)을 밝혀주겠다고 말했다. 일곱 머리는 로마의 일곱 왕들을 상징하고, 열 뿔은 그들의 지배 아래 있는 식민지의 왕들을 상징한다. 그 여자는 로마 제국의 경제적 차원을 상징하는 은유이고, 짐승은 로마 제국의 정치적·군사적 차원을 상징하는 은유다.

8절 "네가 본 짐승은 전에 있었다가 지금은 없으나 장차 무저갱으로부터 올라와 멸망으로 들어갈 자니." 천사는 이 짐승을 세 단계로 분석해서 요한에게 설명했다. 첫째, 이 짐승은 전에는 있었다가 지금은 없다. 둘째, 그 짐승은 장차 무저갱에서 올라올 것이다. 셋째, 그 짐승은 멸망으로 들어갈 자다. 또한 천사는 창세 이후로 생명책에 이름이 적혀 있지 않은 "땅에 사는 자들", 곧 짐승의 숭배자들은 "이전에 있었다가 지금은 없으나 장차 나올 짐승을 보고 놀랍게 여기리라"고 예견했다. 이 짐승은 누구인가? 네로는 자살하여 죽었지만, 그가 장차 환생하여 다시 왕권을 되찾을 것이라고 하는 네로 환생(Nero redivivus) 전설이 요한의 시대에 널리 유포되어 있었다. 따라서 이 짐승이 다시 돌아올 네로를 가리킨다는 해석도 있다.

9절 "지혜 있는 뜻이 여기 있으니 그 일곱 머리는 여자가 앉은 일곱 산이요." 천사는 사람들이 이 상징을 이해하는 데 지혜(σοφία)가 필요하다는 것을 강조했다(참조. 계 13:18). 그 여자는 로마를 상징하고, 짐승의 일곱 머리는 로마의 일곱 왕들을 상징한다. 로마는 실제로 테베레 강가의 일곱 산 위에 세워진 도시다.

10절 "또 일곱 왕이라. 다섯은 망하였고 하나는 있고 다른 하나는 아직 이르지 아니하였으나 이르면 반드시 잠시 동안 머무르리라." 일곱 왕들은 로마의 일곱 황제를 의미하는데, 여기서 황제는 로마 제국을 대표한다. 요한계시록의 저자는 지금 재임하고 있는 어떤 황제의 통치 아래서 살고 있다. 현재의 황제는 이미 서거한 다섯 황제들과 장차 올 일곱째 황제 사이에 있는 여섯째 황제다. 그런데 일곱째 황제는 아직 나타나지 않았지만, 나타난다고 할지라도 오래가지 못하고 실패할 것이다.

현재 재임하고 있는 황제가 누구인지, 일곱째 황제가 누구인지, 그리고 일곱 황제들이 구체적으로 누구인지를 찾으려는 노력이 신학계에서 지속되었다. 그런데 우선 어느 황제부터 셈을 시작해야 할지가 문제다. 카이사르 이후에 즉위한 첫 황제인 아우구스투스부터 시작한다면, 이미 서거한 다섯 황제는 아우구스투스(기원전 31-기원후 14), 티베리우스(14-37), 칼리굴라(37-41), 클라우디우스(41-57), 네로(54-68)다. 네로의 죽음 이후 1년 동안에 몇 개월씩 짧게 재직했던 과도기의 세 황제들인 갈바, 오토, 비텔리우스(68-69)를 제외하면 여섯째 황제는 베스파시아누스(69-79)다. 일곱째 황제는 티투스(79-81)이고 그의 재위기간은 겨우 2년밖에 되지 않는다. 여덟째 황제는 도미티아누스(81-96)다. 그 이후의 황제들은 네르바(96-98), 트라야누스(98-117), 하드리아누스(117-138), 안토니누스 피우스(138-161), 마르쿠스 아우렐리우스(161-180), 콤모두스(180-192)다.

만약 자신을 신으로 숭배하도록 요구한 최초의 황제인 칼리굴라부터 시작한다면, 요한이 다섯 왕이 죽었고 여섯째 왕이 재임하고 있다고 말할 때 그는 도미티아누스를 염두에 두었을 것이다.

11절 "전에 있었다가 지금 없어진 짐승은 여덟째 왕이니 일곱 중에 속한 자라. 그가 멸망으로 들어가리라." 8절에 언급된 무저갱에서 올라와 보좌에 앉을 왕이 여덟째 왕이다. 일곱째 왕이 잠시 재임하다가 실패한 후에 여덟째 왕이 나타나서 일곱이 되려고 시도하지만 그는 그것을 이루지 못하고 망한다. 왜냐하면 능력 면에서 그는 역시 일곱 왕 중 하나에 불과하기 때문이다. 현재 재임하고 있는 왕은 강력하지만, 그러나 그의 능력은 여섯에 불과하다. 짐승은 과거의 다섯 번의 실패와 미래의 또 한 번의 실패 사이에 있는 여섯이라는 수이며, 여덟째 왕은 항상 일곱이 되지 못한 왕 중 하나가 될 것이다. 어느 왕의 권력도 완전성을 뜻하는 일곱이 되지 못한다.

나는 요한계시록 저자가 일곱째 왕과 관련해서 어떤 특정한 왕을 가리키기보다는, 로마 제국이 조만간에 망할 수밖에 없는 불완전한 제국이라는 것을 나타내려고 의도했다고 생각한다. 왜냐하면 그는 완전성을 상징하는 일곱이라는 숫자를 통해 그것을 채우지 못한 어떤 왕도 완전하지 못하다는 것을 보여주기 때문이다. 역사의 주인은 로마 황제가 아니라, "이제도 있고 전에도 있었고 장차 올 자요 전능한 자"(1:8)로서 역사 안에 항상 임재하시는 하나님이시다.

12절　　로마는 식민지의 토착 지배자들인 열 왕들과 동맹을 맺었다. "네가 보던 열 뿔은 열 왕이니 아직 나라를 얻지 못하였으나 다만 짐승과 더불어 임금처럼 한동안 권세를 받으리라." 짐승의 열 뿔은 로마 제국의 일부가 되어버린 식민지의 왕들을 상징한다. 열이라는 숫자는 전체성을 상징하므로 열 왕들은 로마의 지배를 받는 모든 왕을 가리킨다. "아직 나라를 얻지 못하였다"는 것은 그들이 로마에 의해서 나라와 왕권을 빼앗겼다는 것을 의미한다. 다만 그들은 자율적으로 통치할 수 있는 왕국은 없지만 로마와 맺은 동맹 관계를 통해 로마에 충성을 서약함으로써 한동안 왕 같은 권위(ἐξουσία)를 승인받았다. 그러나 그들의 권위는 오래 지속되는 권위가 아니라 일시적인 권위다.

13절　　"그들이 한 뜻을 가지고 자기의 능력과 권세를 짐승에게 주더라." 열 왕은 자신의 능력과 권세를 짐승에게 양도함으로써 주체성을 상실하고 짐승의 조정을 받는 객체가 되었으며, 로마에 대한 충성 서약을 통해서 짐승의 일부가 되었다.

14절　　"그들이 어린 양과 더불어 싸우려니와 어린 양은 만주의 주시요 만왕의 왕이시므로 그들을 이기실 터이요 또 그와 함께 있는 자들 곧 부르심을 받고 택하심을 받은 진실한 자들도 이기리로다." 짐승과 그의 동맹자들인 열 왕이 합세하여 어린 양 예수를 공격하지만, 어린 양이 그들을 이기고 승리할 것이다. 왜냐하면 어린 양이 "만주의 주시요 만왕의 왕"(신 10:17; 단 2:37, 47; 겔 26:7; 에녹1서 9:4; 63:4; 84:2)이기 때문이다. 어린 양 예수는 그와 함께 있는 자들과 연대해서 싸우는 투사다. 그와 연대하여 함께 싸우는 부름을 받은 자, 택함을 받은 자, 그리고 진실한 자 역시 짐승과 짐승의 동맹자들을 이기고 승리할 것이다. 어린 양과 어린 양과 연대한 자들의 승리는 로마의 제국주의 체제를 전복시키고 폭력의 역사를 끝내는 것을 의미한다.

15절　"네가 본 음녀의 앉은 물은 백성과 무리와 열국과 방언들이니라." 여기서 물은 로마의 바다가 된 지중해를 가리킨다. "백성과 무리와 열국과 방언들"은 로마의 식민지로 전락한 여러 나라와 민족들을 가리키는 전문 용어다. 동방에서는 대상(大商)들이 귀중품을 마차에 싣고 육로로 이동했다. 무거운 짐을 낙타나 마차에 싣고 먼 산길을 통해서 운반하는 것은 시간과 비용이 많이 들었다. 하지만 해상 무역은 시간과 비용을 줄일 수 있었다. 따라서 해상 무역을 장악한 로마는 다른 나라보다 더 유리한 위치에 있었다. 로마가 다른 민족보다 특별히 더 우수한 능력을 가져서 더 많은 물자를 생산하고 경제적으로 부유할 수 있었던 것이 아니다. 오히려 로마는 불공정 독점무역 체제를 고안해서 로마에 예속된 여러 민족의 부를 착취하고, 그 착취한 부를 바다를 통해 로마로 유출했기 때문에 번창할 수 있었다.

16절　천사는 요한에게 음녀가 겪을 비참한 운명에 대해서 말한다. "네가 본 바 이 열 뿔과 짐승은 음녀를 미워하여 망하게 하고 벌거벗게 하고 그의 살을 먹고 불로 아주 사르리라." 이미 앞에서 언급했듯이 짐승은 로마의 정치적·군사적 측면을 상징하는 은유이고, 음녀는 로마의 경제적 측면을 상징하는 은유다. 열 뿔은 조공을 바치는 식민지의 열 왕을 상징한다. 열 뿔과 짐승은 불가분의 관계였던 음녀에게 자금 등을 돌린다.[4] 하지만 음녀는 그들에게 미움을 받고, 여신의 지위를 박탈당하고, 옷이 벗겨져서 나체가 되고, 강간을 당하고, 그리고 마지막으로 불태워 죽임을 당한다. 이것은 로마의 경제가 로마의 정치적·군사적 보호와 식민지의 왕들의 협력 가운데 번영했지만, 이제 자체적인 모순과 갈등으로 인해서 파멸될 것을 의미한다.

여성주의 관점을 가진 학자들은 음녀가 끔찍스럽게 폭력을 당하는 모습이 요한계시록의 저자가 가부장적인 사회의 특징들을 무의식적으로 수용한 데서 비롯된 것이라고 이를 비판한다.[5] 그러나 음녀가 당한 폭력에 대한 묘사는 로마의 압제자들에게 온갖 수치를 당해온 식민지의 여성들의 분노와 복수의 기원이 반영된 것으로 이해되어야 한다. 압제자들에 대한 복수의 기원은 약자들의 저항의 마지막 형태로 이해할 수 있기 때문이다.

17절 "이는 하나님이 자기 뜻대로 할 마음을 그들에게 주사 한 뜻을 이루게 하시고 그들의 나라를 그 짐승에게 주게 하시되 하나님의 말씀이 응하기까지 하심이라." 이 진술에서 요한은 17:13에 나오는 열 왕들이 한 뜻을 가지고 자기의 능력과 권세를 짐승에게 바친 것은 결국 하나님의 뜻(γνώμη)에 의한 것이었음을 주장한다. 음녀의 파멸은 우연에 의한 것이

---

4 — Allan A. Boesak, *Comfort and Protest*, 116; A. Maria Arul Raja, *The Revelation to John*, 105.

5 — John W. Marshal, "Gender and Empire: Sexualized Violence in John's Anti-Imperial Apocalypse," in Amy-Jill Levine (ed.), *A Feminist Companion to the Apocalypse of John* (New York: T&T Clark International, 2009), 17-32; Caroline Vander Stichele, "Remembering the Whole: The Fate of Babylon According to Revelation 17:16," in Amy-Jill Levine (ed), *A Feminist Companion to the Apocalypse of John*, 106-120; Tinna Pippin, "The Heroine and the Whore: The Apocalypse of John in Feminist Perspective," in David Rhoads (ed.), *From Every People and Nation*, 127-145; Tina Pipin, *Death and Desire: The Rhetoric of Gender in the Apocalypse of John* (Louisville: Westminster John Knox, 1992).

아니라 하나님의 뜻에 의해 이루어진 것이다. 짐승과 열 왕의 연대 활동은 한시적이다. 왜냐하면 그들의 활동은 음녀의 파멸을 목표로 삼는 "하나님의 말씀이 응하기까지"로 제한되었기 때문이다. 지금은 음녀가 파멸하지만, 다음에는 짐승과 그에게 예속된 열 왕이 파멸될 것이다. 음녀의 파멸에 대한 환상은 로마 제국의 멸망이 필연적임을 나타낸다.

18절 "네가 본 그 여자는 땅의 왕들을 다스리는 큰 성이라 하더라." 마침내 천사는 요한에게 그 여자의 비밀을 알려줬다. 그 여자는 땅의 왕들을 다스리는 로마다. 큰 성은 로마의 별칭인 바빌론을 가리킨다(계 16:19; 18:10, 19, 21). "성"으로 번역된 폴리스(πόλις)는 1세기에 도시와 국가를 모두 의미했다. 그러므로 로마는 도시 자체와 또한 그 도시의 지배 체제, 곧 로마 제국의 권력 체제를 의미한다.

바빌론의 멸망(18:1-8)

1 이 일 후에 다른 천사가 하늘에서 내려오는 것을 보니 큰 권세를 가졌는데 그의 영광으로 땅이 환하여지더라. 2 힘찬 음성으로 외쳐 이르되 "무너졌도다, 무너졌도다, 큰 성 바벨론이여, 귀신의 처소와 각종 더러운 영이 모이는 곳과 각종 더럽고 가증한 새들이 모이는 곳이 되었도다. 3 그 음행의 진노의 포도주로 말미암아 만국이 무너졌으며 또 땅의 왕들이 그와 더불어 음행하였으며 땅의 상인들도 그 사치의 세력으로 치부하였도다" 하더라. 4 또 내가 들으니 하늘로부터 다른 음성이 나서 이르되 "내 백성아, 거기서 나와 그의 죄에 참여하지 말고 그가 받을 재앙들을 받지 말라. 5 그의 죄는 하늘에 사무쳤으며 하나님은 그의 불의한 일을 기억하신지라. 6 그가 준 그대로 그에게 주고 그의 행위대로 갑절을 갚아주고 그가 섞은 잔에도 갑절이나 섞어 그에게 주라. 7 그가 얼마나 자기를 영화롭게 하였으며 사치하였든지 그

만큼 고통과 애통함으로 갚아주라. 그가 마음에 말하기를 나는 여왕으로 앉은 자요 과부가 아니라. 결단코 애통함을 당하지 아니하리라" 하니 8 그러므로 하루 동안에 그 재앙들이 이르리니 곧 사망과 애통함과 흉년이라. 그가 또한 불에 살라지리니 그를 심판하시는 주 하나님은 강하신 자이심이라.

1절　"이 일 후에"는 새로운 환상이 시작되는 것을 의미한다. 큰 권세를 가진 다른 천사가 하늘에서 내려오면서 그의 영광으로 땅을 환하게 비춘다. 이 천사는 바빌론의 멸망을 선고한 재판장이신 하나님의 판결을 선포할 권세를 가지고 내려온 하나님의 전령이다. 17:1에서 언급된 짐승에 대한 심판이 이제 일어난다. 바빌론의 심판에 대한 요한의 전체적인 서술은 법정의 재판 양식과 비슷하다. 재판장이신 하나님은 원고의 소송에 정의롭게 응하여 피고 바빌론에게 유죄를 선고하셨다. 원고는 하늘에 있는 바빌론의 희생자들인 죽은 자들과 땅 위에서 고난을 당하면서도 제국의 불의에 저항하며 산 자들이다. 기소 이유는 바빌론의 불의한 정치와 불공정 무역 체제로 인한 우상 숭배와 학살과 부의 축적이다. 이에 대한 결정적인 증거는 성 안에 가득한 희생자들이 흘린 피다(계 18:24). 형 집행은 바빌론의 파멸이다. 피고의 추종자들인 땅의 왕과 땅의 상인과 선장들은 불타는 바빌론을 바라보면서 슬퍼한다(계 18:9-19). 이와 대조적으로 하나님의 정의로운 심판을 고대해온 원고는 기뻐한다(계 18:20).

2절　그 천사는 "무너졌도다, 무너졌도다, 큰 성 바벨론이여"라고 외쳤다. 이것은 이미 요한계시록 14:8에서 선포된 것을 문자 그대로 반복한 것이며, 이사야 21:9에서 인용되었다. "함락되었도다, 함락되었도다, 바벨론이여 그들이 조각한 신상들이 다 부서져 땅에 떨어졌도다." 예언자 요한은 하나님이 과거의 바빌론을 심판하신 것처럼 현재의 바빌론인 로마를 반드시 심판하실 것을 확신하고 있다. 바빌론의 멸망이 과거 시제로 표현된 것은 심판의 확실성을 나타낸다. 요한의 의식 속에서 현재의 바빌론인 로마는 이미 무너져서 사람들이 살 수 없을 정도로 황폐해버린 도시가 되었다.

"귀신의 처소와 각종 더러운 영이 모이는 곳과 각종 더럽고 가증한 새들이 모이는 곳이 되었도다." 요한은 로마군의 침략과 약탈과 방화로 인해서 사람들이 더 이상 살 수 없을 정도로 식민지의 도시와 마을이 파괴되어 황폐해진 현실을 경험했고 그것을 이 표현에 반영했다. 고대 바빌론의 황폐화는 예레미야 51:37에 서술되어 있다. "바벨론이 돌무더기가 되어서 승냥이의 거처와 혐오의 대상과 탄식거리가 되고 주민이 없으리라."

3절 "그 음행의 진노의 포도주로 말미암아 만국이 무너졌으며 또 땅의 왕들이 그와 더불어 음행하였으며 땅의 상인들도 그 사치의 세력으로 치부하였도다 하더라." 하나님이 현재의 바빌론인 로마에 멸망을 선고하신 세 가지 이유가 여기서 설명된다.

첫째, 바빌론이 우상 숭배를 의미하는 음행으로 만국을 부패시키고 망하게 했다. "그 음행의 진노의 포도주로 말미암아 만국이 무너졌으며." 이것은 예레미야 51:7을 차용한 것이다. "바벨론은 여호와의 손에 잡혀 있어 온 세계가 취하게 하는 금잔이라. 뭇 민족이 그 포도주를 마심으로 미쳤도다."

둘째, "땅의 왕들이 그와 더불어 음행"을 했다. 이것은 요한계시록 17:2에서 언급된 것을 반복한 것이다. 땅의 왕들은 바빌론에 예속된 속국의 왕들이다. 그들이 바빌론을 상대로 음행을 저지르고 지불한 대가는 황제 숭배와 로마의 불공정 무역 체제의 수용과 자기 민족의 고혈을 짜낸 조공이다.

셋째, "땅의 상인들도 그 사치의 세력으로 치부하였도다." 상인들로 번역된 그리스어 엠포로이(ἔμποροι)는 노점상이나 작은 가게를 운영하는 소상인(κάπηλος)이 아니라, 국제 무역을 하는 대상인들을 의미한다. 이러한 대상인들은 로마의 왕족에 속하는 고관들이다. "너의 상인들은 땅의 왕족들이라"(계 18:23). 이사야 23:8에도 상인은 무역을 하는 고관들로 표현되었다. "그 상인들은 고관들이요 그 무역상들은 세상에 존귀한 자들이었던 두로에 대하여 누가 이 일을 정하였느냐." 요한은 로마 제국의 경제를 매우 예리하게 분석했다. 그가 언급한 "사치의 세력"(δύναμις τοῦ ἰσχυρός)은 로마 상류층이 욕구하는 사치 생활을 충족시킬 수 있도록 제국의 주변 민족들의 다수를 희생시키는 불공정 독점무역 구조를 만들었다. 상인들은 경제적 이윤을 얻기 위해서 로마의 사치 세력에 맞추어 식민지의 귀중한 자원들을 로마로 유출했다. 소수의 부귀영화를 위해서 다수의 약자를 희생시키는 바빌론의 정치와 경제는 유대 묵시 문학가가 비판하는 악인들의 행태와 같다.

> 너희는 먹고 마시고 훔치고 죄를 짓고, 사람들을 사기치고 재물을 빼앗고, 그리고 좋은 날들을 보면서 너희의 삶을 만족시켰다(에녹1서 102:9).

4절　예언자 요한은 하늘의 음성을 들었다. "또 내가 들으니 하늘로부터 다른 음성이 나서 이르되 '내 백성아, 거기서 나와 그의 죄에 참여하지 말고 그가 받을 재앙들을 받지 말라.'" 이것은 예레미야 51:45을 상기시킨다. "나의 백성아, 너희는 그중에서 나와 각기 여호와의 진노를 피하라." 하나님은 남녀 그리스도인들을 "내 백성"(ὁ λαός μου)이라고 부르신다. 이와 유사한 표현은 스가랴 13:9에서도 발견된다. "내가 그 삼 분의 일을 불 가운데에 던져 은 같이 연단하며 금 같이 시험할 것이라. 그들이 내 이름을 부르리니 내가 들을 것이며, 나는 말하기를 '이는 내 백성이라' 할 것이요, 그들은 말하기를 '여호와는 내 하나님이시라' 하리라"(슥 13:9).

"내 백성아, 거기서 나와." 하나님은 소아시아의 그리스도인들이 바빌론에서 나올 것을 요구하신다. 그것은 바빌론에서 탈출하여 새로운 출애굽을 감행하라는 하나님의 명령이다. 그러나 이것이 바빌론에서 다른 나라로 혹은 도시에서 시골로 이동하는 것을 의미하지는 않는다. 그것은 구약의 출애굽처럼 물리적인 의미에서의 탈출이 아니라, 바빌론 안에서의 영적인 탈출을 의미한다. 또한 권력과 시장을 숭배하는 바빌론의 제국주의 체제에 동화되는 것을 거부하고 정치적·경제적·사회적·교육적·문화적·종교적 영역에서 대안을 찾고 불의와 모순에 비폭력적으로 저항하는 주체가 되는 것을 의미한다. 예수는 자기 제자들이 세상의 악에 동화되지 않도록 기도했다. "내가 비옵는 것은 그들을 세상에서 데려가시기를 위함이 아니요, 다만 악에 빠지지 않게 보전하시기를 위함이니이다"(요 17:15).

"그의 죄에 참여하지 말고 그가 받을 재앙들을 받지 말라"는 권고는 예레미야 51:6을 연상시킨다. "바벨론 가운데서 도망하여 나와서 각기 생명을 구원하고 그의 죄악으로 말미암아 끊어짐을 보지 말지어다. 이는 여호와의 보복의 때니 그에게 보복하시리라." 예레미야서와 요한계시록의 권고의 중요한 차이점은 다음과 같다. 곧 예레미야에서는 파괴를 피하기 위해서 공간적으로 바빌론에서 떠나가는 것이 중요했지만, 요한계시록에서는 바빌론의 죄에 참여하는 것을 방지하기 위해서 사회적 고립을 감수하면서도 기존의 체제에 동화되는 것을 거부하는 것이 중요하다. 바빌론의 죄에 참여하지 않는 것은 우상화된 바빌론의 체제를 거부하고 저항하는 것을 의미한다. 바빌론에 동화된 사람들은 바빌론과 함께 죄를 저지르는 공범자들이다. 바빌론의 제국주의 체제에 대한 비타협적인 거부와 비폭력적 저항만이 바빌론이 받을 재앙을 받지 않는 길이다. 바빌론의 불의한 체제의 유지는 바빌론의 체제에서 살고 있는 사람들의 타협과 충성에 달려 있다. 바빌론에서 나오라는 하나님의 명령은 이미 탈출의 대열에 속한 사람들에게는 새 예루살렘을 향한 행진을 계속하라는 격려다. 또한 그것은 아직도 현상유지에 만족하는 사람들에게 회개하고 탈출할 때가 바로 지금이라는 것을 알려주는 경고다.

5절 "그의 죄는 하늘에 사무쳤으며 하나님은 그의 불의한 일을 기억하신지라." 에티오피아 에녹서에 의하면 하나님은 성도들의 기도를 기억하신다. "너희 의인들아! 그날에 너희의 기도가 기억되도록 준비하라. 그리고 그 기도를 증언으로 천사들 앞에 놓아라. 그러면 천사들은 가장 높으신 분(하나님)이 기억하시도록 죄인들의 죄를 가져올 것이다"(에녹1서 99:3). 하나님은 바빌론이 저지른 죄의 희생자들이 하늘을 향해서 부르짖는 외침을 들으셨기 때문에 바빌론이 자행한 불의한 일들을 기억하시고 바빌론을 심판하시기로 결심하셨다. 불의를 하나님께 고발하는 비슷한 경우가 다른 곳에서도 발견된다. "보라! 너희 밭에서 추수한 품꾼에게 주지 아니한 삯이 소리 지르며 그 추수한 자의 우는 소리가 만군의 주의 귀에 들렸느니라. 너희가 땅에서 사치하고 방종하여 살륙의 날에 너희 마음을 살찌게 하였도다"(약 5:4-5). 하나님은 불의를 미워하시고 정의를 사랑하신다. "무릇 나 여호와는 정의를 사랑하며 불의의 강탈을 미워하여 성실히 그들에게 갚아주고 그들과 영원한 언약을 맺을 것이라"(사 61:8).

6절 하나님은 응보의 원칙에 따라서 바빌론을 심판할 것을 형벌의 천사에게 명령하셨다. "그가 준 그대로 그에게 주고 그의 행위대로 갑절을 갚아주고 그가 섞은 잔에도 갑절이나 섞어 그에게 주라." 하나님은 바빌론의 죄를 기억하고 계신다. 유대 묵시 문학은 인간의 모든 악행이 하늘에서 기록되고 있다고 말한다.

하나님에 의해서 너희의 모든 악행이 하늘에서 드러난다는 것을 나는 너희 죄인들에게 맹세한다. 너희의 불의한 행위들은 아무것도 덮어지거나 감추어지지 않는다. 우리의 모든 죄가 날마다 하나님의 면전에서 기록되고 있는 것을 너희가 알지도 못하고 보지도 못한다고 마음속으로 생각하지 마라. 너희가 부당하게 저지른 모든 불의가 너희의 심판 날까지 매일 기록된다는 것을 이제부터 알라(에녹1서 98:6-8).

우리는 하나님이 보복하시고 심판하신다는 사실을 예레미야 50:15에서 확인할 수 있다. "그 주위에서 고함을 지르리로다. 그가 항복하였고 그 요새는 무너졌고 그 성벽은 허물어졌으니 이는 여호와께서 그가 행한 대로 그에게 내리시는 보복이라. 그가 행한 대로 그에게 갚으시는도다." 보복 심판에 대한 기원은 시편 137:8에서 확인할 수 있다. "멸망할 딸 바벨론아, 네가 우리에게 행한 대로 네게 갚는 자가 복이 있으리로다."

그런데 여기서 바빌론에게 갑절로 보복하라는 하나님의 명령은 그분의 백성인 그리스도인들이 바빌론이 사용하는 동일한 방식과 동일한 무기로 바빌론에게 갑절로 보복하라는 의미인가? 그리스도인들은 로마인들이 행한 폭력을 로마인들에게 똑같이 보복해서도 안 되고 또 그렇게 보복할 수도 없다. 우리는 갑절로 보복하라는 명령을 하나님이 복수해주시기를 간절히 바라는 약자들의 복수 기원이 반영된 것으로 이해할 수 있다. 복수 기원은 불의에 대한 약자들의 저항의 마지막 형태다. 약자들의 복수 기원은 "그를 심판하시는 주 하나님은 강하신 자이심이라"(계 18:8)는 신앙 고백에 근거한다.

7절 "그가 얼마나 자기를 영화롭게 하였으며 사치하였든지 그만큼 고통과 애통함으로 갚아주라." 시빌의 신탁(Sibylline Oracles)에도 사치한 바빌론에 대한 심판 선언이 언급되었다. "금 보좌에 앉고 금 샌들을 신는 너 바벨론에게 화가 있으라"(시빌의 신탁 5:434). 하나님은 바빌론이 자신의 사치욕으로 인해서 제국의 주변 여러 민족을 착취하고 희생시켰기 때문에 바빌론 자신도 그러한 고통을 당하게 하라고 천사에게 명령하셨다.

"그가 마음에 말하기를 '나는 여왕으로 앉은 자요 과부가 아니라 결단코 애통함을 당하지 아니하리라 하니.'" 이 본문은 이사야 47:8-9을 차용한 것이다. "그러므로 사치하고 평안히 지내며 마음에 이르기를 '나뿐이라. 나 외에 다른 이가 없도다. 나는 과부로 지내지도 아니하며 자녀를 잃어버리는 일도 모르리라' 하는 자여, 너는 이제 들을지어다. 한 날에 갑자기 자녀를 잃으며 과부가 되는 이 두 가지 일이 네게 임할 것이라. 네가 무수한 주술과 많은 주문을 빌릴지라도 이 일이 온전히 네게 임하리라." 절대적 권력을 휘두르는 바빌론은 매우 오만한 여왕에 비유되었다. 고대 사회에서 과부는 가장 가난한 자를 상징한다. 음녀 바빌론은 자기가 과부가 아니므로 결코 애통을 겪지 아니할 것이라고 장담했다. 하지만 이것은 한 치 앞을 내다보지 못하는 오만한 여왕의 어리석음을 풍자한 표현이다.

8절 "그러므로 하루 동안에 그 재앙들이 이르리니 곧 사망과 애통함과 흉년이라. 그가 또한 불에 살라지리니." 로마 제국의 주변 민족들은 로마가 일으킨 전쟁과 압제와 착취로 인해서 이미 오래전부터 사망, 애통함, 흉년, 그리고 도시가 불로 파괴되는 것을 경험해왔다. 이제는 하나님의 정의로운 심판을 통해서 바빌론이 그러한 재앙을 그대로 당할 것이다. "하루 동안"이라는 표현은 바빌론에 대한 심판이 갑자기, 예기치 못한 순간에 일어날 것을 나타낸다. "그를 심판하시는 주 하나님은 강하신 자이심이라." 이것은 하나님에게만 의지하는 약자들의 신앙고백이다.

탄식하는 땅의 왕들(18:9-10)

9 그와 함께 음행하고 사치하던 땅의 왕들이 그가 불타는 연기를 보고 위하

여 울고 가슴을 치며 10 그의 고통을 무서워하여 멀리 서서 이르되 "화 있도다, 화 있도다, 큰 성, 견고한 성 바벨론이여 한 시간에 네 심판이 이르렀다" 하리로다.

9절　　바빌론의 멸망을 슬퍼하는 세 부류의 집단은 땅의 왕들, 상인들, 선장과 선원들이다. 그들은 바빌론의 세계 무역을 주도하는 자들이며, 불공정 독점무역을 통해서 이익을 얻는 자들이다. 제일 먼저 땅의 왕들이 바빌론의 멸망을 슬퍼한다. 그들은 로마에 예속된 식민지의 토착 왕들이다. 요한은 그들을 "사치하던 땅의 왕들"이라고 강조한다. 그들은 자신의 권력 유지와 이권을 위해서 바빌론을 상대로 음행을 한 대가로 자기 민족의 경제적 희생을 지불했다. "불타는 연기"는 타락한 도시인 소돔과 고모라에 대한 하나님의 심판을 연상시킨다. "여호와께서 하늘 곧 여호와께로부터 유황과 불을 소돔과 고모라에 비같이 내리사 그 성들과 온 들과 성에 거주하는 모든 백성과 땅에 난 것을 다 엎어 멸하셨더라. 롯의 아내는 뒤를 돌아보았으므로 소금 기둥이 되었더라"(창 19:24-26). 그들은 자신의 지위와 부를 보장해주었던 바빌론이 파괴되어 불타는 연기를 보고 애통해하며 슬퍼한다. 그들은 불타는 소돔과 고모라 성을 뒤돌아보다가 소금 기둥이 된 롯의 아내처럼 아무런 미래가 없다(참조. 창 19:26).

10절　　"화 있도다, 화 있도다, 큰 성 견고한 성 바벨론이여, 한 시간에 네 심판이 이르렀다." 땅의 왕들은 "화 있도다"(οὐαί)라고 탄식을 거듭하면서 애가를 부른다. "한 시간에"라는 표현은 한순간, 곧 짧은 시간과 빠른 속도를 의미한다. 땅의 왕들은 로마가 영원할 것이라는 자신들의 믿음에 허무를 느꼈다. "큰 성 견고한 성 바벨론"이 한순간에 무너졌기 때문이다.

탄식하는 상인들(18:11-16)

> 11 땅의 상인들이 그를 위하여 울고 애통하는 것은 다시 그들의 상품을 사는 자가 없음이라. 12 그 상품은 금과 은과 보석과 진주와 세마포와 자주 옷감과 비단과 붉은 옷감이요, 각종 향목과 각종 상아 그릇이요, 값진 나무와 구리와 철과 대리석으로 만든 각종 그릇이요, 13 계피와 향료와 향과 향유와 유향과 포도주와 감람유와 고운 밀가루와 밀이요, 소와 양과 말과 수레와 종들과 사람의 영혼들이라. 14 바벨론아, 네 영혼이 탐하던 과일이 네게서 떠났으며 맛있는 것들과 빛난 것들이 다 없어졌으니 사람들이 결코 이것들을 다시 보지 못하리로다. 15 바벨론으로 말미암아 치부한 이 상품의 상인들이 그의 고통을 무서워하여 멀리 서서 울고 애통하여 16 이르되 "화 있도다, 화 있도다, 큰 성이여, 세마포 옷과 자주 옷과 붉은 옷을 입고 금과 보석과 진주로 꾸민 것인데"

11절　　두 번째로 땅의 상인들이 바빌론의 멸망을 슬퍼한다. "땅의 상인들이 그를 위하여 울고 애통하는 것은 다시 그들의 상품을 사는 자가 없음이라." 땅의 상인들(ἔμποροι)은 소상인이 아니라, 국제무역을 하는 대상인들이다. 그들은 불공정 무역을 하는 왕족과 귀족들이다. "그 상인들은 고관들이요, 그 무역상들은 세상에 존귀한 자들이었다"(사 23:8). "너의 상인들은 땅의 왕족들이라"(계 18:23). 상인들은 파괴되고 있는 바빌론을 바라보면서 슬퍼한다. 왜냐하면 상품을 팔 시장이 없어졌기 때문이다. 그들은 상품을 생산했던 이름 없는 수많은 가난한 사람의 과도한 노동과 그들의 열악한 노동 조건과 식민지의 자연 파괴와 자원 고갈에 대해서는 일절 관심이 없다. 그들의 관심은 오로지 무역을 통해 상품을 팔아서 돈을 벌고 자본을 축적하는 데 있다.

12-13절　　　여기에는 무역상들이 독점무역으로 식민지에서 로마로 실어온 화물 목록이 나열되어 있다. 이 화물 목록에는 기본적인 생필품이 아니라 화려하게 치장하고, 고급 저택을 짓고, 고급 향료와 식품 재료로 좋은 음식을 먹으려는 로마 상류층의 사치를 만족시키는 소비품들이 적혀 있다.[6] 이와 대조적으로 요한계시록 6:1-9에 서술된 제국의 주변부인 소아시아의 현실은 빈곤, 기근, 물가 폭등, 질병, 기아, 그리고 사람들의 때 이른 죽음이다. 제국의 중심부와 주변부의 이러한 극단적인 경제적 불균형은 로마 제국의 착취적인 경제구조를 극명하게 보여준다. 땅의 상인들이 취급하는 화물 목록은 놀랍게도 상품들의 가치의 우선순위에 따라 배열되었다.

　1. 귀금속: 금과 은
　2. 보석: 보석과 진주
　3. 옷감: 세마포, 자주 옷감, 비단, 붉은 옷감
　4. 건축 장식: 각종 향목, 상아 그릇, 값진 나무, 구리, 철, 대리석으로
　　 만든 각종 그릇
　5. 향품: 계피, 향료, 향, 향유, 유향
　6. 식료품: 포도주, 감람유, 고운 밀가루, 밀
　7. 가축: 소, 양, 말, 수레
　8. 노예: 종들과 사람의 영혼들

---

6 ― 이러한 화물 목록은 겔 27:12 이하에 나오는 상품들과 비슷하다. 화물 목록의 개별 품목들의 원산지에 대해서는 Richard Bauckham, "The Economic Critique of Rome in Revelation 18," in Loveday Alexander (ed.), *Images of Empire* (Sheffield: Sheffield Academic Press, 1991), 47-90을 보라.

이 화물 목록의 맨 위에는 금이 있고, 맨 아래에는 "종들과 사람의 영혼들"(σωμάτων καὶ ψυχὰς ἀνθρώπων)이 있다. 노예들은 이 화물 목록에서 가축과 수레보다 아래에 있다. 이것은 로마의 윤리와 가치 체계를 반영한다. 그런데 종들과 병렬된 "사람의 영혼들"은 무엇을 의미하는가? "종들과 사람의 영혼들"에서 "과"(καί)를 어떻게 보느냐에 따라서 해석이 달라질 수 있다. 여러 학자들은 이것을 등위 접속사로 보고 노예들과 함께 병렬된 "사람의 영혼들"을 보통 노예보다 못한 존재로서 원형 경기장에서 맹수와 싸울 남자들과 홍등가에서 몸을 팔 여자들을 가리킨다고 해석한다. 그러나 나는 본문의 그리스어 카이(καί)가 설명적 접속사로 쓰였기 때문에 "종들, 즉 사람의 영혼들"로 이해되어야만 한다고 생각한다.[7] "종들"로 번역된 그리스어 소마톤(σωμάτων)의 문자적 의미는 몸들이다. 대상인들은 식민지에서 노예로 잡아온 여자와 남자들을 비인간화하고, 객체화하고, 영혼이 없는 몸들로 사물화해서 노동력과 성적 착취를 위한 상품으로 로마의 시장에 팔았다. 노예무역은 이윤이 큰 장사였고, 노예들은 주로 식민지에서 로마로 조달되었다. 로마는 남녀 노예들을 사람의 영혼이 없는 몸들로 취급하면서 노예제도를 유지했다.[8] 이러한 현실에서 예언자 요한은 "종들" 다음에 "즉 사람의 영혼들"이라는 표현을 덧붙여, 노예도 하나님의 형상(Imago Dei)으로 창조된 사람의 영혼을 가진 평등한 인간이라고 주장하며 노예제도에 항의했다.

14절 "바벨론아, 네 영혼이 탐하던 과일이 네게서 떠났으며 맛있는 것들과 빛난 것들이 다 없어졌으니 사람들이 결코 이것들을 다시 보지

---

7 — Allan A. Boesak, *Comfort and Protest*, 120; Richard Bauckham, "The Economic Critique of Rome in Revelation 18," 78-79.

8 — Clarice J. Martin, "Polishing the Unclouded Mirror: A Womanist Reading of Revelation 18:13," in: David Rhoads (ed.), *From Every People and Nation: The Book of Revelation in Intercultural Perspective* (Minneapolis: Fortress Press, 2005), 82-109.

못하리로다." 화물 목록에 없는 과일이 언급된 것은 흥미롭다. "네 영혼이 탐하던 과일"이라는 표현은 로마가 심취했던 온갖 사치품을 상징하는 은유로 이해할 수도 있다. 어쨌든 과일은 땅의 소출이다. 바빌론이 망함으로써 바빌론은 더 이상 맛있는 과일을 생산하지 못하고, 그곳의 주민들은 더 이상 맛있는 과일을 먹을 수 없게 되었다.

15-16절   "바벨론으로 말미암아 치부한 이 상품의 상인들이 그의 고통을 무서워하여 멀리 서서 울고 애통하여 이르되 '화 있도다, 화 있도다, 큰 성이여, 세마포 옷과 자주 옷과 붉은 옷을 입고 금과 보석과 진주로 꾸민 것인데.'" 상인들은 바빌론의 사치 세력들을 만족시켜주는 무역을 통해 부자가 되었으나, 지금 그들은 불타는 바빌론을 바라보면서 망연자실하며 슬퍼한다. 그들은 "화있도다, 화있도다, 큰 성이여"라고 애가를 부른다. 무역선의 화물 목록에 속한 고급 상품인 "세마포 옷과 자주 옷과 붉은 옷을 입고 금과 보석과 진주"로 자신을 아름답게 치장했던 바빌론은 불타서 무너지고 말았다. 큰 성 바빌론은 하나님의 심판을 통해서 한순간에 망했다.

탄식하는 선장과 선원들(18:17-19)

> 17 그러한 부가 한 시간에 망하였도다. 모든 선장과 각처를 다니는 선객들과 선원들과 바다에서 일하는 자들이 멀리 서서 18 그가 불타는 연기를 보고 외쳐 이르되 "이 큰 성과 같은 성이 어디 있느냐" 하며 19 티끌을 자기 머리에 뿌리고 울며 애통하여 외쳐 이르되 "화 있도다, 화 있도다, 이 큰 성이여, 바다에서 배 부리는 모든 자들이 너의 보배로운 상품으로 치부하였더니 한 시간에 망하였도다."

17절　세 번째로 모든 선장과 선객과 선원들이 바빌론의 멸망을 슬퍼한다. 그들은 세계 무역의 경유 노선을 장악한 자들이며 무역과 연관된 일을 통해서 돈을 버는 자들이다. 그들은 붕괴되는 바빌론을 바라보면서 "그러한 부가 한 시간에 망하였도다"라고 탄식한다. "각처를 다니는 선객들"은 선주들과 무역업자들이다. "한 시간"은 아주 짧은 시간을 의미한다. 바빌론의 큰 부(πλοῦτος)는 그들의 불공정 무역을 통해서 축적한 것이다.

18절　그들은 화염에 쌓인 연기가 올라가는 것을 바라보면서 영원한 도시라고 여겼던 로마가 파괴되는 것이 도무지 믿어지지 않아서 큰 소리로 "이 큰 성과 같은 성이 어디 있느냐"고 외치며 탄식한다.

19절　그들은 "티끌을 자기 머리에 뿌리고" 울며 애가를 부른다. "화 있도다, 화 있도다, 이 큰 성이여, 바다에서 배 부리는 모든 자들이 너의 보배로운 상품으로 치부하였더니 한 시간에 망하였도다." 이런 표현은 두로의 화물선 침몰을 슬퍼하는 사람들의 모습을 묘사하는 것과 같다. "너를 위하여 크게 소리 질러 통곡하고 티끌을 머리에 덮어쓰며 재 가운데에 뒹굴며 그들이 다 너를 위하여 머리털을 밀고 굵은 베로 띠를 띠고 마음이 아프게 슬피 통곡하리로다"(겔 27:30). 두로는 주변국들과 불공정 무역을 주도했던 고대 경제의 중심지였다. 그런데 두로의 화물선이 하나님이 일으킨 거친 풍랑으로 인해 바다에 침몰하자 무역 상품들이 물속에 가라앉고, 배에 타고 있던 선장과 선원과 무역업자와 군인과 승객들이 모두 바다에 빠졌다. 겨우 구출된 사람들이 뭍으로 올라와서 파선으로 재물을 잃은 것을 슬퍼하면서 티끌을 머리에 쓰고 큰 소리로 비통하게 울면서 애가를 불렀다(참조. 겔 27:12-36).

"너의 보배로운 상품으로 치부하였더니 한 시간에 망하였도다." 선장과 선객과 선원들은 화염에 휩싸인 바빌론을 바라보고 슬퍼하면서 탄식한다. 그런데 그들은 화물 목록에 포함된 남녀 노예들의 운명에는 전혀 관심이 없고 오직 "보배로운 상품"에만 관심이 있다. 이것은 인간을 경시하고 경제적 이윤만을 추구하는 로마의 불공정 무역의 비윤리적 경제관을 명백하게 보여준다. 그들은 "한 시간에" 바빌론이 망한 것을 한탄하고 슬퍼한다(계 18:10, 17). 이것은 영원히 지속될 것 같았던 바빌론이 한순간에 무너지는 것에 대한 놀라움과 허무함을 나타낸다.

바빌론 심판의 원인(18:20-24)

> 20 "하늘과 성도들과 사도들과 선지자들아, 그로 말미암아 즐거워하라. 하나님이 너희를 위하여 그에게 심판을 행하셨음이라" 하더라. 21 이에 한 힘센 천사가 큰 맷돌 같은 돌을 들어 바다에 던져 이르되 "큰 성 바벨론이 이같이 비참하게 던져져 결코 다시 보이지 아니하리로다. 22 또 거문고 타는 자와 풍류하는 자와 퉁소 부는 자와 나팔 부는 자들의 소리가 결코 다시 네 안에서 들리지 아니하고 어떠한 세공업자든지 결코 다시 네 안에서 보이지 아니하고 또 맷돌 소리가 결코 다시 네 안에서 들리지 아니하고 23 등불 빛이 결코 다시 네 안에서 비치지 아니하고 신랑과 신부의 음성이 결코 다시 네 안에서 들리지 아니하리로다. 너의 상인들은 땅의 왕족들이라. 네 복술로 말미암아 만국이 미혹되었도다. 24 선지자들과 성도들과 및 땅 위에서 죽임을 당한 모든 자의 피가 그 성 중에서 발견되었느니라" 하더라.

20절　　"하늘과 성도들과 사도들과 선지자들아, 그로 말미암아 즐거워하라. 하나님이 너희를 위하여 그에게 심판을 행하셨음이라 하더라." 이 구절은 고대 바빌론의 멸망을 축하하는 노래를 차용한 것이다. "하늘과 땅과 그 안에 있는 모든 것이 바벨론으로 말미암아 기뻐 노래하리니 이는 파멸시키는 자가 북쪽에서 그에게 옴이라. 여호와의 말씀이니라"(렘

51:48). 하늘(οὐρανός)은 로마에 의해서 살해된 모든 순교자와 죽은 성도들이 살아 있는 역사의 불가시적이며 심층적이고 초월적인 차원을 상징한다. "성도들과 사도들과 선지자들"이란 표현은 아직 땅 위에서 숨 쉬며 하나님의 말씀과 그리스도를 증언하는 교회의 구성원들을 가리킨다.[9] 여기서 "사도들"은 예수의 열두 사도를 가리키는 것이 아니라, 신앙적으로 교회의 기둥 같은 역할을 하는 사람들이다. 그런데 교회의 구성원을 묘사하는 순서가 성도, 사도, 선지자들로 배열된 것은 예언자 요한이 염두에 둔 교회가 가부장제와 위계체계로부터 자유로운 평등한 형제자매적인 공동체라는 것을 보여준다.

바빌론에 대한 심판은 하늘에 살아 있는 죽은 자들의 탄원 기도(계 6:9-11)와 산 자들의 증언과 저항에 대한 하나님의 응답이다. 심판(κρίμα)은 순교자들을 신원하고 억눌린 성도와 약자들을 억압에서 해방하며 그들의 권리를 회복하고 정의를 실현한다. 따라서 하늘의 음성은 하늘에 살아 있는 죽은 자들과 교회의 구성원들인 산 자들에게 즐거워하라고 요구했다.

21절　　"이에 한 힘센 천사가 큰 맷돌 같은 돌을 들어 바다에 던져 이르되 '큰 성 바벨론이 이같이 비참하게 던져져 결코 다시 보이지 아니하리로다.'" 바빌론은 넓고 깊은 바다에 던져진 "큰 맷돌 같은 돌" 하나가 흔적도 없이 사라지는 것처럼 결코 다시 보이지 않도록 영원히 파멸될 것이다. 이것은 예레미야가 스라야에게 바빌론의 멸망에 대한 예언이 기록된 책을 다 읽은 후에 그것을 돌에 묶어서 강에 던지라고 명령한 것을 생각나게 한다. "너는 이 책 읽기를 다한 후에 책에 돌을 매어 유브라데 강 속에 던지며 말하기를 '바빌론이 나의 재난 때문에 이같이 몰락하여 다시 일어서지 못하리니 그들이 피폐하리라 하라' 하니라. 예레미야의 말이 이

---

9 ― 신동욱, 『요한계시록주석』, 194.

에 끝나니라"(렘 51:63-64).

22-23절   황폐해진 바빌론은 심판받기 이전의 바빌론의 모습과 극명하게 대조된다. 하나님의 심판을 받은 바빌론의 현실이 이전의 현실과는 전혀 다르다는 것이 다섯 번에 걸친 "결코 다시…아니하고"(οὐ μὴ…ἔτι)라는 공식을 통해서 표현된다. 하나님의 심판으로 인해서 이제 바빌론은 더 이상 사람들이 살 수 있는 곳이 아니다. 음악, 예술가들, 장인들, 빛을 비추는 가로등, 음식을 만들기 위해서 맷돌로 밀을 빻는 일, 그리고 신랑 신부의 결혼 축하 피로연 등 모든 것이 사라졌다. 이러한 상황은 예레미야 25:10에 묘사된 하나님 심판의 결과와 같다. "내가 그들 중에서 기뻐하는 소리와 즐거워하는 소리와 신랑의 소리와 신부의 소리와 맷돌 소리와 등불 빛이 끊어지게 하리니."

바빌론이 이처럼 심판을 받게 된 세 가지 원인 중 두 가지가 여기에 기술되었다.

첫째, "너의 상인들은 땅의 왕족들이라." 바빌론의 상인들은 정치적 영향력을 행사하는 왕족들이다. 이미 위에서 언급했듯이, 이사야 23:8에는 국제 무역을 하는 두로의 무역상들에 관해서 "그 상인들은 고관들이요"라고 기술되었다. 하나님은 고위층에 속하는 바빌론의 상인들이 큰 이윤을 얻을 목적으로 불공정 무역 구조를 만들어 식민지의 약자들을 희생시켰기 때문에 바빌론을 심판하셨다.

둘째, "네 복술로 말미암아 만국이 미혹되었도다." 바빌론의 복술은 우상 숭배를 조장하여 식민지의 나라들과 민족들을 눈멀게 했다. 약자들의 희생으로 번영한 바빌론의 화려한 외관은 사람들을 현혹했고 동시에 사람들은 그것에 현혹되었다.

24절   "선지자들과 성도들과 및 땅 위에서 죽임을 당한 모든 자의 피가 그 성 중에서 발견되었느니라." 이것이 바빌론을 심판한 세 번째 원인이며, 가장 중요한 원인이다. 성 중에서 보인 희생자들의 피는 바빌론이 범죄를 저질렀다는 사실의 결정적인 증거가 된다. "성 중에서"라는 표현은 바빌론 안에서, 곧 로마 안에서 피가 발견되었음을 의미한다. 요한은 점층법을 사용해서 교회에 속한 순교자들인 "선지자들과 성도들"을 먼저 언급한다. 그리고 그 절정으로서 교회의 울타리 밖에 있는 무고한 희생자들을 가리키는 "땅 위에서 죽임을 당한 모든 자의 피"를 언급했다. 이러한 사람들은 모두 로마 제국주의의 희생자들이다. 요한은 아래로부터의 시각을 가지고 교회의 경계를 넘어 로마의 권력과 영광 뒤에 은폐되어 있는 모든 희생자의 피를 바라본다. 그리스도인들의 순교는 로마의 황제 숭배와 제국주의적 체제에 저항하는 그리스도인의 정체성을 극명하게 보여준다. 하나님이 로마를 심판하신 가장 중요한 이유는 그리스도인들의 순교 때문만이 아니라 교회에 속하지 않는 모든 무고한 자의 억울한 죽음에 있다. 이것은 정의가 그리스도인 희생자들만을 위해서가 아니라, 교회 밖에 있는 모든 희생자를 위해서도 실현되어야만 한다는 것을 의미한다. 따라서 오늘날의 그리스도인들은 이 시대의 모든 희생자의 억울한 죽음에 대해서 깊은 관심을 가져야만 한다.

하늘에서의 축하 예배(19:1-5)

1 이 일 후에 내가 들으니 하늘에 허다한 무리의 큰 음성 같은 것이 있어 이르되 "할렐루야! 구원과 영광과 능력이 우리 하나님께 있도다. 2 그의 심판은 참되고 의로운지라. 음행으로 땅을 더럽게 한 큰 음녀를 심판하사 자기 종들의 피를 그 음녀의 손에 갚으셨도다" 하고 3 두 번째로 "할렐루야!" 하니 그 연기가 세세토록 올라가더라. 4 또 이십사 장로와 네 생물이 엎드려 보좌에 앉으신 하나님께 경배하여 이르되 "아멘! 할렐루야!" 하니 5 보좌에

서 음성이 나서 이르시되 "하나님의 종들 곧 그를 경외하는 너희들아, 작은 자나 큰 자나 다 우리 하나님께 찬송하라!" 하더라.

1절　요한은 이 일 후에 "내가 들으니"라는 말로 그의 환상을 시작한다. 그는 하늘의 예배에서 울려 퍼지는 찬송 소리를 들었다. 18:20에서 하늘과 성도들과 예언자들에게 바빌론의 멸망을 즐거워하라고 요구한 것이 지금의 축하 예배로 나타났다. 19:1-5에 기록된 예배는 하늘에 살아 있는 순교자와 죽은 성도들이 참석한 하늘의 예배이고, 6-8절의 예배는 땅 위에 있는 성도들이 드리는 예배다.[10] 이러한 축하 예배는 하늘과 땅 위에서 동시적으로 일어나며, 1절과 6절에서 동일하게 "할렐루야"라는 외침으로 예배가 시작되었다.

"허다한 무리의 큰 음성 같은 것이 있어 이르되 '할렐루야! 구원과 영광과 능력이 우리 하나님께 있도다.'" 이 구절은 천상의 예배에서 큰 무리가 부르는 찬송 소리를 묘사한 것이다. "무리"로 번역된 오클로스(ὄχλος)는 하늘에 살아 있는 순교자와 죽은 성도들의 무리를 가리킨다. 그들은 죽음의 순간까지 짐승에게 복종하기를 거부하고 정의와 자유와 평등이 지배하는 새로운 세계의 도래를 증언한 사람들이었다. "큰 음성 같은 것"은 하늘에 살아 있는 죽은 자들이 하늘의 예배에서 하나님의 심판을 축하하는 노래를 부르는 소리다.

"구원과 영광과 능력이 우리 하나님께 있도다. 할렐루야!" 구원(σωτηρία)과 영광(δόξα)과 능력(δύναμις)은 본래 로마 황제가 자기에게 속한 것이라고 주장하는 정치적 용어들이었다. 하지만 하늘의 예배에서 허다한 무리는 그것들을 모두 하나님에게 돌렸다. 그리스어 할렐루야

---

10 — Pablo Richard, *Apokalypse*, 205.

$(\dot{\alpha}\lambda\lambda\eta\lambda o\nu\ddot{\imath}\dot{\alpha})$는 히브리어 הַלְלוּיָה를 음역한 것이다. 할렐루야는 사람들에게 "하나님을 찬양하라"고 요구하는 것을 의미한다. 유대 전통에서 할렐루야는 종말의 때와 연결되어서 사용되었다. "죄인들을 땅에서 소멸하시며 악인들을 다시 있지 못하게 하시리로다. 내 영혼아, 여호와를 송축하라. 할렐루야!"(시 104:35). 하늘의 예배에서 허다한 무리가 "할렐루야"라고 탄성을 지르면서 하나님을 찬양하는 것은 하나님이 바빌론을 지금 심판하시기 때문이다.

요한이 경험하고 있는 현실의 세계에서 바빌론은 아직 번창하고 있으며, 황제 숭배도 계속해서 실행되고 있다. 그렇지만 그는 이러한 하늘의 예배에 대한 환상을 통해서 로마가 반드시 멸망할 것을 그의 수신자들에게 확신시켰다. 하늘의 예배는 로마의 황제 숭배에 대한 비판과 항의의 원천이다.

2절 "그의 심판은 참되고 의로운지라. 음행으로 땅을 더럽게 한 $(\ddot{\varepsilon}\phi\theta\varepsilon\iota\rho\varepsilon\nu)$ 큰 음녀를 심판하사 자기 종들의 피를 그 음녀의 손에 갚으셨도다." 로마의 정치적·경제적 체제가 땅을 더럽혔다. 로마가 땅을 오염시켰지만, 로마에 예속된 사람들이 로마의 체제에 동참하면서 그 오염을 유지한다. 하나님의 심판은 땅 위에 있는 더러움을 씻어낸다(참조. 에녹1서 10:20-22). 하늘의 예배는 바빌론의 멸망에 대한 기쁨에서 기인했다. 이때 하늘의 무리는 하나님의 정의로운 심판을 축하하는 노래를 부른다. "그의 심판은 참되고 의로운지라"는 이미 16:7에서 진술된 것을 문자 그대로 반복한 것이다. "갚으셨도다"($\dot{\varepsilon}\xi\varepsilon\delta\dot{\iota}\kappa\eta\sigma\varepsilon\nu$)라는 표현은 하나님이 심판을 통해서 바빌론의 손에서 죽임을 당한 그분의 남녀 종들의 원한을 갚아주시고 그들을 신원하셨다는 것을 의미한다.

3절 "두 번째로 할렐루야 하니 그 연기가 세세토록 올라가더라." 두 번째 할렐루야는 바빌론에 대한 하나님의 심판의 정당성을 더욱 강조한다. "그 연기가 세세토록 올라가더라"는 표현은 바빌론에 대한 심판이 완전하고 영원하다는 것을 의미하며, 이사야 34:9-10의 일부를 차용한 것이다. "에돔의 시내들은 변하여 역청이 되고 그 티끌은 유황이 되고 그 땅은 불붙는 역청이 되며 낮에나 밤에나 꺼지지 아니하고 그 연기가 끊임없이 떠오를 것이며 세세에 황무하여 그리로 지날 자가 영영히 없겠고."

4절　"또 이십사 장로와 네 생물이 엎드려 보좌에 앉으신 하나님께 경배하여 이르되 '아멘! 할렐루야! 하니.'" 이십사 장로와 네 생물은 부복하여 예배하면서 "아멘! 할렐루야!"(ἀμὴν ἀλληλουϊα)라고 노래한다. 아멘과 할렐루야의 연결은 시편 106:48에서 유래한 것으로 보인다. "여호와 이스라엘의 하나님을 영원부터 영원까지 찬양할지어다. 모든 백성들아 아멘 할지어다."

5절　"보좌에서 음성이 나서 이르시되 '하나님의 종들 곧 그를 경외하는 너희들아! 작은 자나 큰 자나 다 우리 하나님께 찬송하라 하더라.'" 보좌에서 나온 음성은 누구의 음성인가? 그것은 천상의 예수의 음성이다. 이에 대한 근거는 "우리 하나님"이라는 표현에 있다. 예수는 제자들에게 하나님을 가리켜 "내 하나님"인 동시에 "너희 하나님"이라고 말했다. "예수께서 이르시되 나를 붙들지 말라. 내가 아직 아버지께로 올라가지 아니하였노라. 너는 내 형제들에게 가서 이르되 '내가 내 아버지 곧 너희 아버지, 내 하나님 곧 너희 하나님께로 올라간다' 하라"(요 20:17). "하나님의 종들"은 교회의 모든 남녀 구성원을 가리킨다.

"하나님의 종들 곧 그를 경외하는 너희들아, 작은 자나 큰 자나 다 우리 하나님께 찬송하라." 이 구절은 시편에서 인용된 것이다. "할렐루야! 여호와의 이름을 찬송하라. 여호와의 종들아 찬송하라"(시 135:1). "높은 사람이나 낮은 사람을 막론하고 여호와를 경외하는 자들에게 복을 주시리로다"(시 115:13).

땅 위에서의 축하 예배(19:6-8)

> 6 또 내가 들으니 허다한 무리의 음성과도 같고 많은 물소리와도 같고 큰 우렛소리와도 같은 소리로 이르되 "할렐루야! 주 우리 하나님 곧 전능하신 이가 통치하시도다. 7 우리가 즐거워하고 크게 기뻐하며 그에게 영광을 돌리세. 어린 양의 혼인 기약이 이르렀고 그의 아내가 자신을 준비하였으므로 8 그에게 빛나고 깨끗한 세마포 옷을 입도록 허락하셨으니 이 세마포 옷은 성도들의 옳은 행실이로다" 하더라.

6절　요한은 허다한 무리의 음성과도 같고 많은 물소리와도 같고 큰 우렛소리와도 같은 음성을 들었다. 여기서 무리(ὄχλος)는 지상에서 지금 고난당하면서도 증언하고 저항하는 수많은 남녀 성도를 가리킨다. 그들은 지상의 예배에서 바빌론의 지배가 끝나고 하나님의 통치가 시작된 것을 기뻐하고 환호하면서 "할렐루야! 주 우리 하나님 곧 전능하신 이가 통치하시도다"라고 노래한다. "하나님을 찬양하라"를 의미하는 "할렐루야"는 이제는 더 이상 요구가 아니라 저절로 터져 나오는 환호성이다. 이 예배에는 이십사 장로와 네 생물이 보이지 않는다. 그것이 바로 이 예배가 땅 위에 있는 산 자들의 예배라고 볼 수 있는 결정적인 근거다.

7절　"우리가 즐거워하고 크게 기뻐하며 그에게 영광을 돌리세. 어린 양의 혼인 기약이 이르렀고 그의 아내가 자신을 준비하였으므로." 땅 위에 있는 남녀 성도들은 하나님의 통치가 시작된 것을 기뻐하면서 "그에게 영광을 돌리세"라고 노래한다. 로마 황제는 신의 지위를 참칭(僭稱)하고 사람들에게 영광을 받기를 원했지만, 강요에 의한 영광은 참된 영광이 아니다. 여기서 "즐거워하고 기뻐하며"라는 표현은 시편 118:24을 상기시킨다. "이 날은 여호와께서 정하신 것이라. 이날에 우리가 즐거워하고 기뻐하리로다."

성도들이 기뻐하는 또 다른 이유는 어린 양의 혼인(γάμος) 기약이 다가왔다는 데 있다. 하나님의 통치와 혼인잔치의 결합은 복음서에 나타난다. "천국은 마치 자기 아들을 위하여 혼인 잔치를 베푼 어떤 임금과 같으니"(마 22:2; 참조. 눅 14:15-24). 신약에서 혼인은 메시아적 기쁨의 시간을 상징한다(마 2:2; 막 2:19). 그리고 여기서 어린 양의 혼인은 정의와 평화와 생명이 지배하는 새 예루살렘의 삶을 상징한다. 십자가에 처형된 어린 양 예수가 신랑으로 소개되고 있다. 어린 양의 혼인에서 신랑으로서의 어린 양의 메타포는 신부로서의 새 예루살렘의 메타포와 결합되었다. "그의 아내가 자신을 준비하였으로"라는 표현은 신부의 적극성을 나타낸다. 어린 양의 신부가 새 예루살렘이라는 것은 21장에서 확인된다. "또 내가 보매 거룩한 성 새 예루살렘이 하나님께로부터 하늘에서 내려오니 그 준비한 것이 신부가 남편을 위하여 단장한 것 같더라"(계 21:2). "일곱 대접을 가지고 마지막 일곱 재앙을 담은 일곱 천사 중 하나가 나아와서 내게 말하여 이르되 '이리 오라. 내가 신부 곧 어린 양의 아내를 네게 보이리라' 하고 성령으로 나를 데리고 크고 높은 산으로 올라가 하나님께로부터 하늘에서 내려오는 거룩한 성 예루살렘을 보이니"(계 21:9).

바울은 "내가 하나님의 열심으로 너희를 위하여 열심을 내노니 내가 너희를 정결한 처녀로 한 남편인 그리스도께 드리려고 중매함이로다. 그러나 나는 뱀이 그 간계로 하와를 미혹한 것 같이 너희 마음이 그리스도를 향하는 진실함과 깨끗함에서 떠나 부패할까 두려워하노라"(고후 11:2-3; 참조. 롬 7:2-4; 엡 5:25-33)라고 말했다. 그러나 이러한 바울의 말을 근거로 해서 "그의 아내", 곧 어린 양의 신부가 교회라고 주장하는 것은 잘못된 해석이다.[11]

---

11 ─ 어린 양의 아내를 교회라고 주장하는 학자들의 해석에 대해서는 W. J. Harrington, *Revelation* (Minnesota: The Liturgical Press, 1993), 186; Eduard Lohse, 『요한계시록』, 194; Frederick J. Murphy, *Fallen is Babylon: The Revelation to John* (Pennsylvania: Trinity

바울의 전통에서 그리스도의 신부가 교회라는 것은 현재의 시간에 국한된 것이다. 이와 달리 요한계시록의 종말론적 환상에서 그려진 새 예루살렘은 기존의 교회가 아니라, 하나님의 새 창조에 의해 설계된 지배와 위계 체계로부터 자유로운 평등한 형제자매적인 기독교적 공동체다.

8절 "그에게 빛나고 깨끗한 세마포 옷을 입도록 허락하셨으니 이 세마포 옷은 성도들의 옳은 행실이로다 하더라." 화려한 옷을 입은 음녀와 대조적으로, 어린 양의 신부는 하나님이 선사하신 세마포 옷을 입고 있다. 요한계시록의 저자는 신부가 입고 있는 빛나고 깨끗한 세마포 옷이 성도들의 옳은 행실(δικαιώματα)을 상징한다는 것을 알려줬다. 어린 양의 신부의 충성은 새 예루살렘에서 살게 될 성도들의 충성과 동일시된다. 그들의 옳은 행실은 악의 세력들에게 저항하고 약자들을 사랑하며 하나님을 예배하는 데서 나타난다. 또한 이 옳은 행실은 그들이 성취한 자신의 업적이 아니라 하나님의 은혜에 대한 감사와 충성의 결과다. 이것은 히브리서 9:13-14에서 증명된다. "염소와 황소의 피와 및 암송아지의 재를 부정한 자에게 뿌려 그 육체를 정결하게 하여 거룩하게 하거든 하물며 영원하신 성령으로 말미암아 흠 없는 자기를 하나님께 드린 그리스도의 피가 어찌 너희 양심을 죽은 행실에서 깨끗하게 하고 살아 계신 하나님을 섬기게 하지 못하겠느냐."

요약하면, 땅에서 드려지는 예배의 노래는 하나님의 통치와 어린 양의 혼인식을 축하한다. 이 노래는 억눌린 자들의 기쁨과 희망뿐만 아니라, 새로운 세계를 갈망하는 그들의 대안적 의식을 나타낸다. 어린 양의 신부는 하나님이 원하시는 새로운 대안적 사회인 새 예루살렘을 의미한다. 즉 하나님의 나라는 바빌론의 멸망과 함께 시작된다.

Press International, 1998), 382-383을 보라.

어린 양의 혼인잔치(19:9-10)

> 9 천사가 내게 말하기를 "기록하라. 어린 양의 혼인 잔치에 청함을 받은 자들은 복이 있도다" 하고 또 내게 말하되 "이것은 하나님의 참되신 말씀이라" 하기로 10 내가 그 발 앞에 엎드려 경배하려 하니 그가 나에게 말하기를 "나는 너와 및 예수의 증언을 받은 네 형제들과 같이 된 종이니 삼가 그리하지 말고 오직 하나님께 경배하라. 예수의 증언은 예언의 영이라" 하더라.

9절　　천사가 요한에게 "기록하라"고 명령한 것은 중요한 소식이 있기 때문이다. 그것은 바로 "어린 양의 혼인 잔치에 청함을 받은 자들은 복이 있도다"라는 메시지다. 천사는 그에게 "이것은 하나님의 참되신 말씀이라"고 강조했다. 이스라엘의 전통에서 결혼은 정의와 생명이 지배하는 공동체의 건설을 상징한다. "내가 여호와로 말미암아 크게 기뻐하며 내 영혼이 나의 하나님으로 말미암아 즐거워하리니 이는 그가 구원의 옷을 내게 입히시며 공의의 겉옷을 내게 더하심이 신랑이 사모를 쓰며 신부가 자기 보석으로 단장함 같게 하셨음이라"(사 61:10). 신랑인 어린 양(ἀρνίον)은 십자가에서 처형되었지만 부활하여 영원히 살아 있는 예수 그리스도다(참조. 계 5:6). 어린 양의 아내는 하늘에서 내려오는 새 예루살렘이다. 새 예루살렘은 하나님의 뜻이 이루어진 형제자매적인 기독교적 공동체다. 따라서 교회의 구성원들은 어린 양의 혼인 잔치(δεῖπνον τοῦ γάμου)에 초대되어서 어린 양의 결혼을 기쁘게 축하할 수는 있지만, 그들 자신이 신부가 될 수는 없다.[12] 바빌론의 체제에 적응하기를 거부하고 거기서부터 탈출

---

12 — Barbara Rossing, *The Choice Between Two Cities: Whore, Bride, Empire in the Apocalypse* (Harrisburg: Trinity Press International, 1999), 137.

하여 새 예루살렘을 지향하는 삶을 사는 사람들이 바로 어린 양의 혼인잔치에 초대받은 행복한 사람들이다.

10절 "나는 너와 및 예수의 증언을 받은 네 형제들과 같이 된 종이니 삼가 그리하지 말고 오직 하나님께 경배하라. 예수의 증언은 예언의 영이라 하더라." 이것은 우상 숭배의 위험이 교회 외부에만 있는 것이 아니라 교회의 내부에도 있음을 의미한다. 천사는 자기를 예배하려고 하는 요한에게 "그리하지 말고 오직 하나님께 경배하라"고 권했다. 이와 동일한 내용이 22:8-9에서 다시 나타난다. 계시의 수여자는 하나님이시며, 천사는 계시의 전달자에 불과한 하나님의 종이다. 따라서 그 천사는 자기 자신을 요한과 그의 형제들과 동일한 "같이 된 종"(σύνδουλος)이라고 인식했다. 천사가 아니라 하나님께만 예배하라는 권고는 교회의 목회자들과 사제들이 자신들을 하나님의 종으로만 생각해야 한다는 것과 교회의 성도들은 목회자들과 사제들을 우상화해서는 안 된다는 것을 의미한다.

"예수의 증언"(μαρτυρία)은 예수에 대한 증언이 아니라, 예수 자신이 선포한 증언을 의미한다(참조. 계 1:2). "예수의 증언은 예언의 영이라"는 말은 예수 자신이 증언한 것이 성령으로 말미암아 주어진 예언이라는 것을 의미한다. 예수가 증언한 것이 바로 예언의 본질이다. 이런 점에서 예언자는 예수가 증언한 계시를 다른 사람들에게 선포하는 자다.

오만과 회개

느부갓네살 왕이 세운 바빌론 제국은 기원전 587년 예루살렘을 공격하여 함락시켰고 이런 역사적 바빌론은 요한계시록에서 우상 숭배적이고 범죄적인 큰 도시 로마를 상징하는 것으로 묘사된다. 이러한 바빌론의 성격은 우상 숭배자, 살인자, 착취자, 오만한 여왕으로 분석된다. 하지만 바빌론은 결코 애통을 모르는 영원한 도시가 될 수는 없다는 것이 역사에서도 증명되었다. 고트족 출신으로 로마 군단에 가담한 지휘관이기도 했던 알라리크(Alaric)는 서고트족의 왕으로 추대된 후 고트족 병사들을 이끌고 410년 8월에 로마를 공격하여 영원한 도시 로마를 함락시키고 사흘간에 걸쳐 금과 은과 비단 등 귀중품을 약탈한 후 노예들을 석방시키고 되돌아갔다.

바빌론은 거룩한 도시인 새 예루살렘과 대립되는 도시다. 새 예루살렘은 생명의 꽃들이 피는 도시이지만, 바빌론은 생명의 꽃들이 꺾이고 짓밟히는 도시다. 바빌론과 새 예루살렘은 이 세계 안에 대립적인 세계 질서로서 함께 존재한다. 그런데 불행하게도 1세기 말엽과 비슷하게 오늘날에도 바빌론에 사는 사람들 가운데 많은 이들이 자기들이 바빌론에 있다는 사실조차 모르고 있다. 제국의 미디어를 통해서 바빌론 체제에 동화되는 교육을 받았기 때문이다. 바빌론은 권력과 자본과 시장을 절대화하고, 노동자들과 농민들을 억압하며, 전쟁을 정당화하고, 성차별과 인종 차별과 신분 차별을 하는 곳에서는 어디든지 존재한다.

예를 들면, 흑인들에게 아파르트헤이트 정책이 지배한 남아공은 바빌론이었다. 1948년 이후 거의 반세기 동안 남아프리카공화국 정부는 아파르트헤이트(Apartheid)라고 불리는 인종분리 정책을 시행했다. 남아프리카공화국의 전체 인구는 80%의 흑인과 10%의 소수민족으로 구성되었다. 인구의 10%를 차지하는 백인들이 사회를 지배했고 그들은 사회 전반에 걸쳐서 흑인과 백인을 차별하는 인종차별 정책을 펼쳤다. 이로 인해 1976년 6월 16일 남아프리카공화국 소웨토(Soweto)에서는 수천 명의 남녀 흑인 학생들이 인종분리 정책이 지배하는 바빌론으로부터 탈출하기 위해서 수업을 거부하고 거리를 행진했다. 지금까지 영어와 아프리카 부족어로 진행되어온 학교 수업에서 아프리카 부족어를 폐지하고 백인 지배자들의 언어인 아프리칸스어(Afrikaans)를 사용하도록 결정한 정부 당국에 항의하는 시위를 벌인 것이다. 소웨토는 인종분리 정책의 결과로 생긴 최대의 흑인 거주지였다. 경찰은 평화적으로 노래를 부르면서 시위를 하는 흑인 학생들을 향해서 최루탄을 쏘고 또 기관총으로 실탄을 발사하여 수백 명을 희생시켰다. 경찰의 총에 맞아 죽은 첫 번째 희생자는 13세의 어린 학생 헥터 피터슨(Hector Pieterson)이었다. 이에 맞선 흑인들의 저항은 전국적으로 확산되었고 여러 해에 걸쳐서 계속되었다. 결국 소웨토 항쟁은 아파르트헤이트를 끝내는 촉매가 되었다.

아파르트헤이트 운동이 고조되었던 1985년에는 여러 명의 설교자가 감옥에 갇혔고 교회에서 예배를 드리는 것마저도 금지되었다. 경찰은 예배드리는 사람들을 최루 가스와 경찰견, 그리고 총으로 공격했다.[13] 그러나 이때에도 바빌론으로부터의 탈출을 염원하는 흑인들의 저항운동을 지지하고 또 주도하는 교회 지도자들과 신학자들이 있었다. 바로 데스몬드 투투, 베이어 나우데, 알렌 보색, 프랭크 치카네가 그들이었다. 흑인 그리

13 — Allan A. Boesak, *Comfort and Protest*, 37.

스도인들은 하나님께 "이 불법적인 권력이 제거되려면 우리가 얼마나 더 오래 기다려야 합니까? 우리 아이들의 피 흘림이 깊어지기까지 우리가 얼마나 더 오래 기다려야 합니까?"라고 기도했다. 결국 남아공 정부는 최악의 사태인 내란을 막기 위해서 1990년 2월 초 기존의 여러 억압 정책들을 폐지하고 흑인들의 정치단체인 아프리카민족회의(ANC)를 합법화했다. 그리고 같은 해 2월 11일에는 반아파르트헤이트 운동의 지도자인 넬슨 만델라(Nelson Mandela, 1918-2013)를 석방했다. 그는 1964년에 사보타주와 국가반역죄 혐의로 체포당해 종신형을 선고받고 무려 27년이나 감옥에 구금되었었다.

1964년 4월 20일 리보니아 재판에서 넬슨 만델라는 최후진술로 약 세 시간에 걸친 연설을 했다. "나는 죽을 준비가 되어 있다"(I am prepared to die)라는 제목의 연설은 다음과 같은 말로 끝났다.

나는 평생 아프리카 사람들의 이 투쟁에 헌신해왔다. 나는 백인의 지배에도 맞서 싸웠고 또 흑인의 지배에도 맞서 싸웠다. 그러면서 모든 사람이 조화를 이루고 동등한 기회를 누리는 민주적이고 자유로운 사회에 대한 이상을 간직해왔다. 그 이상을 위해 살면서 그 이상을 성취하는 것이 나의 소망이다. 하지만 필요하다면, 나는 바로 그 이상을 위해 죽을 준비도 되어 있다.

만델라가 석방된 이후 아프리카민족회의(ANC)와 프레데리크 빌렘 데 클레르크(Frederik Willem de Klerk) 정부는 협상을 통해 아파르트헤이트를 폐지했다. 그리고 1994년 4월 27일 실시된 민주적인 남아프리카공화국 정부 수립을 위한 선거에서 만델라는 압도적인 지지를 얻어 남아프리카공화국 최초의 흑인 대통령이 되었다. 이듬해인 1995년에는 과거사 청산을 위한 진실위원회가 설치되었다. 만델라는 복수를 하기보다는 "진실은 밝히되 용서하라"는 뜻에서 인권침해에 대한 진상 규명을 철저히 했고 흑인들과 백인들 상호 간의 용서와 화해를 이끌어냈다.

오늘날 자본과 시장의 제국 역시 바빌론이다. 자본과 시장의 제국이 부리는 "사치의 세력"(계 18:3)은 노동자와 농민들의 희생을 요구하고, 구조 조정에 따른 정리 해고는 자본과 시장의 제국을 위한 경제 정책의 산물이다. 또한 자본과 시장의 제국은 국제금융기구들과 무역조약을 통해서 국민국가의 정부들이 가진 고유 주권을 다국적 기업들에게 점진적으로 이동시켜왔다.

1995년에 설립된 세계무역기구(WTO)는 무역자유화를 통한 전 세계의 경제 발전을 도모한다는 명목하에 타자주의를 지향하고 지역주의를 배제하는 구조를 만들었다. 따라서 다국적 기업들은 기업의 이익에 장애가 되는 국내법들을 무효로 만들기 위해서 국민국가의 정부들을 국제무역기구에 제소할 수 있게 되었다. 한미 자유무역협정(FTA) 역시 투자자국가소송제도(ISD)를 포함하고 있다. 1961년에 설립된 경제협력개발기구(OECD)는 국제통화기금, 세계은행, 국제무역기구의 정책과 활동을 측면에서 지원한다. 국제기구들로부터 단기 융자와 장기 융자를 받은 아시아, 아프리카, 라틴 아메리카의 채무국들은 1980년대에 발생한 외환 위기를 해결하기 위해 신자유주의적 정책과 "구조 조정 프로그램"을 받아들여야만 했고, 시장 개방의 결과로 인한 지역 경제의 황폐화를 감수해야만 했다. "구조 조정 프로그램"이라는 용어는 국제통화기금과 세계은행, 그리고 다국적 기업들의 욕구에 일치하도록 지역 경제를 완전히 개편하는 것에 대한 완곡한 표현이다.

우리나라도 1997년에 국제통화기금의 구제 금융과 구조 조정 프로그램을 받아들인 이후 많은 사람이 직장에서 해고되거나 비정규직 노동자가 되어야 했다. 이처럼 신자유주의적 경제 세계화의 채찍은 노동자와 농민들을 빈곤과 조기 죽음으로 내몰았다.

2003년에 부산에서는 노조위원장이었던 한진중공업 김주익(40세) 씨가 스스로 목숨을 끊는 안타까운 일이 발생했다. 그는 영도조선소에 있는 35m 높이의 크레인 위에서 정리해고에 반대하는 항의 농성을 129일 동안 벌이다가 10월 17일에 거기서 목을 매는 것으로 농성을 중단했다. 그의 죽음을 슬퍼하는 추모 집회가 2003년 10월 22일 부산역 광장에서 열렸다. 그날 해고 노동자 김진숙 씨가 읽은 추도사의 일부는 다음과 같다.[14]

지난번 위원장 선거가 끝나고 어떤 아저씨가 그러셨습니다. "내는 김주익이 안 찍었다. 똑똑하고 아까운 사람들, 위원장 뽑아놓으면 다 짤리고 감방가고 죽어삐는데, 내가 진짜로 좋아하는 김주익이를 우째 또 사지로 몰아넣겠노?"…

동지 여러분 죄송합니다. 이럴 줄 알았으면, 이렇게 될 줄 알았다면, 민주 노조 하지 말 걸 그랬습니다. 교도소 짬밥보다 못한 냄새나는 꽁보리밥에 쥐똥이 섞여 나오던 도시락 그냥 물 말아서 먹고, 불똥 맞아 타들어간 작업복, 테이프 덕지덕지 넝마처럼 기워 입고, 체감온도 영하 수십도 한겨울에도 찬물로 고양이 세수해가며, 쥐새끼가 버글거리던 생활관에서 쥐새끼들처럼 뒹굴며 그냥 살 걸 그랬습니다. 변소에 버글거리던 구더기들처럼 그냥 그렇게 살 걸 그랬습니다.

한여름 감전사고로 혈관이 다 터져 죽어도, 비 오는 날 족장에서 미끄러져 라면발 같은 뇌수가 산산이 흩어져 죽어도, 바다에 빠져 퉁퉁 불어 죽어도, 인명은 재천이라던데 그냥 못 본 척 못 들은 척 살 걸 그랬나 봅니다.

---

14 ─ 김진숙, 『소금꽃나무』(서울: 후마니타스, 2007), 119-123. 이 사건에 대한 신학적 해석에 대해서는 이병학, 「당신은 두지 않는 것을 취하고…(눅 19:21): 자본의 우상화와 가난한 자들의 죽음」, 『신학사상』 125집(2004), 213-254를 보라.

노동력에 대한 정당한 대가도, 내일에 대한 희망도, 새끼들에 대한 미래 따위 같은 건 언감생심 꿈도 꾸지 말며, 조선소 짬밥 20년에 100만 원을 받아도, "회장님, 오늘도 일용할 양식을 주셔서 얼마나 고마운지 모르겠습니다" 그냥 그렇게 감지덕지 살 걸 그랬습니다.

노예가 품었던 인간의 꿈. 그 꿈을 포기해서 박창수가, 김주익이가, 그 천금 같은 사람들이, 그 억만금 같은 사람들이 되돌아올 수 있다면, 그 단단한 어깨를, 그 순박하던 웃음을, 단 한번이라도 좋으니 다시 볼 수 있다면, 용찬이 예란이에게, 준엽이, 혜민이, 준하에게 아빠를 다시 되돌려줄 수만 있다면, 그렇게라도 하고 싶습니다.

자본이 주인인 나라에서, 자본의 천국인 나라에서, 어쩌자고 인간답게 살고 싶다는 꿈을 감히 품었단 말입니까? 어쩌자고 그렇게 착하고, 어쩌자고 그렇게 우직했단 말입니까?…

태어날 때부터 그 순서는 이미 다 점지되고, 골프나 치고 해외로 수백억씩 빼돌리고, 사교육비로 한 달 수천만 원을 써도 재산이 오히려 늘어나는 그들이 보기에 한 달 100만 원을 벌겠다고 숨도 쉴 수 없고 언제 폭발할지도 모르는 탱크 안에서 벌레처럼 기어 다니는 우리가 얼마나 우스웠겠습니까? 순이익 수백억이 나고 주식만 가지고 있으면 수십억이 배당금으로 저절로 굴러 들어 오는데, 2년 치 임금 75,000원을 올리겠다고 크레인까지 기어 올라간 그 사내가 얼마나 불가사의했겠습니까?

비자금으로, 탈세로 감방을 살고도, 징계는커녕 여전히 회장님인 그들이 보기에, 동료들 정리해고 막겠다고 직장에 맞서다 해고된 노동자가 징계 철회를 주장하는 게 얼마나 가소로웠겠습니까? 100만 원 주던 노동자 잘라내면 70만 원만 줘도 하청으로 줄줄이 들어오는 게 얼마나 신통했겠습니까? "철의 노동자"를 외치며 수백 명이 달려들다가도 고작해야 석 달만 버티면 한결 순해져서 다시 그들 품으로 돌아오는데, 그게 또 얼마나 같잖았겠습니까?

"조선강국"을 위해 한 해 수십 명의 노동자가 골반 압착으로, 두부 협착으로 죽어가는 나라. "물류강국"을 위해 또 수십 명의 화물 노동자가 길바닥에 사자 밥을 깔아야 하는 나라. 섬유 도시 대구, 전자 도시 구미, 자동차 도시 울산, 화학 도시 여수, 온산. 그 허황한 이름들을 위해 노동자의 목숨이 바쳐지고 그들의 뼈가 쌓여갈수록 자본의 아성이 점점 높아지는 나라.

쉰이 넘은 농민은 남의 나라에 가서 제 심장에 칼 꽂고 마지막 유언마저 영어로 남겨야 하는, 참으로 세계화된 나라. 전 자본주의가 정말 싫습니다. 이제 정말 소름이 끼치게 무섭습니다.

1970년에 죽은 전태일의 유서와 세기를 건너뛴 2003년 김주익의 유서가 같은 나라. 두산중공업 배달호의 유서와 지역을 건너뛴 한진중공업 김주익의 유서가 같은 나라. 민주당사에서 농성하던 조수원과 크레인 위에서 농성을 하던 김주익의 죽음의 방식이 같은 나라.

세기를 넘어, 지역을 넘어, 국경을 넘어, 업종을 넘어, 자자손손 대물림하는 자본의 연대는 이렇게 강고한데 우리는 얼마나 연대하고 있습니까? 우리들의 연대는 얼마나 강고합니까? 비정규직을, 장애인을, 농민을, 여성을, 그들을 외면한 채 우린 자본을 이길 수 없습니다. 아무리 소름 끼치고, 아무리 치가 떨려도 우린 단 하루도 저들을 이길 수 없습니다.

저들이 옳아서 이기는 게 아니라 우리가 연대하지 않음으로 깨지는 겁니다. 만날 우리만 죽고 천 날 우리만 깨집니다. 아무리 통곡하고 몸부림을 쳐도 그들의 손아귀에서 한시도 벗어날 수가 없습니다.

이 억장 무너지는 분노를, 피가 거꾸로 솟구치는 이 억울함을 언젠가는 갚아줘야 하지 않겠습니까? 언젠가는 고스란히 되돌려줘야 하지 않겠습니까?

어버이날 요구르트 병에 카네이션을 꽂아놓고 아빠를 기다린 용찬이. 아빠 얼굴을 그려보며 일자리 구해줄 테니 사랑하는 아빠 빨리 오라던 혜민이. 그 아이들이 살아갈 세상은, 동지 여러분! 좀 달라야 하지 않겠습니까?

김진숙은 1960년 인천 강화도에서 태어났다. 가난한 집안 형편 탓에 그녀는 고등학교도 졸업하지 못하고 부산으로 떠나야만 했다. 그녀는 열여덟 살에 공장생활을 시작했고, 1981년 7월 1일에 조선소 여자 용접공으로 입사했다. 그리고 1986년 2월 노조 대의원에 선출되면서 온갖 회유와 협박과 해고로 이어진 고난의 가시밭길을 걸어왔다. 400여 명의 생산직 노동자들의 정리해고 방침을 철회시키기 위해서 2011년 1월 6일 새벽에는 김주익이 목을 매고 죽었던 바로 그 크레인 위에 올라갔다. 크레인에 올라간 지 사십일 째 되는 날 그녀는 자신의 심경을 다음과 같이 표현했다.

지난달 6일 새벽 3시 15분. 85호 크레인 위로 오르던 저는 직각으로 이어지는 계단 하나를 탁 잡았습니다. 순간 날카로운 칼날이 심장을 쓱 베며 지나갔습니다. 세상을 향해 처절히 절규했으나 아무도 귀 기울이지 않는 이 단절의 공간에서 세 아이의 아버지이자 노동자의 대표였던 김주익 지회장이 그 무거운 짐을 비로소 내려놓았던 그 자리라는 것을 직감했습니다. 8년 만에 예감으로 확인한 자리였습니다.

저는 지금 주익 씨가 앉았던 자리에서 그가 마지막으로 보고 간 세상의 풍경을 봅니다. 무심히 지나다니는 행인들과 분주히 오가는 차들이 눈에 들어옵니다. 스물여섯 살에 해고된 뒤 동료 곁에 돌아오겠다는 꿈 하나를 붙잡고 27년을 견뎌온 여성 노동자가 그 동료를 지키겠다며 다시 이 크레인에 매달려 세상을 향해 간절히 흔드는 손을 저들 중 몇 명이나 보고 있을까요.[15]

약자와 노동자들이 고난을 당하는 반면에 가진 자들은 사치스럽고 행복한 삶을 누린다. 이 상황에서 우리는 두 가지 물음 앞에 직면한다. 온갖

---

15 ─ 김진숙, "85호 크레인 위에서 보냅니다." 한겨레신문, 2011년 2월 16일자 35면.

박해를 당한 선조와 부모와 동료 노동자들의 고난과 억울한 죽음을 망각한 가운데 약간의 빵 부스러기를 얻기 위해서 자본과 시장의 제국의 편에 서 있는 권력자와 억압자들과 연대할 것인가? 아니면 희생자와 동료들의 고난과 투쟁과 억울한 죽음을 기억하고 그들과 기억연대의 공동체를 형성하여 정의와 해방과 생명을 위해서 함께 투쟁할 것인가? 하나님을 믿는 성도는 희생자와 약자들과 연대해야만 한다.

김진숙은 마침내 회사와 합의하여 309일간의 항의 농성을 접고 2011년 11월 10일 오후 3시경에 지상으로 내려왔다. 그녀가 그처럼 긴 기간 동안 크레인 위에서 항의 농성을 할 수 있었던 것은 그 힘의 원천이 하늘에 살아 있는 죽은 자들과의 기억연대에 있었기 때문이다.

2009년 구조조정에 반대하며 77일간 투쟁한 쌍용자동차 노동자들은 중무장한 경찰특공대에 의해서 강제로 해산되었다. 이에 2012년 11월 20일 세 명의 해고 노동자가 쌍용자동차 평택 공장 앞에 있는 송전탑에 올라가서 해고자 복직을 요구하는 항의 농성을 시작했다. 15만4천 볼트의 고압 전류가 흐르는 송전탑은 총 50m 높이였는데, 이들은 30m 지점에 있었다. 그중 한 명인 문기주 씨는 116일 만인 2013년 3월 15일에 건강 악화로 지상에 내려왔고, 나머지 두 명인 한상균 씨와 복기성 씨 역시 건강 악화로 171일 만인 2013년 5월 9일에 지상으로 내려왔다.

해고 노동자 차광호 씨는 2014년 5월 27일 경상북도 칠곡군 석적읍에 위치한 원사 제조업체 스타케미칼에서 45m 높이의 공장 굴뚝에 올라갔다. 그는 408일 동안 해고 노동자 11명의 복직을 요구하면서 항의 농성을 했고 마침내 회사와 복직 합의를 하고 2015년 7월 8일 오후에 지상으로 내려왔다.

하청 해고 노동자 강병재 씨는 2011년 3월 7일부터 6월 2일까지 88일간 대우조선해양 거제 옥포조선소의 송전탑에 올라가서 항의 농성을 했고,

다시 2015년 4월 9일 새벽에 조선소에 있는 70m 높이의 타워크레인 위에 올라가서 복직 약속 이행을 요구하면서 165일간 항의 농성을 했다. 그는 회사의 복직 확약을 받고 2015년 9월 20일 오후에 지상으로 내려왔다.

인간은 죄책감을 느끼고, 다른 사람이 당하는 고통을 함께 아파할 수 있는 유일한 피조물이다. 우리는 고난당하는 약자들의 절규와 울부짖음을 듣고 또 그들과 연대하는가? 우리는 억압과 차별과 폭력의 희생자들을 기억하는가? 우리는 우리의 이기심과 무관심 때문에 상처받은 약자들에게 진심으로 용서를 구하는가? 우리는 우리 자신의 죄를 인식하고 있는가? 누구든지 진정으로 회개하는 자는 하나님으로부터 용서를 받을 수 있다. 왜냐하면 하나님은 회개하는 자들의 죄를 용서해주시는 하나님이시기 때문이다.

구약에서 죄를 가장 많이 지은 사람은 역대하 33:10-13에 기록된 므낫세 왕이다. 그는 하나님의 말씀을 듣지 않는 악한 왕으로 유명했다. 하나님은 아시리아 왕의 군대 지휘관들을 통해서 므낫세 왕을 치게 하셨다. 이에 그들이 므낫세를 사로잡고 쇠사슬로 결박하여 바빌론으로 끌고 갔다. 그러나 그는 하나님 앞에서 자신의 죄를 회개하는 기도를 드려 용서함을 받았다. "그가 환난을 당하여 그의 하나님 여호와께 간구하고 그의 조상들의 하나님 앞에 크게 겸손하여 기도하였으므로 하나님이 그의 기도를 받으시며 그의 간구를 들으시사 그가 예루살렘에 돌아와서 다시 왕위에 앉게 하시매 므낫세가 그제서야 여호와께서 하나님이신 줄을 알았더라"(대하 33:12-13). 므낫세가 하나님께 드린 참회의 기도 내용은 구약에서 찾아볼 수 없다. 그러나 기원전 200년에서 기원후 70년 사이에 어떤 신앙심 깊은 경건한 유대인이 므낫세의 입장에서 참회의 기도문을 썼는데, 그것이 다음과 같은 "므낫세의 기도"(The Prayer of Manasseh)로 오늘날까지 전해지고 있다.

오, 전능하신 주님,

우리의 조상, 아브라함과 이삭과 야곱의 하나님,

의로운 후손의 하나님,

당신은 하늘과 땅을 모든 장식과 함께 지으셨고,

당신은 말씀의 명령으로 바다를 결박하시고,

그 거친 힘을 심연으로 추방하시고,

두렵고 영광스러운 이름으로 그것을 봉인하셨나이다.

만물이 당신의 권세 앞에서 떨고, 두려워하나이다.

아무도 당신의 장엄한 영광에 굴복하지 않을 수 없으며,

죄인들을 위협하는 당신의 분노를 거역할 수 없나이다.

당신이 약속한 자비는 측량할 수도 없고 헤아릴 수도 없나이다.

가장 높으신 주님이시여,

당신은 연민이 많으시고, 인내심이 있으시며, 무척 자비롭고,

그리고 인간의 고난에 측은해하나이다.

오, 주여, 당신은 당신의 선하심에 따라서

당신에게 죄를 지은 자들에게 회개와 용서를 약속하셨나이다.

또한 당신은 당신의 자비의 풍성함으로

죄인들이 구원될 수 있도록 죄인들을 위하여 회개를 정하셨나이다.

그러므로 오, 주님, 의인들의 하나님이시여,

당신은 의인들을 위해서, 당신에게 죄를 짓지 않은

아브라함과 이삭과 야곱을 위해서

회개를 정하지 않으셨지만,

그러나 당신은 죄인인 저를 위해서 회개를 정하셨나이다.

제가 지은 죄는 바다의 모래보다 더 많나이다.

저의 범죄가 쌓였나이다.

오, 주여, 저의 범죄가 쌓였나이다.

잘못이 너무 많아서 저는 눈을 들고 하늘을 쳐다볼 수도 없나이다.

저는 많은 쇠사슬에 묶여서 짓눌려 있나이다.

저는 저의 죄 때문에 추방되었나이다.

저는 아무런 위안도 없나이다.

제가 당신의 진노를 일으켰고 당신 앞에서 악한 짓을 했나이다.

가증스러운 일을 했고 죄악을 쌓았나이다.

이제 저는 마음의 무릎을 꿇고 당신의 다정함을 애원하나이다.

제가 죄를 지었나이다.

오, 주여, 제가 죄를 지었나이다.

저는 저의 범죄를 인정하나이다.

제가 진정으로 당신에게 애원하오니,

저를 용서해주소서.

오, 주여, 저를 용서해주소서.

저의 범죄를 따라서 저를 멸하지 마소서.

저에게 영원토록 노하지 마시고, 저에게 재앙을 쌓아두지 마소서.

저를 땅의 심연에 빠지도록 정죄하지 마소서.

오, 주여, 당신은 회개하는 자들의 하나님이시나이다.

제 속에 당신의 선함을 나타내소서.

저는 무가치하오니, 당신의 큰 자비에 따라서 저를 구하소서.

제가 평생 동안 당신을 계속해서 찬송하겠나이다.

하늘의 모든 권세가 당신을 찬양하는 노래를 부르고,

영광이 당신에게 영원무궁하기를 비옵나이다. 아멘.[16]

---

16 ─ 여기에 실린 "므낫세의 기도"는 내가 영어 번역과 독일어 번역을 참조하여 우리말로 번

이 "므낫세의 기도"는 아름다운 참회의 기도문이다. 하나님은 회개하는 자들의 하나님이시고, 용서의 하나님이시다. 회개 없이는 죄의 용서가 없다. 마음의 무릎을 꿇고 진정으로 회개하는 자는 용서의 기쁨을 체험할 수 있을 것이다. 우리는 바빌론의 구조적인 악에 저항하지 못한 우리의 죄를 회개해야만 한다. 우리는 대지의 버림받은 자들과 약자들과 억눌린 자들의 절규와 서러운 울부짖음을 듣지 못하고 그들의 애처로운 몸짓을 보지 못하는 우리의 무관심과 냉담을 회개해야만 한다. 우리는 우리의 탐욕과 이기심과 오만한 행동 때문에 상처받은 사람들에게 용서를 구하고 그들과 화해해야만 하며, 그들의 진정한 친구가 되어 그들의 편에 서서 그들의 이익을 위해 일하고, 그들과 함께 더 나은 세계를 만들기 위해 일해야만 한다.

요한계시록은 지금 위장한 바빌론의 죄악에서 탈출하라고 우리에게 권한다. "내 백성아, 거기서 나와 그의 죄에 참여하지 말고 그가 받을 재앙들을 받지 말라"(계 18:4). 바빌론에 머무는 것은 필연적으로 바빌론의 죄에 동참하는 공범이 되는 것을 의미한다. 하나님의 자녀들은 바빌론의 구조적인 죄에 저항해야만 한다. 그것이 바로 바빌론을 탈출하여 새 예루살렘의 축복 속으로 들어가는 길이다. 우리는 약자들의 생명을 제물로 요구하는 자본과 시장의 제국에서 탈출하여 정의와 사랑을 실천하면서 평등한 형제자매적인 공동체인 새 예루살렘을 지향하는 영적인 삶을 살아야만 한다.

역한 것이다. 기도문은 James H. Charlesworth, (ed.) *The Old Testament Pseudepigrapha* Vol. II, (Garden City: Doubleday & Company, Inc., 1984)에 실려 있다.

제8장
천년왕국과 마지막 심판(19:11-20:15)

19:11-21은 아마겟돈 전쟁의 결과에 대한 서술이다. 여기서 전쟁을 일으킨 짐승과 거짓 예언자와 땅의 왕들이 심판을 받고 파멸을 당한다. 20:1-3은 천 년 동안 감금당한 사탄에 대해서, 4-6절은 순교자들과 죽은 성도들이 살고 있는 하늘의 천년왕국에 대해서, 7-10절은 천 년이 끝난 후에 사탄이 잠시 풀려나서 영벌을 받는 것에 대해서, 그리고 11-15절은 최후의 심판에 대해서 서술한다. 하나님의 마지막 심판에 대한 환상은 흰 보좌(20:11), 죽은 자들에 대한 심판(20:12-13), 사망과 음부에 대한 심판(20:14-15)으로 구성되어 있다. 아마겟돈 전쟁과 천년왕국은 현재의 시간에 속하고, 하나님의 마지막 심판은 미래에 속한다.

아마겟돈 전쟁의 결과(19:11-21)

> 11 또 내가 하늘이 열린 것을 보니, 보라! 백마와 그것을 탄 자가 있으니 그 이름은 충신과 진실이라. 그가 공의로 심판하며 싸우더라. 12 그 눈은 불꽃 같고 그 머리에는 많은 관들이 있고 또 이름 쓴 것 하나가 있으니 자기밖에 아는 자가 없고 13 또 그가 피 뿌린 옷을 입었는데 그 이름은 하나님의 말씀이라 칭하더라. 14 하늘에 있는 군대들이 희고 깨끗한 세마포 옷을 입고 백

마를 타고 그를 따르더라. 15 그의 입에서 예리한 검이 나오니 그것으로 만
국을 치겠고 친히 그들을 철장으로 다스리며 또 친히 하나님 곧 전능하신
이의 맹렬한 진노의 포도주 틀을 밟겠고 16 그 옷과 그 다리에 이름을 쓴 것
이 있으니 만왕의 왕이요 만주의 주라 하였더라. 17 또 내가 보니 한 천사가
태양 안에 서서 공중에 나는 모든 새를 향하여 큰 음성으로 외쳐 이르되 "와
서 하나님의 큰 잔치에 모여 18 왕들의 살과 장군들의 살과 장사들의 살과
말들과 그것을 탄 자들의 살과 자유인들이나 종들이나 작은 자나 큰 자나
모든 자의 살을 먹으라" 하더라. 19 또 내가 보매 그 짐승과 땅의 임금들과
그들의 군대들이 모여 그 말 탄 자와 그의 군대와 더불어 전쟁을 일으키다
가 20 짐승이 잡히고 그 앞에서 표적을 행하던 거짓 선지자도 함께 잡혔으
니 이는 짐승의 표를 받고 그의 우상에게 경배하던 자들을 표적으로 미혹하
던 자라. 이 둘이 산 채로 유황불 붙는 못에 던져지고 21 그 나머지는 말 탄
자의 입으로부터 나오는 검에 죽으매 모든 새가 그들의 살로 배불리더라.

11절　　요한계시록 16:16에서 중단되었던 아마겟돈 전쟁 이야기가
여기서 다시 계속된다. 하늘은 역사의 불가시적이고 초월적인 차원이다.
하늘이 열린 것은 역사의 불가시적·초월적 차원의 현실에 접근할 수 있
는 통로가 열린 것을 의미한다. 예언자 요한은 제일 먼저 흰 말을 타고 있
는 자를 본다. 흰 말을 타고 있는 자는 아마겟돈 전쟁터에 나타난 천상의
예수다.

　　천상의 예수의 이름은 "충신과 진실"인데, 이것은 그가 순교의 죽임
을 당하기까지 진리를 증언하고 불의에 저항하면서 하나님께 충성한 증
인이었음을 의미한다. 그는 1:5에서 "충성된 증인"으로, 그리고 3:14에서
"충성되고 참된 증인"으로 불렸다. 요한은 흰 말을 탄 천상의 예수가 "공
의로(ἐν δικαιοσύνῃ) 심판하며 싸우더라"라고 말한다. "심판하며 싸우더

라"(κρίνει καὶ πολεμεῖ)의 시제는 현재형이다. 천상의 예수는 약자들의 권리와 정의를 위한 심판자와 투사로서 지금 로마 제국이 일으킨 전쟁에 참여하고 있다. 이러한 메시아 이미지는 구약성서와 유대 묵시 문학에서 전승된 것이다.[1]

여호와께서 영원히 앉으심이여, 심판을 위하여 보좌를 준비하셨도다. 공의(צדק)로 세계를 심판하심이여, 정직으로 만민에게 판결을 내리시리로다(시 9:7-8).

공의(צדק)로 가난한 자를 심판하며 정직으로 세상의 겸손한 자를 판단할 것이며 그의 입의 막대기로 세상을 치며 그의 입술의 기운으로 악인을 죽일 것이며 공의(צדק)로 그의 허리띠를 삼으며 성실로 그의 몸의 띠를 삼으리라(사 11:4-5).

네가 본 이 인자는 왕들과 권력자들을 그들의 안락한 자리에서 끌어내리고, 강한 자들을 보좌로부터 끌어내릴 자다. 그는 강한 자들의 고삐를 파괴하고 죄인들의 이를 부서뜨릴 것이다. 그는 왕들을 그들의 보좌와 제국으로부터 퇴위시킬 것이다. 왜냐하면 그들이 하나님을 찬미하거나 영화롭게 하지 않으며, 또한 그들의 왕권의 근원인 하나님에게 복종하지도 않기 때문이다(에녹1서 46:4-5).

12절　천상의 예수의 눈은 불꽃 같고 머리에 많은 관들이 있다. 불

---

1 — 이병학, 「유대 묵시 문학과 신약성서: 에녹과 예수」, 『신약논단』 19/2(2012), 365-394; Byung Hak Lee, *Befreiungserfahrungen von der Schreckensherrschat des Todes im ätiopischen Henochbuch*, 241-277을 참조하라.

꽃 같은 그의 눈은, 바빌론의 현란한 정면 배후에 있는 불의와 비참을 볼 수 있다. 반면에 짐승의 숭배자들의 눈은 제국의 현란한 정면에 가려져 있는 비참한 현실을 보지 못한다. "관"(διάδημα)은 왕적 권력의 상징이다. 사탄은 일곱 개의 관(계 12:3)을 가졌고, 짐승은 열 개의 관(계 13:1)을 가졌지만, 천상의 예수의 머리에는 "많은 관들"이 있다. 이것은 예수가 사탄과 짐승보다 훨씬 더 우월한 권력을 가지고 있음을 의미한다. 그러므로 그는 전쟁을 영원히 끝내고 약자들의 권리와 정의를 회복할 수 있는 힘을 충분히 가지고 있다. 그의 또 다른 특징은 자기밖에 아는 자가 없는 "이름 쓴 것 하나가" 있다는 것이다. 그의 감추어진 이름은 무엇인가? 이미 2:17에서 해석하였듯이 그의 이름은 정의다.

13절　　흰 말을 타고 있는 자가 "피 뿌린 옷"을 입고 있으며, 그의 이름은 "하나님의 말씀"이라고 불린다. 이것은 예수가 세계를 구원하기 위해서 하나님의 말씀으로 이 세상에 온 것을 의미한다. 그의 옷에 묻은 피는 전쟁 중에 적들이 흘린 피가 아니라, 전쟁 이전에 그가 갈보리에서 십자가 처형을 당할 때 흘린 자신의 피다.[2] 그는 자신의 피로 우리를 죄에서 해방시켜주었다(계 1:5).

14절　　"하늘에 있는 군대들이 희고 깨끗한 세마포 옷을 입고 백마를 타고 그를 따르더라." 희고 깨끗한 세마포 옷은 순교자들이 입는 옷이다(계 6:11; 7:9, 13-14). 즉 예수를 뒤따르는 천상의 군대들은 하늘에 살아 있는 순교자들과 죽은 성도들이다.[3]

---

2 ― 예수의 옷에 묻은 피는 예수 자신의 피다. Klaus Wengst, *Wie lange noch?*, 210; Steven J. Friesen, *Imperial Cults and the Apocalypse of John* (Oxford: Oxford University Press, 2001), 216; Pablo Richard, *Apokalypse*, 216; 이와 반대로 다른 학자들은 그의 옷에 묻은 피가 예수의 피가 아니라, 예수의 적들의 피라고 해석한다. Heinrich Kraf, 『요한묵시록』, 383; Thomas B. Slater, *Christ and Community*, 224-225; G. K. Beale, *The Book of Revelation*, 957.

3 ― 하늘의 군대를 천사로 해석하는 학자들도 있다. Eduard Lohse, 『요한계시록』, 198; Leon

15절 "그의 입에서 예리한 검(ῥομφαία)이 나오니." 이 검은 군인들이 전쟁에서 사용하는 검이다. 그의 입에서 나오는 예리한 검은 예수의 말씀이 예리하고 강력한 힘을 가지고 있음을 상징하는 은유다. 참고로 지배자들의 명령권과 지휘권을 상징하는 검은 마카이라(μάχαιρα)라고 한다 (참조. 계 6:4; 롬 13:4). 그는 오직 말씀의 힘을 유일한 무기로 삼고 비폭력적으로 싸운다. 이때 하나님의 말씀의 힘은 예리한 검에 비유된다. "하나님의 말씀은 살아 있고 활력이 있어 좌우에 날선 어떤 검보다도 예리하여 혼과 영과 및 관절과 골수를 찔러 쪼개기까지 하며 또 마음의 생각과 뜻을 판단하나니"(히 4:12). 바울은 하나님의 말씀을 성령의 검이라고 불렀다. "구원의 투구와 성령의 검 곧 하나님의 말씀을 가지라"(엡 6:17).

"그것으로 만국을 치겠고 친히 그들을 철장으로 다스리며." 이 구절은 흰 말을 타고 있는 자가 메시아라는 것을 보여준다. 그것은 이미 12:5에서 나왔던 표현으로 시편 2:9을 차용한 것이다. "네가 철장으로 그들을 깨뜨림이여 질그릇 같이 부수리라 하시도다"(시 2:9).

"또 친히 하나님 곧 전능하신 이의 맹렬한 진노의 포도주 틀을 밟겠고." 이 구절은 이사야 63:1-6을 차용한 것이다. 이사야서에서는 포도주 틀을 밟는 자가 하나님으로 표현되었지만, 요한계시록에서는 그리스도로 변경되었다. 그것은 하나님이 적들을 심판하셨던 것처럼 그리스도 역시 심판자로서 지금 적들을 심판할 것임을 명확하게 나타낸다. 그렇지만 요한은 그리스도를 비폭력적으로 심판하고 싸우는 자로 묘사한다.

16절 그의 옷과 다리에는 "만왕의 왕이요 만주의 주"라고 하는 이름이 적혀 있다. 그것은 예수가 로마 황제들보다 훨씬 더 높은 진정한 왕

Morris, *The Book of Revelation. An Introduction and Commentary* (Leicester: Inter-Varsity Press/ Grand Rapids: William B. Eerdmans Publishing Company, 1987), 224.

임을 뜻한다.

17절   요한은 "한 천사가 태양 안에 서서 공중에 나는 모든 새를 향하여" 큰 소리로 "와서 하나님의 큰 잔치에 모이라"고 초대하는 것을 보았다. 왜 그 천사는 태양 안에 서 있을까? 그것은 아마도 그 천사가 하늘 높이 나는 새들에게까지 다 보이게 하기 위함일 것이다. 그 천사가 새들을 그 잔치에 초대한 이유는 이제 곧 전투가 개시될 것이고 전쟁터에 널려 있는 수많은 적들의 시체를 새들이 뜯어 먹을 수 있도록 하기 위해서다. 이러한 "하나님의 큰 잔치"(δεῖπνον)는 어린 양의 혼인 잔치와 완전히 반대된다(계 19:9).

18절   그 천사는 새들이 먹을 전쟁터에 쓰러진 자들을 여러 범주로 나누어서 열거한다. "왕들의 살과 장군들의 살과 장사들의 살과 말들과 그것을 탄 자들의 살과 자유인들이나 종들이나 작은 자나 큰 자나 모든 자의 살을 먹으라." 이것은 에스겔 39:17-20에서 인용되었다.

> 주 여호와께서 이같이 말씀하셨느니라. "너 인자야, 너는 각종 새와 들의 각종 짐승에게 이르기를 '너희는 모여 오라. 내가 너희를 위한 잔치 곧 이스라엘 산 위에 예비한 큰 잔치로 너희는 사방에서 모여 살을 먹으며 피를 마실지어다. 너희가 용사의 살을 먹으며 세상 왕들의 피를 마시기를 바산의 살진 짐승 곧 숫양이나 어린 양이나 염소나 수송아지를 먹듯 할지라. 내가 너희를 위하여 예비한 잔치의 기름을 너희가 배불리 먹으며 그 피를 취하도록 마시되 내 상에서 말과 기병과 용사와 모든 군사를 배부르게 먹일지니라 하라.'" 주 여호와의 말씀이니라(겔 39:17-20).

그런데 예언자 요한은 에스겔 본문에 없는 "킬리아르코스"(χιλίαρχος, 장군)를 새들의 먹잇감에 포함시켰다. 킬리아르코스는 요한의 시대에 통용되었던 천부장이라는 군대 계급의 명칭이다(참조. 막 6:21; 요 18:12; 행 21:33; 25:23). 이것은 그가 에스겔의 본문을 인용해서 자기 시대를 해석했다는 하나의 증거다.

전쟁터에서 왕과 장군과 장사들과 그 밖의 모든 참전자가 죽임을 당하고 그들의 시체가 새들의 먹이가 된다. "종들"은 출정군의 병참 지원을 위해서 동원된 민간인들일 수 있다. 전쟁 참전자들의 비참한 운명은 전쟁을 일으키고 무고한 약자들을 무자비하게 살육한 로마 군대의 악한 행동에 상응하는 징벌이다. 이 역전은 보복하는 하나님의 심판에 의해서 일어났다. 전쟁터에 쓰러져 있는 모든 적의 시체에 대한 환상은 실제로 빈번하게 발생했던 로마의 전쟁에서 참혹하게 죽임을 당하고 전쟁터 여기저기에 켜켜이 쌓여 있는 희생자들의 시체에 대한 요한의 기억이 투영된 것으로 볼 수 있다.

19절 "또 내가 보매 그 짐승과 땅의 임금들과 그들의 군대들이 모여 그 말 탄 자와 그의 군대와 더불어 전쟁을 일으키다가." 요한계시록 16:16에는 전쟁을 위해 아마겟돈에 모인 자들이 "왕들"뿐이었지만, 이 구절에서는 왕들이 "짐승"과 협력하고 있다. 악의적인 짐승의 현존은 놀라운 성서적 통찰이다. 요한은 아마겟돈 전쟁이 로마 제국이 일으킨 제국주의 전쟁이라는 그의 통찰을 명확하게 표현하기 위해 짐승을 전쟁의 주모자로 보충시킨 것이다. 짐승의 군대가 전쟁을 하기 위해서 그리스도의 군대와 마주 서 있다. 땅의 임금들과 그들의 군대들은 아마겟돈 전쟁에 참여한 로마의 동맹군이다.

20절 "짐승이 잡히고 그 앞에서 거짓 선지자도 함께 잡혔으니 이는 짐승의 표를 받고 그의 우상에게 경배하던 자들을 표적으로 미혹하던 자라. 이 둘이 산 채로 유황불 붙는 못에 던져지고." 전투가 시작되기도 전에 전쟁을 일으킨 중심 세력인 짐승과 거짓 예언자가 사로잡혀서 산 채로 유황불 붙는 못(λίμνην τοῦ πυρός)에[4] 던져졌다. 이것은 사탄의 최후의 운명과 같다(계 20:10). 거짓 예언자는 "짐승의 표를 받고 그의 우상에게 경배하던 자들을 표적으로 미혹하던 자"다(계 13:11-18; 16:13). 음녀에 대한 심판이 요한계시록 18장에 자세히 묘사되었지만 거기에 땅의 왕들과 짐승에 대한 심판은 아직까지 이루어지지 않고 미결로 남아 있다. 하지만 이제 그들에 대한 심판이 아마겟돈 전쟁에서 이루어졌다. 짐승과 거짓 예언자가 산 채로 유황불 붙는 못에 던져져서 파멸된 것은 다시는 전쟁을 일으키지 못하도록 로마 제국의 전쟁 체제가 완전히 소멸되었음을 의미한다.

21절　　　"그 나머지는 말 탄 자의 입으로부터 나오는 검에 죽으매 모든 새가 그들의 살로 배불리더라." 여기서 "그 나머지"는 19절에서 언급된 "땅의 임금들과 그들의 군대들"을 가리킨다. 예수는 말씀의 검을 가지고 비폭력적으로 싸워서 아마겟돈 전쟁을 끝내고 전쟁의 확산을 막았으며 나아가 전쟁 체제를 영원히 소멸시켰다. 전쟁은 더 큰 폭력의 힘을 통해서가 아니라, 말씀의 힘을 통해서 극복되었다. 환상 속에서 아마겟돈 전쟁은 세계의 마지막 전쟁이 되었고, 이제 더 이상 전쟁은 없다. 요한은 로마가 일으킨 참혹한 전쟁을 경험한 자로서, 전쟁이 빨리 중단되기를 기대하고, 또 더 이상 전쟁이 없는 평화와 자유의 세계를 염원하는 자로서 아마겟돈 전쟁을 세계의 마지막 전쟁으로 설정하고 묘사했다. 아마겟돈 전쟁 환상의 목적은 전쟁 반대와 평화 기원을 나타내는 데 있다. 따라서 아마겟돈 전쟁은 반전과 평화 기원의 메타포로 새롭게 이해되어야만 한다.

---

4 — 불못(계 19:20; 20:10, 14-15; 21:8)은 복음서에 나오는 불타는 게엔나(γέεννα, 마 5:22, 29, 30; 10:28; 18:9; 23:33; 막 9:43, 47; 눅 12:5)와 비슷하다. 게엔나는 심판받은 악인들이 영벌을 받는 장소다.

천년왕국 환상 (20:1-6)

1 또 내가 보매 천사가 무저갱의 열쇠와 큰 쇠사슬을 그의 손에 가지고 하늘로부터 내려와서 2 용을 잡으니 곧 옛 뱀이요 마귀요 사탄이라. 잡아서 천 년 동안 결박하여 3 무저갱에 던져 넣어 잠그고 그 위에 인봉하여 천 년이 차도록 다시는 만국을 미혹하지 못하게 하였는데 그 후에는 반드시 잠깐 놓이리라. 4 또 내가 보좌들을 보니 거기에 앉은 자들이 있어 심판하는 권세를 받았더라. 또 내가 보니 예수를 증언함과 하나님의 말씀 때문에 목 베임을 당한 자들의 영혼들과 또 짐승과 그의 우상에게 경배하지 아니하고 그들의 이마와 손에 그의 표를 받지 아니한 자들이 살아서 그리스도와 더불어 천 년 동안 왕 노릇 하니 5 (그 나머지 죽은 자들은 그 천 년이 차기까지 살지 못하더라) 이는 첫째 부활이라. 6 이 첫째 부활에 참여하는 자들은 복이 있고 거룩하도다. 둘째 사망이 그들을 다스리는 권세가 없고 도리어 그들이 하나님과 그리스도의 제사장이 되어 천 년 동안 그리스도와 더불어 왕 노릇 하리라.

1절 천사가 "무저갱의 열쇠와 큰 쇠사슬"을 가지고 하늘에서 내려왔다. 무저갱(ἀβύσσος)은 좁고 깊고 어두운 동굴이고, 큰 쇠사슬은 사탄을 결박하는 도구다. 그 천사가 무저갱의 열쇠를 가지고 있다는 것은 그가 무저갱을 통제할 권한을 가지고 있음을 의미한다.

2절 그 천사는 큰 쇠사슬로 사탄을 잡아서 감금하는 임무를 수행한다. "용을 잡으니 곧 옛 뱀이요 마귀요 사탄이라. 잡아서 천 년 동안 결박하여." 사탄은 악을 의인화한 것으로, 사탄의 다른 명칭은 용, 옛 뱀, 마귀다(계 12:9). "천 년"(χίλια)은 문자적 의미의 천 년이 아니라 매우 긴 시간을 의미하는 상징이다.

3절   천사는 쇠사슬에 묶인 용을 무저갱에 던져 넣고 그 위를 봉인했다. 천사가 용을 천 년 동안 무저갱에 감금하는 목적은 "천 년이 차도록 다시는 만국을 미혹하지 못하게" 하는 데 있다. 사탄이 천 년 동안 감금되는 무저갱은 하늘에 있고,[5] 그 사이에 순교자들과 죽은 성도들이 부활하여 왕 노릇 하는 천년왕국 역시 하늘에 있는 성이다.[6] 용은 만국(ἔθνος)을 미혹하기 때문에 "온 천하를 꾀는 자"라고 불린다. 이 용은 마지막 심판의 날에 무저갱에서 끌려 나와서 파멸될 것이다.

유대 묵시 문학에 나오는 이야기에 의하면 하나님이 마지막 심판의 날 타락한 천사들을 불 속에 던지기 위해서 노아 홍수 심판 전에 무저갱에 감금시키도록 천사 라파엘에게 명령하셨다(에녹1서 10:1-6). 타락한 천사들의 감금은 노아 홍수 심판 이후에 반드시 마지막 심판이 있을 것이라는 사실을 알려주는 복선 역할을 한다. 이와 마찬가지로 사탄이 천년왕국이 시작되기 전, 천 년 동안 무저갱에 감금된 것은 천년왕국이 끝난 이후에 반드시 마지막 심판이 있을 것이라는 사실을 알려주는 복선 역할을 한다. 사탄은 천 년이 끝난 후 잠깐 동안 석방된다.

4절   천년왕국에 관한 진술을 담고 있는 4-6절은 기독교 역사에 큰 영향을 끼쳐온 매우 중요한 단락이다. 이 단락을 해석하는 주석가들의 견해에 논란이 많지만, 우리가 본문을 올바르게 해석하기 위해서는 이를 문학적 분석을 통해 이해할 뿐만 아니라, 유대 묵시 문학적 배경으로도 이해해야 한다.

요한은 하늘의 보좌들과 그 위에 앉아 있는 사람들을 보았다고 말한

---

5 — Jacques Ellul, 『요한계시록 주석: 움직이는 건축물』(서울: 한들출판사, 2000), 251.

6 — 최갑종, 「계시록 20장 1-6절의 해석과 천년왕국설」, 『신약논단』 6(2000), 231-233; Michel Gourgues, "The Thousand-Year Reign (Rev 20:1-6): Terrestrial or Celestial," *CBQ* 47 (1985), 679-681.

다. "또 내가 보좌들을 보니 거기에 앉은 자들이 있어 심판하는 권세를 받았더라." 이 진술은 다니엘 7:22을 연상시킨다. "옛적부터 항상 계신 이가 와서 지극히 높으신 이의 성도들을 위하여 원한을 풀어주셨고 때가 이르매 성도들이 나라를 얻었더라." 보좌 위에 앉아 있는 자들은 살아 있을 때에 악인들에게 학대당하고 죽임을 당한 희생자들이다. "권세를 받았더라"(ἐδόθη)라고 사용된 문장의 동사는 신적 수동태로 사용되었고 생략된 주어는 하나님이다. 심판(κρίμα)은 올바른 것을 말하고, 권리를 되찾고, 정의를 회복하며, 눌린 자들을 해방하고, 압제자들을 단죄하는 것을 의미한다. 하나님만이 유일한 심판자시다(계 20:11). 그런데 보좌 위에 앉아 있는 자들이 하나님으로부터 "심판하는 권세를 받았다"는 것은 무엇을 의미하는가? 그들은 심판할 전권을 위임받은 것이 아니라, 빼앗긴 권리를 되찾아서 그 권리를 행사할 수 있게 된 것이다. 이 환상은 악인들이 저지른 폭력 행위와 불의한 처형 사건들에 대한 재판이 하늘의 법정에서 다시 열리고, 그들의 악행이 밝혀지고, 그들이 정죄된다는 것을 선포한다. 따라서 희생자들의 시체를 밟고 지나간 압제자와 학살자들은 결코 영원한 승리자들이 될 수 없다.

악인들이 하늘의 법정에서 후회한다고 할지라도 소용이 없다. 그들의 후회는 이미 너무 늦었다. 그들이 평소에 하찮것없는 존재로 무시하고 처형했던 약자가 영광의 보좌 위에 앉아 있는 것을 보고 놀라서 그들은 다음과 같이 후회한다.

그들은 자기들의 죄가 낱낱이 세어질 때에 몸둘 바를 모를 것이며, 그들이 저지른 죄악이 그들을 고발할 것이다. 그때에 의인은 자신 있게 일어서서 그를 핍박한 자들과 그가 고통받을 때에 멸시한 자들과 맞설 것이다. 그러면 그들은 그를 보고 무서워 떨며 그가 뜻밖에 구원받은 것을 보고 놀랄 것이다. 그들은 마음이 아파서 후회하고 신음하며 서로 이렇게 말할 것이다. "저 사람은 전에 우리가 비웃고 조롱하던 사람이다. 우리는 얼마나 바보였느냐? 우리는 그가 사는 꼴을 보고 미쳤다고 했고 그의 죽음도 영예롭지 못한 것으로 보았다. 그런데 어떻게 저 사람이 하나님의 자녀 가운데 끼게 되었으며 성도들 가운데 끼게 되었는가? 분명히 우리가 진리에서 빗나간 길을 걸었고 우리에게 정의의 빛이 비치지 않았으며 우리 위에는 태양이 일찍이 떠본 적이 없었구나. 우리는 인적조차 없는 황야를 걸어온 셈이다. 죄와 파멸의 길치고 걸어보지 않은 길이 없었건만 주님의 길은 알지 못했다. 우리의 오만이 무슨 소용이 있었으며 우리가 자랑하던 재물이 우리에게 무엇을 가져다주었는가? 그 모든 것은 이제 그림자처럼 사라지고 뜬소문처럼 달아나버렸다. 거센 물결을 헤치고 가는 배와 같이, 한번 지나가면 그 흔적조차 찾아볼 수 없고 바닷물에는 용골이 지나간 흔적도 없구나. 혹은 하늘을 나는 새처럼 날아온 자리를 찾아볼 수 없다. 나는 새는 날개를 쳐서 가벼운 바람을 일으키고 세게 쳐서 바람을 가르면서 날개의 힘으로 날아가지만 날아간 다음에는 아무런 흔적도 남지 않는다. 또 혹은 화살이 표적을 향해서 날아갈 때처럼 공기는 갈라졌다가 다시 합쳐져서 그 화살이 지나간 자리조차 알 수 없다. 우리도 이와 같아서 태어나자마자 사라져버린 셈이다. 남에게 보일만한 덕의 흔적조차 남기지 못했고 오직 악으로만 세월을 보냈구나"(지혜서 4:20-5:13).

"또 내가 보니 예수를 증언함과 하나님의 말씀 때문에 목 베임을 당한 자들의 영혼들과 또(καὶ οἵτινες) 짐승과 그의 우상에게 경배하지 아니하고 그들의 이마와 손에 그의 표를 받지 아니한 자들이 살아서 그리스도와 더불어 천 년 동안 왕 노릇 하니." 여기서 영혼(ψυχή)은 그리스 철학이 가르치는 이원론처럼 육체와 분리된 영혼이 아니라 생명을 의미한다. 영혼은 본래 보이지 않는다. 그런데 요한은 이미 6:9에서 "다섯째 인을 떼실 때에 내가 보니 하나님의 말씀과 그들이 가진 증거로 말미암아 죽임을 당한 영혼들(τὰς ψυχάς)이 제단 아래에 있어"라고 말했다. 그리고 그는 여기서 "예수를 증언함과 하나님의 말씀 때문에(διὰ τὴν μαρτυρίαν Ἰησοῦ καὶ διὰ τὸν λόγον τοῦ θεοῦ) 목 베임을 당한 자들의 영혼들(ψυχάς)"을 보았다고 말한다. 따라서 요한이 영혼들을 보았다(εἶδον τὰς ψυχάς)는 것은 그가 죽은 자들이 하늘에 살아 있는 것을 보았음을 의미한다.

그리스어 "카이 호이티네스"(καὶ οἵτινες)는 문법적으로 접속사와 관계대명사가 연결된 관계절이다. 이 관계절은 바로 앞에서 언급된 "예수를 증언함과 하나님의 말씀 때문에 목 베임을 당한 자들"의 범주를 부연 설명하는 관계절이 아니라, 또 다른 범주를 병렬하는 독립적 관계절이다. 즉 그것은 비록 폭력적인 죽임을 당하지는 않았지만 고난과 박해에도 불구하고 우상 숭배와 불의에 부단히 저항하면서 일생을 온전히 마친 자들, 곧 "짐승과 그의 우상에게 경배하지 아니하고 그들의 이마와 손에 그의 표를 받지 아니한 자들"의 범주를 병렬시킨다.

요한은 두 가지 범주의 죽은 자들이 하늘에 살아서 보좌 위에 앉아 있다는 사실을 말한다. 하나의 범주는 하나님의 말씀과 예수를 증거함으로 말미암아 처형을 당한 순교자들이다. 또 다른 범주는 순교의 죽음은 아니지만 박해와 죽음의 위협에도 불구하고 짐승 숭배에 저항하면서 일생을 마친 죽은 성도들이다. 이러한 두 가지 범주의 죽은 자들은 죽음의 양식에서는 서로 다르지만, 우상 숭배와 불의를 거부하고 하나님의 말씀과 예수의 증언을 선포한 증인들이었다는 점에서는 동일하다. 전자는 순교자들이었고, 후자는 잠재적인 순교자들이었다. 증인은 박해와 죽음의 위협을 당한다고 할지라도 진리를 증언할 준비가 되어 있는 사람이다. 중요한 것은 죽음의 양식이 아니라 증언(μαρτυρία)이다. 순교자들과 잠재적인 순교자들 사이에는 아무런 차이가 없다. 그러므로 이러한 두 가지 범주의

죽은 자들은 모두 살아서 하늘의 보좌 위에 앉아 있게 된 것이다.[7]

　실제로는 짐승과 그의 우상을 숭배하지 않고 일생을 마친 자들이 목 베임을 당한 순교자들보다 훨씬 더 많을 것이다. 그들은 생전에 칼로 죽임을 당하지는 않았지만, 우상 숭배와 불의에 저항하면서 하나님의 말씀과 예수의 가르침을 증언한 충성스러운 증인들이었다. 그들은 잠재적인 순교자로서 일생을 마친 사람들이다. 지금 땅 위에서 살고 있는 충성스러운 성도들은 순교를 당하지는 않았지만, 그들은 모두 잠재적인 순교자들이라고 불릴 수 있다. 예를 들면 밧모 섬의 요한은 잠재적인 순교자였다. 소아시아의 남녀 그리스도인들 역시 잠재적인 순교자들이었다. 왜냐하면 로마가 "하나님의 계명을 지키며 예수의 증거를 가진 자들과 더불어 싸우려고" 했기 때문이다(계 12:17). 오늘날 남녀 그리스도인들 역시 잠재적인 순교자라는 자의식을 가지고 이 시대의 우상 숭배와 불의에 저항해야만 한다.

　"살아서 그리스도와 더불어 천 년 동안 왕 노릇 하니." 여기서 "살아서"(ἔζησαν)라는 복수 형태의 동사는 남녀 순교자들과 죽은 일반적인 남녀 성도들이 하늘에서 부활하여 살아 있다는 것을 의미한다. 동일한 동사의 단수 형태가 요한계시록 2:8에서 부활하여 살아 있는 예수를 나타내는 데 사용되었다. "죽었다가 살아나신(ἔζησεν) 이가 이르시되." 요한은 죽은 남녀 증인들이 예수처럼 부활하여 하늘에서 살아 그리스도와 왕 노릇 하는 것을 본 것이다. 이미 위에서 언급했지만 천 년(χίλια)은 실제적인 시간이 아니라 긴 세월을 의미하는 상징이다. "왕 노릇 하는 것"(ἐβασίλευσαν)은 하늘에 살아 있는 죽은 자들이 천년왕국에서 그리스도와 함께 자유를

---

7 ― 이러한 해석에 대해서는 이병학, 「죽음의 현실과 새 예루살렘의 대항 현실」, 1056-1058; Pablo Richard, *Apokalypse*, 221-223을 참조하라.

누리면서 더 이상 남의 지배를 받지 않고 자주적이고 주체적인 삶을 사는 것을 의미한다. "왕 노릇"이라는 표현은 디모데후서 2:11-12에서도 언급되었다. "미쁘다! 이 말이여 우리가 주와 함께 죽었으면 또한 함께 살 것이요, 참으면 또한 함께 왕 노릇 할 것이요, 우리가 주를 부인하면 주도 우리를 부인하실 것이라."

일반적으로 유대 묵시 문학의 환상들은 역사적 사실을 상징으로 표현한 것이다. 유대 묵시 문학의 전통을 계승한 요한계시록의 저자가 본 천년왕국 환상에서는 사실을 인식하는 것이 중요하다. 로마의 권력자들이 충성스러운 남녀 증인들을 억압하고 칼로 목을 베어 죽인 것은 역사적 사실이다. 또한 순교자들과 죽은 성도들이 예수처럼 부활하여 하늘에서 살아 있는 것도 사실이다.

요한은 천년왕국 환상을 통해서 남녀 증인들을 살해한 악인들의 범죄와 악행을 고발했다. 그런데 악인들이 아무런 두려움 없이 그들을 죽일 수 있었던 것은 하나님의 심판을 부정하는 그들의 죽음관 때문이었다. 악인들의 죽음관은 유대 묵시 문학에서 다음과 같이 밝혀진다.

> 우리가 죽는 것처럼 의인들도 죽는다. 그렇다면 그들이 그들의 선행들로 인해서 얻은 것이 무엇인가? 보라! 우리처럼 그들도 비탄과 어둠 속에서 죽었다. 그러면 그들이 우리보다 더 가진 것이 무엇인가? 지금부터 우리는 동일하게 되었다. 무엇을 그들이 받을 것이며 또는 무엇을 그들이 영원히 볼 것인가? 보라! 그들은 확실히 죽었다. 그리고 이제부터 그들은 빛을 영원히 결코 보지 못할 것이다(에녹1서 102:6-8).

악인들은 죽음이 압제자와 피압제자 사이, 착취자와 피착취자 사이, 가난한 자와 부자 사이, 그리고 학살자와 피학살자 사이를 구별하지 않고 모든 사람을 동등하게 만든다고 생각한다. 그들의 관심은 이 세상에서 태어난 모든 살아 있는 사람들의 평등이 아니라, 죽음 이후의 모든 죽은 자들의 평등이다. 그러나 요한계시록의 저자는 천년왕국 환상을 통해서 이러한 악인들의 죽음관이 옳지 않다는 것을 보여준다. 왜냐하면 악인들에 의해 고난을 당하거나 처형된 남녀 증인들이 모두 하늘에서 부활하여 지금 천년왕국에서 살고 있기 때문이다.

5절 "(그 나머지 죽은 자들은 그 천 년이 차기까지 살지 못하더라) 이는 첫째 부활이라." 요한은 보좌 위에 앉아 있는 두 범주의 사람들, 즉 순교자들과 짐승 숭배에 저항하면서 일생을 마치고 죽은 성도들이 하늘에서 부활하여 천년왕국에서 사는 것을 첫째 부활(ἀνάστασις)이라고 부른다. "그 나머지 죽은 자들"은 일반적인 죽음을 맞이한 자들을 가리킨다. 그들에 대한 최종적인 심판은 천년왕국이 끝난 후 마지막 심판의 날에 일어난다(계 20:11-15). 그렇다면 그때까지 나머지 죽은 자들은 어디에서 머물러야 하는가? "그 나머지 죽은 자들"의 운명은 에티오피아어 에녹서 22:1-14을 통해서 유추해볼 수 있다.[8] 이 본문은 아벨의 시대부터 지금까지 모든 죽은 자의 영혼들이 마지막 심판의 날까지 잠정적으로 모여 있는 한 천상의 장소에 대해 설명한다. 모든 죽은 자의 영혼들은 그들의 생전 삶의 양태에 따라서 서로 구별되는 네 개의 방에 분류되어 거주한다. ① 죽은 의인들의 영혼, ② 죽은 죄인들의 영혼, ③ 불의하게 살해당한 의인들의 영혼, ④ 생전에 하나님의 심판을 받고 일찍 죽은 죄인들의 영혼.

첫째 방은 죽은 의인들의 영혼을 위한 곳이다. 이 방에는 샘물과 밝은 빛이 있다. 그들은 생전에 하나님의 말씀을 지키면서 살았던 사람들로,

---

8 — 이 본문에 대한 자세한 연구를 위해서는 Byung Hak Lee, *Befreiungserfahrungen von der Schreckensherrschaft des Todes im ätiopischen Henochbuch: Der Vordergrund des Neuen Testaments*, 88-100를 참조하라.

지상에서 권력자와 부자들에게 억압과 착취와 차별을 당했고 소외되었으며 목마름과 굶주림과 빈곤을 겪었다. 하지만 그들은 이 방에서 마지막 심판 전에 이미 맑은 물과 밝은 빛을 즐기면서 편안한 생활을 영위하고 있다.

둘째 방은 죽은 죄인들의 영혼을 위한 곳이다. 그들은 생전에 하나님 앞에서 죄를 짓고 살았음에도 하나님의 심판을 받지 않았던 사람들이다. 그들은 화려한 생활을 했고, 심지어 고령의 나이까지 잘 살다가 품위 있는 장례식으로 무덤에 묻혔다. 그들은 약자들의 생명을 파괴한 억압자와 착취자들이었다. 그러나 그들은 대심판의 날까지 물도 빛도 없는 이 방에서 형벌의 천사들에게 큰 고통과 재앙을 당할 것이고 마지막 날에 하나님의 심판을 통해 그들의 영혼은 영원히 징벌당할 것이다.

셋째 방은 죽임을 당한 의인들을 위해서 마련되었다. 그들은 폭력의 희생자들로, 이 방에서 생전에 그들을 죽인 살인자들을 고발하고 하나님께 복수와 신원을 호소하고 있다. 생전에 그들의 입을 채워두었던 침묵의 재갈이 부서져버렸기 때문에 큰 소리로 하나님께 부르짖고 있다. 한이 맺혀서 부르짖는 소리에는 아벨의 목소리도 있다.

넷째 방은 생전에 지은 죄 때문에 하나님의 심판을 받고 일찍 죽은 죄인들의 영혼을 위해서 마련되었다. 마지막 심판의 날에 그들에게는 벌도 없고 부활도 없다. 그들은 감옥 같은 이 방에서 영원히 머물러야만 한다. 그것이 그들에게 내린 하나님의 심판이다.

요약해서 말하면, 첫째 방에 있는 죽은 의인들의 영혼과 셋째 방에 있는 불의하게 살해당한 의인들의 영혼은 천년왕국에서 살 수 있다. 반면에 둘째 방에 있는 죽은 죄인들의 영혼과 넷째 방에 있는 생전에 하나님의 심판을 받고 일찍 죽은 죄인들의 영혼은 천년왕국 밖에 마련된 그들의 방에서 고통을 당하면서 머물러 있어야만 한다.

모든 죽은 자의 영혼이 네 가지 범주로 분류되어 있다는 에녹서의 이야기는 산 자들에게 죽은 의인들의 고난에 대한 기억과 정의 실현을 위한 증언과 투쟁을 요구하는 데 그 목적이 있다.

6절 "이 첫째 부활에 참여하는 자들은 복이 있고 거룩하도다. 둘째 사망이 그들을 다스리는 권세가 없고 도리어 그들이 하나님과 그리스도의 제사장이 되어 천 년 동안 그리스도와 더불어 왕 노릇 하리라." 순교자들과 죽은 성도들이 하늘에서 부활하여 천년왕국에서 그리스도와 함께 사는 것이 첫째 부활이다. 그들은 둘째 사망의 해를 받지 않는다. 둘째 사망(δεύτερος θάνατος)은 최후의 심판으로 말미암는 최종적 사망을 가리킨다. 그것은 악인들이 유황 불못에 던져져서 영벌을 받고 하나님으로부터 영원히 분리되는 것을 의미한다(계 21:8). 그러나 죽음의 순간까지 짐승의 유혹과 압제에 저항하고 하나님의 말씀을 증언한 성도들은 둘째 사망을 당하지 않는다(참조. 계 2:11).

천년왕국에서 살고 있는 순교자와 죽은 성도들은 "복이 있고 거룩하다"(μακάριος καὶ ἅγιος)고 선언된다. 왜냐하면 그들은 첫째 부활에 참여한 자들로서 지금 그리스도와 함께 천년왕국에서 자유롭게 자주적이고 주체적인 삶을 살고 있고, 마지막 심판의 날에 둘째 사망의 지배를 받지 않으며, 하늘에서 땅 위로 내려오는 새 예루살렘의 시민으로 영원히 살게 될 것이기 때문이다. 다시 말하면, 그들은 이미 하나님으로부터 판결을 받고 하늘에서 부활하여 천년왕국의 시민이 되었기 때문에 천년왕국 후에 마지막 심판을 받지 않고 바로 하늘에서 땅으로 내려오는 새 예루살렘의 시민이 된다.

일곱 교회들에게 약속의 형태로 주어졌던 것이 천년왕국에서 성취된다고 나타난다. "이기는 그에게는 내가 내 보좌에 함께 앉게 하여 주기를 내가 이기고 아버지 보좌에 함께 앉은 것과 같이 하리라"(계 3:21). 따라서 하나님의 말씀을 증언하고 하나님을 예배하면서 죽기까지 짐승의 표 받기를 거절하고 믿음을 지키는 충성스러운 성도들은 죽음과 동시에 즉시 하늘에서 면류관을 받을 것이며 하늘에서 부활하여 그리스도와 함께 천년왕국에서 왕 노릇 할 것이다. "또 내가 들으니 하늘에서 음성이 나서 이르되 '기록하라! 지금 이후로 주 안에서 죽는 자들은 복이 있도다' 하시매 성령이 이르시되 '그러하다! 그들이 수고를 그치고 쉬리니 이는 그들의 행한 일이 따름이라' 하시더라"(계 14:13).

일반적으로 통용되고 있는 천년왕국 해석에는 두 가지가 있다.[9] 하나는 천년왕국이 그리스도의 재림과 함께 시작되어 이 땅 위에서 마지막 심판 전까지 문자 그대로 천 년 동안 교회와 함께 지속되는 그리스도의 나라라는 것이다. 이 해석을 따르는 사람들은 그리스도의 재림 직전에 큰 환난과 대참사가 있을 것인데 오직 "참된 성도들"만이 그러한 환난과 대참사를 당하지 않도록 공중으로 휴거하여 불타는 땅을 내려다보는 환희를 누릴 수 있을 것이라고 말한다. 이러한 해석은 오늘날 소종파에서 통용되고 있다. 그러나 이 해석에는 사회적 책임을 요구하는 십자가 신학이 결여되어 있다. 다른 하나는 천년왕국을 예수의 부활과 마지막 심판 사이에 있을 교회의 시대라고 보며, 첫째 부활은 세례를 통한 영적 부활이고 둘째 부활은 마지막 심판의 날에 얻게 될 육적 부활이라는 해석이다. 이 해석은 대다수의 주류 교회에서 통용되고 있고, 천년왕국을 관념화하고 죽은 자들의 운명을 마지막 심판의 날로 미룬다.

천년왕국은 약자의 관점에서 그리고 유대 묵시 문학의 관점에서 새롭게 이해되어야만 한다. 천년왕국 환상은 죽은 자들에 대한 역사적 기억을

---

9 — Pablo Richard, *Apokaypse*, 224; 천년왕국의 해석사에 대해서는 Arthur W. Wright, *Mysterious Apocalypse: Interpreting the Book of Revelation* (Nashville: Abingdon Press, 1993), 21-87을 참조하라.

보존하고 있다. 여기서 천년왕국은 정의롭게 죽은 자들을 위해서 하나님이 하늘에 세우신 하나님의 성이다. 로마의 권력자들은 로마의 우상 숭배적 체제에 저항하는 그리스도인과 무고한 자들을 법과 질서의 이름으로 학살하고, 그들을 산 자들의 사회에서 배제시키며, 망각 속으로 유폐시켜버렸다. 그들은 망각을 통해서 희생자들을 영원한 패배자로 남게 하고, 자신들이 저지른 악행과 죄를 씻어버리고 정당화했다. 하지만 하나님은 짐승과 싸우면서 정의롭게 죽은 자들을 기억하시고 그들을 하늘에서 부활시켜 천년왕국에서 살게 하셨다. 천년왕국은 약자들을 억압하고 희생시킨 로마 제국의 억압과 폭력에 대한 하나님의 항의이며, 죽음을 지배의 도구로 삼고 있는 압제자들과 살인자들의 최종적 승리에 대한 부정이다.

천년왕국은 천 년이라는 기간 동안 잠정적으로 유지되는 공동체다. 천년왕국이 끝나는 시점은 하나님의 심판으로 폭력의 역사가 끝나는 순간이다. 천년왕국이 하늘에서 유지되는 기간 동안 땅 위에서 하나님 나라를 위한 그리스도인들의 증언과 투쟁은 계속된다. 천년왕국은 땅 위에서 짐승과 제국의 불의에 맞서 싸우는 산 자들의 증언과 투쟁을 정당화한다. 잔혹하게 학살당한 희생자들에 대한 기억은 산 자들의 머릿속에 더 이상 악몽 같은 짐이 아니라, 오히려 위로와 기쁨과 희망이 되고, 대안적인 세계를 향한 증언과 투쟁을 계속할 수 있는 힘이 된다. 왜냐하면 산 자들은 자신들의 운명을 하늘의 보좌 위에 앉아 있는 죽은 자들과 동일시할 수 있기 때문이다. 천년왕국은 산 자들로 하여금 죽은 자들과 기억연대의 공동체를 형성하게 하고, 기억을 통해 죽은 자들을 산 자들의 사회에 통합시키는 기능을 한다.

한 유대 묵시 문학가는 정의롭게 죽은 의인들이 하늘에서 누릴 보상에 대한 계시를 통해서 산 자들을 다음과 같이 위로하고 격려했다.

요한계시록 약자를 위한 예배와 저항의 책

의인들이여, 나는 위대한 자(하나님)의 영광으로 그리고 그분의 왕국의 영광으로 이제 너희에게 맹세한다. 그리고 위대한 자에 의해서 너희에게 맹세한다. 왜냐하면 나는 이 신비를 알고 있기 때문이다. 나는 하늘의 칠판에 적힌 글들을 읽었고, 그 거룩한 글들을 보았다. 그리고 나는 거기에 적힌 글을 이해했다. 그 글들은 너희에 관하여 쓴 것이다. 왜냐하면 모든 좋은 것과 기쁨과 영예가 정의롭게 죽은 자들의 영혼들을 위해서 준비되어 있다고 적혀 있기 때문이다. 많은 좋은 것, 즉 너희의 수고의 열매들이 너희에게 주어질 것이다. 정의롭게 죽은 자들의 영혼들은 살 것이고 또 기뻐할 것이다. 그들의 영혼들은 사멸하지 않을 것이고, 그들에 대한 기억은 하나님의 얼굴 앞에서부터 세계의 모든 세대에 이르기까지 없어지지 않을 것이다. 그러므로 그들의 굴욕에 대해서 걱정하지 마라(에녹1서 103:1-4).

만약 산 자들이 죽은 자들의 고난과 투쟁을 망각한다면, 그들은 두려움 혹은 작은 이익 때문에 억압자와 학살자들의 불의를 묵인하고 그들과 한편이 될 위험이 있다. 죽은 자들에 대한 역사적 기억을 보존하는 천년왕국 환상은 산 자들로 하여금 죽은 자들을 기억하게 함으로써 그러한 위험을 방지시켜준다. 남녀 그리스도인들은 하늘에 살아 있는 순교자와 죽은 성도들의 저항과 투쟁과 그들의 희망과 꿈을 기억해야만 하고, 그것을 되찾아서 그들과 함께 이루어야만 한다. 한 유대 묵시 문학가는 산 자들에게 하늘에 살아 있는 순교자들 및 죽은 성도들과 기억연대의 공동체를 건설할 것을 다음과 같이 권고했다.

의인들이여, 죄인들이 강성해지고 번창해지는 것을 볼 때 이제 두려워 말거라. 그들과 동반자가 되지 말고, 그들의 불의에 기대는 자들로부터 멀리 떨어져 있어라. 왜냐하면 너희는 하늘에 있는 선한 사람들의 동반자가 되어야 하기 때문이다(에녹1서 104:6).

곡과 마곡과 사탄의 파멸(20:7-10)

> 7 천 년이 차매 사탄이 그 옥에서 놓여 8 나와서 땅의 사방 백성 곧 곡과 마
> 곡을 미혹하고 모아 싸움을 붙이리니 그 수가 바다의 모래 같으리라. 9 그
> 들이 지면에 널리 퍼져 성도들의 진과 사랑하시는 성을 두르매 하늘에서
> 불이 내려 그들을 태워버리고 10 또 그들을 미혹하는 마귀가 불과 유황
> 못에 던져지니 거기는 그 짐승과 거짓 선지자도 있어 세세토록 밤낮 괴로
> 움을 받으리라.

7절　“천 년이 차매 사탄이 그 옥에서 놓여 나와서 땅의 사방 백성
곧 곡과 마곡을 미혹하고 모아 싸움을 붙이리니 그 수가 바다의 모래 같
으리라.”“천 년이 차매($\tau\epsilon\lambda\epsilon\sigma\theta\hat{\eta}$) 사탄이 그 옥에서 놓여.” 이것은 요한계시
록 20:3을 다시 반영한 것이다. 만국을 미혹하지 못하도록 무저갱에 갇혔
던 사탄이 천년이 차서 다시 풀려났다. 그리스어 텔레오($\tau\epsilon\lambda\epsilon\omega$)는 “성취하
다, 완성하다” 혹은 “끝나다”를 의미한다.[10]

8절　천 년이 끝난 후 감옥($\phi\upsilon\lambda\alpha\kappa\eta$)에서 잠시 풀려난 사탄은 자신을
추종하는 곡과 마곡의 군대를 동원하여 하나님을 대적하는 전쟁을 일으
키려고 시도한다. 곡과 마곡은 어디서 유래하는가? 에스겔에서 곡은 마곡
땅의 왕이며 마곡은 곡의 출신지를 가리키는 지명이다(겔 38:2). 이스라엘
이 바빌론 포로 생활에서 귀환하여 안전하게 살고 있을 때 마곡 땅의 곡

---

10 — $\tau\epsilon\lambda\epsilon\omega$는 계 10:7; 11:7; 15:1, 8; 17:17; 20:3, 5, 7에서 나온다. 이 단어는 계 11:7과 계
17:17에서는 중립적 의미를 가졌지만, 나머지 구절에서는 하나님의 뜻의 성취라는 신학적 의미
를 내포하고 있다.

이 군대를 이끌고 이스라엘을 공격했다. 그러나 하나님은 곡의 군대를 모두 멸하였을 뿐만 아니라, 마곡에 거주하는 사람들을 불로 심판했다(겔 39:6). 즉 "곡과 마곡"은 하나님의 백성에게 끊임없이 출몰하는 악의 세력을 상징한다. 요한계시록의 저자는 사탄을 추종하는 천상의 세력들을 "곡과 마곡"이라고 상징적으로 표현했다. 따라서 사탄의 천상적 군대를 상징하는 "땅의 사방 백성, 곧 곡과 마곡"이 지상에 있는 어떤 특정한 국가나 민족을 가리킨다고 해석해서는 안 된다. 곡과 마곡은 기원전 160-150년에 이집트에서 저술된 것으로 추정되는 시빌의 신탁 3장에서도 발견된다. "에티오피아의 강들 가운데 위치한 곡과 마곡의 땅, 너희에게 화가 있으라"(시빌의 신탁 3:319). "곡과 마곡, 너희에게 화가 있으라. 그리고 말시안과 안지안의 모두에게도 차례대로 화가 있으라"(시빌의 신탁 3:512).

9절　"그들이 지면에 널리 퍼져 성도들의 진과 사랑하시는 성을 두르매 하늘에서 불이 내려와 그들을 태워버리고." 잠시 동안 풀려난 사탄은 하나님을 대적하는 전쟁을 일으키려고 했지만, 하나님의 개입으로 실패하고 말았다. "성도들의 진과 사랑하시는 성"은 "성도들의 진, 곧 사랑하시는 성"으로 이해되어야 한다. 왜냐하면 여기서 "과"(καί)는 그리스어 문법에서 병렬시키는 등위 접속사가 아니라, 동격을 나타내는 설명하는 접속사이기 때문이다. "성도들의 진"은 하늘에 살아 있는 순교자들과 죽은 성도들의 진을 가리킨다. "사랑하시는 성"은 천년왕국과 동일시되는 하나님의 성이며, 지상으로 내려오기 전 하늘에 위치한 새 예루살렘(계 3:12; 21:2, 10)과 동일시된다.[11] 요한계시록 3:12에서 하늘에 있는 새 예루살렘은 "하나님의 성"이라고 불린다.

---

11 — Bruce J. Malina and John J. Pilch, *Social-Science Commentary on the Book of Revelation*, 237.

그 성을 에워싼 사탄을 추종하는 군대는 전투가 시작하기도 전에 "하늘에서 불이 내려와" 불타버렸다. 이것은 천년왕국과 동일시되는 "사랑하시는 성"이 어떠한 악한 세력들에 의해서도 훼손되지 않도록 하나님께서 안전하게 보호하고 있음을 의미한다. 따라서 "사랑하시는 성"과 그 안에 살고 있는 자들은 모두 안전하다.

10절 "또 그들을 미혹하는 마귀가 불과 유황 못에 던져지니 거기는 그 짐승과 거짓 선지자도 있어 세세토록 밤낮 괴로움을 받으리라." 사탄, 곧 마귀가 불과 유황 못(λίμνη τοῦ πυρός)에 던져져서 파괴되었다. 요한은 "사랑하시는 성"의 안전한 보호와 사탄의 멸망을 언급함으로써 그의 수신자들로 하여금 행복한 삶이 보장된 미래에 대한 희망을 확고하게 가질 수 있도록 하였다. 하늘에서 지상으로 내려올 새 예루살렘에서는 산 자들과 죽은 자들의 재회와 재결합을 통해 영원히 행복한 삶이 보장된다.

마지막 심판(20:11-15)

11 또 내가 크고 흰 보좌와 그 위에 앉으신 이를 보니 땅과 하늘이 그 앞에서 피하여 간 데 없더라. 12 또 내가 보니 죽은 자들이 큰 자나 작은 자나 그 보좌 앞에 서 있는데 책들이 펴 있고 또 다른 책이 펴졌으니 곧 생명책이라. 죽은 자들이 자기 행위를 따라 책들에 기록된 대로 심판을 받으니 13 바다가 그 가운데에서 죽은 자들을 내주고 또 사망과 음부도 그 가운데에서 죽은 자들을 내주매 각 사람이 자기의 행위대로 심판을 받고 14 사망과 음부도 불못에 던져지니 이것은 둘째 사망 곧 불못이라. 15 누구든지 생명책에 기록되지 못한 자는 불못에 던져지더라.

11절 커다란 흰 보좌(θρόνος) 위에 앉아 있는 이는 위엄과 권위를 가진 심판자 하나님이시다. 보좌가 크고 희다는 것은 하나님에 대한 두려움과 경외심을 나타낸다. 흰 보좌의 유래는 에티오피아어 에녹서 14:20에서 찾을 수 있다. "그 위대한 영광(하나님)이 보좌 위에 앉아 있었는데, 그의 옷은 태양보다 더 밝게 빛나고 있었고, 어떠한 눈보다도 더 희었다." 예언자 요한이 본 "크고 흰 보좌"는 하나님의 옷이 태양보다 더 밝게 빛나고, 옷 색깔이 흰 눈보다 더 하얀색이기 때문에 하나님이 앉으신 보좌 역시 희게 보였을 수 있다. "땅과 하늘이 그 앞에서 피하여 간 데 없더라"는 표현은 죄악으로 오염된 처음의 세계가 더 이상 지탱하지 못하고 사라진 것을 의미한다.

12절　　생전의 사회적 신분의 높고 낮음과 관계없이 모든 죽은 자들이 심판을 받기 위해서 커다란 흰 보좌 앞에 서 있다. 보좌 앞에 여러 책이 펼쳐져 있는데, 거기에는 그 책들과 구별되는 다른 책, 곧 생명책이 펼쳐져 있다(참조. 단 7:9-10). 이 책들은 모든 사람의 행위가 기록되어 있는 원부(原簿)다. 여기서 책은 하나님의 기억을 상징한다. 아무것도 잊지 않으시는 하나님의 기억은 의인들에게는 희망의 근거지만, 악인들에게는 두려움의 근거다. 하나님은 악인들의 악행을 모두 기억하신다(참조. 계 18:5). 악인들은 자신들의 악행을 합법화하거나 은폐시킬 수 있지만, 그들의 악행은 하늘에서 모두 조사되고 기록된다.

> 지금 너희 죄인들아, 너희들은 심지어 "우리의 모든 죄는 조사되지 않을 것이고 또는 기록되지 않을 것이다"라고 말한다. 그렇지만 너희들의 모든 죄는 매일 기록되고 있다. 그러므로 나는 낮과 밤과 마찬가지로 빛과 어둠이 너희의 모든 죄를 증언한다는 것을 너희들에게 보여준다. 너희들의 마음속에 악을 품지 말고, 거짓말을 하지 말고, 정당한 판결문의 글을 고치지 말고, 또는 위대한 자, 곧 거룩한 자(하나님)의 말씀에 대항해서 어리석은 말을 하지 말

고, 또는 너희의 우상들을 찬양하지 말거라. 왜냐하면 너희들의 모든 거짓말
과 사악함이 정의를 위한 것이 아니라 큰 죄를 위한 것이기 때문이다(에녹1서
104:7-9).

13:18은 "죽임을 당한 어린 양의 생명책에 창세 이후로 이름이 기록되
지 못하고 이 땅에 사는 자들"을 모두 짐승의 숭배자들이라고 말한다. 짐
승을 따르는 우상 숭배자들의 이름은 생명책에 없는 반면에, 하나님과 어
린 양 예수에게 충성하는 성도들과 선교하는 자들의 이름은 생명책에 기
록되어 있다(빌 4:3; 눅 10:20). 생명책에 이름이 기록되어 있는 자들은 모두
구원을 받는다(단 12:1). 또한 생명책에 이름이 기록된 사람들은 새 예루살
렘의 시민으로 초대된다. "오직 어린 양의 생명책에 기록된 자들만 들어
가리라"(계 21:27).

"죽은 자들이 자기 행위를 따라 책들에 기록된 대로 심판을 받으니"(계
20:12). 하나님은 책들에 기록된 죽은 자들의 행위에 따라서 심판을 하신
다. 그분은 심판하실 때 죽은 자들이 생전에 가졌던 선한 생각이나 의도
뿐만 아니라, 그들이 행한 신앙의 실천도 고려하신다. 심판의 기준은 정
통 교리(orthodoxy)가 아니라 올바른 실천(ortho-praxis)이다.

13절　모든 죽은 사람이 하나도 빠짐없이 하나님의 마지막 심판대
앞에 불려나온다. "바다가 그 가운데에서 죽은 자들을 내주고 또 사망과
음부도 그 가운데에서 죽은 자들을 내주매 각 사람이 심판을 받고." 바다
에서 죽은 자들과 땅에 묻힌 자들은 모두 "자기의 행위대로" 심판을 받는
다. "각 사람"은 마지막 심판에 예외가 없다는 것을 의미한다. 땅과 하늘은
이미 사라졌고(계 20:11) 혼돈의 상징인 바다는 21:1에서 사라진다.

14절　"사망과 음부도 불못에 던져지니 이것은 둘째 사망 곧 불
못이라." 하나님은 마지막 심판의 날에 생명을 파괴하는 세력인 "사망"

과 "음부"를 함께 불못(λίμνη τοῦ πυρός)에 던져서 멸절시키신다. 죽음(θάνατος)이 파괴되는 것은 하나님의 심판의 클라이맥스다. 예언자 이사야는 하나님이 죽음을 파괴하실 날을 고대했다. "사망을 영원히 멸하실 것이라. 주 여호와께서 모든 얼굴에서 눈물을 씻기시며 자기 백성의 수치를 온 천하에서 제하시리라. 여호와께서 이같이 말씀하셨느니라"(사 25:8). 바울도 마지막 원수인 죽음이 파괴될 것을 소망했다. "맨 나중에 멸망받을 원수는 사망이니라"(고전 15:26). 죽음의 멸절은 가장 기쁜 소식이다. 죽음이 불못에 던져져서 멸절되었기 때문에 새 창조인 새 예루살렘에는 더 이상 죽음이 없다(계 21:4).

15절 "누구든지 생명책에 기록되지 못한 자는 불못에 던져지더라." 여기서 최종적으로 구원받을 자들과 불못에 던져질 자들을 정하는 순간에 이어서 생명책이 언급되었다. 생명책에 이름이 없는 사람들, 즉 짐승에게 굴복한 자들은 모두 마지막 심판 때 불못에 던져져서 둘째 사망을 당하고 하나님으로부터 영원히 분리된다. 이것은 악인들에게는 미래가 없음을 의미한다. 그러나 생명책에 이름이 기록된 성도들은 새 예루살렘에서 하나님과 그리스도와 더불어 영원히 살게 될 미래가 기다리고 있다.

마침내 순교자들의 정해진 수가 찼기 때문에 하나님이 하늘의 궁중에서 생명을 얻을 자들의 이름이 적힌 책을 펼쳐놓으셨다. 그리고 하늘에 살아 있는 죽은 자들은 땅 위에 있는 성도들을 위해 끊임없이 중보기도하면서 하나님의 그런 모습을 최종적으로 확인하고 기뻐한다. 유대 묵시 문학에는 이런 모습이 다음과 같이 묘사되어 있다.

저 날들에 의인들의 기도가 하늘 안으로 올라갔고, 의인들의 피가 땅으로부터 영혼들의 주님 앞으로 올라갔다. 하늘에서 사는 모든 성인이 함께 살 수 있는 날들이 있을 것이다. 그리고 그들은 의인들이 흘린 피를 대신해서 영혼들의 주님(하나님)의 이름을 영화롭게 하고, 찬미하고, 축복하면서 한 목소리로 탄원하고 기도할 것이다. 그들의 기도는 영혼들의 주님 앞에서 그치지 않을 것이다. 그들은 그들을 위해 심판이 집행되기 전에는 영원히 쉬지 않을 것이다. 저 날들에 나는 시간의 선조(하나님)가 영광의 보좌 위에 앉아 있고 산 자들의 책들이 그의 앞에 펼쳐져 있는 것을 보았다. 그리고 하늘에 있는 그의 모든 권세와 그의 수행원들이 그의 앞에 서 있었다. 성인들의 가슴은 기쁨으로 차 있다. 왜냐하면 의인들의 수가 채워졌고, 의인들의 기도가 상달되었고, 의인들의 피가 영혼들의 주님 앞에 받아들여졌기 때문이다(에녹1서 47:1-4).

기억과 연대

우리는 이 땅 위에서 일어나는 불의를 보고 실망과 좌절을 느낄 때가 많다. 하나님 나라를 증거하다 많은 사람이 순교했고, 정의를 위해서 투쟁한 많은 사람이 이미 죽었다. 그들은 헛되이 죽었는가? 죽은 자들은 어디에 있는가? 죽은 자들에게 희망과 미래가 있는가? 요한계시록의 천년왕국 환상은 이 질문들에 대한 해답을 준다. 순교자와 죽은 성도들은 모두 하늘에서 부활하여 지금 천년왕국에서 살고 있다.

로마 제국의 압제자들은 무고한 자들을 학살하고, 죽은 자들을 망각했으며, 그들을 산 자들의 사회에서 배제했다. 그들은 죽은 자들에 대한 망각을 통해서 자신들이 저지른 악행을 은폐하거나 자신들의 죄의 흔적을 씻어버렸다. 그렇지만 순교자와 죽은 성도들은 모두 하늘에서 부활하여 지금 천년왕국에서 살고 있다. 그들은 모두 정의롭게 숨을 거둔 남녀 증인들이다. 천년왕국 환상은 죽은 자들에 대한 역사적 기억을 보존하고, 그들을 희생시킨 악인들의 악행과 학살을 폭로하고 항의한다. 즉 이 환상은 요한계시록의 저자가 죽은 자들을 기억함으로써 비폭력적 투쟁을 표현한 것이다.

죽은 자들에 대한 기억은 불의와 폭력에 대한 저항을 불러일으키고, 정의가 지배하는 하나님 나라에 대한 희망을 강화해준다. 우리는 죽은 자들의 저항과 투쟁에 대한 기억을 통해 그들과 영적으로 연대 공동체를 형성해서 그들이 생전에 이루지 못한 꿈과 희망을 되찾고 그것을 이 땅 위에 이루기 위해서 그들과 함께 증언하고 불의의 세력에 맞서서 비폭력적으로 싸워야만 한다.

서머나 교회의 감독이었던 폴리카르포스는 기원후 156년에 화형을 당해 죽기까지 황제 숭배를 거부하고 그리스도를 증언한 순교자다. 고대 로마 제국 시대에는 로마 황제를 신으로 믿지 않는 사람은 모두 무신론자로 간주되어 죽임을 당했다. 폴리카르포스 역시 무신론자로 규정되었고, 황제를 숭배하지 않았다는 죄목으로 체포되어 군중들이 운집해 있는 경기장 안으로 끌려나왔다. 총독은 자기 앞에 세워진 폴리카르포스에게 그의 이름을 확인했다. 폴리카르포스가 자기 이름을 시인하자, 총독은 그에게 그리스도를 부인하도록 설득했다. "당신의 나이를 생각해보라. 황제의 행운을 두고 맹세하라. 회개하라. 무신론자들은 사라지라고 외쳐라." 그러나 그는 진지한 얼굴로, 경기장에 있는 사악한 이교도의 무리를 향해서 손을 저으면서 하늘을 우러러 보고 신음하는 소리로 "무신론자들은 사라지라"라고 말했다. 총독이 다시 한 번 "맹세하라. 그러면 내가 당신을 놓아주겠다. 그리스도를 모독하라"고 그를 재촉했을 때 폴리카르포스는 다음과 같이 대답했다.

> 나는 팔십육 년간 예수를 섬겼으며 그는 나를 한 번도 나쁘게 대한 적이 없다. 그런데 내가 어떻게 나의 왕이요, 구세주인 그를 모독할 수 있겠는가?[12]

총독은 그에게 회개하고 그리스도를 모독하라고 다시 재촉했지만, 폴리카르포스는 "나는 그리스도인이다"라고 말하면서 그의 말을 거절했다. 그러자 이번에는 그를 맹수들에게 던질 것이라고 위협했지만, 이번에도

---

12 — *The Martyrdom of Polycarp* 9.3에 나오는 글을 내가 번역한 것이다. 폴리카르포스 순교와 관련된 것은 Michael W. Holmes, 『속사도 교부들』(서울: 기독교문서선교회, 1994), 186-198을 참고하라.

그는 맹수들을 두려워하지 않고 총독의 요구를 거부했다. 이에 총독이 그를 불로 태워버리겠다고 위협하자 그는 다음과 같이 대답했다.

> 당신은 잠시 동안 타다가 꺼져버리는 불로 나를 위협하지만, 도래할 심판에 대해서 그리고 경건하지 못한 사람들에게 임할 영원한 형벌의 불에 대해서는 전혀 모르고 있다. 왜 지체하는가? 당신이 하고 싶은 것을 속히 나에게 시행하라.[13]

폴리카르포스는 총독의 회유를 거부하고 그리스도를 증언했다. 화가 난 총독은 "폴리카르포스는 무신론자다!"라고 외치면서 그를 화형에 처하도록 명령했다. 군중들 역시 폴리카르포스를 비난했고, 그를 불태워 죽이라고 큰 소리로 외쳤다. 폴리카르포스는 양손이 뒤로 묶인 채로 장작더미 위에 세워졌다. 그는 마지막으로 하나님께 다음과 같이 기도했다.

> 전능하신 주 하나님, 당신 자신에 대해서 알게 하신 당신의 사랑하는 복된 아들 예수 그리스도의 아버지, 천사들과 천군들과 모든 피조물의 하나님, 당신의 시야에서 살아 있는 모든 민족의 성인들의 하나님! 당신이 저를 오늘 이 시간에 합당한 자로 여기시어, 제가 순교자들의 반열에서 기름부음을 받은 자인 그리스도의 잔에 참여하게 하시고, 또 제가 성령의 능력으로 영과 육이 불멸하는 영생에로 부활하게 하시는 당신을 찬양하나이다. 오늘 당신의 면전에서 저를 풍성하고 기쁜 제물로 순교자들 가운데 받아주소서. 거짓을 모르는 진리의 하나님, 당신은 이 일을 준비하셨고, 그것을 저에게 계시하셨고, 그리고 지금 당신의 약속을 이루셨나이다. 저는 모든 일에 대해서 당신을 찬양

---

13 — *The Martyrdom of Polycarp* 11.2.

하고 감사하나이다. 저는 영원한 하늘의 제사장인 예수 그리스도, 당신의 아들을 통해서 당신을 영화롭게 하나이다. 그를 통해서 영광이 당신과 그와 함께 그리고 성령에게, 이제와 영원히 함께 하소서. 아멘.[14]

한 목격자가 전하는 말에 의하면, 장작의 불꽃이 거세게 피어오를 때에 놀라운 이적이 일어났다고 한다. 불꽃이 갑자기 거센 바람을 맞아서 아치 모양이 되면서 폴리카르포스의 몸이 상하지 않게 옆으로 비껴서 타오른 것이다. 이 광경을 본 총독이 놀라서 사형 집행인을 시켜 단검으로 그를 찔러 죽이게 했다. 그러자 타오르던 불길이 그의 몸에서 흘러나온 많은 피에 의해서 거의 꺼졌다고 한다.

폴리카르포스는 마지막 기도에서 자신이 하늘에서 부활하여 영과 육이 불멸하는 영생을 누리게 될 것을 확신하면서 하나님과 예수 그리스도를 찬양했다. 약자들을 사랑한 예수 그리스도에 대한 증언 때문에 죽임을 당한 버가모 교회의 안디바와 서머나 교회의 감독 폴리카르포스를 비롯한 수많은 남녀 순교자와 죽은 성도들은 모두 하늘에서 부활하여 지금 천년왕국에서 살고 있다. 그들은 이 폭력의 역사가 속히 끝나기를 소망하고 있다. 그들의 미래는 하늘에서 땅으로 내려올 새 예루살렘에서 산 자들과 재회하여 함께 누리는 영원한 삶이다.

이러한 미래는 폭력의 역사의 진행을 중단시키기 위해서 악의 세력들과 싸우는 산 자들의 신앙 실천과 결부되어 있다. 요한계시록 6:9에서 남녀 순교자들이 큰 목소리로 어느 때까지 기다려야 하나님이 자신들을 죽인 악인들을 심판하시고 신원해주실 것인지를 물었을 때, 하나님은 그들에게 정해진 순교자들의 수가 채워질 때까지 잠시 기다려야만 한다고 대

---

14 — *The Martyrdom of Polycarp* 14.1-3.

답하셨다. 죽은 자들이 기다리는 동안에 산 자들은 증언과 투쟁을 계속해야만 한다. 악의 세력에 맞서 싸우는 과정에서 초래되는 죽음은 곧 그 정해진 순교자들의 수를 채우는 것이다. 하나님의 심판을 통해서 이 폭력의 역사가 끝나는 때가 바로 하늘에 있는 천년왕국이 끝나는 때이며, 동시에 땅 위에서 새 예루살렘이 시작되는 때다.

교회는 죽은 자들을 기억하는 공동체다. 성만찬 예식은 예수의 삶과 죽음을 기억하도록 제도화한 것이며, 사도신경에서 성도의 교통에 대한 고백은 살아 있는 성도들 사이의 교제와 연합만이 아니라, 죽은 성도들과의 교제와 연합도 의미한다. 성도의 개념에는 시간과 공간을 초월한 모든 성도, 즉 산 자와 죽은 자들이 모두 포함된다. 따라서 우리는 죽은 자들을 기억하고 그들과 연대해야만 한다. 우리는 예수 그리스도의 십자가와 부활의 빛으로부터 죽은 자들과의 교제와 연합을 강화할 수 있다.

하나님이 로마를 심판하신 이유는 그리스도인들의 순교뿐만이 아니라, 로마에 의해서 학살당한 모든 무고한 자의 억울한 죽음 때문이다. "선지자들과 성도들과 및 땅 위에서 죽임을 당한 모든 자의 피가 그 성 중에서 발견되었느니라"(계 18:24). 따라서 우리는 그리스도인들의 죽음뿐만 아니라, 교회 울타리 밖에 있는 모든 무고한 자의 억울한 죽음도 기억해야만 하고 그들의 서러운 이야기들을 남에게 전달해야만 한다.

아우슈비츠 강제수용소에서 살아남은 엘리 위젤(Elie Wiesel)은 폭력에 저항하고 인권과 정의 옹호에 기여한 공로로 1986년 노벨 평화상을 수상했다. 그는 아우슈비츠의 대량학살에 희생된 자들을 기억하지 않는 자들에 대해서 다음과 같이 경고했다.

기억에 적극적으로 참여하지 않는 자는 누구나 적의 공범자다. 이와 반대로, 적을 반대하는 자는 누구나 희생자들의 편에 서야만 하고 그들의 이야기를 전달해야만 한다. 즉 그들의 고독과 절망에 대한 이야기들, 그리고 침묵과 반항의 이야기들을 전달해야만 한다.[15]

우리는 망각과 싸워야만 한다. 세계 도처에서 발생한 제노사이드의 희생자들이 망각된다면, 그러한 끔찍한 반인륜적 범죄는 언제든 다시 발생할 수 있다. 희생자들에 대한 망각은 그들을 두 번 죽이는 행위다. 왜냐하면 망각을 통해서 권력자들과 살해자들이 저지른 죄악의 흔적이 씻어지고 그들의 악행이 합법화되기 때문이다. 이와 함께 그들이 언제나 역사의 승리자들이 될 수 있기 때문이다. 기억은 억눌린 자들의 정체성을 보존하는 방패이고, 사회변혁을 위한 저항력의 원천이다.

한국전쟁 전후에 한반도에서 발생한 가장 참혹한 비극은 경찰과 국군 및 미군에 의해 민간인들이 집단적으로 학살당한 사건이다. 남한의 수많은 무고한 민간인이 좌익과 부역혐의자로 내몰려서 재판 절차도 없이 집단적으로 처형당했다. 제주 4.3항쟁에서만 3만여 명이 희생되었고, 여순항쟁과 국민보도연맹 사건으로 수십만 명이 억울하게 죽임을 당했다. 충북 영동 노근리 학살사건에서도 죄 없는 많은 민간인이 원통한 죽음을 피하지 못했다.[16]

1948년은 경찰과 국군 토벌대가 지리산에 은신해 있던 여순사건 반란군과 유격대를 토벌하고, 그들에게 부역한 민간인들을 색출하여 잔혹하

---

15 — Elie Wiesel, *Dimension of the Holocaust* (Evanston: Northwestern University Press, 1977), 16.

16 — 한국전쟁전후 민간인학살 진상규명 범국민위원회 편, 『한국전쟁전후 민간인학살 실태 보고서』(서울: 한울, 2005); 김기진, 『끝나지 않은 전쟁: 국민보도연맹』(서울: 역사비평사, 2002); 역사문제연구회 외 편, 『제주 4.3 연구』(서울: 역사비평사, 1999), 나간채 외, 『기억 투쟁과 문화운동의 전개』(서울: 역사비평사, 2004); 정은용, 『그대, 우리의 아픔을 아는가』(서울: 다리, 1994); 정구도, 『노근리는 살아 있다』(서울: 백산서당, 2003).

게 처형했던 엄혹한 시절이었다. 이 시기에 지리산 오지인 구례군 산동면 상관 마을에 살았던 백씨 집안의 5남매 중 막내가 셋째 오빠를 대신해서 토벌대에 잡혀가는 일이 발생했다. 열아홉 살 처녀였던 백순례 씨는 그때 토벌대에 잡혀가 고문을 받다 끝내 총살을 당해 죽었다. 큰오빠는 일제 징용에 끌려가서 죽었고, 둘째 오빠는 여순사건으로 처형당했다. 언니는 한국전쟁 당시에 행방불명되었다. 당시 구례군 산동면은 좌익 군인들의 활동무대였기에 그들에게 협조한 혐의를 받고 있는 민간인들은 결백을 주장하기도 힘든 상황이었다. 아들 둘을 잃은 어머니 고선옥(1987년 사망) 씨는 토벌대가 찾는 셋째 아들을 피신시키고 딸에게 집안의 대를 이을 수 있도록 오빠 대신에 혐의를 뒤집어쓰고 토벌대에 잡혀가도록 당부했다. 집에서 부전이라는 이름으로 불리던 백순례 씨는 매우 총명한 처녀였다. 군경에 의해 포승에 묶여서 처형장으로 끌려가면서 그녀는 "산동애가"라는 한 맺힌 노래를 지어서 불렀다.[17] 그 노래는 무죄한 약자들을 희생시키는 국가 폭력에 항의하는 노래였다.

> 잘 있거라! 산동아, 너를 두고 나는 간다.
> 열아홉 꽃봉오리 피워보지 못한 채로
> 까마귀 우는 골을 병든 다리 절어절어
> 달비머리 풀어 얹고 원한의 넋이 되어
> 노고단 골짝에서 이름 없이 스러졌네.

---

17 — "산동애가"와 백순례 씨의 가족사에 대한 슬픈 이야기는 2001년 여수 MBC의 김남태 프로듀서가 제작한 "아직도 못 다 부른 노래"라는 다큐멘터리 프로그램을 통해서 알려졌다. 이 노래에 대한 신학적 해석에 대해서는 이병학, 「언제까지 우리의 흘린 피를 신원하여주지 않으렵니까(계 6:10): 제국주의에 대한 저항과 기억의 문화」, 『신학사상』 135집(2006), 221-226을 참조하라.

잘 있거라! 산동아, 한을 안고 나는 간다.
산수유 꽃잎마다 설운 정을 맺어놓고
회오리 찬바람에 부모효성 다 못하고
갈 길마다 눈물지며 꽃처럼 떨어져서
노고단 골짝에 이름 없이 스러졌네.

1960년 4.19 학생혁명으로 이승만 정부가 몰락한 후에 민간인들의 억울한 죽음에 대한 진상을 규명하기 위해서 전국피학살자유족회가 조직되었다. 그러나 1년 후 1961년 5.16 군사정변으로 등장한 군사 정부는 유족회의 활동이 특수 반국가 행위에 해당한다는 죄목으로 유족회 임원들을 구속하고 중형을 선고했다.[18] 그 당시 민간인 피학살자들의 유족들이 불렀던 "맹서하는 깃발"이라는 노래는 다음과 같다.

사나운 바람 불어 이 마음 쏘고
외치는 분노의 피 물결치면서
자장가도 구슬픈 추억이
아! 새하얀 밤을 흐르고 있네.
가자! 대열아 피를 마시고 자라난
우리는 피학살자의 아들딸이다.

민족의 원수들 손에 무참히 죽어간
님들의 이름은 자유의 벗 빛나는 역사
태양과 함께 돌꽃이 되어서 피게 하소서.

---

18 ― 민간인 집단학살 사건에 대한 신학적 해석에 대해서는 이병학, 「추모위령제와 항의로서의 예배」, 『신학논단』 75집(2014), 169-170을 참조하라.

가자! 검은 기 맹세하는 깃발

우리는 피학살자의 아내들이다.

무덤도 흔적도 없는 원혼들이여,

천 년을 두고두고 울어주리라.

조국의 산천도 고발하고

푸른 별도 증언한다.

가자! 서로가 아는 것이 큰 힘

우리는 피학살자의 부모들이다.[19]

　민간인 집단학살 사건의 대부분은 정부에 의해서 공식적으로 공표되지 않았으며, 시대적 혼란과 전쟁의 상황에서 불가피하게 발생했다는 이유로 아직도 범죄로 인정되지 않고 있다. 때문에 억울하게 죽임당한 수많은 희생자의 유족들은 여전히 깊은 상처를 안고 통한의 세월을 보내고 있다.

　5.18 광주 항쟁에서 민주화를 위해 저항했던 무고한 사람들은 폭도로 규정되어 무장한 군인들의 총칼에 참혹하게 희생되었다. 저항 시인 김남주(1946-1994)의 "망월동에 와서"라는 시의 일부는 다음과 같다.

---

19 ― "맹서하는 깃발"(권태호 작곡)은 작사가인 이원식 씨 가족의 협조를 통해서 이병학, 「추모위령제와 항의로서의 예배」, 『신약논단』 75집(2014), 169-170에 수록되었다. 1950년 6.25 전쟁 때 남한의 군경은 예비 검속으로 이원식 씨를 연행하기 위해 그의 집에 갔다. 하지만 그가 없자 그의 아내를 대신 잡아가 처형했다. 전쟁이 끝나고 10년 뒤 이원식 씨는 아내의 억울한 죽음의 진상을 규명하기 위해 전국 피학살자 유족회 사정위원장으로 활동했다. 그리고 이런 활동 때문에 그는 13년 동안 감옥에 갇혔다. 그의 가족이 재심을 요청해서 그는 2011년 대법원으로부터 무죄 선고를 받았다.

사람 사는 세상의 자유를 위하여

사람 사는 세상의 아름다움을 위하여

압제와 불의에 거역하고

치 떨림의 분노로 일어섰던 오월의 영웅들이여,

당신들은 결코 죽음의 세계로 간 것이 아닙니다.

당신들은 결코 망각의 저승으로 간 것이 아닙니다.

풀어헤친 오월의 가슴팍은 아직도 총알에 맞서고 있나니

치켜든 싸움의 주먹은 아직도 불의에 항거하고 있나니

쓰러진 당신들의 육체로부터 수없이 많은

수없이 많은 불굴의 생명이 태어나고 있습니다.

그들은 다시 태어나

당신들이 흘린 피의 강물에 입술을 적시고

당신들이 미처 다 부르지 못한 노래를 부르고 있습니다.

그들은 새로 태어나

당신들이 흘린 눈물의 여울에 팔과 다리를 적시고

주먹을 불끈 쥐고

당신들이 미처 다 걷지 못한 길을 걷고 있습니다.

사람 사는 세상의 자유를 위하여

사람 사는 세상의 아름다움을 위하여

이제 당신들의 자식들은 딸들은

죽음까지도 불사하고 있습니다.

사랑과 원수갚음의 증오로 무장하고

그들은 당신들처럼 전진하고 있습니다.[20]

20 ― 김남주, 『사랑의 무기: 김남주 시선집』(서울: 창작과 비평사, 1984).

죽은 자들이 배제된 사회는 비인간적이고 비윤리적이다. 민간인 피학 살자들의 고난과 억울한 죽음에 대한 기억은 지배자들의 이념에 의문을 제기하고 죽은 자들의 변상받지 못한 희망을 다시 청구하게 한다. 죽은 자들에 대한 기억은 과거로의 회귀가 아니라, 미래의 공동의 구원을 위한 희망의 원천이다. 그러나 지배자들이 세운 공식적 기억과 다른 기억을 한 다는 것 자체가 독제와 억압의 시대를 사는 약자들에게는 위험한 일이 될 수 있다. 그렇지만 죽은 자들의 고난과 투쟁에 대한 기억은 그러한 위험 을 감수하면서까지 죽은 자들과 연대하여 이 세상의 모순을 고치기 위해 서 발언하고 항의하는 행동을 하게 한다. 그러한 점에서 죽은 자들에 대 한 기억은 위험한 기억이라고 부를 수 있다.[21]

악인들의 죄악을 잊지 않고 기억하는 것이 기독교적 사랑과 용서에 배치되는 것으로 평가되어서는 안 된다. 진정한 용서와 화해는 압제자들 의 죄악을 잊어버리는 망각을 통해서 이루어지지 않는다. 그것은 희생자 들의 억울한 죽음에 대한 기억을 통해서 지난날의 압제자들로 하여금 참 회하게 하여 이제부터는 죽은 자들과 약자들의 편에 서게 하고, 희생자들 과 함께 정의와 평화의 공동체 건설을 위해서 함께 일하게 함으로써 가능 하다. 죽은 자와 무고한 피학살자들을 기억하고 그들의 명예를 회복시키 는 것은 산 자들의 과제이며, 동시에 진정한 신학의 과제다.

요한계시록의 저자는 천년왕국 환상을 통해서 죽은 자들에 대한 역사 적 기억을 보존하고 재현했다. 이 환상은 산 자들에게 죽은 자들의 증언과 저항을 기억하게 하고, 압제자들의 은폐된 폭력행위와 대량학살의 진실을 규명하게 하며, 압제자들에 의해서 왜곡된 역사를 바로잡는 기억의 문화

---

21 — Johann Baptist Metz, *Glaube in Geschichte und Gesellschaft* (Mainz: Matthias-Grünewald-Verlag, 1984), 96; 이병학, 「무죄한 자들의 억울한 죽음에 대한 위험한 기억(행 13:1-9)」, 101-102.

를 건설할 것을 요구한다. 기억의 문화는 죽은 자들의 고난에 대한 기억을 통해서 폭력과 학살의 재발을 방지하게 하며, 자본과 시장의 제국에서 잊어버리기 쉬운 타자의 고난에 대한 민감성과 연대성을 회복시킨다.

천년왕국에 관한 환상은 폭력을 휘두르는 압제들에게는 미래가 없지만 희생자와 죽은 성도들에게는 미래가 있음을 가르쳐준다. 천년왕국에서 살아 있는 죽은 자들은 천년왕국이 끝나면 하늘에서 땅으로 내려올 새 예루살렘에서, 아직 지상에 남아 있는 가족들과 친구들과 기쁨으로 재회하고 영원히 함께 살게 될 것이다. 하나님의 심판으로 이 세상 안에 있는 모든 불의가 소멸되고 폭력의 역사가 끝날 때, 새 하늘과 새 땅 그리고 새 예루살렘이 시작된다. 따라서 우리는 죽은 자들과 연대하여 끊임없이 불의에 저항해야만 한다.

제9장
새 예루살렘 환상(21:1-22:5)

새 하늘과 새 땅과 새 예루살렘은 역사의 완성이다. 이 환상은 폭력과 억압과 착취가 지배하는 로마 제국의 현실에 대립하는 대항 현실을 나타낸다. 21:1-8의 환상은 새 하늘과 새 땅을 폭력의 역사의 끝남과 새로운 역사의 시작으로 묘사하고, 21:9-27의 환상은 새 예루살렘의 구조가 열두 지파를 가진 이스라엘 민족과의 관계 속에서 설계된 것으로 묘사한다. 22:1-5은 새 예루살렘을 치유와 회복을 위한 에덴동산과 같은 생태적 도시와 하나님과 어린 양 예수를 예배하는 형제자매적인 평등한 민주적 공동체로 묘사한다. 새 예루살렘은 바빌론에 대한 대항 설계로 이해될 수 있으며, 교회가 지향해야 할 대안적 공동체다.

새 하늘과 새 땅(21:1-8)

1 또 내가 새 하늘과 새 땅을 보니 처음 하늘과 처음 땅이 없어졌고 바다도 다시 있지 않더라. 2 또 내가 보매 거룩한 성 새 예루살렘이 하나님께로부터 하늘에서 내려오니 그 준비한 것이 신부가 남편을 위하여 단장한 것 같더라. 3 내가 들으니 보좌에서 큰 음성이 나서 이르되 "보라! 하나님의 장막이 사람들과 함께 있으매 하나님이 그들과 함께 계시리니 그들은 하나님

의 백성이 되고 하나님은 친히 그들과 함께 계셔서 4 모든 눈물을 그 눈에
서 닦아주시니 다시는 사망이 없고 애통하는 것이나 곡하는 것이나 아픈
것이 다시 있지 아니하리니 처음 것들이 다 지나갔음이러라." 5 보좌에 앉
으신 이가 이르시되 "보라! 내가 만물을 새롭게 하노라" 하시고 또 이르시
되 "이 말은 신실하고 참되니 기록하라" 하시고 6 또 내게 말씀하시되 "이루
었도다. 나는 알파와 오메가요, 처음과 마지막이라. 내가 생명수 샘물을 목
마른 자에게 값없이 주리니 7 이기는 자는 이것들을 상속으로 받으리라. 나
는 그의 하나님이 되고 그는 내 아들이 되리라. 8 그러나 두려워하는 자들
과 믿지 아니하는 자들과 흉악한 자들과 살인자들과 음행하는 자들과 점술
가들과 우상 숭배자들과 거짓말하는 모든 자들은 불과 유황으로 타는 못에
던져지리니 이것이 둘째 사망이라."

1절　　　예언자 요한은 "새 하늘과 새 땅을" 보았다. "처음 하늘과 처음
땅"은 없어지고 새 하늘과 새 땅으로 대체되었다. 그것은 바빌론으로 대
표되는 기존의 세계와 질서를 가리킨다. 이 세계는 억압과 불의로 오염된
세계이고 성도와 약자들이 소외되고 차별당하고 착취당하며 박해당하고,
심지어는 죽임을 당하는 세계다. 그가 본 "새 하늘과 새 땅"은 부분적으로
변화된 세계가 아니라 완전히 새롭게 창조된 세계다. 따라서 새 창조에
는 바다가 없다. 이때 바다는 혼돈을 상징한다. 바다는 무서운 짐승이 출
몰하거나(계 13:1; 11:7; 17:8) 사탄이 감금되어 있는(계 20:1-3) 무저갱과 동
일시된다. 새 하늘과 새 땅의 개념은 바빌론 포로로부터 귀환한 이스라엘
백성의 희망을 나타내는 제3이사야(56-66장)에서 유래한다.

보라! 내가 새 하늘과 새 땅을 창조하나니 이전 것은 기억되거나 마음에 생각
나지 아니할 것이라. 너희는 내가 창조하는 것으로 말미암아 영원히 기뻐하

며 즐거워할지니라. 보라! 내가 예루살렘을 즐거운 성으로 창조하며 그 백성을 기쁨으로 삼고 내가 예루살렘을 즐거워하며 나의 백성을 기뻐하리니 우는 소리와 부르짖는 소리가 그 가운데에서 다시는 들리지 아니할 것이며 거기는 날 수가 많지 못하여 죽는 어린이와 수한이 차지 못한 노인이 다시는 없을 것이라. 곧 백세에 죽는 자를 젊은이라 하겠고 백세가 못 되어 죽는 자는 저주 받은 자이리라. 그들이 가옥을 건축하고 그 안에 살겠고 포도나무를 심고 열매를 먹을 것이며 그들이 건축한 데에 타인이 살지 아니할 것이며 그들이 심은 것을 타인이 먹지 아니하리니 이는 내 백성의 수한이 나무의 수한과 같겠고 내가 택한 자가 그 손으로 일한 것을 길이 누릴 것이며 그들의 수고가 헛되지 않겠고 그들이 생산한 것이 재난을 당하지 아니하리니 그들은 여호와의 복된 자의 자손이요, 그들의 후손도 그들과 같을 것임이라. 그들이 부르기 전에 내가 응답하겠고 그들이 말을 마치기 전에 내가 들을 것이며 이리와 어린 양이 함께 먹을 것이며 사자가 소처럼 짚을 먹을 것이며 뱀은 흙을 양식으로 삼을 것이니 나의 성산에서는 해함도 없겠고 상함도 없으리라. 여호와께서 말씀하시니라(사 65:17-25).

제3이사야서는 어린이들이 영양실조로 너무 일찍 죽거나 무고한 사람들이 너무 이른 나이에 살해당하는 정치적 억압의 현실과, 집을 짓고도 자기가 살지 못하고 남에게 빼앗기며, 농사를 짓고도 소출을 자신이 먹지 못하고 남에게 빼앗기는 경제적 착취의 현실을 비판하고, 정의와 평화와 생명이 지배하는 새로운 세계의 도래를 염원했다. 이와 동일한 맥락에서 베드로후서 3:13은 새 하늘과 새 땅의 특징을 의($\delta\iota\kappa\alpha\iota\sigma\sigma\acute{\nu}\nu\eta$), 곧 정의라고 부른다. "우리는 그의 약속대로 의가 있는 곳인 새 하늘과 새 땅을 바라보도다."

그렇지만 이사야 65:17-25과 요한계시록 21장 사이에는 다음과 같은 큰 차이점이 있다. 곧 이사야서에 묘사된 새 하늘과 새 땅에는 억압과 착취는 없지만 죽음이 여전히 남아 있다(사 65:20). 반면에 요한계시록에 묘사된 새 하늘과 새 땅에는 억압과 착취가 없을 뿐만 아니라 죽음도 없다(계 21:4).

우리는 새 하늘과 새 땅에 대한 요한의 환상을 유대 묵시 문학의 배경에서 설명할 수 있다. 에티오피아어 에녹서의 "10주간의 계시"(The Apocalypse of Ten Weeks)에서 세계의 역사는 10주간의 기간으로 나누어서 설명된다. 미래적인 종말의 때는 10주간 중 마지막 3주간에 걸쳐서 배치되어 있으며(에녹1서 91:11-17; 93:1-10), 처음 하늘이 없어지고 새 하늘이 대체된 것은 마지막 열째 주에 나타난다.

> 그리고 그 후에 열째 주에 일곱째 부분에서 영원한 심판이 있을 것이고, 그것은 영원한 하늘의 천사들에 의해서 집행될 것이며, 그 큰 심판은 모든 천사로부터 나올 것이다. 처음 하늘이 사라지고 없어질 것이고, 새 하늘이 나타날 것이다. 하늘의 모든 권세는 일곱 겹으로 영원히 빛날 것이다. 그 후에 셀 수 없이 많은 주가 영원히 있을 것이다. 그것은 선과 정의의 시간이 될 것이며, 죄는 영원히 더 이상 언급되지 않을 것이다(에녹1서 91:15-17).

10주간의 도식에서 처음 7주간은 지나버린 과거 시간에 대한 환상이고 나머지 3주간은 미래적인 종말의 때에 일어날 사건에 대한 환상이다. 이 도식에서 묵시 문학가가 서 있는 현재의 위치는 7주간의 마지막과 8주간의 시작 사이에 있는 전환의 시대다. 10주간의 계시는 모두 상징적으로 묘사되었기 때문에 해석하기가 쉽지 않다. 에녹은 노아 홍수 심판이 일어나기 전 첫째 주의 7일에 태어났으며(참조. 창 5:1-18), 마지막 10주까지의 계시를 차례대로 설명한다. 둘째 주는 홍수 심판과 노아 구출의 시대이

요한계시록 약자를 위한 예배와 저항의 책

고, 셋째 주는 아브라함과 그의 자손의 시대이며, 넷째 주는 출애굽과 모세의 율법 수여의 시대이고, 다섯째 주는 다윗 왕국 건설과 솔로몬 성전 건설의 시대다. 그리고 여섯째 주는 왕국의 멸망과 포로의 시대이고, 일곱째 주는 그리스 문화에 동화되는 배교와 억압자들에 대한 심판의 시대다. 7주간의 계시에 나타난 과거가 이미 발생한 것으로 증명되었다면, 나머지 3주간에 일어날 것으로 묘사된 미래적 사건들도 반드시 일어난다고 확신할 수 있다. 여덟째 주에는 정의로운 심판을 위해서 의인들에게 칼이 수여되고, 아홉째 주에는 악인들에 대한 심판을 통해서 악인들에 의해 오염된 땅을 정화하고 정의를 회복하며, 열째 주에는 영원한 마지막 심판과 더불어 처음 하늘이 사라지고 새 하늘이 시작된다.[1]

이 묵시 문학적 도식에서 현재의 위기는 사람들의 죄 때문에 심판을 기다려야만 하는 노아 홍수 세대의 위기로 인식된다. 3주간이 미래에 속하는 것은 미래가 여러 단계를 거치는 역동적인 과정을 통해서 이루어지는 것을 의미한다. 따라서 여섯째 나팔과 일곱째 나팔 사이의 현재의 시간에, 그리고 여섯째 대접과 일곱째 대접 사이의 현재의 시간에 사는 고난당하는 성도와 약자들은 하나님의 심판을 통한 폭력의 역사가 종식되고 새로운 대안적 세계인 새 하늘과 새 땅과 새 예루살렘의 시작을 확신하면서, 전환 시대로서 카이로스인 이 현재의 시간에 하나님을 예배하고 정의를 실천해야만 한다.

2절 "거룩한 성 새 예루살렘이 하나님께로부터 하늘에서 내려오니." "거룩한 성"이라는 표현은 이사야 52:1을 상기시킨다. "시온이여, 깰지어다, 깰지어다, 네 힘을 낼지어다. 거룩한 성 예루살렘이여, 네 아름다

---

1 — Byung Hak Lee, *Befreiungserfahrungen von der Schreckensherrschaft des Todes im ätiopischen Henochbuch*, 133-141.

운 옷을 입을지어다. 이제부터 할례받지 아니한 자와 부정한 자가 다시는 네게로 들어옴이 없을 것임이라." 새 예루살렘은 본래 하늘에 있다(계 3:12; 20:10). 갈라디아서와 히브리서에는 하늘의 예루살렘에 대한 진술이 나온다. "오직 위에 있는 예루살렘은 자유자니 곧 우리 어머니라"(갈 4:26). "그러나 너희가 이른 곳은 시온 산과 살아 계신 하나님의 도성인 하늘의 예루살렘과 천만 천사와"(히 12:22). 새 예루살렘이 하늘에서 땅으로 내려오는 것은, 새 예루살렘이 역사의 불가시적이고 초월적인 차원을 상징하는 하늘에서 역사의 가시적이고 경험적인 차원을 상징하는 땅으로 넘어오는 것을 의미한다.

"그 준비한 것이 신부가 남편을 위하여 단장한 것 같더라"(계 21:2). 21:9에서 새 예루살렘은 어린 양의 아내인 신부로 표현되었다. 19:7의 어린 양의 혼인식에서 그의 신부는 "빛나고 깨끗한 세마포 옷"을 입고 있는데, 요한은 "이 세마포 옷은 성도들의 옳은 행실이로다"(계 19:8)라고 설명했다. 그 신부가 입고 있는 깨끗한 세마포 옷은 하늘에 살아 있는 순교자들이 입는 흰옷과 같다. 따라서 세마포 옷을 입은 신부는 순교자들의 의로운 행동을 나타낸다. 하늘에서 땅으로 내려온 새 예루살렘은 아무도 살지 않는 성이 아니다. 거기에는 지상에서 의로운 행동을 했던 순교자와 죽은 성도들이 하늘에서 부활하여 거주하고 있다(참조. 계 20:1-6). 14:13에서 요한은 카이로스인 지금 현재의 시간에 의로운 행동을 하다가 죽은 성도들은 복된 자들이라고 말했다. "또 내가 들으니 하늘에서 음성이 나서 이르되 '기록하라! 지금 이후로 주 안에서 죽는 자들은 복이 있도다' 하시매 성령이 이르시되 '그러하다! 그들이 수고를 그치고 쉬리니 이는 그들의 행한 일이 따름이라' 하시더라." 지상으로 내려온 새 예루살렘은 의로운 행동을 했던 죽은 자들과 의로운 행동을 하고 있는 산 자들이 재회하고 재결합하여 하나님과 그리스도와 더불어 영원히 평화롭게 사는 새로운 형제자매적인 기독교적 공동체다.

3절 "보라! 하나님의 장막이 사람들과 함께 있으매 하나님이 그들과 함께 계시리니 그들은 하나님의 백성(λαοί)이 되고 하나님은 친히 그들과 함께 계셔서." 이 구절은 에스겔 37:27에서 차용된 것이다. "내 처소가 그들 가운데에 있을 것이며 나는 그들의 하나님이 되고 그들은 내 백성(λαός)이 되리라." 그리스어 라오스(λαός)는 단수로서 이스라엘 백성을 가리키고, 그 복수 형태인 라오이(λαοί)는 열방의 민족들을 가리킨다. 에스겔서의 히브리어 본문과 70인역에서는 이스라엘 백성을 가리키는 단수(백성)가 사용되었지만, 요한은 그것을 복수 "라오이"(백성들)로 수정했다. 이것은 교회가 이스라엘 백성과 열방의 백성들로 구성되었으므로(참조. 엡 2:19) 그들이 모두 새 예루살렘의 시민들이 될 것을 의미한다.[2] 또한 이것은 모든 민족이 로마의 지배 아래 통합되었다는 짐승의 주장에 대한 요한의 항의를 뜻한다.

"하나님의 장막"(ἡ σκηνὴ τοῦ θεοῦ)은 하늘의 성전, 곧 "증거 장막의 성전"(계 15:5)이 아니라 하나님의 처소를 상징한다. 요한계시록을 보면 새 예루살렘에는 성전이 없다(계 21:22). 새 예루살렘은 땅 위에 있는 하나님의 처소다. 하나님의 장막이 하늘로부터 땅으로 이미 내려왔기 때문에 21장 이전에 그토록 많이 언급되었던 "하늘"이 이후에는 더 이상 언급되지 않는다. 하늘과 땅 사이의 경계는 사라졌으며, 죽음이 없도록 창조된 새로운 세계가 땅 위에서 보인다. 하나님은 이제 더 이상 하늘에 살지 않으시고 하늘에서 땅으로 내려온 새 예루살렘에서 사신다. 그리고 하나님의 영광이 그 도성을 비춘다(계 21:11).

---

2 — Klaus Wengst, *Jesus zwischen Juden und Christen: Re-Visionen im Verhaltnis der Kirche zu Israel* (Stuttgart: Verlag W. Kohlhammer, 1999), 103.

하나님은 땅을 사랑하시기 때문에 하늘에서 땅으로 내려오신다. 하지만 어리석은 인간은 땅에서 하늘로 올라가기 위해서 바벨탑을 쌓았고(창 11:3-8), 오늘날에도 근본주의적 신앙을 가진 자들은 휴거를 통해 하늘로 올라가기를 바란다.

4절　"모든 눈물을 그 눈에서 닦아주시니 다시는 사망이 없고 애통하는 것이나 곡하는 것이나 아픈 것이 다시 있지 아니하리니 처음 것들이 다 지나갔음이러라." 이 구절은 다음과 같은 이사야 25:8을 암시한다. "사망을 영원히 멸하실 것이라. 주 여호와께서 모든 얼굴에서 눈물을 씻기시며 자기 백성의 수치를 온 천하에서 제하시리라. 여호와께서 이같이 말씀하셨느니라." 사망이 이미 불못에 던져져서 파멸되었기 때문에(계 20:14), 새 예루살렘에는 사망(θάνατος)이 없다. 새 예루살렘의 현실은 로마 제국의 현실과 정반대다. 여기서 언급된 눈물, 사망, 애통, 곡, 아픈 것은 모두 "처음 땅"의 현실이며, 그것은 곧 로마 제국의 치하에서 그리스도인과 약자들이 날마다 겪고 있는 현실이다.[3] 요한은 로마 제국의 압제와 폭력으로 인해 약자들이 흘리는 눈물이 기쁨의 눈물로 변할 날이 반드시 올 것을 믿고 또 갈망했다.

5절　보좌에 앉아 계시는 하나님은 "보라! 내가 만물을 새롭게 하노라"라고 선언하신다. 이것은 기존 세계의 개선이나 재건이 아니라 기존의 세계로부터의 완전한 단절과 새 창조를 의미한다. 아담과 하와의 불순종으로 땅 위에 내려졌던 저주(창 3:17)가 새 창조에서는 제거되었다. 그리고 바울이 "맨 나중에 멸망받을 원수는 사망이니라"(고전 15:26)라고 말했는데 사망은 불못에 던져져서 파멸되었다(계 20:14). 새 예루살렘에는 더 이상 바다가 없고(21:1), 죽음과 억압이 없고(21:4), 밤이 없고(21:25; 22:5), 저

---

3 ― Christine Schaumberger und Luise Schottroff, *Schuld und Macht*, 89.

주가 없으며(22:3), 오직 하나님의 영광만이 비추고 있다. 그곳은 하나님이 약자들의 해방과 구원을 위해서 새로운 하늘과 새로운 땅 위에 건설하신 새로운 공동체를 상징한다. "이 말은 신실하고 참되니 기록하라"(계 21:5)는 명령은 바로 이러한 새 창조를 가리킨다.

6절 "또 내게 말씀하시되 '이루었도다. 나는 알파와 오메가요 처음과 마지막이라.'" 하나님은 새 창조를 마치셨기 때문에 "이루었도다"(γέγοναν)라고 말씀하신다. 이미 1:8에서 언급된 "알파와 오메가"라는 하나님의 호칭이 여기서 다시 나타난다. 이 호칭은 22:13에서 다시 반복된다. "알파와 오메가"와 "처음과 마지막"이라는 하나님의 호칭은 하나님이 역사 전체를 이끌어가시는 역사의 주인이라는 것을 나타낸다.

"내가 생명수 샘물을 목마른 자에게 값없이 주리니." 이 구절은 다음과 같은 이사야 55:1에서 차용한 것으로 보인다. "오호라! 너희 모든 목마른 자들아, 물로 나아오라. 돈 없는 자도 오라. 너희는 와서 사 먹되 돈 없이, 값없이 와서 포도주와 젖을 사라." 물은 하나님이 선사하시는 생명을 상징한다. 하나님은 "생명수 샘물을 목마른 자에게 값없이", 즉 돈을 받지 않으시고 선물로 주시겠다고 약속하셨다. 이것은 생명을 보장하는 것은 바빌론의 시장이 아니라 하나님이시라는 사실을 의미한다. 바빌론의 세계에서 돈이 없는 가난한 사람들은 생필품마저 살 수 없다. 바빌론의 경제는 약자들의 희생을 통한 부자들의 이익 추구와 사치욕을 충족시키는 욕망의 경제이지만, 새 예루살렘의 경제는 사람들의 필요를 하나님이 선물로 제공하시는 선물의 경제다.

7절 "이기는 자는 이것들을 상속으로 받으리라. 나는 그의 하나님이 되고 그는 내 아들이 되리라." 이기는 자는 로마의 제국주의적 체제와 우상 숭배적인 문화에 동화되기를 거부하고 짐승에게 저항하며 하나님의 말씀을 증언하는 남녀 증인들을 가리킨다. 요한계시록 2-3장에서 이기는 자에게 약속된 축복은 새 예루살렘에서 성취된다.

요한은 과거에 이스라엘 민족과 맺었던 하나님의 계약 형식을 이제 이기는 자와 개별적으로 맺는 형식으로 바꾸었다. "나는 그의 하나님이 되고 그는 내 아들이 되리라"는 약속은 여성주의적 관점에서 "나는 그녀의 하나님이 되고 그녀는 내 딸이 되리라"는 약속으로도 이해될 수 있다. 하나님은 성차별을 하지 않으신다. "가두어두지 말라. 내 아들들을 먼 곳에서 이끌며 내 딸들을 땅 끝에서 오게 하며"(사 43:6). "네 눈을 들어 사방을 보라! 무리가 다 모여 네게로 오느니라. 네 아들들은 먼 곳에서 오겠고 네 딸들은 안기어 올 것이라"(사 60:4).

8절　여기서는 예루살렘에 속하지 않는 사람들의 범주가 여덟 가지로 제시되었다. 그들은 모두 불과 유황으로 타는 못에 던져져서 영원히 파멸을 당하는데, 그것이 둘째 사망이다. ① "두려워하는 자들"은 믿음의 결여로 하나님의 말씀을 증언하지 못하는 자들이며, 짐승의 권력과 압제에 저항하지 못하고 타협하거나 적응하는 사람들이다. ② "믿지 아니하는 자들"은 하나님의 말씀과 예수의 증언을 믿지 않는 자들을 말한다. 여기서 믿는 자들은 로마 황제를 신으로 숭배하기를 거절한 남녀 순교자들로, 이들은 무신론자로 규정되어서 처형된 증인들이다. ③ "흉악한 자들"은 황제의 상과 흉물스러운 우상을 성전에 세운 로마인들과 그러한 압제자들의 우상을 숭배하는 자들이다. ④ "살인자들"은 죽음을 억압의 도구로 삼고서 무고한 사람과 저항자들을 죽이는 자들이다. 살인은 권력과 자본에 대한 숭배의 직접적인 결과다. ⑤ "음행하는 자들"은 로마의 제국주의적 정책을 수용함으로써 자기 민족의 희생을 대가로 지불하고 자신들의 권력 유지와 이권을 보장받은 로마 식민지의 왕과 토착 귀족과 그들의 협력자들이다. 하지만 그들은 자신을 로마에 팔았기 때문에 주체성을 상실하고 그들의 손아귀에 놓인 객체로 전락했다. ⑥ "점술가들"은 미신과 우상 숭배를 통해서 사람들을 미혹하는 자들이다. ⑦ "우상 숭배자들"은 황제 숭배에 참석하고 여러 우상을 섬기는 자들이며, 권력과 돈을 하나님처럼 숭배하는 자들이다. 탐욕 역시 우상 숭배다. ⑧ "거짓말 하는 모든 자들"은 하나님의 말씀을 왜곡하는 사람과 정치적 선전을 통해서 약자들을 기만하는 사람들이며, 로마 당국으로부터 심문을 당할 때 예수를 모른다고 부인하는 자들이다.

이 목록에 속하는 사람들은 모두 바빌론의 우상 숭배적 체제에 깊숙이 동화된 자들이다. 그들은 짐승의 유혹과 압제를 극복한 "이기는 자"와 정반대되는 자들이다. 또한 그들은 불못에서 영원히 파멸됨으로써 하나님과 예수 그리스도로부터 영원히 분리된다. 그것이 바로 둘째 죽음의 의미다. 이 목록은 21:8과 21:27, 22:15에서 약간 변형된 형태로 다시 나타난다. 자본주의 사회에서 그리스도인들이 끊임없이 저항해야 할 우상숭배는 탐심이다. "그러므로 땅에 있는 지체를 죽이라 곧 음란과 부정과 사욕과 악한 정욕과 탐심이니 탐심은 우상 숭배니라"(골 3:5).

새 예루살렘의 외부(21:9-17)

9 일곱 대접을 가지고 마지막 일곱 재앙을 담은 일곱 천사 중 하나가 나아와서 내게 말하여 이르되 "이리 오라. 내가 신부 곧 어린 양의 아내를 네게 보이리라" 하고 10 성령으로 나를 데리고 크고 높은 산으로 올라가 하나님께로부터 하늘에서 내려오는 거룩한 성 예루살렘을 보이니 11 하나님의 영광이 있어 그 성의 빛이 지극히 귀한 보석 같고 벽옥과 수정 같이 맑더라. 12 크고 높은 성곽이 있고 열두 문이 있는데 문에 열두 천사가 있고 그 문들 위에 이름을 썼으니 이스라엘 자손 열두 지파의 이름들이라. 13 동쪽에 세 문, 북쪽에 세 문, 남쪽에 세 문, 서쪽에 세 문이니 14 그 성의 성곽에는 열두

기초석이 있고 그 위에는 어린 양의 열두 사도의 열두 이름이 있더라. 15 내게 말하는 자가 그 성과 그 문들과 성곽을 측량하려고 금 갈대 자를 가졌더라. 16 그 성은 네모가 반듯하여 길이와 너비가 같은지라. 그 갈대 자로 그 성을 측량하니 만 이천 스다디온이요, 길이와 너비와 높이가 같더라. 17 그 성곽을 측량하매 백사십사 규빗이니 사람의 측량 곧 천사의 측량이라.

9절 "이리 오라. 내가 신부 곧 어린 양의 아내를 네게 보이리라." 요한은 이미 위에서 설명한 새 예루살렘을 더 구체적으로 기술한다. 마지막 일곱 재앙이 가득한 대접을 손에 들고 있는 일곱 천사 중 하나가 그에게 새 예루살렘으로 오도록 초대했다. 새 예루살렘을 상징하는 신부(νύμφη)는 바빌론을 상징하는 "물 위에 앉은 큰 음녀"와 분명하게 대조된다(계 17:1-3). 바빌론은 우상 숭배적이고 범죄적인 세계를 나타내지만, 새 예루살렘은 가난한 자들이 돈 없이도 마음껏 마시고 먹을 수 있는 생명수 강과 생명나무의 열매가 있는 평화의 세계를 상징한다.

10절 요한은 성령에게 이끌려서 크고 높은 산으로 올라가 정상 위에 서서 "하나님께로부터 하늘에서 내려오는 거룩한 성 예루살렘"을 보았다. 이것은 그가 성령에 이끌려서 광야로 나가 짐승을 타고 있는 여자를 보았던 것과 대조된다(계 17:3). 새 예루살렘이 하늘에서 땅으로 내려오는 것은 새 예루살렘이 역사의 초월적 차원에서 경험적 차원으로 넘어오는 것을 의미한다.

11절 "하나님의 영광이 있어 그 성의 빛이 지극히 귀한 보석 같고 벽옥과 수정 같이 맑더라." 이 구절에는 새 예루살렘에 대한 요한의 첫 인상이 잘 묘사되어 있다. 하나님의 영광(δόξα τοῦ θεοῦ)이라는 표현은 구약에서 자주 나오는 히브리어 יהוה כבוד와 같은 표현이다. "일어나라 빛을 발하라. 이는 네 빛이 이르렀고 여호와의 영광이 네 위에 임하였음이니라"(사 61:1). 하나님의 영광이 그 성을 비추기 때문에 그 성은 귀중한 보석처럼 광채를 발산한다. 이것은 거룩한 하나님이 새 예루살렘 안에 임재하고 있음을 의미한다. 따라서 새 예루살렘은 아주 빛나고 투명하다. 이와 반대로 바빌론은 투명하지 못하고 불의가 은폐되어 있다.

12절 "크고 높은 성곽이 있고 열두 문이 있는데 문에 열두 천사가 있고 그 문들 위에 이름을 썼으니 이스라엘 자손 열두 지파의 이름들이라." 여기서 에스겔 48:31-34이 그대로 인용되었다. 새 예루살렘에는 큰 성곽이 있다. 고대 사회에서 작은 마을에는 성곽이 없지만, 큰 도시에는 크고 높게 지은 성곽이 있었다. 그런데 새 예루살렘에 있는 성곽의 열두 문에는 이스라엘 열두 지파의 이름이 쓰여 있다. 이것은 새 예루살렘이 열두 지파를 가진 이스라엘 민족과의 관계 속에서 설계되었음을 의미한다. 따라서 새 예루살렘에 들어오는 열방의 민족들은 모두 이스라엘에게 약속된 축복을 나누어 자기 몫을 가질 수 있다. 열두 문 위에 천사들이 있다는 표현은 이사야 62:6-7에서 유래한다. "예루살렘이여, 내가 너의 성벽 위에 파수꾼을 세우고 그들로 하여금 주야로 계속 잠잠하지 않게 하였느니라. 너희 여호와로 기억하시게 하는 자들아, 너희는 쉬지 말며 또 여호와께서 예루살렘을 세워 세상에서 찬송을 받게 하시기까지 그로 쉬지 못하시게 하라."

그러나 새 예루살렘의 성곽은 고대의 도시들처럼 성을 지키기 위해서 세워진 것이 아니다. 새 예루살렘의 성문은 항상 열려 있고(참조. 계 21:25), 성곽의 열두 기초석 위에 어린 양의 열두 사도의 이름이 적혀 있기 때문이다(계 21:14). 새 예루살렘의 성곽은 그 도시가 회복된 이스라엘 열두 지파 민족으로 설계된 것임을 보여준다. 그리고 그것은 그 도시의 경계를 나타낸다.[4] 여러 주석가가 새 예루살렘의 성곽을 성 안의 현실과 성 밖의

---

4 — Klaus Wengst, *Wie lange noch?*, 223-225.

현실을 구별하는 경계로 이해한다.[5]

13절　　성곽의 열두 문은 "동쪽에 세 문, 북쪽에 세 문, 남쪽에 세 문, 서쪽에 세 문"으로 되어 있다. 이러한 문의 구조는 에스겔 48:31-34에 서술된 예루살렘의 성문들을 재현한 것이다. 요한은 성문의 순서를 에스겔과 다르게 묘사했다. 에스겔은 세 성문의 순서를 북쪽, 동쪽, 남쪽, 서쪽 순서로 서술하지만, 요한은 그 순서를 동쪽, 북쪽, 남쪽, 서쪽으로 바꾸어 서술했다. 문들의 위치를 가리키기 위해서 방향의 전치사 "에서" 혹은 "로부터"를 의미하는 ἀπό가 사용되었다. 왜냐하면 새 예루살렘은 이사야 49:12의 진술처럼 사방으로 흩어졌지만 구원받고 되돌아오는 사람들이 들어올 수 있도록 마련된 장소이기 때문이다.[6] "어떤 사람은 먼 곳에서, 어떤 사람은 북쪽과 서쪽에서, 어떤 사람은 시님 땅에서 오리라"(사 49:12). 신약성서에도 이와 비슷한 표현이 있다. "사람들이 동서남북으로부터(ἀπό) 와서 하나님의 나라 잔치에 참여하리니"(눅 13:29).

14절　　"그 성곽에는 열두 기초석이 있고 그 위에는 어린 양의 열두 사도의 열두 이름이 있더라." 열둘이라는 숫자는 이스라엘의 열두 지파에서 유래하며 "어린 양의 열두 사도"는 예수의 열두 제자들을 의미한다. 예수가 열두 제자들을 선택한 것은 외세의 침략과 압제에 의해서 분열된 이스라엘의 열두 지파가 마지막 때에 통합되고 재건될 것을 바라는 그의 희망을 나타낸다. 성곽에는 열두 기초석이 있는데 그 위에 열두 사도의 이름이 하나씩 쓰여 있다. 이것은 새 예루살렘이 하나님의 축복이 약속된 이스라엘 열두 지파에 뿌리를 둔 기독교적 공동체로 설계되었음을 의미한다.

---

5 — 신동욱, 『요한계시록주석』, 236-237.
6 — Heinrich Kraft, 『요한묵시록』, 411.

15-16절　요한은 금 갈대 자를 가지고 측량하는 일을 하는 천사를 통해서 새 예루살렘의 크기를 알 수 있었다. 그 도시의 모양은 "네모가 반듯하고" 길이와 넓이와 높이가 서로 똑같이 12,000스다디온인 정육면체다. 이것은 예루살렘의 완전성을 나타낸다. 열왕기상 6:20에 의하면 예루살렘 성전 안에 있는 지성소 역시 정육면체이고, "길이가 이십 규빗이요, 너비가 이십 규빗이요, 높이가 이십 규빗"이다. 12,000은 12에 1,000을 곱한 숫자다(12×1,000=12,000). 12는 이스라엘의 열두 지파를 의미하며, 1,000은 매우 많은 수를 상징한다. 1스다디온은 약 192m로, 정육면체인 성의 한 변의 길이는 약 2,304km다.

17절　천사가 측량한 그 성곽은 "백사십사 규빗"이다. 144는 12를 두 번 곱한 숫자다(12×12=144). "사람의 측량 곧 천사의 측량이라"는 표현은 천사가 사람이 사용하는 자로 측량했음을 의미한다. 1규빗은 약 50cm로, 성곽의 높이는 약 72m다. 여기서 144규빗과 12,000스다디온은 모두 이스라엘 열두 지파와 연관된 숫자다. 이처럼 성과 성곽의 크기에 관한 정보에는 12라는 상징적인 수가 들어 있다. 따라서 요한이 제공한 숫자를 계산하여 새 예루살렘의 실제 크기를 정하는 것은 무의미하다. 이러한 묘사는 상징적 의미를 나타내는 데 그 목적이 있다. 그것은 바로 새 예루살렘이 열두 지파를 가진 이스라엘 민족과 결부되어 있는 기독교적 공동체로 건설되었다는 것이다. 새 예루살렘에서 살 수 있는 사람들은 이스라엘의 하나님과 어린 양에 대한 충성과 예배를 유산으로 계승한 사람들이다.

새 예루살렘의 건축 재료(21:18-21)

18 그 성곽은 벽옥으로 쌓였고 그 성은 정금인데 맑은 유리 같더라. 19 그 성의 성곽의 기초석은 각색 보석으로 꾸몄는데 첫째 기초석은 벽옥이요,

둘째는 남보석이요, 셋째는 옥수요, 넷째는 녹보석이요, 20 다섯째는 홍마노요, 여섯째는 홍보석이요, 일곱째는 황옥이요, 여덟째는 녹옥이요, 아홉째는 담황옥이요, 열째는 비취옥이요, 열한째는 청옥이요, 열두째는 자수정이라. 21 그 열두 문은 열두 진주니 각 문마다 한 개의 진주로 되어 있고 성의 길은 맑은 유리 같은 정금이더라.

18절　　그 성곽의 건축 재료는 벽옥이라는 보석이고, 그 성의 건축 재료는 정금이다. 그 정금은 유리처럼 투명하다.

19-20절　　성곽에 있는 12개의 기초석은 12개의 각종 보석으로 꾸며졌다. 이것은 이스라엘 열두 지파를 상징한다. "이 보석들은 이스라엘 아들들의 이름대로 열둘이라. 보석마다 열두 지파의 한 이름씩 도장을 새기는 법으로 새기고"(출 28:21). 새 예루살렘의 성곽에는 12개의 문이 있고, 이 12개의 문은 동쪽, 북쪽, 남쪽, 서쪽 순서로 각각 세 개의 문씩 나누어져 있다. 따라서 12개의 기초석은 3개씩 네 그룹으로 나누어져 있다.

21절　　"그 열두 문은 열두 진주니 각 문마다 한 개의 진주로 되어 있고 성의 길은 맑은 유리 같은 정금이더라." 새 예루살렘에 있는 12개의 문은 각기 다른 색의 큰 진주로 건축되었고 성의 광장과 대로는 금으로 지어졌다. 새 예루살렘의 시민들은 금으로 건축된 광장과 대로를 밟고 지나다닌다. 이것은 상류층들이 사유화했던 각종 보석과 순금이 모든 시민을 위해서 사회화되었음을 의미한다. 새 예루살렘에서 금은 지불 가치를 상실하고 모든 사람을 위한 공동의 사용 가치로 바뀌었다. 그곳에는 금과 각종 보석들을 찾는 "사치의 세력"(계 18:3)이 없다. 새 예루살렘의 경제는 더 많은 금을 가지려고 식민지를 약탈하는 바빌론의 착취적 경제와 달리 모든 사람의 필요를 우선적으로 고려하시는 하나님의 선물의 경제다.

새 예루살렘의 내부(21:22-27)

> 22 성 안에서 내가 성전을 보지 못하였으니 이는 주 하나님 곧 전능하신 이와 및 어린 양이 그 성전이심이라. 23 그 성은 해나 달의 비침이 쓸 데 없으니 이는 하나님의 영광이 비치고 어린 양이 그 등불이 되심이라. 24 만국이 그 빛 가운데로 다니고 땅의 왕들이 자기 영광을 가지고 그리로 들어가리라. 25 낮에 성문들을 도무지 닫지 아니하리니 거기에는 밤이 없음이라. 26 사람들이 만국의 영광과 존귀를 가지고 그리로 들어가겠고 27 무엇이든지 속된 것이나 가증한 일 또는 거짓말하는 자는 결코 그리로 들어가지 못하되 오직 어린 양의 생명책에 기록된 자들만 들어가리라.

22절　　　새 예루살렘 안에는 성전(ναός)이 없다. 요한은 그 성에 성전이 없는 이유를 다음과 같이 설명한다. "이는 주 하나님 곧 전능하신 이와 및 어린 양이 그 성전이심이라." 이것은 하나님의 임재와 어린 양의 임재 자체가 성전이라는 의미다. 에스겔 40-48장에서 묘사된 예루살렘에는 성전이 있고, 백성과 제사장이 엄격히 분리되었다. 그러나 새 예루살렘에는 성전이 없으므로 제사장 계층 역시 없다. 이곳에서는 모든 시민이 제사장으로서 하나님과 직접 소통한다. 따라서 새 예루살렘은 종교적으로도 평등한 민주적인 공동체다.

성전이 따로 없으므로 새 예루살렘은 전체가 성전으로 이해된다. 성전은 하나님의 특별한 임재의 장소다. 즉 새 예루살렘 전체가 하나님의 임재의 장소다. 하나님은 그 도시 전체에 임재하시기 때문에 성전이라는 특별 구역은 불필요하다. 새 예루살렘에는 위계체계가 없고, 인간에 대한 인간의 지배가 없다. 요한계시록 1:6과 5:10에서 언급되었듯이 새 예루살렘에 사는 자들은 모두 제사장들이고 나라에 참여하는 권리를 가진 자들이다.

23절　　성을 환하게 비추는 "하나님의 영광"은 이미 21:11에서 나왔는데 여기서 다시 언급된다. "그 성은 해나 달의 비침이 쓸 데 없으니 이는 하나님의 영광이 비치고." 이 구절은 이사야 60:19-20을 상기시킨다. "다시는 낮에 해가 네 빛이 되지 아니하며 달도 네게 빛을 비추지 않을 것이요, 오직 여호와가 네게 영원한 빛이 되며 네 하나님이 네 영광이 되리니 다시는 네 해가 지지 아니하며 네 달이 물러가지 아니할 것은 여호와가 네 영원한 빛이 되고 네 슬픔의 날이 끝날 것임이라."

"어린 양이 그 등불이 되심이라." 로마의 폭력의 희생자인 어린 양이 새 예루살렘을 밝게 비추는 등불이 되었다. 따라서 새 예루살렘에서는 희생자들이 보이지 않는 곳에 방치되지 않고 그들에게 권리와 정의가 회복된다.

24절　　"만국이 그 빛 가운데로 다니고 땅의 왕들이 자기 영광을 가지고 그리로 들어가리라. 사람들이 만국의 영광과 존귀를 가지고 그리로 들어가겠고." 이것은 이사야 60:3을 상기시킨다. "나라들은 네 빛으로, 왕들은 비치는 네 광명으로 나아오리라." 만국(τὰ ἔθνη)은 로마의 지배 아래서 고난을 당하고 상처를 입은 여러 민족을 가리킨다. 이전에는 여러 민족이 로마에 속했지만 이제는 만국이 새 예루살렘에 속한다. 여러 민족은 제국의 수도 로마의 권력과 광채에 의해서 눈이 멀었고, 또 바벨론이 주는 음행의 포도주에 취했지만, 이제 하나님의 빛 안에서 생명의 길을 찾았다. 또한 왕들이 등장하는 것은 놀라운 일이다. 그들은 요한계시록에서 항상 짐승의 편에 서서 짐승을 위해 일하고 음녀와 음행하던 자들이다. 그런데 그들이 "그들의 보화"를 가지고 그 도시로 들어온다. 그들은 로마의 황제들에게 충성했던 자신들의 잘못을 회개하고 용서를 받은 자들로, 이제 하나님에게 영광을 돌린다. 그들은 더 이상 독점 무역이나 정치적·

군사적 권력과 아무런 관계가 없으며, 이제 모든 사람의 동료들이고 협력자들이다. 이스라엘의 열두 지파의 이름이 있는 열두 문을 통해서 새 예루살렘 안으로 들어온 열방의 민족과 그들의 왕들은 이스라엘에게 약속된 축복을 누리게 된다.

25절 "낮에 성문들을 도무지 닫지 아니하리니 거기에는 밤이 없음이라." 새 예루살렘의 성벽의 대문들은 바빌론에서 탈출한 자들을 영접하기 위해서 항상 열려 있다. 새 예루살렘에는 밤(νύξ)이 없다. 하나님이 흑암을 정복하시고 그분의 임재를 통해서 새 예루살렘을 밝게 비추시며 어린 양이 등불이 되기 때문이다.

26절 "사람들이 만국의 영광과 존귀를 가지고 그리로 들어가겠고." 이 구절은 로마의 식민지에서 생산된 물품들이 로마로 유출되는 것을 비판하고 있다. 땅의 상품과 보화들은 소수의 사적인 사치품이 아니다. 여러 민족이 생산한 물자들은 더 이상 소수 상류층의 사치를 위해서 로마로 유출되지 않고(계 18:12-14), 나눔과 공존을 위해서 새 예루살렘으로 들어온다. 이제 로마가 정치적·군사적 권력을 숭배하던 자리에서 모든 사람의 생명을 돌보시는 하나님과 어린 양 예수에 대한 예배가 실행된다. 새 예루살렘은 귀중한 물자를 서로 나누는 다민족-다문화적 공동체다.

27절 "무엇이든지 속된 것이나 가증한 일 또는 거짓말하는 자는 결코 그리로 들어가지 못하되 오직 어린 양의 생명책에 기록된 자들만 들어가리라." 여기서 나열된 새 예루살렘에 들어가지 못할 사람들의 목록은 21:8에서 기술된 긴 목록을 요약한 것이다. "속된 것이나 가증한 일"은 우상을 숭배하는 음녀 바빌론의 행동 양식이다. "그 여자는 자줏빛과 붉은 빛 옷을 입고 금과 보석과 진주로 꾸미고 손에 금 잔을 가졌는데 가증한 물건과 그의 음행의 더러운 것들이 가득하더라"(계 17:4). "거짓말하는 자"

는 약자들의 재물을 빼앗기 위해서 속이고 사기를 치는 사람들과 로마 당국의 심문을 받는 과정에서 예수 그리스도를 부인하는 사람들을 가리킨다. 이와 반대로 "오직 어린 양의 생명책에 기록된 자들만"이 새 예루살렘 안으로 들어갈 수 있다. 어린 양의 생명책에 이름이 기록되는 것은 이 땅에서의 올바른 행동에 달려 있다. 새 예루살렘으로 들어갈 수 있는 이러한 자격은 이사야 35:8을 연상시킨다. "거기에 대로가 있어 그 길을 거룩한 길이라 일컫는 바 되리니 깨끗하지 못한 자는 지나가지 못하겠고 오직 구속함을 입은 자들을 위하여 있게 될 것이라. 우매한 행인은 그 길로 다니지 못할 것이며." 생명책에 이름이 기록된 자들은 지상에서는 로마 시민권이 없어서 불이익을 당했지만 하나님에 의해서 거룩해진 자들이며, 지금 이미 새 예루살렘의 시민권을 받은 자들이다.

치유와 회복을 위한 새 예루살렘(22:1-5)

1 또 그가 수정같이 맑은 생명수의 강을 내게 보이니 하나님과 및 어린 양의 보좌로부터 나와서 2 길 가운데로 흐르더라. 강 좌우에 생명나무가 있어 열두 가지 열매를 맺되 달마다 그 열매를 맺고 그 나무 잎사귀들은 만국을 치료하기 위하여 있더라. 3 다시 저주가 없으며 하나님과 그 어린 양의 보좌가 그 가운데에 있으리니 그의 종들이 그를 섬기며 4 그의 얼굴을 볼 터이요, 그의 이름도 그들의 이마에 있으리라. 5 다시 밤이 없겠고 등불과 햇빛이 쓸 데 없으니 이는 주 하나님이 그들에게 비치심이라. 그들이 세세토록 왕 노릇 하리로다.

1절 새 예루살렘은 최초의 정원인 에덴동산과 같은 도시다. 그곳의 중앙에는 수정같이 맑은 생명수의 강이 흐른다. 이것은 창세기 2:10을 연상시킨다. "강이 에덴에서 흘러나와 동산을 적시고 거기서부터 갈라져 네 근원이 되었으니." 그 맑은 강의 근원은 하나님과 어린 양의 보좌다. 하나님은 생수의 근원이시다(렘 2:13). 맑은 생명수의 강은 사람들에게 생명을 선사한다. 목마른 자들의 갈증을 축여주는 새 예루살렘의 깨끗한 물은 식수가 될 수 없는 바빌론의 쑥물(계 8:11)과 대조된다.

2절 "강 좌우에 생명나무가 있어 열두 가지 열매를 맺되 달마다 그 열매를 맺고 그 나무 잎사귀들은 만국을 치료하기 위하여 있더라." 이 구절이 보여주는 새 예루살렘의 설계는 창세기 2장과 에스겔 47장에서 유래한다. "여호와 하나님이 그 땅에서 보기에 아름답고 먹기에 좋은 나무가 나게 하시니 동산 가운데에는 생명나무와 선악을 알게 하는 나무도 있더라"(창 2:9). "강 좌우 가에는 각종 먹을 과실나무가 자라서 그 잎이 시들지 아니하며 열매가 끊이지 아니하고 달마다 새 열매를 맺으리니 그 물이 성소를 통하여 나옴이라. 그 열매는 먹을 만하고 그 잎사귀는 약 재료가 되리라"(겔 47:12). 생명나무(ξύλον)는 한 그루가 아니라 여러 그루의 나무를 의미하는 집합 명사다.

새 예루살렘은 생태 도시처럼 설계되었다. 이곳에는 큰 중앙로가 있고 그 중앙로 한가운데에 수정같이 맑은 강이 흐르며, 강 양편에 생명나무가 가로수처럼 서 있고, 사람들이 양쪽 도로를 자유롭게 걸어다닐 수 있다.

생명나무가 일 년 내내 달마다 다른 열두 가지 열매를 풍성하게 생산하기 때문에 새 예루살렘에 거주하는 사람들에게는 더 이상 굶주림이 없다. 또한 생명나무 잎사귀가 만국을 치료하기 때문에 바빌론의 우상 숭배 체제에서 상처 입고 병든 여러 민족이 치료를 받을 수 있어 더는 아픈 사람이 없다. 즉 새 예루살렘에는 물 부족과 기아와 질병과 아픔이 없다. 이것은 오늘날 물 부족과 오염된 물, 그리고 기아와 질병으로 수많은 사람

이 죽어가는 현실 세계에 대한 윤리적 비판이 될 수 있다.[7]

3절 "다시 저주가 없으며 하나님과 그 어린 양의 보좌가 그 가운데에 있으리니 그의 종들이 그를 섬기며." 이 구절은 스가랴 14:11을 상기시킨다. "사람이 그 가운데에 살며 다시는 저주가 있지 아니하리니 예루살렘이 평안히 서리로다." 새 예루살렘에는 다시 저주가 없기 때문에 죽음이 없다. 새 예루살렘에는 성전이 없지만(계 21:22), 하나님과 어린 양의 보좌가 있다. 보좌(θρόνος)는 통치권을 상징한다. 하나님과 어린 양은 새 예루살렘의 시민들이 모두 자주적인 삶을 살 수 있도록 정의와 사랑으로 통치하신다. "그의 종들"은 새 예루살렘에 거주하는 하나님의 자녀들을 의미한다. "그를 섬기며"(λατρεύσουσιν)라는 표현은 종들이 하나님과 어린 양을 예배한다는 의미다. 새 예루살렘은 하나님의 자녀들이 예배를 드리면서 모두 평등하게 형제자매처럼 사는 기독교적 공동체다.

4절 "그의 얼굴을 볼 터이요, 그의 이름도 그들의 이마에 있으리라." 아담과 하와가 에덴동산에서 하나님의 얼굴을 본 이후로 하나님의 얼굴을 직접 본 사람은 아무도 없다. 모세마저도 하나님의 얼굴을 보지 못했다. "또 이르시되 네가 내 얼굴을 보지 못하리니 나를 보고 살 자가 없음이니라"(출 33:20). 시편 시인은 하나님의 얼굴을 몹시 보고 싶어 하지만 볼 수가 없었다. "내 영혼이 하나님 곧 살아 계시는 하나님을 갈망하나니 내가 어느 때에 나아가서 하나님의 얼굴을 뵈올까?"(시 42:2) 그러나 새 예루살렘에 거주하는 남자와 여자들은 매일 하나님의 얼굴을 목도하면서 산다. 이것은 바울이 고린도전서 13:12에서 기대한 것이 새 예루살렘에서 성취되었음을 의미한다. "우리가 지금은 거울로 보는 것 같이 희미하나

---

7 — Barbara R. Rossing, "For the Healing of the World: Reading Revelation Ecologically"(ed. David Rhoads), *From Every People and Nation: The Book of Revelation in Intercultural Perspective* (Minneapolis: Fortress Press, 2005), 179.

그때에는 얼굴과 얼굴을 대하여 볼 것이요, 지금은 내가 부분적으로 아나 그때에는 주께서 나를 아신 것 같이 내가 온전히 알리라."

새 예루살렘에 사는 사람들의 이마에 하나님의 이름이 적혀 있다는 것은 그들이 하나님과 어린 양 예수에게 속한 사람들이라는 의미다. 그들은 짐승의 표를 가진 사람들과 대조된다.

5절　"다시 밤이 없겠고 등불과 햇빛이 쓸 데 없으니 이는 주 하나님이 그들에게 비치심이라. 그들이 세세토록 왕 노릇 하리로다." 이것은 21:23의 반복이다. 새 예루살렘에는 하나님의 임재로 인해서 하나님의 영광이 온 도시를 비추기 때문에 밤이 없고 등불과 햇빛이 필요 없다. 밤(νύξ)은 흑암의 동의어다. "세세토록 왕 노릇 하리로다." 이것은 새 예루살렘에 사는 사람들이 더 이상 남의 지배를 받지 않고 자유를 누리면서 자주적으로 영원히 사는 것을 의미한다. "지극히 높으신 이의 성도들이 나라를 얻으리니 그 누림이 영원하고 영원하고 영원하리라"(단 7:18). 새 예루살렘에는 성차별이나 인종차별이 없고, 착취와 억압이 없으며, 기아와 질병이 없고 위계나 계급도 없다. 하나님의 영광이 예루살렘을 환하게 비추기 때문에 그 도시의 시민들은 모두 평화롭고 자유로우며 평등하다.

요약해서 말하자면, 천상의 새 예루살렘이 땅으로 내려옴으로 인해서 하늘과 땅의 대립은 해소된다. 새 하늘과 새 땅은 새 예루살렘에서 서로 통합된다. 처음에 있었던 에덴동산이 새 예루살렘에서 회복된다. 그리고 창조의 왕관이라고 불리는 안식일의 평화도 거기서 회복된다. 새 예루살렘에는 하나님의 보좌와 어린 양의 보좌가 있다. 약자와 희생자들의 권리와 정의가 폭력의 희생자인 어린 양에 의해서 회복된다. 새 예루살렘은 여러 형태의 지배로부터 자유로운 평등한 형제자매적인 공동체이고 동시에 주체적인 삶을 살 수 있는 공동체다. 새 예루살렘의 구조는 회복된 이스라엘 열두 지파 민족으로 설계되었으며, 모든 민족이 차별 없이 들어

올 수 있도록 성문이 항상 열려 있다. 요한계시록의 저자가 새 예루살렘을 바빌론에 대한 대항 공동체로 구상했듯이, 새 예루살렘을 사모하는 교회는 자신을 폭력과 차별과 기만이 지배하는 오늘날 우리 시대의 바빌론에 대항하는 공동체로 인식하고, 이 세계를 새 예루살렘으로 변화시키는 일에 헌신해야만 한다. 교회는 하늘과 땅이 만나는 장소다. 우리는 예배와 저항에서 하나님의 임재를 느낄 수 있고 지금 현재의 시간에 새 예루살렘의 삶을 선취할 수 있다.

희망과 치유

오늘날 많은 사람이 핵전쟁으로 인한 지구 파괴와 인류 멸절에 대한 공포를 느끼면서 살아가고 있다. 그들은 자신들의 미래가 평화로운 새 예루살렘이 아니라 핵무기로 인한 재앙과 대환란이 될 것이라고 상상한다. 이러한 상황에서 휴거는 어떤 이들에게 미래의 두려움을 달래주는 희망이 되지만, 안타깝게도 신약성서에는 휴거가 등장하지 않는다. 휴거 이론의 지지자들은 "참된 신앙인들"만이 대참사와 환란을 피할 수 있도록 땅에서 공중으로 이끌려 올라가서 지구가 파괴되는 것을 내려다볼 수 있고, 다른 모든 사람은 땅에 남게 될 것이라고 주장한다. 그들은 이 세계에서 도피하여 십자가가 없는 구원의 환희를 기다리고 있다. 그러면서 자신들의 이론을 뒷받침하기 위해 다음과 같은 본문을 제시한다.

> 그후에 우리 살아남은 자들도 그들과 함께 구름 속으로 끌어올려 공중에서 주를 영접하게 하시리니 그리하여 우리가 항상 주와 함께 있으리라(살전 4:17).

결론부터 말하자면, 휴거 이론의 지지자들은 성서를 잘못 해석하고 있다. 이 본문에서 성도들이 공중으로 이끌려서 올라간 것은 하늘에 가기 위한 것이 아니다. 그들은 자기 땅을 방문하려고 내려오는 천상의 예수를 마중 나가 그를 왕으로 영접한 다음 땅으로 안내하기 위해 공중으로 들림받는다. 고대 사회에서는 왕이 어떤 도시를 방문하면, 그 도시의 사람들이 미리 멀리 마중을 나가서 왕을 영접하는 것이 관례였다. 사도 바울은 그러한 고대의 관습을 통해서 성도들이 예수의 오심을 환영하고 그를 정중하게 영접하는 것을 표현했다.

휴거 이론을 위해서 잘못 사용되고 있는 또 다른 본문은 다음과 같다.

> 그때에 두 사람이 밭에 있으매 한 사람은 데려가고 한 사람은 버려둠을 당할 것이요, 두 여자가 맷돌질을 하고 있으매 한 사람은 데려가고 한 사람은 버려둠을 당할 것이니라(마 24:41-42).

> 내가 너희에게 이르노니 "그 밤에 둘이 한 자리에 누워 있으매 하나는 데려감을 얻고 하나는 버려둠을 당할 것이요, 두 여자가 함께 맷돌을 갈고 있으매 하나는 데려감을 얻고 하나는 버려둠을 당할 것이니라"(눅 17:34-35).

이 두 본문에서 구원받지 못한 자들은 땅에 남아 있고, 구원받은 자들은 땅에서 데려감을 당한 것이 아니다. 오히려 데려감을 당한 자들이 불행한 자들이고, 땅에 남아 있는 자들이 구원받은 자들이라는 해석이 가장 적합한 해석이다. 왜냐하면 적이 와서 예루살렘을 파괴하고 그 도시의 거주민들을 죽이고 또 잡아가는 비극적인 역사적 경험이 이 두 본문에 반영되어 있기 때문이다.

요한계시록에는 휴거에 대한 언급이 전혀 없다. 오히려 휴거와 정반대로 하늘에서 땅으로 내려오는 새 예루살렘의 환상에 집중한다(21:2, 10; 3:12). 하나님은 땅을 포기하지 않으시고 사랑하신다. 새 예루살렘이 하늘에서 땅 아래로 내려온 이후부터 하늘은 더 이상 언급되지 않는다. 왜냐하면 하나님의 보좌가 하늘에서 땅으로 옮겨졌기 때문이다. 새 예루살렘은 하나님이 땅 위에서 사람들과 함께 사시는 그분의 처소다.

요한계시록의 저자는 세계를 지배하는 바빌론을 지도에서 지우고 하늘에서 땅으로 내려오는 새 예루살렘을 세계의 중심에 놓으면서 세계지도를 다시 그렸다. 새 예루살렘은 바빌론과 정반대의 도시다. 바빌론은 전쟁과 폭력으로 수많은 무고한 사람을 학살하고, 열방의 민족들을 식민화하며, 제국의 주변부에 있는 자원을 약탈하여 로마로 유출시키고, 불공정 독점무역을 통해서 이윤과 사치를 즐기는 도시다(계 18:12-13). 바빌론에서 가난한 사람은 돈이 없어서 양식을 구입할 수 없고 빈곤과 기아로 내몰린다.

이와 정반대로 새 예루살렘은 사람들의 모든 필요가 선물로 충족되는 도시다. 그곳에서 하나님은 사람들이 바빌론에서 흘렸던 눈물을 닦아주시고 그들의 상처를 치유해주시며 그들의 가슴에 맺힌 한을 풀어주신다(계 21:3-4). 새 예루살렘에는 특권계층이 없고 모든 사람이 부를 공유하고, 억압과 빈곤과 기아가 없다. 모든 사람은 맑은 물을 마시고 매달 열매를 맺는 생명나무의 열두 가지 과실을 마음껏 배불리 먹고 형제자매의 사랑을 나누면서 영원히 살 수 있다. 또한 새 예루살렘은 지배로부터 자유롭고, 평화스러우며 평등한 형제자매적인 기독교적 공동체다.

새 예루살렘 환상은 억압받는 약자들의 외침과 파괴된 자연의 외침에 대한 하나님의 응답이다. 즉 새 예루살렘은 인간의 탐욕과 불의로 인해서 오염된 땅과 상처받은 사람들의 관계가 모두 치유되고 회복되는 새로운 공동체다. 이러한 새 예루살렘 환상이 우리에게 오늘의 세계 현실을 다르게 상상하도록 우리를 초대한다. 새 예루살렘은 동화 속에 나오는 하늘의 성이 아니라, 바빌론을 대체하는 새로운 도시로 설계된 하나님의 프로젝트의 한 상징이다. 따라서 새 예루살렘은 미래가 아니라 현재라는 시점에서 전망되어야만 한다. 그곳은 이미 예언자 요한의 시대에 시작되었고, 오늘날 현재의 시대에도 계속되고 있으며 종말의 날에 완성될 것이다. 지금 현재의 시간에 바빌론과 새 예루살렘이 동시에 인식될 수 있으며, 일 상생활에서 바빌론의 시민과 새 예루살렘의 시민이 어깨를 스치면서 나란히 걸어가고 있다.[8] 약자들을 제물로 요구하는 자본과 시장의 제국의 우상과 싸우고 죽음의 문화에 저항하는 성도들과 평화를 위해서 일하는 사람들이 바로 새 예루살렘의 시민이다.

새 예루살렘의 맑은 강은 오늘날 인간의 탐욕이 야기한 생태계 파괴와 물 부족 및 오염된 강물에 대한 윤리적 비판으로 이해할 수 있다. 오늘날 세계 도처에서 식수는 점점 귀해지고 있으며, 물 부족으로 가장 고통을 받는 사람들은 당연히 가난한 사람들이다. 2016년 현재 지구의 전체 인구 수는 약 73억 명 정도다. 그런데 2014년 세계보건기구의 조사에 의하면 전 세계에서 7억 4,800만 명이 아직도 깨끗한 물을 마시지 못하고 있다고 한다. 12억 2,000명이 살고 있는 인도에서는 약 9,200만 명이 깨끗한 물을 마시지 못하고 있으며, 1년에 45만 명이 더러운 물 때문에 질병에 걸려서 죽는다. 또한 세계 도처에서 식수로 적합하지 않은 물을 마신 10세 미만의 아이들 9,000명이 매일 죽어가고 있다.

새 예루살렘에 있는 생명나무 과실과 치료제로 쓰이는 잎사귀는 오늘날 신자유주의적 경제 세계화와 불공정 무역에 의해서 가난해진 노동자들 및 농민들과 수많은 약자의 빈곤과 기아의 현실에 대한 비판이다. 우리가 사는 이 세계에서는 아직도 20억이 넘는 인구가 영양 결핍으로 고통당하고 있으며, 12억이 넘는 인구가 하루에 1달러도 안 되는 수입으로 겨우 생존하고 있고, 질병에 걸린 수많은 사람이 병원에서 치료를 받지 못해서 죽어가고 있다. 또한 수많은 학령기의 아동들이 학교에 갈 수

---

8 — Wes Howard-Brook, and Anthony Gwyther, *Unveiling Empire*, 158-159.

없어서 거리를 배회하고 있다.[9]

가난한 나라들이 수출을 통해서 벌어들인 돈은 고스란히 천문학적인 숫자의 외채를 갚는 데 사용된다. 채권국의 은행들은 피를 빨아먹는 거머리 같아서 채무국들은 순식간에 빈혈상태가 된다. 원금과 이자 상환을 해야 할 가난한 나라들은 민영화란 미명하에 매각수익성이 높은 공공기업을 다국적 기업들에 유리한 조건으로 매각하라는 압력을 받고 있다. 때문에 악성 종양처럼 끊임없이 자라나는 외채는 수많은 사람이 기아와 빈곤과 때 이른 죽음으로부터 벗어나는 것을 방해한다.

경제 세계화는 노동자들을 해고하고 농민들을 더 가난하게 만든다. 식품 매장에 진열되어 있는 커피 상품들은 대부분 거대 다국적 기업에 의해 만들어졌다. 브라질, 에티오피아, 베트남, 온두라스 등 커피 생산국들에 있는 수천만 명의 농부들이 원두커피 값 폭락으로 부채, 기아, 영양 결핍, 결핵, 그리고 여러 가지 질병으로 죽어가고 있는 사이에 다국적 기업들은 엄청난 매출액과 영업이익으로 돈을 벌고 있다. 인도에서는 다국적 기업이 독점하는 종자와 화학 비료를 빚으로 구매해 목화를 재배하던 많은 농민이 목화 값 폭락으로 부채를 상환하지 못해서 스스로 목숨을 끊고 있다.

지금 이 순간에도 세계 도처에서 수없이 많은 무고한 사람이 전쟁과 내전의 소용돌이 속에서 피를 흘리며 죽어가고 있다. 새 예루살렘의 현실은 죽음의 문화가 지배하는 바빌론의 현실에 맞서는 대항 현실이다. 즉 새 예루살렘 환상은 전쟁, 억압, 고문, 학살이 지배하는 이 세계의 현실에 대한 비판으로 이해할 수 있다. 또한 이 환상은 통일을 이루지 못하고 서로 비방하며 무력으로 대치하고 있는 분단된 한반도에 대한 윤리적 비판

---

9 — 이러한 통계와 신자유주의의 폐해에 대해서는 Jean Ziegler, 『탐욕의 시대』(서울: 갈라파고스, 2008); Jean Ziegler, 『왜 세계의 절반은 굶주리는가?』(서울: 갈라파고스, 2007)를 보라.

으로도 이해할 수 있다.

동족상잔의 비극을 안고 이념의 장벽으로 나뉜 한반도는 통일이 절실하다. 가족과 생이별을 하고 아직까지도 생사를 알지 못하는 수많은 이산가족이 몇십 년째 슬픔과 통한의 세월을 보내고 있기 때문이다. 그러면 무엇으로 통일을 이룰 수 있을까? 우리는 핵무기와 군비 증강을 통한 전쟁 연습이 아니라 남북 상호 간의 다방면의 교류와 협력을 통한 통일 연습으로 분단의 장벽을 무너뜨릴 수 있다.

이인모 씨와 그의 아내가 교환한 편지는 분단의 고통과 슬픔을 극적으로 보여주는 한 예다. 비전향장기수 이인모(1917-2007) 씨는 한국 정부의 인도주의적 배려로 1993년 3월 19일 판문점에서 그리운 아내와 딸이 기다리는 고향 북녘 땅으로 송환되었다. 그는 분단의 벽을 넘어 43년 만에 가족의 품에 안겼다. 그리고 2000년 9월 2일 그와 같은 63명의 비전향장기수들 역시 판문점을 통해서 북녘에 있는 가족들의 품에 안겼다. 이인모 씨는 함경남도 풍산군 안산면 출신으로 1950년 한국전쟁에 인민군 종군기자로 참전했다. 지리산에서 활동하던 그는 1952년 1월에 포로로 잡혀서 감옥에 갇혔다. 그 후 총 34년을 비전향장기수로 복역하고 1988년 10월 27일 출소했다. 석방 이후에 남한에 일가친척이 없기에 정부가 주선한 양로원에 잠시 머물었고 그 후에는 한 농부의 집에서 살았다. 그러던 중 그는 월간 잡지 「말」 1991년 2월호에 장문의 편지를 투고하게 되었다. 그때 그가 북한에 있는 그의 아내에게 보낸 편지의 일부는 다음과 같다.

여보, 순임이!
1950년 7월 내가 전선으로 떠나던 그날 아침,
현관에서 신발을 신고 신발끈을 졸라맬 때
당신은 문설주에 붙어 서서 어린 것을 안고 눈물을 흘렸지요.

당신이 너무나 슬피 우니 역시 슬픈 얼굴로 떠나는 나를 바라보고 계시다

"야, 순임아 울지 말아라. 내가 열여덟에 저 애 아버지가 세상을 떠났고

일곱 달 만에 유복자를 낳아 저 애만 바라보며 수절하였는데

하늘이 무심찮아 죽지 않고 살아 돌아올 것이다" 하고

말씀하시던 어머님…

그의 아내 김순임(2015년 1월 사망) 씨는 1948년에 결혼하여 겨우 2년을 함께 살았던 남편을 40여 년 동안 그리워하던 중 뜻밖에도 그 잡지에 실린 남편의 편지를 받고 북한에서 발행되는 주간지인 「통일신보」 1991년 9월 14일자에 답장을 게재했다. 그것이 한 해외 교포를 통해서 남한에 있는 그녀의 남편에게 전달되었으며, 또 그것이 국내의 신문과 잡지에 소개되었다.[10] "사랑하는 현옥 아버지, 부디 몸 건강하시며 통일의 그날까지 꿋꿋하게 살아나가세요. 몸은 비록 떨어져 있어도 저의 넋은 언제나 당신 곁에 함께 있습니다. 1991년 평양에서 당신을 한시도 잊은 적이 없는 아내 김순임 올림"으로 마친 그녀의 애절한 편지의 일부는 다음과 같다.

여보, 현옥 아버지!

사십 년 세월 마음속으로만 불러보며 생사를 알 길 없어 애간장을 태워오던 당신이 남녘에서 이 순임에게 보내는 편지를 읽어보게 될 줄이야.

백발과 주름살로 모색은 많이 변했지만 세상에서 오직 이인모 한 사람만을 사랑하는 김순임이 아무리 세월이 흘렀다 한들 그립고 그립던 님의 얼굴을 어찌 모를 수가 있겠어요.

아, 당신이 살아 계시다니!

---

10 ─「한겨레신문」 1991년 9월 29일자 기사를 참조하라. 이 편지의 전문은 월간 잡지 「말」(1991년 11월호, 128-131)에 게재되었다.

나는 당신의 사진에 얼굴을 부비며 오열을 터트렸답니다.

이별의 그날로부터 어언 세월은 흘러 어제 날의 스무세 살 꽃나이 청춘이 예순네 살의 노파가 된 한 여인이 남편을 소리쳐 부르며 흘리는 눈물 속에 얼마나 많은 사연과 고뇌가 깃들어 있는지 당신은 이해하실 겁니다. 그것은 한 달도, 십 년도, 이십 년도 아니요, 장장 사십 년 세월 시어머니와 딸애의 눈에라도 띌까 봐 그녀들이 잠든 깊은 밤에 홀로 흘리고 흘려온 눈물이랍니다.

그것은 한 나라 한 강토 안에 살고 있으면서도 과부 아닌 과부 홀아비 아닌 홀아비로 40년 세월 갈라져 있은 피맺힌 울분의 분출이랍니다.

여보, 편지를 보니 당신이 30년이라는 긴 세월 인간 이하의 고문과 박해를 받으며 옥살이를 하였다는데 그 참상을 헤아려보면 분노와 원한으로 이 가슴이 갈가리 찢어지는 것만 같아요. 어쩌면 청춘이 백발이 되도록 감옥살이를 시킨단 말인가요.

저에게는 부부일심동체라는 말을 이즈음처럼 실감하게 되는 때가 일찍이 없었어요. 저는 지금 당신이 당한 온갖 육체적인 고통과 정신적 박해를 함께 겪어온 그런 심정입니다.

현옥 아버지, 저는 인간이 당할 수 있는 모든 고초를 다 겪으면서도 지조와 양심으로 그 모든 악행을 꿋꿋이 이겨낸 이 나라의 떳떳한 아들, 이인모의 아내라는 생각으로 자랑스럽습니다. 흘러간 숫스러운 새각시 시절처럼 당신에 대한 애틋한 추억으로 가슴이 설렌답니다.

당신도 생각날 테지요. 1948년 우리들의 결혼식 날에 있었던 가지가지의 잊을 수 없는 기억들, 송도원의 바닷가를 거닐면서 순임이가 이슬이라면 늘 눈에 넣고 다니겠다고 하신 말씀 말이에요. 당신은 결혼식의 뜻 깊은 날에 이 순임을 생각하면 설사 절해고도에 가 있다 해도 외롭지 않을 것이고 결코 조국 앞에 욕되게 살 수 없을 것이라고 하셨지요. 당신이 그 시절에 다진 언약대로 모진 옥고를 이기셨다니 그런 정열의 인간, 의지의 사나이를 평생의 님

요한계시록 약자를 위한 예배와 저항의 책

으로 섬겨온 저는 얼마나 행복한 여자인가요.

여보, 얼마 전에 통일신보 기자 선생이 알려준 대로라면 당신이 부산의 병원에서 입원치료를 받고 있다는데 그 소식을 들으니 당신을 그리는 애절한 정이 사무쳐 올라 견딜 수 없어요. 이제라도 당신 곁으로 달려가 당신의 손발이 되고 심장이 되어 당신을 속히 완쾌시킬 수 있으련만 원한의 분단장벽이 아직도 우리를 갈라놓고 있으니 야속하고 통분하기 그지없습니다.

분단 시대의 지속은 폭력의 역사의 한 단면이다. 우리는 반전 평화운동을 통해서 하루 속히 한반도의 평화적 통일을 성취해야만 한다. 한반도의 평화와 통일을 위해서는 무엇보다도 먼저 정전협정이 평화협정으로 바뀌어야만 한다. 전쟁과 전쟁 위협의 극복은 핵무기와 최첨단 신무기의 힘을 통해서가 아니라, 민족의 화해와 상호협력의 증진을 통해서만 가능하다. 한반도의 통일을 위한 남북 간의 회담을 통해서 합의된 선언문과 합의서들은 언제나 그 원칙이 유효해야 한다. 1972년에 합의된 7.4 공동성명의 조국통일 원칙은 세 가지였다. "첫째, 통일은 외세에 의존하거나 외세의 간섭을 받음이 없이 자주적으로 해결해야 한다. 둘째, 통일은 서로 상대방을 반대하는 무력행사에 의거하지 않고 평화적인 방법으로 실현해야 한다. 셋째, 사상과 이념과 제도의 차이를 초월하여 우선 하나의 민족으로서 민족적 대단결을 도모해야 한다." 이 원칙은 1992년에 체결한 "남북 사이의 화해와 불가침 및 교류와 협력에 관한 합의서"와 2000년에 체결한 "6.15 남북공동선언"의 근간을 이루고 있다. 세계 역사는 전쟁과 학살로 점철된 폭력의 역사이며, 동시에 자유와 평화와 평등을 위한 해방투쟁의 역사다. 20세기에 여러 정부가 비전시 상황에서도 국가 발전에 저해가 된다는 이유로 수많은 자국의 민간인들과 자국의 영토와 점령지에 거주하는 외국인 민간인들을 집단적으로 잔혹하게 학살했다. 정치

학자인 루돌프 럼멜(Rudolf Rummel)이 추산한 통계에 의하면 1900년부터 1988년까지 전쟁을 제외한 비전투적인 상황에서 정부의 절대적 권력에 의해서 학살당한 민간인의 수는 약 1억 6,919만 8천 명이다.[11] 이 수치는 제1차 세계대전과 제2차 세계대전의 군인 전사자들을 합친 수보다 몇 곱절이나 더 많다. 1948년 유엔 총회에서 "제노사이드 범죄의 방지와 처벌에 관한 협약"이 체결되었지만, 비무장 민간인들을 집단적으로 처형하는 반인륜적 범죄인 제노사이드는 최근까지도 세계 도처에서 발생하고 있다. 남미 과테말라의 여류 시인 훌리아 에스퀴벨(Julia Esquivel)은 생명의 안전과 인간의 권리와 존엄성이 보장되는 새 예루살렘의 대항 현실을 갈망했다. 1970-1980년대에 과테말라는 억압과 폭력과 대량학살에 의해서 황폐화되었다. 그녀는 "봄의 확실성"(The Certainty of Spring)이라는 시에서 칠레의 유명한 시인인 파블로 네루다(Pablo Neruda, 1904-1973)의 글에 나오는 한 구절을 인용한다. 이 시는 천 년의 죽음 같은 폭력의 역사가 끝나고 과테말라에 생명의 꽃들이 피는 봄이 틀림없이 올 것이라는 깊은 믿음을 다음과 같이 표현하고 있다.[12]

"그들은 모든 꽃을 꺾을 수 있지만,
그러나 봄은 항상 돌아올 것이다."
과테말라 그대는 꽃을 피울 것이다.
모든 핏방울,
모든 눈물,

---

11 — Rudolf Rummel, *Death by Government* (New Brunswick: Transaction Publishers, 1940), 1-28.

12 — Julia Esquivel, *The Certainty of Spring: Poems by a Guatemalan in Exile* (Washington: Ecumenical Program on Central America, 1993).

506   요한계시록 약자를 위한 예배와 저항의 책

총알에 의해서 끝난 모든 흐느낌,

모든 영예의 외침,

반인간적 세력에 의해

증오 속에서 찢겨진

피부의 모든 조각은

꽃을 피울 것이다.

경찰로부터 도망치는

우리의 괴로움으로부터

흘러나온 땀과

우리의 두려움의 비밀 속에

감추어진 한숨은

꽃을 피울 것이다.

우리는 완전히

"영원한 봄"이 될

조국에서

천 년의 죽음을 살아왔다.

지금도 세계 도처에서 수많은 약자와 가난한 사람들이 "천 년의 죽음" 가운데 살고 있다. 한반도의 분단 시대도 곧 끝날 징조는 보이지 않는다. 더구나 폭력의 역사가 곧 끝나고 새 예루살렘이 시작될 것 같은 분명한 징조도 없다. 그러나 우리는 아름다운 꽃들이 피는 "영원한 봄"과 같은 새 예루살렘의 도래의 확실성을 믿으면서 죽음의 세력들에게 맞서 저항하고, 투쟁하고, 증언하고, 기도하고, 노래하는 사람들에게서 그러한 징조를 식별할 수 있다. 새 예루살렘을 바라보면서 한반도의 현실과 세계의 현실을 변화시키기 위해서 우리가 흘리는 모든 땀과 눈물과 핏방울은 결코 헛된 것이 아니다. 그것은 새 예루살렘의 시민으로 살도록 부름을 받은 자들이 마땅히 해야 할 옳은 행실이다.

새 예루살렘은 역사의 완성이다. 그것은 죽은 자들과 산 자들의 공동 희망이고 공동 미래다. 우리는 하늘로부터 땅으로 내려오는 새 예루살렘에서 세상을 미리 떠난 죽은 자들을 기쁨으로 재회할 수 있을 것이며, 거기서 그들과 함께 영생을 누릴 수 있을 것이다.

제10장

에필로그(22:6-21)

요한계시록의 에필로그(22:6-21)는 요한계시록 전체를 마무리 짓는 결론적 진술이다. 이것은 프롤로그(1:1-8)와 마찬가지로 요한계시록을 예언의 말씀이라고 강조하고, 그 말씀을 지킬 것을 권하며, 현재의 시간에 오고 있는 예수를 기다릴 것을 권한다. "내가 속히 오리라"고 세 번 반복한 예수의 현재적 오심이 이 단락의 중심 내용이다(22:7, 12, 20). 천상의 예수는 성도들과 연대해서 싸우기 위해서 지금 종말 직전인 카이로스에 오고 있다. 심판을 통해서 이 현재의 고난의 역사가 끝나고 대안적 세계(21:1-22:5)가 전개된다. 폭력의 역사가 종식되고 새 예루살렘이 시작됨은 물론 하나님의 구원 계획에 따라서 일어나지만 동시에 바빌론 한가운데에 살고 있는 그리스도인들의 신앙 실천과도 밀접한 연관이 있다.

예수의 현재적 오심과 윤리적 명령(22:6-11)

6 또 그가 내게 말하기를 "이 말은 신실하고 참된지라. 주 곧 선지자들의 영의 하나님이 그의 종들에게 반드시 속히 되어질 일을 보이시려고 그의 천사를 보내셨도다. 7 보라! 내가 속히 오리니 이 두루마리의 예언의 말씀을 지키는 자는 복이 있으리라" 하더라. 8 이것들을 보고 들은 자는 나 요한이

니 내가 듣고 볼 때에 이 일을 내게 보이던 천사의 발 앞에 경배하려고 엎드렸더니 9 그가 내게 말하기를 "나는 너와 네 형제 선지자들과 또 이 두루마리의 말을 지키는 자들과 함께 된 종이니 그리하지 말고 하나님께 경배하라" 하더라. 10 또 내게 말하되 "이 두루마리의 예언의 말씀을 인봉하지 말라. 때가 가까우니라. 11 불의를 행하는 자는 그대로 불의를 행하고, 더러운 자는 그대로 더럽고, 의로운 자는 그대로 의를 행하고, 거룩한 자는 그대로 거룩하게 하라."

6절　여기서 예언자 요한에게 말하는 자는 천상의 예수다. 7절에서 말하는 자가 예수인 것이 명백하기 때문이다. "이 말은 신실하고 참된지라"는 21:5에 서술된 "보좌에 앉으신 이가 이르시되 '보라 내가 만물을 새롭게 하노라' 하시고 또 이르시되 '이 말은 신실하고 참되니 기록하라'"의 반복이다. 주님(κύριος)이 "선지자들의 영의 하나님"이라고 불리는 이유는 하나님이 예언자들의 영의 근원이며, 동시에 하나님이 예언자들의 마음속에 있기 때문이다. "그의 종들"은 교회를 구성하는 성도들을 가리킨다. 그리고 "반드시 속히 되어질 일"은 예수의 현재적 오심을 가리킨다. 하나님은 그것을 성도들에게 계시하기 위해서 그의 천사를 보내셨다. 천사를 보내는 것은 이미 요한계시록 1:1에서 나왔던 주제다.

7절　"내가 속히 오리니"(ἔρχομαι ταχύ)는 현재형 시제다. 이것은 종말의 날에 임할 예수의 재림이 아니라, 카이로스인 지금 현재의 시간에 짐승과 싸우고 있는 교회를 찾아오는 천상의 예수의 현재적 오심을 의미한다.[1] 또한 프롤로그(1:1-8)와 일곱 교회를 향한 예수의 메시지(2-3장)에

---

1 ― 대다수의 학자들은 이것을 예수의 재림이라고 해석한다. 예를 들면 이달, 『요한계시록』,

서 언급된 예수의 현재적 오심(1:7; 2:5, 16; 3:3, 11)과 동일하게 카이로스인 지금 현재의 시간에 짐승으로부터 고난당하는 자들을 위로하고, 그들과 함께 살고, 그들과 함께 싸우기 위해서 종말의 날 이전에 지금 미리 그들에게 오는 것을 의미한다.

"이 두루마리의 예언의 말씀을 지키는 자는 복이 있으리." 이 권고는 1:3의 반복으로 현재적 종말론의 차원에서 이해되어야만 한다. 이것은 요한계시록의 예언의 말씀을 지켜야 할 때가 바로 지금이라는 뜻이다. 천상의 예수가 지금 상을 가지고 오고 있기 때문에 예언의 말씀을 현재 지키는 자들이 행복한 사람들이다.

8절　요한계시록의 저자는 자신의 이름을 이 책의 처음 부분에서 요한이라고 밝혔는데(1:4, 9), 여기서 다시 한 번 자신의 이름을 밝힌다. "내가 듣고 볼 때에 이 일을 내게 보이던 천사의 발 앞에 경배하려고 엎드렸더니." 여기서 "경배하려고"로 번역된 그리스어 프로스퀴네사이(προσκυνῆσαι)는 예배하는 것을 의미한다. 요한은 이 천사가 중요한 환상들을 해석해준 것이 감사해서 그에게 예배하려고 했다. 이것은 19:10의 반복이다. 우상 숭배는 바빌론과 짐승들의 유혹에서 발생할 뿐만 아니라, 예언자 요한 자신과 예언자들에게서 그리고 교회 내부에서도 발생할 수 있다. 우상 숭배자들이 있는 교회는 바빌론의 악마적 세력에 맞서서 싸우지 못하고 오히려 그것들과 타협하거나 적응하고 동화된다. 오늘날의 목사와 교회도 우상 숭배의 위험으로부터 제외되지 않는다.

9절　그 천사는 요한에게 예배받는 것을 거절했다. 왜냐하면 그 천사는 자기 자신을 단지 계시를 전달하는 하나님의 종으로만 인식했기 때문이다. 또한 그는 자기 자신을 다른 예언자들이나 이 책의 예언을 지키

374; G. K. Beale, *The Book of Revelation*, 198, 1127, 1134-1135를 보라.

는 일반 성도들과 같은 종으로 인식했다. 따라서 그 천사는 요한에게 오직 하나님만을 예배하라고 권했다. 그 천사가 요한에게 예배받는 것을 거절한 근본적인 이유는 그 자신이 계시의 수여자가 아니라는 데 있다. 오직 하나님만이 계시의 수여자이시고, 예수가 증언한 계시는 하나님의 계시다. 이점은 바울 서신에서도 확인할 수 있다. "형제들아, 내가 너희에게 알게 하노니 내가 전한 복음은 사람의 뜻을 따라 된 것이 아니니라. 이는 내가 사람에게서 받은 것도 아니요, 배운 것도 아니요, 오직 예수 그리스도의 계시로 말미암은 것이라"(갈 1:11-12).

10절　　"또 내게 말하되 이 두루마리의 예언의 말씀을 인봉하지 말라. 때가 가까우니라." 이것은 천상의 예수의 명령이다. 1:3에서도 "때가 가까우니라"는 말이 나온다. "이 예언의 말씀을 읽는 자와 듣는 자는 복이 있나니 때가 가까움이라." 유대 묵시 문학에서 예언은 미래에 선포되도록 마지막 때까지 봉인해두는 것이 일반적이다. 다니엘은 예언이 미래의 일이므로 그것을 봉인해두라는 명령을 받았다. "그가 이르되 '다니엘아, 갈지어다. 이 말은 마지막 때까지 간수하여 봉함할 것임이니라'"(단 12:9). 그러나 천상의 예수는 요한에게 예언의 말씀을 인봉하지 말라고 명령했다. 그 이유는 "때가 가까우니라"(ὁ καιρὸς γὰρ ἐγγύς ἐστιν)에 있다(참조. 계 1:3). 여기서 때(καιρός)는 하나님이 정하신 종말 직전의 시간을 의미한다. 때가 가깝다는 것은 세계의 종말이나 지구의 멸망이 임박하다는 것이 아니라, 하나님의 심판을 통해서 불의와 폭력이 지배하는 이 고난의 현재의 시간이 끝날 때가 임박하였음을 의미한다. 현재의 시간은 카이로스다. 그러나 현재는 순간처럼 지나가는 짧은 시간이 아니라, 아직도 회개의 기회가 있고 예언의 말씀을 지키고 실천할 수 있는 기회가 있는 지속적인 현재다.

11절　　카이로스인 현재의 시간에 살고 있는 사람들의 행태는 네 번에 걸친 "그대로"(ἔτι)라는 말로 표현되었다. "불의를 행하는 자는 그대로 불의를 행하고, 더러운 자는 그대로 더럽고, 의로운 자는 그대로 의를 행하고, 거룩한 자는 그대로 거룩하게 하라." 이것은 심판의 때가 임박하기 때문에 회개하거나 행동을 바꿀 기회가 전혀 없음을 의미하는 것이 아니라, 오히려 자신의 행동을 바꿀 수 있는 여지가 아직도 남아 있음을 의미한다. 이 현재의 시간은 타협과 적응을 통해서 불의와 우상 숭배를 "그대로" 행하거나, 혹은 증언과 저항을 통해서 정의를 행하고 거룩한 소명을 실천할 기회가 아직 "그대로" 있는 카이로스다. 어떤 학자들은 마지막 때가 시작되었기 때문에 더 이상 회개를 기대할 수 없다고 주장하지만 그러한 해석은 바른 해석이 아니다. 인간의 운명은 결코 숙명적으로 의인과 악인으로 미리 정해지지 않았다. 따라서 카이로스인 지금 현재의 시간에 회개를 통해서 정의와 생명을 선택하고 새로운 스타일의 삶을 사는 일이 아직 가능하다. 한 유대 묵시 문학가는 의인들에게 다음과 같이 권했다.

이제 너희 의로운 자들에게 나는 말한다. "악한 길이나 죽음의 길에서 걷지 마라. 너희가 파멸되지 않도록 그러한 길들에 가까이 가지 마라. 너희 자신을 위해서 정의와 올바른 생명을 찾고 선택하라. 너희가 생명을 가지게 되고 가치 있는 사람들이 되도록 평화의 길을 걸어가라"(에녹1서 94:3-4).

현재에 맛보는 종말론적 보상(22:12-15)

12 보라! 내가 속히 오리니 내가 줄 상이 내게 있어 각 사람에게 그가 행한 대로 갚아주리라. 13 나는 알파와 오메가요, 처음과 마지막이요, 시작과 마침이라. 14 자기 두루마기를 빠는 자들은 복이 있으니 이는 그들이 생명나무에 나아가며 문들을 통하여 성에 들어갈 권세를 받으려 함이로다. 15 개들과 점술가들과 음행하는 자들과 살인자들과 우상 숭배자들 및 거짓말

을 좋아하며 지어내는 자는 다 성 밖에 있으리라.

12절　　　"보라! 내가 속히 오리니"(ἔρχομαι ταχύ). "온다"를 의미하는 동사 에르코마이의 시제는 현재형이다. 이것은 천상의 예수가 구원자, 심판자, 해방자, 그리고 함께 싸우는 투사로 지금 고난당하는 성도들을 향해서 오겠다는 약속이다. 그는 "내가 줄 상이 내 앞에 있어 각 사람에게 그가 행한 대로 갚아주리라"고 확약한다. 일반적으로 상(μισθός)은 종말론적인 미래에 수여된다(참조. 사 40:10; 62:11). 그러나 그는 각 사람의 행위에 따라서 줄 상을 가지고 지금 오고 있다. 지금 현재의 시간에 예언의 말씀을 증언하고 실천하는 사람들은 그러한 종말론적 상을 선취할 수 있다. 이것은 하나님과 그의 대리자인 예수가 역사의 주인이기 때문에 가능한 일이다.

13절　　　예수는 "나는 알파와 오메가요, 처음과 마지막이요, 시작과 마침이라"고 말한다. "알파와 오메가"(계 1:8)와 "처음과 마지막"(계 21:6)은 원래 하나님의 호칭이며, "시작과 마침"(21:6) 역시 하나님의 호칭이다. 그런데 놀랍게도 이런 하나님의 호칭 세 가지는 예수가 자기를 부를 때 사용했던 호칭과 동일하다. 이러한 동일시는 예언자 요한이 예수 그리스도를 하나님과 같은 역사의 주인으로 인식하고 있었음을 의미한다.

14절　　　"자기 두루마기를 빠는 자들은 복이 있으니." 이것은 천상의 예수가 교회의 모든 구성원들이 지금 자기 옷을 빠는 사람이 되어야만 한다고 그들에게 권하는 말이다. 지금 현재의 시간은 요한계시록의 예언의 말씀을 지켜야 할 카이로스다. "이는 그들이 생명나무에 나아가며 문들을 통하여 성에 들어갈 권세를 받으려 함이로다." 17:14에서 순교자들은 과거에 옷을 빨았던 사람들이며, 그들은 지금 모두 하늘에 살아 있다. 반면에 지금 옷을 빠는 사람들은 장차 문들을 통하여 성에 들어갈 권세를 가진 자들이다. 여기서 성(πόλις)은 새 예루살렘을 가리킨다. 카이로스인 현재의 시간에 옷을 빠는 자들은 오고 있는 예수로부터 지금 상을 받을 수 있는 행복한 사람들이다.

15절 새 예루살렘에 들어가지 못하고 밖에 남아 있는 사람들의 범주는 "개들과 점술가들과 음행하는 자들과 살인자들과 우상 숭배자들과 및 거짓말을 좋아하며 지어내는 자"다. 이 범주는 21:8과 27절에서 기술된 새 예루살렘에 들어가지 못할 자들의 목록에서 간추린 것이며, 그 범주에 "개들"이 새로 첨가되었다. 개들은 성서에서 하나님을 믿지 않고 우상 숭배하는 이방인들을 가리키는 가장 경멸스러운 명칭이다(참조. 빌 3:2; 마 7:6; 15:26). 21:8에 있는 목록의 처음 세 범주의 죄인인 "두려워하는 자들과 믿지 아니하는 자들과 흉악한 자들"이 22:15에서 개들로 대체되었다. 여기서 "성 밖에"는 새 예루살렘 밖을 의미한다.

요한계시록 21:8에 의하면 모든 악인들이 종말론적 미래에 유황 불못에 던져져서 이미 영원히 소멸되었기 때문에 새 예루살렘 성 밖에는 아무도 남아 있을 수 없음이 명백하다. 만일 22:15에서 그 "성"이 종말론적 미래의 새 예루살렘을 뜻한다면, 모든 악인은 유황불에 소멸되어서 영원히 사라졌기 때문에 성 밖에는 아무도 있을 수 없다. 그런데 15절의 목록에 속한 짐승의 숭배자인 개들은 소멸되어 사라지지 않고 아직 성 밖에 머물고 있다. 따라서 15절은 현재적 종말론의 관점에서 이해되어야만 한다.[2]

새 예루살렘은 요한의 시대에 인식될 수 있었지만, 아직 완전한 현실이 되지 못했다. 악인의 목록에 속한 사람들은 로마의 제국주의적 체제에 적응하거나 동화된 사람들이다. 그들은 새 예루살렘에서의 삶을 위해 애

---

2 — Wes Howard-Brook and Antony Gwyther, *Unveiling Empire*, 158; Pablo Richard, *Apokalypse*, 174.

쓰는 사람들이 아니다. 따라서 그들은 지금 새 예루살렘 밖에 있다. 그들은 새 예루살렘을 향한 전초기지인 교회 밖에 있고, 교회 안에 있어서는 안 된다. 그런데 니골라당과 발람의 교훈을 따르는 자들과 이세벨의 교훈을 따르는 자들이 교회 안에 있기 때문에 천상의 예수는 그들을 책망하고 회개를 요구했다(계 2:14-16, 20-23). 지금 현재의 시간에 로마 제국주의와 황제 숭배에 저항하고 예언의 말씀을 증언하며 정의와 자유와 평등이 지배하는 대안적 세계를 갈망하는 반제국적 성도들이 바로 새 예루살렘의 삶을 선취한 사람들이다.

고난당하는 자들의 간구(22:16-21)

16 나 예수는 교회들을 위하여 내 사자를 보내어 이것들을 너희에게 증언하게 하였노라. "나는 다윗의 뿌리요 자손이니 곧 광명한 새벽 별이라" 하시더라. 17 성령과 신부가 말씀하시기를 "오라" 하시는도다. "듣는 자도 오라 할 것이요, 목마른 자도 올 것이요, 또 원하는 자는 값없이 생명수를 받으라" 하시더라. 18 내가 이 두루마리의 예언의 말씀을 듣는 모든 사람에게 증언하노니 만일 누구든지 이것들 외에 더하면 하나님이 이 두루마리에 기록된 재앙들을 그에게 더하실 것이요, 19 만일 누구든지 이 두루마리의 예언의 말씀에서 제하여 버리면 하나님이 이 두루마리에 기록된 생명나무와 및 거룩한 성에 참여함을 제하여 버리시리라. 20 이것들을 증언하신 이가 이르시되 "내가 진실로 속히 오리라" 하시거늘 아멘! 주 예수여 오시옵소서. 21 주 예수의 은혜가 모든 자들에게 있을지어다! 아멘!

16절　　요한은 "나 예수"라는 표현을 통해서 그가 지금까지 자주 언급해온 어린 양이 바로 십자가에 처형되고 부활한 예수라는 것을 강조한다. 교회(ἐκκλησία)라는 용어는 이 절 외에도 요한계시록 1-3장에서 18번 나온다. "너희"는 요한의 수신자들, 즉 소아시아의 일곱 교회들을 가리킨다. "이것들"은 예수가 계시를 통해서 증언한 예언의 말씀 전체를 의미하고, 천사는 현재의 시간을 위해서 결정된 예수의 메시지를 교회들에게 전하는 예수의 전령사다.

예수의 정체성은 "다윗의 뿌리요 자손이니 곧 광명한 새벽 별"로 표현되었다. "다윗의 뿌리"는 구약에서 예언된 메시아를 가리킨다. 예수는 이스라엘의 가지가 아니라 뿌리다(참조. 사 11:1, 10). 요한계시록 5:5에서 도살당한 흔적을 지닌 어린 양 예수는 "유대 지파의 사자 다윗의 뿌리"라고 불린다. 여기서 유다는 사자다(창 49:9). 로마의 권력에 의해서 도살당한 어린 양 예수가 이제 모든 악의 세력들을 정복할 사자가 되었다.

또한 천상의 예수는 광명한 "새벽 별"이다. 그것은 어둠을 정복할 메시아의 승리에 대한 예언의 성취를 가리키는 상징이다. "흑암에 행하던 백성이 큰 빛을 보고 사망의 그늘진 땅에 거주하던 자에게 빛이 비치도다"(사 9:2). "또 우리에게는 더 확실한 예언이 있어 어두운 데를 비추는 등불과 같으니 날이 새어 샛별이 너희 마음에 떠오르기까지 너희가 이것을 주의하는 것이 옳으니라"(벧후 1:19). 유대 묵시 문학에 속하는 "레위의 유언"(Testament of Levi)에서도 별은 메시아를 상징한다.

그리고 그때에 주님이 새 제사장을 세울 것이다. 그에게 주님의 모든 말씀이 계시될 것이다. 그는 많은 날 동안 땅 위에서 진리의 심판을 내릴 것이다. 그리고 그의 별이 왕처럼 하늘에서 떠오를 것이다. 낮이 태양에 의해서 밝아지듯이 지식의 빛을 밝게 하면서 온 세계 사람들에 의해서 극찬을 받을 것이다(레위의 유언 18:2-3).

17절　　　이 절부터 마지막 절까지는 교회의 예배 의식을 반영한다. "성령과 신부가 말씀하시기를 '오라' 하시는도다. '듣는 자도 오라 할 것이요, 목마른 자도 올 것이요, 또 원하는 자는 값없이 생명수를 받으라' 하시더라." 목마른 자와 필요한 자들이 값없이 생명수를 얻도록 초대되는 것은 이사야 55:1을 차용한 표현이다. "오호라! 너희 모든 목마른 자들아, 물로 나아오라. 돈 없는 자도 오라. 너희는 와서 사 먹되 돈 없이, 값없이 와서 포도주와 젖을 사라."

22:12에서 천상의 예수가 "내가 속히 오리니"라고 약속했는데, 이제 교회의 구성원들은 그들의 주님인 천상의 예수가 지금 그들에게 오시기를 원한다. 성령과 신부가 천상의 예수에게 "오라"(ἔρχου)고 외친다. 여기서 신부는 예배에 참여한 성도들이 기다리고 있는 새로운 대안적인 공동체인 새 예루살렘을 상징한다(참조. 계 21:9). 새 예루살렘은 바빌론과 정반대로 정의와 자유와 평등이 지배하는 형제자매적인 기독교적 공동체다.

성령과 신부의 병렬은 그 새로운 대안적 공동체가 성령의 지배를 받고 있음을 의미한다. "듣는 자"는 예배에서 낭독되는 요한계시록의 내용을 듣는 회중을 가리키며, 그들은 각기 예수의 도움이 절실히 필요하기 때문에 예수를 향해서 역시 "오라"고 외친다. "목마른 자"는 지금 해방과 권리와 정의를 타는 목마름으로 갈망하면서 아직도 불의와 싸우고 있는 자들을 가리킨다(참조. 마 5:6). "원하는 자"는 지금 경제적 억압 때문에 필요를 채우지 못한 가난한 자들을 가리킨다.

예배는 하나님과 어린 양 예수에게 충성을 고백하는 행위로, 정의의 실천을 요구한다. 우상 숭배와 불의에 저항하지 않고 참여하는 예배는 정의를 요구하지 않는 우상을 숭배하는 것과 같다. 예배는 하나님 나라의 현실을 지금 미리 맛보는 선취다. "듣는 자", "목마른 자", "원하는 자"는 모두 지금 교회의 예배에 참여한 사람들이며, 새 예루살렘의 도래를 염원하는 사람들이다. 그들이 모두 값없이 받는 생명수는 새 예루살렘의 시민들이 누릴 종말론적 미래의 현실이지만(계 21:6; 22:1-3), 그들은 지금 현재의 시간에 생명수를 선취할 수 있다(계 7:17). 왜냐하면 천상의 예수가 그들의 고난과 필요를 알고, 지금 그들을 찾아와서 그들을 위로하고 그들에게 필요한 생명수를 선물로 주기 때문이다. 천상의 예수의 이러한 행위는 인간의 생명과 안전과 존엄성을 무시하고 오직 돈과 이윤과 권력을 숭배하는 바빌론의 착취적인 경제구조에 대한 비판이다. 바빌론의 경제는 욕구의 경제인 반면에 천상의 예수의 경제는 선물의 경제다.

18절 "내가 이 두루마리의 예언의 말씀을 듣는 모든 사람에게 증언하노니 만일 누구든지 이것들 외에 더하면 하나님이 이 두루마리에 기록된 재앙들을 그에게 더하실 것이요." 이것은 천상의 예수의 말이다. 그는 요한이 쓴 이 두루마리 책에 있는 예언의 말씀이 진리이기 때문에 아무것도 가감하지 말라고 경고한다. 예언의 말씀은 카이로스인 지금 현재의 시간에 읽고 실천해야 할 천상의 예수의 증언이다. 그것은 고난당하는 소아시아의 성도들에게 희망과 용기를 주고 짐승과 싸우는 그들의 신앙을 강화해준다. 예언의 말씀에 대한 추가나 삭제를 금지한 것은 잘못된 가르침과 그 결과로 인한 우상 숭배의 위험을 사전에 막기 위한 조치다.[3] 따라서 이러한 경고는 현재의 시간에서만 의미가 있다. 즉 이 경고를 무시하는 자는 종말론적인 미래에서가 아니라 지금 현재의 시간에 재앙을 당하게 될 것이다. 이와 비슷한 경고는 구약에도 나타난다. "내가 너희에게 명령하는 말을 너희는 가감하지 말고 내가 너희에게 내리는 너희 하나님 여호와의 명령을 지켜라"(신 4:2). "내가 너희에게 명령하는 이 모든 말을 너희는 지켜 행하고 그것에 가감하지 말지니라"(신 12:32).

---

3 ─ G. K. Beale, *The Book of Revelation*, 1151.

19절　"만일 누구든지 이 두루마리의 예언의 말씀에서 제하여 버리면 하나님이 이 두루마리에 기록된 생명나무와 및 거룩한 성에 참여함을 제하여 버리시리라." 새 예루살렘의 시민은 도시 한복판에 흐르는 맑은 생명수의 강물을 마시고 생명나무의 과실을 마음껏 먹으면서 하나님과 그리스도와 더불어 영원한 삶을 살게 될 것이다. 그러나 이 예언의 말씀을 가감하는 자는 종말론적 미래에 그러한 특권에서 제외될 것이다.

20절　"이것들을 증언하신 이"는 천상의 예수다. "이것들은" 요한계시록에 나오는 예언의 말씀 전체를 가리킨다. 천상의 예수는 예배를 드리고 있는 사람들에게 "내가 진실로 속히 오리라"(ναί, ἔρχομαι ταχύ)고 확언한다. "오리라"(ἔρχομαι)의 시제는 현재형이다. 이것은 22:7과 12절에서 언급된 "보라! 내가 속히 오리라"는 약속과 마찬가지로 예수의 현재적 오심을 의미한다. 예수는 카이로스인 지금 현재의 시간에 로마의 유혹과 압제에 저항하는 교회와 그리스도인들을 위로하고 그들과 함께 지내고, 그들과 연대하여 투쟁하기 위해서 온다는 것을 예배에 참석한 성도들에게 확약한다. 그들은 예수의 현재적 오심에 대한 확약을 듣고 너무나 반갑고 기뻐서, 그들의 주님인 예수가 지금 빨리 그들을 찾아와줄 것을 희망하면서 "아멘! 주 예수여, 오시옵소서"라고 외친다. 이것은 예수의 오심을 갈망하는 고난당하는 약자들의 절박한 간구이자 희망이다. 우리 역시 매일 끊임없이 예수의 오심을 희망하고 그를 적극적으로 기다려야만 한다.

21절　"주 예수의 은혜가 모든 자들에게 있을지어다! 아멘." 예언자 요한은 자신의 책을 서신의 전형적인 마지막 인사로 끝맺는다. 이것은 요한계시록이 서신의 형태를 지닌 책임을 의미한다. 그는 처음에 은혜와 평화를 기원하는 인사를 했는데(계 1:4-6), 마지막 부분 역시 주 예수의 은혜(χάρις)가 모든 성도에게 있기를 기원하면서 서신을 끝맺는다. 요한은 긴급한 소식을 전하는 서신 형태를 지닌 그의 책이 소아시아의 일곱 교회에서 회람되고 예배 모임에서 낭독되며 예언의 말씀이 성도들의 삶에서 실천되기를 기대했다. "주 예수"는 로마의 폭력의 희생자였지만 부활하여 영원히 살아 있는 예수 그리스도를 의미하고, "모든 자들"은 예배에 참여한 모든 성도를 가리킨다. 그들은 예언의 말씀을 통해서 희망과 용기와 힘을 얻었기 때문에 천상의 예수가 기원하는 축복의 인사에 "아멘"으로 응답한다. 여기서 예배는 요한계시록의 예언의 말씀이 선포되는 자리 이상을 의미한다. 그들에게 예배는 하나님과 예수를 찬양하는 노래를 부르고 충성을 고백하는 자리인 동시에, 지금 오고 있는 예수와 연대하여 생명을 파괴하는 죽음의 세력들에 대한 저항과 투쟁을 착수하는 자리다.

기다림과 윤리

요한계시록의 프롤로그와 에필로그는 모두 예언의 말씀을 지금 지킬 것을 권고한다. 여기서 지금 현재의 시간은 종말 직전의 시간인 카이로스다. 그렇지만 카이로스는 우리가 회개할 수 있는 기회가 아직 있고 우리의 행동을 바꾸고 새로운 삶을 살 수 있는 여지가 남아 있는 은혜의 시간이다. 천상의 예수는 지금 현재의 시간에 "보라! 내가 속히 오리니 이 두 루마리의 예언의 말씀을 지키는 자는 복이 있으리라"고 약속했다. 그는 우리와 연대하고 투쟁하기 위해서 지금 우리를 향해 오고 있다. 우리는 오고 있는 예수와 연대하여 오늘의 바빌론 체제에 저항해야만 한다.

무슨 직업을 가졌든지 간에 하나님과 어린 양 예수를 예배하고 이 시대의 희생자들인 약자들을 돌보고 지원하는 것이 카이로스인 지금 하나님 앞에서 윤리적으로 사는 것이다. 창조주 하나님과 폭력의 희생자인 어린 양 예수를 예배하는 자의 진정성은 폭력의 체제와 탐욕의 우상 숭배에 항의하고 희생자들의 편에 서서 그들을 돕고 그들과 연대하는 대항 실천을 통해서 확인되다. 요한계시록이 보여주는 하늘의 예배는 진정한 예배의 원형이다. 하늘의 예배는 유일신론적이고 반우상적이다. 이때 예배의 대상은 창조주 하나님과 폭력의 희생자인 어린 양 예수다. 예배의 목적은 약자를 우선적으로 선택하시는 하나님과 예수를 찬양하고 영화롭게 하는 데 있다. 진정한 예배는 생명을 주신 창조주 하나님과 어린 양 예수를 영화롭게 하는 감사와 찬양으로서의 예배가 있고, 폭력과 불의와 우상 숭배에 대한 항의로서의 예배가 있다. 진정한 예배를 드리기 위해서는 물신과 짐승의 우상이 지배하는 바빌론의 유혹에 미혹되고 동화되는 것을 거부하는 새로운 출애굽의 삶을 살아야만 한다. 지구적 자본의 시대에 우리는 무엇보다도 탐욕의 우상 숭배에 끊임없이 저항해야 하며 이 시대의 희생자들과 연대해야만 한다. 또한 우리는 권력과 자본에 굴복할 뿐만 아니라 심지어는 교회를 우상으로 숭배할 수 있는 위험도 가지고 있다. 하늘의 예배는 황제 숭배와 우상 숭배에 대한 저항의 원천이다. 따라서 진정한 예배는 교회 안에서의 예전을 통해서만이 아니라, 교회 밖에서 약자들을 희생시키는 불의의 구조와 지구적 자본의 세력에 저항하기 위한 대중적 예배(public liturgy)를 통해서도 이루어질 수 있다.

밧모 섬의 요한이 바빌론의 우상 숭배적인 제국주의 체제의 해악을 정치적·경제적·종교적 측면에서 예리하게 분석하고 비판했듯이, 우리는 현대판 바빌론의 패권적 제국주의와 신자유주의적 세계화의 해악을 분명하게 인식하고 저항해야만 한다. 교회는 사회적 모순들을 제거하고 형제자매적인 평등한 대안적 공동체를 건설하기 위한 대항 공론장이 되어야만 한다. 또한 교회는 자본의 제국이 조정하는 미디어의 선전에 맞춰되어 무비판적으로 여론을 따라가는 것을 방지하기 위한 대항 미디어의 역할을 해야만 한다.

우리 모두는 이 세상에서 단 한 번뿐인 삶을 살고 있다. 그렇다면 지금 우리는 평화를 위해서 사는가? 정실주의에 얽매여서 불의에 침묵하지는 않는가? 혹은 이기심과 무관심 때문에 약자들의 외침을 못 들은 척하지는 않는가? 지금 현재의 시간은 카이로스다. 우리는 더 늦기 전에 자신의 삶을 되돌아보아야만 한다. 만일 오늘이 삶의 마지막 날이라면, 당신은 후회가 없는가?

다니엘 베리건(Daniel Berrigan)은 평생을 반전 평화운동에 바친 가톨릭 신부다. 그와 그의 동생 필립 베리건이 중심이 된 9명의 평화 운동가들은 1980년 9월 9일 펜실베이니아 주 킹 오브 프러시아(King of Prussia)에 있는 제너럴일렉트릭공장(General Electric Plant)에 침입했다. 그리고 생산 중이던 핵무기의 맨 앞부분인 노즈콘(nose cone)을 망치로 가격하고 피를 뿌리는 상징적인 행동을 보여주며 핵무기 생산에 항의했다. 그들은 이 항의 행동으로 인해 감옥에 갔다. 그들은 재판을 받으면서 법정에서 다음과 같이 진술했다.

> 우리는 살해에 연루되도록 허락되지 않았다. 우리는 우리의 이름으로, 우리의 돈으로 비밀리에 진행되는 대량 살해를 위한 준비에 침묵하도록 허락되지 않았다. 사람들에게 "죽이는 것을 멈추라"는 것 외에는 다른 할 말이 아무 것도 없는 시대에 내가 살고 있다는 것이 정말 끔찍하다. 그러나 나는 사람들에게 너무나 말해주고 싶은 다른 아름다운 것들이 있다. 내가 큰 도움이 될 수 있는 다른 프로젝트들도 많다. 그런데 나는 그것들을 실행할 수 없다. 나는 할 수 없다. 왜냐하면 모든 것이 위험에 처해 있기 때문이다. 모든 것이 무덤을 향하고 있기 때문이다. 우리가 우리 자신을 세련되게 여길지라도 우리의 상황은 여전히 원시적이다. 그리스도인의 관점에서 본다면 우리의 곤경은 매우 원시적이다. 우리는 우리가 출발했던 곳에 되돌아와 있다. "살인하지 마라." 우리에게는 살인이 허락되지 않았다. 그러나 오늘날 모든 것은 그것으로 귀착된다.[4]

1945년 5월 8일 종전과 함께 나치 정권이 무너졌다. 러시아의 탱크가 베를린 외곽을 통해 이동했던 시간인 1945년 4월 23일 밤, 베를린에 있는 모아비트 형무소에서 14명의 정치범 수감자들은 석방이라는 말을 듣

---

4 — Daniel Berrigan, *Daniel* (Eugene: Wipf and Stock Publishers, 2009), iii.

고 감방 문을 나왔다. 그렇지만 그들은 형무소 정문에서 검은 제복을 입은 동일한 수의 나치 친위대원들(Schutzstaffel, SS)에게 인계되었다. 그들은 봄의 밤 속을 몇 발자국 걸어가다가 나치 친위대원들이 목 뒤에서 쏜 총을 맞고 모두 죽었다. 그 희생자 중 한 사람이 알브레히트 하우스호퍼(Albrecht Haushofer, 1903-1945)다. 그는 보수적인 상류층 가정에서 교육을 받고 자란 엘리트였다. 수감되기 전에는 베를린 대학교에서 지정학(geopolitics) 교수로 학생들을 가르쳤으며, 나치 정부의 외무부 선전국에서도 일했다. 그러나 그는 히틀러의 나치주의가 내뿜는 거대한 악을 인식하고 히틀러 정권에 반대하는 저항운동에 가담했다. 그는 1944년 7월 20일 그라프 폰 슈타우펜베르크 대령이 히틀러를 암살하려고 했던 계획에 실패하자 피신해 있다가 12월 7일에 체포되었다. 그는 심문을 당하고 베를린 모아비트 감옥에 수감되었다가 종전 며칠 전에 끌려나와 곧 살해되었다.

알브레히트의 동생인 하인츠는 자기 형이 죽은 지 20일 후에 석방되었다. 그가 감옥 근처에서 자기 형의 시신을 발견했을 때, 하우스호퍼의 차가운 손에 시를 적은 노트가 쥐어져 있음을 보았다. 하우스호퍼는 감옥에서 무려 80편의 소네트 형식의 시를 썼던 것이다. 그 노트에는 "죄"(Schuld)라는 시가 있었다.[5]

나는 법정이 계획과 준비를
나의 죄라고 부를 것을 가볍게 짊어진다.
내가 스스로의 의무에서 민족의 내일을 위해서

5 — 사후에 출판된 Albrecht Haushofer, *Moabiter Sonette* (Lothar Blanvalet Verlag, Berlin, 1946)에 수록되어 있는 시를 번역한 것이다. 국내에서 Haushofer의 시에 대한 연구는 아직까지 없으며 이 시가 우리말로는 처음으로 번역 소개된 것이다.

계획하지 않았었다면 나는 범죄자였을 것이다.

그러나 나는 그네들이 생각하는 것과는 다른 죄가 있다.

나는 더 일찍 나의 의무를 깨달았어야만 했다.

나는 더 예리하게 악을 악이라고 불렀어야만 했다.

나는 나의 판단을 너무 오랫동안 미루었다.

나는 내 마음속에서 나를 고발한다.

나는 나의 양심을 오랫동안 배반했다.

나는 나 자신과 남을 기만했다.

나는 일찍부터 이 비참의 행로를 전부 내다봤다.

나는 경고했지만, 그러나 충분히 강력하거나 분명하게 하지 않았다.

그리고 오늘 나는 나의 죄가 무엇인지를 알았다.

이 시에서 알브레히트는 자신이 도덕적 의무를 너무 늦게 인식했다는 부끄러움과 죄책감을 고백했다. 그는 감옥에서 자신의 삶을 되돌아보며 "악을 악이라고 더 분명하게 말하지 못한 것"을 자신의 죄라고 고백하면서 후회하고 참회했다.

기만과 폭력의 시대에 진실을 말하는 것이 결코 쉽지는 않지만 우리는 이 시대의 악을 악이라고 분명하게 말해야 하며, 진실을 외치고, 불의에 저항하고, 평화를 위해서 일해야만 한다. 우리는 성서 연구뿐만 아니라 역사 연구와 문화 연구를 통해서 오늘의 제국의 질서를 분석하고 나아가 그것을 대안적 공동체로 변화시켜야만 한다. 천상의 예수는 우리와 연대하여 악의 세력에 맞서 싸우기 위해서, 그리고 폭력의 역사의 진행을 끝내기 위해서 지금 오고 있다. "아멘! 주 예수여 오시옵소서"(계 22:20)라고 외쳤던 소아시아의 성도들처럼 우리는 매일 그리고 매 순간을 카이로스로 의식하며 지금 우리를 향해서 오고 있는 천상의 예수를 적극적으로 기다리면서 정의, 자유, 평등, 그리고 평화를 위해서 행동해야 한다.

/ 참고 문헌 /

권성수. 『요한계시록』. 도서출판 횃불, 1999.

김남주. 『사랑의 무기: 김남주 시선집』. 창작과비평사, 1984.

김재준. 『요한계시록』. 대한기독교서회, 1968.

김진숙. 『소금꽃나무』. 후마니타스, 2007.

김철손. 『요한계시록』. 대한기독교서회, 1993.

_____. 『요한계시록신학』. 대한기독교서회, 2003.

박수암. 『요한계시록』. 대한기독교출판사, 1989.

박용규. 『초대교회사』. 총신대학교출판부, 1994.

배재욱. 『요한계시록에 나타난 생명』. 대한기독교서회, 2013.

송영목. 『요한계시록은 어떤 책인가?』. 쿰란출판사, 2007.

신동욱. 『요한계시록주석』. KMC, 2010.

이달. 『요한계시록』. 장로교출판사, 2008.

노박, 마이클. 『민주 자본주의의 정신』. 을유문화사, 1983.

로제, 에두아르뜨. 『요한계시록』. 한국신학연구소, 1997.

메츠거, 브루스 M. 『예수 그리스도의 계시라: 요한계시록의 이해』. 기독교문화사, 1994.

보컴, 리처드. 『요한계시록신학』. 한들출판사, 2000.

벵스트, 클라우스. 『로마의 평화』. 한국신학연구소, 1994.

비텐스, 헨리. 『초기 기독교 교부』. 크리스챤다이제스트, 1997.

스미스, 아담. 『국부론(상)』. 비봉출판사, 2003, 500.

스테파노비취, 랑코.『예수 그리스도의 계시』. 로스앤젤레스: 미주 시조사, 2011.

오니, 데이비드 E.『요한계시록 6-16』. 솔로몬, 2004.

아이리스 장.『난징대학살』. 끌리오, 1999.

지글러, 장.『탐욕의 시대』. 갈라파고스, 2008.

_____.『왜 세계의 절반은 굶주리는가?』. 갈라파고스, 2007.

엘룰, 쟈크.『요한계시록 주석: 움직이는 건축물』. 한들출판사, 2000.

코튼, C. 데이비드.『기업이 세계를 지배할 때』. 세종서적, 1997.

크라프트, 하인리히.『요한묵시록』. 한국신학연구소, 1983.

홈즈, W. 마이클(편).『속사도 교부들』. 기독교문서선교회, 1994.

이병학.「추모위령제와 항의로서의 예배」.『신학논단』 75집(2014), 168-207.

_____.「폭력의 희생자들에 대한 기억과 정의 실천(계 6:9-11)」.『세계와 선교』 218호 (2014), 17-29.

_____.「전쟁체제의 극복과 평화를 위한 주체신학(계 16:13-16; 19:11-21)」.『세계와 선교』 214호(2013).

_____.「반제반전 투쟁과 평화기원으로서의 아마겟돈 전쟁: 요한계시록의 주체 윤리」. 『신학논단』 69집(2012), 183-217.

_____.「유대묵시 문학과 신약성서: 에녹과 예수」.『신약논단』(2012 여름호), 353-394.

_____.「반제국적 대항담론으로서의 신화적 이야기들과 예배」.『신학사상』 155집 (2011), 39-80.

_____.「반제국적 연대투쟁을 위한 예수의 현재적 오심」.『신약논단』(2011 가을호), 889-923.

_____.「정의투쟁 문서로서의 신약성경」.『성서마당』 99집(2011 가을호), 25-40.

_____.「짐승의 수 육백육십육과 로마의 제국주의(계 13:15-18)」.『세계와 선교』 209호 (2011), 17-25.

_____.「죽음의 현실과 새 예루살렘의 대항현실」.『신약논단』(2010 겨울호), 1045-1082.

_____.「지구적 자본의 제국에서의 탈출: '내 백성아, 바벨론에서 나오라'(계 18:4)」. 『신학사상』 151집(2010), 74-109.

_____.「제국의 미디어와 대항 미디어로서의 교회」.『신약논단』(2009 겨울호), 1223-

1264.

_____. 「반제국적 예언운동과 학살당한 자들의 부활(계 11:1-13)」. 『신약논단』(2008 겨울호), 1083-1114.

_____. 「가난한 사람들의 기아에 대한 인식과 나눔의 연대(요 6:1-15)」. 『세계와 선교』 195호(2008), 20-29.

_____. 「'네 천사들은 사람 삼 분의 일을 죽이기로 예비된 자들이더라'(계 9:15): 대량 학살의 기억과 반제국주의 운동」. 『신학사상』 143집(2008), 97-135.

_____. 「요한계시록의 예전과 예배」. 『신약논단』(2006 겨울호), 1015-1055.

_____. 「언제까지 우리의 흘린 피를 신원하여주지 않으렵니까(계 6:10): 제국주의에 대한 저항과 기억의 문화」. 『신학사상』 135집(2006), 186-229.

_____. 「'당신은 두지 않는 것을 취하고…'(눅 19:21): 자본의 우상화와 가난한 자들의 죽음」. 『신학사상』 125집(2004), 213-254.

_____. 「요한계시록의 종말론과 정치참여: 김재준의 해석과 실천」. 『신학연구』 44집 (2003), 69-104.

_____. 「무죄한 자들의 억울한 죽음에 대한 위험한 기억(눅 13:1-9)」. 『신학연구』 43집 (2002), 81-105.

_____. 「경영인의 회개와 경제정의(눅 16:1-13)」. 『세계와 선교』 180호(2002), 49-57.

_____. 「'내 곡간을 더 크게 짓고'(눅 12:18): 시장의 우상화와 경제정의」. 『말씀과 교회』 27집(2001), 113-135.

_____. 「하나님의 나라와 가난한 여성들(마 21:28-32)」. 『세계와 선교』 177호(2001), 33-42.

_____. 「탐욕의 우상 숭배와 경제정의의 실천」. 『세계와 선교』 174호(2000), 18-22.

_____. 「삽비라를 위한 해방의 가능성(행 5:1-11)」. 『한국여성신학』 제40호(1999 가을호), 8-16.

_____. 『바울의 묵시 문학적 종말론 연구』. 미간행 석사논문. 연세대학교 대학원, 1983.

이흥환. 『조선인민군 우편사서함 4060호: 1950년 받지 못한 편지들』. 삼인, 2012.

이필찬. 『요한계시록 어떻게 읽을 것인가』. 성서유니온선교회, 2000.

주명준. 『익산 4.4 만세운동과 남전교회』. 신아출판사, 2013.

최갑종. 「계시록 20장 1-6절의 해석과 천년왕국설」. 『신약논단』(2000), 213-250.

Bauckham, Richard "The Economic Critique of Rome in Revelation 18." in: Loveday Alexander (ed.), *Images of Empire*. Sheffield: Sheffield Academic Press, 1991, 47-90.

Beale, G. K. *The Book of Revelation*. A Commentary on the Greek Text. Grand Rapids: William B. Eerdmans Publishing Company, 1999.

Bell, A. A. "The Date of John's Apocalypse. The Evidence of some Roman Historians Reconsidered." *NTS* 25 (1978/79), 93-102.

Berger, Klaus. *Theologiegeschichte der Urchristentums*. Theologie des Neuen Testaments. Tübingen: Francke, 1995.

Berrigan, Daniel. *Daniel*. Eugene: Wipf and Stock Publishers, 2009.

_____. *The Nightmare of God*. Portland: Sunburst Press, 1983.

_____. *Besides the Sea of Glass: The Song of the Lamb*. New York: Seabury, 1978.

Blount, Brian K. "The Witness of Active Resistance: the Ethics of Revelation in African American Perspective." in: David Rhoads (ed.), *From Every People and Nation: The Book of Revelation in Intercultural Perspective*. Minneapolis: Fortress Press, 2005, 28-46.

Boesak, Allen A. *Comfort and Protest: The Apocalypse from South African Perspective*. Philadelphia: The Westminster Press, 1987.

Bousset, B. *Die Offenbarung Johannes*. 6. Aufl. Neudruck. Göttingen: Vandenhoeck & Ruprecht, 1966.

Bredin, Mark. *Jesus, Revolutionary of Peace: A Nonviolent Christology in the Book of Revelation*. Carlisle: Paternoster Press, 2003.

Caird, George. *A Commentary on the Book of St. John Divine*. New York: Harper & Row, 1966.

Carey, Creg. "Symptoms of Resistance in the Book of Revelation." in: David L. Barr, *The Reality of Apocalypse: Rhetoric and Politics in the Book of Revelation*. Leiden: Brill, 2006, 169-180.

Carrell, Peter R. *Jesus and the Angels: Angelology and Christology of the Apocalypse of John*. Cambridge: Cambridge University Press, 1997.

Charles, R. H. A *Critical and Exegetical Commentary on the Revelation of St. John*. Vol. 2. Edinburgh: T.&T. Clark LTD, 1920.

Charlesworth, James H. (ed.). *The Old Testament Pseudepigrapha* Vol. I & II. Garden City: Doubleday & Company, 1983-1984.

_____. (tr). *The Earliest Christian Hymnbook*. Eugene: Cascade, 2009.

Coleman, Robert E. *Song of Heaven*. Old Tappan: Fleming H. Revell Company, 1980.

Collins, Adela Yarbro. *Crisis and Catharsis: The Power of the Apocalypse*. Philadelphia: Westminster Press, 1984.

_____. *The Apocalypse*. Collegeville: The Liturgical Press, 1979.

_____. *The Combat Myth in the Book of Revelation*. Missoula: Mont., Scholar Press, 1976.

_____. "The Women's History and the Book of Revelation." *SBL Seminar Paper* (1987), 80-91.

Court, John M. *Myth and History in the Book of Revelation*. Atlanta: John Knox Press, 1979.

Ellis, H. Marc. *Toward a Jewish Theology of Liberation*. Maryknoll: Orbis Books, 1987.

Erdozain, Placido. *Archbishop Romero: Martyr of Salvador*. Maryknoll: Orbis Books, 1980.

Ford J. Massyngberde. *Revelation*. Garden City: Doubleday & Company, 1975.

Franzmann, H. *The Revelation to John: A Commentary*. St. Louis: Concordia Publishing House, 1968.

Friesen, Steven J. *Imperial Cults and the Apocalypse of John*. Oxford: Oxford University Press, 2001.

_____. "The Beast from the Land: Revelation 13:11-18 and Social Setting" in David L. Barr (ed.). *Reading the Book of Revelation: A Resource for Students*. Leiden/Boston: Brill, 2003, 49-64.

Gonzáles, Justo L. *For the Healing of the Nations: The Book of Revelation in an Age of Cultural Conflict*. Maryknoll: Orbis Books, 1999.

Gourgues, Michel. "The Thousand-Year Reign (Rev 20:1-6): Terrestrial or Celestial." *CBQ* 47/4 (1985), 679-681.

Harrington, W. J. *Revelation*. Collegville: The Liturgical Press, 1993.

Haushofer, Albrecht. *Moabiter Sonette*. Berlin: Lothar Blanvalet Verlag, 1946.

Heil, John P. "The Fifth Seal as a Key to the Book of Revelation," *Bublica* vol. 74/2 (1993), 220-243.

Hoffmann, Matthias Reinhard. *The Destroyer and the Lamb: The Relationship between Angelomorphic and Lamb Christology in the Book of Revelation*. Tübingen: Mohr Siebeck, 2005.

Holz, Traugott. *Die Offenbarung des Johannes*. Göttingen: Vandenhoeck & Ruprecht, 2008.

Horn, F. W. "Die Sieben Donner: Erwögungen zu Off. 10," *SNTU* 17 (1992), 215-229.

Howard-Brooks, Wes and Anthony, Gwyther. *Unveiling Empire. Reading Revelation Then and Now*. Maryknoll: Orbis Books, 1999.

Huber, Lynn "Unveiling the Bride: Revelation 19, 1-8 and Roman Social Discourse." in: (ed.) Amy-Jill Levine, *A Feminist Companion to the Apocalypse of John*. New York/London: T&T Clark International, 2009, 159-179.

Jones, B. W. *The Emperor Domitian*. New York: Routledge, 1992.

Kealy, Sean P. *The Apocalypse of John*. Wilmington: Michael Glazier, 1985.

Kooten, G. H. "The Year of the Four Emperors and the Revelation of John: Then pro-Neronian Otho and Vitellius, and the Images and Colossus of Nero in Rome." *JSTN* 30 (2007), 205-248.

Kraybill, J. Nelson. *Apocalypse and Allegiance: Worship, Politics, and Devotion in the Book of Revelation*. Grand Rapids: Brazos Press, 2010.

Ladd, George Eldon. *A Commentary on the Revelation of John*. Grand Rapids: William E. Eerdmans Publishing Company, 1972.

Lee, Byung Hak. *Befreiungserfahrungen von der Schreckensherrschaft des Todes im ätiopischen Henochbuch: Der Vordergrund des Neuen Testaments*.

Waltrop: Hartmut Spenner, 2005.

_____. "Versöhnung mit den Getöteten durch Erinnerung: Eine Reflexion über die Massenermordungen vor und nach Korea-Krieg." 『신학연구』 53집(2008), 251-268.

_____. "Gebet der Opfer als Schrei und Erinnerung: Bibelarbeit zu Offenbarung 6, 9-11." in: Erhard Kamphausen/Gerhard Köberlin (hg.), *Gewalt und Gewaltüberwindung: Stationen eines theologischen Dialogs*. Frankfurt am Main: Verlag Otto Lemberg, 2006, 86-94.

_____. "Die Gewaltüberwindung durch Erinnerungssolidarität mit den Toten im äthiopischen Henochbuch." in: *Korean Journal of Christian Studies*, Vol. 63 (2009), 77-92.

Levine, Amy-Jill (ed.). *A Feminist Companion to the Apocalypse of John*. New York: T&T Clark International, 2009.

Li, Mirok. *Der Yalu Fliesst: Eine Jugend in Korea*. 3. Auflage. St. Ottilien: EOS-Verlag, 1974.

Lohmeyer, Ernst. *Die Offenbarung des Johannes*. Tübingen: Mohr Siebeck, 1970.

Malina, Bruce J. and Pilch, John J. *Social-Science Commentary on the Book of Revelation*. Minneapolis: Fortress Press, 2000.

Marshall, John W. "Gender and Empire: Sexualized Violence in John's Anti-Imperial Apocalypse," in: Amy-Jill Levine (ed.), *A Feminist Companion to the Apocalypse of John*. New York: T&T Clark International, 2009, 17-32.

Martin, Clarice J. "Polishing the Unclouded Minor: A Womanist Reading of Revelation 18:13." in: David Rhoads (ed.), *From Every People and Nation: The Book of Revelation in Intercultural Perspective*. Minneapolis: Fortress Press, 2005, 82-109.

Maier, Harry O. "Coming out of Babylon: A First-World Reading of Revelation among Immigrants." in: David Rhoads (ed.), *From Every People and Nation: The Book of Revelation in Intercultural Perspective*. Minneapolis: Fortress Press, 2005, 62-81.

Metz, Johann Baptist. *Glaube in Geschichte und Gesellschaft*. Mainz: Matthias-

Grünewald -Verlag, 1984.

Michaels, J. Ramsey. *Interpreting the Book of John*. Grand Rapids: Baker Books, 1992.

_____. *Revelation*. Downers Grove: InterVarsity Press, 1997.

Morris, Leon. *The Book of Revelation. An Introduction and Commentary*. Leicester: Inter-Varsity Press/Grand Rapids: William B. Eerdmans Publishing Company, 1987.

Mounce, Robert H. *The Book of Revelation*. Grand Rapids: William B. Eerdmans Publishing Company, 1977.

Müller, U. B. *Die Offenbarung des Johannes*. Gütersloh: Gütersloher Verlagshaus, 1984.

Murphy, Frederick J. *Fallen is Babylon: The Revelation to John*. Harrisburg: Trinity Press International, 1998.

Newport, John P. *The Lion and the Lamb: A Commentary on the Book of Revelation for Today*. Nashville: Broadman and Holman publishers, 1986.

Nogueira, Paulo Augusto de Souza. "Celestial Worship and Ecstatic-Visionary Experience." *JBTN* 25/2 (2002), 165-184.

Okoye, James Chukwuma. "Power and Worship: Revelation in African Perspective." in: David Rhoads (ed.), *From Every People and Nation: The Book of Revelation in Intercultural Perspective*. Minneapolis: Fortress Press, 2005, 110-126.

Pagels, Elaine. *Revelations: Visions, Prophecy, & Politics in the Book of Revelation*. New York: Penguin Group, 2013.

Pattemore, Stephen. *The People of God in the Apocalypse. Discourse, Structure, and Exegesis*. Cambridge: Cambridge University Press, 2004.

Philo. Volume X. *On the Embassy to Gaius*, trans. by F. H. Colson. Cambridge: Harvard University Press, 1962.

Pipin, Tina. *Death and Desire: The Rhetoric of Gender in the Apocalypse of John*. Louisville: Westminster John Knox, 1992.

_____. "The Heroine and Whore: The Apocalypse of John in Feminist

Perspective." in: David Rhoads (ed.), *From Every People and Nation: The Book of Revelation in Intercultural Perspective*. Minneapolis: Fortress Press, 2005, 127-145.

Raja, A Maria Arul. *The Revelation to John*. New Delhi: Centre for Dalit/Subaltern Studies, 2009.

Richard, Pablo. *Apokalypse. Das Buch von Hoffnung und Widerstand of Ein Kommentar*. Luzern: Edition Exodus, 1996.

Rissi, Mathias. *Die Hure Babylon und die Verführung der Heiligen of Eine Studie zur Apokalypse des Johannes*. Stuttgart/Berlin/Köln: Verlag W. Kohlhammer, 1995.

Roloff, J.(tr. by John E. Alsup). *The Revelation of John: A Continental Commentary*. Minneapolis: Fortress Press, 1993.

Rhoads, David (ed.). *From Every People and Nation: The Book of Revelation in Intercultural Perspective*. Minneapolis: Fortress Press, 2005.

Rossing, Barbara. *The Choice Between Two Cities: Whore, Bride, Empire in the Apocalypse*. Harrisburg: Trinity Press International, 1999.

_____. "For the Healing of the World: Reading Revelation Ecologically." in: David Rhoads (ed.), *From Every People and Nation: The Book of Revelation in Intercultural Perspective*. Minneapolis: Fortress Press, 2005, 165-182.

Rowland, Chr. *The Open Heaven. A Study of Apocalypse in Judaism and Early Christianity*. New York: The Crossroad Publishing Company, 1982.

Ruiz, Jean-Pierre. "Taking a Stand on the Sand of the Seashore: A Postcolonial Exploration on Revelation 13." in: David L. Barr (ed.), *Reading the Book of Revelation. A Resource for Students*. Leiden and Boston: Brill, 2004, 119-135.

Rummel, Rudolph. *Death by Government*. New Brunswick: Transaction Publishers, 1994.

Satake, Akira. *Die Offenbarung des Johannes*. Göttingen: Vandenhoeck & Ruprecht, 2008.

Schaumberger, Christine/Schottroff, Luise. *Schuld und Macht: Studien zu einer feministischen Befreiungstheologie*. München: Chr. Kaiser, 1988.

Schottroff, Luise. *Lydia's Impatient Sisters: A Feminist Social History of Early Christianity*. Louisville: Westminster John Konox Press, 1995.

_____, Silvia, Schroer und Marie-Theres, Wacker. *Feministische Exegese*. Darmstadt: Wissenschaftliche Buchgesellschaft, 1995.

Slater, Thomas B. "Dating the Apocalypse to John," *Bib*. 84 (2003), 252-258.

Schüssler. Fiorenza, Elisabeth *Revelation: Vision of a Just World*. Minneapolis: Fortress Press, 1991,

_____. *The Book of Revelation: Justice and Judgment*. Philadelphia: Fortress Press, 1985.

Slater, Thomas B. *Christ and Community: A Socio-Historical Study of the Christology of Revelation*. JSNTS 178. Sheffield: Sheffield Academic Press, 1999,

Swomley, John. *American Empire: The Political Ethics of Twentieth-Century Conflict*. New York: The Macmillan Company, 1971.

Stark, Rodney. *The Rise of Christianity: A Sociologist Reconsiders History*. Princeton: Princeton University, 1996.

Stauffer, Ethelbert. *Christ and Caesar: Historical Sketches*. London: SCM, 1955.

Stevenson, Gregory. *Power and Place: Temple and Identity in the Book of Revelation*. Berlin/New York: Walter de Gruyter, 2001.

Stegemann, E. W. und W, Stegemann. *Urchristliche Sozialgeschichte: Die Anfänge im Judentum und die Christusgemeinden in der mediterranen Welt*. Stuttgart/Berlin/Köln: Verlag W. Kohlmanner, 1995.

Stichele, Caroline Vander. "Re-membering the Whole: The Fate of Babylon According to Revelation 17:16," in: (ed.) Amy-Jill Levine, *A Feminist Companion to the Apocalypse of John*. New York/London: T&T Clark International, 2009, 106-20.

Stenström, Hanna. "'They have not defiled themselves with women...': Christian Identity According to the Book of Revelation." in: (ed.) Amy-Jill Levine, *A Feminist Composition to the Apocalypse of John*. New York and London: T&T Clark International 2009.

Stringfellow, William. *Conscience and Obedience: The Politics of Romans 13 and Revelation 13 in Light of the Second Coming.* Waco: Word Books, 1977.

_____. *An Ethics for Christians and Other Aliens in a Strange Land.* Waco. Tex.: Word Books, 1973.

Thompson, Leonard L. *The Book of Revelation. Apocalypse and Empire.* New York/Oxford: Oxford University Press, 1990.

_____. "A Sociological Analysis of Tribulation in the Apocalypse of John," *Semeia* 36(1986), 147-174.

Ulland, Harald. *Die Vision als Radikalisierung der Wirklichkeit in der Apokalypse des Johannes: Das Verhätltnis der sieben Sendschreiben zu Apokalypse 12-13.* Tübingen und Basel: A Francke Verlag, 1997.

Wallis, Jim. *God's Politics: Why the Right Gets It Wrong and the Left Doesn't Get It.* Oxford: Lion Hudson, 2005.

Weaver, J. Denny. *The Nonviolent Atonement.* Grand Rapids/Cambridge, William B. Eerdmans Publishing Company, 2001.

Wengst, Klaus. *Wie lange noch? Schreien nach Recht und Gerechtigkeit - eine Deutung der Apokalypse des Johannes.* Stuttgart: Verlag W. Kohlhammer, 2009.

_____. *Dem Text trauen. Predigen.* Stuttgart: Verlag W. Kohlhammer, 2006.

_____. *Jesus zwischen Juden und Christen: Re-Visionen im Verhältnis der Kirche zu Israel.* Stuttgart: Verlag W. Kohlhammer, 1999.

_____. "Babylon the Great and the New Jerusalem: The Visionary View of Political Reality in the Revelation of John," in: Henning Graf Reventlow, Yair Hoffmann and Benjamin Uffenheimer (ed.), *Politics and Theopolitics in Bible and Postbiblical Literature.* JSOTS 171. Sheffield: JSOT Press, 1994.

_____. "Die Macht des Ohnmächtigen: Versuche über Kreuz und Auferstehung." *Einwürfe* 5 (1988), 155-179.

Westhelle, Victor. "Revelation 13: Between the Colonial and the Postcolonial, a Reading from Brazil." in: David Rhoads (ed.), *From Every People and Nation: The Book of Revelation in Intercultural Perspective.* Minneapolis:

Fortress Press, 2005, 83-99.

Wiesel, Elie. *Dimension of the Holocaust.* Evanston: Northwestern University Press, 1977,

Witulski, Thomas. *Die Johannesoffenbarung und Kaiser Hadrian. Studien zur Datierung der neutestmentlichen Apokalypse*, FRLANT 221. Göttingen: Vandenhoeck & Ruprecht, 2007.

_____. "Der römische Kaiser Hadrian und die neuentestamentliche Johannesapokalypse." in: Jörg Frey, James A. Kelhoffer, Franz Töth (hg.), *Die Johannesapokalypse, Kontexte-Konzepte-Rezeption.* WUNT 287. Tübingen: Mohr Siebeck, 2012, 79-115.

Wright, Arthur W. *Mysterious Apocalypse: Interpreting the Book of Revelation.* Nashville: Abingdon Press, 1993.

Worth, Roland H. Jr. *The Seven Cities of the Apocalypse and Greco-Asian Culture.* Mahwah: Paulist Press, 1999.

요한계시록

약자를 위한 예배와 저항의 책

Copyright ⓒ 이병학 2016

1쇄발행_ 2016년 4월 29일
2쇄발행_ 2016년 6월 10일

지은이_ 이병학
펴낸이_ 김요한
펴낸곳_ 새물결플러스
편   집_ 왕희광·정인철·최율리·박규준·노재현·최정호·한바울·유진·권지성·신준호
디자인_ 서린나·송미현·박소민
마케팅_ 이승용·임성배
총   무_ 김명화·최혜영
영   상_ 최정호·조용석

아카데미_ 유영성·최경환·황혜전

홈페이지 www.hwpbooks.com
이메일 hwpbooks@hwpbooks.com
출판등록 2008년 8월 21일 제2008-24호
주소 (우) 07214 서울특별시 영등포구 양평로 11, 5층(당산동5가)
전화 02) 2652-3161
팩스 02) 2652-3191

ISBN 979-11-86409-53-4 03230
책값은 뒤표지에 있습니다.

이 도서의 국립중앙도서관 출판시도서목록(CIP)은 서지정보유통지원시스템 홈페이지
(http://seoji.nl.go.kr)와 국가자료공동목록시스템(http://www.nl.go.kr/kolisnet)에
서 이용하실 수 있습니다(CIP제어번호: CIP2016009937).